蘇樹華 注譯

新譯釋禪波羅蜜

三民書局 印行

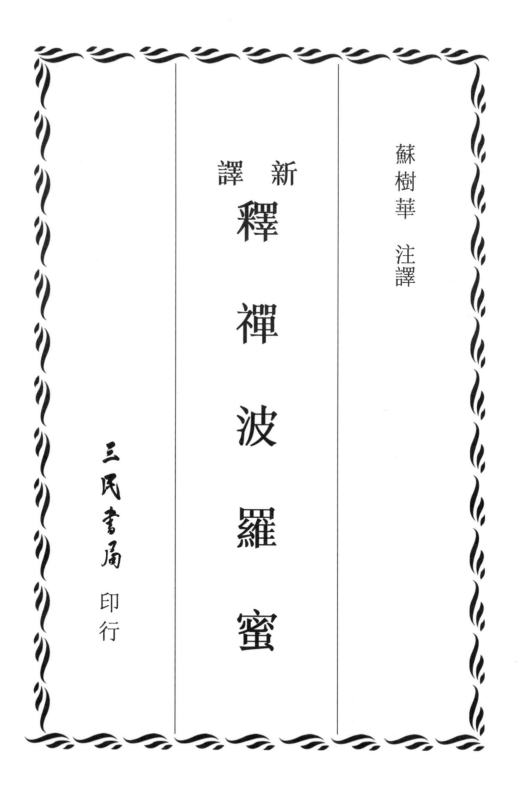

國家圖書館出版品預行編目資料

新譯釋禪波羅蜜／蘇樹華注譯.－－初版五刷.－－臺北市：三民，2021
面；　公分.－－(古籍今注新譯叢書)

ISBN 978-957-14-4142-9（平裝）
1. 天台宗－宗典及其釋

226.42　　95016901

古籍今注新譯叢書

新譯釋禪波羅蜜

注譯者　蘇樹華
發行人　劉振強
出版者　三民書局股份有限公司
地址　臺北市復興北路 386 號 (復北門市)
臺北市重慶南路一段 61 號 (重南門市)
電話　(02)25006600
網址　三民網路書店 https://www.sanmin.com.tw

出版日期　初版一刷 2006 年 10 月
初版五刷 2021 年 6 月
書籍編號　S032760
ISBN　978-957-14-4142-9

三民書局

刊印古籍今注新譯叢書緣起

劉振強

人類歷史發展，每至偏執一端，往而不返的關頭，總有一股新興的反本運動繼起，要求回顧過往的源頭，從中汲取新生的創造力量。孔子所謂的述而不作，溫故知新，以及西方文藝復興所強調的再生精神，都體現了創造源頭這股日新不竭的力量。古典之所以重要，古籍之所以不可不讀，正在這層尋本與啟示的意義上。處於現代世界而倡言讀古書，並不是迷信傳統，更不是故步自封；而是當我們愈懂得聆聽來自根源的聲音，我們就愈懂得如何向歷史追問，也就愈能夠清醒正對當世的苦厄。要擴大心量，冥契古今心靈，會通宇宙精神，不能不由學會讀古書這一層根本的工夫做起。

基於這樣的想法，本局自草創以來，即懷著注譯傳統重要典籍的理想，由第一部的四書做起，希望藉由文字障礙的掃除，幫助有心的讀者，打開禁錮於古老話語中的豐沛寶藏。我們工作的原則是「兼取諸家，直注明解」。一方面熔鑄眾說，擇善而從；一方面也力求明白可喻，達到學術普及化的要求。叢書自陸續出刊以來，頗受各界的喜愛，使我們得到很大的鼓勵，也有信心繼續推廣這項工作。隨著海峽兩岸的交流，我們注譯的成員，也由臺灣各大學的教授，擴及大陸各有專長的學者。陣容的充實，使我們有更多的資源，整理更多樣化的古籍。兼採經、史、子、集四部的要典，重拾對通才器識的重視，將是我們進一步工作的目標。

古籍的注譯，固然是一件繁難的工作，但其實也只是整個工作的開端而已，最後的完成與意義的賦予，全賴讀者的閱讀與自得自證。我們期望這項工作能有助於為世界文化的未來匯流，注入一股源頭活水；也希望各界博雅君子不吝指正，讓我們的步伐能夠更堅穩地走下去。

序

《釋禪波羅蜜次第法門》一書（簡稱《釋禪波羅蜜》），是天台智者大師講述禪定修行的一部著作，全書共十卷，被收集在《大正藏》第四十六冊。

智者大師所講的「禪」，與中國禪宗之「禪」不盡相同。中國禪宗之「禪」，注重「直指人心，見性成佛」；智者大師所講的「禪」，強調「次第漸修，循序漸進」。一個是「頓悟禪」，一個是「漸修禪」。中國人素有「崇簡尚捷」之好，所以「頓悟禪」在中國獲得了充分的發展，而「漸修禪」卻被人們漸漸地淡忘。

智者大師所作的《釋禪波羅蜜》，具有以下特點。

第一，法門龐雜，面面俱到。智者大師的《釋禪波羅蜜》，講述了各種禪觀方法，可以說面面俱到，所以智者大師的《釋禪波羅蜜》，看上去更像是一部「禪修百科全書」。

第二，注重實踐，操作性強。《釋禪波羅蜜》與其說是一部理論性著作，毋寧說是一部實踐性著作。《釋禪波羅蜜》的實踐性、操作性的特點，給學術研究帶來了相當的難度。

第三，禪相細密，難辨其宗。《釋禪波羅蜜》所涉及到的禪定發相，可以說是難計其數，《釋禪波羅蜜》的這一特點，致使禪修者很難辨別其宗旨。

第四，用心禪相，忽視禪源。《釋禪波羅蜜》不像禪宗那樣，直指本源，乾淨俐落。《釋禪波羅蜜》更多地談論那些唯心所生的禪定發相，而對於那個「絕待至真」的「諸相本源」，卻缺乏相應的開示。

由於《釋禪波羅蜜》的以上特點，使得學術界對其研究，長期以來一直是一個薄弱環節。蘇樹華博士基於自己的禪修經驗與佛學見解，在深入研讀原著的基礎上，盡可能地參閱了前人的一些研究成果，對《釋禪波羅蜜》進行了「原文點校」、「名相注釋」、「原文翻譯」，並根據自己的研讀心得撰寫了「章旨」與「說明」。蘇樹華博士的這一工作成果，對於全面了解《釋禪波羅蜜》，進而全面、有系統地了解和研究天台宗，提供了一個詳實的文本資料。所以，我特向讀者推薦此書。

賴永海　於南京大學

新譯釋禪波羅蜜　目次

導讀

《釋禪波羅蜜次第法門》一書，乃隋朝智者大師在金陵時（五六九—五七五）所撰述，門人弟子法慎，記成三十卷。後來，經過灌頂（五六一—六三二）的刪定編輯，制定為十卷。我們今天注釋《釋禪波羅蜜次第法門》所使用的版本，即是灌頂刪定而成的十卷本。十卷本《釋禪波羅蜜次第法門》，被收集在《大正藏》第四十六冊。

智者大師是我國天台宗的開宗祖師，荊州華容（今湖南華容縣）人，俗姓陳，字德安，世稱智者大師、天台大師。七歲便喜歡佛教的道場，十八歲投湘州果願寺法緒法師出家。不久，跟隨慧曠律師習律學。後來，又到太賢山，在那裡讀誦佛教的大乘經典。陳天嘉元年（五六〇），往光州（今河南潢川）大蘇山，依慧思大師學四安樂行，證悟法華三昧。既而代替慧思大師開筵講法，又受慧思大師付囑，入金陵講授禪修的方法。《釋禪波羅蜜次第法門》一書，就是智者大師在金陵時的講述，門人弟子記錄而成。

《釋禪波羅蜜次第法門》一書的名字，已經顯示了該書的根本大意。「釋」就是「解釋說明」；「禪」就是「禪定修行」；「波羅蜜」就是「到達覺悟的彼岸」；「次第」就是「修行的順序」；「法門」就是「修行的方法」。合起來的意思就是「解釋禪修到彼岸的具體方法」。

《釋禪波羅蜜次第法門》一書，禪相細密，名相繁多，非親歷禪境之人，難辨其相，難解其意。親歷禪境，通達實相之人，又因《釋禪波羅蜜次第法門》用墨於禪相，疏忽於禪源，所以，致使《釋禪波羅蜜次第法門》長期處於擱置狀態，達千餘年之久。前年，書局邀我注釋《釋禪波羅蜜次第法門》，不揣淺陋，基於十年禪修之經驗，欣然接受了邀請。二〇〇三年十月，正式動筆注釋，歷經半年有餘之努力，親嘗次第法門之禪味，至二〇〇四年六月，終於完成書稿。

《釋禪波羅蜜次第法門》一開始便說「《釋禪波羅蜜次第法門》，大開為十意不同。所言十意者，〈修禪波羅蜜大意第一〉。〈釋禪波羅蜜名第二〉。〈明禪波羅蜜門第三〉。〈辨禪波羅蜜詮次第四〉。〈簡禪波羅蜜法心第五〉。〈分別禪波羅蜜前方便第六〉。〈釋禪波羅蜜修證第七〉。〈顯示禪波羅蜜果報第八〉。〈從禪波羅蜜起教第九〉。〈結會禪波羅蜜歸趣第十〉。」可惜的是，《大正藏》只收集了《釋禪波羅蜜次第法門》的前七意，後面的〈顯示禪波羅蜜果報第八〉，〈從禪波羅蜜起教第九〉以及〈結會禪波羅蜜歸趣第十〉，至今未能得見，所以《釋禪波羅蜜次第法門》的注釋工作，亦就只好注釋到第七意而停筆。不過，只要我們依照《釋禪波羅蜜次第法門》的順序，把前面的七意真正地搞通了，後面的三意，亦自然明白。

為了有利於同仁道友之參學，我們首先結合《釋禪波羅蜜次第法門》之特點，作〈導讀〉一篇，以求「端正方向，直達覺岸」。

智者大師的《釋禪波羅蜜次第法門》，具有以下三個特點：第一，次第漸修，有為禪定。第二，方便對治，二元相待。第三，作意觀想，以妄治妄。鑒於《釋禪波羅蜜次第法門》的這三個特點，以及容易造成的禪修偏差，我們提出三個方面的建議，以求「避免偏差、速證菩提」。

一、「次第漸修」之時，莫忘「究竟了義」之旨

智者大師所講的「禪」，不同於禪宗所講的「禪」。智者大師所講的「禪」，闡釋「次第漸修」；禪宗所講的「禪」，直指「究竟了義」。智者大師所講的「禪」，屬於「六波羅蜜」之第五；禪宗所講的「禪」，乃「六波羅蜜」之指歸。「次第漸修」是「究竟了義」之途徑。「究竟了義」是「次第漸修」之指歸。離

開了「次第漸修」，則無有入門之階梯。離開了「究竟了義」，則無有進取之目標。所以說，菩提之道，乃「次第漸修」與「究竟了義」之統一。因此，結合禪宗的「直指之教」，研習智者大師的「漸修之法」，定會相得益彰，大有裨益。

智者大師所講的「次第漸修」，從最初修行到「滅盡受想定」，所歷之階位，不出「九地禪定」。所謂九地禪定，主要包括色界四禪：初禪、二禪、三禪、四禪；無色界四定：空處定、識處定、無所有處定、非有想非無想處定；再加上「四禪八定」之後的「滅受想定」，共計九地禪定。九地禪定，從下至上，次第相連，故稱九次第定。九地禪定的每一地，各有種種禪定發相，各有種種功德支林，對此，智者大師逐一作了詳細說明。

初學禪修之人，在研習《釋禪波羅蜜次第法門》之時，易著「次第漸修」之相，忘卻「究竟了義」之旨，易使行者依文解義，造境自纏，難脫繫縛。因此，我們建議行者：在「次第漸修」之時，莫忘「究竟了義」之旨。所謂「究竟了義」之旨，亦即百千法門同歸之處，種種方便同趨之道。百千法門，種種方便，意在何處？意在「明心見性」。明心見性，乃佛門之一乘了義。次第漸修，歷經諸定，歸宗至本，只在於此。《壇經》云：「不識本心，學法無益。若識自本心，見自本性，即名丈夫、天人師、佛。」《法華經》云：「十方佛土中，唯有一乘法，無二亦無三，除佛方便說。」佛法不為別事，只為諸人識得自己。

二、「方便對治」之時，莫忘「絕待至真」之旨

眾生有八萬四千塵勞，佛教有八萬四千法門。眾生著相外求，故令修習「阿那波那」。或數息，或隨息，或止息，或還淨，皆屬方便對治，而非「超然絕待」。眾生執著我相，故令修習「慈悲喜捨」。或

作慈心觀，或作悲心觀，或作喜心觀，或作捨心觀，皆屬方便對治，而非「至真一元」。眾生貪著五欲，故令修習「不淨觀」。或作腫脹觀，或作青瘀觀，乃至作白骨觀，白骨流光觀，皆屬方便對治，而非「無垢淨土」。行者貪著禪相，故令修習「八背捨」。或作淨背捨，或作空處背捨，或作識處背捨，或作非有想非無想處背捨，皆屬方便對治，而非「絕待至真」。行者修禪，應知善巧方便，善假方便，以達究竟，巧借對治，以會一元。若不然者，以聲逐響，聲亦成妄，總在「無繩自縛，虛營自繞」之中。

智者大師之《釋禪波羅蜜次第法門》，多談「方便對治」「禪定發相」之事，而對「絕待至真，諸相之源」之旨，則用墨太少，因此，行者依此而修，大多糾纏於「方便對治」，繫縛於「禪定發相」。行者若不以「絕待至真」為指歸，妄取「方便對治」為究竟，那麼，即使行者具足修習一切法門，辛苦遍歷所有定境，亦依然是在「虛光幻影」裡作活計，不是解脫，而是繫縛。因此，我們建議行者：「方便對治」之時，莫忘「絕待至真」之旨。所謂「絕待至真」之旨，亦即「能治之法，所治之妄，能所雙亡，同歸一真」之處。一真者，即是人人本具的一真心體，亦即「心佛眾生，三無差別」之處。智者大師亦說：「若行者體知一切諸法如虛空者，無取無捨，無依無倚，無住無著。若心無取捨依倚住著，則一切妄想顛倒，生死業行，悉皆止息，無為無欲，無念無行，無造無作，無示無說，無諍無競，泯然清淨，如大涅槃，是名真止。此則止無所止，無止之止，名體真止。故經偈云：『一切諸法中，因緣空無主。息心達本源，故號為沙門。』」

學人修禪，抱定此見，直心前行，方能悟達心源。若不然者，作繭自縛，虛營自繞，徒勞自辛。

三、「作意觀想」之時，莫忘「諸想同源」之旨

智者大師之《釋禪波羅蜜次第法門》，由於多講「作意觀想」與「禪定發相」之事，所以，學人依

之而修，往往於不自覺中，便把假想而成的「觀念圖像」，當作是「神通顯現」之事，譬如修習四無量心時，由於行者的「作意觀想」，在行者的心中，便會出現相應的「觀念圖像」，或見眾生受樂，或見眾生受苦，或見眾生獲喜，獲見所受不實。「作意觀想」而成的「觀念圖像」，歷歷在目，逼真如實，足以令無智信以為真。作意念天，則天相現。作意念佛，則佛相現。作意念地獄，則地獄相現。作意念不淨，則不淨相現。總之，所現之相，唯心所生，皆無實際。智者大師亦說：「慈心與樂，但是得解，然諸眾生，實不得樂。若以為實，即是顛倒。」可惜行者，不辨真假，把幻當真，妄受欺蒙。智者大師在說「消除魔幻」時又說：「知魔界如，即是佛界如，魔界如，佛界如，一如無二如。於魔界無所捨，於佛界無所取，即佛法現前，魔自退散。」《華嚴經》云：「諸佛悉了知，一切從心轉。若能如是解，彼人真見佛。」

行者當知，觀想所成之境，作意所生之相，皆無實際存在。行者於禪定之中，所見之佛，所現之魔，皆屬自心之變現，不屬心外之物。一切心中之相，不出一心之中。若人識得「相起之處」，即是真正「見佛之人」。真見無所見，所以叫做「悟」。

智者大師多談「作意觀想」，少說「諸想同源」，所以，我們建議行者：「作意觀想」之時，莫忘「諸想同源」之旨——了了常明的一真心體。所謂「諸想同源」之旨，亦即一切思想，一切心境，皆以「心」為源。所以《華嚴經疏》云：「無不從此法界流，無不還歸此法界。」「此法界」者，即是人人本具的一真心體。因此，一切禪定發相，一切作意觀想，無論是善相，還是惡相，無論是佛相，還是魔相，皆以此「心」為本源。若人識得本源心，即是般若波羅蜜。

我們雖然分三個部分，說明了參究《釋禪波羅蜜次第法門》的三個基本原則。然而，這三個原則，亦是一個原則，這就是「假借方便，體悟心源」。佛法意旨，不在「向外求玄」，唯在「識得諸人自己」。

蘇樹華　謹識

卷第一之上

《釋禪❶波羅蜜❷次第❸法門》，大開為十意不同。所言十意者，〈修禪波羅蜜大意第一〉。〈釋禪波羅蜜名第二〉。〈明禪波羅蜜門第三〉。〈辨禪波羅蜜詮次第四〉。〈簡禪波羅蜜法心第五〉。〈分別禪波羅蜜前方便第六〉。〈釋禪波羅蜜修證第七〉。〈顯示禪波羅蜜果報第八〉。〈從禪波羅蜜起教第九〉。〈結會禪波羅蜜歸趣第十〉。

今約此十義，以辨禪波羅蜜者，文則略收諸佛教法之始終，理則遠通如來之秘藏❹，一切圓妙法界，若教若行，若事若理，始從凡夫，終至極聖，所有因果行位，悉在其中。若行人深達禪門意趣，則自然解了一切佛法，不俟餘尋，故《摩訶衍》❺云：「譬如牽衣一角，則眾處皆動。」所以，第一先明修禪波羅蜜大意者。菩薩發心所為，正求菩提淨妙之法，必須簡擇真偽，善識秘要。若欲具足一切諸佛法藏，唯禪為最，如得珠玉，眾寶皆獲，是故發意修禪。既欲修習，應知名字。尋名取理，其義不虛，以釋禪名。尋名求理，理則非門不通，次明禪門。禪定幽遠，無由頓入，必須從淺至深故，應辯詮次。夫欲涉淺遊深，復當善識禪中境智，是以次簡法心。既明識法心，若欲習行，事須善巧，次分別方便。依法而行，必有所證，次釋修證。若得內心相應，因成則感果，次顯示果報。從因至果，自行既圓，便樹立益物之功，次釋教門。理教既已圓備，法相同歸平等一實之道，次結會指歸。以此十義相生，辯釋禪波羅蜜，總攝一切眾行法門。至下尋文，泠然可見，故《大品經》云：「菩薩從初已來，住禪波羅蜜中，具足修一切佛法，乃至坐道場，成一切種智❻，起轉法輪❼，是名菩薩次第行、次第學、次第道。」

【章旨】智者大師把《釋禪波羅蜜次第法門》分為十個部分。在這一段文中，智者大師介紹了每一部分所要講的主要內容。

【注釋】❶禪　宗下所說的「禪」，是從本體論上立意，即指「禪體」、「本源」、「佛性」等。而教下所說的「禪」，是從法相上立意，即指「靜慮」、「靜息念慮」等意思，是修行的方法。在這裡，智者大師是從教下的意義上來使用「禪」這個概念的，屬於六波羅蜜法中的第五。❷波羅蜜　通常意譯為到彼岸、度無極、度、事究竟。亦即由生死的此岸，到達涅槃彼岸。❸次第　「順序」之義。❹秘藏　秘，即秘密。藏，即寶藏。佛教的秘藏，不是一個可以口耳相傳的秘密，而是每個人本有的「如來智慧德相」，教下云：大地眾生皆有如來智慧德相，這個「如來智慧德相」，即是萬法之源，也是佛教文化的最大秘密之處。心（無相真心，或曰如來智慧德相）是萬法之源，這才是真正的秘密寶藏。❺摩訶衍　通常是指「大乘佛法」。在《釋禪波羅蜜次第法門》中，「摩訶衍」或「摩訶衍論」，多數情況下是指《大智度論》。❻一切種智　三智之一。三智包括：一切智、道種智、一切種智。一、一切智，聲聞緣覺之智也。知一切法之總相者。總相即空相也。二、道種智，菩薩之智也。知一切種種差別之道法者。三、一切種智，佛智也。通達總相與別相。❼轉法輪　佛陀說法，普度眾生，叫做轉法輪。

【語譯】《釋禪波羅蜜次第法門》，分為十個部分來講，這十個部分是，第一，〈說明修禪波羅蜜的大義〉。第二，〈解釋禪波羅蜜的名字〉。第三，〈說明禪波羅蜜的法門〉。第四，〈辨明禪波羅蜜的次第〉。第五，〈揭示禪波羅蜜的核心〉。第六，〈分別禪波羅蜜的前方便〉。第七，〈解釋禪波羅蜜的修證〉。第八，〈說明禪波羅蜜的果報〉。第九，〈從禪波羅蜜起教〉。第十，〈概括禪波羅蜜的歸宗義趣〉。

我們用這十個部分，講述禪波羅蜜，在文字上，涵蓋諸佛一切教法，在義理上，通達諸佛所有秘藏，以及諸佛圓妙境界，從教理到實踐，從事相到理體，從凡夫到佛果，所有的因果與行位，全都包括在其中了。若行人深達禪門真義，自然就會通達一切佛法，不需更求其他，所以，《大智度論》云：「譬如牽動衣服的一角，衣服的各處皆動。」因此，第一，首先要辨明「修禪波羅蜜」的大意。菩薩發心修行，追求清淨圓妙之法，必須辨明真偽，善識法要。若想具足成就一切佛法，唯有修習禪定，就像獲得了無價寶珠，也就等於獲得了一切寶藏，所以，行者要發心修禪。既然發心修禪，就應該了解禪的名相，依據禪的名相，究取禪的妙理。據名究理之義，真實不虛，所以，在《釋禪波羅蜜次第法門》的第二部分，解釋禪的名相。借助於禪的名字，尋求禪的理體。求理必借禪門，不借助於禪門，難以通達禪門理體，所以，在《釋禪波羅蜜次第法門》的第三部分，闡明禪修的法門。禪定廣大深遠，難以一時頓達，必須由淺至深，所以，在《釋禪波羅蜜次第法門》的第四部分，辨別禪波羅蜜的次第。行者若欲由淺入深，必須善於識別禪定中的各種境界，所以，在《釋禪波羅蜜次第法門》的第五部分，辨明禪波羅蜜的核心。既然明白了禪波羅蜜的核心，就應該實際地去修行。若想實際地去修行，就要了解禪修的善巧方便，所以，在《釋禪波羅蜜次第法門》的第六部分，辨明禪波羅蜜的前方便。依照正確的方法修行，必然會有所證驗，所以，在《釋禪波羅蜜次第法門》的第七部分，解釋禪波羅蜜的修證。若依法修行，必然會有相應的果報，所以，在《釋禪波羅蜜次第法門》的第八部分，說明禪波羅蜜的果報。由因至果，自行圓滿，便會建立普利群生之功，所以，在《釋禪波羅蜜次第法門》的第九部分，說明從禪波羅蜜建立教化。至此，行者具理兼教，會萬法於一心，所以，在《釋禪波羅蜜次第法門》的第十部分，說明禪波羅蜜的歸宗義趣。《釋禪波羅蜜次第法門》用這十個部分，辨明解釋禪波羅蜜，總括佛教修行的一切法門。在後面的論述中，禪波羅蜜的要義，便會昭然可見。所以，《大品般若經》中說：「菩薩從最初修行，就住在禪波羅蜜中，修行一切佛法，乃至坐菩提道場，證無上菩提，種種方便，普度群生，這就是菩薩的次第行、次第學、次第道。」

【說　明】智者大師的《釋禪波羅蜜次第法門》，共分為十個部分。《釋禪波羅蜜次第法門》的這十個部分，涵蓋了三藏十部經的精要妙義，行者只要依照《釋禪波羅蜜次第法門》修行，就一定能夠獲得成就，證得無上正等正覺。

修禪波羅蜜大意第一

今明菩薩修禪波羅蜜，所為有二。一者、簡非。二者、正明所為。

第一，簡非者。有十種行人，發心修禪不同，多墮在邪僻，不入禪波羅蜜法門。何等為十？一、為利養故，發心修禪，多屬發地獄❶心。二、邪偽心生，為名聞稱歎故，發心修禪，多屬發鬼神❷心。三、為眷屬故，發心修禪，多屬發畜生心。四、為嫉妒勝他故，發心修禪，多屬發修羅❸心。五、為畏惡道苦報，息諸不善業故，發心修禪，多屬發人心。六、為善心安樂故，發心修禪，多屬發六欲天❹心。七、為得勢力自在故，發心修禪，多屬發魔羅❺心。八、為得利智捷疾故，發心修禪，多屬發外道❻心。九、為生梵天處故修禪，此屬發色無色界❼心。十、為度老病死苦疾得涅槃❽故，發心修禪，此屬發二乘❾心。

就此十種行人，善惡雖殊，縛脫有異，既並無大悲正觀，發心邪僻，皆墮二邊，不趣中道。若住此心，修行禪定，終不得與禪波羅蜜法門相應。

第二，正明菩薩❿行人修禪波羅蜜大意。即為二意。一、先明菩薩發心之相。

二、正明菩薩修禪所為。

第一，云何名菩薩發心之相？所謂發菩提心。菩提心者，即是菩薩以中道正觀[11]，以諸法實相[12]，憐愍一切，起大悲心，發四弘誓願。四弘誓願者，一、未度者令度，亦云眾生無邊誓願度。二、未解者令解，亦云煩惱無數誓願斷。三、未安者令安，亦云法門無盡誓願知。四、未得涅槃令得涅槃，亦云無上佛道誓願成。

此之四法，即對四諦[13]，故《瓔珞經》云：「未度苦諦令度苦諦。未解集諦令解集諦。未安道諦令安道諦。未證滅諦令證滅諦。」而此四法，若在二乘心中，但受諦名。以其緣理，審實不謬故。

若在菩薩心中，即別受弘誓之稱。所以者何？菩薩雖知四法畢竟空寂，而為利益眾生，善巧方便，緣此四法，其心廣大，故名為弘。慈悲憐愍，志求此法，心如金剛，制心不退不沒，必取成滿，故名誓願。行者若能具足發此四願，善知四心，攝一切心，一切心即是一心，亦不得一心而具一切心，是名清淨菩提之心。

因此心生，得名菩薩，故《摩訶衍論》偈說：

若初發心時，誓願當作佛，

已過於世間，應受世供養。

第二，正明菩薩行人修禪所為者。菩薩摩訶薩，既已發菩提心，思惟為欲滿足四弘誓願，必須行菩薩道。

所以者何？有願而無行，如欲度人彼岸，不肯備於船筏，當知常在此岸，終不得度。如病者須藥，得而不服，當知病者，必定不差。如貧須珍寶，見而不取，當知常弊窮乏。如欲遠行而不涉路，當知此人，不至所在。菩薩發四弘誓，不修四行，亦復如是。

復作是念，我今住何法門修菩薩道，能得疾滿如此四願？即知住深禪定，能滿四願。何以故？如無六通[14]四辯[15]，以何等法而度眾生？若修六通，非禪不發。故經言：「深修禪定，得五神通[16]。欲斷煩惱，非禪不智。從禪發慧，能斷結使[17]，無定之慧，如風中燈。」

欲知法門，當知一切功德智慧，並在禪中。如《摩訶衍論》云：「若諸佛成道，起轉法輪，入般涅槃，所有種種功德，悉在禪中。」復次，菩薩入無量義處三昧[18]，一心具足萬行，能知一切無量法門。若欲具足無上佛道，不修禪定，尚不能得色無色界，及三乘道，何況能得無上菩提[19]？當知欲證無上妙覺[20]，必須先入金剛三昧[21]，而諸佛法乃現在前。菩薩如是深心思惟，審知禪定，能滿四願。

如《摩訶衍》偈說：

禪為利智藏，功德之福田。
禪如清淨水，能洗諸欲塵。
禪為金剛鎧，能遮煩惱箭。
雖未得無為，涅槃分已得。
得金剛三昧，摧碎結使山。
得六神通力，能度無量人。
囂塵蔽天日，大雨能淹之。
覺觀[22]風動之，禪定能滅之。

此偈所說，即證因修禪，定滿足四願。

問曰：菩薩若欲滿足四弘誓願，應當遍行十波羅蜜[23]，何得獨讚禪定？

答曰：前四義劣，後五因禪。今則處中而說。所以者何？菩薩修禪，即能具足增上四度，下五亦然。

如菩薩發心為修禪故，一切家業，內外皆捨，不惜身命，寂然閑居，無所慳吝，是名大捨。復次，菩薩為修禪故，身心不動，關閉六情㉔，惡無從入，名大持戒。復次，菩薩為修禪故，能忍難忍，謂一切榮辱皆能安忍，設為眾惡來加，恐障三昧，不生瞋惱，名為忍辱。復次，菩薩為修禪故，一心專精進，設身疲苦，終不退息，如鑽火之喻。常坐不臥，攝諸亂意，未嘗放逸，設復經年無證，亦不退沒，是為難行之事，即是大精進也。故知修禪因緣，雖不作意別行四度㉕，四度自成。

復次，菩薩因修禪定，具足般若波羅蜜㉖者。菩薩修禪，一心正住，心在定故，能知世間生滅法相，智慧勇發，如石中泉。故《摩訶衍》偈說：

般若波羅蜜，實法不顛倒。
念想觀已除，言語法皆滅。
無量眾罪除，清淨心常一。
如是尊妙人，則能見般若。

復次，因禪具足方便波羅蜜者。一切方便善巧，要須見機，若不入深禪定，云何能見得明見根性，起諸方便引接眾生？復次，因禪具足力波羅蜜者。一切自在變現，諸神通力，皆藉禪發，具如前辨。

復次，因禪具足願波羅蜜者。如《摩訶衍》中說：「菩薩禪定，如阿修羅琴㉗，當知即是大願成就之相。」復次，因禪具足智波羅蜜者。若一切智、道種智、一切種智㉘，非定不發，其義可見。行者善修禪故，即便成就十波羅蜜，滿足萬行，一切法門。是故菩薩，欲具一切願行諸波羅蜜，要修禪定，是事如《摩訶衍論》中說。

問曰：菩薩之法，正以度眾生為事，何故獨處空山，棄捨眾生，閑居自善？

答曰：菩薩身雖捨離，而心不捨，如人有病，將身服藥，暫息事業，病差則修業如故。菩薩亦爾。身雖暫捨眾生，而心常憐愍，於閑靜處，服禪定藥，得實智慧，除煩惱病，起六神足㉙，還生六道，廣度眾生。

以如是等種種因緣，菩薩摩訶薩，發意修禪波羅蜜，心如金剛，天魔㉚、外道，及諸二乘，無能沮壞。

【章旨】首先，說明了誤入禪修歧路的十類人，由於他們缺乏大悲正觀，發心不正，所以，皆落在邪僻之途，不能與禪波羅蜜相應，不能了達佛法真義。其次，說明了菩薩發心修行，是為了救度眾生。菩薩的修行，發四大弘願，行四大弘願。所以，菩薩的修行，才能圓滿成就佛道，才能圓滿具足一切功德。再次，菩薩只要專心修習禪波羅蜜，就能圓滿萬行，通達萬法，就能滿足四大弘願。

【注釋】❶地獄　六道中最苦的地方，因為地獄的位置，在六道中屬於最下層，所以叫做地獄。❷鬼神　鬼是六道眾生之一。作為六道眾生之一的鬼，亦有種種的差別，福報差的叫無財鬼，時常沒有得吃，所以也叫餓鬼；有些雖有飲食，但是不夠，叫少財鬼；有些福報大，常得飲食，叫多財鬼。神是天龍八部的通稱。天龍八部包括：天、龍、夜叉、乾闥婆、阿修羅、迦樓羅、緊那羅、摩睺羅伽。❸修羅　亦名阿修羅，意譯為「非天」，這是因為，阿修羅有天之福而無天之德，似天而非天。阿修羅亦翻譯為「無端」，這是因為，阿修羅的容貌很醜陋。阿修羅生性好鬥，常與帝釋天作戰。❹六欲天　在欲界，有六種天，故名六欲天。六種天包括：四天王天、忉利天、夜摩天、兜率天、樂變化天、他化自在天。❺魔羅　簡稱「魔」，意譯為奪命、障礙、擾亂、破壞等，亦即能害人性命，障礙擾亂人們的修行。欲界第六天之天主即是魔王。〈分別禪波羅蜜前方便第六之四．明魔事〉中有詳細解釋。參見本書第三一一頁。❻外道　以究竟了義的佛教而觀之，心外求法，即是外道。以俗情意義上的佛教而觀之，佛教之外的道法，即是外道。❼色無色界　亦即色界，無色界。色界又作色天、色行天，乃有淨妙色質的器世界，在「欲界」之上。色界眾生，雖無淫欲，不著穢惡之法，然而，色界眾生尚為清淨微細的色法所繫縛。無色界又作無色天，與欲界、色界共稱三界。即指超越有形物質的世界。❽涅槃　即不生不滅之性體，亦如來法身，亦眾生佛性。涅者不生，槃者不滅。❾二乘　指聲聞乘和緣覺乘。凡是修習四諦法門而悟道的人，都叫做聲聞乘。凡是修習十二因緣而悟道的人，都叫做緣覺乘。❿菩薩　菩提薩埵的簡稱，華譯為覺有情，就是覺悟了的有情，也就是上求佛道、下化眾生的大修行之人。⓫中道正觀　不著二邊，不住中間，二邊中間，處處無礙，如此之行，即是中道。不住著於有見，不住著於空見，空有二邊齊舍，即是正觀。著相之行，即非中道。著相之觀，即非正觀。⓬諸法實相　諸法，亦即世間與出世間的一切法相，也是世間差別之現象。實相，亦即萬法之源，諸相之體。⓭四諦　又名四真諦，四聖諦或四諦法，即苦諦、集諦、滅諦、道諦。苦諦是說明人生多苦的真理，人生有三苦，八苦，無量諸苦，苦是現實宇宙人生的真相。集諦的集是集起的意思，是說明人生的痛苦是怎樣產生的，人生的痛苦是由於凡夫自身的愚癡無明，和貪欲瞋恚等煩惱的掀動，而去造作種種的不善業，結果才會招集種種的痛苦。滅諦是說明涅槃境界才是多苦的人生最理想最究竟的歸宿的真理，因涅槃是常住、安樂、寂靜的境界。道諦是說明人要修道才能證得涅槃的真理。⓮六通　指六種神通。六通包括：神足通、天耳通、他心通、宿命通、天眼通、漏盡通。〈釋禪波羅蜜修證第七之六．釋六神通〉中有詳細解釋。參見本書第六八一頁。⓯四辯　亦即四無礙智，又名四無礙解，或四無礙辯，主要包括：法無礙智、義無礙智、詞無礙智、樂說無礙。法無礙智是指通達諸法的名字，分別無滯。義無礙智是指了知諸法之理，通達無礙。詞無礙智是指通曉各種言語，能夠隨意演說。樂說無礙是指辯說法義，圓融無滯，為眾生樂說法要，自在無礙。⑯五神通　又名五通，或五神變，即天眼通、天耳通、他心通、宿命通、神足通。⑰結使　煩惱之異稱。諸煩惱纏縛眾生，使眾生不得出離生死，故稱結；驅役而惱亂眾生，故稱使。⑱無量義處三昧　即諸佛所住之三昧。無量義處，即指無量法門、無量義理的所依之處。換言之，亦即萬法之本源。三昧即指正覺智慧。⑲無上菩提　佛、緣覺、聲聞，各於其果位所獲得的智慧，稱為菩提。佛的智慧最為無上，最為究竟，所以叫做無上菩提。無上菩提又作諸佛菩提、阿耨多羅三藐三菩提、無上正等菩提、大菩提。⑳無上妙覺　諸佛所證「淨妙覺體」，最為殊勝，最為無上，所以叫做無上妙覺。㉑金剛三昧　又名金剛定，即菩薩於最後位時，斷除最後一切最細微的煩惱而獲得的禪定。㉒覺觀　新譯作尋伺。覺，尋求推度之意，即對事理之粗略思考。觀，即細心思惟諸法名義等之精神作用。二者皆為妨礙第二禪以上之定心者，若持續作用，則身心勞損，正念旁落，故又為隨煩惱之一。依此覺觀之有無，能判別定心之淺深。㉓十波羅蜜　菩薩到達大涅槃所必備之十種勝行。全稱十波羅蜜多。又作十勝行，或譯為十度、十到彼岸。一、施波羅蜜，有財施、法施、無畏施三種。二、戒波羅蜜，持戒而常自省。三、忍波羅蜜，忍耐迫害。四、精進波羅蜜，精勵進修而不懈怠。五、禪波羅蜜，攝持內意，使心安定。六、般若波羅蜜，開發真實智慧，曉了諸法實相。七、方便波羅蜜，以種種方便方法，啟發智慧。八、願波羅蜜，常持願心，並付諸實現。九、力波羅蜜，培養實踐善行、判別真偽的能力。十、智波羅蜜，能了知一切法的智慧。㉔六情　眼、耳、鼻、舌、身、意等六根，對色聲香味觸法等六塵，所生出的六種情識──眼識、耳識、鼻識、舌識、身識、意識，叫做六情。㉕四度　布施、持戒、忍辱、精進。㉖般若波羅蜜　乘坐智慧之舟船，到達覺悟之彼岸。般若即大智慧，波羅蜜即到彼岸。㉗阿修羅琴　阿修羅持有的一種琴，能夠隨緣而出妙音。在這裡，用阿修羅琴比喻菩薩的智慧，能夠隨緣而生妙智，利樂一切眾生。㉘一切智道種智一切種智　一、一切智，聲聞緣覺之智也。知一切法之總相者。總相即空相也。二、道種智，菩薩之智也。知一切種種差別之道法者。三、一切種智，佛智也。通達總相與別相。㉙起六神足　即發起了六種神通，無一缺少。起，即發起。六神，即六神通。足，即全部、無一遺漏。㉚天魔　天子魔的簡稱，即欲界第六天魔王波旬，他有無數眷屬，時常障礙佛道。

【語　譯】現在，說明菩薩修行禪波羅蜜。分為兩部分來講。一、辨明禪修的歧路。二、說明禪修的正途。

第一，辨明禪修的歧路。有十種修行的人，由於發心不同，大都落在禪修的歧路，未能進入禪修的正路。落在禪修歧路的這十種人，主要包括哪些呢？一、為了獲得物質供養而發心修禪的人，大都落在地獄道。二、用心不正，為了名聲顯赫、受人讚歎而發心修禪的人，大都落在鬼神道。三、為了獲得信眾而發心修禪的人，大都落在畜生道。四、為了爭強好勝而發心修禪的人，大都落在修羅道。五、為了逃避三惡道的苦報，志求息滅不善業，懷著這種動機而發心修禪的人，大都落到人道。六、為了獲得善心安樂而發心修禪的人，大都落在六欲天界。七、為了滿足勢力欲望而發心修禪的人，大都落在天魔外道。八、為了獲得神通靈驗而發心修禪的人，大都落在神通外道。九、為了生到梵天而發心修禪的人，大都落在色界或無色界。十、為了解脫老病死苦，獲得涅槃之樂，懷著這種動機而發心修禪的人，大都落在有餘涅槃。

以上所說的這十種人，各自的善惡心機不同，各自的纏縛與解脫也不同，由於他們缺乏大悲正觀，發心不正，所以，皆落在兩邊，未達中道了義。若用這十種不正確的動機修禪，則永遠不能與禪波羅蜜法門相應。

第二，說明菩薩修行禪波羅蜜的大意。可分二方面來講。一、說明菩薩發心的情形。二、說明菩薩修禪的情形。

第一，怎樣才是菩薩發心的情形呢？也就是菩薩發心，應該發菩提之心。所謂菩提心，也就是菩薩以中道正觀，以諸法實相，憐憫一切眾生，生起大悲之心，發出四大弘願。什麼是四大弘願呢？第一，尚未得度的眾生，令其得度，也叫做「眾生無邊誓願度」。第二，尚未得解脫的眾生，令其解脫，也叫做「煩惱無數誓願斷」。第三，尚未獲得安樂的眾生，令其獲得安樂，也叫做「法門無盡誓願知」。第四，尚未獲得涅槃的眾生，令其獲得涅槃，也叫做「無上佛道誓願成」。

菩薩所發的這四弘願，是與四諦法門相對應的，所以《纓絡經》上說：「未度苦諦的眾生，令其度脫苦諦。未得解脫的眾生，令其獲得解脫。未安住道諦的眾生，令其安住道諦。未證得滅諦的眾生，令其證得滅諦。」這四種法，若是在二乘人的心中，只具四諦之義理，而無弘願之內涵。從法相緣起上來說，四諦法門所講的道理，亦是沒有錯謬的。

若在菩薩心中，四諦法門更有深刻的含義，為什麼這樣說呢？這是因為，菩薩雖然知道四諦法門畢竟空寂，然而，為了利益眾生，菩薩善巧方便地運用四大弘願，心量廣大，所以稱為「弘」。菩薩憐憫眾生，志求四大弘願，心如金剛，永不退失，志求圓滿，所以稱為「誓願」。修行禪波羅蜜的人，若能完全地發起四大弘願，知道四大弘願包羅萬法，萬法不出一心，也不執著於一心包羅萬法，這就叫做清淨的菩提之心。由於生出了清淨的菩提之心，所以稱為菩薩，所以《大智度論》中的偈語說：

初發心之時，誓願成佛道，

此人已稀有，應受世間供。

第二，說明菩薩應該如何修行禪波羅蜜。既然菩薩已經發了菩提之心，為了實現自己所發下的四大弘願，就必須行菩薩道。

為什麼呢？這是因為，有願望而無實行，就好像度人到彼岸，若不肯用舟船的話，則永遠在此岸，不達彼岸。就好像病人需服藥，若得到了藥，而不服用的話，則病永遠不會痊癒。就好像貧人需用寶，若見到了稀世珍寶，而不肯取用的話，則永遠處於貧窮。就好像想遠行的人，若不肯上路的話，這個人就永遠不能到達他想去的地方。菩薩發下了四大弘願，若不實行四大弘願，也是這樣。

菩薩行人應作這樣的思惟：我用怎樣的法門修行菩薩道，才能迅速地滿足四大弘願呢？行者這時就會知道，唯有修習甚深禪定，才能迅速地滿足四大弘願。為什麼呢？這是因為，若沒有六種神通與四種辯才，又用什麼方法救度眾生呢？若要修習六種神通，離開禪定是辦不到的。所以佛經上說：「修行甚深禪定，才能獲得五種神通。若要斷除煩惱，除了禪定，那是辦不到的。禪定能夠生出智慧，禪定能夠斷除煩惱。沒有禪定的聰慧，就像風中的油燈。」

若欲知道修行的法門，就應當深入禪定，這是因為，一切功德智慧，無不因禪而發，就像《大智度論》中所說：「諸佛成道，轉大法輪，普度眾生，入般涅槃，一切功德，盡在禪中。」菩薩深入無量義處三昧，一心具足萬行，能夠知道無量法門。若欲成就無上佛道，不修禪定，尚且不能證得色界、無色界，以及三乘道果，更何況證得無上菩提呢？我們應該知道，要想證得無上妙覺，必須深入金剛三昧，諸佛妙法，方得現前。菩薩如是深心思惟，唯有深入禪定，方能滿足四大弘願，就像《大智度論》中的偈語所說：

禪是智慧寶藏，亦是功德福田。
禪如清淨泉水，能滌妄想塵垢。
禪是金剛鎧甲，能斷煩惱毒箭。
雖未證得無為，涅槃已得有分。
獲得金剛三昧，摧毀業識妄纏。
證得六種神通，化度無量眾生。
煩惱塵垢蔽日，貪心愛水淹沒。
覺觀風動不止，禪定能夠滅之。

這首偈說明了，只有禪修禪定，才能滿足四大弘願。

問：菩薩若想滿足自己的四大弘願，應當修習十波羅蜜，為什麼您唯獨稱讚禪波羅蜜呢？

答：十波羅蜜的前四義，相對來說比較低劣，十波羅蜜的後五義，全都因禪波羅蜜而有，今天處中而說，只說禪波羅蜜。為什麼只說禪波羅蜜呢？這是因為，菩薩修習禪波羅蜜，既能包含十波羅蜜中的前四種波羅蜜，亦能開發十波羅蜜中的後五種波羅蜜。

若菩薩發心修習禪波羅蜜，身心內外，統體放下，無掛無礙，寂然閑居，無所住著。菩薩如此修行，即是大捨。菩薩修習禪定，身心不動，六情無作，一切惡緣，無從得入，菩薩如此修行，即是大持戒。菩薩修習禪定，能夠忍受一切難忍之事，面對榮辱，泰然處之，即使以眾惡相加，菩薩恐怕障礙三昧，所以，不生瞋恚與惱怒。菩薩如此修行，即是忍辱。菩薩修習禪定，一心一意，精進無懈，即使身心疲苦，終不生退轉之心，猶如鑽木取火，不敢暫歇。菩薩常坐不臥，攝諸亂心，絲毫不懈，即使歷年修行而未曾證悟，亦絕不生退轉之心。這就是菩薩行難行之事，這就是菩薩的大精進。因此，菩薩修禪波羅蜜，雖然沒有特別地行持布施、持戒、忍辱、精進，其實，亦能自然地成就布施、持戒、忍辱、精進這四種波羅蜜。

菩薩修習禪定，能夠具足般若波羅蜜。這是因為，菩薩修習禪定，一心不亂，心在定中，所以，善知世間法相，智慧泉湧，猶如石中甘泉，所以，《大智度論》中的偈語說：

無上般若波羅蜜，諸法實相無顛倒。

妄想覺觀已消除，法相言語亦寂滅。

無量惡業已消除，自性清淨心常一。

證得如是妙境界，即是般若波羅蜜。

菩薩修習禪定，能夠具足方便波羅蜜。一切方便教化，必須識得眾生根機，若不深入禪定，又如何能識得眾生根機呢？又如何能方便教化眾生呢？菩薩修習禪定，能夠具足力波羅蜜。一切神通妙用，只有借助禪定，才能得以開發，就像前面所說的那樣。

菩薩修習禪定，能夠具足願波羅蜜，就像《大智度論》中所說：「菩薩的禪定，就像阿修羅的琴，能夠隨緣出妙音，菩薩的禪定成就，亦能應眾生根機，演出無上的妙法。」我們應該知道，這就是菩薩的大願成就之相。菩薩修習禪定，能夠具足智波羅蜜。一切智、道種智，以及一切種智，若不借助於禪定，便不能獲得開發，這其中的道理，也是顯而易見的。行者善於修習禪定，就能成就十種波羅蜜，圓滿萬行，通達萬法。所以，菩薩若想具足一切願行波羅蜜，就應該修習禪定，就像《大智度論》中所說的那樣。

問：菩薩修行，應當以度眾生為職責，為什麼要獨處空山、捨棄眾生、獨善其身呢？

答：菩薩修習禪定時，雖然在外表上離開了眾生，然而，菩薩的心，卻未曾捨棄眾生，就像有病的人，暫停事業，服藥療疾，待病得痊癒之後，則依然勤做事業。菩薩修習禪定，亦是這個道理，雖然在外表上暫時離開了眾生，然而，內心卻時常憐憫眾生，菩薩閑居靜處，服禪定之藥，開真實智慧，斷煩惱眾病，具足六種神通，然後再回入六趣，普度眾生。

由於種種的原因，大心菩薩，立志修習禪波羅蜜，心如金剛一樣堅固，一切天魔外道，以及二乘行人，無能毀壞。

【說　明】修行禪波羅蜜，在因地上要正。若在因地上不正，將來在果地上也會不正。所以說，發心修禪，若欲成就無上正等正覺，就應該像菩薩那樣，發四大弘願，利益一切眾生，具足一切功德，將來才能獲得圓滿的成就。

釋禪波羅蜜名第二

今釋禪波羅蜜名。略為三意。一、先簡別共、不共名。二、翻譯。三、料簡❶。

第一，簡別共、不共名。即為二意。一、共名。二、不共名。

共名者，如禪一字，凡夫，外道，二乘，菩薩，諸佛，所得禪定，通得名禪，故名為共。

不共名者，波羅蜜三字，名到彼岸，此但據菩薩諸佛故。《摩訶衍論》云：「禪在菩薩心中，名波羅蜜，是名不共。」所以者何？凡夫著愛，外道著見，二乘無大悲方便，不能盡修一切禪定，是以不得受到彼岸名。故言波羅蜜，即是不共。

復次，禪名四禪，凡夫，外道，二乘，菩薩，諸佛，同得此定，故名為共。波羅蜜名度無極，此獨菩薩諸佛。因禪能通達中道佛性❷，出生九種大禪❸，得大涅槃❹，不與凡夫二乘共故，波羅蜜者，名為不共。

通而為論，即無勞分別。所以者何？禪自有共禪不共禪。波羅蜜亦爾，有共不共故。《摩訶衍論》云：「天竺語法，凡所作事竟，皆名波羅蜜。」

【章　旨】解釋了禪波羅蜜的共名與不共名。諸佛菩薩與凡夫、外道、二乘，共同使用「禪」這個名字，所以，「禪」屬於「共名」。「波羅蜜」乃諸佛菩薩的獨到之處，凡夫、外道、二乘所不能，所以，「波羅蜜」屬於「不共名」。

【注　釋】❶料簡　又作料揀、了簡、量簡、量見、料見。指善能分別選擇正法。蓋此語散見於諸家之章疏中，但用法、含義則不同。一、以種種觀點來論究之意，即以問答方式作精密之議論。二、臨濟義玄開示學人的四種方法：奪人不奪境，奪境不奪人，人境俱奪，人境俱不奪等四料簡。此時，此四料簡為真如實相之四種範疇之意。三、日本天台宗用語。由於經文間有彼此矛盾相反者，故設法為之調和而解釋說明，稱為料簡。四、一般乃轉指理解、寬宥之意。此處的料簡，應該是第一種含義。❷中道佛性　諸佛之法身，眾生之性體。❸九種大禪　即自性禪、一切禪、難禪、一切門禪、善人禪、一切行禪、除煩惱禪、此世他世樂禪、清淨淨禪等九種。大禪，即大乘禪法，共有九種，故云九種大禪。此等禪法為菩薩不共的深廣禪法，不是小乘人所修，故稱為大禪。❹大涅槃　涅槃分為有餘涅槃與無餘涅槃，有餘涅槃為二乘人所得。無餘涅槃為三世諸佛所得。這裡的「大涅槃」即是指「無餘涅槃」。

【語　譯】現在我們來解釋禪波羅蜜的名字。大略分為三部分。一、解釋「禪波羅蜜」的共名與不共名。二、翻譯「禪波羅蜜」的含義。三、概括「禪波羅蜜」的歸宗義趣。

第一，解釋「禪波羅蜜」的共名與不共名。分為二部分。一、解釋「禪波羅蜜」的共名。二、解釋「禪波羅蜜」的不共名。

所謂共名，譬如「禪」這個字，凡夫、外道、二乘、菩薩、諸佛，他們所得的禪定，都叫做「禪」，所以稱為「共名」。

所謂不共名，「波羅蜜」三字，叫做「到彼岸」，只有菩薩與佛的禪定，才可以叫做「波羅蜜」。《大智度論》中說：「禪在菩薩心中，名為波羅蜜，亦名不共名。」為什麼說「波羅蜜」是「不共名」呢？這是因為，凡夫貪著愛欲，外道貪著知見，小乘缺乏慈悲方便，亦不能通達一切禪定諸法，所以，凡夫、外道及二乘人的禪定，不能稱為「到彼岸」。所以說，「波羅蜜」是「不共名」。

禪叫做「四禪」，凡夫、外道、二乘及諸佛菩薩，同得這種禪定，所以，稱為「共名」。「波羅蜜」名為「度無極」，這種禪定，唯獨諸佛菩薩能之。因為禪定能夠通達諸佛法身，能夠生出九種大禪，能夠獲得究竟涅槃，諸佛菩薩的這種「禪」，與凡夫、外道、二乘的「禪」不同，所以，「波羅蜜」是「不共名」。

若是通觀而論的話，也是用不著這樣分別的。為什麼呢？這是因為，禪本來就有共與不共的差別。波羅蜜亦有共與不共的差別。《大智度論》說：「在印度語中，凡是做完了一件事，都叫做『波羅蜜』。」

【說明】禪定修行，並不是佛門所獨有。只有「覺悟到彼岸」，才是佛門所獨有。所以，佛門有種種法門，然而，種種法門的歸宗義趣，唯在「覺悟到彼岸」。「覺悟到彼岸」是佛門的獨到之處。

第二翻釋。即為二意。一、翻釋共名。二、翻釋不共名。

第一，先翻釋共名。共名者，即是禪也。亦為二意。一、正翻名。二者、解釋。

第一，先翻共名者。禪是外國之言，此間翻則不定。今略出三翻。一、《摩訶衍論》中翻禪，秦言思惟修。二、舉例往翻。如檀波羅蜜，此言布施度，禪波羅蜜，此言定度。故知用定以翻禪。三、阿毘曇❶中，用功德叢林以翻禪。

第二，釋此三翻。即作二意。一別。二通。

若釋別翻，思惟修者，此可對因。何以故？思惟是籌量之念。修是專心研習之名，故以對修因。

翻禪為定者，此可對果。何以故？定名靜默，行人離散求靜，既得靜住。訓本所習，故以對果。

翻禪為功德叢林者，此可通對因果。如功是功夫，所以對因。積功成德，可以對果。如萬行對因，萬德對果。因果合翻，故名功德叢林者。譬顯功德非一。所以然者？如多草共聚名為叢，眾樹相依名為林。草叢小故，可以譬於因中之功小。林木大故，可以對果上之德大。此而推之，功德叢林，通對因果，於義則便。

第二，通釋。禪三翻並對因果。所以者何？如思惟修，雖言據因，亦得對果。何以故？定中靜慮即是思惟。乘上益下，故名為修。此可以數人❷九修❸中，乘上修義為類，故於果中亦得說思惟。

因中亦得說定者。如十大地心數❹，散心尚得言定，何況行者專心斂念，守一不散而不名定？故知，因中亦得說定。因中亦得名功德叢林者。因中功義，前已說之。由運功故，即成行因之德。果中德義，說亦如前。所言功者，即是功用。果上有寂靜離過，神通變化益物之用，故名為功。因之與果，悉是眾善功德之所成故，通言功德叢林。

復次，諸經論中，翻名立義不同。或言禪名棄惡，或言疾大疾住大住。如是處不同，不可偏執。

第二，翻釋不共名。不共名者，即是波羅蜜。亦為二意。一者、翻名。二者、解釋。

就第一翻名中，略出三翻不同。一者、諸經論中，多翻為到彼岸。二、《摩訶衍論》中，別翻云事究竟。三、《瑞應經》中，翻云度無極。

第二，釋此三翻。亦為二意。一別，二通。此皆對事理名義。

第一，別釋。言到彼岸者，生死為此岸，涅槃為彼岸，煩惱為中流，菩薩以無相妙慧[5]，乘禪定舟航，從生死此岸，度涅槃彼岸。故知約理定，以明波羅蜜。言事究竟者。即是菩薩大悲為眾生，遍修一切事行滿足，故《摩訶衍》云：「菩薩因禪能究竟眾事，禪在菩薩心中，名波羅蜜。」此據事行說波羅蜜。言度無極者，通論事理，悉有幽遠之義。合而言之，故云度無極。此約事理行滿說波羅蜜。

第二，通釋三翻。並得同對事理，俱隨緣化物，故立異名。所以者何？若言無相之慧，能度生死，故為理行者。今言理中，有佛無佛，性相常然[6]，豈論無相之慧，能度生死，終是就事作此說也。事究竟，亦是從理立名者。若緣理而起事行，當知說事究竟，亦是約理名波羅蜜。度無極，亦未必一向就事理。無極名波羅蜜。所以者何？諸佛隨緣利物，出沒不定無極，或時對事，或時對理，豈有定準？

當知三名理事互通，未必偏有所屬，餘例可知。釋波羅蜜義，至下第十結會歸趣中，自當廣明。

【章　旨】首先，介紹了關於「禪」的幾種翻譯。第一，把「禪」翻譯成「思惟修」。第二，把「禪」翻譯成「定」。第三，把「禪」翻譯成「功德叢林」。同時，從通觀與別觀的角度上，解釋了「禪」的含義。其次，介紹了「波羅蜜」的幾種翻譯。第一，把「波羅蜜」翻譯成「到彼岸」。第二，把「波羅蜜」翻譯成「事究竟」。第三，把「波羅蜜」翻譯成「度無極」。同時，從通觀與別觀的角度上，解釋了「波羅蜜」的含義。

【注　釋】❶阿毘曇　意譯為對法、大法、無比法、向法、勝法、論。與經、律合稱為三藏（佛教聖典之總稱）。❷數人（流派）薩婆多部（即一切有部）之異名也。主論法數，故曰數人。❸九修　是指九無間道的修行。九無間道是指，正斷煩惱位之九無漏道。又作九無礙道。間，即礙或隔之義。無間，謂觀真智理，不為惑所間礙（隔）。煩惱尚存，於後念得擇滅之理，故煩惱與擇滅間更無間隔，稱無間。由此至涅槃，故稱道。三界分為九地，九地一一有修惑、見惑。一地之修惑又分九品斷之，每斷一品惑，各有無間、解脫二道。即正斷煩惱之位為無間道；斷後相續所得之智為解脫道。修惑於各地立有九品，故能對治之道亦有九品，稱九無間道、九解脫道。又無學之聖者，鍊根轉種性時，亦有九無間、九解脫。❹心數　又作心所、心所有法、心所法、心數法，總之，心中的所有的法相，皆屬於心數的範疇。心數從屬於心王，乃五位之一，心數與心王相應，同時存在。❺無相妙慧　靈明覺知真性體，無形無相真實相，所以叫做無相。隨緣生出無量法，隨緣應世妙作用，所以叫做妙慧。❻有佛無佛二句　無論是有佛出世，還是無佛出世，無相真性之佛，不生亦不滅，故謂之常然。此無相真性之佛，才是不生不滅、不出不入的真佛，亦是大地眾生皆具之智慧德相。

【語　譯】第二，翻譯解釋禪波羅蜜的含義。分為二部分來講。一、翻譯解釋共名的含義。二、翻譯解釋不共名的含義。

第一，首先翻譯解釋共名的含義。所謂「共名」，就是指「禪」。分為二部分來講。一、翻譯名字。二、解釋名字。

第一，先翻譯共名。「禪」是外國名字，漢語翻譯，亦有幾種不同。我們大致列出三種翻譯。一、《大智度論》中名之為「禪」，漢語翻譯成「思惟修」。二、舉例以往翻譯。譬如「檀波羅蜜」，就是「布施度」的意思。禪波羅蜜，就是「禪定得度」的意思，所以，把「禪」翻譯成「定」。三、在阿毘曇中，把「禪」翻譯成「功德叢林」。

第二，解釋三種翻譯的內涵。分為二部分。一、從個別的角度解釋。二、從通觀的角度解釋。

第一，從個別角度來看，把「禪」翻譯成「思惟修」，這是針對著因地來翻譯的，為什麼呢？這樣是因為，思惟是心理籌劃的意思。修是專心研究的意思。所以說，把「禪」翻譯成「思惟修」，這是針對著因地來翻譯的。

把「禪」翻譯成「定」，這是針對著果地來翻譯的。為什麼呢？這是因為，「定」亦名寂靜，行人捨棄散亂，求取寂靜，就能住於寂靜的境界。依照修行的目的來說，把「禪」翻譯成「定」，這是針對著果地來翻譯的。

把「禪」翻譯成「功德叢林」，這種翻譯方法，兼顧因果。譬如功就是功夫，這是針對著因地來翻譯的。積累功夫，成就德業，這是針對著果地來翻譯的，譬如萬行是因，由萬行所成就的萬德即是果。因果同翻，所以，叫做「功德叢林」。這種翻譯方法，顯示了功與德的不同。為什麼呢？就像眾草聚集在一起，就可以稱之為「叢」，眾樹聚集在一起，就可以稱之為「林」。草叢小的緣故，可以比作因地上的功小。樹林大的緣故，可以比作果地上的德大。由此看來，功德叢林，兼具因果，亦是用來方便表義的。

第二，從通觀的角度解釋。以上的三種翻譯，皆包因含果。為什麼這樣說呢？譬如思惟修，雖然說是針對著因地來翻譯的，其實，亦是包含著果地的，為什麼這樣說呢？這是因為，定中的靜慮，就是禪修的思惟。在定中體察事相，所以稱為「修」，一切有部修九無間道而獲得九解脫道，這就是在果地上修持因地上的事相，所以，從果地上也可以說思惟。

從因地上也可以說定，譬如十大地心數中，散心尚可稱之為「定」，更何況修行人的斂念收心、守一不散？所以說，即使在因地上，也是可以名之為「定」的。從因地上亦可以說功德叢林。從因地上說「功」，在前面已經說過。由於運行功夫的緣故，成就「用功」之「德」。在果地上說「德」，前面也已經說過。我們所說的「功」，即是指「功用」。在果地上具有寂靜離過、神通變化等功用，所以稱之為「功」。因與果都是眾善功德所成就的，所以，都可以稱為「功德叢林」。

在各種經論中，翻譯「禪」的名字時，取義的角度不同。有的人把「禪」翻譯成「棄惡」，有的人把「禪」翻譯成「疾」，或大疾，住，或大住。禪名翻譯，有這樣的不同，我們不可偏執。

第二，翻譯禪的不共名。禪的不共名就是「波羅蜜」。分為二部分來講。一、翻譯波羅蜜的名字，二、解釋波羅蜜的含義。

第一，翻譯波羅蜜的名字。有三種翻譯。一、在各種經論中，大都把「波羅蜜」翻譯成「到彼岸」。二、在《大智度論》中，把「波羅蜜」翻譯成「事究竟」。三、在《瑞應經》中，把「波羅蜜」翻譯成「度無極」。

第二，解釋波羅蜜的含義。可以分為二部分。一、從個別的角度解釋波羅蜜的含義；二、從通觀的角度解釋波羅蜜的含義。分別解釋與通觀釋禪，這二種解釋，都是針對著「事相與理體、名相與含義」而講的。

第一，分別解釋三種翻譯。所謂「到彼岸」，生死是此岸，涅槃是彼岸，中流是煩惱。菩薩以無相妙慧，乘坐般若舟船，從生死此岸，到達涅槃彼岸，這是從理體上來解釋波羅蜜。所謂「事究竟」，就是說大慈大悲的菩薩，為了救度眾生，廣修一切法門，已達究竟圓滿，所以，《大智度論》中說：「菩薩因為修禪定，所以能夠圓滿功德，禪在菩薩心中，叫做『波羅蜜』。」這是從事相上來解釋「波羅蜜」。所謂「度無極」，既通事相，亦達理體，皆有深遠的含義，合而稱之，所以叫做「度無極」。這是從事相理體皆得圓滿這個意義上來解釋「波羅蜜」的。

第二，通觀解釋三種翻譯。波羅蜜的三種翻譯——到彼岸，事究竟，度無極，每一種翻譯，皆兼具理事，隨緣教化，所以，建立三種不同的名字。為什麼呢？這是因為，若說「無相智慧能度生死」，這是就道理上來說的。現在，我們站在無相理體上來看，無論是有佛，還是無佛，性相常然，若說「無相智慧能夠度脫生死」，這種說法，畢竟還是從事相上來說的。事究竟亦是從道理上而立名的，若依理而行，我們應該知道，把「波羅蜜」解釋成「事究竟」，亦是從道理上來說的。至於「度無極」，亦未必一向都是理事並舉。無極叫做波羅蜜。為什麼呢？諸佛隨緣利物，對根當機，無有定說，有時針對著事而說，有時針對著理而說，哪裡有什麼固定不變的說法呢？

我們要知道，波羅蜜的這三種翻譯，理體與事相是互通的，未必偏於某一方面，「波羅蜜」的其他翻譯，亦是理事互通的。關於波羅蜜的含義，在後面的第十〈結會禪波羅蜜歸趣〉中，我們自然會詳加說明。

【說明】關於「禪」，有各種不同的翻譯，有人把「禪」翻譯成「思惟修」，有人把「禪」翻譯成「定」，有人把「禪」翻譯成「功德叢林」。我們對禪的理解，不可有偏執，應該全面地理解「禪」的含義。禪與波羅蜜，只是一種方便修行與指歸，禪與波羅蜜的真正用意，並不在文字上，而在於心靈的覺悟。實現了心靈的覺悟，才是真正的禪波羅蜜。

第三，料簡❶。如《摩訶衍論》中云。

問曰：背捨❷、勝處❸、一切處❹等，何故不名波羅蜜，獨稱禪為波羅蜜？

答曰：禪最大如王。言禪波羅蜜者，一切皆攝。是四禪❺中，有八背捨，八勝處，十一切處，四無量心❻，五神通❼，鍊禪❽，自在定❾，十四變化心❿，無諍三昧⓫，願智頂禪⓬，首楞嚴⓭等諸三昧，百則有八，諸佛不動等，百則二十，皆在禪中，若諸佛成道，轉法輪，入涅槃，所有勝妙功德，悉在禪中。說禪則攝一切，若說餘定，則有所不攝，故禪名波羅蜜。

復次，四禪中，智定等，故說波羅蜜。未到地⓮、中間禪⓯，智多而定少。四無色⓰，定多而智少，如車輪一強一弱，則不任載。四禪智定等，故說波羅蜜。

復次，約禪說波羅蜜，則攝一切諸定。所以者何？禪秦言思惟修，此諸定悉是思惟修功德故，當知諸定悉得受波羅蜜名，如《大品》中說：「百波羅蜜，亦說背捨、勝處等，皆名波羅蜜。」但四禪在根本，先受其名，非不通於餘定。

問曰：上明禪定三昧波羅蜜等，為同為異？

答曰：通而為論，名義互通。別而往解四法，名義各有主對。所以者何？根本四禪，但名禪，非定三昧，亦不名波羅蜜。無色⓱，但名定，非禪三昧，亦不名波羅蜜。未到地禪、中間，雖非正禪定⓲，是方便故，或名禪或名定，非三昧，亦不名波羅蜜。空無相[19]等，但名三昧，非禪定，亦不名波羅蜜。背捨，勝處，六通[20]，四辯[21]等，具有禪定三昧等三法，而不名禪定三昧，亦非波羅蜜。九次第定[22]具有三法，但名為定，不名禪三昧，亦非波羅蜜。有覺有觀[23]，及師子[24]、超越[25]、無諍[26]等，亦具三法，但名三昧，不名禪定，亦非波羅蜜。願智頂等具有三法，但名禪，不名定三昧，亦非波羅蜜。九種大禪[27]，及首楞嚴等，並具四法，亦名禪，亦名定，亦名三昧，即是波羅蜜。若用首楞嚴心，入前三法中，一切皆名波羅蜜，故百波羅蜜中，一切法門，皆名波羅蜜。

今略對四法分別如前。若諸大聖善巧，隨緣利物，則言無定準解釋（云云）。故諸經論中出沒立名，其意難見，不可謬執。而經論中，多約禪明波羅蜜者，以根本四禪是眾行之本，一切內行功德，皆因四禪發，依四禪而住，是以獨禪得受波羅蜜名。

問曰：禪波羅蜜，但有一名，更有餘稱？

答曰：如《涅槃》中說：「言佛性者，有五種名，亦名首楞嚴，亦名般若，亦名中道，亦名金剛三昧大涅槃，亦云禪波羅蜜，即是佛性。」故知諸餘經中所說，種種勝妙法門，名字無量，皆是禪波羅蜜之異名。故《摩訶衍》偈說：

般若是一法，佛說種種名。
隨諸眾生類，為之立異字。
若人得般若，戲論心皆滅。
譬如日出時，朝露一時失。

以此類之，禪名豈不遍通？若其禪定不具足攝一切諸法，則非究竟，何得名波羅蜜義？

問曰：諸法實相，首楞嚴，及到彼岸等，唯佛一人方稱究竟，菩薩所行禪定，云何名波羅蜜？

答曰：因中說果故，隨分說故。頓教所明，發心畢竟二不別故。以如是等眾多義故，菩薩所行禪定，亦得名波羅蜜。

【章旨】一切神通，種種三昧，盡在禪波羅蜜之中，一切勝妙，無量功德，亦盡在禪波羅蜜之中。禪波羅蜜是一切禪定三昧、一切功德智慧之根本。

【注釋】❶料簡　又作料揀、了簡、量簡、量見、料見。亦即以種種觀點來論究，以問答方式作精密議論。❷背捨　指八種背棄、捨除三界煩惱的禪定。在〈釋禪波羅蜜修證第七之六・釋八背捨〉中有詳細解釋。參見本書第六四〇頁。❸勝處　又作八除入、八除處、八勝處。即八背捨所引起的八種殊勝境界。八勝處的具體內容，在〈釋禪波羅蜜修證第七之六・釋八勝處法門〉中有詳細解釋。參見本書第六六五頁。❹一切處　又名十遍處，十一切處。即觀青、黃、赤、白、地、水、火、風、空、識等十法，使其一一周遍於一切處。十一切處的具體內容，在〈釋禪波羅蜜修證第七之六・釋十一切遍處法門〉中有詳細解釋。參見本書第六七七頁。❺四禪　又作四禪定、四靜慮。指用來治惑、生諸功德的四種根本禪定，亦即指色界中的初禪、第二禪、第三禪、第四禪，故又稱為色界定。在〈釋禪波羅蜜修證第七之一・釋修證四禪〉中有詳細解釋。參見本書第三二五頁。❻四無量心　慈無量心、悲無量心、喜無量心、捨無量心。與一切眾生樂，名慈無量心。拔一切眾生苦，名悲無量心。見人行善或離苦得樂，深生歡喜，名喜無量心。如上三心，捨之而不執著，或怨親平等，不起愛憎，名捨無量心。在〈釋禪波羅蜜修證第七之二・釋四無量心〉中有詳細解釋。參見本書第四〇五頁。❼五神通　又名五通，或五神變，即天眼通、天耳通、他心通、宿命通、神足通。〈釋禪波羅蜜修證第七之六・釋六神通〉有詳細解釋。參見本書第六八一頁。❽鍊禪　鍊禪亦名九次第定。〈釋禪波羅蜜修證第七之六・釋九次第定〉中，有詳細解釋。參見本書第六九〇頁。❾自在定　無有障礙，叫做自在。一心不亂，名為定。禪定之中，任運自在，無有障礙，叫做自在定。❿十四變化心　亦即十四變化。一、初禪天有二種變化：㈠初禪初禪化，能變化自地也。㈡初禪欲界化，能變化欲界地也。二、二禪天有三種變化：㈠二禪二禪化，能變化自地也。㈡二禪初禪化，能變化初禪地也。㈢二禪欲界化，能變化欲界地也。三、三禪天有四種變化：㈠三禪三禪化。㈡三禪二禪化。㈢三禪初禪化。㈣三禪觀音化。四、四禪天有五變化：㈠四禪四禪化。㈡四禪三禪化。㈢四禪二禪化。㈣四禪初禪化。㈤四禪欲界化。〈釋禪波羅蜜修證第七之六・明變化〉中有詳細解釋。參見本書第六八五頁。⓫無諍三昧　住於空理，與他無諍，這樣的禪定，就叫做無諍三昧。⓬願智頂禪　一切願皆得滿足，一切智皆得圓滿，所以叫做願智頂禪。⓭首楞嚴　亦即首楞嚴三昧。即堅固攝持諸法之三昧，為百八三昧之一，乃諸佛及十地之菩薩所得之禪定。⓮未到地　正禪有四種，初禪、二禪、三禪、四禪，在即將進入每一地正禪之前，亦有定心之相，這時的定心之相，就叫做未到地定，或稱未到地。⓯中間禪　在行者禪修升進的過程中，從下一禪位，逐漸地進入到上一禪位，在這中間，必然會有下一禪位已滅，上一禪位未生的中間地帶，這一中間地帶，就叫做中間禪。⓰四無色　即四無色定，又作四空定、四空處定、四無色。指超離色法繫縛的四種境界。四無色定包括：一、空無邊處定。此定超越色界之第四禪，滅除障礙禪定之一切想，思惟「空間為無限大」，亦即思惟空無邊之相。二、識無邊處定。此定超越空無邊處定，而思惟「識為無限大」，亦即思惟識無邊之相。三、無所有處定。此定超越識無邊處定，與無所有相應，即思惟無所有之相。四、非想非非想處定。此定超越無所有處定，思惟非想非非想之相。此定無明勝之想，故異於滅盡定，亦非無想，故亦異於無想定。⓱無色　這裡的「無色」，是指無色界定，又作無色定。無色界定，包括空無邊處定、識無邊處定、無所有處定、非想非非想處定等四無色定。⓲正禪定　初禪、二禪、三禪、四禪，稱之為正禪定。未到地定、正禪之間的中間禪，不屬於正禪定。⑲空無相　空，即空三昧。無相，即無相三昧。空三昧與無相三昧，三三昧之二。三三昧包括：空三昧、無相三昧、無願三昧。空三昧是觀察世間的一切法都是緣生的，也都是虛妄不實的；無相三昧是觀察世間的一切形相都是虛妄假有；無願三昧又名無作三昧，即觀一切法幻有，而無所願求。⑳六通　指諸佛菩薩的六種神通，即：神足通、天耳通、他心通、宿命通、天眼通、漏盡通。外道有前五通，而沒有第六通。第六通乃諸佛菩薩所獨有。〈釋禪波羅蜜修證第七之六．釋六神通〉中有詳細解釋。參見第六八一頁。㉑四辯　亦即四無礙智，又名四無礙解，四無礙辯。包括法無礙智、義無礙智、詞無礙智、樂說無礙。法無礙智，是指通達諸法的名字，善於分別，無有滯礙。義無礙智，是指了知諸法之理，通達無礙。詞無礙智，是指通曉各種言語，隨意演說，無有滯礙。樂說無礙，是指辯說法義，樂說諸法，圓融無滯。㉒九次第定　九種定包括：色界之四禪、無色界之四處，以及滅受想定等九種禪定。所謂次第，就是以不雜他心，依次自一定而入於二定、三定等等，所以稱為次第定。九種定具體包括：一、初禪。二、二禪。三、三禪。四、四禪（以上稱為色界四禪根本定）。五、空處定。六、識處定。七、無所有處定。八、非想非非想處定（以上稱為無色界四處之根本定）。九、滅受想定。〈釋禪波羅蜜修證第七之六．釋九次第定〉中有詳細解釋。參見本書第六九〇頁。㉓有覺有觀　亦即有覺有觀三昧。初心在禪，稱之為覺。細心分別，稱之為觀。行者以有覺有觀之心，行持禪法，這就叫做有覺有觀。㉔師子　師子奮迅三昧的簡稱，又稱師子威三昧、師子嚬伸三昧。以獅子王奮迅勇猛，象徵佛的威德神力，所以叫做師子奮迅三昧。〈釋禪波羅蜜修證第七之六．師子奮迅三昧〉中有詳細解釋。參見本書第七〇〇頁。㉕超越　超越三昧的簡稱，指諸佛菩薩，能超越上下諸地，隨意入出一切三昧，超越於一切三昧。〈釋禪波羅蜜修證第七之六．釋超越三昧〉有詳細解釋。參見本書第七〇一頁。㉖無諍　亦即無諍三昧。住於空理，與他無諍，這樣的禪定，就叫做無諍三昧。㉗九種大禪　即自性禪、一切禪、難禪、一切門禪、善人禪、一切行禪、除煩惱禪、此世他世樂禪、清淨淨禪等九種。大禪，即大乘禪法，共有九種，故云九種大禪。此等禪法為菩薩不共的深廣禪法，不是小乘人所修，故稱為大禪。

【語　譯】第三，料簡。就像《大智度論》中所說的那樣。

問：背捨、勝處、一切處等，為什麼不能叫做波羅蜜呢？為什麼唯獨「禪」可以叫做「波羅密」？

答：禪最大，猶如國王。只要說禪波羅蜜，就已經把一切法門都包括在其中了。在初禪、二禪、三禪、四禪等四禪之中，有八背捨、八勝處、十一切處、四無量心、五種神通、鍊禪、自在定、十四變化心、無諍三昧、願智頂禪、首楞嚴等各種三昧，共有一百零八種，諸佛不動三昧，共有一百二十種，一切神通，種種三昧，盡在禪波羅蜜之中，猶如諸佛成道，教化有情，乃至入於涅槃，其中所有的勝妙境界與無量功德，亦盡在禪波羅蜜之中。只要說禪波羅蜜，就能包括一切，若說其他「定」，則不能概括全部，所以，「禪」叫做「波羅蜜」。

在四禪之中，定慧等持，所以叫做波羅蜜。未到地、中間禪，則慧多而定少。四無色定，則定多而慧少，好比車輪，一強一弱，不堪重任。四禪定慧等持，所以稱為波羅蜜。

用禪來說波羅蜜，能夠包括一切禪定，為什麼這樣說呢？這是因為，姚秦那個時代把「禪」翻譯成「思惟修」，各種禪定境界都是「思惟修」所成就的，因此，各種禪定都可以叫做波羅蜜，就像《大品般若經》裡所說：「百種波羅蜜，以及八背捨，八勝處等，都可以叫做波羅蜜。」但是，四禪屬於根本禪，先受「波羅蜜」名，也通於其他禪定。

問：上面所提到的禪定、三昧、波羅蜜等等，是相同呢？還是不同呢？

答：通觀而論，名相與義理，都是相通的。若作個別解釋，名相與義理，則各有其獨特的內涵。為什麼這樣說呢？這是因為，根本四禪只能叫做禪，不能叫做定三昧，亦不能叫做波羅蜜。無色定，只可叫做「定」，不能叫做禪、三昧，亦不能叫做波羅蜜。未到地定、中間禪，不屬於正禪定，為了方便稱謂的緣故，有時叫做「禪」，有時叫做「定」，然而，卻不可叫做三昧，也不能叫做波羅蜜。空無相等，只能叫做三昧，並不是真正的禪定，亦不能叫做波羅蜜。背捨、勝處、六通、四辯等，雖然具有禪、定、三昧等三法，然而，也不能叫做禪定三昧，亦不是波羅蜜。

九次第定具有禪、定、三昧等三法，但是，只能叫做定，而不能叫做禪、三昧，亦不是波羅蜜。有覺有觀三昧，以及師子奮迅三昧、超越三昧、無諍三昧等，亦具有禪、定、三昧等三法，然而，只能叫做三昧，而不能叫做禪，也不能叫做定，亦不是波羅蜜。願禪、智禪、頂禪等，亦具有禪、定、三昧等三法，然而，只能叫做禪，而不能叫做定，也不能叫做三昧，亦不是波羅蜜。九種大禪，以及首楞嚴心等，具有禪、定、三昧、本真等四法，既可以叫做禪，亦可以叫做定，亦可以叫做三昧，這才是波羅蜜。若以首楞嚴心，入於前面的禪、定、三昧等三法，則禪、定、三昧等，便都可以叫做波羅蜜，所以說，百波羅蜜中，一切法門都可以叫做波羅蜜。

現在，我們對禪、定、三昧、本真等四法，略作說明。若是諸大聖人，隨順世緣，利樂有情，則沒有固定的解釋。各種經論中，方便立名，無有定義，我們不可以偏執。在各種經論中，大多數情況下，都是用禪來說明波羅蜜，因為根本四禪是一切修行的根本，內在的一切功德，亦都是因為修習四禪而得以開發，亦是因為深入四禪而得以安住，所以，唯有禪可以冠之以「波羅蜜」的名字。

問：禪波羅蜜，是只有一個名字，還是更有其他的名字？

答：《涅槃經》中說：「所謂佛性，有五種名字，一名首楞嚴；二名般若；三名中道；四名金剛三昧大涅槃；五名禪波羅蜜。這五種名字，都是佛性的別稱。」所以我們知道，其他佛經中所說的種種勝妙法門，名字有種種差別，其實，皆是禪波羅蜜的異名，所以《大智度論》中的偈語說：

般若唯是一心法，方便假立種種名。
隨順眾生諸根機，為之虛立差別名。
若人識得般若性，是非有無戲論滅。
猶如明日東方出，朝露一時化成無。

依此類推，禪的名字豈能不包含一切法名？假若禪定不能包含一切法的話，那就不是究竟了義，怎麼又能夠稱為「波羅蜜」呢？

問：諸法實相、首楞嚴、到彼岸等，唯佛一人，堪稱究竟，為什麼菩薩所行之禪定，亦叫做波羅蜜呢？

答：這是在因地之中而說果地之事，所以，菩薩所行，也可以叫做波羅蜜，這是隨分而說。就像頓教所說，初發心與究竟成就，總歸無二無別。由於以上所說的種種含義，所以，菩薩所行的禪定，亦可以叫做波羅蜜。

【說　明】佛教所說的般若波羅蜜，其實，就是說的人心的覺悟。由於人迷卻自心，向外追逐幻相，所以，佛教文化，建立種種法門與名相，用來引導眾生識自本心、見自本性。眾生依照方便法門，作種種方便修行，就能證得諸法實相，就能契悟佛教的究竟了義。

明禪波羅蜜門第三

行者善尋名故，自知其體。若欲進修，必因門而入。今略明禪門。即為三意。

第一，標禪門。第二，解釋。三、料簡。

第一，標禪門者。若尋經論所說禪門，乃有無量，原其根本，不過有二，所謂一色，二心，如《摩訶衍》中偈說：

一切諸法中，但有名與色。
若欲如實觀，亦當觀名色。
雖癡心多想，分別於諸法。
更無有一法，出於名色者。

今就色門中，即開為二。如經中說，二為甘露門。一者、不淨觀❶門。二者、阿那波那❷門。心門唯有一門，如經中說，能觀心性，名為上定。開色別立於心，此則禪門有三，所謂，一、世間禪門。二、出世間禪門。三、出世間上上禪門。故《大集經》云：「有三種攝心。一者、出法攝心。二者、滅法攝心。三者、非出非滅法攝心。」

第二，解釋。此三門中，即各為二意。一別，二通。

第一，別明門者。門名能通，如世門通人有所至處。

一、以息為禪門者。若因息攝心，則能通行心至四禪[3]、四空[4]、四無量心[5]、十六特勝[6]、通明[7]等禪，即是世間禪門，亦名出法攝心。此一往據凡夫禪門。

二、以色為禪門者。如因不淨觀等攝心，則能通行心至九想[8]、八念[9]、十想[10]、背捨、勝處、一切處、次第定、師子奮迅[11]、超越三昧[12]等處，即是出世間禪門，亦名滅法攝心。一往據二乘禪門。

三、以心為禪門者。若用智慧反觀心性，則能通行心至法華[13]、念佛[14]、般舟[15]、覺意[16]、首楞嚴諸大三昧，及自性禪[17]，乃至清淨淨禪等，是出世間上上禪門，亦名非出非滅法攝心。此一往據菩薩禪門。

以此義故，約三法為門。

問曰：諸法無量，何故但取此三為禪門？

答曰：今略明有三意，故立三法為門。一、如法相。二、隨便易。三、攝法盡。

一、如法相者。如《大集經》說：「歌羅邏[18]時，即有三事。一、命。二、暖。三、識。出入息者，名為壽命。不臭不爛，名之為暖，即是業持火大故，地水等色，大臭爛也。此中心意，名之為識，即是剎那覺知心也。」

三法和合，從生至長，無增無減。愚夫不了，於中妄計我人眾生，作諸業行，心生染著，顛倒因緣，往來三界[19]。若尋其源本，不出此之三法，故以三法為門，不多不少。

二、隨便易。故立三法為門者。如因息修禪，則有二便。一、疾得禪定。二、易悟無常。以色為門，亦有二便。一、能斷貪欲。二、易了虛假。心為門者。此亦有二便，一、能降一切煩惱。二、易悟空理。

三、攝法盡者。此三法是禪門根本故。所以者何？舉要說三，開即無量。如息門中，或數[20]，或隨[21]，或時觀息[22]，如此非一，至處亦異。如色門中，或緣外色，或緣內色，或作慈悲，或緣佛相，乃至得解實觀，如此非一，至處亦異。如心門中，或止，或觀，或覺，或了，或覺了諸心入於非心，覺了非心出無量心，或覺了非心非不心，能知一切心非心，如是緣心不同，至處亦復非一。故說三門攝一切禪門。此事至第七、八釋修證中方乃可見。

【章 旨】首先，介紹了三種方便法門。第一，數息法門。第二，觀色法門。第三，觀心法門。同時亦介紹了這三種法門所達到的相應的禪定境界。其次，說明了以數息、觀色、觀心等為禪門的原因。第一，人生不出三法：氣息、色身、心識，所以，以數息、觀色、觀心為禪門。第二，人有三種根機，所以，建立三種法門。三、數息、觀色、觀心，能夠融通一切法門。

【注 釋】❶不淨觀　即觀想自身與他身，汙穢不淨。不淨觀可以對治貪欲。〈釋禪波羅蜜修證第七之五・釋九想觀門〉中有詳細解釋。參見本書第五九二頁。❷阿那波那　又稱為安那般那，阿那阿波那，略稱安般。阿那波那，即數息觀，行者數出入息，以達制心一處、息止散亂的目的。在〈釋禪波羅蜜修證第七之一・明修證六妙門〉中有詳細解釋。參見本書第四八一頁。❸四禪　又作四禪定、四靜慮。指用來治惑、生諸功德的四種根本禪定，亦即指色界中的初禪、第二禪、第三禪、第四禪，故又稱為色界定。在〈釋禪波羅蜜修證第七之一・釋修證四禪〉中有詳細解釋。參見本書第三二五頁。❹四空　亦即四空處定。四空處定包括：空無邊處定、識無邊處定、無所有處定，以及非想非非想處定。在〈釋禪波羅蜜修證第七之二・釋四無色定〉中有詳細解釋。參見本書第四四四頁。❺四無量心　慈無量心，悲無量心，喜無量心，捨無量心。❻十六特勝　又作十六勝行。為數息觀中最為殊勝之十六種觀法。十六種殊勝包括：一、知息入。二、知息出。三、知息長短。四、知息遍身。五、除諸身行。六、受喜。七、受樂。八、受諸心行。九、心作喜。十、心作攝。十一、心作解脫。十二、觀無常。十三、觀出散。十四、觀離欲。十五、觀滅。十六、觀棄捨也。在〈釋禪波羅蜜修證第七之三・釋十六特勝〉中有詳細解釋。參見本書第四九三頁。❼通明　亦即通明觀。阿羅漢等聖者，在修四禪定、四無色定、滅盡定等九次第定時，觀息、色、心三事之禪法。又叫做通明觀禪，也叫做通明觀。修此禪定時，必通觀息、色、心三事而徹見無礙，故稱通明。又能得六通、三明，故稱通明。〈釋禪波羅蜜修證第七之四・修證通明觀〉中有詳釋。參見第五二五頁。❽九想　又作九相、九想門、九想觀。即對人屍體的醜惡形相，作九種觀想。九想是不淨觀中的一種，依之觀想，可以斷除對肉體的執著。〈釋禪波羅蜜修證第七之五・釋九想觀門〉中有詳細解釋。參見本書第五九二頁。❾八念　念佛、念法、念僧、念戒、念捨、念天、念出入息、念死。〈釋禪波羅蜜修證第七之五・釋八念法門〉中有詳細解釋。參見本書第六〇九頁。❿十想　指十種觀想。即：一、無常想。觀一切有為法皆新新生滅，無常變壞。二、苦想。觀一切有為法無常，常受三苦、八苦所逼迫。三、無我想。觀想一切法為苦，亦不自在；皆由因緣所生而無自性，故無我。四、食不淨想。觀想諸世間之飲食皆從不淨因緣所生，悉為不淨物。

五、一切世間不可樂想。觀想一切世間無任何樂趣，唯有過惡。六、死想。觀想死之相。七、不淨想。觀想人身內三十六物、身外九孔，惡露常流不淨。八、斷想。九、離欲想。十、盡想。後之三想，係為得涅槃菩提，而求斷煩惱、捨離生死之迷、以及滅盡煩惱與生死等之觀想。〈釋禪波羅蜜修證第七之五．釋十想法門〉中有詳細解釋。參見本書第六二〇頁。⓫師子奮迅　又稱師子威三昧、師子嚬伸三昧、師子奮迅三昧。以獅子王奮迅勇猛，象徵佛的威德神力，所以叫做師子奮迅三昧。在〈釋禪波羅蜜修證第七之六．釋師子奮迅三昧〉中有詳細解釋。參見本書第七〇〇頁。⓬超越三昧　指佛及菩薩能超越上下諸地而隨意入出之三昧。在〈釋禪波羅蜜修證第七之六．釋超越三昧〉中有詳細解釋。參見本書第七〇一頁。⓭法華　在這裡是指法華三昧。三諦圓融的妙理現前，障礙中道的無明熄滅，攝一切法，歸於實相，名法華三昧。⓮念佛　在這裡是指念佛三昧。念佛三昧，亦即一心念佛，所達到的一心不亂的境界。⓯般舟　在這裡是指般舟三昧。般舟三昧屬於念佛三昧的一種。行者修習念佛法門時候，二六時中，不坐不臥，專心念佛，以九十日為一期，專念阿彌陀佛的名號，修習這一法門所達到的境界，即是般舟三昧。⓰覺意　在這裡是指覺意三昧。行者於一切時中，一切事上，觀照心念，念起即覺，不令放逸，如此修行，所獲得的三昧，即是覺意三昧。⓱自性禪　此禪法以觀心之實相為主。即觀一切萬法，無不由心起，無不歸還於心。萬法與心，體相一如，本來如是。行者如是而見，即是自性禪。⓲歌羅邏　初宿胎內之位。〈分別釋禪波羅蜜前方便第六之二．明果報十二因緣善根發者〉有解釋，參見本書第二〇二頁。⓳三界　欲界、色界、無色界。⓴數　即數息。〈釋禪波羅蜜修證第七之三．明修證六妙門〉中有詳細解釋。參見本書第四八一頁。㉑隨　即隨息。〈釋禪波羅蜜修證第七之三．明修證六妙門〉中有詳細解釋。參見本書第四八一頁。㉒觀息　〈釋禪波羅蜜修證第七之三．明修證六妙門〉中有詳細解釋。參見本書第四八一頁。

【語　譯】若行人善於體察名相，自然就會明白法體。行者若要進修佛道，必須借助方便法門。現在簡略地介紹幾種方便禪門。分為三個部分來講。第一，標立禪門。第二，解釋禪門。第三，概括禪門。

第一，標立禪門。若依照經論上的說法，禪門有無量之多，然而，究其根本，不過有二種而已，一、色門。二、心門。如《大智度論》中的偈語所說：

一切諸法萬相中，只有名色二種法。
若欲實觀此等事，亦當觀名又觀色。

雖然癡心多妄想，妄想分別於諸法。

無量法相差別義，盡在名色諸法中。

現在就色門中，方便開出二門。就像佛經中所說的那樣，這二種法門即是甘露門。一、不淨觀門。二、安那般那門。心地法門，唯有觀心，就像佛經中所說：善觀諸法本源，即是最上等定。心地法門之外，又另立色門，這是因為，禪門有三：一、世間禪門。二、出世間禪門。三、出世間上上禪門。所以《大集經》中說：「有三種攝心的法門，一、出法攝心。二、滅法攝心。三、非出非滅法攝心。」

第二，解釋禪門。在這三種禪門中，每一禪門又分二部分，用來說明禪門的含義。一、分別說明。二、通觀說明。

第一，分別說明。門即通達的意思，猶如世間門，是用來通往所要到達的地方的。

一、以息為禪門。若運用數息法門攝心，就能使行者達到四禪、四空、四無量心、十六特勝、通明等禪定境界，這就是世間禪門，也叫做出法攝心。數息法門，是針對著凡夫根性而設立的禪門。

二、以色為禪門。若運用不淨觀的方法攝心，就能使行者達到九想、八念、十想、背捨、勝處、一切處、次第定、師子奮迅、超越三昧等禪定境界，這就是出世間禪門，也叫做滅法攝心。觀色法門，是針對著二乘根性而設立的禪門。

三、以心為禪門。若運用智慧反觀心性，就能使行者達到法華三昧、念佛三昧、般舟三昧、覺意三昧、首楞嚴三昧，以及自在禪、清淨淨禪等，這是出世間的最上乘禪，亦叫做非出非滅法攝心。觀心法門，是針對菩薩根性而設立的禪門。

依據以上所說，把三種法門當作禪門。

問：法門無量，為什麼只把這三種法門叫做禪門呢？

答：概括起來有三個原因，所以把這三種法門當作禪門。一、如法相。二、隨便易。三、攝法盡。

一、如法相。猶如《大集經》所說：「初受胎時，便具有了命、暖、識三件事。胎兒的呼吸，名之為命；

胎兒的色身，能夠不壞不爛，名之為暖，也就是業力使用火大維持生命，使得色身不至於發生臭爛。其中的心意取向，名之為識，這也是剎那之間的覺知之心。」

息（出入息）、色（四大身）、識（覺知心）三法的和合，從產生到長大，息、色、識三法，既沒有增多，亦沒有減少。愚人不了息、色、識三法，虛妄不實，於虛妄幻法之中，妄計人、我、眾生，愛惡取捨，染於幻境，虛營自繞，輪回三界。究其根源，皆不出息、色、識這三種法，所以，以數息、觀色、觀心為法門，不多也不少。

二、隨便易。為了隨緣對機，所以，建立數息、觀色、觀心三種法門。譬如修習數息法，有二種方便。一、能夠迅速獲得禪定；二、容易領悟到諸法無常。修習觀色法門，亦有二種方便。一、能夠斷除貪欲。二、能夠領悟到諸法虛妄。觀心法門，亦有二種方便。一、能降服一切煩惱，二、容易領悟諸法空相。

三、攝法盡。數息法門、觀色法門及觀心法門，這三種法門是禪門的根本法。為什麼這樣說呢？這是因為，概括而言，有三種法門，廣開演化，其數無量。譬如在數息法門中，有時數息，有時隨息，有時觀息，如此種種，法門非一，所達之境亦有別。譬如觀色法門，或觀外色，或觀內色，或作慈悲觀，或作佛相觀，乃至作解脫觀，如此種種，法門有異，所達境界，各有差別。譬如觀心法門，或止或觀，或覺或了，或覺了諸心歸於非心，或覺了非心生出諸心，或覺了非心非不心，能知一切心非心，如此種種，法門有異，所達到的境界，亦有差別。所以說，數息法門、觀色法門、觀心法門，這三種法門包含了一切法門。我們將在第七、第八卷——〈釋禪波羅蜜修證〉中，再作詳細解釋。

【說　明】由於眾生的根機不同，所以，方便建立無量法門，用以接引不同根機的眾生。其實，無量法門，亦可以用三種法門來涵蓋，這三種法門就是數息法門、觀色法門、觀心法門。這三種法門能夠通達無量法門，無量法門又歸於一心法。一心法即是佛法，佛法就是一心法。

第二，通名三門者。此三法通得作世間、出世間、出世間上上等禪門。所以者何？

一、如息法，不定但屬世間禪門。何以得知？如毘尼❶中，佛為聲聞❷弟子，說觀息等十六行❸法。弟子隨教而修，皆得聖道，故知亦是出世間禪門。即大乘門者，如《大品》說：「阿那波那，即是菩薩摩訶衍❹。」故《請觀音經》約數息辨六字章句❺，明三乘得道，此豈可但是世間禪門？

二、色法為門。亦不得但是二乘所行，不通大乘及凡夫外道。何以故？如《涅槃》中說：「外道但能治色，不能治心。」我弟子善治於心，故知凡夫亦得觀色，大乘觀色。如《大品》中說：「脹想爛想等是菩薩摩訶衍。」此豈可但是出世間禪門？

三、約心為門。亦不得但據菩薩。何以故？如外道亦觀心，起四十八見。凡夫緣心入四空，通聲聞者，如《涅槃》說：「我弟子善治心故，能離三界。」此豈唯是出世間上上禪門？

當知三門互通，但三種人用心異故，發禪得道亦各不同。此義至第九明〈從禪波羅蜜起教〉中，當廣分別。

第三，料簡通別二門。

問曰：若爾者，何故如前分別？

答曰：一切義理，有通有別。教門對緣，益物不同。異說無咎。復次，前非了義之說，未可定執。

問曰：三門互得通者，今就事中數息而學，得證九想、八背捨、自性等禪不？

答曰：或得或不得。初學者不得，二乘學自在定者得，菩薩具足方便波羅蜜者，隨意無礙。

問曰：何故云初學不得？有人數息，發九想、背捨、念佛慈心。此復云何？

答曰：此發宿緣❻不正，因修得證，緣盡則滅謝不進，終不成就次第法門。至下內方便中，明善根發相，當廣分別。餘二門類然可知。

【章旨】數息法門、觀色法門、觀心法門，這三種法門，是相互通融的。行者以世間心修禪，則三種法門，皆屬世間禪。行者以出世間心修禪，則三種法門，皆屬出世間禪。出世間上上禪，亦是這樣。世間禪、出世間禪、即世間出世間禪的差別，緣於行人因地上的差異，所以，發起的禪定，也有差別。

【注釋】❶毘尼　新云毘奈耶，舊云毘尼。律藏之梵名也。❷聲聞　指聽聞佛陀言教而悟道的小乘聖人。❸十六行　又作十六勝行，十六特勝。為數息觀中最為殊勝之十六種觀法。在〈釋禪波羅蜜修證第七之三・釋十六特勝〉中有詳細解釋。參見本書第四九三頁。❹摩訶衍　佛教有大乘佛教與小乘佛教之分。摩訶衍專指大乘佛教。❺約數息辨六字章句　即從數息法門的角度，辨明六字章句的禪修內涵。六字章句，即「大吉祥六字章句救苦神咒」，在《請觀世音菩薩消伏毒害陀羅尼咒經》（卷一）《大藏經》卷二十，第〇〇三六頁上有記載。❻宿緣　宿緣即過去世的習因。宿緣有邪正之分。過去世所作的善事，叫做宿世善根。過去世所作的惡事，叫做宿世惡根。宿即過去世。緣即過去世的習因。

【語　譯】第二，通論數息、觀色、觀心三種法門。數息法門、觀色法門、觀心法門，皆可作為世間禪、出世間禪、出世間上上禪。為什麼這樣說呢？

一、譬如觀息法門，不一定只屬於世間禪。為什麼這樣說呢？就像在律藏裡，佛陀為聲聞弟子說觀息等十六種法門，弟子們依教而修，皆得成就，所以說，數息法門，亦可以說是出世間禪。數息法門，亦可以是出世間大乘禪，譬如《大品經》中說：「數息法門，即是菩薩所行的大乘法門。」在《請觀音經》裡，用數息法門來辨明六字章句，說明三乘人得道的情形，數息法門豈能只是世間禪？

二、觀色法門。觀色法門亦不只是二乘人所行的法門，觀色法門，不但能夠通達大乘道，亦能通達凡夫外道。為什麼這樣說呢？譬如《涅槃經》中說：「外道只能治色，不能治心。」我弟子善於治心。所以說，凡夫亦能觀色，大乘菩薩亦能觀色。就像《大品經》中說：「觀想色身腫脹腐爛，是菩薩所行的大乘法。」觀色法門，豈能只是出世間禪門？

三、觀心法門。觀心法門，亦不只是菩薩所行的法門。為什麼這樣說呢？譬如外道亦用觀心法門，緣起四十八種禪定境界。凡夫借助於觀心法門，也能進入四空定，通達聲聞境界，就像《涅槃經》中所說：「我弟子善於治心，所以能夠出離三界。」由此可見，觀心法門豈能只是出世間上上禪門？

我們要知道，三種法門是互通的，只是由於三種行人的用心有異，所以，緣起的禪境與所證之道，也是有差別的。我們將在第九卷——〈從禪波羅蜜起教〉中，再作詳細解釋。

第三，概說通論與別論二門。

問：既然三門互通，為什麼前面又作了種種分別呢？

答：一切義理，既相互通達，又相互區別。佛教所說的一切法，都是針對不同的根機，利益不同的眾生。

所以，說法不同，實無錯謬。前面所說，不屬於究竟了義之說，因此，不可固執定見。

問：既然三門互通，那麼，若修習數息法門的話，能否證得九想、八背捨、自性禪呢？

答：或許能證得，或許不能證得，那是說不定的。初學的人不能證得，學自在定的二乘人能夠證得，具足方便波羅蜜的菩薩行人，則可以隨緣任運，無有障礙。

問：為什麼說初學的人不能證得呢？有人用數息法門，發起了九想、八背捨、念佛、慈心，這又怎麼講呢？

答：宿世因緣不正，因為修習禪定而有所證，當宿世因緣盡了時候，所證的境界就會滅謝，便不能繼續前進，所以說，宿世因緣不正，究竟不能成就次第法門。等下面講到「內方便」中的「善根發相」時，我們對此再作詳細說明。其他的二種法門，相互通達、相互區別的道理，亦是這樣的。

【說　明】觀息法門、觀色法門、觀心法門，這三種法門，是進入禪定、證悟實相的三種方便法門，行者選擇一種適合於自己法門，依照法門的要求，作踏踏實實地修行，就能達到智慧到彼岸的目的。

世間禪與出世間禪，也不是截然不同的二種禪。若行者執著於世間相而修禪，這種禪就叫做世間禪。若行者捨棄世間相而修禪，這種禪就叫做出世間禪。世間禪與出世間禪，是依照行者的所取而定的，若取世間相，即是世間禪。若取出世間相，即是出世間禪。若從究竟了義而論，禪即不著於世間相，亦不離開世間相，而是「即世間相而超然於世間相、超然於世間相而即世間相」的不二法門。

卷第一之下

辨禪波羅蜜詮次第四

行者既知禪門之相，菩薩從初發心乃至佛果，修習禪定，從淺至深，次第階級，是義應知。今略取經論教意，撰於次第，故《大品經》云：「菩薩摩訶薩，次第行，次第學，次第道。」

辨禪定次第，即為二意。一者、正明諸禪次第。二者、簡非次第。

一、正釋諸禪次第義者。行人從初持戒清淨，厭患欲界，繫念修習阿那波那❶，入欲界定❷。依欲界定，得未到地❸。如是依未到地，次第獲得初禪乃至四禪，是名內色界定。次為大功德，緣外眾生，受樂歡喜，次第獲得四無量心，是名外色界定。此八種禪定❹，雖緣內外境，入定有殊，而皆屬色界攝。

行者於第四禪中，厭患色如牢獄，滅前內外二種色，一心緣空得度色難，獲得四空處定❺，是名無色界定。

此十二門禪❻，皆是有漏❼法。

次此應明亦有漏亦無漏❽禪。行者既得根本禪已，為欲除此禪中見著，次還從欲界修六妙門❾。所以者何？此六門中，數、隨、止，是入定方便。觀、還、淨，是慧方便。定愛慧策。愛故說有漏。策故說無漏。此六法多是欲界、未到地四禪中具足，亦有至上無色地者。

次此應明十六特勝。橫則對四念處❿。豎則從欲界乃至非想，但地地中，立觀破析⓫，故能生無漏。

次應說通明觀⓬。前十六特勝，總觀故粗。今通明別觀故細。此禪亦從欲界至非想⓭，乃至入滅定⓮。此三種禪亦名淨禪。五種禪⓯中猶是根本攝。

今明無漏禪次第之相，即有二意不同。一者、行行次第。二者、慧行次第。

行行次第，所謂觀鍊熏修。初明觀禪次第。有六種禪。初修九想⓰、無漏之前，用此對治。破欲界煩惱故，次八念⓱。為除修九想時怖畏心生故，次十想⓲。壞法人，於欲界修此十想，斷三界煩惱故。

次八背捨，不壞法人。修此觀禪，對治三界根本定中見著故。

次明八勝處[19]。為於諸禪定觀緣中得自在故，次明十一切處[20]。為欲廣禪定中色心令普遍故，乃至修六神通。由是觀禪攝。

次明鍊禪者。即九次第定。為總前定觀二種禪，令心調柔，入諸禪時，心心次第無間故，及有覺有觀等三三昧[21]，皆是鍊禪攝。

次明熏禪。熏禪者即是師子奮迅三昧[22]。順逆次第，入出熏諸禪，令定觀分明、純熟，增益功德故。

次明修禪。修禪者，即是超越三昧[23]。於諸禪中，超越入出，為得無礙自在解脫故。是以《大品經》云：「菩薩摩訶薩，住般若波羅蜜[24]，取禪波羅蜜，除諸佛三昧，入餘一切三昧，若聲聞三昧，若辟支佛[25]三昧，若菩薩三昧，皆行皆入。」餘一切三昧者，根本定是。若聲聞三昧者，三十七品[26]、空無相等三三昧，四諦、十六行[27]是。若辟支佛三昧者，十二因緣[28]三昧是。菩薩三昧者，自性禪[29]等皆名三昧，是菩薩住諸三昧，逆順出入[30]八背捨，依八背捨逆順出入九次第定。依九次第定，逆順出入師子奮迅三昧。依師子奮迅三昧，逆順出入超越三昧，是菩薩依諸三昧，得諸法相等齊。此始是二乘行，行共禪滿。何以故？大阿羅漢[31]，亦得超越三昧故。

二、明無漏慧行次第之相。因聞四諦，即修三十七品，次入三解脫門[32]，次用十六行觀分別四諦，次具十智[33]三無漏根[34]，成就九修獲九斷[35]。如此略辨聲聞所行無漏慧行。次應說十二因緣觀門，即是辟支迦羅之所行無漏慧行。

若菩薩次第成就二乘學、無學[36]，所得智斷，是名從假入空，通觀具足也。故《大品經》云：「菩薩摩訶薩行般若波羅蜜，以方便力故，從乾慧地[37]入性地[38]、八人地[39]、見地[40]、離欲地[41]、阿羅漢、辟支佛地，皆行皆入而不取證。」

次明菩薩不共[42]禪次第者。一、自性禪。二、一切義禪。三、難禪。四、一切門禪。五、善人禪。六、一切行禪。七、除惱禪。八、此世他世樂禪。九、清淨淨禪。菩薩依是禪故，得大菩提果，具足十力[43]，四無所畏[44]，十八不共[45]等一切佛法。

此則略明菩薩從初發心修禪，次第行、次第學、次第道，乃至佛地，名住大涅槃深禪定窟。此義至釋第七修證，第八顯示果報中，方乃具辨。

問曰：菩薩大士為通達諸禪淺深，具足一切佛法次第行、次第學，可如上說。今行人初學禪時，為當一向如上依次第修，為當不爾？

答曰：今且欲明諸禪淺深相，一往作此次第分別。若論初心學人，隨所欲樂，便宜對治。易入泥洹㊻者，從諸禪方便初門而修，不必定如前一一依次第。此義至內方便安心禪門中當廣分別。

【章　旨】本部分介紹了菩薩禪修的次第，亦即從初發心修行，一直到修行成佛，其間所經歷的禪定階位，對此，智者大師作了概括介紹。（注：在後文中，所歷禪定，皆有詳釋，今不具辨。）

【注　釋】❶阿那波那　又稱為安那般那，阿那阿波那，略稱安般。阿那波那，即數息觀，行者數出入息，以達制心一處、息止散亂的目的。在〈釋禪波羅蜜修證第七之一・明修證六妙門〉中有詳細解釋。參見本書第四八一頁。❷欲界定　指未至定，即入於初禪定之前的階段。欲界雖多散心，然仍有少分定，取其少分之定，稱為欲界定。又由於欲界定不永續，消滅甚速，故又稱電光定。〈釋禪波羅蜜修證第七之一・明證欲界定〉中有詳細說明。參見本書第三三八頁。❸未到地　正禪有四種，初禪、二禪、三禪、四禪，在即將進入每一地正禪之前，亦有定心之相，這時的定心之相，就叫做未到地定，或稱未到地。在這裡所說的未到地定，是指初禪未到地定。❹八種禪定　這裡的「八種禪定」是指初禪、二禪、三禪、四禪，以及慈無量心、悲無量心、喜無量心、捨無量心。❺四空處定　空無邊處定、識無邊處定、無所有處定，以及非想非非想處定。在〈釋禪波羅蜜修證第七之二・釋四無色定〉中有詳細解釋。參見本書第四四四頁。❻十二門禪　八種色界定：初禪、二禪、三禪、四禪，以及慈無量心、悲無量心、喜無量心、捨無量心。四種空處定：空無邊處定、識無邊處定、無所有處定，以及非想非非想處定。❼有漏　有漏就是有煩惱。漏即煩惱。漏含有漏泄和漏落二義：貪瞋等煩惱，日夜由六根門頭漏泄流注而不止，叫做漏；又煩惱能使人漏落於三惡道，也叫做漏。❽無漏　斷除煩惱，清淨離欲，了脫生死。漏即漏泄，亦名煩惱。❾六妙門　一、數息門，即善調身息，數息一至十，以攝亂心。二、隨門，即不加勉強，隨呼吸之長短，入時知入，出時知出，長短冷暖，皆悉知之。三、止門，即息心靜慮，心安明淨，毫無波動。四、觀門，即要觀心分明，知五陰之虛妄，破四顛倒及我等之十六知見。五、還門，即轉心返照能觀的心，知能觀的心是虛妄無實。六、淨門，即心無所依，妄念不起，不住不著，洞然清淨。此六者，因其次第相通，能到達真妙之涅槃，故名六妙門。在〈釋禪波羅蜜修證第七之三・釋六妙門〉中有詳細解釋。參見本書第四八一頁。❿四念處　四念處包括：一、觀身不淨。二、觀受是苦。三、觀心無常。四、觀法無我。⓫立

觀破析　指運用智慧觀照，破除法相執著。立觀亦即運用智慧觀照。破即破除。析即析法至空。⓬通明觀　亦即通明觀禪。阿羅漢等聖者，在修四禪定、四無色定、滅盡定等九次第定時，觀息、色、心三事之禪法。修此禪定時，必通觀息、色、心三事而徹見無礙，故稱通明。又能得六通、三明，故稱通明。〈釋禪波羅蜜修證第七之四・修證通明觀〉中有詳釋。參見第五二五頁。⓭非想　這裡的「非想」，是指「非想非非想定」。無色界有四天，非想非非想天是其中的第四天，三界之最頂也。⓮滅定　亦名滅盡定，又名滅受想定，或稱滅定。在滅盡定之中，滅掉受、想二心所，最後，六識心所亦要滅掉。滅盡定是九次第定的最後一定。⓯五種禪　一、四念處。二、八背捨（觀）。三、九次第定（鍊）。四、師子奮迅三昧（熏）。五、超越三昧（修）等五種禪。⓰九想　又作九相、九想門、九想觀。即對人屍體的醜惡形相，作九種觀想。九想是不淨觀中的一種，依之觀想，可以斷除對肉體的執著。〈釋禪波羅蜜修證第七之五・釋九想觀門〉中有詳細解釋。參見本書第五九二頁。⓱八念　念佛、念法、念僧、念戒、念捨、念天、念出入息、念死。〈釋禪波羅蜜修證第七之五・釋八念法門〉中有詳細解釋。參見本書第六〇九頁。⓲十想　見前「十想」注釋。第三八頁。⓳八勝處　又作八除入、八除處、八勝處。即八背捨所引起的八種殊勝境界。八勝處的具體內容，在〈釋禪波羅蜜修證第七之六・釋八勝處法門〉中有詳細解釋。參見本書第六六五頁。⓴十一切處　又名十遍處，十一切處。即觀青、黃、赤、白、地、水、火、風、空、識等十法，使其一一周遍於一切處。十一切處的具體內容，在〈釋禪波羅蜜修證第七之六・釋十一切遍處法門〉中有詳細解釋。參見本書第六七七頁。㉑三三昧　亦即三種三昧。即空三昧、無相三昧、無願三昧。空三昧，是指觀世間諸法，因緣和合，本來是空。無相三昧，是指觀世間法相，虛妄假有，不可取著。無願三昧又名無作三昧，是指觀世間諸法，如幻如化，而無所願求。〈釋禪波羅蜜修證第七之六・釋三三昧〉有詳細解釋。參見本書第六九五頁。㉒奮迅三昧　亦即師子奮迅。又稱師子威三昧、師子嚬伸三昧、師子奮迅三昧。以獅子王奮迅勇猛，象徵佛的威德神力，所以叫做師子奮迅三昧。在〈釋禪波羅蜜修證第七之六・釋師子奮迅三昧〉中有詳細解釋。參見本書第七〇〇頁。㉓超越三昧　佛及菩薩能超越上下諸地而隨意入出之三昧。在〈釋禪波羅蜜修證第七之六・釋超越三昧〉中有詳細解釋。參見本書第七〇一頁。㉔般若波羅蜜　般若智慧之船，能夠使眾生到達覺悟的此岸。般若即大智慧。波羅蜜即到彼岸。㉕辟支佛　全稱辟支迦佛陀，簡稱辟支、辟支迦佛、辟支佛等，華話為緣覺，或獨覺。辟支佛因觀飛花落葉，或觀十二因緣而開悟證道，故名緣覺。又因無師友之教導，全靠自己覺悟而成道，所以，又名獨覺。㉖三十七品　即三十七道品。道品，又作菩提分、覺支，即追求智慧，進入涅槃境界的三十七種修行方法。又稱三十七覺支、三十七菩提分、三十七助道法、三十七品道法。三十七道品包括：四念處、四正勤、四如意足、五根、五力、七菩提分、八正道分，其數共有三十七品，為修道之資糧，故名三十七道品。㉗十六行　又作十六勝行，十六特勝。為數息觀中最為殊勝之十六種觀法。在〈釋禪波羅蜜修證第七之三・釋十六特勝〉中有詳細解釋。參見本書第四九三頁。㉘十二因緣　又名十二有支，或十二緣起，是說明有情生死流轉的過程。十二因緣是無明（貪瞋癡等煩惱為生死的根本）、行（造作諸業）、識（業識投胎）、名色（但有胎形六根未具）、六入（胎兒長成眼等六根的人形）、觸（出胎與外境接觸）、受（與外境接觸生起苦樂的感受）、愛（對境生愛欲）、取（追求造作）、有（成業因能招感未來果報）、生（再受未來五蘊身）、老死（未來之身又漸老而死）。以上十二支，包括三世起惑、造業、受生等一切因果，周而復始，至於無窮。㉙自性禪　此禪法以觀心之實相為主。即觀一切萬法，無不由心起，無不歸還於心。萬法與心，體相一如，本來如是。行者如是而見，即是自性禪。㉚逆順出入　或逆著次第，或順著次第，出入於各種禪定境界。㉛阿羅漢　聲聞乘分為四果，亦即須陀洹果、斯陀含果、阿那含果、阿羅漢果。初果須陀洹，華譯為入流，意即初入聖人之流；二果斯陀含，華譯為一來，意即修到此果位者，死後生到天上去做一世天人，再生到我們此世界一次，便不再來欲界受生死了；三果阿那含，華譯為無還，意即修到此果位者，不再生於欲界；四果阿羅漢，華譯為無生，意即修到此果位者，解脫生死，不受後有，為聲聞乘的最高果位。阿羅漢屬於聲聞四果中的最高果位。㉜三解脫門　三種解脫境界。一、空解脫門。了達諸法本空，而不著於空。二、無願解脫門。了知諸法幻有，而無所願求。三、無相解脫門。了知諸法無相，而又不著於無相。㉝十智　俗智，法智，類智，苦智，集智，滅智，道智，他心智，盡智，無生智。㉞三無漏根　三無漏根包括：一、未知當知根，又作未知欲知根，屬見道位。此位之人，無始以來，未曾聞四諦真理，今欲知四諦之理，遂修習地前方便之解行，故稱未知欲知根。二、已知根，又作知根，屬修道位。即已經知道四諦之理，為了斷除事上的迷惑，進而修習四諦之法，故而證悟了四諦之法，故稱已知根。三、具知根，又作知已根、無知根。乃洞徹四諦之理的無學位人，以其已經斷除了煩惱，一切所作具辦，故稱為具知根。㉟成就九修獲九斷　三界之中，共分九地，每地之上，皆有煩惱。行者於三界之中、九地之上，次第修習，斷除九地煩惱，成就九地解脫。㊱學無學　指二乘行人的有學與無學。行人雖然已經知道佛教的真理，但未能在事上斷惑，尚有所學，所以，稱為有學。相對於有學，無學是指已經證悟佛教的真理，已經無惑可斷，已無可學，所以，稱為無學。聲聞乘的四果之中，前三果為有學，第四阿羅漢果為無學。㊲乾慧地　三乘修行，共分十地，乾慧地屬於第一地。在乾慧地中，有定而無慧，所以叫做乾慧地。㊳性地　指天台宗所判立藏、通、別、圓等化法四教中，通教十地之一。相當於菩薩十地中的「法雲地」，或稱之為「法性地」。㊴八人地　通教十地之第三地。人者忍之意，謂三乘之人共同自世第一法入於十六心見道，正斷見惑之八忍位。所謂八忍位，即見道之苦法智忍、集法智忍、滅法智忍、道法智忍、苦類智忍、集類智忍、滅類智忍、道類智忍等八忍。㊵見地　菩薩十地中的第四地。㊶離欲地　為菩薩修行階位之一，即三乘共十地之第六位。又稱離貪地、滅淫怒癡地。入於此地得斷除欲界之思惑，亦即遠離欲界煩惱之位。㊷不共　不共即不相同。共即共同、相同。㊸十力　指如來所具有的十種智慧。一、知覺處、非處智力，即能知一切事物的道理與非道理的智力。二、知三世業報智力，即能知一切眾生三世因果業報的智力。三、知諸禪解脫三昧智力，即能知各種禪定及解脫三昧等的智力。四、知諸根勝劣智力，即能知眾生根性的勝劣與得果大小的智力。五、知種種解智力，即能知一切眾生種種知解的智力。六、知種種界智力，即能普知眾生種種境界不同的智力。七、知一切至所道智力，即能知一切眾生行道因果的智力。八、知天眼無礙智力，即能以天眼見眾生生死及善惡業緣而無障礙的智力。九、知宿命無漏智力，即知眾生宿命及知無漏涅槃的智力。十、知永斷習氣智力，於一切妄惑餘氣，永斷不生，能如實知之的智力。㊹四無所畏　又云四無畏，化他之心不怯，名無畏。四無畏有佛與菩薩之二種。佛四無畏：佛對眾生說法時有四種泰然無畏。一、一切智無所畏，佛於大眾中明言我為一切智人而無畏心；二、漏盡無所畏，佛於大眾中明言，我斷盡一切煩惱而無畏心；三、說障道無所畏，佛於大眾中說惑業等諸障法而無畏心；四、說盡苦道無所畏，佛於大眾中說戒定慧等諸盡苦之正道而無畏心。菩薩四無畏：一、總持不忘說法無畏。菩薩能聞持教法憶持眾義而不忘，故於大眾中說法不畏也。二、盡知法藥及知眾生根欲性心說法無畏。三、善能問答，說法無畏。一切異見皆能摧破，一切正法悉能成立，無量眾生一時雖來問難，而菩薩悉能於一時酬對，故對大眾中說法不畏也。四、能斷物疑，說法無畏。眾生問難，隨意解說法，如法能巧斷眾生之疑，是曰能斷疑。以有此能之故，於大眾中說法不畏也。㊺十八不共　佛的十八種功德，唯佛獨有，不與三乘所共有，故云不共。十八不共法包括：身無失、口無失、念無失、無異想、無不定心、無不知已捨、欲無減、精進無減、念無減、慧無減、解脫無減、解脫知見無減、一切身業隨智慧行、一切口業隨智慧行、一切意業隨智慧行、智慧知過去世無礙、智慧知未來世無礙、智慧知現在世無礙。㊻泥洹　亦即涅槃，是寂滅、不生不滅的意思。

【語　譯】行者既然知道了禪門行相，那麼，菩薩從初發心修行，一直到修行成佛，所修禪定，由淺入深，次第階級，其間所歷禪定階位，也是一定要搞清楚的。現在，我們略取經論中的有關內容，用以說明禪修的次第。《大品經》說：「大菩薩的修行，是次第行、次第學、次第道。」

辨明禪修的次第，分為二部分來講。一、辨明禪修的次第。二、辨明禪修的非次第。

一、所謂禪修次第，即修行禪定的人，從最初的持戒清淨、厭惡欲界開始，一心修習阿那波那法門，便能進入欲界定。從欲界定繼續修行，便能獲得未到地定。從未到地定繼續修行，便能次第獲得初禪，乃至獲得四禪，這就是內色界定。接著，菩薩應廣修功德，觀想外界眾生，獲得快樂歡喜的情形，便能次第獲得四無量心，這就是外色界定。這八種禪定，所緣的內外境相不同，所入的禪定亦不同，然而，這八種禪定，都屬於色界定。

行者在第四禪中，厭惡色界，就像厭惡牢獄，因此，滅除前面所說的內色與外色，一心繫緣空上，便能度脫色相的繫縛，便能獲得四空處定，這就叫做無色界定。

以上所說的這十二門禪定——八種色界定，四種空處定，皆屬於有漏法。

接著，我們應該說明亦有漏亦無漏禪。行者獲得了根本禪之後，為了消除根本禪中的法執，還應該在欲界定中修習六妙門。為什麼呢？這是因為，在六妙門中，數息、隨息、止息，是入定方便。觀照、還源、清淨，是慧觀方便。定境容易使人貪著，慧觀容易使人進取。因為六妙門中有貪愛的緣故，所以說六妙門是有漏禪。因為六妙門中有慧觀的緣故，所以說六妙門是無漏禪。六妙門中的六種境界，大多數人是在欲界定、未到地定、四禪中獲得的，也有的人是在無色界定中獲得的。

我們還應該說明十六特勝。從橫的方面來講，十六特勝是指四念處。從縱的方面來講，十六特勝是指從欲界定，一直到非想非非想定，但是，在每一地定中，由於有智慧觀照、破除執著的緣故，所以，十六特勝能夠生出無漏。

接著，我們再來說明通明。前面所講十六特勝，因為是從宏觀的角度來講的，所以，比較粗略。現在講通明，從比較具體的角度來講，所以，比較詳細。通明觀亦是從欲界定至非想非非想定，乃至入於滅盡定。這三種禪亦叫做淨禪，在五種禪中，應當屬於根本禪。

現在，我們來說明無漏禪的修行次第。分二部分來講。一、行行次第。二、慧行次第。

所謂行行次第，亦即觀禪、鍊禪、熏禪、修禪。我們首先說明觀禪的次第。觀禪之中，有六種禪。最先修九想。在尚未獲得無漏之前，先用九想來對治欲界煩惱，接著再修八念。為了消除修習九想所產生的恐懼之心，接著應該修十想，用來打破對法人的執著。在欲界定中，修此十想，斷除三界煩惱。

接著，再修八背捨，不破壞法人。修習八背捨，對治三界根本定中的法見執著。

接著，我們說明八勝處。為了使行者在各種禪觀中能夠自在無礙，我們還應該說明十一切處。為了使禪定中的色法廣大普遍，甚至還應該修習六神通。以上所說法門，皆屬觀禪的範疇。

接著，我們再來說明鍊禪。鍊禪也就是九次第定。為了總結前面的定、觀二種禪，令心調和柔順，使我們進入禪定時，能夠順序漸進，所以，應該修習九次第定。九次第定，以及有覺有觀等三三昧，皆屬於鍊禪的範圍。

接著，我們再來說明熏禪，所謂熏禪，就是師子奮迅三昧，亦即行者順著次第，逆著次第，自由出入諸禪，使得定心與觀照，了了分明，相當純熟，以增益禪定功德。

接著，我們再來說明修禪。所謂修禪，就是超越三昧。在禪定之中，為了獲得自在解脫，行者超越禪定階位，由一個禪定階位而進入另一個禪定階位。所以，《大品經》說：「菩薩摩訶薩，住於般若波羅蜜，運用禪波羅蜜，除了諸佛三昧之外，可以於一切三昧，或聲聞三昧，或辟支佛三昧，或菩薩三昧，皆能出入無礙。」其餘一切三昧，就是指根本定。聲聞三昧，是指三十七道品、空無相定等三三昧，以及四諦、十六行。辟支佛三昧，是指十二因緣三昧。所謂菩薩三昧，即是菩薩所行持的自性禪三昧。菩薩住於自性禪等三昧，逆順出入於八背捨，依八背捨逆順出入於九次第定。依九次第定，逆順出入於師子奮迅三昧。依師子奮迅三昧，逆順出入於超越三昧，菩薩依各種三昧，得諸法平等之境界。菩薩修行至此，才算是完成了與二乘人相同的共禪修行。為什麼這樣說呢？因為大阿羅漢，亦達到了超越三昧的境界。

二、說明無漏慧行的修行次第行相。因為聽到了苦、集、滅、道之四諦法，進而修行三十七道品，再由此而進入空解脫門、無相解脫門、無願解脫門等三解脫門，接著再用十六特勝來觀察四諦法所說的道理，這樣，就能獲得十智、三無漏根，斷除九品煩惱，獲得九種解脫。以上所說，即是聲聞所行的無漏慧行。接著，我們應該說明十二因緣。十二因緣是辟支佛所行的無漏慧行。

若菩薩依照次第，修成了二乘人的有學與無學，有所得之心已斷，這就叫做從假入空、具足觀行。所以，《大品經》中說：「修行般若波羅蜜的大乘菩薩，善於運用種種方便，從乾慧地進入性地、八人地、見地、離欲地、阿羅漢地、辟支佛地，並且能夠出入無礙，不取不著。」

我們再來說明菩薩與二乘的不共禪的修行次第。一、自性禪，二、一切義禪，三、難禪，四、一切門禪，五、善人禪，六、一切行禪，七、除煩惱禪，八、此世他世樂禪，九、清淨淨禪。菩薩依照以上九種禪定而修行，獲得大菩提果，具足十力、四無畏，及十八不共法等等一切佛法。

以上簡略地說明菩薩從初發心修禪，通過次第行、次第學、次第果，乃至達到佛地，也依然屬於深陷大涅槃深禪定之窟。這其中的義理，要等到第七修證、第八顯示果報時，再加詳細辨明。

問：菩薩大士為了通達各種禪定的深淺，依次修習一切佛法，可以像上面所說的那樣。然而，初學行人修禪的時候，依照以上所說的次第而修，這樣適當嗎？

答：為了要說明各種禪定境界的深淺之相，所以，以上才對禪修次第作這樣的分別說明。若是初學禪修的人，則隨著他的喜樂而選擇禪修的法門，以作為方便對治。容易證入涅槃的人，從任何一種方便禪的初門而修都可以，不必像前面所說的一定要依照次第而修。這其中的道理，要等到講「內方便安心禪門」時，再作詳細說明。

【說　明】在次第禪定的過程中，行者所經歷的禪定的名目有很多。行者切不可糾纏於這些禪定名目，若糾纏於禪定名目，被禪定名目所困縛，那就違背了佛的義。為什麼這樣說呢？這是因為，佛法不是給人添累贅的，而是給人解粘去縛的，所以，我們修習佛法，須要秉直而行，簡捷而行。所以，禪門有言：直心是道場。

第二，簡非次第義。

問曰：菩薩修禪為一向次第，修禪亦有非次第？

答曰：此得為四。一、明次第。二、明非次第。三、明次第非次第。四、明非次第次第。

今明次第。如上說。《大品經》云：「菩薩次第行、次第學、次第道。」

非次第者。菩薩修法華、一行等諸三昧，觀平等法界非深非淺，故名非次第。

如《無量義經》說：「行大直道無留難故。」

次第非次第者。如《大品》中：「須菩提白佛：『次第心應行般若，應生般若，應修般若不？』佛告須菩提：『常不離薩婆若❶故，為行般若，為生般若，為修般若。』」

非次第次第者。如須菩提白佛：一切諸法皆無自性，云何菩薩得從一地至一地？佛告須菩提：以諸法空故，菩薩得從一地至一地。

問曰：今此四句但據菩薩，亦得通二乘不？

答曰：二乘亦得作此說。何以故？知自有聲聞，初發心行於行行，從根本初禪而修，乃至超越禪❷，方得阿羅漢果，是為次第。

或有聲聞人，聞說善來，一時具足三明❸、八解脫❹等，是為非次第。

或有聲聞人，修次第行行時即用慧行，善觀次第性空，從初心乃至得阿羅漢，是名次第非次第。

四或有聲聞，從初發心即修慧行，發電光三昧❺，得四果，未具諸禪。為欲滿足有為功德故，次第修五種禪定❻滿足，即是非次第而次第也。此義至第七釋修證，及第八顯示果報等十意竟，即自分明。

【章　旨】說明了禪修過程中的四種情況：次第、非次第、次第非次第、非次第次第。同時，也介紹了聲聞、緣覺、菩薩所行的無漏慧行。

【注　釋】❶薩婆若　譯為一切種智，就是諸佛究竟圓滿果位的大智慧。❷超越禪　這裡的超越禪，即是超越三昧。佛及菩薩能超越上下諸地而隨意入出之三昧。在〈釋禪波羅蜜修證第七之六・釋超越三昧〉中有詳細解釋。參見本書第七〇一頁。❸三明　宿命明、天眼明、漏盡明。宿命明，即明白自己或他人一切宿世之事。天眼明，即明白自己或他人一切未來世之事。漏盡明，即以聖智斷盡一切煩惱。❹八解脫　指八種背棄、捨除三界煩惱的禪定。在〈釋禪波羅蜜修證第七之六・釋八背捨〉中有詳細解釋。參見本書第六四〇頁。❺電光三昧　觀一切相，如露如電，生滅閃爍，無有實際。❻五種禪定　一、四念處。二、八背捨（觀）。三、九次第定（鍊）。四、師子奮迅三昧（熏）。五、超越三昧（修）等五種禪。

【語　譯】第二，說明不依次第而修的含義。

問：菩薩修習禪定，向來依次第而修，還有不依次第而修的嗎？

答：有四種情況：一、明瞭次第；二、明瞭非次第；三、明瞭次第非次第；四、明瞭非次第次第。

所謂次第，如上所說。正如《大品經》中所說：「菩薩次第行、次第學、次第道。」

所謂非次第，就是菩薩修法華三昧、一行三昧等諸三昧，觀法界諸相，平等無二、非淺非深，所以稱為非次第。就像《無量義經》中所說：「直心應物，無有留礙，便無有障難。」

所謂次第非次第，猶如《大品經》中所說：「須菩提問佛：『用次第法門修行，還應行般若、生般若、修般若否？』佛告訴須菩提：『只要始終不離般若智慧，莫逐幻相，即是行般若，即是生般若，即是修般若。』」

所謂非次第次第，譬如須菩提問佛：既然一切諸法皆無自性，為什麼菩薩還要一地一地地向上修行呢？佛告須菩提：正是因為諸法空相，所以，菩薩需要一地一地地向上修行。

問：次第、非次第、次第非次第、非次第次第，此四句針對著菩薩的修行，二乘人的修行也得如此否？

答：對於二乘人，亦得作此說。為什麼這樣說呢？我們知道，聲聞初發心修行，從根本初禪，修行到超越禪，方能證得阿羅漢果，這也是一地一地地向上修。

有的聲聞人，聽到佛說「善來」，便能一下子具足三明、八解脫等，這就是非次第。

有的人聲聞，在次第修行的過程中，善於運用智慧觀照，得見次第空相，並無實體，從初心修行，乃至證到羅漢果，就叫做次第非次第。

第四種情況是，有的聲聞，從初發心修行，就修般若慧行，發起了電光三昧，證得四果阿羅漢，然而，卻未具足諸禪功德。為了滿足諸功德，於是，反過頭來，再修習五種禪定，使五種禪定，逐一得到滿足，這就是非次第而次第。其中的義理，等到講第七「解釋修證」、第八「顯示果報」等十意時，我們再作詳細解釋。

【說　明】修習禪定的具體過程，每個人都是不一樣的。有的人在初修禪時，就能證得了無漏。有的人修到了四禪，方證得無漏。有人具足修習四禪八定，未能證得無漏。總之，諸人修習禪定，具體過程，各有不同，不可固執。若固執己見，必生障礙。佛法的修證，須是「空心應物，應物空心」。若能如此而修，則一切障礙，皆成虛幻，無有實際。

簡禪波羅蜜法心第五

已略說諸禪詮次竟。諸禪中法心之相，復應知之。今就明法心中，即為三意。

一、先辨法。二、明心。三、分別簡定法心之別。

就第一先辨法中，法有四種。一、有漏法。二、無漏法。三、亦有漏亦無漏法。四、非有漏非無漏法。

一、有漏法者。謂十善❶、根本四禪❷、眾生緣四無量心❸、四空定❹是。所以者何？此十二門禪體，非觀慧之法，不能照了斷諸煩惱故。

二、無漏法者。九想❺，八念❻，十想❼，背捨❽，勝處❾，一切處❿，次第定⓫，師子奮迅⓬，超越三昧⓭，四諦⓮，十六行⓯，十二因緣⓰法，緣四無量心，三十七品⓱，三三昧⓲，乃至願智頂禪⓳，十一智⓴，三無漏根㉑等諸無漏定是。所以者何？此諸禪中悉有對治，觀慧具足能斷三漏㉒故。

三、亦有漏亦無漏法者。六妙門㉓，十六特勝㉔，通明㉕等是。所以者何？此三種禪中，雖有觀慧對治，力用劣弱，故名亦有漏亦無漏。

四、非有漏非無漏法者。法華三昧，般舟念佛，首楞嚴等百八三昧，自性禪等九種禪，乃至無緣大慈大悲，十波羅蜜，四無礙智，十八空[26]，十力，四無所畏，十八不共法，一切種智[27]等是。所以者何？修是等法，不墮二邊，故名非有漏非無漏法。

問曰：何故言法華三昧等法，皆名非有漏非無漏？如《法華》中說：「是德藏菩薩於無漏實相，心已得通達，其次當作佛，號曰為淨身。」又如四無畏中第二無畏，名無漏無畏。如是等法，諸經論中多悉說為無漏，今何以言皆是非有漏非無漏法？

答曰：此欲簡諸佛菩薩有中道不共之法故，須作此分別。如凡夫專依有漏，二乘偏行無漏。今諸佛菩薩所得不共之法，不滯二邊，則無二邊之漏失，是以悉云無漏。何故得免二邊漏失？正以中道之法非二邊所攝故，云非有漏非無漏也。此之二說，語異而意同，故無乖失。

若任理性而論，則一切皆名非有漏非無漏法。故《大品經》云：「色無縛無脫，乃至一切種智無縛無脫。」理既無縛無脫稱理之行，豈不同名無縛無脫？無縛無脫者，即是非有漏非無漏之異名也。

問曰：分別定慧為四句，可爾。戒復云何？

答曰：從十善、三歸㉘、五戒㉙、八齋戒㉚、沙彌十戒㉛、大比丘二百五十戒㉜、菩薩十重四十八輕戒㉝，亦得作四句分別其義（云云）。今不具釋。

問曰：上第四明禪詮次，及下第七辨修證中，皆先明有漏，次亦有漏亦無漏，次無漏，次非有漏非無漏。今分別四句法，何故異於前後，乃以三為二也？

答曰：前後皆約修行入證以為詮次，今欲簡別法心之相事，須約言句為便，亦以諸經論中說四句皆爾故。云：行時非說時，說時非行時，此義易明。

【章旨】分別介紹了四種法：有漏法、無漏法、亦有漏亦無漏法、非有漏非無漏法。

【注釋】❶十善　十種善業，即不殺生、不偷盜、不邪淫、不妄語、不兩舌、不惡口、不綺語、不貪、不瞋、不癡。❷根本四禪　指初禪、二禪、三禪、四禪。❸四無量心　慈無量心、悲無量心、喜無量心、捨無量心。與一切眾生樂，名慈無量心。拔一切眾生苦，名悲無量心。見人行善或離苦得樂，深生歡喜，名喜無量心。如上三心，捨之而不執著，或怨親平等，不起愛憎，名捨無量心。在〈釋禪波羅蜜修證第七之二・釋四無量心〉有詳細解釋。參見本書第四〇五頁。❹四空定　空無邊處定、識無邊處定、無所有處定，以及非想非非想處定。❺九想　又作九相、九想門、九想觀。即對人屍體的醜惡形相，作九種觀想。九想是不淨觀中的一種，依之觀想，可以斷除對肉體的執著。〈釋禪波羅蜜修證第七之五・釋九想觀門〉中有詳細解釋。參見本書第五九二頁。❻八念　念佛、念法、念僧、念戒、念捨、念天、念出入息、念死。〈釋禪波羅蜜修證第七之五・釋八念法門〉中有詳細解釋。參見本書第六〇九頁。❼十想　見前「十想」注釋。第三八頁。❽背捨　指八種背棄、捨除三界煩惱的禪定。在〈釋禪波羅蜜修證第七之六・釋八背捨〉中有詳細解釋。參見本書第六四〇頁。❾勝處　又作八除入、八除處、八勝處。即八背捨所引起的八種殊勝境界。八勝處的具體內容，在〈釋禪波羅蜜修證第七之六・釋八勝處法門〉中有詳細解釋。參見本書第六六五頁。❿一切處　又名十遍處，十一切處。即觀青、黃、赤、白、地、水、火、風、空、識等十法，使其一一周遍於一切處。十一切處的具體內容，在〈釋禪波羅蜜修證第七之六・釋十一切遍處法門〉中有詳細解釋。參見本書第六七七頁。⓫次第定　在這裡是指「九次第定」。見前「九次第定」注釋。第三一頁。⓬師子奮迅　又稱師子威三昧、師子嚬伸三昧、師子奮迅三昧。以獅子王奮迅勇猛，象徵佛的威德神力，所以叫做師子奮迅三昧。在〈釋禪波羅蜜修證第七之六・釋師子奮迅三昧〉中有詳細解釋。參見本書第七〇〇頁。⓭超越三昧　佛及菩薩能超越上下諸地而隨意入出之三昧。在〈禪波羅蜜修證第七之六・釋超越三昧〉中有詳細解釋。參見本書第七〇一頁。⓮四諦　又名四真諦，四聖諦或四諦法，即苦諦、集諦、滅諦、道諦。苦諦是說明人生多苦的真理，人生有三苦，八苦，無量諸苦，苦是現實宇宙人生的真相。集諦的集是集起的意思，是說明人生的痛苦是怎樣產生的，人生的痛苦是由於凡夫自身的愚癡無明，和貪欲瞋恚等煩惱的掀動，而去造作種種的不善業，結果才會招集種種的痛苦。滅諦是說明涅槃境界才是多苦的人生最理想最究竟的歸宿的真理，因涅槃是常住、安樂、寂靜的境界。道諦是說明人要修道才能證得涅槃的真理。⓯十六行　又作十六勝行，十六特勝。為數息觀中最為殊勝之十六種觀法。在〈釋禪波羅蜜修證第七之三・釋十六特勝〉中有詳細解釋。參見本書第四九三頁。⓰十二因緣　又名十二有支，或十二緣起，是說明有情生死流轉的過程。十二因緣是無明（貪瞋癡等煩惱為生死的根本）、行（造作諸業）、識（業識投胎）、名色（但有胎形六根未具）、六入（胎兒長成眼等六根的人形）、觸（出胎與外境接觸）、受（與外境接觸生起苦樂的感受）、愛（對境生愛欲）、取（追求造作）、有（成業因能招感未來果報）、生（再受未來五蘊身）、老死（未來之身又漸老而死）。以上十二支，包括三世起惑、造業、受生等一切因果，周而復始，至於無窮。⓱三十七品　即三十七道品。道品，又作菩提分、覺支，即追求智慧，進入涅槃境界的三十七種修行方法。又稱三十七覺支、三十七菩提分、三十七助道法、三十七品道法。三十七道品包括：四念處、四正勤、四如意足、五根、五力、七菩提分、八正道分，其數共有三十七品，為修道之資糧，故名三十七道品。⓲三三昧　亦即三種三昧。即空三昧、無相三昧、無願三昧。空三昧，是指觀世間諸法，因緣和合，本來是空。無相三昧，是指觀世間法相，虛妄假有，不可取著。無願三昧又名無作三昧，是指觀世間諸法，如幻如化，而無所願求。〈釋禪波羅蜜修證第七之六・釋三三昧〉有詳細解釋。參見本書第六九五頁。⓳願智頂禪　一切願皆得滿足，一切智皆得圓滿，所以叫做願智頂禪。⓴十一智　一、世俗智。二、法智。三、類智。四、苦智。五、集智。六、滅智。七、道智。八、他心智。九、盡智。十、無生智。十一、如實智。㉑三無漏根　見前「三無漏根」注釋。第五三頁。㉒三漏　漏者，煩惱之異名。三界煩惱概括為三種。一、欲漏。欲即貪欲。欲漏是指欲界中的一切貪欲煩惱。二、有漏。有即苦果。有漏是指色界無色界中的一切苦果煩惱。三、無明漏。無明即愚癡。無明漏是指三界之中的一切無明煩惱。㉓六妙門　一、數息門。二、隨門。三、止門。四、觀門。五、還門。六、淨門。此六者，因其次第相通，能到達真妙之涅槃，故名六妙門。在〈釋禪波羅蜜修證第七之三・釋六妙門〉中有詳細解釋。參見本書第四八一頁。㉔十六特勝　又作十六勝行，十六特勝。為數息觀中最為殊勝之十六種觀法。在〈釋禪波羅蜜修證第七之三・釋十六特勝〉中有詳細解釋。參見本書第四九三頁。㉕通明　亦即通明觀。阿羅漢等聖者，在修四禪定、四無色定、滅盡定等九次第定時，觀息、色、心三事之禪法。又叫做通明觀禪，也叫做通明觀。修此禪定時，必通觀息、色、心三事而徹見無礙，故稱通明。又能得六通、三明，故稱通明。〈釋禪波羅蜜修證第七之四・修證通明觀〉中有詳釋。參見第五二五頁。㉖十八空　即為破種種邪見所說之十八種空。十八空包括：內空、外空、內外空、空空、大空、第一義空、有為空、無為空、畢竟空、無始空、散空、性空、自性空、諸法空、不可得空、無法空、有法空、無法有法空。㉗一切種智　三智之一。三智包括：一切智、道種智、一切種智。一、一切智，聲聞緣覺之智也。知一切法之總相者。總相即空相也。二、道種智，菩薩之智也。知一切種種差別之道法者。三、一切種智，佛智也。佛智圓明，通達總相別相。㉘三歸　又曰三歸依。一、歸依佛。歸依佛寶以為師者。二、歸依法。歸依法寶以為藥者。三、歸依僧。歸依僧寶以為友者。㉙五戒　不殺生、不偷盜、不邪淫、不妄語、不飲酒。不殺生是不殺傷生命。不偷盜是不盜取別人的財物。不邪淫是不作夫婦以外的淫事。不妄語是不說欺誑騙人的話。不飲酒是不吸食含有麻醉人性的酒類及毒品。㉚八齋戒　又作八關齋戒，八支齋法等。一、不殺。二、不盜。三、不淫。四、不妄語。五、不飲酒。六、身不塗飾香鬘。七、不自歌舞，又不觀聽歌舞。八、於高廣之床座不眠坐。九、不過中食。其中的前八者，屬於戒而非齋。第九者正為齋戒。合八種戒與一種齋戒，叫做八齋戒。㉛沙彌十戒　一、不殺戒。二、不盜戒。三、不淫戒。四、不妄語戒。五、不飲酒戒。六、離高廣大床戒。七、離花鬘等戒。八、離歌舞等戒。九、離金寶物戒。十、離非食時戒。㉜大比丘二百五十戒　又稱具足戒。即佛制比丘所必須遵守之戒律，共有二百五十條。㉝十重四十八輕戒　十重戒，又名十波羅夷，即《梵網經》中所說的十無盡藏戒，因為這十種戒已經包含了法界一切之戒，故名無盡藏戒。又因為這十種戒有別於四十八輕戒，故稱為重，誰要是犯了，即得波羅夷罪。十重戒包括：殺戒、盜戒、淫戒、妄語戒、酤酒戒、說四眾過戒、自贊毀他戒、慳惜加毀戒、瞋心不受悔戒、謗三寶戒。四十八輕戒，《梵網經》中所說的大乘菩薩戒；是相對於「十重戒」而建立的四十八種輕戒。

【語　譯】禪定修行的次第，已經簡略地介紹完畢。諸禪中的禪法與禪心之相，我們還應知道。現在，我們就來說明禪法與禪心。分為三個部分。一、分辨禪法；二、辨明禪心；三、具體地判明禪法與禪心的差別。

第一，先分辨禪法。分為四部分。一、有漏法。二、無漏法。三、亦有漏亦無漏法。四、非有漏非無漏法。

一、有漏法。有漏法是指修十善、根本四禪、眾生緣四無量心，以及四空定。為什麼說這十二種禪法都是有漏法呢？這是因為，這十二種禪法，從本質上來說，並不是智慧觀照之法，也不能照了斷除各種煩惱。

二、無漏法。無漏法是指：九想、八念、十想、背捨、勝處、一切處、次第定、師子奮迅、超越三昧、四諦、十六行、十二因緣法、緣四無量心、三十七品、三三昧，乃至願智頂禪、十一智、三無漏根等無漏禪定。為什麼說這些法是無漏法呢？這是因為，在這些禪法之中，皆有對治的方法，具足觀照與智慧，能夠斷除三漏的緣故。

三、亦有漏亦無漏法。亦有漏亦無漏法是指六妙門、十六特勝、通明等。為什麼說六妙門、十六特勝、通明等是亦有漏亦無漏法呢？這是因為，這三種法中，雖有智慧觀照，方便對治，然而，由於對治的力量劣弱的緣故，所以叫做非有漏亦無漏法。

四、非有漏非無漏法。非有漏非無漏法是指法華三昧、般舟念佛三昧、首楞嚴三昧等一〇八種三昧，自性禪等九種禪，乃至無緣大慈大悲、十波羅蜜、四無礙智、十八空、十力、四無所畏、十八不共法、一切種智等。為什麼說這些法是非有漏非無漏法呢？這是因為，修習這些法，不會墮在二邊，所以叫做非有漏非無漏法。

問：為什麼法華三昧等法，皆稱為非有漏非無漏法呢？譬如《法華經》中說：「德藏菩薩已經通達自心實相，故得繼位成佛，佛號名淨身。」又譬如四無畏中的第二無畏，叫做無漏無畏。以上所說的這些法，在各種經論中，皆被稱之為無漏法，現在，你為什麼卻說這些法都是亦有漏亦無漏法呢？

答：為了說明諸佛菩薩有「中道不共之法」的緣故，所以需要作這樣的分別。譬如凡夫，取著於有漏法，二乘之人，取著於無漏法，我們所說的諸佛菩薩的不共法，不執有漏法，亦不著無漏法，不落有漏與無漏的兩邊，則無偏執的過失，所以，諸佛菩薩的不共法，法法皆可稱為無漏法。怎樣才能免得偏執兩邊的過失呢？正是因為諸佛菩薩所修的中道之法，不屬於凡夫的有漏法，也不屬於二乘的無漏法，所以稱為非有漏非無漏法。中道之法與非有漏非無漏法，這兩種說法，雖然在文詞上是不同的，然而，在含義上卻是相同的，因此，這種說法是沒有什麼錯謬的。

若從法性理體上來說，則一切法都可以說是非有漏非無漏法，所以，《大品經》中云：「各種色法，無縛亦無脫，乃至於一切種智，也是無縛亦無脫的。」法性理體，既然無縛無脫，順理之行，豈能不叫做無縛無脫？所謂無縛無脫，就是非有漏非無漏的變相表述。

問：可以用有漏、無漏、亦有漏亦無漏、非有漏非無漏四句來分別禪定與智慧，那麼，是否亦可以用這四句來分別戒律呢？

答：從十善、三歸、五戒、八齋戒、沙彌十戒、大比丘二百五十戒、菩薩十重四十八輕戒，這些戒律，亦一樣可以用有漏、無漏、亦有漏亦無漏、非有漏非無漏四句來說明其中的含義，在這裡，我們就不再作具體的解釋了。

問：前面的第四部分，說明禪門的次第，下面的第七部分，說明禪門的修證，在這二部分中，都是先說明有漏、亦有漏亦無漏，接著，再說明無漏、非有漏非無漏。現在，分別說明這四句，為什麼說明的順序不同了呢？甚至把第三句放在了第二句的位置？

答：前面與後面，皆是依著修行證入的先後順序來加以說明的，現在，要辨明禪法與禪心的事相，所以，需要順著語句表述的方便。在各種經論中，也是按照這個順序說此四句的。所以說，證入時的順序，不是言說時的順序，言說時的順序，也不是證入時的順序。其中的道理，則是顯而易見的。

【說明】有漏法、無漏法、亦有漏亦無漏法、非有漏非無漏法，這四種法，亦方便假立，因此，我們不可定執某法是有漏法，亦不可定執某法是無漏法。其實，若人不悟自心，著於法相，則法法皆屬有漏。若人識自本心，見自本性，則法法皆屬無漏，若能如此，無漏之名亦不立。譬如，在佛的境界上，則法法皆屬無漏。在凡夫與外道的境界上，則法法皆屬有漏。若凡夫與外道，豁然悟得自心，則不可更以凡夫與外道相稱，猶如禪宗六祖惠能所說：「一切經，盡因人說有。故知萬法，本自人興。緣其人中有愚有智。愚為小人，智為大人。愚者問於智人，智者與愚人說法。愚人忽然悟解心開，即與智人無別。善知識，不悟即佛是眾生，一念悟時，眾生是佛。故知萬法盡在自心，何不從自心中，頓見真如本性。」

第二，明心有四種心。一、有漏心。二、無漏心。三、亦有漏亦無漏心。四、非有漏非無漏心。

一、有漏心者。即是凡夫外道心，具三漏故，名有漏心。所以者何？凡夫外道修禪定時，約四時中分別，不得離結漏故。

何等為四時中分別？

一者、初發心。欲修禪時，不能厭患世間，為求禪定中樂及果報故。

二者、當修禪時，不能返照觀察，生見著心。

三者、證諸禪時，即計為實，不知虛誑，於地地中，見著心生。

四者、從禪定起，若對眾境，還生結業。以是因緣，名為漏心。

第二，明無漏心。亦約四時中分別。

一約發心者。二乘之人，初發心欲修禪時，厭患世間，不樂禪樂，及求果報。但為調心，則漏心自然微薄不起。因此，能發無漏。

二、修行者。隨所修禪，悉知虛假，能伏見著，不生結業。

三、得證者。入諸禪定之時，若於定中發真空慧，斷諸煩惱，則三漏永盡。

四、從禪定起，隨所對境，不生見著造諸結業，以是因緣，名無漏心。前二心雖是有漏而為無漏作因。因中說果，亦名無漏。

第三，明亦有漏亦無漏心。亦約四時中分別。

一約發心者。此行人初發心欲修禪時，恛惶不定，或時厭離生死，不樂禪樂，或生見著悕望定樂。愛樂果報，以生厭故，結業微羸。悕望定樂故，增長煩惱。

二約修行者。如不斷善根人欲修禪時，是人雖成就信等五法❶，不得名根❷，以其不能定伏結使故，名亦有漏。生於信等善法故，名亦無漏。

三約得證者。七種學人入諸禪時，雖發真智，結漏未盡故，名亦有漏亦無漏，乃至退法羅漢亦有此義。所以者何？未得無生智❸故，名亦有漏。得盡智❹故，名亦無漏。

四、諸學人等從禪定起，隨對眾境，隨所斷惑未盡之處，或猶生著故，名亦有漏。斷惑盡處，雖對眾境，結業不起，名亦無漏。

第四，釋非有漏非無漏心。亦約四時中明。

一約發心者。菩薩大士初發意欲修禪時，不為生死不為涅槃，則心不墮二邊。

二約修行者。菩薩修禪波羅蜜時，為福德故，不住無為。為智慧故，不住有為。

三約得證者。菩薩入諸禪時，若於禪中發無生忍慧，爾時心與法性相應，不著生死，不染涅槃。

四、菩薩從禪定起。隨對眾境，心常不依有無二邊，以是因緣，菩薩之心，名非有漏非無漏心。

【章旨】分別說明了四種心：有漏心、無漏心、亦有漏亦無漏心、非有漏非無漏心。

【注釋】❶五法　《摩訶止觀》卷四下所說「二十五方便」，其中的欲、精進、念、巧慧、一心等，即為所行之五法。❷根　這裡的「根」是指「五根」。這裡的「五根」不是指眼耳鼻舌身五根，而是指五無漏根。此五無漏根，對於降伏煩惱、引入聖道，具有增上的作用，故稱五根。五無漏根屬於三十七道品中之第四科。即：一、信根。信三寶、四諦等。二、進根。又作精進根、勤根。勇猛修習善法。三、念根。憶念正法。四、定根。使心止於一境而不散失。五、慧根。定中覺照，了知諸法。此五者能生起一切善法，故稱為五根。❸無生智　在這裡所說的「無生智」，應該是諸佛菩薩所證得的無生智。無生智有二種。

一種是二乘人的無生智。另一種是諸佛菩薩的無生智。二乘人的無生智，已經斷除三界煩惱，不受三界之身。諸佛菩薩所證的無生智，已經證得「法體恆常，能生萬法」。二乘人的無生智，屬於寂滅之無生，是「棄有著空」之智。諸佛菩薩的無生智，屬於生生之無生，是「真空妙有」之智。❹盡智　亦即漏盡智。亦即斷盡一切煩惱的阿羅漢之智。

【語　譯】第二，說明四種心。一、有漏心。二、無漏心。三、亦有漏亦無漏心。四、非有漏非無漏心。

一、有漏心。所謂有漏心，就是指凡夫與外道的心，因為凡夫與外道的心，具足三漏，所以叫做有漏心。為什麼說凡夫與外道具足三漏呢？這是因為，凡夫與外道修習禪定時，在四時之中，妄計分別，不得脫離繫縛與煩惱的緣故。

什麼是禪修中的四時分別呢？

一、凡夫與外道，在初發心修禪時，無有厭離世間的心，他們修習禪定的目的，主要是為了獲得禪定中的快樂與果報。

二、凡夫與外道，在修習禪定時，不能返照觀察自心實相，反而執著禪境。

三、凡夫與外道，在證得各種禪定境界時，不知禪境虛妄，反而以虛當實，在每一地禪中，執著禪境，妄自纏縛。

四、凡夫與外道，在出定之後，面對世間境界，依然還會起惑造業。因此之故，稱為有漏心。

第二，說明無漏心。也用禪修時的四個階段來說明。

一、初發心時。二乘人初發心修習禪定時，厭倦世間，不貪禪樂，以求得聖果為目標。只是致力於調心，這樣，有漏之心，自然薄弱難起，所以，能夠發起無漏心。

二、修行時。二乘人禪修，深知禪境虛妄，能夠降服見著，不造業自纏。

三、得證時。二乘人證入禪定之時，若在定中發起了真正的空心智慧，斷除了各種煩惱，便能三漏永盡。

四、從禪定起時。對緣無心，不著諸相，不造業自纏，因此之故，叫做無漏心。前面二種心雖然是有漏心，然而，卻能作無漏心的因。因中說果，也可以叫做無漏心。

第三，說明亦有漏亦無漏心。也用禪修的四個階段來說明。

一、發心時。這一類的行人，初發心修禪時，內心惶惑不定，有時厭離生死，不貪求禪定快樂。有時又生起知見與執著，希望獲得禪定快樂。由於愛樂聖果，厭離生死的緣故，所以，所結的業力微弱。由於希望禪定之樂的緣故，所以，使得煩惱增長。

二、修行時。不斷善根的人修禪定，這種人雖然能夠成就欲、精進、念、巧慧、一心等五種善法，然而，卻不能稱為能夠生出一切善法的五根，這是因為，五法不能降服煩惱的緣故，所以，稱為亦有漏。又由於行者已經生出了信、精進、念、定、慧等五種善法，所以亦稱為無漏。

三、得證時。有七種學人，進入諸禪時，雖然發了真正智慧，然而，由於煩惱尚未斷盡的緣故，所以，叫做亦有漏亦無漏，甚至退法的阿羅漢，亦都是如此。為什麼這樣說呢？這是因為這七種學人還沒有證得無生智的緣故，所以，叫做亦有漏。由於這七種學人，得到了盡智的緣故，所以稱為亦無漏。

四、從禪定起時。面對世間的各種境界，由於有些惑業尚未盡，對境猶生戀著，所以，叫做亦有漏。由於有些惑業已經斷盡，雖然面對諸境，煩惱不會再起，所以，叫做亦無漏。

第四，解釋非有漏非無漏心。解釋非有漏非無漏心，也用禪修的四個階段來加以說明。

一、發心時。菩薩大士初發心修禪時，不為生死，亦不為涅槃，菩薩大士發心修禪，不墮生死與涅槃之二邊。

二、修行時。菩薩修習禪波羅蜜時，為了圓滿福德，所以，不住無為。為了圓滿智慧，所以，亦不住有為。

三、得證時。菩薩深入諸禪定時，若在禪定中發起了無生法忍，這時，心與法性相應，就能既不著於生死，也不染於涅槃。

四、菩薩從禪定中起。隨緣對境，既不落有邊，亦不落無邊，因此之故，菩薩之心，叫做非有漏非無漏心。

【說　明】每個人發心修禪的動機各自不同，有人貪戀世間福報與禪定快樂，這就是有漏心。有人厭棄世間、追求出世間，這就是無漏心。有人搖擺於世間與出世間，這就是亦有漏亦無漏心。菩薩發心修禪，不著世間，不著出世間，不落生死與涅槃，這就是非有漏非無漏心。

第三，料簡法心。

問曰：諸佛說一切法皆空，絕諸言句，如《摩訶衍論》偈說：

般若波羅蜜，譬如大火焰。
四邊不可取，邪見火燒故。

今云何作四句分別？將非墮戲論乎？

答曰：佛法中不可得空，於諸法無所礙。因是不可得空，故說一切佛法十二部經❶。今說有四句無咎。譬如虛空雖無所有，而一切物依以長成。如《摩訶衍論》偈說：

若信諸法空，是則順於理。
若不信法空，一切皆違失。
若以無是空，無所應造作。
未作已有業，不作有作者。

如是諸法相，誰能思量者。
唯有得直心，所說無依止。
離於有無見，心自然內滅。

今為開發行人方便知見，分別種種法門，故無句義中辨於句義，於理無失。故《大品經》云：「無句義是菩薩句義。」若汝欲離四句求解脫者，即還被無句縛。所以然者？如說有四句，無四句，亦有四句亦無四句，非有四句非無四句，汝尚不免無四句縛，豈得免亦有亦無等四句縛？當知了句非句，於句義無礙而得解脫，非是離句求，於無句而得解脫。如天女呵身子❷云：無離文字說解脫也。文字性離，即解脫相。

復次，今明法之與心，合為八句，回轉分別，則有三十六句。若細歷法而明，即出無量句。若能於一句法通達一切句，則此辨若虛空，無有邊際。

問曰：若爾，何以不約法心各作五句？

答曰：諸佛出世，對緣化物，教門多約四句。如《摩訶衍論》中說：「有四種悉檀❸：一、世界悉檀。二、為人悉檀。三、對治悉檀。四、第一義悉檀。」初，有漏法心，即是世界悉檀攝。二、無漏法心，即是對治悉檀攝。三、亦有漏亦無漏法心，即是為人悉檀攝。四、非有漏非無漏法心，即是第一義悉檀攝。是中相攝之意，細尋可見。

復次，《摩訶衍論》又於第一義悉檀中分別四門。如論偈說：

一切實一切不實，一切亦實亦不實。
一切非實非非實，如是皆名諸法實。

如是等但有四句，更無第五句。今約四句明法心可以類此。餘經論中設有五句明義，別有因緣。今取一途義便故，不約五句分別。

問曰：此四種法心，法之與心有何等異？如有漏法、有漏心，此法心，為當各是有漏，為當各非，故說漏？若二各有者，法心合時，應有二漏法起。若各無，和合亦應無。

答曰：今不得言二各是漏，亦不得言二法中各都無漏。何以故？若心即是漏，如阿羅漢[4]，漏盡時，心應盡，法亦如是。所以者何？若法定是漏者，聖人入根本四禪，亦應生漏。此四禪法未與心合，亦應自是漏。而聖人入四禪法，不生於漏。四禪法未與心相應時，亦自無有漏法生。云何言法即是有漏？今言此漏，不獨在法，亦不獨在心，法心合時便有漏生。以有有漏故，二處受名。譬如仙藥，人若服之，即令得仙。而藥之與人，本各非仙。藥人和合，則便有仙。故藥受仙藥之名，人受仙人之稱。若藥不因人，不名仙藥。人不因藥，不名仙人。漏法漏心，亦復如是。餘三種法心義，類爾可知。故阿難說示比丘為舍利弗說偈：

諸法從緣生，是法說因緣。
是法緣及盡，我師如是說。

復次，若謂有漏之法自有有漏法，若有漏之法由有漏心故有有漏法，若有漏法由法由心故有有漏法，若有漏之法不由法不由心故有有漏法。如此之計，皆墮邪見。所以者何？若謂由有漏法故有有漏法者，即是自性❺有漏法。若是自性有漏法，則應有無窮之漏法，以自性復有自性故。今實不爾。

若謂有漏法不能自有，由有漏心故有者，即是他性有漏法。所以者何？若有漏法待有漏心為自性者，今有漏心待有漏法，豈非他性？若由他性而有有漏法者，他性若是有有漏法，則有漏法還是有漏法，更無心法之別。他性若非有漏法，非有漏法何能有有漏法？故知有漏法不由有漏心故有。

若謂有漏法由有漏法有漏心故有者，即是共有。若是共有，則從自他性中而有有漏法。若爾，則一時應有二有漏法。今實不然。故知非自他共故有有漏法。

若謂離有漏法、離有漏心有有漏法者，即是無因緣而有有漏法。從因緣有有漏法尚不可，何況無因緣而有有漏法？破因成假，廣說如止觀。有漏心亦如是。餘三種法、心亦如是。

復次，若有漏法，定是有漏法者，是有漏法即是生滅相續法。為生故生？為滅故生？為生滅故生？為離生離滅得生？

若是生生，即是自生。若由滅故生，即是他生。若由生滅故生，即共生。若離生滅而說生者，即是無因緣生。從因緣生尚不可，何況無因緣生？當知有漏生，畢竟不可得。

若無生則無滅。若無生滅，即無相續。若無生滅相續，則無有漏法。破相續假，廣說如止觀。有漏心亦如是。餘三種法心亦如是。

復次，若有漏法是生者，為生生故生？為不生生故生？為生不生故生？為非生非不生故生？

若生生，則是自性生。若不生生，即是他性生。若生、不生故生，即是共生。若非生、非不生故生，即是無因緣生。從因緣生尚不可，何況無因緣生？是則於相待假中求有漏法生，畢竟不可得。

若無生，則無有漏，破相待假，廣說如止觀。有漏心亦如是。餘三種法心亦如是。

當知有漏之法，於因成相續相待中，各各四句，求畢竟不可得。若不可得，云何分別有有漏法？若無有有漏之法，而說有漏法者，當知但有名字，是中不應定有所依，生諸戲論，破智慧眼。次明有漏心亦如是。若有漏法心如是，餘三句法心亦如是。但以世間名字故，說名字之法，不在內外兩中間，亦不常自有無名之名，故曰假名。

問曰：若爾，云何分別法、心之異？

答曰：但以世間名字故，分別法、心之別，是中無有定實。

問曰：云何於名字中分別法、心之別？

答曰：若知法、心無所有，但有名字，則還如上分別法、心之相無咎，故《大品經》云：「須菩提，不壞假名而說諸法實相[6]。」

復次，如心數[7]為法，心王[8]為心；受想行三陰及色陰[9]為法，識陰[10]為心；心相應法，心不相應法，及色法，無為法為法，心法為心；所緣[11]為法，能緣[12]為心；能生為法，所生為心；所觀之境為法，能觀之智為心。法成於心，心依於法。如是等於名字中，種種分別。法、心之別，雖作此分別，皆如幻化，無所取著，同歸一相⓭。此義至下第十「結會歸趣」中當廣釋。

【章　旨】諸佛出世，應緣對機，教化立言，多依四句。然而，四句言說，不可取著，若取四句，恰墮文字深坑，不達諸佛本意。

有漏無漏，既不在法，亦不在心，唯在行人之迷悟。迷即法法皆有漏，悟即法法皆無漏。真悟無漏者，既不立有漏，亦不立無漏，所以，方便立言「非有漏非無漏」。總之，究竟至境，唯在實證，不在言說。

【注　釋】❶十二部經　一切經教的內容，分為十二類，叫做十二部經，也叫做十二分教。一、長行。以散文的形式，直說法相，不限定字句者，因行類長，故稱長行。二、重頌。既宣說於前，更以偈頌總結於後，具有重宣之意，故名重頌。三、孤起。不依前面長行文的含義，單獨發起的偈頌。四、因緣。述說見佛聞法，或佛說法教化的因緣。五、本事。記載佛說諸弟子過去世因緣的經文。六、本生。記載佛說其自身過去世因緣的經文。七、未曾有。記佛現種種神力不思議事的經文。八、譬喻。佛說種種譬喻，以令眾生容易開悟的經文。九、論議。指以法理論議問答的經文。十、無問自說。指無人發問而佛自說的經文。十一、方廣。指佛說方正廣大之真理的經文。十二、記別或授記。是記載佛為菩薩授記成佛的經文。❷身子　舍利弗的譯名。梵語舍利，華譯為身，弗多羅華譯為子。舍利弗是佛十大弟子之一。❸悉檀　佛以四類方法，普施一切眾生，所以，悉檀又稱為四悉檀。悉，即遍之義。檀，為檀那（布施）之略稱。❹阿羅漢　華譯為無生，意即修到此果位者，解脫生死，不受後有。聲聞乘分為四果，亦即須陀洹果、斯陀含果、阿那含果、阿羅漢果。阿羅漢屬於聲聞四果中的最高果位。❺自性　這裡的「自性」不是本體論意義上的「自性」，而是指有漏法自身。❻不壞假名而說諸法實相　不破壞言說名相，並且借助言說名相，向人們開示諸法實相。若是在學人分上，則依據言說名相，體悟諸法實相。❼心數　又作心所、心所有法、心所法、心數法。心數法就是指心中之法相，譬如心中的種種念頭、狀態、覺受等等，因為其數量很多，所以叫做心數法。❽心王　心數法從屬於心王，或者說從屬於心體，心數法是心體現象。有部及法相宗，所說的八種識，皆屬於心數法的範疇。

相對「心所」而言。萬法從心生，心就是萬法之王，故稱心王。有部及法相宗，所說的心王，即是八識（八類心識）之本源，亦精神現象之本源。❾色陰　對於未悟諸法實相的人來說，諸色惑亂人心，障人悟真之道，故稱為色陰。對於已悟諸法實相的人來說，一切色相，皆諸法實相之顯現，亦本真性體之妙有，體用圓融，本不相礙，本不相陰。所以，色陰之說，只對未悟者而言。廣義來講，一切有形有相的，皆可稱之為色。陰者，覆陰之義。❿識陰　對於未悟諸法實相的人來說，諸識惑亂人心，障人悟真之道，故稱為識陰。識者，泛指一切「心識」，亦包括八識中的無量心識。陰者，覆陰之義，障礙之義。⓫所緣　內而六識之相，外而六塵之相，總之，凡所有相，皆有可能成為心識取著的對象。被心識所取著的對象，都叫做所緣。⓬能緣　從最根本上講，能緣者，即是本體論意義上的「無相真心」。⓭一相　即是實相。實相即是萬法緣起處，亦是萬法滅還處，所謂「無不從此法界流，無不歸還此法界。」此法界者，即是實相，即是自性大海，即是萬法之源，即是一真之相。

【語譯】第三，概括法與心。

問：諸佛說諸法空相，絕一切言句，就像《大智度論》中的偈語所說：

般若波羅蜜，譬如大火焰。
若取四邊法，定遭邪火燒。

您為什麼作有漏、無漏、亦有漏亦無漏、非有漏非無漏四句分別呢？這樣豈不是墮入戲論了嗎？

答：佛法中所說的空，乃不可得之義。諸法空相，本不相礙。正是因為「不可得之空」，所以才說出了三藏十二部佛法。因此，我們說有漏、無漏、亦有漏亦無漏、非有漏非無漏四句，這是沒有什麼過咎的。譬如虛空雖然無所有，然而，一切事物皆依之成。就像《大智度論》中的偈語所說：

若信諸法空相，即是順應理體。
若不信諸法空，所作皆違理體。
若以頑空為空，應該無所造作。
無作亦是造業，恰似二乘著我。
真空妙有實相，誰能言語思量。

唯有親證實相，方能善巧立教。

離開有無邊見，妄念自然消滅。

現在，我們為了引導學人了解佛法，所以，作種種方便開示，逐一說明種種法門，其實，亦是在無言說中而方便立言，這並不違背佛法的根本大義。所以，《大品經》中說：「無言說是菩薩言說。」你若想離開四句而求解脫，你恰恰落在無言說裡，被無言說所困縛。為什麼這樣說呢？那是因為，若說有四句、無四句、亦有四句亦無四句、非有四句非無四句，你尚不能免除被「無四句」所困縛，豈能免得了「亦有亦無」等四句的困縛呢？應當透徹地明白「言說而非言說」的真正含義，方能於句義言說中獲得解脫，而不是離開言說，在無言說中求解脫。就像天女呵舍利弗言：不可以離開文字而說解脫。文字生滅，本性自離，即是解脫之相。

我們現在所說的法與心，合起來有八句，若再展轉分別下去的話，就變成了三十六句。若再細加分別的話，就會分化出無量的句。行者若能在一句上通達一切句的話，那麼，四句分別，猶如虛空，無有實際。

問：若這樣的話，為什麼不把法與心，各自分作五句來說明呢？

答：諸佛出世，應緣對機，教化立言，多依四句。譬如《大智度論》中說：「有四種悉檀：一、世界悉檀。二、為人悉檀。三、對治悉檀。四、第一義悉檀。」一、有漏法心，屬於世界悉檀。二、無漏法心，屬於對治悉檀。三、亦有漏亦無漏法心，屬於為人悉檀。四、非有漏非無漏法心，屬於第一義悉檀。法心與悉檀的對應關係，若仔細體察，就會清楚其義。

在《大智度論》中，又把第一義悉檀分成四門，如《大智度論》中的偈語說：

一切實一切不實，一切亦實亦不實。

一切非實非不實，如若通達皆實法。

如上所說，只有四句，而沒有第五句。現在我們說明法與心，亦用四句來說明。在其他的經論中，若有用五句來辨義的，那也是另有因緣的緣故。我們現在仍舊用四句來辨義，而不用五句來辨義。

問：在這四種法心中，法與心有什麼不同？譬如有漏法與有漏心，到底是因為法與心各自有漏，還是因為法與心各自無漏，而才說「漏」的呢？假若法與心，各自有漏的話，那麼，法與心和合的時候，應當有兩個漏法。若法與心，各自無漏的話，那麼，法與心和合的時候，亦應當是無漏的。

答：不可說法與心各自有漏，亦不可說法與心各自無漏。為什麼呢？這是因為，若心是有漏的話，那麼，阿羅漢證得漏盡通的時候，心也應是漏盡的，法亦應當是這樣。為什麼這樣說呢？那是因為，若法一定是有漏的話，聖人進入根本四禪，亦應該生漏。這四種禪法，在尚未與心相合的時候，亦應當是有漏的。然而，聖人進入四禪法，不會生出有漏來。這四種禪法，在尚未與心相應的時候，亦沒有漏法生出來。你為什麼要說法即是有漏法呢？我們現在所說的漏，既不單單在法，亦不單單在心，而是說法與心合時，便產生了有漏。由於產生了有漏的緣故，所以，才會有有漏法與有漏心的名字。譬如仙藥，人若服用了之後，即能成仙。而藥與人，原本各自都不是仙。當藥與人合的時候，才有了仙。所以，藥便受仙藥之名，人受仙人之稱。藥若不被人服用，藥則不可稱為仙藥，人若不服藥，人亦不可稱為仙人。法與心的「有漏」之名，亦是因為法與心合，才有了「有漏法」與「有漏心」的名字。其餘的無漏、亦有漏亦無漏、非有漏非無漏等三種法、心，其義也是這樣。因此，阿難說法開示比丘，而為舍利弗說偈曰：

一切諸法因緣生，諸佛出世說因緣。

因緣法盡寂滅是，我師亦作如是說。

若以為有漏法不借助於外緣而自己成為有漏法，若以為有漏法是由於有漏心而成為有漏法，若以為有漏法是由於法與心而成為有漏法，若以為有漏法不由於法與心而成為有漏法，如此計較分別，皆墮在邪見之中。為什麼這樣說呢？這是因為，若說因為有漏法而有有漏法，這就等於說有漏法自身能生有漏法。若有漏法自身能生有漏法的話，那麼，就應該有無窮的有漏法，這是因為有漏法能生有漏法的緣故。但是，在事實上，卻並非如此。

若有漏法不能生有漏法，而是由於有漏心才有有漏法，這就等於說他物能夠生出有漏法。為什麼這樣說呢？若有漏法需要有漏心作為自性的話，那麼，有漏心相對於有漏法來說，豈能不是他性？若因為他性而有有漏法，若他性亦是有漏法的話，那麼，有漏法還是有漏法，那也就無所謂心與法的區別了。若他性不是有漏法的話，那麼，不是有漏法的他性，又如何能夠生出有漏法呢？所以我們知道，有漏法不是由有漏心而有的。

若說因為有漏法與有漏心而有有漏法，這就等於說有漏法與有漏心共同生出了有漏法。若有漏法是有漏法與有漏心共同生出的話，那麼，也就等於說有漏法是從自性與他性而有有漏法。若是這樣的話，則應該同時具有二種有漏法。然而，事實並非如此。所以我們知道，並不是由於自性、他性及共性才有有漏法的。

若離開了有漏法、有漏心而有有漏法的話，那麼，有漏法即是無因緣而有。從因緣而有有漏法尚且不可，更何況無因緣而有有漏法呢？就像《摩訶止觀》中所廣說的那樣，破除因緣和合而成的假相。有漏心的情況也是這樣。其餘的無漏、亦有漏亦無漏、非有漏非無漏等三種法、心，也是這樣的。

若說有漏法一定是有漏法的話，這個有漏法就是一個生滅相續的法。那麼，有漏法到底是由於生的緣故而生出來的呢？還是由於滅的緣故而生出來的呢？還是由生滅的緣故而生出來的呢？還是由於離生滅的緣故而生出來的呢？

若有漏法是由於生的緣故而生出來的，那麼，有漏法即是自生。若有漏法是由於滅的緣故而生出來的，那麼，有漏法即是他生。若有漏法是由於生滅的緣故而生出來的，那麼，有漏法即是共生。若有漏法是離生滅的緣故而生出來的，那麼，有漏法即是無因緣生。說有漏法是因緣生，尚且不可，更何況說有漏法是無因緣生呢？我們應當知道，有漏法生，畢竟不可得。

若無「有漏法」生，則無「有漏法」滅。若無「有漏法」的生滅，則無「有漏法」的相續。若無「有漏法」的生滅相續，則根本不存在有漏法。就像《摩訶止觀》中所說的那樣，破除相續不斷的假相。有漏心的情況亦是這樣。其餘的無漏、亦有漏亦無漏、非有漏非無漏等三種法、心，也是這樣的。

假若有漏法是生出來的，那麼，有漏法是由於生生的緣故而生出來的呢？還是由於不生生的緣故而生出來的？還是由於生不生的緣故而生出來的呢？還是由於非生非不生的緣故而生出來的？

假若有漏法是由生而生出來的，那麼，有漏法即是自性生。假若有漏法是由不生而生出來的，那麼，有漏法即是他性生。假若有漏法是由生與不生而生出來的，那麼，有漏法即是共生。假若有漏法是由非生非不生而生出來的，那麼，有漏法即是無因緣生。說有漏法從因緣生，尚且不可，更何況說有漏法從無因緣生？所以，試圖從二極相待的虛幻妄法中尋找有漏法的產生，那畢竟是找不到的。

既然是無生，那麼，就無「有漏」，破除相互對待的假相，就像《摩訶止觀》裡廣泛說明的那樣。有漏心也是這樣的。其餘的無漏、亦有漏亦無漏、非有漏非無漏等三種法、心，也是這樣的。

應當知道，有漏法，在因緣假、相續假、相待假中，各自有四句——有、無、亦有亦無、非有非無。若在這四句上求，那畢竟是求不到的。既然求不到，又如何來說明有「有漏法」呢？若沒有「有漏法」，而說「有漏法」，那麼，所說的有漏法，就只是一個空名，這其中不應該定有所依，從而生出許多戲論，破壞人的智慧眼。有漏心的情況亦是這樣的。若有漏法與有漏心的情況都是這樣，其餘的無漏、亦有漏亦無漏、非有漏非無漏等三句法、心，也都是這樣。只是以世間名字，而說名字之法，既不在內，亦不在外，亦不在兩者中間，亦不常自有無名之名，所以，叫做假名。

問：若是這樣的話，如何分別法、心的不同呢？

答：只是用世間的名字，說明法、心的差別，其實，在這其中，是沒有固定所指的。

問：那麼，您為什麼在名字上來分別法、心的差別呢？

答：若知道法、心，但有名字，無有實際，那麼，還同上面分別法、心的情形一樣，是沒有什麼過咎的。所以，《大品經》上說：「須菩提，不壞言說而說諸法實相。」

把心數當作法，把心王當作心；把受、想、行三陰、色陰當作法，把識陰當作心；把心相應法、心不相應法、色法、無為法當作法，把心法當作心；把所緣當作法，把能緣當作心；把能生當作法，把所生當作心；把所觀之境當作法，把能觀之智當作心。諸法心中成，心法相關聯。像這樣，在名字中作種種分別。對法與心作這樣的種種分別，然而，種種分別，如幻如化，皆不可得，同歸一實相。其中的義理，等講到第十「結會歸趣」的時候，再加詳細說明。

【說　明】我們每一個言語思想，到底是從何處生出來的呢？當它滅去的時候，它又滅向何處去了呢？其實，我們的思想言語，都是從我們的心中生出來的，亦是滅還於我們的心中的，猶如大海中的浪花，都是從大海中生出來的，亦是滅還於大海的。大海是無盡浪花的本體，心靈是無盡言思的本體。學佛之人，須識心體，不可被種種名相所困縛。

我們不可被「四句分別」所困縛，我們應該識得「四句分別」的言外之意。此「意」不在別處，意在緣起無盡的「無相真心」。禪門祖師，為什麼運用「棒喝」來開示學人呢？意在運用突如其來的「棒喝」，打斷學人的名相攀緣、作繭自縛，令學人於「前念已過、後念未起」的當下，識得這個「了了常明的一真心體」。《釋禪波羅蜜次第法門》的歸宗義趣，亦在於識得此處，整個佛教的歸宗義趣，亦在於識得此處。

卷第二

分別禪波羅蜜前方便第六之一

行人若能通達，如前所辯五種❶，明諸禪相，則內信開發。若欲安心習學，必須善知方便。

今明修禪方便。大開為二。一者、外方便，即是定外用心之法。二者、內方便，即是定內用心之法。此二通言方便者，善巧修學之異名。行者於初緣中，善巧修習，故名方便。

若細論，外方便亦有通定內用，內方便亦有得定外用。今一往從多為論，應如上分別。

就明外方便自有五種。第一，具五緣。第二，訶五欲。第三，棄五蓋。第四，調五法。第五，行五法。此五五凡有二十五法，並是未得禪時，初修心方便之相。

第一，具五緣者。一、持戒清淨。二、衣食具足。三、閑居靜處。四、息諸緣務。五、得善知識。此是修禪五緣也。

第一，持戒清淨者。開為三意。一、明有戒無戒。二、明持犯。三、明懺悔。

第一，明有戒無戒者。出家受得禁戒，故名有戒。即為三意。

一、明發戒機緣不同，凡有十種。何等為十？

一、自然得戒，即佛是其人，無師自發。

二、自誓得戒，即迦葉是。本辟支❷根性，值佛出世，墮聲聞❸數中。其答佛言：「佛是我師，我是佛弟子。」作是言已，即便發戒。

三、見諦得戒，即拘鄰五人，佛為轉四諦法輪，即悟初果❹，因而發戒。

四者、三歸得戒。於時未有羯磨❺，聞佛三說，即發戒品，以其根利故。

五、八敬得戒。即佛姨母，佛意不欲度女人出家，姨母苦求佛，今遙授八敬，即發具戒❻。

六者、論議得戒。即須陀耶沙彌❼，與佛論義。佛問其無常等義，事事能答。後佛問：「汝家在何處？」答佛言：「三界皆空。世尊，云何乃問我家處？」佛語阿難：「將還僧中，為受具戒。」於時年始七歲。

七者，善來得戒。道機時熟，佛呼善來，即便得戒。

八者，遣使得戒。即半迦尸女，有好善容評，堪半迦尸國，為人欲抄斷，故今遣使，僧中代受戒，後還尼寺，為其受戒。

九、邊地如法人少，聽五人受得戒。

十者，中國人多，十人受具戒。

此為十種得戒相。今時多用十人羯磨得戒。此辯有戒相。

【章旨】首先介紹了禪修的內方便與外方便的含義。其次，介紹了外方便之中的十種得戒因緣。

【注釋】❶五種　這裡所說的「五種」，是指前面所說的「五種禪」：四念處、八背捨（觀）、九次第定（鍊）、師子奮迅三昧（熏）、超越三昧（修）等五種禪。❷辟支　亦即辟支佛。意譯為緣覺、獨覺。為二乘（聲聞、緣覺）之一，亦為三乘（聲聞、緣覺、菩薩）之一，乃指無師而能自覺自悟的聖者。❸聲聞　指聽聞佛陀言教而悟道的小乘聖人。❹初果　聲聞乘四果中之第一——預流果也。聲聞乘的四種果位，即須陀洹果、斯陀含果、阿那含果、阿羅漢果。❺羯磨　受戒、懺悔、結界等有關戒律行事之儀式，是指生善滅惡之作法或儀式。❻具戒　亦即具足戒。指比丘、比丘尼所受的完全戒律，譬如比丘的二百五十戒，比丘尼的三百四十八戒。與沙彌、沙彌尼所受的十戒相比，比丘、比丘尼所受的戒品具足，故稱具足戒。❼沙彌　華譯息慈，即息惡與行慈的意思，又譯作勤策，即為大僧勤加策勵的對象。沙彌有三類：七至十三歲，名驅烏沙彌，謂其只能驅逐烏鳥。十四至十九歲，名應法沙彌，謂正合沙彌的地位。二十至七十歲，名名字沙彌，謂在此年齡內，本來應居比丘位，但以緣未及，故尚稱沙彌的名字。沙彌與沙彌尼，皆應受持十戒。

【語譯】行人若能通達前面所講到的五種波羅蜜，明瞭各種禪相，那麼，信心就會得到開發。這時，行者若想安心修習，就必須要知道禪法修行的善巧方便。

現在，我們說明禪法修行的善巧方便。分為二個部分來講。一、外方便。外方便就是尚未得定前的修行方法。二、內方便。內方便就是已經得定後的修行方法。這二種修行的方法，都叫做方便，方便也就是善巧修學的意思。行者在開始修學之初，善巧修習，所以，叫做方便。

若仔細加以分別，外方便也有通定之內用，內方便也有得定之外用。現在，作通常而論，所以，才分為外方便與內方便。

就外方便來說，共有五種。第一，具五緣。第二，訶五欲。第三，棄五蓋。第四，調五法。第五，行五法。在這五種外方便之中，每一種外方便，又各分為五種，因此，共有二十五種外方便。這二十五種外方便，都屬於初修禪定時的方便。

第一，具五緣。一、持戒清淨。二、衣食具足。三、閑居靜處。四、息諸緣務。五、得善知識。這是修禪必備的五緣。

第一，持戒清淨。分為三個部分來講。一、說明有戒與無戒。二、說明持戒與犯戒。三、說明懺悔。

第一，說明有戒與無戒。出家之後，接受了禁戒，叫做有戒。又分為三部分來講。

一、說明得戒的因緣。得戒因緣，各自不同。大體上來說，共有十種。得戒的因緣有哪十種呢？

一、自然得戒。佛是自然得戒的，無師而自然得戒。

二、自誓得戒。迦葉是自誓得戒的人。迦葉本來是辟支根性，逢佛陀出世，在聲聞之列。迦葉對佛陀說：「佛陀是我的老師，我是佛陀的弟子。」發出這樣的誓願之後，便自然地得了戒。

三、聽佛說法而得戒。佛陀為拘鄰等五人講四諦法，他們便悟到了初果，因此而得戒。

四、三皈依時得戒。那時，未有羯磨法，只要聞佛陀說三遍三歸依，就能得戒品，這是因為當時的人，根器敏利的緣故。

五、因受八敬法而得戒。譬如佛陀的姨母，佛陀原本不想度女人出家，由於姨母的苦苦相求，佛陀派阿難前去說八敬法，佛陀姨母聞後，當時就發具足戒。

六、通過講論而得戒。譬如須陀耶沙彌，與佛議論，佛陀問須陀耶「無常」等義，須陀耶逐一能答。接著，佛陀又問：「你家在何處？」須陀耶回答佛陀：「三界空幻，無有實際，世尊，您為什麼還要問我家在何處呢？」佛陀吩咐阿難：「把須陀耶帶回到大眾中去，給他受具足戒。」那時，須陀耶年僅七歲。

七、善來得戒。根機已經成熟的人，聽到佛說「善來比丘」，來者聞此，便得具足戒。

八、派遣使者代受戒而得戒。譬如半迦尸女的受戒就屬於這種情況。迦尸女的美貌，為大家所公認，迦尸女想受戒，可是，國人恐怕她在半途遭遇不測，所以，派人到僧眾中領戒，然後，再返回到尼寺，為其傳授戒法。

九、佛法不盛行的邊地，欲受佛陀戒法的人，只要聽到五位僧人講說佛法，就能得戒。

十、佛法盛行的地方，只要有十位僧人，就能受具足戒。

以上所說，就是十種得戒的情形。現在，大多數情況下，都是採用十人作羯磨而得戒。以上所說，就說明了有戒之相。

【說明】若欲深入禪定，必須具足內外方便。就外方便而論，必須要持戒清淨。只有持戒清淨，才能深入禪定，否則，亂心難寧，妄費功夫。

第二，正明戒之體相者。有二種教門不同。

若小乘教，辯戒是無作善法。受戒因緣具足，若發得無作戒，爾後睡眠入定，此善任運自生，不須身口意造作，以無作正為戒體。

若薩婆多❶人，解無作戒是：無表色，不可見，無對。

若曇無德❷人，明無作戒是：第三聚❸非色非心法。諸部既異，雖不可偏執。約小乘教門，終是無作為戒體，其義不差。

若大乘教門中，說戒從心起，即以善心為戒體，此義如《瓔珞經》說。有師言，摩訶僧祇部❹人云：無作戒是心法。

第三，明有戒相不同。即有二意。

一者、若約小乘七眾❺，發心受戒，作法不同故，得戒亦有優劣。如優婆塞❻、優婆夷❼，在家有五戒相。若本未入佛法男子女人，不殺父害母，不作逆罪❽，遇好良師教，歸依三寶，為受❾五戒，作法成就，即五戒無作起，名得五戒。從此，名清信士女。

復次，明沙彌，有十戒相。若和尚❿、阿闍梨⓫二師，如法受人清淨，歸依三寶，隨佛出家。若二師作法成就，即發無作，名得沙彌戒。

次明大僧⓬有戒相。若作沙彌時，不犯重過，清淨十師和尚、阿闍梨作羯磨，如法成就，是名得大比丘具足戒。若沙彌尼⓭，式叉摩尼⓮，大戒尼⓯有戒相亦爾。

七人⓰本雖犯重，若遇良緣，謂作大乘方等懺悔，得相成就後，受戒亦得無作善發。異於上說，名不得戒，亦名無戒。

二者、菩薩行人，有戒無戒，則不可知。所以者何？菩薩世世已來，或初發心時，值遇良緣，受得戒故。

【章旨】首先，介紹了小乘各部，以及大乘對戒體的解釋。小乘佛教各部，以「寂滅無作」為「戒體」。大乘佛教以善心普度為戒體。其次，介紹了小乘七眾與菩薩行人得戒的情形。

【注釋】❶薩婆多　亦即薩婆多部，小乘二十部之一，亦即「說一切有部」。❷曇無德　亦即曇無德部，律宗五部之一。曇無德比丘之部宗也。佛滅後百年，優婆毱多羅漢的弟子曇無德，於戒律藏建立一部，部名曰曇無德部。律名曰四分律。❸三聚　一、指三種類聚。又稱三定聚。即：一、正定聚。二、邪定聚。三、不定聚。《大智度論》卷八十四言：能破顛倒者，稱為正定。不能破顛倒者，稱為邪定。得因緣能破，不得因緣則不能破者，稱為不定。又依《釋摩訶衍論》卷一之說：十聖為正定聚。三賢為不定聚。凡夫為邪定聚。❹摩訶僧祇部　譯曰大眾部。結集二部之一。佛滅後眾弟子在王捨城外靈鷲山七葉窟內外結集經典，在窟內結集的，名上座部，在窟外結集的，名大眾部。❺七眾　即佛教的七類弟子。一、比丘，指滿二十歲之出家男。二、比丘尼，指滿二十歲之出家女。三、沙彌，指未滿二十歲之出家男。四、沙彌尼，指未滿二十歲之出家女。五、式叉摩那，譯作學法女，乃沙彌尼為比丘尼前二年之稱呼。六、優婆塞，指在家之男信徒。七、優婆夷，指在家之女信徒。❻優婆塞　華譯為清信士、近事男、善宿男等，即在家親近奉事三寶和受持五戒的男居士。❼優婆夷　華譯為清淨女、清信女、近善女、近事女等，即親近奉事三寶和受持五戒的女居士。❽逆罪　違逆道理，罪大惡極之罪，稱為逆罪。逆罪將招致報應而入無間地獄受苦，故為無間業。逆罪，一般係指五逆罪而言。五逆罪加上殺阿闍梨、殺和尚，則成七逆罪，因犯此七逆罪者，不得受戒，故亦稱七遮罪。七遮罪即：出佛身血、殺父、殺母、殺和尚、殺阿闍梨、破壞和合僧、殺聖人等七種逆罪。❾受　此處的「受」字應是「授」字。❿和尚　指德高望重的出家人。⓫阿闍梨　華譯為教授，或軌範正行，或悅眾，即是矯正弟子們行為的比丘。四分律五種的阿闍梨，即出家、受戒、教授、受經、依止等。⓬大僧　沙彌僅受持十戒，稱為小僧；相對來說，受持具足戒的比丘，則稱為大僧。⓭沙彌尼　未受比丘尼戒之前的出家女。尼即女。⓮式叉摩尼　亦即式叉摩那尼，華譯為學法女，或正學女。凡沙彌尼，欲受具足戒為比丘尼，應於二年間，先學六法，即不殺、不盜、不淫、不虛誑語、不飲酒、不非時食等，過了此二年，若是情形良好，才能正式受具足戒。⓯大戒尼　相對於受十戒的沙彌尼來說，受具足戒的比丘尼稱為大戒尼。⓰七人　指小乘佛教的七類信眾。比丘、比丘尼、沙彌、沙彌尼（沙彌尼為比丘尼前二年之稱呼）、式叉摩那、優婆塞、優婆夷。

【語　譯】第二，解釋戒體。對戒體的解釋，有大乘與小乘的不同。

對於小乘教來說，戒體就是寂滅無作。受戒的因緣具足，若行人發起了寂滅無作戒，爾後，行人即使進入睡眠，或者進入禪定，這種寂滅無作，也能任運自生，不需要身口意之有為造作，這是因為，以寂滅無作為戒體的緣故。

說一切部的人，對於無作戒的解釋是：沒有任何形相，亦不可眼見，亦沒有相互對待。曇無德部的人，對於無作戒的解釋是：第三聚既不是色法，亦不是心法。

小乘各部，說法各異，不可偏執。就小乘佛教而言，都是把「寂滅無作」當作「戒體」，在這一點上，小乘佛教的各部，是沒有什麼差別的。

若是在大乘佛教中，則說戒從心起，以善心為戒體，這種說法與《纓絡經》中的說法相同。有的論師說，大眾部的人認為：無作戒即是心法。

第三，說明戒相的不同。分為二部分。

一、說明小乘七眾得戒的情形。小乘七眾發心受戒，由於舉行的受戒儀式不同，因此，所得到的戒的級別亦不同。譬如優婆塞、優婆夷，受的是在家五戒。尚未皈依佛教的善男子與善女人，若未殺父害母，未作極惡之罪，遇到良好的老師，教令皈依三寶，為其傳授五戒，舉行了一定的受戒儀式，便發起了五戒無作，這就叫做得五戒。從此之後，便可以稱為清淨信士或清淨信女了。

說明沙彌十戒。若和尚與阿闍梨二師，依照佛教儀規，授人以佛教戒律，令其皈依三寶，隨佛出家。當和尚與阿闍梨二師作法完畢，沙彌便能發起清淨心，這就是得了沙彌戒。

說明大僧的有戒相。若在做沙彌時，沒有犯過重大罪過，只要有十位清淨和尚、阿闍梨，依照佛教儀軌，舉行受戒儀式，儀式完畢之後，就可以說得到了大比丘的具足戒。若是沙彌尼、式叉摩尼、比丘尼得戒的情況，則與沙彌、比丘得戒的情況一樣。

人若犯了重罪，若遇到好的因緣，依大乘方等的道理進行懺悔，懺悔成功之後，前去受戒，也能發起無作善根。與以上所說不同，就叫做不得戒，也叫做無戒。

二、菩薩行人得戒的情形。若是菩薩行人，他們到底是有戒，還是無戒，那是難以測知的。為什麼呢？這是因為，菩薩生生世世以來，或者在初發心時，就得遇良緣，就已經得了戒。

【說明】小乘學人以「寂滅無作」為戒體。大乘學人以「善心普度」為戒體。其實，從究竟了義上來說，無論是小乘的「寂滅無作」，還是大乘的「善心普度」皆屬方便戒體，而非究竟了義的戒體。究竟了義的戒體是眾生之「佛性」，諸佛之「法身」。佛性與法身，同實而異名。

第二，明持犯。自有三意：一、略明持犯。二、歷別廣明持犯。三、明覆發。

就初總明持犯有二。一者、持相。二者、犯相。

一、持相者。持者護持。如上所說，七種之人，受佛禁戒，為十利故，護持無犯。十利者。如毘尼❶中說，一、攝僧故。二、極好攝故。三、僧安樂住故。四、折伏高心人故。五、慚愧得安樂住故。六、不信令信故。七、已信增長信故。八、遮今世漏故。九、斷後世惡故。十、令梵行人久住故。行者一心敬慎，不敢侵毀，如護浮囊❷，微塵不棄，故名護持，亦名秉持。

如持油鉢之喻❸，是名持相。

二、明犯相者。犯名違犯。本受佛戒，欲出生死，願求解脫。今遇惡緣，不能自制其心，中途違返。若重若輕，故名違犯。復次，犯名犯觸。猶如服藥，誡忌斷食。不隨醫教，而食惡食，犯觸藥勢。非唯不能愈病，翻致更增，或時至死。犯戒之相，亦復如之，故名為犯。

第二，廣明持犯者。從初心至佛果，以明持犯有十種。

一、持不缺戒，謂持初四重❹不犯。

二、持不破戒，謂對僧殘❺不犯。

三、持不穿戒，謂對下三篇不犯。

四、持無瑕戒。亦名不雜戒，謂不起諂心及諸惱覺觀❻雜念，亦名定共戒。

五、持隨道戒。即是心行十六行❼觀，發苦忍智慧，亦名道共戒。

六、持無著戒。即阿那含❽人。若斷欲界九品❾思惟盡，名斷律儀戒，乃至色愛、無色愛等，諸結使盡，皆名無著戒。

七、持智所讚戒。發菩提心，為令一切眾生得涅槃❿故持戒。如是持戒，則為智所讚歎，亦可言持菩薩十重四十八輕戒⓫。此戒能至佛果故，為智所讚歎。

八、持自在戒。菩薩持戒，於種種破戒緣中而得自在，亦可言菩薩知罪、不罪不可得故。但隨利益眾生而持戒心。無所執故，名自在戒。

九、持具足戒。菩薩能具一切眾生戒法，及上地戒。

十、持隨定戒。不起滅定，現種種威儀戒法，以度眾生。

前四即是世間戒淨，亦得出世間戒。義具如前說，善應分別。中二是出世間戒淨。後四是出世間上上戒淨。

若能如上所說受持，是持戒相。異上所說，即是犯相。是名從初心至佛果，淺深論持戒及犯戒相故。經言：「唯佛一人具淨戒，餘人皆名破戒者。」

復次，今明持戒者，但隨分隨力而修習，令增進漸漸清淨。若不爾者，不能生諸禪定。

復次，頓行菩薩，能以慧方便，從初發心一念之中，即具持十種戒。是故經言：「發心畢竟二不別。」

第三，明覆發。就中自有二意。一者、正明覆發。二者、簡定覆發。

云何名覆發相？行者持戒，能發禪定，破戒即覆禪定。行者持世間戒淨故，即發世間禪。若持世間戒不淨，即覆世間禪。出世間戒及出世間上上戒，持則發禪，毀則覆禪。類如是分別。

二者、簡定覆發者。為眾生現在修禪不定故，應作四句分別。一、自有雖犯戒而發定。持而不發。二、自有破戒而不發定，持戒而發。三、自有持戒犯戒，二俱發。四、自有持犯俱不發。

初一、犯戒之人，修禪定而發者，是過去習因[12]，善根深厚，今雖有罪，過去善根力強故，亦以現前修禪定，重慚愧為緣故。譬如負債，強者先牽，所以得有發定之義。

二次、持戒而不發定者，是人過去不種深禪定之因，今生雖復持戒修定，而不即發。

三、俱發。四、俱不發。悉可類釋。故有四種不可。

尋其根源，要因持戒而發，犯戒終為遮障。何以故？若過去經得禪定，即知過去以曾持戒發定故，成今世之習因，今生復以慚愧懺悔清淨為緣，是故得發宿世善根[13]也。

【章　旨】首先，說明了持戒與犯戒的含義，以及由淺至深地持戒的十種情況。其次，說明了發禪定與覆禪定的各種情況。

【注　釋】❶毘尼　佛教三藏之中的律藏。❷護浮囊　渡者善於護持浮囊，勿容絲毫穿破，浮囊破則人命失，菩薩護持禁戒亦復如是，如彼渡人護惜浮囊。浮囊，喻渡過生死大海之舟船。❸持油缽之喻　嘎打雅那尊者，一次受國王供養，當回向時，王問：「音樂美耶？」尊者云：「不聞。」王問：「這是什麼緣故？」尊者因而答道：「飲食如借債，為養暫時色身，不暇聞樂。」王疑有偽。尊者令一死囚，持油缽繞殿中，呼甲士持刀隨之，油傾即殺，樂作如故，一周以還幸無失。因詢以音樂，囚云：「乃不聞聲，以時時畏死心切也。」此謂人在六道中，如囚繞殿，甲士隨之，死在目前。世間欲樂音美，更何心貪著耶？如此專精，得道速矣。❹四重　亦即四重禁，又名四重罪、四棄、四波羅夷罪等。四重禁包括：一、殺生。二、偷盜。三、邪淫。四、妄語。❺僧殘　在戒律中，僧殘之罪，僅次於波羅夷之重罪。波羅夷是戒律中所說的極惡之罪。犯僧殘之罪的人，尚有殘餘之法命，如人被他人所斫，幾瀕於死，但尚有殘命，宜速營救，依僧眾行懺悔法，除其罪，猶可留於僧團。❻覺觀　新譯作尋伺。覺，尋求推度之意，即對事理之粗略思考。觀，即細心思惟諸法名義等之精神作用。二者皆為妨礙第二禪以上之定心者，若持續作用，則身心勞損，正念旁落，故又為隨煩惱之一。依此覺觀之有無，能判別定心之淺深。❼十六行　又作十六勝行，十六特勝。為數息觀中最為殊勝之十六種觀法。在〈釋禪波羅蜜修證第七之三・釋十六特勝〉中有詳細解釋。參見本書第四九三頁。❽阿那含　聲聞乘四果中的第三果名，華譯為不還，或是不來，是斷盡欲界的煩惱的聖人的通稱。凡是修到此果位的聖人，未來當生於色界無色界，不再來欲界受生死，所以叫做不還。❾九品　即九種等級，又作三三之品。亦即上上品、上中品、上下品、中上品、中中品、中下品、下上品、下中品、下下品等九種品位。❿涅槃　即不生不滅之性體，亦如來法身，亦眾生佛性。涅者不生，槃者不滅。⓫十重四十八輕戒　十重戒，又名十波羅夷，即《梵網經》中所說的十無盡藏戒，因為這十種戒已經包含了法界一切之戒，故名無盡藏戒。又因為這十種戒有別於四十八輕戒，故稱為重，誰要是犯了，即得波羅夷罪。十重戒包括：殺戒、盜戒、淫戒、妄語戒、酤酒戒、說四眾過戒、自讚毀他戒、慳惜加毀戒、瞋心不受悔戒、謗三寶戒。四十八輕戒，《梵網經》中所說的大乘菩薩戒；是相對於「十重戒」而建立的四十八種輕戒。⓬習因　習者，是「習續」的意思。習續前念之善，而起後念之善，乃至習續前念之無記，而起後念之無記。前念稱為習因，後念稱為習果。⓭宿世善根　宿世，即過去世。善根，即產生今世善法的過去世習因。

【語　譯】第二，說明持戒與犯戒。持戒與犯戒，分為三部分。一、簡略地說明持戒與犯戒。二、詳細地說明持戒與犯戒。三、說明覆禪定與發禪定。

現在，大致地說明持戒與犯戒。分為二部分來講。一、持戒相。二、犯戒相。

一、持戒相。持即是護持的意思。就像在上面所說的七眾弟子，受了佛教禁戒，為了得到十種利益，便自持戒律，不令有犯。持戒不犯的十種利益，就像律藏中所說：一、能夠攝受出家僧眾。二、能夠攝受極好之人。三、能夠使僧眾得安樂住。四、能夠折伏高心人。五、有慚愧心，能得安樂住。六、能使不信者得信。七、能使已信者增長信心。八、能夠遮除今世的煩惱。九、能夠斷後世的惡業。十、能使清淨之人久住世間。行者一心一意，恭敬謹慎，不令毀犯，猶如護持水上的浮囊，小心翼翼，這就叫做護持，亦叫做秉持。亦如「持油缽」典故所喻，小心謹慎，絕無放逸，就叫做持戒。

二、犯戒相。犯即違反的意思。受持佛戒，原本是為了出離生死、解脫纏縛。如今遇到惡緣，不能自控其心，中途違反出離生死、誓求解脫的誓願。無論是嚴重地違反，還是輕微地違反，都叫做犯戒。所謂犯，又叫做犯觸。比如病人服藥，醫生告誡病人，應忌某種食物，可是，病人未遵醫囑，反而吃了應當禁忌的食物，所以，食物抵觸藥物，不僅不能病癒，反而會加重病情，甚至會造成死亡。犯戒的情況，亦是這樣，所以叫做「犯」。

第二，詳細地說明持戒與犯戒的情況。從最初發心，至最終成就佛果，其間持戒與犯戒的情況有十種。

一、持戒不缺，亦即不犯最初的殺、盜、淫、妄四種戒。

二、持戒不破，亦即不犯僧殘戒。

三、持戒不穿，亦即對下三篇不犯。

四、持無瑕戒，亦叫做不雜戒，就是不起諂媚之心，以及煩惱覺觀等雜念，也叫做定共戒。

五、持隨道戒，也就是修行十六行觀，發起苦、忍、智慧之心，也叫做道共戒。

六、持無著戒。也就是證得聲聞三果的人。若行人已經斷盡欲界九品思惟，叫做斷律儀戒，斷盡色界愛、無色界愛，一切愛結斷盡，就叫做無著戒。

七、持智者所讚戒。亦即發菩提心，為令一切眾生皆得涅槃而持戒。這樣持戒，為智者所讚歎，亦可以說是持菩薩十重四十八輕戒。持這樣的戒，能夠成就佛果，所以，為智者所讚歎。

八、持自在戒，亦即菩薩持戒，在種種破戒因緣中，能夠自在無礙，亦可以說，菩薩知道，罪與不罪，皆不可得，因此之故，菩薩隨緣利益眾生，只是護持心戒。菩薩持戒，無所執著，所以，叫做自在戒。

九、持具足戒。菩薩具足一切眾生所持的戒法，同時亦具足菩薩至佛位的一切戒法。

十、持隨定戒。菩薩不住滅盡，而是隨順世緣，現種種威儀之相，以救度眾生。

前四種戒是世間清淨戒，亦可以說是出世間戒。其中的道理，如前所述，對此，我們應當善於分辨。中間的二種戒，是出世間的清淨戒。最後的四種戒，是出世間的最上等清淨戒。

若能如上面所說而持戒，就叫做持戒。若違背以上所說，就是犯戒。以上所說，從初地至佛果，由淺至深地辨明了持戒與犯戒的情形。佛經上說：「唯獨佛一人，具足清淨戒，其餘一切人，皆名破戒者。」

我們現在要說明，持戒的人，要依照自己的實際，按部就班地修行，令清淨不斷增長。若不然的話，就不能發起各種禪定。

頓根利智的菩薩，能夠以智慧方便，在初發心修行時，一念之間，便能具足十種戒，所以，佛經上說：「初發的心菩薩與功德圓滿的諸佛，畢竟無二亦無別。」

第三，說明覆禪定與發禪定。分二部分來說明。一、說明覆禪定與發禪定。二、概括覆禪定與發禪定的各種情況。

一、說明覆禪定與發禪定。什麼是覆發相呢？行者持戒，就能發起禪定，行者破戒，便能覆蓋禪定。行者持世間清淨戒，就能發起世間清淨禪定。若破世間清淨戒，則障礙世間清淨禪定。持出世間戒，及持出世間最上乘戒，則能發起相應的禪定。破世間戒，及破出世間最上乘戒，則覆蓋相應禪定的發起。其情況大致就是這樣。

二、概括發禪定與不發禪定的各種情況。因為眾生修禪的情況各自不同，所以，現在用四種情況加以說明。一、犯戒卻發禪定，持戒卻不發禪定的情況。二、破戒不發禪定，持戒而發禪定的情況。三、持戒發禪定，犯戒亦發禪定的情況。四、持戒不發禪定，犯戒亦不發禪定的情況。

一、犯戒的人，修習禪定而發禪定的情況，這是因為他過去曾經修習過禪定，積累了深厚的善根，現在雖然有罪，但是，由於過去的善根力量比較強的緣故，亦由於現在修習禪定的緣故，也由於對過去的犯戒深生慚愧的緣故，所以，雖有破戒，亦能發起禪定。譬如負債，債力強的那部分，其牽力亦強，所以，能夠發起禪定。

二、持戒而不發禪定的情況，是由於此人過去沒有種下甚深禪定的種子，所以，今生雖然持戒修定，但是，卻不發禪定。

三、持戒與犯戒，皆發禪定的情況，四、持戒與犯戒，皆不發禪定的情況，都可以用以上的方法進行解釋。由於每個人過去修行的情況不同，所以，現在才有以上所說的四種情況。

究其根本原因，禪定因持戒而發，犯戒終歸會成為發起禪定的遮障。為什麼這樣說呢？若過去已得禪定，就可以知道，過去曾經因持戒而發起過禪定。過去持戒而發起的禪定，成為現在修習禪定之內因，再加上現在的慚愧、懺悔及清淨的緣故，所以，就能發起過去世的善根。

【說明】對於禪定的修習來說，持戒是非常重要的，也可以說，持戒不犯，自心清淨，就能深入禪定，就能到達彼岸。若行者破戒，不守範制，便不能深入禪定，更不能證悟自心，親證佛門之究竟了義。行者若欲修習禪定，首先要持戒清淨，這是修習禪定的最基本要求。

第三，明懺悔中，自有二意。一者、先明運懺悔心。二者、正明懺悔方法。

第一，云何名運懺悔之心？若人性自不作惡，則無罪可悔，行人既不能決定持戒，或於中間，值遇惡緣，即便破毀。若輕若重，以戒破故，則尸羅❶不淨，三昧不生，譬如衣有垢膩，不受染色，是故宜須懺悔。以懺悔故，則戒品清淨，三昧可生，如衣垢汙，若浣清潔，染之可著。

行者如是思惟，若戒不清淨，決須懺悔，是故經云：「佛法之中，有二種健兒。一、性不作惡。二、作已能悔。」今造過知悔，名健人也。

夫懺悔者。懺名懺謝三寶及一切眾生。悔名慚愧，改過求哀，我今此罪，若得滅者，於將來時，寧失身命，終不更造如斯苦業。如比丘白佛：「我寧抱是熾然大火，終不敢毀犯如來淨戒。」生如是心，唯願三寶證明攝受，是名懺悔。

復次，懺名外不覆藏。悔則內心克責。懺名知罪為惡。悔則恐受其報。如是眾多，今不廣說。舉要言之，若能知法虛妄，永息惡業，修行善道，是名懺悔。

第二，明懺悔方法。即為三意。一、正明懺悔法不同。二、明罪滅階降。三、明復不復相。

第一，正明懺悔法不同者。滅罪之由，各有其法，如衣垢膩，若直以水浣，終不可脫。皁莢灰汁，則能去之。滅罪之法，亦復如是。

今明懺悔方法。教門乃復眾多，取要論之，不過三種。一、作法懺悔。此扶戒律，以明懺悔。二、觀相懺悔。此扶定法，以明懺悔。三、觀無生懺悔。此扶慧法，以明懺悔。此三種懺悔法，義通三藏❷摩訶衍❸。但從多為說，前一法多是小乘懺悔法。後二法多是大乘懺悔法。

初明作法懺悔者。以作善事反惡事故，故名懺悔。如毘尼中，一向用此法滅罪。何以故？如懺第二篇，二十眾作別住，下意出罪等，羯磨作法成就，即名為滅。此不論見種種相貌，亦不論智慧觀空，故知但是作法懺悔。羯磨此翻作法。如是乃至下三篇，並是作法。此事易知，義如律中廣明，但未明懺悔四重❹法，別有《最妙初教經》，出懺悔四重法。

彼經云：「當請三十清淨比丘僧，於大眾中，犯罪比丘，當自發露，僧為作羯磨成就，又於三寶前，作諸行法，及誦戒千遍，即得清淨。」亦云：「今取得相為證，而說罪滅清淨。」當知律中雖不出，經中有此羯磨明文作法相貌。如彼經中廣說。

二、明觀相懺悔者。行人依諸經中懺悔方法，專心用意，於靜心中，見種種諸相。如菩薩戒中所說，若懺十重，要須見好相，乃滅相者，佛來摩頂，見光華種種瑞相已，罪即得滅。若不見相，雖懺無益。

諸大乘方等陀羅尼❺行法中，多有此觀相懺法。三藏及《雜阿含》中，亦說觀相懺悔方法，謂作地獄毒蛇白毫等觀相成就，即說罪滅。此悉就定心中作故，觀相懺悔，多依修定法說。

問曰：見種種相，云何知罪滅？

答曰：經說不同，罪法輕重有異，不可定判。今但舉要而明，相不出四種。一、夢中見相。二、於行道時，聞空中聲，或見異相及諸靈瑞。三、坐中睹見善惡破戒持戒等相。四、以內證種種法門，道心開發等為相。此隨輕重判之，不可定說。在下至驗善惡根性，更當略出。

問曰：魔羅❻亦能作此等相。云何可別？

答曰：實爾。邪正難別，不可定取。若相現時，良師乃識。事須面決，非可文載。是故行者，初懺悔時，必須近善知識、別邪正之人。復次，夫見相者，忽然而睹，尚邪正難知。若逐文作心求之，多著魔也。

問曰：若爾者，不應名觀相懺悔？

答曰：言觀相者，但用心行道，功成相現，取此判之，便知罪滅不滅。非謂行道之時，心存相事而生取著。若如此用心，必定多來魔事。

問曰：觀相懺悔行法云何？

答曰：方法出在諸大乘方等修多羅❼中。行者當自尋經依文而行。

三、明觀無生懺悔者。如《普賢觀經》中偈說：

一切業障海，皆由妄想生。
若欲懺悔者，端坐念實相。
眾罪如霜露，慧日能消除。
是故至誠心，懺悔六情❽根。

夫行人欲行大懺悔者，應當起大悲心，憐愍一切，深達罪源。所以者何？一切諸法本來空寂，尚無有福，況復罪耶？但眾生不善思惟，妄執有為而起無明及與愛恚。從此三毒❾，廣作無量無邊一切重罪，皆從一念不了心生。

若欲除滅，但當反觀：如此心者，從何處起？若在過去，過去已滅。已滅之法，則無所有。無所有法，不名為心。

若在未來，未來未至。未至之法，即是不有。不有之法，亦無此心。若在現在，現在之中，剎那不住。無住相中，心不可得。

復次，若言現在，現在者為在內外兩中間耶？若言在內，則不待外，內自有故。若言在外，於我無過。復次，外塵無知，豈得有心？既無內外，豈有中間？

若無中間，則無停處。

如是觀之，不見相貌，不在方所。當知此心，畢竟空寂。既不見心，不見非心。尚無所觀，況有能觀？無能無所，顛倒想斷。既顛倒斷，則無無明，及以愛恚。無此三毒。罪從何生？

復次，一切萬法，悉屬於心。心性尚空，何況萬法？若無萬法，誰是罪業？若不得罪，不得不罪，觀罪無生，破一切罪。以一切諸罪，根本性空，常清淨故。

故維摩羅詰謂優波離：「彼自無罪，勿增其過。當直爾除滅，勿擾其心。」又如《普賢觀經》中說：「觀心無心，法不住法。我心自空，罪福無主。一切諸法，皆悉如是，無住無壞。作是懺悔，名大懺悔，名莊嚴懺悔，名破壞心識懺悔，名無罪相懺悔。行此悔者，心如流水，念念之中，見普賢菩薩及十方佛。」故知深觀無生，名大懺悔。於懺悔中，最尊最妙，一切大乘經中明懺悔法，悉以此觀為主。若離此觀，則不得名大方等懺也。

問曰：觀無生懺悔，云何知罪滅相？

答曰：如是用心，於念念中，即諸罪業，念念自滅[10]。

若欲知障道法轉者，精勤不已，諸相亦當自現。觀此可知。如前觀相中所說，善夢靈瑞，定慧開發等相，此中應具明。

復次，若行者觀心與理相應，即是罪滅之相，不勞餘求。故《普賢觀經》中言：「令此空慧，與心相應⓫，當知於一念中能滅百萬億阿僧祇劫⓬生死重罪。」以此為證。若得無生忍慧⓭，則便究盡罪源⓮。此則尸羅清淨，可修禪定。

【章旨】首先，說明了懺悔的含義——改過遷善。其次，介紹了三種懺悔方法：作法懺悔、觀相懺悔、觀無生懺悔。

【注釋】❶尸羅　華譯為清涼或戒。也就是說，三業過惡，猶如熱惱，惟有清涼戒能夠防範、息滅惡業熾燃焚燒之勢。❷三藏　指經藏、律藏、論藏。係印度佛教聖典之總稱。❸摩訶衍　摩訶衍那之略稱。指大乘之教法。❹四重　亦即四重禁，又名四重罪、四棄、四波羅夷罪等。四重禁包括：一、殺生。二、偷盜。三、邪淫。四、妄語。❺陀羅尼　即「總持」的意思，亦即總一切法，持無量義。❻魔羅　簡稱「魔」，意譯為奪命、障礙、擾亂、破壞等，亦即能害人性命，障礙擾亂人們的修行。欲界第六天之天主即是魔王。〈分別禪波羅蜜前方便第六之四．明魔事〉中有詳細解釋。參見本書第三一一頁。❼修多羅　華譯契經。契是上契諸佛妙理，下契眾生根機。經是線的意思，貫穿法義，使不散失。❽六情　眼、耳、鼻、舌、身、意等六根，對色聲香味觸法等六塵，所生出的六種情識——眼識、耳識、鼻識、舌識、身識、意識，叫做六情。❾三毒　指貪欲、瞋恚、愚癡三種煩惱。又作三火、三垢。一切煩惱，本來皆可稱之為毒，然而，此三種煩惱，通攝三界，是毒害眾生之最甚者，能令有情長劫輪回，不得出離，所以，稱之為三毒。貪瞋癡三毒，是身、口、意等三惡行之根源，所以，也叫做三不善根，為根本煩惱之首。❿即諸罪業二句　不求念滅而念自滅，不求罪滅而罪自滅。有相之法，本來就是生滅的，也是虛幻不實的。⓫令此空慧二句　空慧，即念念生滅，行行無住之空慧，而不是二乘人的壓念不起的頑空之慧。此處的「心」，也不是「有相心念」意義上的「心」，而是「無相心體」意義上的「心」。⓬阿僧祇劫　阿僧祇，梵語之音譯，為印度數目之一，無量數或極大數之意。劫是時間單位，原為古代印度婆羅門教的時間單位，是極為長大的年月，佛教沿用之，用以說明時間年月之久遠。⓭無生忍慧　安住於不生不滅的實相理體。⓮罪源　亦即各種罪的本源。各種罪的本源，也是萬法之本源。無論是善法還是惡法，皆源於諸人心體。諸人心體即是萬法之源，也是無量化身佛之本。

【語　譯】第三，說明懺悔。懺悔包括二部分。一、首先說明運懺悔心。二、說明懺悔的方法。

第一，什麼叫做運懺悔心呢？若人不作惡，自然用不著懺悔，行人既然不能決定持戒，在中途或許遇到惡緣，就會有違禁之行。違禁之行，或輕或重，由於破毀的緣故，便戒行不清淨，便不能發起禪定三昧。譬如，有汙垢的衣服，無法染色，所以，行者必須修懺悔法。由於修懺悔法的緣故，便戒行清淨，便發起禪定三昧。就好像有汙垢的衣服，被清洗乾淨之後，就可以染色了。

行者作這樣思惟：若戒行不清淨，就一定要懺悔。所以，佛經上說：「在佛法之中，有二種勇健之人。一、本性善良，不作惡業。二、作了惡業，真心改過。」今知過即改者，即是勇健之人。

所謂懺悔。懺悔的「懺」，就在佛法僧三寶及一切眾生前悔過。懺悔的「悔」，是指心生慚愧，發心改過，請求憐憫：我所犯的罪，若能夠獲得消滅，從今往後，即使失去生命，亦絕不再造這樣的苦業。譬如有比求向佛說：「我寧願懷抱燃燒著的大火，終不敢毀犯如來淨戒。」行者生出這樣的心，願意讓佛法僧三寶證明與接納，這就叫做懺悔。

懺是在外表上不隱藏自己。悔是在內心裡克責自己。懺就是知道自己所犯的罪是惡的。悔就是恐怕受到惡報。懺悔具有眾多的含義，現在就不逐一詳細述說。總而言之，修行的人若能知道諸法虛妄，永息惡業，修行善道，這就叫做懺悔。

第二，說明懺悔的方法。分為三個部分來講。一、說明各種不同的懺悔方法。二、說明消滅罪業的具體情形。三、說明能否恢復清淨之相。

第一，說明各種不同的懺悔方法。消滅罪業，有各種不同的方法，譬如衣服上的垢膩，若直接用清水洗，則不能除去。若是用皁莢灰汁來洗的話，則能除去衣服上的垢膩。消滅罪業的方法，也是這樣的。

現在，我們說明懺悔的方法。佛教中所說的懺悔的方法有很多，概括起來，不出三種。一、作法懺悔，此是借助戒律來說明懺悔。二、觀相懺悔。觀相懺悔，此是借助定法來說明懺悔。三、觀無生懺悔。觀無生懺悔，是借助慧法來說明懺悔。這三種懺悔的方法，義通大乘佛教的經律論。若依照多數人的說法，前一種懺悔法——作法懺悔，屬於小乘佛教的懺悔方法。後二種懺悔法——觀相懺悔與觀無生懺悔，屬於大乘佛教的懺悔方法。

首先說明作法懺悔。由於作善事能夠扭轉作惡事的習慣，所以，叫做懺悔。譬如在律藏中，一向用這種方法來滅罪。為什麼呢？譬如在懺法的第二篇中，二十位比丘作別住，一心懺悔罪障，懺悔儀式完畢之後，就叫做罪障消滅。作法懺悔，既不強調觀相，亦不強調觀空，所以我們知道，這只是作儀式懺悔而已。梵語「羯磨」，漢譯「作法」。一直到了比丘戒律的最後三篇，亦全都是講作法懺悔的。作法懺悔，此事易知，就像在律藏中所廣泛說明的那樣。不過，律藏中並沒有說明如何懺悔四重罪，倒是在《最妙初教經》中，說明了懺悔四重罪的方法。

經中說：「應當請三十位清淨比丘主持法會，犯了罪的比丘，要在出家大眾面前，說出自己的過錯。三十位清淨比丘，為犯罪比丘作法。犯了罪的人，又在三寶面前行法，同時，還要誦戒千遍。這樣行法之後，便恢復了清淨。」又說：「只有獲得了好的境界，才可以說罪業已被消滅，才可以說已經恢復了清淨。」我們應當知道，律藏中雖然沒有四重罪的懺悔方法，但是，經典中卻有作法懺悔的明文，具體地說明了四重罪的懺悔方法，就像在《最妙初教經》中所廣泛說明的那樣。

二、說明觀相懺悔的方法。行人按照佛經中所說的懺悔方法，在靜心禪定中，專心用意，觀想種種諸相。就像菩薩戒所說的那樣，若是要懺悔十重罪的話，只有出現了好的境界，才可以說罪業已被消滅，譬如佛來摩頂，見到光明華相等種種瑞相之後，這樣才可以說，罪業已被消滅。若不然者，即使懺悔，亦無有益。

在大乘了義的陀羅尼行法中，有很多觀相懺悔的方法。三藏教及《雜阿含經》中，亦有說觀相懺悔的內容，據說，只有等到地獄、毒蛇、白毫等觀相成就之後，才可以說罪業已被消滅。由於這些觀想方法，都是在禪定中進行的，所以說，觀相懺悔的方法，大都是依據修習禪定而說的。

問：為什麼說，見到了以上所說的種種相，就可以說罪業已被消滅了呢？

答：各種經典中的說法，有所不同，而且破戒的輕重，亦有所不同，所以說，罪業是否已被消滅，亦是不可下定論的。總而言之，心中所顯現的相，不外乎有四種。一、夢中所見之相。二、在用心行道的過程中，聽到空中的聲音，或見到奇異的景象，以及見到靈瑞之相。三、在禪定中見到善相、惡相、破戒相、持戒相等等。四、內證種種法門，道心獲得開發。以上所說，只是隨犯戒的輕重來判斷，也是不可下定論的。這個問題，等講到「驗善惡根性」時，再作詳細說明。

問：天魔、羅剎亦能變化出這樣的景象，又怎麼分辨呢？

答：確實如此。邪正難辨，不可定說。境界現前的時候，悟道的良師能夠識別邪正。關於禪定中的各種境界，此事須當面鑒別，不可一概而論。所以，行者在最初懺悔的時候，必須親近善知識、善辨邪正之人。見相的人，忽然而見相，尚且難辨邪正。若依照文字在思惟上追求，大多會落在魔界裡。

問：若是這樣的話，那麼，是否不應該叫做觀相懺悔？

答：所謂觀相，只是用心行道，工夫到了，境界自然現起，以此為標準，進行判斷，就能知道罪業是否已被消滅，並不是在禪修的時候，心存境界，並且心生戀著。若心存境界，心生戀著，必定會生出種種魔事。

問：觀相懺悔的方法又是怎樣的呢？

答：觀相懺悔的方法，大都在大乘了義經中，行者應當尋來經文，依照經文上的說法而修行。

三、說明觀無生懺悔。就像《普賢觀經》中所說的偈語：

無邊業障大苦海，皆由妄想情執生。
若欲懺悔無邊業，須是端坐證實相。
無邊業障如霜露，心光慧日能消除。
至誠懺悔除業障，消除六種癡迷根。

行人若想修大懺悔的話，就應當發起大悲心，憐憫一切有情，通達一切罪惡的本源。為什麼這樣說呢？因為一切有相，本來虛妄，福尚不可得，哪裡更什麼實際的罪呢？但是，眾生不善於體會，而是妄執有為法相，生起無明，以及貪愛、瞋恚。以此為起點，順著貪瞋癡之惡習，廣作無量無邊一切重罪。無量無邊的一切重罪，都是從一念無明而生起的。

若想消滅無量無邊的重罪，須要反過自鑒，看罪業是從何處而生。若罪業是從過去生出來的，那麼，過去已滅，不復存在。既然過去已滅，不復存在，便是無所有。無所有的法，不可名之為「心」。

若罪業是從未來生出來的，那麼，未來還沒有到來。既然未來還沒有來，就等於是沒有。未來尚且沒有，更沒有未來生出來的罪業。若罪業是從現在生出來的，那麼，現在的各種法相，一刻亦停住。在一刻亦不停住的種種相中，罪業相也是不可得的。

若說罪惡在現在，那麼，現在的罪業是在內呢？還是在外呢？還是在內與外的中間呢？若說罪業在內的話，那麼，就無需借助外緣，這是因為內部自有罪業的緣故。若說罪惡在外的話，那麼，罪惡就與我無關。外塵無知無覺，豈能有心？既然沒有內外，豈能更有中間？若沒有中間，則罪惡亦無停留之處。

當我們這樣觀察的時候，不見罪業的相貌，亦不見罪業的所在。我們應當知道，此心畢竟空寂。既不見心，亦不見非心。所觀尚且沒有，豈能更有能觀？無能無所，能所雙妄，此時此刻，顛倒想斷。既然顛倒妄想斷了，則無明亦斷，愛欲與瞋恚亦斷。貪瞋癡三毒既然斷了，那麼，罪惡又從何而生呢？

一切萬法，皆屬於心。心性尚且是個空性，更何況心中的法相呢？若萬法本來就是空的，那麼，罪業又是什麼呢？若不落於罪，也不落於不罪，知得罪性本空，便能破一切罪。這是因為，一切罪業，本來性空，本來清淨的緣故。

所以維摩居士告訴優波離說：「這兩位比丘，從本已來，根本無罪，不要妄增他們的過失。應當用直截了當的方法，消滅他們的幻罪，而不要以幻除幻，擾亂其心。」又如《普賢觀經》上說：「我們應當如實地看到，心性本來空淨，心中的法相亦無所停住。我們的心性，本來空寂，罪業與福報，如幻如化，無有自體。

所有這些法相，皆悉如幻如化，無住無壞。行人做這樣的懺悔，就叫做大懺悔，也叫莊嚴懺悔，也叫破壞心識懺悔，也叫無罪相懺悔。做這樣大懺悔的人，心如行雲流水，念念之中，契合法體。」所以說，洞見諸法，本無生滅，這才叫做大懺悔。在所有的懺悔法中，觀無生懺悔，最上最微妙。一切大乘經典中所說的懺悔法，都是以觀無生懺悔為主。若離開觀無生懺悔，則不可稱為究竟了義的懺悔。

問：運用觀無生懺悔的方法進行懺悔，如何才能知道罪業已經被消滅了呢？

答：運用觀無生懺悔的方法進行懺悔，於念念之中，各種罪業，念念自滅。

若想知道業障是否已經被消滅，那麼，就必須精進不懈。精進修持，各種境界自會顯現。觀此境界，就可以知道業障是否被消滅。就像前面觀相懺悔法中所說，會出現善的夢境、靈瑞景象、定慧開發等現象，其中的詳情，行者應該辨明。

若行者修觀心法，能夠理體相應，就表明罪業已經被消滅，不須更求其他境界，所以，《普賢觀經》中說：「令此空慧，與心相應。若能這樣行持自心，則一念之間就能消滅無始以來的生死重罪。」罪業是否已經被消滅，以此為證。若獲得了無生忍慧，便能洞徹罪源。這時，戒行清淨，就可以修習禪定了。

【說明】作法懺悔的方法，這是針對鈍根人的懺悔方法。觀相懺悔的方法，這是針對中根人的懺悔方法。若是上根人，則用觀無生懺悔的方法。觀無生懺悔的方法，猶如獅子吼，百獸聞之，悉皆退卻，猶如慧日出，所照之處，霜露皆除。觀無生懺悔，其消除業障的功能，亦復如是。

第二，明罪滅階降不同者。懺法既有別異，當知滅罪亦復不同。所以者何？

罪有三品。一者、違無作起障道罪。二者、體性罪。三者、無明煩惱根本罪。通稱罪者，摧也。現則摧損行人功德智慧。未來之世，三塗[1]受報，則能摧折行者色心，故名為罪。

一、明作法懺悔者。破違無作障道罪。

二、明觀相懺者。破除體性惡業罪。故《摩訶衍論》云：「若比丘犯殺生戒，雖復懺悔，得戒清淨，障道罪滅，而殺報不滅。」此可以證前釋後。當知觀相懺悔，用功既大，能除體性之罪❷。

三、觀無生懺悔罪滅者。破除無明一切煩惱習因❸之罪，此則究竟除罪源本。

第三，明復本不復本相者。

問曰：懺悔清淨得復本不？

答曰：解者不同。有言不復。如衣破更補，雖完終，不如不破。有言得復。如衣不淨，更浣淨，與本無異。有言有復有不復。如律中所明，初二篇不復，後三篇可復。《初教經》所明：「作羯磨❹懺悔四重❺悉復。」今言不必定爾。應當對前三種懺法。還為三義。一者、復義。二者、過本義。三、增上過本義。今當借譬顯之。

一者、作法懺悔，罪滅或復不復。如冷病人，服於薑桂，所患除差，身有復不復。

二者、觀相懺悔，非唯罪滅，能發禪定。此則過本。何以故？本無禪定故。如冷病人服石散等，非但冷除，亦復肥壯過本。

三者、觀無生懺悔，非唯罪滅發諸禪定，乃得成道，此為增上過本。如病服於仙藥，非直病除，乃得仙通神變自在。此而推之，豈得一類？

問曰：有戒者可然，其無戒者云何？

答曰：無戒者當更受戒，或有因懺發戒。此如《普賢觀經》中所說。

復次，若菩薩戒者，眾生世世以來，或已遇善知識，發菩提心，受菩薩戒。但於生死中，顛倒造罪，妄失違犯。因今歸依三寶，重更鍊之，兼復懺悔清淨。用此本戒，亦發禪定。是故雖無事戒，菩提本戒，或已有之。

復次，如《摩訶衍論》說：「尸羅，秦言好善，好行善道，不自放逸，是名尸羅。或受戒行善，或不受戒行善，皆名尸羅。若不受戒行善，名尸羅者。」既有尸羅，豈不得發諸禪三昧耶？

問曰：若爾者何用受戒為？

答曰：不然。一為助道。二定佛法外相。豈可不依？

問曰：上來所說，初坐禪者，必須懺悔，亦有不然？

答曰：不必一向。如《妙勝定經》所明：「但能直心坐禪，即是第一懺悔。」若於坐中有難轉，多不得用心者，必須懺悔。

【章　旨】首先，說明了懺罪的方式，各有不同，罪業的消滅，亦各有差異。各種懺悔的方法，皆是因人而設，因此，人有上中下三種，法有上中下三品。其次，說明了懺悔能否恢復清淨的問題。懺悔能否恢復清淨，因人而異，無有定義。有人通過懺悔，未能恢復清淨。有人通過懺悔，卻又恢復了清淨。甚至有人，不但恢復了清淨，而且還證悟了實相。

【注　釋】❶三塗　血塗、刀塗、火塗。血塗是畜生道，因畜生常在被殺，或互相吞食之處；刀塗是餓鬼道，因餓鬼常在饑餓，或刀劍杖逼迫之處；火塗是地獄道，因地獄常在寒冰，或猛火燒煎之處。三塗即三惡道的別名。❷體性之罪　體性之罪是指「重罪」的意思。這裡「體性」之義，不是本體論意義上的「體性」。❸習因　習續前念之善，而起後念之善，乃至習續前念之無記，而起後念之無記。前念稱為習因，後念稱為習果。習者，是「習續」的意思。❹羯磨　受戒、懺悔、結界等有關戒律行事之儀式，是指生善滅惡之作法或儀式。❺四重　亦即四重禁。四重禁包括：一、殺生。二、偷盜。三、邪淫。四、妄語。

【語　譯】第二，說明消滅罪業的具體情形。懺悔的方法既然有差別，因此，罪業消滅的具體情形也有不同。為什麼這樣說呢？因為罪有三種。一、違背無作而生起的障道罪。二、體性罪。三、無明煩惱根本罪。這三種罪之所以通稱為罪，這是因為，罪能摧毀行人的功德智慧。就現世而說，罪能摧毀行人的功德智慧。就來世而說，受三惡道之報，罪能摧毀行人的色身與心智，所以，通稱為罪。

一、說明作法懺悔的滅罪情形。作法懺悔能夠破除「違背無作而生起的障道罪」。

二、說明觀相懺悔的滅罪情形。觀相懺悔的方法，能夠破除體性惡業罪。所以，《大智度論》中說：「若比丘犯了殺生戒，雖然作了懺悔，也獲得了清淨，障道的惡業罪也已經被消滅，然而，殺生的果報是不會滅掉的。」這種說法，既可以解釋前面的說法，也可以證明後面的說法。我們應當知道，觀相懺悔的功德很大，能夠消滅根本大罪。

三、說明觀無生懺悔的滅罪情形。觀無生懺悔，能夠破除無明煩惱、無始習氣等一切罪業。此是從本源上消滅罪業的方法。

第三，說明懺悔之後，能否恢復清淨。

問：修懺悔法之後，還能夠恢復原來的那種清淨嗎？

答：懺悔之後能否恢復清淨，關於這一問題，有各種不同的說法。有人說，犯戒之後，即使修懺悔法，亦恢復不了原來的清靜。就像衣服破損之後，雖然作了縫補，那亦不是原來的那個樣子。有人說，犯戒之後，通過修懺悔法，可以恢復原來的清淨，就像弄髒了的衣服，經過洗滌，能夠恢復原來的清淨。有人說，有的可以恢復，有的不可以恢復，就像律藏中所說，犯了前二篇的戒，即使進行懺悔，亦不能恢復清淨。若犯了後三篇中的戒，只要經過懺悔，就可以恢復原來的清淨。《初教經》中說：「作羯磨懺悔，即使犯了四重罪，亦可以恢復清淨。」犯了戒律，能否恢復原來的清淨，那是說不定的。對前面的三種懺悔方法，應該再分三個方面來說明。一、復義。二、過本義。三、增上過本義。現在，我們借助比喻來說明此事。

一、作法懺悔，罪滅之後，亦有恢復清淨與未恢復清淨的二種情況。譬如得了寒冷病的人，服用了薑桂之後，所患的寒冷病已經除去，然而，身體的狀況，卻有恢復與未恢復的二種情況。

二、觀相懺悔，不但能夠消滅罪業，還能夠發起禪定，這樣，就超過了最初設定的懺悔滅罪的目標——懺悔消罪。為什麼這樣說呢？那是因為，懺悔之初，本來沒有要獲得禪定的想法，然而，通過觀相懺悔卻獲得了禪定，猶如患有寒冷病的人，因為服用石散等藥，不但治癒了冷病，亦恢復了健康，增進了體質。

三、觀無生懺悔，不但消除了罪業，獲得了禪定，還通過觀無生懺悔而證悟了大道，這就是增上過本——大大地超過了最初設定的目標——懺悔消罪。猶如病人服用仙藥，不但病得痊癒，而且還獲得了神仙的神通自在。由此而觀之，豈能只有一種情況呢？

問：受了戒的人，情況可以這樣，假若是沒有受戒的人，情況又是怎樣呢？

答：沒有受戒的人，應當去受戒。或許有人，由於發真心懺悔而自己得了戒。這就像《普賢觀經》中所說的那樣。

若是菩薩戒，眾生生生世世以來，或者已經遇到過善知識，發了菩提心，受了菩薩戒。但是，在無數的生死之中，顛倒妄想，造業犯戒，現在，又因為皈依了三寶，重新修鍊，兼修懺悔與發心清淨。運用過去世所受的戒，也是能夠發起禪定的。所以說，雖然沒有事相上的戒，菩提本戒，或許已經獲得。

譬如《大智度論》中說：「尸羅是梵語，翻譯成中文，意思就是：好善，好行善，不放逸。無論是受了戒行善，還是未受戒行善，都叫做戒行。未受戒而行善，也可叫做戒行。」既然有了戒行，豈能不發諸禪三昧？

問：若是這樣的話，何用受戒？

答：不可這樣說。受戒有二種作用。一、受戒能助道。二、外顯佛法威儀。豈能不受戒？

問：前面說，初坐禪的人，必須要懺悔，是否亦有例外？

答：不一定非得要修懺悔法。如《妙勝定經》中所說：「只要一心坐禪，即是最上乘懺悔。」但是，若坐禪時磨難重重，使人不能專心修禪，那麼，就必須要懺悔。

【說　明】依照佛法的究竟了義，萬法皆是唯心所生。若人悟得心性本空，則知一切罪障亦空。猶如明鏡體上，本來無有一物，境中的塵塵剎剎，不是實有之物。

若人不通此處，則須借用懺悔之法。通過懺悔，罪障雖然得除，然而，業報依然還在，就像釋迦文佛，現身世間，過去所作，依然自受。若人能以清淨之心，面對人間世事，一種平懷，泯然自盡，即是二六時中，行大懺悔。

第二，明衣食具足者。

今明衣法。有三種。

一者、如雪山大士等學道，但畜一衣，即足以不遊人間，堪忍力成故。此上人也。

二者、如迦葉等，常受頭陀❶法。但畜糞掃三衣❷，不須餘長。此是中人衣法。

三者、若多寒國土，及下士不堪。如來更開畜百一物等，而要應說淨作法，知量知足。若過貪求，則於道有妨。

具足食法者。食有四種。

若上人大士，深山絕人，果菜隨得，趣以支命。

二者、常行頭陀，受乞食❸法。是乞食法，能破四種邪命❹。依正命自活，能生聖道，故名聖種。四邪命自活者。一、下口食。二、仰口食。三、四維口食。四、方口食。此是邪命之相。如舍利弗為青木女說。是中應廣分別。

三者、阿蘭若❺受檀越送食。

四者、於僧中結淨食。

有此等食，名緣具足，是名衣食具足。若無此資身因緣，則心不寧，於道有妨。

第三，得閑居靜處。閑者，不作眾事，名之為閑。無憒鬧故，名之為靜。此有三處，可修禪定。一者、深山絕人之處。二者、頭陀蘭若之處。離於聚落極近二里，此放牧聲絕，無諸憒鬧。三者、遠白衣❻捨處。清淨伽藍❼之中，皆是閑居靜處也。

第四，息諸緣務者。緣務眾多。略說有四。一、息生活緣務。所謂不作一切有為事業。二、息人事緣務。所謂不追尋俗人朋友親識，斷絕往還。三、息工巧技術緣務。所謂不作世間工匠、醫方、藥咒、卜相、書數、算計等事。四、息學問緣務。所謂讀誦聽學義論等，悉皆棄捨。

此為息諸緣務。所以者何？若多緣務，則於修定有廢，心亂難攝，不得定也。

第五，近善知識。有三種。一、外護善知識。經營供養，善能將護行人，不相惱亂。二者、同行善知識。共修一道，互相勸發，不相擾亂。三者、教授善知識。以內外方便禪定法門，示教利喜。

是則略明五緣具足。

【章　旨】首先，說明了修行所需的衣服飲食條件。其次，說明了修行所需的居住條件。第三，說明了修行所需的外緣條件。第四，說明了修行所需的善知識條件。

【注　釋】❶頭陀　意譯為抖擻、抖束、修治、棄除、沙汰、浣洗、紛彈、搖振。意即捨棄對衣服、飲食、住處等的貪著，以抖擻、浣洗、修鍊身心。頭陀法，即陀行人所行的法。頭陀行人要遵守十二條規則，所以，叫做十二頭陀。在〈分別禪波羅蜜前方便第六之一・行五法〉中有詳細解釋。參見本書第一五一頁。❷畜糞掃三衣　即摭取被捨棄於糞塵中的破衣碎布，經過洗滌之後，用之作成的三件衣服。三衣者：一、僧伽梨，意譯為眾聚時衣。大眾集會，為授戒說戒等嚴議時所穿的衣服。二、鬱多羅僧，意譯為上衣。在安陀會上所穿的衣服。三、安陀會意譯為中著衣，襯體而穿的衣服。❸乞食　十二頭陀行之一。為了資養色身，而乞食於他人的一種行儀。其原始意義有二，即：一、自利，為杜絕俗事，方便修道。二、利他，為福利世人，予眾生種福機會。❹四種邪命　邪命即指不以正道而以邪曲之方法生活，全稱邪活命。邪命有四種：一、下口食，謂種植田園和合湯藥，以求衣食而自活命也。二、仰口食，謂以仰觀星宿日月風雨雷電霹靂之術數學求衣食，而自活命也。三、方口食，謂曲媚豪勢，通使四方，巧言多求以自活命也。四、維口食，維為四維，謂學種種之咒術卜算吉凶，以求衣食而自活命也。❺阿蘭若　譯為山林、荒野、遠離處、寂靜處、最閑處、無諍處，指適合於出家人修行與居住的僻靜場所。❻白衣　原意白色之衣，轉稱穿著白衣的人，即指在家人。印度人一般皆以鮮白之衣為貴，故僧侶以外者，皆穿著白衣，因此，稱在家人為白衣，佛典中亦多以「白衣」為在家人之代用語；相對於此，沙門則稱為緇衣、染衣。❼伽藍　僧伽藍摩的簡稱，華譯為眾園，即僧眾所居住的園庭，亦即寺院的通稱。

【語　譯】第二，說明修行所應具備的衣食條件。

現在，我們說明修行所應具備的衣物條件。有三種情況。

一、雪山大士修道，只須一套衣服，就足以能夠獨自生存，這是由於他們已經具備了忍耐饑寒的能力。此是最上等的修行人。

二、譬如迦葉這類行持頭陀法的人，只留掃糞三衣，更不需他物。此是中等修行人所應具備的衣物條件。

三、在寒冷的國土中修道，下等行人不堪忍受，於是，如來特別允許這一類的人，可以具備各自所需的物品，不過，每件物品，只許一件，而且還要說淨作法，不可貪求。若過分貪求，對於修道，則有妨礙。

現在，我們再來說明修行所應具備的食物條件。有四種情況。

一、若是上人大士，住在深山，絕人之處，僅靠山中果菜，就能夠維持生命。

二、一向行頭陀行的人，依乞食法而活命。乞食法，能夠破除活命的四種邪法。依照正確的生活方式而生活，能夠成就聖道，所以稱為聖種。活命的四種邪法是：一、下口食。二、仰口食。三、四維口食。四、方口食。這四種求食的方法，都屬於活命的邪法。在佛經中，舍利弗對青木女講述了邪命自活的情形。對此，我們應當仔細體察。

三、居住在清淨處，接受施主所送的食物。

四、於出家眾中，自己調理食物。

具備以上所說的衣物飲食，就叫做因緣具足，亦叫做衣物飲餐具足。若沒有以上所說的衣物與飲食等修道條件，則心不能得安寧，對於修道就有妨礙。

第三，要有一個閑居安靜之處。所謂的閑，就是放下一切世緣。所謂的靜，就是避開一切擾亂。有三種處所，可以修習禪定。一、深山絕人之處。二、頭陀行者居住的僻靜之處。離開聚落至少要三里之遙，在這個地方，杜絕了放牧之聲，杜絕了一切吵鬧。三、遠離在家人所居住的地方。清淨的寺廟，皆是閑居安靜的地方。

第四，停息所有的外緣事務。所應停息的事務有眾多。大致可以分為四類。一、停息生活上的事務，也就是不作世間一切俗事。二、停息人事上的事務，也就是斷絕世間一切人事往來。三、停息工巧技術等事務，也就是不作世間任何的工匠、醫藥、醫方、咒語、占卜、相命及測量計算等事。四、停息學問上的事務。亦即停息讀頌、聽講、辯論等。

以上所說，就是停息外緣事務。為什麼要停息外緣事務呢？這是因為，外緣事務太多，就會妨礙修習禪定。心中雜亂，難攝亂心，不能發起禪定。

第五，親近善知識。善知識有三種。一、外護善知識。也就是供給所需、維護修行、不相惱亂的人。二、同修善知識。也就是共同修行、相互激勵、相互規勸、不相擾亂的人。三、教授善知識。也就是運用種種方便、教授禪定法門、利樂行人的人。

以上簡略地說明了五緣具足的情形。

【說　明】修行所需要的條件，亦是因人而異的，不可千篇一律。佛法是心地法門，最重要的是在心地上下功夫。衣物、飲食、居住等條件，皆進修佛法的助緣，而非進修佛法的正緣。進修佛法的正緣，則是心地善巧用功。

第二，訶五欲及棄五蓋者。經中說：「離欲及惡法，有覺並有觀。」離欲者，即是訶責五欲。惡法者，即是棄五蓋。

言五欲者，即是世間上妙色、聲、香、味、觸等。常能誑惑一切凡夫，壞於善事。若不明識過罪，訶責厭離，則諸禪三昧，無由可獲。

一、訶色欲者。所謂男子女人，形貌端嚴，修目高眉，朱唇素齒，及世間寶物，青黃赤白，紅紫縹綠，種種妙色，能令愚人見即生愛，作諸惡業。如頻婆娑羅王，以色欲故，身入敵國，獨在淫女阿梵婆羅房中。優填王以色染故，截五百仙人手足。如是等種種因緣，知色過罪，如《摩訶衍》中廣說。

二、訶聲欲者。所謂箜篌箏笛、絲竹金石音樂之聲，及男女歌詠讚頌等聲，能令凡夫，聞即染著，起諸惡業。如五百仙人，雪山中住，聞甄迦羅女歌聲，即失禪定，心醉狂亂，如是等種種因緣，知聲過罪。如《摩訶衍》中廣說。

三、訶香欲者。所謂男女身香，世間飲食馨香，及一切熏香等。愚人不了香相，聞即愛著，開結使門。如一比丘在蓮華池邊，聞華香氣，心生愛樂，池神即大訶責：何故偷我香氣？以著香故，令諸結使臥者皆起。如是種種因緣，知香過惡。如《摩訶衍》中廣說。

四、訶味欲者。所謂苦酸甘辛鹹淡等，種種飲食肴膳美味，能令凡夫心生染著，起不善業。如一沙彌，染著酪味，命終後，即生酪中，受於蟲身。如是等種種，知味過罪。如《摩訶衍》中廣說。

五、訶觸欲者。男女身分，柔軟細滑，寒時體溫，熱時體涼，及諸好觸。愚人無智，為之沉沒，起障道業。如獨角仙人，因觸欲故，退失神通，為淫女騎頸。如是等種種觸欲過罪，如《摩訶衍》中廣說。

問曰：云何訶五欲。

答曰：訶欲之法，如《摩訶衍》中：「哀哉眾生，常為五欲所惱，而猶求之不已。」

此五欲者，得之轉劇，如火益薪，其焰轉熾。五欲無益，如狗齧枯骨。五欲增諍，如鳥競肉。五欲燒人，如逆風執炬。五欲害人，如踐惡蛇。五欲無實，如夢所得。五欲不久，亦如假借須臾。世人愚惑，貪著五欲，至死不捨，為之後世受無量苦。

此五欲法與眾生同有。一切眾生，常為五欲所使，名欲奴僕。坐此弊欲，墜墮三塗。

我今修禪，復為障蔽。此為大賊，當急遠之。如禪經中說偈：

生死不斷絕，貪欲嗜味故。
養怨入丘塚，廣受諸辛苦。
身臭如死屍，九孔流不淨。
如廁蟲樂糞，愚貪身無異。
智者應觀身，不貪染世間。
無累無所欲，是名真涅槃。
如諸佛所說，一心一意行。
數息在禪定，是名行頭陀。

如是等種種因緣，知五欲過罪，心不親近，如離怨賊。以遠離故，心無熱惱，欲想不生。此為修禪之要。

訶五欲相，如《摩訶衍》廣說。

【章　旨】首先，說明了五欲（色欲、聲欲、香欲、味欲、觸欲）的種種危害，同時，也介紹了訶責五欲的具體方法。其次，概括地說明了，只有遠離對五欲的貪著，才能成就覺悟之道。

【語　譯】第二，訶五欲及棄五蓋。佛經中說：「遠離貪欲及惡法，就能進入有覺有觀的初禪。」所謂遠離貪欲，就是訶責五種貪欲。所謂遠離惡法，就是捨棄五種蓋障。

所謂五欲，就是對世間美妙色、聲、香、味、觸等的貪著。美妙的色、聲、香、味、觸等，能夠誑惑人心，破壞善事。若不了解五種貪欲的危害，因此而訶責、遠離五種貪欲，那麼，就不能獲得諸禪三昧。

一、遠離對色相的貪欲。男人與女人，長得容貌端莊，長目高眉，唇紅齒白，以及世間寶物，有青黃赤白、紅紫縹綠等種種妙色，能夠使愚癡的人貪愛戀著，為此而作出種種的惡業。譬如頻婆娑羅王，由於貪愛女色的緣故，進入敵人的國度，獨自在淫女阿梵婆羅的房中。優填王也是由於女色的緣故，把五百仙人的手腳都截斷了。像這樣的種種事例，皆是貪戀美妙色相的罪過。其中的道理，就像《大智度論》中所廣泛說明的那樣。

二、遠離對音聲的貪欲。箜篌箏笛、絲竹金石等等音樂之聲，以及男女歌詠讚頌等種種美妙的音聲，能夠使凡夫俗子沉迷於其中，為此而造種種惡業，譬如住在雪山中的五百仙人，一聽到甄迦羅女的歌聲，便失去了禪定，心醉其中，狂亂不已。像這樣的種種事例，皆是貪戀美妙聲相的罪過。其中道理，就像《大智度論》中所廣泛說明的那樣。

三、遠離對香氣的貪著。男女身上的香氣，世間飲食的香氣，及一切香物所發出的香氣等，愚人不知香氣虛幻，一聞便生愛戀貪著，結果，大開煩惱之門。譬如有一位比丘，在蓮花池邊，聞到荷花的香氣，心中即產生了愛戀與陶醉。池神便大聲訶責這位比丘說：你為什麼要偷我的香氣？由於貪著香氣的緣故，已經被降服的煩惱，又重新站立了起來。像這樣的種種事例，皆是貪戀香氣的罪過。其中道理，就像《大智度論》中所廣泛說明的那樣。

四、遠離美味的貪著。苦、酸、甘、辛、鹹、淡等種種飲食美味，能夠使凡夫心生愛戀貪著，造出種種不善的業。譬如，有一位沙彌，心中時刻貪戀奶酪的美味，因此，命終之後，便生在酪中，變成了一條酪蟲。像這樣的種種事例，皆是貪戀美味的罪過。其中的道理，就像《大智度論》中所廣泛說明的那樣。

五、遠離觸覺的貪著。男女身體接觸時的感覺，柔軟細滑的感覺，寒冷時的溫暖感覺，酷熱時的涼爽感覺，以及各種舒適的觸覺感受。愚癡之人，無有智慧，所以，為舒適的觸覺所淹沒，起心造業，障修行之道。譬如獨角仙人，因為貪圖觸欲，結果退失神通，讓淫女騎在自己脖頸上。像這樣的種種事例，皆是貪圖觸欲的罪過。其中的道理，就像《大智度論》中所廣泛說明的那樣。

問：如何遠離五欲？

答：遠離五欲之法，就像《大智度論》中所說：「哀哉！可悲的眾生啊！常常被五種貪欲所煩惱，然而，卻又不斷地追求五種貪欲。」

這五種貪欲，若得滿足，則猶如火上加薪，只能使火焰更加熾盛。五欲無有益處，猶如狗啃乾枯的骨頭。五欲會引起鬥爭，猶如群鳥爭搶肉吃。五欲之火能燒人，猶如逆風執火炬。五欲會害人，猶如在毒蛇上行走。五欲不真實，猶如夢中所得。五欲不能長久，猶如暫時借來的東西。世人愚昧無知，貪著五欲，至死不肯放下，結果，遭來無量的痛苦與煩惱。

一切眾生，同具這五種貪欲。一切眾生都被這五種欲所奴役，也叫做貪欲的奴隸。眾生貪著這五欲，結果，墮在三惡道裡，受種種的苦報。

我們現在修習禪定，卻又被五欲所障礙。五欲是大盜賊，應當趕緊遠離。就像禪經中的偈語所說：

眾生不能脫生死，由於貪著五種欲。
長養五欲入墳墓，妄受無量無邊苦。
身體如同死屍臭，九孔流出不淨物。
猶如蛆蟲喜樂糞，愚夫貪身亦如是。
智者觀身應如是，不貪世間諸幻相。
遠離貪欲不受縛，如是清淨真涅槃。
猶如一切佛所說，一心一意奉教行。
運用數息入禪定，如是修行頭陀行。

從以上所說的種種道理中，我們知道了貪求五欲之罪過，因此，心不趨向五欲，就像遠離冤家盜賊。由於遠離五欲的緣故，所以，心裡就沒有了煩惱，貪欲妄想不生。這就是修習禪定之精要。

遠離五欲的具體方法，就像《大智度論》中所廣泛說明的那樣。

【說明】貪著五欲是修習佛法的大障礙，因此，行者若欲獲得大智慧、大清淨，就必須捨棄五欲執著，具足出世情懷。在此基礎上，作實際修行，方能迅速地深入禪定，方能迅速地證得聖果。所謂證得聖果，並非證得什麼奇特玄妙之事，而是證得自心實相，而是如是識得自己。

若是大乘菩薩之人，即不著於凡夫所執的五欲，亦不著於二乘所執的清靜。大乘菩薩之行，是離二邊之行。

第三，棄五蓋者。一者、貪欲蓋。二、瞋恚蓋。三、睡眠蓋。四、掉悔蓋。五、疑蓋。

第一，棄貪欲者。前說外五塵中生欲，今約內意根生欲。所謂行者端坐修禪，心生欲覺，念念相續，覆蓋善心，令不生長。覺已應棄。所以者何？如術婆伽，欲心內發，尚能燒身，況復心生欲火而不燒諸善法？復次，貪欲之人去道甚遠。所以者何？欲為種種，惱亂住處。若心著欲，無由近道。如除蓋偈說：

入道慚愧人，持缽福眾生。
云何縱塵欲，沉沒於五情❶。
已捨於五欲，棄之而不顧。
如何還欲得，如愚自食吐。
諸欲求時苦，得時多怖畏。
失時懷悲惱，一切無樂處。
諸欲患如是，已訶能捨之。
得福禪定樂，則不為所欺。

如是等種種因緣，訶貪欲蓋。如《摩訶衍》中訶欲偈說。

第二，棄瞋恚蓋者。瞋是生諸不善法之根本，墜諸惡道之因緣，法樂之怨家，善心之大賊，種種惡口之府藏。

復次，行者於坐時思惟：此人惱我及惱我親，讚歎我怨。思惟過去未來，亦如是，是為九惱❷。

惱故生瞋，瞋故生恨，恨故生怨，怨故欲加報惱。彼瞋恨、怨惱、覺觀❸覆心，故名為蓋。當急棄之，無令增長。如釋提婆那以偈問佛：

何物殺安隱？何物殺無憂？
何物毒之根，吞滅一切善？

佛以答言：

殺瞋則安隱，殺瞋則無憂。
瞋為毒之根，瞋滅一切善。

如是知已，當修慈忍，以除滅之，令心清淨。如《摩訶衍》中佛教弟子訶瞋偈，是中應廣說。

第三，訶睡眠蓋者。內心惛暗，名為睡。放恣支節，委臥垂熟，名為眠。復次，意識惛冥，名為睡。五情闇蔽惛熟，名為眠。以是因緣，名為睡眠蓋。《阿毘曇》❹中說為增心數法，能破今世三事，謂樂利樂福德。又能破今世後世實樂。

如此惡法，最為不善。何以故？餘蓋情覺可除，眠如死人，無所覺識。以不覺故，難可除滅。如有菩薩教睡眠弟子言：

汝起勿抱死屍臥，種種不淨假名人。
如得重病箭入體，諸苦痛集安可眠？
如人被縛將去殺，災害垂至安可眠？
結賊未滅害未除，如共毒蛇同室居。
亦如臨陣白刃間，爾時云何而可眠？
眠為大暗無所見，日日欺誑奪人明。
以眠覆心無所見，如是大失安可眠？

如是等種種訶眠蓋，警覺無常，滅損睡眠，令無惛覆。若睡眠心重，當用禪鎮禪杖等卻之也。

第四，棄掉悔者。掉有三種。一身。二口。三心。

身掉者，身好遊走，諸雜戲謔，坐不暫安。

口掉者，好喜吟詠，諍競是非，無益談論，及世俗言話等。

心掉者，心情放蕩，縱意攀緣，思惟文藝世間才技，諸惡覺觀等，名為心掉。

掉之為法，破出家心。如人攝心，猶不得定，何況掉散？掉散之人，如無鉤醉象、穴鼻駱駝，不可禁制。如偈說：

> 汝已剃頭著染衣，執持瓦鉢行乞食。
> 云何樂著戲掉法，放逸縱情失法利。
> 既無法利，又失世樂。
> 覺其過已，當急棄之。

悔者若掉。無悔則不成蓋。何以故？掉時未在緣中故。後欲入定時，大悔前所作。憂惱覆心，故名為蓋。

復次，悔有二種。一者、因掉後生悔。如前說。二者、如大重罪人，常懷怖畏。悔箭入心，堅不可拔。如偈說：

> 不應作而作，應作而不作。
> 煩惱火所燒，後世墮惡道。
> 若人罪能悔，悔已莫復憂。
> 如是心安樂，不應常念著。
> 若有二種悔，若應作不作。

不應作而作，是則愚人相。
不以心悔故，不作而能作。
諸惡事已作，不能令不作。

如是種種因緣，訶掉悔蓋，心神清淨，無有覆蓋。常在善心，則寂然安樂。以是因緣，心得法喜。

第五，棄疑蓋者。以疑覆故，於諸法中不得定心。定心無故，於佛法中空無所獲。譬如人入寶山，若無有手，無所能取。

復次，通疑甚多，未必障定。今正障定疑者，謂三種疑。一者、疑自。二者、疑師。三者、疑法。

疑自者。若人作是念：我諸根暗鈍，罪垢深重，非其器乎。作此自疑，定法終不發也。欲去之者，無得自輕，以宿世善根❺難測故。

二、疑師者。彼人威儀相貌如是，自尚無道，何能教我？作是疑慢，即為障定。欲除之法，如《摩訶衍》中說：「如臭皮囊中金❻，以貪金故，不可棄臭皮囊。」行者亦爾。師雖不清淨，亦應生佛想。此事如《摩訶衍》中釋薩陀波崙，求善知識具明。是中應廣說。

三、疑法者。世人多執本心，於所受之法，不能即信，故不敬心受行。若心生猶豫，即法不染神。何以故？如訶疑偈中說：

如人在岐道，疑惑無所取。
諸法實相中，疑亦復如是。
疑故不勤求，諸法之實相。
是疑從癡生，惡中之惡者。
善不善法中，生死及涅槃。
定實真有法，於中莫生疑。
汝若懷疑惑，死生獄吏縛。
如師子搏鹿，不能得解脫。
在世雖有疑，當隨妙善法。
譬如觀岐道，利好者應逐。

復次，佛法之中，信為能入。若無信者，雖在佛法，終無所獲。如是等種種因緣，覺知疑過，當急棄之。

問曰：不善法塵無量，何故但棄五法？

答曰：此五蓋中，即有三毒等分為根本，亦得攝八萬四千塵勞門。所以者何？貪欲蓋即貪毒。瞋恚蓋即瞋毒。睡及疑，此二蓋共為癡毒。當知即具三毒。掉悔蓋通從三毒起，即等分攝，合為四分煩惱。一中即有二萬一千，四中合有八萬四千。是故除此五蓋，即是除一切不善之法。

行者如是等種種因緣，棄於五蓋。譬如負債得脫，重病得差，如饑餓之人得至豐國，如於怨賊中得自免濟，安隱無患。行者亦如是。除此五蓋，其心安隱，清淨快樂。譬如日月以五事覆翳，煙雲塵霧，羅睺阿修羅❼手障，則不能照。人亦如是。

【章旨】首先，說明了五種蓋障（貪欲蓋、瞋恚蓋、睡眠蓋、掉悔蓋、疑蓋）的種種危害，同時，也介紹了打破五種蓋障的具體方法。其次，概括地說明了，只有打破了五種蓋障，才能使心性大放光明。

【注釋】❶五情　眾生的五根對五塵的貪愛。眼、耳、鼻、舌、身等五根，針對色、聲、香、味、觸五塵，所生起的五種情識，叫做五情。❷九惱　又名九難，或九橫，即佛在此世間成道及在成道之後所遭遇的九種災難。一、梵志女孫陀利謗，五百阿羅漢亦被謗。二、旃遮婆羅門女系木盂作腹謗佛。三、提婆達多推山壓佛，傷足大指。四、逆木刺腳。五、毘琉璃王興兵殺諸釋子，佛時頭痛。六、受阿耆達多婆羅門請而食馬麥。七、冷風動故脊痛。八、六年苦行。九、入婆羅門聚落，乞食不得，空缽而回。❸覺觀　新譯作尋伺。覺，尋求推度之意，即對事理之粗略思考。觀，即細心思惟諸法名義等之精神作用。二者皆為妨礙第二禪以上之定心者，若持續作用，則身心勞損，正念旁落，故又為隨煩惱之一。依此覺觀之有無，能判別定心之淺深。❹阿毘曇　意譯為對法、大法、無比法、向法、勝法、論。與經、律合稱為三藏（三藏，佛教聖典之總稱）。

❺宿世善根　宿世，即過去世。善根，即產生今世善法的過去世習因。❻臭皮囊中金　這是個比喻。臭皮囊比喻四大色身。金者，喻四大色身中之佛性。❼羅睺阿修羅　全稱是羅睺羅阿修羅。四種阿修羅王之一。羅睺羅意即執月。此阿修羅王與帝釋戰時，能以其手執日月，障蔽其光，因此而得名羅睺阿修羅。

【語　譯】第三，捨棄五種蓋障。一、貪欲蓋障。二、瞋恚蓋障。三、睡眠蓋障。四、掉悔蓋障。五、疑慮蓋障。

第一，捨棄貪欲蓋障。前面就外五塵而說貪欲，現在就意根而說貪欲。行者端身正坐修習禪定的時候，心中生出許多欲念，一個接著一個，相續不斷。這些相續不斷的欲念，覆蓋行人的善心，使善心不能增長。行者覺察到這些欲念，就應當立即放棄。

為什麼要立即放棄這些欲念呢？譬如術婆伽，內心所發起了貪欲，尚且能夠燒毀身體，更何況心生的欲火而不能燒毀善法呢？

貪欲熾盛的人，遠離清淨之道。為什麼這樣說呢？這是因為，種種貪欲，會擾亂內心的寧靜。若執著於貪欲的滿足，實在是背道而馳。就像除蓋偈所說的那樣：

發心懺悔修道人，剃度出家眾生福。
為何縱欲於貪欲，沉溺五情貪欲中。
過去發心離五欲，即今棄之而不顧。
既然放棄還欲得，如同愚人食自吐。
求欲滿足成惱苦，滿足之時又恐怖。
失去之時心中悲，得時失時皆是苦。
五欲過患即如此，訶責貪欲能捨之。
獲得禪定真福樂，不為五欲所蒙蔽。

以上種種言說，都是講遠離五欲的道理。遠離五欲的具體方法，就像《大智度論》中的「訶欲偈」所說。

第二，捨棄瞋恚蓋障。瞋恚是產生各種不善法的根本，是墮入各種惡道的因緣，是獲得清淨快樂的冤家，是破壞善心的盜賊，亦是種種惡口的根源。

行人在靜坐時這樣思惟：此人惱怒我及我的親人，讚歎我的冤家敵人。思惟過去與未來，此人也是這樣惱怒我及我的親人，也是這樣讚歎我的敵人，這樣思惟，就是九惱。

由於煩惱的緣故而生出瞋恚，由於瞋恚的緣故而生出憎根，由於憎根的緣故而生出怨氣，由於怨氣的緣故，就想加以報復。行者的瞋恚、憎根、怨氣、惱怒等心，障礙自心的清淨光明，所以，就叫做瞋恚蓋。因此之故，應該消除瞋恚、憎根、怨氣、惱怒等心，不要使它們蔓延滋長。譬如釋提婆那用偈語問佛：

何物令人不安寧？何物令人生煩惱？
何物生出三毒心？何物呑沒諸善根？

佛陀以偈回答道：

消除瞋恚得安穩，消除瞋恚獲無憂。
瞋恚之心三毒根，瞋恚之心滅善心。

既然知道了這個道理，就應當修行慈悲安忍，用這種方法消除禪修的障礙，令人獲得清淨安詳。就像《摩訶衍》中，佛陀教授弟子的訶瞋偈，對於如何消除瞋恚的方法，作了廣泛的說明。

第三，消除睡眠蓋障。內心昏沉叫做睡。放縱身體，昏沉大睡，清明全無，叫做眠。意識昏沉，混沌不清，叫做睡。昏沉極深，無知無覺，叫做眠。由於以上種種原因，名之為睡眠蓋。在《阿毘曇論》中，把睡眠蓋稱為增心數法，能夠破壞今世的利益、安樂和福德。也能夠破壞今世與來世的涅槃實樂。睡眠蓋是最為不好的。為什麼說睡眠蓋是最為不好的呢？這是因為，其他的蓋障，可以被覺察到，然而，在深度睡眠之中的人，如同死人，無所覺知。由於無所覺知的緣故，所以難以消除。所以，菩薩教導愛睡眠的弟子說：

打起精神勿昏沉，此身不清假名人。
重病身中添毒箭，苦中又苦怎能眠？

猶如死囚赴刑場，死到臨頭怎能眠？
煩惱家賊尚未滅，猶共毒蛇同室居。
亦如陣前刀兵見，或生或死怎能眠？
極度昏沉陷黑暗，光明失去受欺瞞。
睡眠蓋障遮光明，如此禍患怎能眠？

像這樣訶責睡眠蓋障，能夠警覺世事無常，能夠消損睡眠蓋障，能夠令心清明無覆。若行人睡眠蓋障很重的話，就應當用禪鎮、禪杖來打破睡眠蓋障。

第四，捨棄掉悔蓋障。掉有三種，就是身掉、口掉與心掉。

所謂身掉，就是放逸身體，到處遊走，逞能弄巧，坐不安寧。

所謂口掉，就是賣弄詩詞歌賦，爭論是非長短，談論無益之事，以及世俗的無聊閒談等。

所謂心掉，就是放蕩心思情欲，不加約束地胡思亂想，或者思考文字技巧、世間技藝等，種種背覺合塵、捕風捉影的胡思亂想，都叫做心掉。

身口心的掉散，能夠破壞出離之心。行者用功攝心，令其不亂，尚且難以入定，更何況放縱身口心呢？掉散之人，猶如脫鉤的醉象，也如沒有戴上鼻環的駱駝，是沒有辦法制服它們的。就像偈語所說：

汝等已現出家相，托缽化緣行乞食。
為何恣情掉散中，放縱情欲失法益。
既無法益失世樂，覺其過患當棄之。

「悔」就像「掉」一樣。若沒有「悔」，就不會成為修道的障礙。為什麼這樣說呢？這是因為掉散的時候，尚未修習禪定，後來，想要修禪入定的時候，十分後悔以前的散亂放縱。結果，憂愁煩惱覆心，所以，以前的「放縱」所引起的「後悔」，也就成了「蓋障」。

悔有二種。一是因為以前的「放縱」而生出的「後悔」，如前面所說。二是大罪之人，恐怖常隨其心。後悔之箭，深深入心，堅固而不可拔。就像偈語中所說：

不應做的事，反而去做了，應該做的事，反而沒有做。
煩惱猶如火，燒毀憂惱人，惡業有牽力，使人墮惡道。
若人有罪過，悔過罪已滅，既然已悔過，不應更憂著。
無掛無有礙，如是心安樂，諸罪如虛妄，不應常念著。
若是智慧人，不應有二悔，一悔作不作，二悔不作作。
糾纏過去錯，作繭亦自縛，吐絲自纏繞，此是愚人作。
後悔無有益，只成自纏繫，不以心後悔，未作而成作。
錯事已作過，不能成不作，過去不可得，過即讓它過。

運用以上所說的種種辦法，訶退掉蓋與悔蓋，令心靈恢復清淨光明，使心靈無有任何遮蔽。若人常處此心態，就會寂然而安樂。運用這樣的辦法，訶責掉悔蓋障，自然就會獲得法喜。

第五，捨棄疑慮障礙。由於疑慮的遮蔽與覆蓋，所以在修行時，心不能夠安定下來。由於心不能安定下來，所以，在佛法中就不會有任何的收穫。就像進入寶山的人，若是沒有手的話，那是什麼也拿不到的。

「疑」有很多，未必都能障礙禪定。現在，我們說明障礙禪定的「疑」。障礙禪定的「疑」有三種。一、懷疑自己。二、懷疑老師。三、懷疑法門。

一、懷疑自己。若行者有這樣的想法：我的根性暗鈍無慧，業障深重，並不是修習佛法根器。若行者對自己有這樣懷疑，決不可能發起禪定。若想消除這種懷疑，最重要的就是不可輕視自己，因為無始以來，自己所種的種種善根亦是不可測度的。

二、懷疑老師。這位老師的威儀與相貌不過如此，他自己尚且沒有得道，怎麼能夠教我呢？若行者對他人有這樣的懷疑與輕慢，這肯定會障礙禪定。消除這種懷疑的方法，就像《大智度論》中所說：「臭皮囊中有真金，若想獲得囊中真金，就不可丟棄臭皮囊。」行者對待老師，亦不可以貌取人。老師雖然有不清淨之處，亦應當把老師當成佛來看待。就像《大智度論》中的釋薩陀波崙，尋求善知識的情形一樣。其中的道理，已經說得十分詳細。

三、懷疑法門。世人大都執著我知我見，對於所受之法，不能生起信心，所以，不能以至誠之心，依教奉行。若行者對法門心存懷疑，那麼，所受之法，便不能深入其心。為什麼呢？就像訶疑偈中所說的那樣：

猶如有人在歧途，疑惑不定無由取。
欲求諸法實相人，疑慮困惑亦如是。
由於疑心之緣故，所以不求法實相。
如此疑心從癡生，此是惡中所生惡。
善法及其不善法，生死輪回及涅槃。
此中定有真實法，行者於此莫生疑。
汝若心中有疑惑，定被生死獄卒縛。
猶如鹿被獅子捕，於中不能得解脫。
行者心中雖有疑，應當依照妙法行。
猶如行者擇其道，應當依照大利益。

在修習佛法的道路上，必須要有信仰，才能領悟佛法真諦。若人無信仰，即使在佛法之中，也不會得到佛法的益處。以上種種「疑心障道」的情形，只要被覺察到，就應當疾速捨棄。

問：不善的法猶如塵埃一樣多，為什麼只讓人捨棄這五種蓋障呢？

答：在五種蓋障之中，既然包含了貪瞋癡三毒，亦就包含了八萬四千塵勞。為什麼這樣說呢？這是因為，貪欲蓋即是貪毒，瞋恚蓋即是瞋毒，昏沉與疑心，此二蓋即是癡毒。我們應當知道，五蓋中的四蓋，就已經包含了貪瞋癡三毒。掉悔蓋亦是由貪瞋癡三毒所引起的，亦包含在貪瞋癡三毒之中，合起來就是四種煩惱。一種煩惱之中就有二萬一千塵勞，四種煩惱之中，總有八萬四千塵勞。所以說，消除五蓋，亦就等於消除一切不善之法。

行者借助於以上所說的種種因緣，消除了五種蓋障，就好像負債的人，還清了所有的債務，就好像重病之人，恢復了健康，就好像饑餓的人，來到了富裕的國家，就好像遭到怨賊的人，避免了劫難，獲得了安穩。修行的人亦是這樣，消除了五種蓋障，恢復了安穩，獲得了清淨與快樂，就好像日月被煙、雲、塵、霧、羅睺阿修羅手等所遮蔽，日月之光則不能光明照耀。人心被五種蓋障遮蔽，心靈之光也不能光明照耀。

【說明】貪欲、瞋恚、睡眠、掉悔、疑，這五種蓋障，覆蓋於心上，遮蔽了心性的清淨光明，因此，行者若欲修習佛法，疾證無上菩提，就必須消除五種蓋障。依照佛法的要求，消除這五種蓋障的過程，就是「般若波羅蜜」的過程。

第四，調五法者。一者、調節飲食。二者、調節眠睡。三者、調身。四者、調氣息。五者、調心。所以者何？今借近譬，以況斯法。如世陶師，欲造眾器，先須善巧調泥，令使不強不軟，然後可就輪繩。亦如彈琴，先應調弦，令寬急得所，方可入弄，出諸妙曲。行者修心，亦復如是。善調五事，必使和適，則三昧易生。若有所不調，多諸妨難，善根難發。

第一，調食者。夫食之為法，本欲資身進道。食若過飽，則氣急身滿，百脈不通，令心閉塞，坐念不安。若食過少，則身羸心懸，意慮不固。此皆非得定之道。

復次，若食穢濁之物，令人心識惛迷。若食不宜身物，則動宿疾，使四大❶違反。此為修定之初，深須慎之。故云：身安則道隆。經云：「飯食知節量，常樂在閑處，心靜樂精進，是名諸佛教。」

第二，調睡眠者。夫眠是無明惑覆之法，雖不可縱之，若都不眠，則心神虛恍。若其眠寐過多，非唯廢修聖法，亦復空喪功夫，令心暗晦，善根沉沒。當覺悟無常，調伏睡眠，令神道清白，念心明淨。如是乃可棲心聖境，三昧現前。故經云。初夜後夜，亦勿有廢。無以睡眠因緣，令一生空過無所得也。當念無常之火，燒諸世間。早求自度，勿睡眠也。

第三，調身。第四調息。第五調心。此應合用，不得別說。但有初中後方法不同，是則入住出相有異。

第一，入禪調三事者。行人欲入三昧，調身之宜。若在定外，行住進止，動靜運為，悉須詳審。若所作粗獷，則氣息隨粗，以氣粗故，則心散難錄，兼復坐時煩憒，心不恬怡。是以雖在定外，亦須用心，逆作方便。

後入禪時，須善安身得所。初至繩床，即前安坐處，每令安隱，久久無妨。次當正腳。若半跏坐，以左腳置右髀上，牽來近身，令左腳指與右髀齊，右腳指與左髀齊。若欲全跏，即上下右腳，䟆置左腳上。

次解寬衣帶周正，不令坐時脫落。

次當安手。以左掌置右手上，重累，手相對，頓置左腳上，牽近身，當心而安。

正身。先當挺動其身，並諸支節，作七八反，如自按摩法，勿令手足差異。竟，即正身端直，令脊相對，勿曲勿聳。

次，正頭頸。令鼻與臍相對，不偏不邪，不低不昂，平面正住。

次，開口吐胸中穢氣，吐法，開口放氣，自恣而出，想身分中百脈不通處，教悉隨氣而出盡。閉口鼻中內清氣。如是至三。若身息調和，但一亦足。

次當閉口，唇齒才相拄著，舌向上齶。次當閉眼，才令斷外光而已。

當端身正坐，猶如奠石，無得身首四支竊爾搖動，是為初入禪定調身之法。

舉要言之，不寬不急，是身調相。

第二，初入禪調息法者。息調凡有四相。一風。二喘。三氣。四息。前三為不調相。後一為調相。

云何風相？坐時，鼻中息出入覺有聲。云何喘相？坐時雖無聲，而出入結滯不通，是喘相。云何氣相？坐時雖無聲，亦不結滯，而出入不細，是名氣相。息相者，不聲不結不粗，出入綿綿，若存若亡，資神安隱，情抱悅豫。此是息相。

守風則散。守喘則結。守氣則勞。守息則定。

復次，坐時有風氣等三相，是名不調，而用心者，則為患也，心亦難定。

若欲調之，當依三法。一者、下著安心。二者、寬身體。三者、想氣遍毛孔，出入通同無障。若細其心，令息微微。然息調則眾患不生，其心易定，是名行者初入定時調息方法。舉要言之，不澀不滑，是息調相。

第三，初入定調心者。調心有二義，一者、調伏亂念，不令越逸。二者、當令沉浮，寬急得所。

何等為沉相？若坐時心中昏暗，無所記錄，頭好低垂，是為沉相。爾時，當繫念鼻端，令心住在緣中，無令散意，此可治沉。

何等為浮相？若坐時心神飄動，身亦不安，念在異緣，此是浮相。爾時宜安心，向下繫緣，制諸亂念，心則定住。此則心易安靜。舉要言之，不沉不浮，是心調相。

問曰：心得有寬急相不？

答曰：亦有此事。心急相者，由坐中撮心用念望得，因此入定，是故氣上向，胸臆急痛。當寬放其心，想氣流下，患自差矣。若心寬相者，覺心志遊漫，身好萎蛇，或口涎流，或時暗晦。爾時，應當斂身急念，令心住在緣中，身體相持，以此為治。

心有澀滑之相，推之可知。是為初入定時調心方法。

欲入定時，本是從粗入細。是以身既為粗，息居其中，心最為細，以善方便，調粗就細，令心安靜。此則入定初方便也。

第二，住坐中調三事者。當一坐之中，隨時長短，攝念用心。是中應善識身、息、心三事調不調相。

若坐時，上雖調身意，而今身或寬、或急、或偏、或曲、低昂不俱，覺已隨正，每令安穩，中無寬急，平直正住。

復次，當坐之中，身雖調和，而氣或不調。不調相者，如上所說，或風喘或氣急，身中脹滿。當用前法隨治之，每令息道綿綿，如有如無。

復次，一坐時中，身息雖調，而心或沉或浮，寬急不俱。爾時若覺，當用前法調令中適。

此三事，的無前後，隨不調者，而調適之，令一坐之中，身息心三事調適，無相乖越，和融不二。此則能除宿患，障妨不生，定道可克。

第三，若坐禪將竟，欲出定時，應前放心異緣，開口放氣，想息從百脈隨意而散。然後，微微動身，次動肩胛及頭頸，次動兩足，悉令柔軟。然後，以手遍摩諸毛孔，次摩手令暖，以掩兩眼。卻手，然後開目。待身熱汗稍歇，方可隨意出入。

若不爾者，或得住心，出既鬥促，則細法未散，住在身中，令人頭痛，百骨節強，猶如風勞。於後坐中，煩躁不安，是故心不欲坐。每須在意。此為出定調身息心方法，以從細出粗故，是名善入出住。如偈說：

進止有次第，粗細不相違。
譬如善調馬，欲去而欲住。

【章　旨】首先，說明了善於調節五法（飲食、睡眠、身體、氣息、心態），則禪定三昧容易發起。若不善於調節五法，則障難叢生，善根難發。其次，介紹了調節飲食與睡眠的方法。飲食過飽，則氣脈不通，易生昏沉。飲食過少，則身體虛弱，意難凝聚。睡眠過少，則精神恍惚，難以用功。睡眠過多，空過時光，退廢善根。再次，從入定、住定、出定三個方面，介紹了調身、調息、調心的方法。

【注釋】❶四大　佛教的元素說，謂物質（色法）是由地、水、火、風等四大要素構成的。一、本質為堅性，而有保持作用者，稱為地大。二、本質為濕性，而有攝集作用者，稱為水大。三、本質為暖性，而有成熟作用者，稱為火大。四、本質為動性，而有生長作用者，稱為風大。

【語譯】第四，五種調法。一、調節飲食。二、調節睡眠。三、調節身體。四、調節氣息。五、調節心態。為什麼要進行這五個方面的調節呢？今借譬如，說明此事。譬如世間的陶器師傅，當他們製造各種器皿之前，先需調製土泥，令其不軟不硬，然後才可以放在轉輪上加工成型。也如彈琴，彈奏之前，先應調製琴弦，令其鬆緊適度，這樣才可以彈奏，使其發出美妙的音聲。行者修心，亦是同樣的道理。行者修心，應當善於調節飲食、睡眠、身體、氣息、心態等五方面的事情，使其平和適度，這樣，才能容易進入禪定。這五個方面，若調製不好，就會生出各種障礙，使善根難以開發。

第一，調節飲食。飲食之所以稱為「法」，主要是為了滋養身體，以求進道。若飲食過飽的話，則氣息急促，身體脹滿。這樣就會血脈不通，經絡受阻，心意昏沉，坐禪不安。若是飲食過少，則身體虛弱，心意脫虛。在飲食上的過飽或過少，都不是深入禪定的正確方法。

若吃了汙穢變質的食物，會使人意識昏迷。若吃了不適宜於身體的食物，則會引起身體上的疾病，使四大不調。這些都是剛開始禪修的人，要特別謹慎注意的事。所以說，只有身體安適，才能道業殊勝。佛經上說：「飲食飯量知節制，獨處幽居心閑靜，心靜神爽樂精進，如上所說諸佛教。」

第二，調節睡眠。昏沉睡眠能夠障礙自性光明，雖然不可以放縱睡眠，然而，亦不可不眠。若都不睡眠，則精神恍惚。若睡眠過多，不但荒廢了所修的聖法，亦退廢了已有的功夫，使得昏沉彌漫，使得善根沉沒。所以，應當覺悟世事無常，合適地調節自己的睡眠，以使自己的精神清明，思路清晰。這樣調節自己的睡眠，才能使自己常常處於清明的境界，三昧正覺方能現前。所以佛經上說：除了中夜進入睡眠以外，初夜與後夜的時間，都不可以令其空過。不要沉醉於睡眠，令一生空過，一無所得。千萬勿忘，無常之火，正在一刻不停地燒毀著世間。速成佛道，不貪睡眠。

上有所不同。

第三，調節身體。第四，調節氣息。第五，調節心態。這三個方面的調節，應該合起來應用，不可以分別來說。但是，這三個方面的調節，具有初、中、後三個階段上的不同，所以，在入定、住定及出定的情形上有所不同。

第一，入禪時的調身、調息、調心的方法。行者要想進入三昧，調節身體的方法是，在進入禪定之前，行住坐臥、動靜舉止等等一切行為，都需要小心謹慎，若在進入禪定之前，行為上粗獷，那麼，氣息也會隨之粗獷。由於氣息粗獷，心念就會散亂難制，也會造成坐禪時的心煩意亂，內心無法恬靜怡然。所以，即使在未坐禪之前，也須善於調理自己，為坐禪入定作一個鋪墊。

開始坐禪時，要善於調整身體，使之安穩舒適。先到禪床，提前鋪好坐墊，調整自己的坐墊，使身體感到安穩舒適，做這樣的調整，時間長一點亦無妨。

接著，應當調整自己的雙腳。若半跏趺坐，那麼，就把左腳放在右大腿上，並且把左腳拉牽到靠近身體的部位，使左腳指與右大腿齊，右腳指與左大腿齊。若想用全跏趺坐，那麼，就把左腿之下的右腳，放置在左大腿之上。

解衣寬帶，使其周正，鬆緊適中，不令脫落。

接著，安置雙手。左掌放在右掌上，兩手重疊相對，安放在左腳上，靠近身體之處，置於中間位置。

調整身體。首先，搖動身體，以及身體關節，反復做七八次，就像自我按摩的方法，這樣調節時，手足保持原樣。調整完畢之後，即端身正坐，脊背正直，既不彎曲，亦不過挺。

調整頭部與頸部。使鼻子與肚臍對齊，不偏不邪，不前不後，面目端正，安然而住。

吐出胸中的濁氣。吐氣的方法是，打開口腔，自然地呼氣。在這同時，想像身中的不通之處，隨著呼氣，全部吐盡。同時，閉住口鼻中的清氣。這樣作三次。若身體與氣息都比較調和的話，做一次也就足夠了。

接著，把口閉起來，嘴唇與牙齒相接觸，舌觸上齶。接著，再把眼睛閉上，用來隔斷外界的光線。

調整完畢後，端身正坐，猶如基石，身體四肢，不可亂動，這就是最初進入禪定時的調身之法。總而言之，身體各個部位的調整，要鬆緊適中，安然舒適，即是正確的調身方法。

第二，最初進入禪定時的調息方法。氣息之相，概括起來有四種。一、風相。二、喘相。三、氣相。四、息相。前三種相，是氣息還沒有調製好的現象。後一種相，是氣息調製好了的現象。

什麼是風相呢？就是坐禪的時候，鼻中有呼吸之聲。什麼是喘相？就是坐禪的時候，鼻中雖然沒有呼吸之聲，然而，鼻中有明顯的氣動之相。這就是喘相。什麼是氣相呢？就是坐禪的時候，鼻中沒有呼吸之聲，也沒有明顯的氣動之相，然而，呼吸卻未達到很細的程度。這就是氣相。什麼是息相呢？就是坐禪的時候，鼻子沒有呼吸之聲，亦沒有明顯的氣動之相，氣息很細，微息連綿，若有若無，神態安穩，清明愉悅。這就是息相。

處於風相階段的時候，則心神散亂。處於喘相階段的時候，則心結未開。處於氣相階段的時候，則心神勞累。處於息相階段的時候，則心神安寧。

在坐禪的時候，若有風相、喘相、氣相等三相，說明氣息不調，用心禪修的人，以此為患，心亦難定。若欲調製氣息，應當依照三種方法。一、把心沉下來，穩住自心。二、解帶寬衣，不使身體受壓迫。三、想像氣息，通過全身的毛孔，出入無礙。若想把內心平靜下來，首先要使氣息平穩細微下來。若把氣息調製好了，則一切障礙不生，其心亦容易入定，這就是行者初坐禪時的調息方法。總而言之，不急不緩，氣息平穩，是氣息調正好的現象。

第三，最初進入禪定時的調心方法。所謂調心，包括二個方面。一、調製亂念，不使亂念任意攀援。二、令心適中，不浮不沉，不鬆不緊。

什麼是沉相呢？在坐禪的時候，頭腦昏沉，於事不清，頭亦不能支撐，這就是沉相。在這個時候，應當把意念集中到鼻端，按住於鼻端，不令離散，這種方法，可以對治沉相。

什麼是浮相呢？在坐禪的時候，妄想紛飛，浮想聯翩，身體也有不安，難以安住於所修之法，總是隨妄緣而動，這就是浮相。此時應該把心安定下來，向下沉於法門之上，制止各種紛亂的念頭，心就會定住。如此心就容易獲得安靜。簡要地說，心念能夠不沉不浮，即是心念得到調適。

問：心亦有寬急之相否？

答：心亦有寬急之相。所謂心的急相，就是行者在坐禪的時候，調動心力，急於求證，由於急於求證的緣故，所以，導致氣往上升，使得胸口疼痛。在這個時候，行人就應當放寬心境，想像氣往下流，胸口急疼，就會消失。所謂心的寬相，就是行者在坐禪的時候，心志飄浮散漫，甚至身體鬆軟不支，如同睡蛇捲曲，或者流出口水，或者昏沉暗昧。在這個時候，行人應當豎起身體，提起心念，令心安住於所觀之緣上，端身正坐，抖擻精神，就用此法來對治。

心有粗澀與細滑之相，這是憑著推斷就可以知道的。以上所說，是最初進入禪定時的調心方法。進入禪定過程，本來就是從粗相進入細相的過程。身為粗相，氣息次之，心為最細。行人運用善巧方便，調製粗相，慢慢地進入到細相，使心漸漸地安靜下來。這就是進入禪定的最初方便。

第二，進入禪定後的調身、調息、調心。在坐禪的時候，隨著坐禪過程的展開，攝持心念，專心用功。在這個過程中，要善於了解身體、氣息與心念的調和與不調和。

坐禪開始時，雖然調整了身體與意念，但是，身體依然有時還會很鬆懈，有時也會很急緊，有時會偏向一邊，有時會彎曲，頭頸有時會低垂，有時會高昂，種種情況都會有的。當覺察到這些偏差時，就要馬上予以矯正，使身體安安穩穩，鬆緊適度，端身正坐。

坐禪過程中，身體雖然調整好了，然而，氣息或許會有不調的現象。所謂氣息不調，就像上面所說的那樣，或有風喘，或有氣急，或有身中脹滿的感覺。應當運用前面所講的方法加以對治，使氣息綿綿若存，若有若無。

行者在坐禪的過程中，身體與氣息，雖然調整好了，然而，內心卻有或昏沉、或浮動、或鬆散，或急切的現象。在這個時候，行者若覺察到這種情況，就應當用前面所提到的方法進行調節。

調身、調息、調心，這三件事，的確沒有什麼前後順序，而是哪一方面不調和，就隨時調節哪一方面，使得在坐禪的過程中，身體、氣息、心境，協調一致，不相抵觸，相互融和。這樣能夠消除宿世疾患，使得障礙不生，禪定可成。

第三，坐禪即將結束，想要出定的時候，應該把注意力從所觀之緣上移開，然後，慢慢地張開口，緩緩地將氣呼出，同時，觀想氣息從全身各處而散發開來。然後，慢慢啟動自己的身體，再啟動自己的肩胛及頭頸，接著，再啟動自己的兩腳，令其柔軟。然後，用手遍摩全身。接著，摩擦雙手，令其發暖，然後，把發暖的雙手放在眼睛上。然後，再把手從眼睛上拿開，睜開眼睛。等全身的熱汗稍乾之後，方可隨意出入。

若不緩緩出定，即使獲得了定境，行人的驟然出定，會使得微細法相，未能散開，積於身中，令人頭痛，關節僵硬，就像患了風勞一樣。於是，在以後的坐禪中，便會煩躁不安，不願再坐。所以，行者在出定時，每次都要特別注意，不可驟然出定。以上所說，就是出定時的調身、調息、調心的方法。這種出定的方法，由於是從較細狀態慢慢地進入較粗狀態，所以，叫做善入出住。如偈語所說：

進入禪定有次第，粗細先後不相違。
猶如善於調馴馬，或止或動不相違。

【說　明】修習禪波羅蜜的人，要善於調節自己的飲食、睡眠、身體、氣息、心態，把這五方面調節到最佳狀態，則有助於深入禪定三昧。

第五，行五法者。一、欲。二、精進。三、念。四、巧慧。五、一心。

欲者，行人初修禪時，欲從欲界中出，欲得初禪故，亦名為志，亦名為願，亦名為樂，是人內心志願好樂諸禪定故。

問曰：希望心生於修禪中，則為妨礙。云何以此為方便耶？

答曰：夫欲者，只是大志成就願樂之心，故名為欲。不應於用心時，起希望憶想之念。若希望心起，則不澄靜。若心不澄靜，則諸三昧無由得發矣。

二、精進者。有二種。一、身精進。二、心精進。行者若能修十二頭陀，即是具足身心精進。如佛告迦葉，阿蘭若比丘，遠離二著，形心清淨行頭陀。

頭陀者有十二事。一、阿蘭若處[1]。二、常行乞食。三、次第乞食[2]。四、受一食法[3]。五、節量食[4]。六、中後不飲漿[5]。七、著弊衣[6]。八、但三衣[7]。九、塚間住[8]。十、樹下止。十一、露地坐。十二、常坐不臥。是名十二頭陀。如《頭陀經》中所明。是中應廣說。

頭陀者，名抖擻。抖擻身心諸不善法故。若修禪時，行此等法，是名不放逸行，具足身心精進。當知此人，能得三乘聖果[9]，何況世間禪定？

復次，行者為修禪故，持戒清淨，棄捨五蓋[10]。初夜後夜，專精不廢，譬如鑽火未然，終不休息，是名精進。如佛告阿難：「諸佛一心勤精進故，得三菩提[11]，何況餘善道法？」

三、念者，如《摩訶衍》中說：「念欲界不淨，欺誑可賤，念初禪為尊重可貴。」此與六行[12]意同，但立名異。

六行觀者。一厭下苦、粗、障為三，即是觀欲不淨，欺誑可賤。攀上勝、妙、出為三，即是觀初禪為尊重可貴。

今釋六法。自可為二意。一約果明。二約因明。

先約欲界果明。言厭下苦粗障者，厭患欲界底下色心粗重故。行者思惟。今感欲界報身，饑渴寒熱，病痛刀杖等種種所逼，故名苦。粗者，此身為三十六物屎尿臭穢之所成，故名為粗。粗者醜陋故。障者，此身質礙不得自在，為山河石壁所隔礙，故名為障。

次約色界果明。攀上勝者。行者思惟：知色界樂，為上勝故，如欲界樂為苦，色界樂為勝。得樂勝苦，故名上勝。妙者，受得色界之身，如鏡中像，雖有形色，無有質礙，故名為妙。出者，獲得五通，徹見障外等事，山壁無礙，故名為出。

二、明因中六行者。先約欲界因明。厭下苦粗障者，行者思惟，若於報身中所起心數，緣於貪欲，不能出離。如經說：「一切眾生為愛奴僕，故名為苦。」粗者，緣欲界五塵，散動起惡，故名為粗。障者，為煩惱蓋覆，故名為障。

次約色界因明。攀上勝妙出者，行者思惟，初禪上勝之樂，從樂內發，故名為上勝。貪欲樂從外五塵生，惱熱怨結，以為下劣，不如妙者。禪定之樂，心定不動而樂法成就，故名為妙。貪欲之樂，心亂馳動，故名為粗。出者，心得出離蓋障，至初禪，故名為出。亦如石泉不從外來，內自湧出。今因此六行，釋於念義，意在可見。

問曰：今說佛弟子修禪，何用說凡夫六行觀法？

答曰：既說三界共禪，亦應知其所行之因。若佛弟子，用八聖種⑬，起十六行⑭觀，離欲為念，入初禪，則無過失。在下明無漏禪中，當廣分別。

四、巧慧者，籌量欲界樂，初禪樂，得失輕重之相。今翻覆作二釋。言籌量者，即是用智慧思度之名。得失者，欲界樂為失，初禪樂為得。初禪樂無過失故為得。欲界樂過失故名為失。

亦可言初禪為失，欲界樂為得者。欲界樂粗故，計以為實，生重得心。初禪為失者，覺身空寂，受於細樂，似若無故，不可定取，失樂相貌，故名為失。

言輕重者，欲界為輕，初禪為重。欲界輕者，五識相應，所得樂迅速淺，故為輕。初禪所得樂重，意識相應，久住緣深，故名重。重者可貴寶重。

亦得言欲界為重，初禪為輕者。欲界樂與煩惱俱，心累重故，故名重。初禪樂，心累少，故名為輕。

次有師言，巧慧者，行人初修禪時，善識內外方便，巧而用之，不失其宜，疾得禪定故，名巧慧也。

五、一心者。行人已善能巧慧，籌量用心無謬。今但應專心守一而行故，名一心。如人欲行，善須識道路通塞之相。決定知已，即一心而去故。說非智不禪，非禪不智，義在此也。

【章　旨】說明了五法（欲、精進、念、巧慧、一心）的內涵。好樂禪定、志求禪定，即名為欲。遠離貪著，身心清淨，即名為精進。厭患下界，欣慕上界，即名為念。慧辨得失，善明利弊，即名巧慧。專心致志，修習禪定，即名一心。

【注　釋】❶阿蘭若處　譯為山林、荒野、遠離處、寂靜處、最閑處、無諍處，指適合於出家人修行與居住的僻靜場所。❷次第乞食　不擇貧富，次第自行乞食。❸受一食法　日中一食，以免數食生貪。❹節量食　於一食中，節制其量，若恣意飲食，腹滿氣漲，妨損道業。❺中後不飲漿　過午不飲漿，若飲之，恐生樂著，妨礙善法。❻著弊衣　即不穿著新好衣服，恐損道行。❼但三衣　僅具三種場合所穿之衣，不可多有，恐生貪著。三衣者：一、僧伽梨，意譯為眾聚時衣。大眾集會，為授戒說戒等嚴議時所穿的衣服。二、鬱多羅僧，意譯為上衣。在安陀會上所穿的衣服。三、安陀會意譯為中著衣，襯體而穿的衣服。❽塚間住　住塚間，見死屍臭爛狼藉火燒鳥啄，修無常苦空之觀，以厭離三界。❾三乘聖果　這裡的「三乘聖果」是指依四諦、十二因緣所證得的聖果。❿五蓋　謂覆蓋心性，令善法不生之五種煩惱。一、貪欲蓋。二、瞋恚蓋。三、惛眠蓋。四、掉舉惡作蓋。五、疑蓋。蓋，覆蓋之意。〈分別釋禪波羅蜜前方便第六之一‧訶五欲及棄五蓋〉中有詳細解釋。參見本書第一二三頁。⓫三菩提　阿耨多羅三藐三菩提的簡稱，華譯為正等覺，即無上正等正覺的意思。⓬六行　這裡的「六行」，應該是指「六行觀」。以有漏之智，次第斷除下地之惑的方法。三界分為九地，比較下地與上地，下地粗、苦、障，故觀而厭之。

上地靜、妙、離，故觀而欣之。依此欣上厭下之力，可次第斷除下地之惑，故又稱欣厭觀。⓭八聖種 亦即八聖道，即八種通向涅槃解脫之道的正確方法或途徑。又作八正道、八支正道、八聖道分、八道行等。八聖道乃三十七道品中，最能代表佛教之實踐的法門。八聖道包括：正見，正思惟，正語，正業，正命，正精進，正念，正定。⓮十六行 又作十六勝行，十六特勝。為數息觀中最為殊勝之十六種觀法。在〈釋禪波羅蜜修證第七之三・釋十六特勝〉中有詳細解釋。參見本書第四九三頁。

【語譯】第五，修行五種法。這裡所說的「五法」是，一、欲。二、精進。三、念。四、巧慧。五、一心。

一、欲。所謂欲，就是行者在初修禪定時，想要從欲界解脫出來，想要獲得初禪定境，所以，叫做志，也叫做願，也叫做樂。這是由於行者好樂禪定、志求禪定的緣故。

問：在禪修的過程中，若生出希望心，就能妨礙禪定。您為什麼還把希望心當作方便呢？

答：所謂的欲，就是大志成就的願樂之心，所以叫做欲。然而，在禪修之時，卻不可生出希望、想念之心。若生出了希望、想念之心，心便不能澄靜。心若不澄靜，禪定三昧就不能發起。

二、精進。有二種。一、身精進。二、心精進。若行者修習十二頭陀行，那麼，行者就具備了身精進，亦具備了心精進。就像佛陀告訴迦葉，清淨比丘，遠離二種貪著，身心清淨，行持頭陀行。

行頭陀行的人，要修行十二件事。一、住阿蘭若處；二、常行乞食；三、次第乞食；四、受一食法；五、節量食；六、中後不飲漿；七、著弊衣；八、但三衣；九、塚間住；十、樹下止；十一、露地坐；十二、常坐不臥。這十二種行，就是頭陀行。在《頭陀經》中已有詳細的說明。

所謂頭陀，也叫做抖擻。亦即把身心中的不善法抖擻掉。若行者在修禪之時，能夠修習頭陀行，這就叫做不放逸行，也叫做具足身心精進。能夠修行頭陀行的人，一定能夠證得三乘聖果，更何況世間禪定呢？

行者為了修習禪定，嚴持清淨戒律，捨棄五種蓋障。初夜與後夜，精進不懈，就像鑽木取火，未燃之前，終不休息，如此修行，就叫做精進。就像佛陀告訴阿難：「諸佛勤精進，證得無上覺，更何況其他的善法呢？」

三、所謂念，就像《大智度論》中所說：「觀想欲界不淨，欺誑卑賤，觀想初禪尊重可貴。」這種觀想的方法，與六行觀的觀想方法相同，只是所用的名字不同而已。

所謂六行觀，厭惡下界的痛苦、粗穢與障礙，亦即觀想欲界不淨，欺誑卑賤。攀援上界的殊勝、微妙與出離，亦即觀想初禪，尊重可貴。

現在，解釋六行觀裡的六種方法。分為二個方面來講。一、果明。二、因明。

首先，依據欲界的果報來說明六觀行。所謂厭惡下界的痛苦、粗穢、障礙，亦即厭惡欲界色身與心識的粗重。行者應當作這樣的思惟：今生所得到的欲界報身，忍受饑渴、寒熱、病痛、戰爭等的逼迫，所以叫做苦。所謂的粗，是指此身是由三十六種穢物——大小便等惡臭汙穢之物所組成，所以叫做粗。粗亦即醜陋。所謂障，是指這個色身，具有形質上的障礙，無有自在可言，被山河石壁所隔阻，所以叫做障。

現在，我們依據色界的果報來說明六行觀。所謂攀援上界殊勝，也就是行者作這樣的思惟：色界之樂，屬於殊勝之樂，譬如欲界樂為苦，那麼，色界樂為勝。獲得色界之樂，勝過欲界之苦，所以叫做上勝。所謂妙，是指獲得的色界之身，就像鏡中的影像，雖具形象，然而，卻沒有質礙，所以叫做妙。所謂出，是指獲得了五通，能夠見到原先被障礙住而不能見到的事，山河牆壁所不能隔阻，所以叫做出。

二、說明因地上的六行觀。首先，從欲界因地上來說明六行觀。所謂厭惡下界的苦、粗、障，也就是行者應當作這樣的思惟：欲界報身所起的種種想法，若緣於貪欲之心，那麼，就不能出離欲界。就像佛經上所說的那樣：「一切眾生都是愛欲的奴隸和僕人，所以叫做苦。」所謂粗，是指借助於欲界五塵，茫茫蕩蕩，起心造惡，所以叫做粗。所謂障，是指被煩惱所覆蓋，所以叫做障。

其次，從色界因地上來說明六行觀。所謂攀援上界的勝、妙、出，也就是行者應作這樣的思惟：初禪所獲得的上界殊勝之樂，是從內心而發出來的，所以叫做上勝。而下界的貪欲之樂，是借助於外界五塵而產生，而且煩惱、不安、怨仇、結業，是下劣低級之樂，不如上界之樂殊勝微妙。禪定之樂，如如不動，成就種種微妙的樂法，所以稱為妙。貪欲之樂，騷動不安，所以稱為粗。所謂出，是指脫離了五欲蓋障，達到了初禪的境界，所以稱為出。就像山澗裡的泉水，不是從外面而來的，而是從內部流出來的。我們借助於六行觀，說明「念」的含義，其義可見。

問：我們現在是談論佛弟子修禪的方法，您為什麼卻說凡夫六行觀呢？

答：既然說三界共禪，亦就應該知道三界共禪修行的情形。佛弟子修習禪定，運用八聖道，起十六行觀，把離欲作為自己的追求，逐漸進入初禪，如此而修，則無過患。這個問題，等到講到「無漏禪」時，再作詳細說明。

四、所謂巧慧，是指思量欲界快樂與初禪快樂的得失輕重。現在，我們作正反兩方面的比較。所謂籌量，就是用智慧來思考問題。所謂得與失，欲界的快樂為失，初禪的快樂為得。初禪的快樂沒有過失，所以稱之為得。欲界的快樂有過失，所以稱之為失。

我們也可以說初禪的快樂是失，欲界的快樂是得。由於欲界的快樂粗重，凡夫以為這種粗重的快樂是真實的，所以，覺得自己獲得了快樂。所謂初禪為失，這是因為，在初禪的境界，空寂清靜，快樂細微，好像什麼也沒有，一切都不可得，有失去粗重快樂之感，所以稱之為失。

如果說輕重的話，那麼欲界的快樂比較輕微，初禪的快樂比較重。為什麼說欲界的快樂比較輕呢？因為借助於眼耳鼻舌身意與色聲香味觸法的因緣和合，所獲得的快樂瞬間即逝，亦比較膚淺，所以說，欲界的快樂輕。為什麼說初禪的快樂比較重，這是因為，心與法相應，長久地深入定境，所以說，初禪的快樂重。我們這裡所說的重，就是猶如珍寶一樣的可貴可重。

我們也可以說，欲界的快樂比較重，初禪的快樂比較輕。這是因為，欲界的快樂是與煩惱混雜在一起的，使人們的心理覺得很沉重。所以說，欲界的快樂比較重。初禪的快樂，心無縛累，所以稱之為輕。

有的論師說，巧慧就是指行者在初修禪定的時候，善於了解各種方便法門，善於運用各種方便法門，運用的十分恰當，能夠迅速地獲得禪定，所以叫做巧慧。

五、所謂一心，就是行人已經能夠善巧方便地運籌思量，已經沒有了錯謬。現在，只需專心致志地修習禪定，所以叫做一心。譬如人要到某一個地方，首先要了解道路是否暢通。把道路的情況搞清楚了，所剩下的事情，就是實際地去履行了。所以說，沒有智慧就不能獲得禪定，不借助於禪定亦難以開發智慧，定慧雙運的道理，也就在於此。

【說　明】行者若欲修習禪定，必須具備五種品質。第一，好樂禪定，志求禪定。第二，遠離貪著，身心清淨。第三，欣上厭下，志求上進。第四，慧辨得失，善明利弊。第五，專心致志，修習禪定。

卷第三之上

分別禪波羅蜜前方便第六之二

（從此有兩卷，並明內方便。今之一卷正釋因，止發內外善根，是中明事理諸禪三昧善根發，通約初禪。初境界因像而辨，止表行人習因❶根性不同，故於初證之時，發禪有異。若論初禪已後，發事理諸禪三明深妙境界，並在第七大段修證中廣明此文。悉未流通也。）

第二，明修禪波羅蜜內方便。開為五重。一、先明止門。二、明驗善惡根性。三、明安心法。四、明治病患。五、明覺魔事。

此五通稱內方便者，並據初發定時，靜細心中，善巧運用，取捨不失其宜。因此，必證深禪定，故名方便。

今於內方便中，以止為初門者，一切禪定功德，皆因制心息亂而發，故經云：「制之一處，無事不辦。」止為初門，則意在此也。

問曰：上來明外方便行五法中，已辨一心，何故重說？

答曰：不然。上但通論一心，未是具足分別微細止門之法。此中為今行者善知安心之本，廣明修止淺深粗細入定之相，重說無咎。

問曰：經中說二為甘露門，一者、不淨觀門，二者、阿那波那❷門，不說止為初門。今云何言止為初門？

答曰：不然。於諸禪中，止為通門。通攝於別，別不攝通❸，故先教止。若止後入餘禪，則有通益。若依餘門，則有乖違之過。治煩惱亦爾。

復次，今明師有二種。第一師者，已得道眼，觀機授法，必扶本習，善識對治，不如舍利弗為二弟子說法不知機故，金師之子❹，教不淨觀，浣衣之子❺，教令數息❻。違本所習，法則不起，遂生邪見。佛為轉觀，即悟道跡。

第二師者，無他心智，不得道眼，不識機根。其有來學坐者，唯當先教止門。心在定故，即發善惡根性。若因靜心發諸禪定，師即應教扶本而修。若都不發法門，或貪瞋癡等諸結使發，隨其多者，即教對治破之。遮道法滅，禪定則發。

今止門為先者，即是第二師授法之正意。若異此說，則善惡根緣，難可分別。妄授他法，必有差機之過。

就止門中，自有四意。一者、分別止門不同。二者、立止大意。三、明修止方法。四、辯證止之相也。

第一，分別止門不同。即為二意。一、約行論止。二、約義論止。

初約行明止，乃有多途。今略出三意。一、繫緣止。二、制心止。三、體真止。

所以通言止者，止名制止，亦名止息。心起制之，不令流動，故名制。專心定志，息諸亂想，故名止。

今言繫緣止者，繫心鼻柱臍間等處，不令馳蕩故，名繫緣止。

制心止者，心若覺觀❼，即制令不起故，名制心止。

體真止者，體諸法空，息諸妄慮故，名體真止。

二、約義論止，亦有多途。今略出三意。一、隨緣止。二、入定止。三、真性止。

隨緣止者。隨心起時，悉有三摩提數❽，故《涅槃經》云：「十大地中定，名為下定。」

入定止者。證定之時，定法持心，心息止住，是入定止。

真性止者。心性之理，常自不動，故名為止。故《思益經》云：「一切眾生，即是滅盡定❾。」

今用此三義，成上三止。約隨緣任性有定，故說繫緣止。約果有定法，說制心止。由具性不動，說體真止。

第二，明立止大意者。自為四。一、明淺深。二、對治相破。三、隨樂欲。四、隨機宜。

一、簡別三種止淺深之相不同者。因粗入細，則有淺深之義。繫緣及制心，既是事故粗淺。體真入細，故為深細。

二、明三止對治相破。有二種。一者、以深破淺。二者、回互相破。

以深破淺者，為破緣外之散心故，立繫緣止。

制心止者，即破繫緣止。心非色法，豈可繫在鼻膈等處？若欲靜之，但當息諸攀緣，故今制心守一。

體真止者，即破前制心止。心無形相，性不可得，云何可制？了心非心，不起妄念，無止之止，止無所止，乃名為止。有止之止，由依妄想，不名為止。

此則以深破淺，反本還源，故立三止。

二、回互相破者。隨修止時，若有見生，即互取一止，對治破之，細尋可解。

三、隨樂欲者。自有人樂安心境界，自有但樂制心，體真亦爾。若隨所樂，以法教之，則歡喜奉行。若乖其情，則心不樂。

四、對機宜者。未必隨樂，如有人樂欲體真而不入定。若暫繫心守境，即發諸禪。此應隨便宜而授法。

【章　旨】首先，說明了五種內方便的含義，以及止門在內方便中的基礎地位。其次，說明了各種不同的止門：第一，繫緣止。第二，制心止。第三，體真止。再次，說明了建立止門的用意：第一，用來說明禪定的淺深。第二，用來對治與相破。第三，用來隨順行人欲樂。第四，用來隨順行人根機。

【注　釋】❶習因　習續前念之善，而起後念之善，乃至習續前念之無記，而起後念之無記。前念稱為習因，後念稱為習果。習者，是「習續」的意思。❷阿那波那　又稱為安那般那，阿那阿波那，略稱安般。阿那波那，即數息觀，行者數出入息，以達制心一處、息止散亂的目的。在〈釋禪波羅蜜修證第七之一·明修證六妙門〉中有詳細解釋。參見本書第四八一頁。❸通攝於別二句　通即共同的法。別即特別的法。攝即攝受、包含之義。共同的法能夠包含特別的法，特別的法而不能包含共同的法。❹金師之子　金師，即金毛獅子，喻直取根本的頓根利器之人。❺浣衣之子　漸漸地洗滌垢衣的人。喻假借方便，次第漸修的人。❻數息　〈釋禪波羅蜜修證第七之三·明修證六妙門〉中有詳細解釋。參見本書第四八一頁。❼覺觀　新譯作尋伺。覺，尋求推度之意，即對事理之粗略思考。觀，即細心思惟諸法名義等之精神作用。二者皆為妨礙第二禪以上之定心者，若持續作用，則身心勞損，正念旁落，故又為隨煩惱之一。依此覺觀之有無，能判別定心之淺深。❽三摩提數　三摩提，又作三昧、三摩地、三摩帝。意譯為等持、正定、定意、調直定、正心行處。即遠離惛沉掉舉，專心住緣一境。這裡的「數」，亦即「法」的意思。❾一切眾生二句　這裡的「滅盡定」，不是通常意義上的「滅盡定」，而是指一切眾生皆具真如佛性，此真如佛性，本來清淨無染，本來常寂不動，所以說一切眾生，即是滅盡定。通常所說的「滅盡定」，是指滅盡受、想、行、識之後的「無色空定」，屬於小乘的「偏空之定」，而非大乘的「真空妙有之定」。

【語　譯】第二，說明修禪波羅蜜的內方便。分五部分來說明。一、首先說明止門。二、辨明善惡根性。三、說明安心的方法。四、說明對治病患的方法。五、說明警覺魔事的方法。

修禪波羅蜜的這五個方面，之所以都叫做內方便，這是因為，在最初發起禪定時，在靜細的定心之中，善巧地運用這五種方法，使這五種方法，皆得其宜，這樣，必定能夠證得甚深禪定，所以，禪波羅蜜的這五種方法，都叫做內方便。

在這五種內方便法門之中，以「止」為初門，這是因為，一切禪定功德，都是因為制心息亂而發，所以佛經上說：「制心一處，無事不辦。」把「止門」作為修禪波羅蜜的初門，其原因亦在於此。

問：在前面講外方便中的「五法」時，已經說明了「制心一處」的道理，現在，您為什麼又重複講述呢？

答：不是這樣的，前面所說的制心一處，只是概括地講述「制心一處」的道理，並沒有對「制心一處」的道理作詳細地說明。為了讓行者更加詳細地了解安心法要，更加全面地瞭解止息法門的深淺粗細的情形，所以，重複說明止息法門，這是沒有什麼過咎的。

問：佛經中說，修習禪定，有二種甘露門，一是不淨觀，二是阿那波那，並沒有說止門是禪定初門。您現在為什麼卻說止門是禪定初門呢？

答：不是這樣的。在各種禪定法門中，止門屬於各種禪定的共法。共法能夠攝受一切特別的法，而特別的法卻不能攝受共同的法，所以，先從止門說起。若止息了妄念，就能進入其他禪定，就具有普遍益處。若依照其他法門而修，則會違背禪修過程。對治煩惱的情形也是一樣的。

現在，我們說明二種老師。第一種老師，已經道眼分明，觀察學人具有的根機，授予學人適當的法門，銜接學人本有的基礎，對治學人具有的習氣，而不像舍利弗那樣，為二弟子說法，卻不識二弟子根機，結果，令頓根之人，修不淨觀，令漸根之人，修數息觀。由於舍利弗心地法眼未開，違背了學人的宿世所習，所以，修禪無有成效，並且使學人墮入了邪見。後來，佛陀調換兩位弟子所修的法門，令頓根之人，修習數息觀，令漸根之人，修習不淨觀，結果，二人皆得悟道。

第二種老師，沒有他心智，道眼未明，不能識別學人根機。有學人前來請教，只有先教止息法門。由於心在定中的緣故，所以，能夠發起善惡根性。若借助於靜心，發起了禪定，為人師者，就要教給學人他宿世所修的法門。若不能進入禪定，或發起了貪瞋癡等習氣，為人師者，就應當隨其習氣重者，而教給學人運用方便方法進行對治，以破除貪瞋癡三毒。破除了障道的貪瞋癡，禪定自然就會發起。

如今把止息法門放在第一位，就是第二種老師教人的正確方法。若不這樣做的話，學人的善惡根性，則難以辨別，若不辨學人之根性，盲目地授人以法，必定會有法不對機的過失。

就止門來講，有四個方面的內容。一、說明各種止門的不同。二、說明止門的大意。三、說明修習止門的方法。四、說明修習止門所證得的境界。

第一，說明各種止門的不同。包括二方面的內容。一、就修行上來說止。二、就義理上來說止。

首先，就修行上來說止，止有多種。現在，大致列出三種。一、繫緣止。二、制心止。三、體真止。

以上三種止門，之所以都叫做止，這是因為，止就是制止，也就是止息。妄念起來的時候，就應該加以制止，不使妄念流動，所以叫做「制」。專心致志，息滅妄想，所以叫做「止」。

所謂繫緣止，就是把意念住止在鼻子、肚臍等地方，不令意念離所緣而外馳，這就叫做繫緣止。

所謂制心止，心若思慮妄動，即便制令不起，因此之故，叫做制心止。

所謂體真止，就是體察諸法空相，息滅妄想思慮，所以叫做體真止。

二、就義理上來說止，止亦有多種。現在，大致列出三種。一、隨緣止。二、入定止。三、真性止。

所謂隨緣止，就是每一念頭生起的時候，皆有三摩提心數法，所以，《涅槃經》上說：「十大地中的心數定，即是下等的定。」

所謂入定止，就是證得禪定時，定法攝持心，妄念無從起，思慮歸於停止，這就叫做入定止。

所謂真性止，就是真心本性，常寂不動，所以叫做真性止。所以《思益經》上說：「一切眾生，即是滅盡定。」

現在，用義理上的三止，來說明修行上三止。隨所緣觀之境，能夠生出定心，所以，叫做繫緣止。制止思慮妄動，必能成就定法，所以叫做制心止。真性本來不動，所以叫做體真止。

第二，說明建立止門的大意。分為四個部分來講。一、說明淺深，二、對治相破。三、隨樂欲。四、隨機宜。

一、說明三種止門的禪定深淺的不同。修習止門的過程，由粗相漸漸地進入細相，所以，具有禪定深淺的不同。繫緣止與制心止，屬於事相上的止，所以，比較粗淺。體真止已經進入了細微之處，所以稱為深細。

二、說明三種止門的對治與相破。分為二部分。一、以深細破粗淺。二、回互相破。

以深細破粗淺，是為了破除追逐外緣的散亂心，所以，建立繫緣止。

制心止，是用來破除繫緣止的。本覺真心，不屬於色法，豈能繫緣在鼻子或肚臍等處呢？但是，若想使心靜下來的話，那麼，就須要息下種種攀援，所以，制心一處，不令攀援。

體真止，是用來破除制心止的。心沒有任何形相，眼見耳聞所不能及，又怎麼能夠制止它呢？了知此心，非可取著，不起不起心而止心，這種「無止之止，止無所止」的止，即是真止。有為之止，屬於以妄止妄，所以，不能叫做真正的止。

以上所說，以深破淺，逐步還原，所以，建立三止法門。

二、回互相破。在修習止門的時候，若有妄念生起，即隨取一止，用來破妄。這種方法，若細思量，便可明白。

三、隨順行者的喜好。有人喜歡繫緣止，有人喜歡制心止，有人喜歡體真止。若能隨順行人的喜好而教之，行者就會心生歡喜，並且歡喜奉行。若違背行者的喜好，行者就會心中不樂。

四、針對根機施教。針對根機施教，未必要隨行者所樂而教，譬如有人喜歡體真止而不願意深入禪定。此人若暫時修習繫緣止的話，便能發起諸禪定。在這種情況下，應該根據行者的根機而教，令其修習繫緣止。

【說　明】繫緣止、制心止、體真止，這三種止門，皆屬於「止息妄念」的方便法門，然而，對於初行者來說，繫緣止是較為適合的修習法門，亦即制心一處，譬如或數息，或隨息，或念佛，或持咒，或觀相等等，這都屬於繫緣止的範疇。相對於繫心制來說，制心止與體真止，則難度較大。然而，隨著修行的進程，隨著行者定力的提高，制心止、體真止，亦逐漸成為較為適合的修行方法。

第三，明修止方法，亦為三意。一、修繫緣止。二、修制心止。三、修體真止。

第一，先明修繫緣止法者。略明有五處。一、繫心頂上。二、繫心髮際。三、繫心鼻柱。四、繫心臍間。五、繫心在地輪。外國金齒三藏說，此為五門禪。

問曰：身分皆可繫心，云何的說五處？

答曰：此五處於用心為便，餘處非安定所。若脅肋等處，皆偏故不說。如頭圓法天，足方法地，臍是氣海，鼻是風門，髮際是修骨，觀之所故以為門。

令繫心頂上者，為心沉昏多睡，故在上安心。若久久，即令人浮風，乍如風病，或似得通欲飛。有此等過，不可恆用。

若繫心髮際，此處髮黑肉白，心則易住，或可發本骨觀。久則過生，眼好上瞻，或可見於黃赤等色，如華如雲，種種相貌，令情慮顛倒。

若繫心鼻柱者，鼻是風門，覺出息入息，念念不住，易悟無常，亦以扶本安般之習，心靜能發禪定。

若繫心臍下，臍是氣海，亦曰中宮。繫心在臍，能除眾病，或時內見三十六物，發特勝等禪。

若繫心地輪，此最在下，氣隨心下，則四大[1]調和，亦以扶本。修習不淨觀者，多從下起，因此繫心，或能發本不淨觀門。

約此五處為緣，令心不散，以辨修繫緣止，意在於此。譬如猿猴得樹騰躍跳擲，若鎖之於柱，久久自調，心亦如是。

若心停住，未入定前，復有一止，名凝心止。若得入定，身心泯然，任運自寂，即是入定止。

二、明修制心止者。心非形色，亦無處所，豈可繫之在境？但是妄想緣慮，故須制之。心若靜住，則不須制之。但凝其心，息諸亂想，即是修止。

問曰：心非上下，有時若寬若急若沉浮，調適之法，其事云何？

答曰：心雖非上下，為治沉浮患故，上下安之，於行無失。若心浮動，可作意下著止之。若心沉沒，可上著止之。

復次，若下著安心，利益眾多，略說有二。一、心易得定。二者、眾病不生。

第三，明修體真止者。以正智慧，體一切陰入界❷、三毒❸、九十八使❹及十二因緣❺等三界因果，諸法悉皆空寂。如《大品經》中說：「即色是空，非色滅空，色性自空；空即是色，色即是空，離色無空，離空無色，受想行識等一切諸法，亦皆如是。」

所以者何？今現見陰入界等諸法，自性不有，何能生我人眾生壽命等一切諸顛倒事？

云何知空？如過去所起一切煩惱業行為因，現在攬父母身分為緣。因緣和合，則有果報。有果報故，則有陰入界等一切諸法者。

此業為是何法？而能為果報陰入等作因？若言過去善心，即是業者過去作善之心，及心數法皆已滅謝，豈得為現在果報及陰入等法作因？

若言心非是業因，心作業，業隨心來者。心轉滅故，業亦應隨心轉滅。若業轉滅，豈能感今世果報，及陰入等法。

若業轉滅，當知業即不至現在。何以故？業不來故。若業不來而受報者，此報不名報？何以故？無業則報無所酬。

若言過去心雖滅謝，而次心續生故，業得隨心來者，亦應過去業雖滅謝，次業續生故，得至現在。若爾，即有大失。何以故？或時過去善心滅，而惡心續生。今亦應過去善業滅，而次惡業續生，此唯見惡業至現在。若爾，應感惡報，何得感善果耶？

若言業來而不隨心者，此業應自有報，離心而受。今實不爾。

復次，業若有相，即是有為。若是有為，必墮三相❻。若墮三相，即是生滅。若是生滅，即不至現在。過去既滅，當知本業亦滅。誰感此果？不可以新業始生能感今果。當知業有相貌，此義不可。

若言業無相貌而能感果者。此亦不然。所以者何？無相之法，即是無為。無為無業，何得感果？復次無相之法，即是空義。空無生滅，豈得名業？

若說空無相能感果者，三無為法亦應感果。既不得爾，云何而言業是無相而能感果？如是種種因緣，業不可得。當知無有此業。若業不可得，云何言陰入界等一切皆從內業因生？

亦不從外緣生者。若定從緣而有報者，則一切陰陽會時，皆應有果報陰入界等一切諸法。若爾，則不待業持識來方乃有生。故知非外緣生。

若謂因緣合故，有果報陰入等法生者。若因緣中各有生，合時應有二生。若各無生，合時何得而有生？若謂離因緣而有生者，此事不然。

從因緣故有生尚不可，何況無因緣而有生？若無因緣而有生者，則因果義壞，世間行善之人，應得惡報，行惡之人，應得善報，亦不應有修道。此即破於世間善惡因果，名大邪見。

當知陰入等一切諸法，不從內因有，亦不從外緣有，亦不因緣合故有，亦不無因緣有。

若非有即是空。若於無所有空中計有者。當知但是無明顛倒，妄計為有。

若了知顛倒所計之法，一切悉皆虛誑，猶如夢幻，但有名字。名字之法，亦不可得，則言語道斷，心行處滅，畢竟空寂，猶如虛空。

若行者體知一切諸法如虛空者，無取無捨，無依無倚，無住無著。若心無取捨依倚住著，則一切妄想顛倒，生死業行，悉皆止息，無為無欲，無念無行，無造無作，無示無說，無諍無競，泯然清淨，如大涅槃❼，是名真止。此則止無所止，無止之止，名體真止。故經偈云：

一切諸法中，因緣空無主。
息心達本源，故號為沙門❽。

【章　旨】主要介紹了修習止門的三種方法。一、繫緣止的方法：繫緣一處，止息散亂。二、制心止的方法：保持寧靜，不起亂想。三、體真止的方法：體悟色相，即是空相。

【注　釋】❶四大　佛教的元素說，謂物質（色法）是由地、水、火、風等四大要素構成的。一、本質為堅性，而有保持作用者，稱為地大。二、本質為濕性，而有攝集作用者，稱為水大。三、本質為暖性，而有成熟作用者，稱為火大。四、本質為動性，而有生長作用者，稱為風大。❷陰入界　五陰，十二入，十八界之簡稱。謂之三科。五陰，或曰五蘊，包括：色，受，想，行，識。十二入，又作十二處，包括：六根——眼根，耳根，鼻根，舌根，身根，意根。六塵——色塵，聲塵，香塵，味塵，觸塵，法塵。十八界包括：六根，六塵，再加根塵相對所緣起的六識——眼識，耳識，鼻識，舌識，身識，意識，共計十八界。❸三毒　指貪欲、瞋恚、愚癡三種煩惱。又作三火、三垢。一切煩惱，本來皆可稱之為毒，然而，此三種煩惱，通攝三界，是毒害眾生之最甚者，能令有情長劫輪回，不得出離，所以，稱之為三毒。貪瞋癡三毒，是身、口、意等三惡行之根源，所以，也叫做三不善根，為根本煩惱之首。❹九十八使　又作九十八隨眠。「使」又名「隨眠」，亦名「煩惱」。煩惱常隨逐於人，故稱隨。其狀幽微難知，如眠性，故稱為眠。九十八者，小乘俱捨宗所立見、思二惑之總數。其中，見惑有八十八隨眠，思惑有十隨眠。此乃以貪、瞋、癡、慢、疑、身、邊、邪、取、戒等十隨眠，配於三界五部，即欲界見苦所斷之十種、見集所斷七種、見滅所斷七種、見道所斷八種及欲界修惑所斷之四種，共為三十六種，又色、無色界於五部各有三十一種，合為九十八種。❺十二因緣　又名十二有支，或十二緣起，是說明有情生死流轉的過程。十二因緣是無明（貪瞋癡等煩惱為生死的根本）、行（造作諸業）、識（業識投胎）、名色（但有胎形六根未具）、六入（胎兒長成眼等六根的人形）、觸（出胎與外境接觸）、受（與外境接觸生起苦樂的感受）、愛（對境生愛欲）、取（追求造作）、有（成業因能招感未來果報）、生（再受未來五蘊身）、老死（未來之身又漸老而死）。以上十二支，包括三世起惑、造業、受生等一切因果，周而復始，至於無窮。

❻三相　即三種相。一切諸法有如下三相：一、假名相。指唯有假名而無實體之相。二、法相。指五蘊、十二處、十八界等諸法相。三、無相相。指無相之相，即離假名相、法相之相。❼大涅槃　涅槃分為有餘涅槃與無餘涅槃，有餘涅槃為二乘人所得。無餘涅槃為三世諸佛所得。這裡的「大涅槃」即是指「無餘涅槃」。❽沙門　乃西域之音譯。意譯為：淨志、息妄、息惡、修道等。在這裡，「沙門」是指止息諸惡、善調身心、勤行諸善、以求覺悟的出家修道者。

【語　譯】第三，說明修習止門的方法，也分為三個方面來說。一、繫緣止的修習方法。二、制心止的修習方法。三、體真止的修習方法。

第一，繫緣止的修行方法。繫緣止處，大致有五處。一、把意念放在頭頂。二、把意念放在頭髮。三、把意念放在鼻子。四、把意念放在肚臍。五、把意念放在腳底。外國的金齒三藏說，這就是五門禪。

問：全身各處都可以作為意念的繫緣之處，為什麼但說這五個地方？

答：身體的這五個部位，用以修習繫緣止，用起功來比較方便，其他部位都不可作為意念安止之處。譬如脅肋等部位，偏於身體的一邊，不適宜作為意念的安止之處，所以不說。譬如，頭是圓的，取法於天圓，腳是方的，取法於地方，肚臍是氣息之源，鼻子是風的出入之處，髮部是修白骨觀的觀想之處。所以，就用這五個部位作為意念的繫緣之處。

把意念繫緣在頭頂，這是因為禪定時候，心昏沉，易入睡，所以，把意念繫緣在頭頂。若長久地把意念繫緣於頭頂，則容易使人覺得好像風飄一樣，就好像得了風病，或者會使行人覺得有了神通，有飄飄欲飛的感覺。意念頭頂的方法，容易有這種偏差，所以，不可長期使用。

若把意念放在頭髮，這個地方黑髮白肉，心則容易安住，或許還能發起白骨觀。不過，若長期修習這一方法的話，亦會產生一些偏差，譬如容易形成眼睛習慣性地向上看，或者會出現顏色幻覺，如花如雲，種種相貌。這種情形，容易使人妄想顛倒。

若把意念放在鼻子上，由於鼻子是風出入的門戶，行者會明顯地感覺到氣息的出入，此起彼伏，無有停住，容易使人覺悟到世事無常，有助於以往所修的安般法門，也能容易使心安靜下來，發起禪定。

若把意念放在肚臍，由於肚臍是氣海，也叫做中宮。把意念放在肚臍，能夠消除各種疾病，或許還能夠見到身體內部的三十六種物，發起十六特勝等禪。

若把意念放在腳底，由於腳在最下面，氣就會隨著意念向下流，氣隨著意念向下流，就會使身體調和，也可以有助於以往所修的法門。修習不淨觀的人，大都由下向上觀，因此，繫心於腳底，容易發起不淨觀。用這五個部位，作為繫緣之處，使心不散亂，以說明修習繫緣止的方法，我們的用意，也在於此。譬如猿猴，得樹則攀援跳躍，若把它鎖在柱子上，時間長了，攀援的習性自然就會得到調服，繫心一處的道理，亦是這樣的。

若攀援心已經停息，然而，行者尚未進入禪定，在這個時候，亦有一止，叫做凝心止。若是進入了禪定境界，則身心泯然，任運寂靜，這就叫做入定止。

二、制心止的修習方法。心不是有形之物，心亦沒有所在之處，豈能把心繫緣在色相之上呢？但是，妄想攀援，無有休止，所以，必須借用方便，加以制止。若攀援心息，就不需要加以制止，只要寧靜其心，不起胡思亂想，就是修習制心止了。

問：心既不在上，亦不在下，有時覺得寬鬆，有時覺得急切，有時覺得昏沉，有時覺得浮游，在這種情況下，應如何調整呢？

答：心雖然不在上，亦不在下，然而，為了對治昏沉及浮游等毛病，有時把意念繫緣上面，有時把意念繫緣在下面，這都是沒有什麼過失的。若心浮動不穩，可以把意念繫緣在下面。若心昏沉不清，則可以把意念繫緣在上面。

把意念繫緣在下面的部位，有眾多的利益，大略來說有二種。一、容易得定。二、眾病不生。

第三，體真止的修習方法。以正覺智慧，體悟五陰、十二入、十八界、三毒、九十八使及十二因緣等等一切三界因果，全都是空無寂滅的。就像《大品經》中說：「色即是空，不是色滅之後才叫做空，正有色時，此色本空；空即是色，色即是空，離開色無空，離開空亦無色，全色都是空，全空都是色，受想行識，各種法相，亦都是這樣的。」

為什麼呢？我們現在所見到的五陰、十二入、十八界等諸法相，既然皆無自性，又怎麼能夠生出我、人、眾生、壽者等各種顛倒事相呢？

我們又是怎麼知道一切諸法空無自性的呢？譬如，我們過去所造的煩惱業為因，現在又借父母的身體為緣。過去所造的因與現在所借的緣，因緣和合，就有了我們現在的果報。由於有果報的緣故，所以，才有五陰、十二入、十八界等一切諸法。

業又是什麼法呢？為什麼能夠作為五陰、十二入、十八界等果報的原因呢？若說過去的善心是業。那麼，過去心已滅，怎麼能夠作為現在的五陰、十二入、十八界等果報的原因呢？

若說過去的善心不是業因，而是心作業的時候，業便隨心而生，那麼，當過去心已滅，過去業也應該隨之而滅。若過去業已經隨過去心而滅，豈能感招今世果報？以及五陰、十二入等種種法相呢？

若業已經滅去，業就不會來到現在。為什麼呢？這是由於，過去業不會來到現在的緣故。若過去業根本就不會來到現在的話，那麼，此報就不能叫做報。為什麼這樣說呢？這是因為，沒有了業因，也就沒有了果報。

若說過去心雖然已經滅謝，然而，由於心念接續而生，所以，業亦應隨之而來，隨之而滅。雖然業已經滅謝，然而，由於業接續而生的，所以，業能夠來到現在。若是這樣的話，這種說法大有錯誤。為什麼呢？這是因為，若過去的善心已滅，而惡心接續而生，那麼，業應該是過去的善業已滅，而惡業接續而生，我們也應該看到惡業來到現在。若是這樣的話，應該感得惡報，為什麼卻感得善報呢？

若說業不是隨心而來的，那麼，業就應該有自己的果報，也應該離心而受報。然而，事實並非如此。

若業有形相的話，那麼，業就是有為法。若是有為法的話，必定會墮在三相之中。若墮在三相之中的話，即是生滅法。若是生滅法的話，就不會來到現在。過去的業既然已經滅了，所以，本業也已經滅了。既然本業已滅，究竟是什麼感得這個果報的呢？不可以說業生的同時便感得果報。因此，業有相貌的說法是不能成立的。

若說業無相貌，卻能感得果報。這種說法也是不對的。為什麼這樣說呢？這是因為，無相法就是無為法，無為法是無有業的，怎麼又能感得果報呢？無相之法，就是空的意思。既然是空，就沒有生滅，既然沒有生滅，又怎麼能夠叫做業呢？

若說空無相法能夠感得果報，那麼，三無為法也應感得果報。既然三無為法不能感得果報，又怎麼能夠說空無相法能夠感得果報呢？以上所說的因緣果報，根本就是不可得的。我們應當知道，業是不實在的，也是不可得的。若業是不可得的話，那麼，又為什麼說五陰、十二入、十八界等一切法相都是從內業之中生出來的呢？

果報也不是從外緣生出來的。若一定要說果報是從外緣生出來的話，那麼，一切陰陽結合的時候，都應該會有果報上的五陰、十二入、十八界等法相。若是這樣的話，就不應該等到惑業攜帶著神識前來加入的時候，五陰、十二入、十八界等法相才會生出來。因此，我們知道，果報也不是從外緣生出來的。

若說內因與外緣結合在一起，才會有果報上的五陰、十二入、十八界等法相的產生。那麼，若內因與外緣各自都能生果報的話，那麼，當內因與外緣結合在一起的時候，就應該生出二個果報。若內因與外緣各自都不能生果報的話，那麼，內因與外緣結合在一起的時候，又怎麼能生出果報上的種種法相呢？若說離開內因與外緣能夠生出果報的話，那麼，事實卻不是這樣。

內因與外緣和合而生果報，這種說法尚且不可得，更何況說無因緣而生果報呢？若果報是無因緣而生的話，那麼，因果之理就不復存在了。若沒有了因果之理，世間行善的人，就應該得到惡的果報，世間行惡的人，就應該得到善的果報，世間也不應該有修道的人。無因緣而生，這種的說法，破壞世間善惡因果，是大邪見。

我們應該知道，五陰、十二入等法，不是從內因而有的，也不是從外緣而有的，也不是內因與外緣和合而有的，也不是無因緣而有的。

若不是有，即是無所有之空。若於無所有法中而認作有，那必定是無明顛倒，無中認有。

若行人能夠明白，我們所執著的種種法相，就像夢幻一樣，虛妄不實，但有名相，無有實際。即使名相，也不可得。至此境界，言語不生，心行不起，究竟空寂，就像虛空一樣。

若行人能夠知道，一切法相，猶如虛幻，因此，於諸法相，無取無捨，無依無倚，無住無著。若行人無取無捨，無依無著，那麼，一切顛倒妄想、生死妄業，則全部息止。無為無欲，無念無行，無造無作，無示無說，無諍無競，泯然清淨，像這樣的大寂滅，才是真正的息止。在這個時候，根本沒有要止的對象，這種無止之止，才是真正的止。所以佛經中的偈語說：

因緣和合諸法相，緣生緣滅空無主。
息下妄心達本源，方名諸佛大沙門。

【說　明】繫緣止、制心止、體真止，這三種止門，皆屬於「止息妄念」的方便法門。借助於這三種法門，既能達到甚深的有為禪定，亦能證悟天然的無為禪定。佛教的最高定境，不是著意修成的某種定境，而是對自性本定的證悟，而是對自性本定的契合。

第四，明證止者。有二解不同。有師云：止無別證，但能為諸禪作前方便。若有所證，即屬餘禪。此義至「下明善根發」中，即是其事。二者、有師言：止非但通發諸禪，亦自有別證之法，即是五輪禪。所以者何？諸餘法門，悉別有安心修習之法，然後次第發禪不同。今明此止，但制心一處，則五輪自發。譬如淨水無波，則萬像悉現。止亦如是。

今明因止證五輪。五輪者：一、地輪。二、水輪。三、風輪。四、金沙輪。五、金剛輪。此五法門。悉是借譬立名。通名為輪者，轉也。如世輪若轉，離此至彼。禪中明輪亦爾。如地輪，因離下地亂心轉至上地，故名為輪。乃至金剛輪義，亦復如是，轉至無學極果故。

一、地輪者。如地有二義。一者、住持不動。二者、出生萬物。行者因止，若證未到地❶定，忽然湛心，自覺身心相空，泯然入定。定法持心不動，故名住持。因未到地，出生初禪種種功德事，同出生萬物。

二、水輪者。水有二義。一、潤漬生長。二、體性柔軟。行者於地輪中，若證水輪三昧，即是發諸禪種種功德。定水潤心，自覺心中善根增長，即是潤漬義。因得定故，身心濡軟，折伏高心。心隨善法，即是柔軟義，故名水輪。

三、風輪者。如世間風有三義。一者、遊空無礙。二者、鼓動萬物。三者、能破壞。

行者發風輪三昧亦如是。若因禪定，發相似智慧，無礙方便，如風遊空，一切無礙。鼓動者，得方便道。即能擊發種種出世善根，功德生長。破壞者，智慧方便，能摧破一切諸見煩惱。

若二乘人得此風輪三昧，即是五方便❷相，似無漏解發。若是菩薩，即入鐵輪十信❸，是名風輪。

四、金沙輪者。金則譬真，沙喻無著。行者若發見思真慧，無染無著，得三道果。若是菩薩，即入三賢十地❹位中，能破一切塵沙煩惱，是名金沙輪。

五、金剛輪者。第九無礙道❺，名金剛輪三昧。譬如金剛體堅用利，能摧碎諸物。金剛三昧，亦復如是。

不為妄惑所侵，能斷一切結使，成阿羅漢❻。若在菩薩心，即是金剛般若，破無明細惑，證一切種智❼，亦名清淨禪。菩薩依是禪故，得大菩提果。

復次，如輪，若無牛御，終不自轉。五輪禪定，亦復如是。雖當地各有諸妙功德，若不體真為導，無著熏修，則於地地有礙，便乖輪用。

今行者善修，體真無著故，能從初心轉至極果，輪用乃成。是以《法華經》云：「眾生處處著，引之令得出。當知行者善修止門，則能具足五輪禪定，證三乘聖果。」

【章　旨】說明了修習止門所證得的五種境界。一、地輪。二、水輪。三、風輪。四、金沙輪。五、金剛輪。這五種境界，全都是借用比喻來建立名相的，其中的象徵性含義，文中皆有詳細說明。

【注　釋】❶未到地　正禪有四種，初禪、二禪、三禪、四禪，在即將進入每一地正禪之前，亦有定心之相，就叫做未到地定，或稱未到地。在這裡所說的未到地定，是指初禪未到地定。❷五方便　二十五方便之略稱。天臺止觀修習之外方便，有二十五種，稱為二十五方便，分為五科，即：一、具五緣。二、訶五欲。三、棄五蓋。四、調五事。五、行五法。在〈分別禪波羅蜜前方便第六之一・外方便〉中有詳細解釋。參見本書第八七頁。❸十信　大乘菩薩的修行階位。具稱十信心。略稱十心。即：一、信心。一心決定，樂欲成就。二、念心。常修六念，念佛、法、僧、戒、施及天。三、精進心。聞菩薩藏，精勤修習無間善業。四、定心。於事於義繫心安住，遠離一切虛偽、輕躁、憶想分別。五、慧心。聞菩薩藏，思量觀察，知一切法無我無人，自性空寂。六、戒心。受持菩薩清淨律儀，身口意淨，不犯諸過，有犯悔除。七、回向心。所修善根，回向菩提，不願諸有；回施眾生，不專為己；回求實際，不著名相。八、護法心。防護己心，不起煩惱，更修默護、念護、智護、息心護、他護等五種護行。九、捨心。不惜身財，所得能捨。十、願心。隨時修習種種淨願。❹三賢十地　十住十行十回向為三賢，初地乃至十地為十聖。❺九無礙道　欲界，色界，無色界，此三界共有九地。欲界有一地：欲界定；色界有四地：初禪、二禪、三禪、四禪；無色界有四地：空處定、識處定、無所有處定、非想非非想處定。三界有九地，每地有九品，共九地八十一品。若能斷除九地八十一品惑障，便是獲得了九地八十一品之解脫，簡稱九解脫道，亦稱九無礙道。❻阿羅漢　華譯為無生，意即修到此果位者，解脫生死，不受後有。聲聞乘分為四果，亦即須陀洹果、斯陀含果、阿那含果、阿羅漢果。阿羅漢屬於聲聞四果中的最高果位。❼一切種智　三智之一。三智包括：一切智、道種智、一切種智。一、一切智，聲聞緣覺之智也。知一切法之總相者。總相即空相也。二、道種智，菩薩之智也。知一切種種差別之道法者。三、一切種智，佛智也。通達總相與別相。

【語　譯】第四，說明修習止門所證得的境界。有二種不同的看法。有的論師認為，修習止門不能證得什麼，修習止門只是證入諸禪的前方便。若行人有所證得的話，那就屬於禪定的範疇了。此義等講到「善根發相」的時候，我們再作說明。還有的論師認為，修習止門不但可以發起各種禪定，也自然會有相應的證境，這就是五輪禪法。為什麼呢？這是因為，其他各種禪法，各有安心修習的方法，然後，次第發起的禪定，也各有不同。現在，我們所說明的這個「止門」，只要能夠制心一處，五輪禪定便會自然而發，就好像無波的淨水，自然能夠映現萬相。修習止門的方法，其道理也是這樣的。

現在，我們說明因為修習止門而證得的五輪境界。五輪包括：一、地輪。二、水輪。三、風輪。四、金沙輪。五、金剛輪。所證得的這五種境界，全都是借用比喻來建立名相的。這五種境界，通稱為「輪」，亦即轉動的意思，就像世間的輪子，若轉動它，就會有離此及彼的現象。五輪禪的「輪」字，也是這個意思。譬如地輪，因為離開了下地的亂心，轉到了上地的靜心，所以叫做輪。乃至金剛輪，也是指從比較低的境界，轉到了比較高的境界，之所以叫金剛輪，這是因為，已經轉到了無學極果的緣故。

一、地輪。「地」有二種意思。一是定法住持，安然不動。二是能夠生出萬物。行者由於修習止門的緣故，逐漸地證到了未到地定，忽覺湛寂清明，覺得身相心相皆空，泯然入於定中。由於定法住心的緣故，所以叫做住持。因為未到地定能夠生出初禪的種種功德，就像大地生出萬物一樣。

二、水輪。「水」有二種意思。一、滋潤萬物，使其生長。二、體性柔軟，隨方就圓。在地輪禪中，行者若能證得水輪三昧，便能發起諸禪的種種功德。由於定水潤心的緣故，行人自覺善根增長，這就是滋潤生長的意思。由於深入禪定的緣故，行者身心柔軟，貢慢消除。心與善法融合，這就是柔軟的意思，所以，也叫做水輪。

三、風輪。就像世間的風，有三種含義。一、空中遊行，沒有障礙。二、能夠吹動萬物。三、能夠破壞萬物。

行者發起風輪三昧，亦是一樣。若由於禪定的緣故，行人發起了相似智慧，獲得了無礙方便，就像風遊空中，無有任何障礙。所謂鼓動，就是獲得了方便道，能夠擊發出種種出世的善根，能夠使功德增長。所謂破壞，就是方便智慧，能夠摧毀一切煩惱妄想。

若是二乘人獲得了風輪三昧，也就證到了小乘的五方便，便能發起相似無漏智慧。若是菩薩獲得了風輪三昧，也就證到了鐵輪十信的果位，所以叫做風輪。

四、金沙輪。金象徵著真性，沙象徵無著。若是行者發起了見思真慧，於一切法相無染無著，便證得了初果、二果、三果的果位。若是菩薩證到了金沙輪三昧，就進入了三賢十地的果位之中，就能摧毀塵沙無量的煩惱，所以叫做金沙輪。

五、金剛輪。第九無礙道，也叫做金剛輪三昧，譬如金剛，堅固銳利，能夠摧毀一切。金剛三昧，能夠摧毀一切煩惱，其道理也是如此。

不為一切虛妄所侵擾，能夠斷除一切煩惱結使，成就阿羅漢果。若是菩薩的話，便能用金剛般若之智，破盡一切微細之惑，證得一切種智，也叫做清淨禪。菩薩依清淨禪而修行的緣故，所以，成就大菩提果。

好像車輪，若沒有牛駕馭，究竟不能運轉前行。五輪禪定，也是這個道理。在禪定之中，雖然在每一地各有很多殊勝的功德，若不以體悟真性為目標，運用無著禪法來熏修，那麼，每一地都會有許多的障礙，也違背車輪運轉前行的作用。

由於行者善於修行、體悟真性、無住無著的緣故，所以，能夠從初心修禪，達到涅槃極果，實現運輪前行的目的。所以《法華經》上說：「眾生處處著，引導令其離。我們應該知道，行者善於修行止門，能夠具足五輪功德，能夠證得小乘、大乘，乃至於佛乘聖果。」

【說　明】五輪象徵著禪定修行的五種境界。地輪，以大地不動之德，象徵著心地不動，生長萬物。水輪，以水性之德，象徵著心性柔軟，滋潤萬物。風輪，以風性之德，象徵著任心自在，無有掛礙。金沙輪，以金沙之德，象徵著起心動念，盡是妙用。金剛輪，以金剛之德，象徵著心性不壞，能斷煩惱。輪，以前行之德，象徵著勇往直前，進取聖果。行者若能善於修習止息法門，自然就會具足五輪功德。

第二，明驗善惡根性者。行人既能善修止門，息諸亂想，則其心澄靜。以心靜故，宿世善根，自然開發。若無善者，則發諸惡法。故經云：「先以定動，後以智拔。」止為初門，善惡二事之中，必有其一。行者應當明識其相，取捨之間，不乖正道，故須分別。

今就善惡根性中，即為二意。一、明驗善根性。二、明驗惡根性。然論善惡發之前後，各逐其人，未必定前善而後惡也。

第一，明驗善根性。即為四意。一、列善法章門。二、正明善根發相。三、驗知虛實。四、料揀❶發禪不定。

第一，列善法章門者。善有二種。一者、外善。二者、內善。

今就明外善中，善乃眾多。略出五種。一、布施。二、持戒。三、孝順父母師長。四、信敬三寶，精勤供養。五、讀誦聽學。略以此等五種善根，示表外善發相不同。

所以悉屬外善者，原其本行，悉是散心中修習，未能出離欲界、發諸禪定無漏故，說為外善。

二、明內善者。即是五門禪。一、阿那波那門。二、不淨觀門。三、慈心門。四、因緣門。五、念佛三昧門。此五法門，通攝一切諸禪，發諸無漏故，名為內善。

問曰：內善無量，何得但說五門？

答曰：五名雖少，而行通諸禪。所以者何？一、阿那波那門者，此通至根本，及特勝❷、通明❸等諸禪三昧。二、不淨觀門者，此通九想❹、背捨❺、超越❻等諸禪三昧。三、慈心門者，此通四無量❼等諸禪三昧。四、因緣門者。此通至十二因緣、四諦等慧行諸禪三昧。五、念佛門者。此通至九種禪，及百八三昧。

復次，初，數息❽門。即是世間凡夫禪。次，不淨門。即是出世間禪，諸聲聞人所行。次，慈心門。即是凡聖二人，為大福德修慈，入四無量心。次，因緣門者。即是辟支佛❾人之所行。次，念佛門，功德廣大，即是諸菩薩之所行。此則略明五門次第淺深之相。

復次，五門禪定，對治四分煩惱。四分煩惱出生八萬四千塵勞。當知五門，亦能出八萬四千法門。此而言之，但說五門，則攝一切內善，具足數人❿所明。初賢五停心觀⓫發，與此有相開⓬處。

【章　旨】首先，先運用禪定，誘發善惡根性，然後，再以智慧辨別。或取或捨，不違正道。其次，列舉了內善五門與外善五門，特別強調了內善五門，能夠通達諸禪三昧。

【注　釋】❶料揀　又作料簡、了簡、量簡、量見、料見。亦即以種種觀點來論究，以問答方式作精密議論。❷特勝　又作十六勝行，十六特勝。為數息觀中最為殊勝之十六種觀法。在〈釋禪波羅蜜修證第七之三・釋十六特勝〉中有詳細解釋。參見本書第四九三頁。❸通明　亦即通明觀。阿羅漢等聖者，在修四禪定、四無色定、滅盡定等九次第定時，觀息、色、心三事之禪法。又叫做通明觀禪，也叫做通明觀。修此禪定時，必通觀息、色、心三事而徹見無礙，故稱通明。又能得六通、三明，故稱通明。〈釋禪波羅蜜修證第七之四・修證通明觀〉中有詳釋。參見第五二五頁。❹九想　又作九相、九想門、九想觀。即對人屍體的醜惡形相，作九種觀想。九想是不淨觀中的一種，依之觀想，可以斷除對肉體的執著。〈釋禪波羅蜜修證第七之五・釋九想觀門〉中有詳細解釋。參見本書第五九二頁。❺背捨　指八種背棄、捨除三界煩惱的禪定。在〈釋禪波羅蜜修證第七之六・釋八背捨〉中有詳細解釋。參見本書第六四〇頁。❻超越　佛及菩薩能超越上下諸地而隨意入出之三昧。在〈禪波羅蜜修證第七之六・釋超越三昧〉中有詳細解釋。參見本書第七〇一頁。❼四無量　指四無量心。慈無量心、悲無量心、喜無量心、捨無量心。在〈釋禪波羅蜜修證第七之二・釋四無量心〉有詳細解釋。參見本書第四〇五頁。❽數息　〈釋禪波羅蜜修證第七之三・明修證六妙門〉中有詳細解釋。參見本書第四八一頁。❾辟支佛　見前「辟支佛」注釋，第五二頁。❿數人　（流派）薩婆多部（即一切有部）之異名也。主論法數，故曰數人。⓫五停心觀　為息滅惑障所修的五種觀法。即：一、不淨觀。觀身不淨，息滅貪欲心的方法。二、慈悲觀。對一切眾生升起拔苦與樂之心，以對治瞋恚的方法。三、緣起觀。觀十二緣起，對治愚癡的方法。四、界分別觀。觀想十八界之諸法相，因緣和合，虛幻不實，以對治法相執著的方法。五、數息觀。計數自己的出息、入息，以對治散亂的方法。⓬開　此處的「開」字，恐是筆誤，應該是「關」字。

【語譯】第二，說明驗明善惡根性的方法。行者既然能夠善於修行止門，息滅雜亂妄想，那麼，行者的心，就會清澈寧靜。由於心靜的緣故，宿世善根自然地就會被誘發出來。若無宿世善根，那麼，宿世惡根亦會被誘發出來。所以佛經上說：「先以禪定撥動，然後，再用智慧予以拔除。」止門是禪定的初門，在修習止門的過程中，必然會誘發出或善或惡的根性來。行者要善於識別，或取或捨，不違背禪定正道，所以，我們要對善惡根性進行具體地分辨。

驗明善惡根性，分為二個部分。一、說明驗明善根性的方法。二、說明驗明惡根性的方法。然而，若論善根性與惡根性被誘發出來的先後順序，其實，這也是因人而宜的，未必是先誘發出善根性，然後再誘發出惡根性。

第一，說明驗明善根性的方法。分為四個方面。一、列舉善法種類。二、說明善根發起時的情形。三、驗明所法善根的虛實。四、說明發禪情況的不確定性。

第一，列舉善法的種類。善法有二種。一、外善。二、內善。

我們要說明的外善，種類繁多。大致可以概括為五種。一、布施。二、持戒。三、孝順父母師長。四、信敬三寶，精勤供養。五、讀誦聽學。我們略用這五種善根，來說明被誘發出的外善情形。

以上所說的五種善根，之所以稱為外善，是因為行者的宿世修行，都是在散心中進行的，他的修行未能出離欲界，更未能發起無漏禪定，因此之故，稱為外善。

二、說明內善。我們所說的內善，也就是五門禪。一、阿那波那門。二、不淨觀門。三、慈心門。四、因緣門。五、念佛三昧門。這五種禪定法門，能夠包含一切諸禪法門，能夠發起無漏禪定，因此之故，稱為內善。

問：內善法門有無量之多，為什麼只說這五門呢？

答：五種禪門，看起來不多，其實，這五種禪門能夠通達一切禪門。為什麼這樣說呢？一、阿那波那門，能夠通達根本四禪，以及十六特勝、通明等諸禪三昧。二、不淨觀門，能夠通達九想、八背捨、超越等諸禪三昧。三、慈心門，能夠通達四無量心等諸禪三昧。四、因緣門，能夠通達十二因緣、四聖諦等慧行諸禪三昧。五、念佛門，能夠通達九種禪，及一百零八種三昧。

一、數息門是世間凡夫所修的禪。二、不淨觀門是出世間禪，也是聲聞人所修的禪。三、慈心門是凡夫與聖人，為了增長福德而修慈心三昧，進入四無量心。四、因緣門是辟支佛所修行的法門。五、念佛門，功德廣大，是諸菩薩所修行的法門。以上所說，簡略地說明了五種禪門的次第深淺之相。

以上所說的五種禪門——數息、不淨、慈心、因緣、念佛，能夠對治四種煩惱。四種煩惱能夠生出八萬四千塵勞。我們應該知道，五種禪門也能生出八萬四千法門。總而言之，但說五門，既能包括一切內善，也能包括「一切有部」所說。初賢之位的五停心觀的發起，與五門禪有許多的相關之處。

【說明】修習禪定法門，妄念漸漸息滅，內心漸漸寧靜，宿世的善根性，或惡根性，就會被誘發出來，譬如，行者忽然於定中見到塔寺、尊儀形像、經書等，這時，行者不要被誘發出的善根發相或惡根發相所轉動，行者要定心不動，安住於所修法門。只有不著諸相，不被諸相所牽，才符合修習禪波羅蜜的要求。

第二，次明善根發相。亦還為二。一、明外善根發相。二、明內善根發相。

云何外善根發相？外善非一，今依前章門，略出五種。

初，明行者若坐中靜定，忽見種種衣服、臥具、飲食、珍寶、田園、池沼、車乘如是等事，或復因心靜故，自能捨離慳貪，心行惠施，無所吝惜。當知此是過去今生布施習報，二種善根發相。

二、行者若於止靜定之中，忽見自身相好端嚴，身所著衣，清淨如法，洗浴清潔，得好淨物，見如是等事，或復因心靜故，發戒忍心，自然知輕識重，乃至小罪，心生怖畏，忍辱謙卑。當知此是過去今生戒忍習報，二種善根發相也。

三、行者若於坐中，忽見師僧父母宗親眷屬，著淨衣服，歡喜悅豫端嚴。見如是等事，或復以心靜故，自然慈仁、恭敬、孝悌心生。當知此是過去今生孝順尊長習報，二種善根發相也。

四、行者若於坐中，忽見諸塔寺、尊儀形像、經書，供養莊嚴，清淨僧眾，雲集法會。見如是等事，或復於靜心中發信敬，尊重三寶，心樂供養，精勤勇猛，常無懈倦。當知此是過去今生信敬三寶精勤供養習報，二種善根發相也。

五、行者若於坐中，因心澄靜，或見解釋三藏，聽受讀誦大乘，有德四眾❶。

或時因心靜故，讀誦自然而入，隨所聽聞，即時開悟。或復自然能了解三藏大乘經典，分別無滯。當知悉是過去今生讀誦聽說習報，二種善根發相。行者見如是種種好相，及發諸善心者，此非禪定，多是過去今生，於散心中修諸功德。今以心靜力故，得發其事。見諸相貌，悉屬報因❷相，現善心開發，皆是習因❸善發也。如是眾多，說不可盡。此則略示大意。

復次，發習報兩因❹。行人根性不同，自有行人，但發報因相，不發習因善心。自有行人，但發習因善心，而不發報因之相。自有行人，具發習報兩因。自有行人，二俱不發。如是等事，因緣難解，豈可謬釋？

問曰：散心善根，何得於靜心中現？

答曰：於禪定中，尚得見過去今生所起煩惱惡業，何況善根扶理而不得見？

問曰：見此等諸相，亦有是魔❺所作不？

答曰：亦有是魔所作。若欲分別，但魔名殺者。若此等相發時，能令行人心識動亂，或復增諸煩惱，逼迫障蔽，眾多妨難，不利定心，悉是魔之所作。其善根發者，行人自覺，見此相已，雖復未證禪定，而身心明白，諸根清淨，身有色力，所為吉利，善念開發。因此已後，自覺心神易可攝錄，身心安隱，無諸過患。當知此為善根發相。

復次，若此等事，善根發者，報因之相，則暫現便謝，習因心善，則相續不斷。若是魔作相，則久久不滅，雖謝更來，逼亂行者。善心則暫發還滅，或時變成惡念，當知邪也。

復次，邪正之相，甚為難測，自非親近明師，非可安取。

問曰：此諸善根，為當一向前發，亦得證諸禪時，於深定中發也？

答曰：此事無定，未必一向定前見也。外善既粗故，先明耳。

【章　旨】由於行人修習禪定的緣故，使得行人於靜心中，得見種種妙相。依照此段文字所說，定中所見到的種種妙相，即是宿世善根發相。

【注　釋】❶四眾　有三種不同的稱謂。一、指佛說法時的聽者四眾。㈠發起眾。發起講經的人。㈡當機眾。常時跟隨佛的人。㈢影響眾。如他方來助佛宣揚佛法的菩薩。㈣結緣眾。如一般下根的薄福眾生。二、指出家四眾。即比丘、比丘尼、沙彌、沙彌尼。三、指僧俗四眾。即比丘、比丘尼、優婆塞、優婆夷。❷報因　產生果報的業因。感苦樂果報之善惡之因，謂之報因。❸習因　習續前念之善，而起後念之善，乃至習續前念之無記，而起後念之無記。前念稱為習因，後念稱為習果。習者，是「習續」的意思。❹習報兩因　指習因與報因。❺魔　梵語「魔羅」的簡稱，意譯為奪命、障礙、擾亂、破壞等，亦即能害人性命，障礙擾亂人們的修行。欲界第六天之天主即是魔王。〈分別禪波羅蜜前方便第六之四・明魔事〉中有詳細解釋。參見本書第三一一頁。

【語　譯】第二，說明善根發起的情形。分為二個方面。一、說明外善根發起的情形。二、說明內善根發起的情形。

外善根發起的情形是怎樣的呢？外善根發時，有種種不同的情況，現在，依照前面所說的善法種類，大致列出五種善根發起的情況。

一、若行者在靜坐時，忽然在定中見到種種衣服、寢具、飲食、珍寶、田園、池沼、車乘等等情形。若行者內心清淨，自然能夠捨離慳貪，心行布施，無所吝惜。我們應當知道，這是行者過去世布施與現在世布施的習報，也是行者過去世布施與現在世布施的善根發起的情形。

二、若行者在靜坐時，忽然看到自身相好莊嚴，身上衣服，清淨如法，洗得乾乾淨淨，獲得清淨之物。行者見到這種境界，或許因為內心清淨的緣故，發起戒忍之心，自然能夠辨明得失輕重，甚至小小罪過，也恐有所觸犯，所以，行人忍辱謙卑。我們應該知道，這是行者過去世與現在世的戒忍的習報，也是行者過去世戒忍與現在世戒忍的善根發起的情形。

三、若行者在靜坐時，忽然見到老師、僧人、父母、親屬，穿著淨衣，歡喜愉悅，端莊嚴正等等情形。行者見到這種情形，或許因為行者心清淨的緣故，自然能夠生起仁慈、恭敬、孝悌之心。我們應當知道，這是行者過去世與現在世的孝敬的習報之相，也是行者過去世與現在世的孝敬善根發起的情形。

四、若行者在靜坐時，忽然看到塔寺、尊儀形像、經書等被莊嚴地供養著，清淨僧眾群集法會等等情形。行者見到這情形，或許行者在清淨心中，生起信仰與恭敬之心，敬仰三寶，樂於供養，精進勇猛，常無懈怠。我們應該知道，這是行者過去世與現在世的信敬三寶、精勤供養的習報之相，也是行者過去世與現在世的信敬三寶、精勤供養的善根發起之相。

五、若行者在靜坐時，由於內心清淨，或許能夠見到有人解釋三藏經典，聽受讀誦大乘經典，以及佛門四眾雲集等等情形。

或者由於行者內心清淨的緣故，讀誦的經典，自然入心，隨所聽聞，皆能領悟，或者能夠自然而然地了解三藏大乘經典，分辨其中的義理，無有絲毫障礙。我們應該知道，這是行者過去世與現在世的讀經善根的習報之相，也是行者過去世與現在世的讀經善根發起的情形。

行者在靜坐時所見到的這些好景象，以及發起的種種善心，這些都不是禪定之相，而大都是行者在過去世與現在世，散心修習種種功德時所種下的善根種子。現在，由於心地寧靜的緣故，所以，才發起了以上所說的善根之相。

在定中所見到的這些景象，都屬於報因的情形。現在所發起的這些善心境界，皆屬於習因善根的顯現。情形眾多，說亦難盡，在這裡，我們只是略示其大義而已。

發起習因善根與報因善根的情形。由於行人根性不同，所以，有的行人，只開發起了報因善根，而沒有發起習因善根。有的行人，只發起了習因善根，而沒有發起報因善根。有的行人，既發起了習因善根，也發起了報因善根。有的行人，既沒有發起習因善根，也沒有發起報因善根。以上所說的善根發起的種種情況，其中的因緣，錯綜複雜，難以辨解，豈能妄加解釋？

問：散心修習而成的善根，怎麼能在靜心得以顯現呢？

答：在禪定之中，尚且能夠見到過去世與現在世所做過的煩惱惡業，更何況行者所做過的合乎理體的善業而不能見呢？

問：在這些境界中，也有魔所作的嗎？

答：也有魔所作的。若想知道是不是魔所作的，就應該知道，魔就叫做殺。若出現了魔境，就會使行者心識動亂，或者增加行者的煩惱，使得行者障礙重重，妨難眾多，不利於深入禪定。這些不利於行者禪定的境相，全都是魔所作的。善根發起的情形是，行者的內心，清清楚楚，見到此等景象，雖然還未證得禪定，然而，自心明瞭，六根清淨，精力充沛，凡有所做，無不吉祥，善心開發，充滿善意。自此之後，自覺心神容易收攝，身心安穩無比，無有種種過患。我們應該知道，這就是善根發起的情形。

若此類情形屬於善根發起的情形，那麼，報因善根所發起的情形是：所現之相，暫時出現，隨之便失；習因善根所發起的情形是：所現之相，相續不斷。若此類情形屬於魔所作，那麼，這種景象就會經久不息，即使暫時滅去，還會重新再來，逼迫擾亂行者，即使發起了善心，也會馬上滅去，或者變成惡念。我們應當知道，這種情形即是魔境。

禪定中邪正之相，實在是難以辨別，若不親近明眼善知識，自己千萬不要妄自取著。

問：這些善根景象，是一向在證得禪定之前出現呢？還是在證得禪定的時候，在甚深的禪定之中出現的呢？

答：這是不一定的，未必一向是在證得禪定之前出現。因為外善比較粗，所以，我們先說明外善。

【說明】定中所見到的一切景象，無論是善根發相，還是惡根發相，皆屬唯心所生，行者不可執著。執即成障，障礙禪定，乃至成病發狂。《金剛經》言：「凡所有相，皆是虛妄，若見諸相非相，即見如來。」行者若能見善相不喜，見惡相不怖，不喜不怖，不取不捨，定心安住，如如不動，即是修習禪波羅蜜。

第二，云何名內善根發相？今約五門禪中，辨內善根發。此五門❶中，一門開為三，合有十五種善根發。

一、明阿那波那門。有三種善根發相不同。一、數息❷善根。二、隨息❸善根。三、觀息❹善根。

一、數息善根者。行人如上，善修三止❺，身心調和，發於欲界❻，及未到地❼等諸禪。身心湛然空寂，定心安隱。於後，或一坐二坐，乃至經旬，或經月經年，將息得所，定心不退，即於定中，心忽覺身心運動，八觸❽次第而起。此即發根本初禪善根之相。於此定中，喜樂善心安穩，不可為諭。如是發初禪已，乃至發四禪定空等。

二、隨息善根發。亦於欲界、未到靜定，心中忽然覺息出入長短，及遍身毛孔虛疏，即以心明見於身內三十六物，猶如開倉見穀粟麻荳等。心大驚喜，寂靜安快，除諸身行，乃至心受喜樂等，是為特勝❾善根發相。

三、明觀息善根發者。亦於欲界、未到細靜心中，忽見自身氣息，從毛孔出入，遍身無礙，漸漸明利，如羅縠中見皮重數，乃至骨肉等亦如是。亦見身內八萬戶蟲粗細長短，言語音聲，定心喜樂，倍於上說。或見自身猶如芭蕉、聚沫、雲影相等。此是通明觀❿善根發相。

【章旨】說明了阿那波那法門的三種善根發相。一、數息時的善根發相。二、隨息時的善根發相。三、觀息時的善根發相。

【注　釋】❶五門　一、阿那波那門。二、不淨觀門。三、慈心門。四、因緣門。五、念佛三昧門。在〈分別禪波羅蜜內方便第六之二‧明內善〉中有詳細解釋。參見本書第一八五頁。❷數息　〈釋禪波羅蜜修證第七之三‧明修證六妙門〉中有詳細解釋。參見本書第四八一頁。❸隨息　〈釋禪波羅蜜修證第七之三‧明修證六妙門〉中有詳細解釋。參見本書第四八一頁。❹觀息　〈釋禪波羅蜜修證第七之三‧明修證六妙門〉中有詳細解釋。參見本書第四八一頁。❺三止　亦即繫緣止、制心止、體真止。在〈修禪波羅蜜內方便‧止門〉中有解釋。參見本書第一六一頁。❻欲界　在這裡是指欲界定。欲界雖多散心，然仍有少分定心，取此少分定心，稱為欲界定。又由於欲界定心不永續，消滅甚速，故又稱電光定。〈釋禪波羅蜜修證第七之一‧明證欲界定〉中有詳細解釋。參見本書第三三八頁。❼未到地　正禪有四種，初禪、二禪、三禪、四禪，在即將進入每一地正禪之前，亦有定心之相，這時的定心之相，就叫做未到地定，或稱未到地。在這裡所說的「未到地」，是指初禪未到地定。❽八觸　動、癢、涼、暖、輕、重、澀、滑等八種觸相。在〈釋禪波羅蜜修證第七之一‧明初禪發相〉中有詳細解釋。參見本書第三四三頁。❾特勝　又作十六勝行，十六特勝。為數息觀中最為殊勝之十六種觀法。在〈釋禪波羅蜜修證第七之三‧釋十六特勝〉中有詳細解釋。參見本書第四九三頁。❿通明觀　阿羅漢等聖者，在修四禪定、四無色定、滅盡定等九次第定時，觀息、色、心三事之禪法。又叫做通明觀禪，也叫做通明觀。修此禪定時，必通觀息、色、心三事而徹見無礙，故稱通明。又能得六通、三明，故稱通明。〈釋禪波羅蜜修證第七之四‧修證通明觀〉中有詳釋。參見本書第五二五頁。

【語　譯】第二，為什麼叫內善根發相？現在，我們依據五門禪，辨明內善根發相。在五門禪中，每一門禪，各有三種善根發相，合起來共有十五種善根發相。

一、說明阿那波那門。有三種善根發相。一、數息時的善根發相。二、隨息時的善根發相。三、觀息時的善根發相。

一、數息時的善根發相。像前面所說的那樣，行者善巧修習三止，身心調和，發起了欲界定、未到地定等禪定，這時，身心湛然空寂，安然不動。在此之後，或一坐、或二坐，乃至於十日、數月、數年，修習數息法門所獲得的定境，始終不退，便於禪定中，忽然覺得身心運動，動、癢、涼、暖、輕、重、澀、滑等八觸，次第而起。這就是根本初禪的善根發相。在這種禪定之中，喜心、樂心及善心，安穩無比，難以言表。

行者就這樣發起了初禪，甚至還會發起四禪八定等禪定境界。

二、隨息時的善根發相。行者在欲界定與未到地定中，心中忽然感覺到氣息出入的長短，以及全身毛孔全部張開，照見身內的三十六種器官，猶如打開倉庫見到稻穀、粟米、芝麻、豆子等。行者心中非常驚喜，寂靜安樂，不染諸念，乃至心中充滿法喜法樂，這就是特勝觀的善根發相。

三、觀息時的善根發相。行者在欲界定及未到地定的微細靜心之中，忽然見到自身氣息，從遍身毛孔之中出入無礙，越看越清楚，猶如見到羅縠中的一層層的皮一樣，甚至見到自身骨肉，也是如此清楚。這時，行者還能看到體內的八萬條蟲，以及蟲子的粗細長短，以及聽到它們的言語聲音。此時的法喜快樂，遠遠超過隨息善根的快樂。行者或者見到自己的身體，猶如中空的芭蕉樹，猶如聚集的泡沫，猶如飄浮的雲影。這就是通明觀的善根發相。

【說　明】修習阿那波那法門，亦能生起種種善根發相。善根發相的具體樣式，因人而異，不可盡說。然而，如何對待這些善根發相，卻有一個基本的原則，那就是以「平常心」而視之，見善根發相而不喜，未見善根發相亦不惱，不喜不惱，一種平懷，安住定中，即是修習禪波羅蜜。

二、明不淨觀中，有三種善根發相不同。一、九想❶。二、背捨❷。三、大不淨觀❸。

一、九想善根者。亦於欲界、未到靜定心中，忽然見他男女死屍膖脹。爾時，其心驚悟，自傷往昔昏迷，厭患所愛五欲❹，永不親近。或見青瘀、血塗、膿爛，噉殘狼藉，白骨散壞等相。此為九想善根發相。

二、明背捨善根發者。亦於欲界、未到靜定心中，忽見內身不淨，膖脹狼藉。或見白身白骨，從頭至足，節節相拄，乃至骨人光明昱耀。定心安隱，厭患五欲，不著我人。此是背捨善根發相。

三、明大不淨觀善根發者。亦於欲界、未到定心中，見於內身及外身，一切飛禽走獸，衣服飲食，山林樹木，皆悉不淨。或見一家一聚落一國土，乃至十方皆悉不淨。或見白骨乃至見白身白骨，光明昱耀等。此為大不淨觀勝處善根發相。此觀發時，能破一切著心。

【章　旨】說明了不淨觀法門的三種善根發相。一、九想觀的善根發相。二、背捨觀的善根發相。三、大不淨觀的善根發相。

【注　釋】❶九想　又作九相、九想門、九想觀。即對人屍體的醜惡形相，作九種觀想。九想是不淨觀中的一種，依之觀想，可以斷除對肉體的執著。〈釋禪波羅蜜修證第七之五・釋九想觀門〉中有詳細解釋。參見本書第五九二頁。❷背捨　指八種背棄、捨除三界煩惱的禪定。在〈釋禪波羅蜜修證第七之六・釋八背捨〉中有詳細解釋。參見本書第六四〇頁。❸大不淨觀　不遍謂之小，遍謂之大，所以，大不淨觀，即是觀一切內外之物，皆屬骯髒不淨，令人厭惡之物。〈釋禪波羅蜜修證第七之六・釋八勝處〉中有詳細解釋。參見本書第六六五頁。❹五欲　對色、聲、香、味、觸等所起之五種情欲。即：色欲、聲欲、香欲、味欲、觸欲。〈分別釋禪波羅蜜前方便第六之一・訶五欲及棄五蓋〉中有詳細解釋。參見本書第一一三頁。

【語　譯】二、說明不淨觀。在不淨觀中，善根的發起，有三種不同的情況。一、九想觀的善根發相。二、背捨觀的善根發相。三、大不淨觀的善根發相。

一、九想觀的善根發相。行者在欲界定及未到地定的靜定境界中，忽然見到膨脹的男女死屍。這時，行者心中驚悟，後悔往昔，昏暗迷惑，因此，對以往所貪愛的五欲，心生厭惡，不再親近。行者或者看到男女死屍的青瘀、膿血、潰爛，或者看到死屍被吃得一片狼藉，或者看到白骨散壞在地上的情形。這就是九想觀的善根發相。

二、背捨觀的善根發相。行者在欲界定及未到地定的靜定境界之中，忽見內身內骯髒汙穢，膨脹雜亂。或者看到自身白骨，從頭至腳，節節銜接，甚至看到自己的白骨，光明閃爍。這時，行者的心境，寂然安穩，厭惡五欲，不著人我之相。這就是背捨觀的善根發相。

三、大不淨觀的善根發相。行者在欲界定及未到地定的靜定境界之中，見到自己的身內身外，以及一切飛禽走獸、衣服飲食、山林樹木等等，全都汙穢不淨。或見一個家庭，一個聚落，一個國家，乃至於十方世界，全都汙穢不清淨。或者看到白骨，甚至見到自己的白骨，光明閃耀等景象。若見到了以上所說的這些景象，這就是大不淨觀的善根發相。大不淨觀善根發起的時候，能夠破除一切執著。

【說明】修習不淨觀時，所發起的相應的「不淨觀相」，並不是事實上的果真如此，而是行者觀想所成的主觀影像。譬如修習大不淨觀，修成之後，便會見到一個家庭，一個聚落，一個國家，乃至於十方世界，全都是膿血、潰爛、汙穢等不淨之相。我們應該清楚地知道，我們所生活於其中的這個世界，在事實上並非真是這個樣子。修習不淨觀，把這個世界觀想成膿血、潰爛、汙穢等不淨相，目的在於破除行者的貪著。

三、明慈心觀❶中三種善根發不同者。一、眾生緣慈。二、法緣慈。三、無緣慈。

一、眾生緣慈發者。亦於欲界、未到靜定心中，忽然發心，慈念眾生，先緣親人得樂之相。因發定安穩快樂，乃至中人怨人，悉見得樂，無瞋無恨，無怨無惱，廣大無量，遍滿十方，是為眾生緣慈善根發相。或發眾生緣悲，乃至喜捨亦如是。

二、明法緣慈發者。亦於欲界、未到靜定心中，忽然自覺一切內外，但有陰入法，起唯法起，滅唯法滅，不見眾生及我、我所，但有五陰❷。於受陰中有樂受。如是知已，即緣此樂受，發於慈定，無瞋無恨，無怨無惱，廣大無量，遍滿十方，是為法緣慈。或發法緣悲，乃至喜捨，亦如慈善根發相。

三、明無緣慈發者。亦於欲界、未到定心中，忽然覺悟一切諸法非有非無，不見二邊❸，所謂若眾生非眾生，若法非法，皆不可得，則無所緣。以無緣故，顛倒想息，寂然安樂，心與慈定相應，等觀一切，同此安樂，無瞋無恨，無怨無惱，廣大無量，遍滿十方。是為無緣慈善根發相。或發無緣悲定，乃至喜捨亦如是。

【章旨】說明了慈心觀的三種善根發相。一、眾生緣慈觀的善根發相。二、法緣慈觀的善根發相。三、無緣慈觀的善根發相。

【注釋】❶慈心觀　〈釋禪波羅蜜修證第七之二・釋四無量心〉中有詳細解釋。參見本書第四〇五頁。❷五陰　亦稱五蘊，就是色蘊、受蘊、想蘊、行蘊、識蘊。若人迷本著相，那麼，色、受、想、行、識，這五種法相，便具有了覆陰心性的作用。陰，即覆蓋、陰覆的意思。❸不見二邊　二邊者，是非、好壞、美醜等。在覺性大海中，法相平等，無有高下，行人若能如是見得，即是不見二邊。

【語　譯】三、說明慈心觀中三種善根發起的情形。一、眾生緣慈觀的善根發相。二、法緣慈觀的善根發相。三、無緣慈觀的善根發相。

一、眾生緣慈觀的善根發相。行者在欲界定及未到地定的靜定境界中，忽然對眾生發起慈愛之心，首先，見到親人獲得快樂的情形。由於行者發起了靜定、安穩、快樂，所以，行人在禪定中，甚至見到了不親不仇的人，乃至見到了自己的仇人，也獲得了快樂，行人見此情形，無瞋無恨，無怨無惱，心量廣大，遍滿十方。這就是眾生緣慈觀的善根發相。或者行者發起了眾生緣悲，乃至發起了眾生緣喜，以及眾生緣捨，其情形也是這樣的。

二、法緣慈觀的善根發相。行者在欲界定及未到地定的靜定境界中，忽然覺得自身內外，只有五陰之法，起則唯法起，滅則唯法滅，不見有眾生，不見有我，以及不見有我所，只有五陰而已。行者在受陰中，具有快樂的覺受。行人有了這樣的見解之後，便借助於這種快樂的覺受，發起了慈心定，行者在這種慈心定中，無瞋無恨，無怨無惱，心量廣大，遍滿十方。這就是法緣慈觀的善根發相。或者行者發起了法緣悲，乃至發起了法緣喜、法緣捨，其實情形也是這樣的。

三、無緣慈觀的善根發相。行者在欲界定及未到地定的靜定境界之中，忽然覺得一切諸法，不是有亦不是無，不見二邊，所謂眾生而非眾生，法也非法，一切有相，皆不可得，也無可攀援。由於無可攀援的緣故，顛倒妄想停息，寂然安樂現前，心與慈定相應，心光普照，同一樂境，無瞋無恨，無怨無惱，心量廣大，遍滿十方。這就是無緣慈觀的善根發相。行者或者發起了無緣悲定，乃至發起了無緣喜定、無緣捨定，其情形是一樣的。

【說明】慈心觀亦屬於假想觀。慈心觀是用來培養慈愛之心的，是用來對治瞋恚之心的。因此之故，在慈心觀中，對於緣心而起的種種境界，不可定執為實。若定執為實，即是捨本取末、認幻當真。譬如定中，見人受樂，或見五陰生滅，或見生滅如幻，非有非空。如此種種相狀，皆屬心之現相。心為萬相之本，心為萬法之源。識得此心，謂之通達聖智，識得此心，謂之得見諸佛。若執著法相，迷卻法本，恰是背覺合塵、認幻當真。

四、明因緣觀中有三種善根發不同者。一、三世十二緣。二、果報十二緣。
三、一念十二緣。

一、明三世十二因緣善根發者。亦於欲界未到定心中，忽然覺悟，心生推尋，三世過去，無明以來，不見我人無明等法，不斷不常，能破六十二種諸邪見網，心得正定，安穩寂然，觀慧分明，通達無礙，身口清淨，正行成就。此是三世十二因緣觀慧善根發相。

二、明果報十二因緣善根發者。亦於欲界未到定心中，忽覺心識明利，即自思尋：我初生時，攬父母身分，以為己有，名歌羅邏❶。歌羅邏時，名曰無明，因緣則有行、識，乃至老、死，名為十二因緣。

若歌羅邏時，但有三事❷合和，無人無我，三事不實。今無明等十二因緣諸法竟何所依？若不見無明等諸法定是有者，豈是無邪？

如是念時，破有無二見，歸心正道❸。正定相應，慧解開發，離諸邪行。此為果報十二因緣觀智善相發相。

如此明十二因緣，出《大集經》中，具辨作❹。此明因緣相，與苦集正同，亦得約此明四諦善根發也。

三、明一念十二因緣善根發者。亦於欲界未到靜定心中，忽然自覺剎那之心，無人無我，性本無實。所以者何？一念起時，必藉因緣。言因緣者，即具十二因緣。緣無自性，一念豈有定實？

若不得一念之實，即破世性邪執。心與正定相應，智慧開發，猶如湧泉，身口清淨，離諸邪行，是為一念十二緣善根發相。

此之十二因緣，亦出《大集經》中具辨。亦得約此十二緣，明一心具四諦善根發也。

【章　旨】說明了因緣觀中的三種善根發相。一、三世十二因緣觀的善根發相。二、果報十二因緣觀的善根發相。三、一念十二因緣觀的善根發相。

【注　釋】❶歌羅邏　初宿胎內之位。❷三事　父母雙方的精血，加上一念無明。❸歸心正道　對於究竟了義上的佛教來說，心即是佛，心即正道。若將心歸於正道，則成心道二法，非正知見。然而，在這裡，「歸心正道」屬於方便之說，而非究竟了義之說。❹具辨作　即全面地作了辨別說明。具即全部。辨即辨別。作即作了說明。

【語譯】四、說明因緣觀中的三種善根發起的不同情形。一、三世十二緣觀時善根發起情形。二、果報十二緣觀時善根發起情形。三、一念十二緣觀時善根發起情形。

一、三世十二因緣觀的善根發相。行者在欲界定及未到地定的靜定境界中，忽然覺悟，於心中推想：未來、現在，以及過去，無明以來，根本就無我、無人、無無明等法，不落斷滅，也不計恆常，如是這樣，就能破除錯綜複雜的六十二種邪見，就能獲得正定，就能寂然安穩，心地清明，通達無礙，身口清淨，成就聖果。這就是三世十二因緣觀的善根發相。

二、果報十二因緣觀的善根發相。行者在欲界定及未到地定的靜定境界中，忽然覺得心識明利，即心生思惟：在我最初之時，攬父母精血為己有，這就叫做歌羅邏。歌羅邏時，叫做無明。以此無明為因緣，則有行、識，乃至於老、死，這就是十二因緣。

在歌羅邏時，只有父母雙方的精血與自己的一念無明的結合。在這三事之中，無人無我，父母雙方的精血與自己的一念無明，根本就是虛幻不實的。現在的無明等十二因緣諸法，究竟依從何處？若不見有實在的十二因緣等法，那麼，十二因緣等法，豈能不是虛幻不實的？

行者如此觀想十二因緣時，就破除了有無二見，就歸還了心法正道，與正定相應，無礙智慧得以開發，遠離各種邪行。這就是果報十二因緣觀的善根發相。

這樣來說明十二因緣，出自於《大集經》，並且在《大集經》中作了詳細說明。在這裡所說的十二因緣之相，與四諦之法正好相同，所以，也可以用這樣的方法來說明四諦觀的善根發起的情形。

三、一念十二因緣觀的善根發相。行者在欲界定及未到地定的靜定境界中，忽然覺得剎那生滅的念頭，本來無人亦無我，也無定相可得。為什麼呢？因為念頭生起的時候，必然要借助於因緣，而所謂的因緣，就是十二因緣。十二因緣尚且無有自性，借助於十二因緣而起的念頭，豈能有真實的存在？

若行人證悟到了諸念不實，就能破除對世間相的執著。這時，心與正定相應，智慧得以開發，猶如湧泉，身口清淨，無有邪行。這就是一念十二因緣觀的善根發相。

這樣來說明十二因緣，出自《大集經》，並且在《大集經》中作了詳細說明。我們也可以用來說明一念四諦觀的善根發起的情形。

【說　明】無論是三世十二因緣觀，還是果報十二因緣觀，還是一念十二因緣觀，行者在十二因緣觀中，應當善於觀察，因緣相聯的十二種法相，皆屬生滅無常，皆屬虛幻不實。行者如此而觀十二因緣，就會遠離法相執著，就會發起甚深禪定，這就是十二因緣觀的善根發相。

五、明念佛中，自有三種善根發相不同。一、念應佛。二、念報佛。三、念法佛。明三佛義，出《楞伽經》，廣分別其相也。

一、明念應佛❶善根發者。亦於欲界、未到靜定心中，忽然憶念佛之功德，即作是念：如來往昔阿僧祇劫❷中，為一切眾生故，備行❸六波羅蜜❹，一切功德智慧故，身有相好光明，心有智慧圓照，降伏魔怨❺，無師自悟，自覺覺他，轉正法輪❻，普度一切，乃至入涅槃❼後，舍利❽經教，廣益眾生，如是等功德，無量無邊。

作是念時，即敬愛心生，三昧開發，入定安樂。或於定中見佛身相，善心開發。或聞佛說法，心淨信解。如是等勝善境界非一，是為念應佛善根發相。

二、明念報佛[9]善根發者。亦於欲界、未到靜細心中，忽然憶念十方諸佛真實圓滿果報之身，湛然常住，色心清淨，微妙寂滅，功德智慧，充滿法界，不生不滅，無作無為，豈有王宮之生[10]？亦非雙樹之滅[11]。為化眾生，十方佛土，普應生滅。如是等功德，無量無邊，不可思議。

作是念時，心定安隱，三昧開發，慧解分明。或作定中，見不可思議佛法境界，即便出生無量願行，無量功德，無量智慧，三昧法門，是為念報佛善根發相。

三、明念法佛[12]善根發者。亦於欲界未到靜定心中，忽然憶念十方諸佛法身實相，猶如虛空，即便覺悟一切諸法，本自不生，今則無滅，非有非無，非來非去，非增非減，非境非智，非因非果，非常非斷，非縛非脫，非生死非涅槃，湛然清淨，有佛無佛，相性常然[13]。眾生諸佛，同一實相者，即是法身佛也。故《大品經》云：「諸法如實相。」諸法如實即是佛，離是之外，更無別佛[14]。如是念時，三昧現前，實慧開發。實時通達無量法門，寂然不動，一切不思議境界，皆現定中。成就之相，如《法華經》六根清淨中廣說。是為念法佛善根發相。

是中所明，因止發十五門禪相，並悉約初禪，初境界，罔像[15]而辨。夫一切禪定證相，不可具以文傳，此止是示表行人過去習因⑯不同故，發禪不等。

若欲具論十五門禪，事理廣博，深遠之相。下第七大段明修證中，一一從始訖終，當少分分別。

復次，若於欲界、未到地⑰中，身心澄靜。或發無常⑱、苦、無我⑲、不淨、世間可厭、患食不淨、死斷離盡等想。或發念佛、法、僧、戒、捨、天等念。或發念處⑳、正勤㉑、如意㉒、根㉓、力㉔、覺㉕、道㉖等。或發空無相無作㉗、四諦、十六行㉘等觀。或發六波羅蜜、四攝㉙、四辯㉚等種種諸行願功德。或發天耳、他心、宿命等諸神通㉛。或發內空、外空、內外空，乃至無法有法空等十八空㉜。或發自性禪㉝、十力㉞種性、三摩跋提㉟、首楞嚴㊱、師子吼㊲等諸三昧門。或發旋陀羅尼㊳、百千萬億旋陀羅尼、法音方便陀羅尼㊴等一切陀羅尼門。

如是等種種諸禪三昧，境界不同，其相眾多。在下第七大段明修證中，辨種種諸禪三昧深廣境界之相，當具分別也。

【章　旨】說明了念佛法門中的三種善根發相。一、念應身佛時的善根發相。二、念報身佛時的善根發相。三、念法身佛時的善根發相。

【注　釋】❶應佛　亦即佛的無量化身。無量化身，乃佛之三身之一。三身者，即清淨法身、圓滿報身、無量化身。❷阿僧

祇劫　即無數劫的意思。阿僧祇是古印度語的音譯。華譯為不可算計、無量數、無央數等。劫是計算時代的名詞。❸備行　備者，完備無缺。行者，修行。❹六波羅蜜　波羅蜜者，到彼岸，亦即菩薩為了成就佛道，所實踐的六種修行。一、布施波羅蜜。布施是放下、或給予他人的意思。布施分為財布施、法布施、無畏施三種。二、持戒波羅蜜。持戒即持守戒律，常自省察，無令有犯。三、忍辱波羅蜜。忍辱即忍耐迫害，不生瞋恚，使心安住。四、精進波羅蜜。精進即實踐佛教，上進不懈。五、禪定波羅蜜。禪定即修習禪定，對治散亂，淨心滌意。六、智慧波羅蜜。智慧即心如明鏡，普照萬相，遠離愚癡，離諸過患。❺魔怨　魔譯為能奪命，障礙，擾亂，破壞等。因為魔障礙、擾亂、破壞修行的人，為修行人之怨敵，所以，亦稱魔怨。❻轉正法輪　即弘揚如來所說的教法。轉，亦即弘揚、宣揚。正法輪，亦即如來所說的教法。❼涅槃　即不生不滅之性體，亦如來法身，亦眾生佛性。涅者不生，槃者不滅。❽舍利　佛、菩薩、羅漢、高僧等火化後的遺骨。❾報佛　亦即佛的圓滿報身。❿王宮之生　佛陀降生在古印度迦毘羅衛國的國宮，所以說，「王宮之生」。⓫雙樹之滅　佛陀於雙樹林間滅度，所以說，「雙樹之滅」。⓬法佛　亦即法身佛。佛與眾生所同具之無相真性。⓭有佛無佛二句　相即法相。性即法性。法相乃法性之現相，法性乃法相之本源。法相與法性，本來是一體不二的，猶如水之與波，亦猶如相之與鏡。法界本來如此，不會因佛出世而變得清淨，也不會因為佛滅度而變得汙濁。清淨與汙濁，屬於二種有相。凡所有相，皆屬虛妄，那麼，還更有什麼實在的生滅、有無、來去、增減等法呢？所以說，有佛無佛，相性常然。⓮諸法如實即是佛三句　諸法的本來面目，即是佛。諸法的緣起之處，諸法的本源之處，即是萬法之源，即是法身佛。無相法身之上，功德莊嚴，福智圓滿，即是報身佛。法身應緣現相，化現無量，所現之相，即是化身佛。法報化三身，體用一如，離體無用，全用即體，猶如離水無波，全波即水。⓯罔像　無相之相，亦即實相。⓰習因　過去的修習，作為現在的原因，簡稱為習因。習者，是「過去的修習」。因者，現在之原因。⓱未到地　正禪有四種，初禪、二禪、三禪、四禪，在即將進入每一地正禪之前，亦有定心之相，這時的定心之相，就叫做未到地定，或稱未到地。⓲無常　凡所有相，皆屬生滅。生滅即是虛妄，即是無常。亦即「有相之法，無有恆常」的意思。⓳無我　亦即諸法無我。譬如，凡夫外道，執著於四大和合之色身，以為這就是「我」。佛教予以破之，地、水、火、風，此四種法，皆不是我，乃至於呼吸之相，心念之相，皆屬生滅無常，亦不是我。佛教以無我觀，來對治凡夫與外道的有我觀，以使其離開執著，獲得解脫。⓴念處　亦即四念處。四念處包括：一、觀身不淨。二、觀受是苦。三、觀心無常。四、觀法無我。㉑正勤　亦即四正勤。四正勤包括：一、為除斷已生之惡，而勤精進。二、為使未生之惡不生，而勤精進。三、為使未生之善能生，而勤精進。四、為使已生之善能更增長，而勤精進。以一心精進，行此四法，故稱四正勤。㉒如意亦即四如意足，又名四神足，原係四種禪定，謂修此四者，則能如意開發神通。一、欲如意足，謂修道趣果的欲望增進。二、念如意足，謂念念一心，住於正理。三、進如意足，謂精進直前，功無間斷。四、慧如意足，謂真照離妄，心不散亂。㉓根　在這裡是指五根。包括：眼根，耳根，鼻根，舌根，身根。㉔力　在這裡是指五力。包括：信力，精進力，念力，定力，慧力。此五者均有破惡之力，故稱為「五力」。㉕覺　在這裡是指七覺支。一、念覺支，心中明白，常念於禪定與智慧。二、擇法覺支，依智慧能選擇真法，捨棄虛偽法。三、精進覺支，精勵於正法而不懈。四、喜覺支，得正法而喜悅。五、輕安覺支，又作猗覺支，指身心輕快安穩。六、定覺支，入禪定而心不散亂。七、捨覺支，心無偏頗，不執著而保持平衡。㉖道　在這裡是指八正道，又名八聖道，即八條聖者的道法。一、正見，即正確的知見。二、正思惟，即正確的思考。三、正語，即正當的言語。四、正業，即正當的行為。五、正命，即正當的職業。六、正精進，即正當的努力。七、正念，即正確的觀念。八、正定，即正確的禪定。修此八正道，可證得阿羅漢果。㉗空無相無作　亦即三三昧，是三種三昧的簡稱。三三昧包括：空三昧、無相三昧、無願三昧。三昧是定的意思。空三昧是觀察世間的一切法都是緣生的，也都是虛妄不實的。無相三昧是觀察世間的一切形相都是虛妄假有。無願三昧又名無作三昧，即觀一切法幻有，而無所願求。㉘十六行　又作十六勝行，十六特勝。為數息觀中最為殊勝之十六種觀法。在〈釋禪波羅蜜修證第七之三・釋十六特勝〉中有詳細解釋。參見本書第四九三頁。㉙四攝　在這裡是指四攝法。包括：布施攝、愛語攝、利行攝、同事攝。布施攝是對於錢財心重的人，用財施，對於求知心重的人，用法施，使雙方情誼逐漸深厚，而達到我度化對方的目的；愛語攝是隨著眾生的根性，以溫和慈愛的言語相對，令他生歡喜心，感到我和藹可親而與我接近，以達到我度化對方的目的；利行攝是修菩薩道者，以身口意諸行皆有利於人，以損己利人的行為，感化眾生共修佛道，以達到我度人的目的；同事攝是修菩薩道者，要深入社會各階層中，與各行各業的人相接近，做其朋友，與其同事，在契機契緣的情況下，而度化之。菩薩濟度眾生，必須先行此四攝法，使眾生愛我敬我信我，然後方能聽我勸導，修行佛道。㉚四辯　在這裡是指四無礙辯，又作四無礙智，又名四無礙解，或四無礙辯，包括：法無礙辯、義無礙辯、辭無礙辯、樂說無礙辯。㉛神通　就是運心自在，無有障礙。變化莫測謂之神。無拘無礙謂之通。㉜十八空　即為破種種邪見所說之十八種空。十八空包括：內空、外空、內外空、空空、大空、第一義空、有為空、無為空、畢竟空、無始空、散空、性空、自性空、諸法空、不可得空、無法空、有法空、無法有法空。㉝自性禪　此禪法以觀心之實相為主。即觀一切萬法，無不由心起，無不歸還於心。萬法與心，體相一如，本來如是。行者如是而見，即是自性禪。㉞十力　指如來所具有的十種力用：一、知覺處、非處智力，即能知一切事物的道理和非道理的智力；二、知三世業報智力，即能知一切眾生三世因果業報的智力；三、知諸禪解脫三昧智力，即能知各種禪定及解脫三昧等的智力；四、知諸根勝劣智力，即能知眾生根性的勝劣與得果大小的智力；五、知種種解智力，即能知一切眾生種種知解的智力；六、知種種界智力，即能普知眾生種種境界不同的智力；七、知一切至所道智力，即能知一切眾生行道因果的智力；八、知天眼無礙智力，即能以天眼見眾生生死及善惡業緣而無障礙的智力；九、知宿命無漏智力，即知眾生宿命及知無漏涅槃的智力；十、知永斷習氣智力，於一切妄惑餘氣，永斷不生，能如實知之的智力。㉟三摩跋提　又作三昧、三摩提、三摩帝、三摩地、三昧地等，即住心於一境，使心不散亂的意思。㊱首楞嚴　亦即首楞嚴三昧。即堅固攝持諸法之三昧，為百八三昧之一，乃諸佛及十地之菩薩所得之禪定。㊲師子吼　又作獅子吼。謂佛以無畏音說法，如獅子之咆吼。獅子為百獸之王，佛亦為人中之至尊，稱為人中獅子，故用此譬喻。又，當佛說法時，菩薩起勇猛心求菩提，因而外道、惡魔生怖畏，猶如獅子吼時，小獅子亦增威，百獸怖伏。㊳旋陀羅尼　法華三陀羅尼之一。也就是說，在各種法門中，運用諸法，自在無礙。㊴法音方便陀羅尼　隨一切緣，說一切法，皆得自在無礙。

【語　譯】五、說明念佛門中的三種善根發相。一、念應身佛時的善根發相。二、念報身佛時的善根發相。三、念法身佛時的善根發相。應身佛、報身佛、法身佛的含義，在《楞伽經》中作了廣泛的說明。

一、說明念應身佛時的善根發相。行者在欲界定及未到地定的靜定境界中，忽然憶念佛的功德，即作這樣的思惟：如來在往昔無量劫中，為了救度眾生，行持六波羅蜜法，具足功德智慧，所以，身有相好莊嚴，心有圓覺智慧，降服一切魔怨，自悟佛道，自覺覺他，覺行圓滿，轉正法輪，普度一切有情，乃至涅槃之後，留下舍利與教典，廣益一切有情，像這樣的功德，無量無邊。

行者作這樣的觀想時，便心生敬愛，於是，三昧開發，深入禪定，獲得安樂。行者或在定中，見佛身相，於是，善心得到開發。或者聽到了佛說法，自心清淨，信受無疑。像這樣勝妙境界，種種非一，就是念應身佛時的善根發相。

二、說明念報身佛時的善根發相。行者在欲界定及未到地定的靜定境界中，忽然憶念十方諸佛的圓滿報身，湛然寂滅，恆長遍住，色身清淨，心地光明，微妙莊嚴，寧靜安然，功德智慧，充滿法界，不生不滅，無作無為，哪裡有什麼王宮裡出生、雙樹林間滅度的事呢？為了化度眾生，十方佛土，普應生滅。像這樣的功德，無量無邊，不可思議。

行者作這樣的思惟時，內心安穩，心地清明，本覺之光，普照萬相，見色聞聲，了了常明。或者在定中，見到不可思議的佛法境界，於是，生起無量的誓願，無量的功德，無量的智慧，以及種種三昧。這就是念報身佛時的善根發相。

三、念法身佛時的善根發相。行者在欲界定及未到地定的靜定境界中，忽然憶念十方諸佛的法身實相，猶如虛空，於是，便覺悟到，一切諸法，本自不生，今亦不滅，非有非無，不來不去，不增不減，非境非智，非因非果，非常非斷，非縛非脫，非生死亦非涅槃，本來湛然清淨，有佛無佛，相性常然。眾生諸佛，同具之相，即是法身佛。所以，《大品經》上說：「諸法如實相。」諸法如實即是佛，離開了這個實相，更無別佛。行者這樣思惟，則三昧現前，真實智慧得到開發。這時，通達無量法門，自心寂然不動，妙覺境界悉得現前。此時的情形，就像《法華經》上說六根清淨時所說的那樣。這就是念法身佛時的善根發相。

以上所說，因為修習止門，發起十五種禪定境界，並且都是依照初禪、初禪境界、無相境界而加以說明的。一切禪定所發起的所有禪相，難以用文字表達完全，我們在這裡所說的禪定境界，只是表示行者過去的不同習因。

十五門禪的事相與理體，極其廣博而深遠，若想全面地論述的話，那就要等到講下面的〈釋禪波羅蜜修證第七〉的時候，我們再從頭至尾，逐一略加說明。

在欲界定及未到地定中，行者的身心清淨。這時，可能會發起諸法無常、世間苦、人無我、身不淨、世間可厭、患食不淨、死斷離盡等想。也可能會發起念佛、念法、念僧、念戒、念捨、念天等。也可能會發起四念處、四正勤、四如意足、五根、五力、七覺支、八正道等。也可能會發起空無相、無作、四諦、十六行等。也可能會發起六波羅蜜、四攝法、四無礙辯等行願功德。也可能會發起天耳通、他心通、宿命通、等各種神通。也可能會發起內空、外空、內外空、無法有法空等十八空。也可能發起自性禪、十力種性、三摩跋提、首楞嚴、師子吼等諸三昧門。也可能會發起旋陀羅尼、百千萬億旋陀羅尼、法音方便陀羅等一切陀羅尼門。

以上種種諸禪三昧，境界各有不同，相狀也有眾多。等我們講到〈釋禪波羅蜜修證第七〉時，我們再來詳細地辨明諸禪三昧的深廣境界。

【說　明】無論是念應身佛，還是念報身佛，還是念法身佛，其實，這都是攝心入定的方便方法。只要行者善於智辨，擇法當機，專心修習，任何一門，皆能獲得成就。成就之後，行者便能知道，所謂的應身佛、報身佛、法身佛，皆屬自己心中事，並非離心而有。

卷第三之下

分別禪波羅蜜前方便第六之三

第三，驗知虛實。略為二意。一、正明驗知虛實。二、簡是魔非魔。

一、明驗知虛實者。若於定中，發諸禪善根，是中有真有偽，不可謬生取捨。所以者何？若發諸禪三昧時，心不別識，或見魔定❶，謂是善根發，心生取著，因此邪僻，得病發狂。若是善根，謂是魔定，心疑捨離，即退失善利。是事難識，若欲別知，當依二法驗之，即知真偽。一則、相驗知。二、以法驗知。

一則、相驗知者。即有二意。一邪。二正。

邪者。如根本禪中諸觸❷發時，隨發一觸，若有邪法，即是邪相。邪法眾多，今約一觸中，略出十雙邪法，以明邪相。一者、觸體增減。二、定亂。三、空有。

四、明暗。五、憂喜。六、苦樂。七、善惡。八、愚智。九、縛脫。十、心強軟。此十雙明邪相，皆約若過、若不及中分別。

一、觸體增減者。如動觸❸發時，或身動手起腳亦隨，然外人見其兀兀如睡。或如著鬼，身手紛動。或坐時見諸異境。此為增相。減者，動初發時，若上若下，未及遍身，即便漸漸滅壞。因此，都失境界。坐時蕭索，無法持身，此為減相。

二、定亂。定者，動觸發時，識心❹及身，為定所縛，不得自在。或復因此便入邪定，乃至七日不出。亂者，動觸發時，心意撩亂，攀緣不住。

三者、空有。空者，觸發之時，都不見身，謂證空定。有者。觸發之時，覺身堅鞕，猶如木石。

四、明暗。明者。觸發之時，見外種種光色，乃至日月星辰青黃赤白種種光明。暗者。觸發之時，身心暗瞑，如入暗室。

五、憂喜。憂者。觸發之時，其心熱惱，憔悴不悅。喜者。觸發之時，心大慶悅勇動，不能自安。

六、苦樂。苦者。觸發之時，身心處處痛惱。樂者。觸發之時，甚大快樂，貪著纏綿。

七、善惡。善者。觸發之時，念外散善覺觀❺，破壞三昧。惡者。觸發之時，即無慚無愧等諸惡心生。

八、愚智。愚者。觸發之時，心識愚惑，迷昏顛倒。智者。觸發之時，利使知見，心生邪覺，破壞三昧。

九、縛脫。縛者。觸發之時，五蓋❻及諸煩惱，覆蔽心識。脫者。觸發之時，謂證空無相定，得道得果，斷結解脫，生憎上慢❼。

十、心強軟。強者。觸發之時，其心剛強，出入不得自在，猶如瓦石，難可回變，不順善道。軟者。觸發之時，心志軟弱，易可敗壞，猶若軟泥，不堪為器。

如是等二十種惡觸，擾亂坐心，破壞禪定，令心邪僻。是為邪定發相。

【章旨】從過與不及的角度，說明了禪定中的十對邪相。邪相者，偏離中道，落在二端，即是邪相。

【注釋】❶魔定　凡是破壞正定的邪偽定相，皆屬魔定之範疇。❷觸　這裡所說的觸，是指「八觸」。行者進入初禪時，所發生的八種觸相。包括：一、動觸，即在坐禪的時候，身體忽然生起顫動的現象。二、癢觸，即身體上發癢，好像無置身之處。三、輕觸，即感到身輕如雲，好像在天空中飛行一樣。四、重觸，即感覺身重如山，不能移動分毫。五、冷觸，即感到身冷如冰。六、暖觸，即感到身熱如火。七、澀觸，即感到身如木皮。八、滑觸，即感到身滑如脂。在〈釋禪波羅蜜修證第七之一・明初禪發相〉中有詳細解釋。參見本書第三四三頁。❸動觸　八種觸相中的其中一種。見本部分的「觸」注釋。

❹識心　心有體相之分。心體即是無量識心之源，也是無量識心之所起處，亦是無量識心之所歸處。識心即是心體的作用，或稱現象。根塵相對，所緣起的一切識，包括七識、八識等等一切識，無不是心體的現象，無不是心體的作用，皆屬於識心

的範疇。❺覺觀　新譯作尋伺。覺，尋求推度之意，即對事理之粗略思考。觀，即細心思惟諸法名義等之精神作用。二者皆為妨礙第二禪以上之定心者，若持續作用，則身心勞損，正念旁落，故又為隨煩惱之一。依此覺觀之有無，能判別定心之淺深。❻五蓋　即五種遮蓋、障蔽。五蓋包括：一、貪欲蓋。二、瞋恚蓋。三、睡眠蓋。四、掉悔蓋。五、疑蓋。蓋即遮蓋、障蔽的意思。❼憎上慢　「憎上慢」應為「增上慢」，因為「增上慢」是遍及佛典的一個專用名詞。增上慢，即對於教理或修行，尚未有所得、未有所悟，卻自以為已有所得、已有所悟，因此，生起了自以為是的傲慢之心。

【語　譯】第三，驗知善根發相的虛實。大致分為二部分。一、驗知善根發相的虛實。二、判明是魔還是非魔。

一、說明驗知善根發相的虛實。在各種禪定中，所發起的善根發相，其中有真也有偽，不可妄生取捨。為什麼呢？這是因為，發起諸禪三昧時，若不能辨別真假，或者見到魔境，誤以為是善根發相，於是，心生執著，因此，進入邪道，得病發狂。若是善根的發相，反而以為是魔境，心生疑惑，於是，捨棄遠離，這樣，便失去了善根發相的利益。

真偽善惡，十分難辨，若想清楚分辨，應當依照二種方法，加以驗別，便能知其真偽。一、根據所發之相，辨明善根發相的真偽。二、根據所行之法，辨明善根發相的真偽。

一、根據所發之相，辨明善根發相的真偽。包括二方面，一、辨明邪相。二、辨明正相。

所謂邪，譬如在根本禪中，各種觸發起來的時候，若有任何一觸是邪法，那麼，觸發之相，就算是邪相。邪法有很多，今就一觸之中，大致列出十對邪法，用來說明邪相。一、增相與減相。二、定相與亂相。三、空相與有相。四、明相與暗相。五、憂相與喜相。六、苦相與樂相。七、善相與惡相。八、愚相與智相。九、縛相與脫相。十、心強相與心軟相。這十對邪相境界，都是從過與不及的角度上來加以辨別的。

一、說明觸發時的增相與減相。譬如動觸發起的時候，行者覺得身動、手動、腳亦隨之而動，然而，在別人看來，行者端坐在那裡，猶如睡著了一樣。或者行者就像著了魔一樣，身手亂動。或者行者見到許多奇異的境相。這種情形就是增相。所謂減相，在動觸剛剛發起的時候，或上動，或下動，動相還未遍及全身時，又慢慢地消失掉了，最後，一切境界，全部消失。因此，坐禪之時，無有法相，攝持自身，這種情形，就是滅相。

二、說明觸發時的定相與亂相。所謂定相，是指動觸發起來的時候，識心與身體，被定相所繫縛，使得識心與身體，不得自在。或者因此而進入邪定，乃至七日而不出定。所謂亂相，是指動觸發起來的時候，心意散亂，思慮想念，攀緣不停。

三、說明觸發時的空相與有相。所謂空相，是指動觸發起來的時候，行者覺察不到自己有身體，這種定相，即是空定。所謂有相，是指在觸發的時候，行者覺得身體好像木石一樣堅硬。

四、說明觸發時的明相與暗相。所謂明相，是指在觸發的時候，行者見到外面的種種光明，乃至於見到日月星辰、青黃赤白等光明之相。所謂暗相，是指在觸發的時候，行者覺得身心處於幽暗之中，就像進入了暗室。

五、說明觸發時的憂相與喜相。所謂憂相，是指在觸發的時候，行者內心覺得悶熱煩躁，焦慮不安。所謂喜相，是指在觸發的時候，行者心中喜悅，湧動興奮，令行者不得安寧。

六、說明觸發時的苦相與樂相。所謂苦相，是指在觸發的時候，身體疼痛，心中煩惱。所謂樂相，是指在觸發的時候，心中生起很大的快樂，行者貪著於其中。

七、說明觸發時的善與惡。所謂善相，是指在觸發的時候，行者纏綿於世間善相，障礙了寧靜的定心。所謂惡相，是指在觸發的時候，行者生起了無慚無愧的種種惡念。

八、說明觸發時的愚與智。所謂愚，是指在觸發的時候，行者心識愚鈍，鬆散無明，昏沉顛倒。所謂智，是指在觸發的時候，聰明伶俐，自以為是，心生邪想，破壞三昧。

九、說明觸發時的縛相與脫相。所謂縛相，是指在觸發的時候，五蓋及各種煩惱，覆蓋遮蔽心識。所謂脫相，是指在觸發的時候，行者以為已證空無相定，獲得了道果，斷除了煩惱，成就了解脫，因此，生出了增上慢之心。

十、說明觸發時的心強相與心弱相。所謂心強相，是指在觸發的時候，心態十分僵硬，不能柔軟自在，猶如瓦礫石頭，僵硬死板，不能隨順善道。所謂軟相，是指在觸發的時候，行者的心志，十分軟弱，易被破壞，就像稀泥，難以定型。

以上所說的這二十種惡觸，都能夠擾亂道心，破壞禪定，令人誤入歧途。這就是邪定發起的情形。

【說　明】各種法相，本來是沒有什麼邪正的，所謂的邪正，亦只是依心而論。為什麼這樣說呢？這是因為，心正則諸法正，心邪則諸法邪。譬如念佛法門，有人借此法門，定心安穩，長養定力。有人借此法門，豁然開朗，得證實相。有人借此法門，陷入幻覺，不能自拔。所以說，諸法無邪正，唯心論正邪。心正諸法正，心邪諸法邪。

在禪定之中，行者切不可認幻當真，應當「佛來佛斬，魔來魔斬」，掃蕩幻相，一切淨盡。掃至無可更掃時，豁然識得自心性。識自本心、見自本性，才是無量法門的真正指歸之處。

復次，二十邪法，隨有所發，若不別邪偽，心生愛著者，因或失心狂逸，或歌或哭，或笑或啼，或時驚狂漫走，或時得病，或時致死，或時自欲投巖赴火，自絞自害。如是障惱非一。

復次，二十種邪中，隨有發一邪法，若與九十六種道❶、鬼神❷法、一鬼神法相應而不覺識者，即念彼道行彼法，於所得法中，鬼神隨念便入，因是證鬼神法門。鬼加其勢力，或發諸深邪定，及智慧辯才，知世吉凶，神通奇異，現希有事，感動眾生，廣行邪化。或大作惡，破人善根。或雖作善，而所行偽雜。

世人無智，但見異人，謂是賢聖，深心信伏。然其內心顛倒，專行鬼法，常以鬼法教人。故信行之者，則破正戒，破正見，破威儀，破淨命，或時噉食糞穢，裸形無恥。不敬三尊父母師長，或毀壞經書形像塔寺，作諸逆罪❸，斷滅善根。現平等相，或自讚說，所行平等，故於非道，無障無礙。毀他修善，云非正道。或說無因無果，或說邪因邪果。如是邪說紛然，壞亂正法。其有聞受之者，邪法染心，既內證邪禪三昧❹，智斷功德種種法門外，則辯才無盡，威風化物，故得名聞❺、眷屬❻、供養、禮敬、稱歎等利。是以《九十六種道經》云：「人為說法，鬼神加力，則一切聞者，無不信受，一切見者，咸生愛敬。」

以有如斯等事故，深心執著，不可回轉，邪行顛倒，種種非一。若如是者，當知是人，遠離聖法，身壞命終，墮三惡道❼中。是事如《大品經》及《摩訶衍論》中廣說。若欲知鬼神之相，當尋《九十六種道經》，細心比類分別，事則可知。

【章旨】若有邪法發起，行者不能自知，鬼神便會乘虛而入，加持邪法之人，令其發起邪慧，使其陷入深潭，實難更有出日。

【注釋】❶九十六種道　亦即九十六種外道。依照世俗人的理解，那些不信佛法、另有他信的人，皆屬於外道。若依大乘了義的佛教而觀之，只要是心外求法，皆屬於外道。❷鬼神　鬼是六道眾生之一。作為六道眾生之一的鬼，亦有種種的差別，福報差的叫無財鬼，時常沒有得吃，所以也叫餓鬼；有些雖有飲食，但是不夠，叫少財鬼；有些福報大，常得飲食，叫多財鬼。神是天龍八部的通稱。天龍八部包括：天、龍、夜叉、乾闥婆、阿修羅、迦樓羅、緊那羅、摩睺羅伽。❸逆罪　一般是指五逆罪。五逆罪是指五種極逆於理的罪惡，即殺父、殺母、殺阿羅漢、出佛身之血、破和合之僧。❹邪禪三昧　借助於邪禪所獲得的定境。邪禪，也就是修習禪定的人，由於知見不正，所以，以邪心而修習禪定。三昧，亦即「定」的意思，邪禪即是邪定。❺名聞　聲望；顯赫的地位。❻眷屬　追隨者；信仰者。❼三惡道　六道眾生中的下三道。亦即地獄道、餓鬼道、畜生道。

【語譯】在二十種邪法中，隨有所發，若不辨邪正真假，而是心生愛著，就會造成精神失常，或時而唱歌，時而哭泣，時而傻笑，時而啼叫，時而驚狂亂走，有時還會生病，有時導致死亡，有時想投崖，有時想入火，總之，這是妄念自纏，自纏自害。像這樣的障礙與煩惱，種種非一。

在二十種邪法中，只要發起任何一種邪法，便與九十六種外道、鬼神法中的其中一法相應。行者若不能識別的話，便會念著邪道，行於邪法。這時，隨著行者的修行，鬼神便會潛入到他的心識之中，於是，行者便進入了鬼神法門。這時，鬼神就會給予行者力量，使行者發起很深的邪定，或者發起邪慧與辯才，使行者能夠知道世事吉凶，能夠顯現種種神通，顯現世間稀有之事，誑惑眾生，大行邪魔外道之法。或者傳播邪知邪見，斷眾生的慧命，壞眾生的善根。證入鬼神法門的人，或許也做些善事，然而，所作所為並不純正。

世人沒有智慧，只要是看到奇異的人，便把他當作聖賢，心生信仰與歸服。然而，這種證入鬼神法門的人，內心顛倒，專行鬼事，也常常以鬼法來教人。相信邪法與行持邪法的人，破壞戒規，破壞正見，破壞威儀，破壞正命，他們有時甚至吃食糞便等汙穢之物，或者赤身裸體而不知羞恥。或者不敬三寶、父母、師長，或者破壞經書、毀壞佛像與塔寺，作種種五逆之罪，斷滅善根。有時，故作平等之相，自我稱讚，已經達到了諸法平等的聖人境界，即使行於非道，也無障礙。行持邪法的人，破壞他人修行善法，說他人所行，不是正道。行持邪法的人，或者宣揚無因無果，或者宣揚邪因邪果。行持邪法的人，他們說各種各樣的邪法，以破壞擾亂正法。聽信邪法與接受邪法的人，由於邪法深入其心，因此，證得邪禪三昧，斷滅了自己的功德智慧，將自己擱置於正法門外，然而，卻發起了邪惡辯才，威風凜凜地誑惑眾生，因此，獲得了很高的名聲，贏得了很多的信眾，得到了很多人的供養、禮敬、稱歎等利益。所以，《九十六種道經》裡說：「行持邪法的人，在說法的時候，由於鬼神力量的加入，則使得聽法的人，無不心生信仰，使得見到他的人，無不心生敬愛。」

由於有以上所說事，所以，行持邪法的人，深深地執著於邪法，難以回轉到正法上來，他所做的邪行顛倒之事，也有各種各樣。若人有這樣的所作所為，我們應該知道，這種人遠離聖法，身壞命終之後，就會墮落到三惡道中。我們所說的這種情況，在《大品經》與《大智度論》中有廣泛地說明。若想知道鬼神等事，就應當尋來《九十六種道經》，用心仔細地參究，就可以了知此事。

【說　明】所謂的鬼神邪魔，都是唯心所造的。心正萬法正，心邪萬法邪，離此一心體，哪裡有邪魔？若人心端正，不著一切相，乃至於不著佛相，不著妙境，則一切邪魔，自然滅謝。猶如《楞嚴經》上所說「五十種陰魔」，不是離心而有，乃五類心相（五陰）所變現的。行者被五類心相所惑，因此，五類心相，就具有了五陰的性質，陰覆心性的光明。五陰之中，每一陰各分十種，所以，五陰之中就有五十種陰魔。若更加細分的話，便會有更多。所以說，修習禪定波羅蜜，端正自心、自淨其意、一切不著，這是最基本的修行原則。

問曰：邪法相應，行惡之者，現在之過如是，命終當生三惡道中。其有偽心行善之者，現在之失，云何命終復生何處？

答曰：此人身口行善，雖似佛法，而解心邪僻。若不覺知，障發三乘無漏[1]。雖不會真，於顛倒心中，或時亦能興顯三寶[2]、勸物修善，是人命終，未必墮於地獄、畜生、餓鬼❸之中，而隨所與鬼神❹相應之法，共彼鬼神同生一處，還為彼眷屬。或時得生人、天之中。故《九十六種道經》中說：「上有六十餘道，邪倒罪障重故，悉須說咒❺治之。下有二十餘道，邪惑罪障小輕，直覺知而已。」

復次，是人雖生天人之中，而冥密常係屬魔❻邪之道，樂近邪師，樂聞邪法，樂行邪道，供養親近，稱揚讚歎。修邪行者，見有正學三乘之人❼，不樂親近，或生惱亂。故《法華經》云：「若魔、若魔子、若魔女、若魔民，若為魔所著者。」《大品經》亦云：「若魔天❽，若魔人❾。」故知是人，雖生人天之中，猶係屬於魔，常起魔業，乃至雖得出家，猶造魔業。故《涅槃經》云：「佛去世後五百歲中，魔道漸興，魔作比丘，壞亂佛法。」亦如《大集經》中廣辯魔業之相。是中應廣分別。

如一動觸中，邪相如是，餘七觸❿中，亦具有此邪相，應當別知。如根本禪，邪相如是，餘十四門禪，及諸禪中，若事若理，皆有邪偽之法。其事云云，非可具說。

問曰：發邪觸時，為當具發如上所說二十邪事？為當不具？

答曰：或具、或不具、無在。若觸發時，但有一邪法，不即除之，便墮邪定。

何況具足二十邪法？所以者何？譬如二十人共行，若一是賊，則誤十九人。禪中亦爾。有一惡法，破壞諸善，不名正定。況復多耶？略辯一觸相如是，則餘七觸邪相亦然。

復次，更有異禪門邪法，入定中亦應識知。所謂餘禪門境界邪法，如一不淨觀禪，入此定中，亦有二十邪法來入此定。餘十四門禪，亦當如是。一一分別，是中應廣說。行者若脫證此法，須善識知，方便照了，不著邪定之法，即自便謝。

【章旨】說明了以邪偽之心行持善業的人，或許墮入惡道，受其惡報，或許輪入善道，受其善報，然而，由於其習因混雜，所以其果報亦不純，即使輪入善道，受其善報，亦依然有邪惡之心行。

【注釋】❶三乘無漏　三乘是指聲聞乘、緣覺乘、菩薩乘。漏即漏泄，亦煩惱之異名。貪、瞋、癡等煩惱，日夜不止，故稱為漏。又漏有漏落之意，煩惱能令人落入於三惡道，故稱漏。因此，把有煩惱垢染稱為有漏，把無煩惱垢染稱為無漏。❷三寶　佛寶、法寶、僧寶。一切之佛，即佛寶；佛所說之法，即法寶；奉行佛所說之法的人，即僧寶。佛者覺知之義，法者法軌之義，僧者和合之義。❸地獄畜生餓鬼　六道之中的三惡道之眾生。地獄，六道之最下等，以大苦最苦為特徵。其次，餓鬼，以饑餓為特徵。再次，畜生，以愚癡為特徵。❹鬼神　鬼是六道眾生之一。作為六道眾生之一的鬼，亦有種種的差別，福報差的叫無財鬼，時常沒有得吃，所以也叫餓鬼；有些雖有飲食，但是不夠，叫少財鬼；有些福報大，常得飲食，叫多財鬼。神是天龍八部的通稱。天龍八部包括：天、龍、夜叉、乾闥婆、阿修羅、迦樓羅、緊那羅、摩絢羅伽。❺咒　梵語陀羅尼，華譯為咒，即佛菩薩從禪定中所發出來的秘密語。❻魔　魔羅，簡稱「魔」，意譯為奪命、障礙、擾亂、破壞等，亦即能害人性命，障礙擾亂人們的修行。欲界第六天之天主即是魔王。〈分別禪波羅蜜前方便第六之四・明魔事〉中有詳細解釋。參見本書第三一一頁。❼三乘之人　亦即志心於聲聞乘、緣覺乘、菩薩乘的人。❽魔天　指他化自在天。他化自在天為六欲天中最高位之第六天，因有天魔之住處，故亦稱魔天。❾魔人　指人間之魔。❿餘七觸　在這裡是指，在「八觸」之中，除了「動觸」之外的其餘七觸。八觸，詳見第一九六頁中的「八觸」注釋。

【語譯】問：與邪法相應，做惡事的人，今生有這樣的罪過，命終之後，當生三惡道之中。然而，用虛偽之心行善的人，今生也有過失，他們命終之後，將會生到什麼地方去呢？

答：這種人在行為上與口頭上行善，雖然外表看起來很像佛法，然而，其內心卻有邪知邪見。若不自知的話，就會障礙發起聲聞、緣覺、菩薩的無漏智慧。這一類的行者，雖然不悟佛法真義，然而，在其顛倒心中，有時也能助興佛教，引人向善，這一類人，命終之後，未必墮落到地獄、畜生、餓鬼道中，而是隨著所相應的鬼神之法，墮落到相應的鬼神道中，還是作為這一類鬼神的眷屬。也許會生到人道或天道之中，所以，《九十六種道經》中說：「有六十多種外道，邪見與顛倒的罪障較重，所以，要用咒語來加以對治，方能消除邪見與顛倒。還有二十多種外道，邪見與迷惑較輕，只要自覺，就能消除邪見與迷惑。」

以上所說的這一類人，雖然能夠生到天道或人道，然而，冥冥之中，常與邪魔外道相應：喜歡接近邪見之人，喜歡聽聞邪見之法，喜歡修行邪見之道，供養、親近、稱揚、讚歎行持邪法的人。行持邪法的人，見到修持正法的三乘學人，不喜歡親近，反而會施加騷擾和破壞。所以《法華經》上說：「魔、魔子、魔女、魔民，都是被魔所迷惑的眾生。」《大品經》上說：「天道中的魔，或人道中的魔。」我們知道這樣的人，雖然他們生到了人道或天道，然而，他們依然屬於魔的眷屬，經常造作魔業，乃至雖然出了家，亦依然造作魔業。所以《涅槃經》上說：「佛陀去世五百年之後，魔道漸漸興起。魔現出家比丘相，破壞擾亂佛法。」也像《大集經》中所廣泛說明的魔業的情形。這其中的魔業情形，應當作廣泛地說明。

在動觸中，就有如此眾多的邪相，其餘的七觸中，也有如此眾多的邪相，我們應當善加分別。在根本禪，若有如此眾多的邪相，其餘的十四門禪，以及其餘諸禪中，無論是在事上，還是在理上，也都會有如此眾多的邪偽之法。具體情形有很多，是說也說不盡的。

問：邪觸發的時候，是以上所說的二十種邪事，全部發起來呢？還是不全部發起來呢？

答：或全部發起來，或不全部發起來，那是不一定的。觸發的時候，只要發起一種邪法，若不及時除去的話，行者便會墮在邪定之中，更何況二十種邪法全部發起來呢？為什麼這樣說呢？好比二十個人同事，若有一人是賊，就會連累其餘的十九人。禪定中的法相，也是一樣的，只要有一個惡法，就會破壞所有的善法，就不能叫做正定，更何況有很多的惡法呢？以上大致辨明了動觸之中的邪相發起的情形，在其餘的七觸之中，邪相發起的情形亦是一樣的。

此外，還有其他禪門中的邪法，在入定之時，也應當知道。所謂其他禪門境界中的邪法，譬如不淨觀禪，在入此定時，也可能會出現二十種邪法。其餘的十四門禪，每一門禪中，也都可能會出現二十種邪法。若想要具體地了解其中的情形，就應當廣泛地加以辨別。行者若想脫離以上所說的種種邪法境界，就必須善加識別，方便觀照，只要不著邪定之法，則邪定之法自然滅謝。

【說　明】所作的善惡之行，所想的善惡之念，就因地上而論，皆屬於因地種子。在生命的後繼展開中，一切因地種子，若遇到合適的因緣，皆能變成相應的果報。那麼，什麼時候不再受輪回之報了呢？答曰：只待識得「本來人」——自心本性。禪宗說：「若人識得心，大地無寸土。」土者，隱喻妄念塵埃。淨土宗說：「證大涅槃，本體未嘗增得一分。眾生墮三塗，趨生死海，本體未嘗減卻一分。如如之體，常自不動，生死涅槃，等是妄見，亦無如來，亦無眾生，於此證入，亦無能證之人，亦無所證之法，泯絕心量，超越情有，大地無寸土，佛之一字，向何處安著？」

第二，明正相❶者。若動觸發時，無向二十惡法，具足十種善法。十種善法者。一、觸相如法❷。二、定相如法。三、空相如法。四、明相如法。五、喜相如法。六、樂相如法。七、善相如法。八、智相如法。九、解脫相如法。十、心調相如法。

云何名如法？若與二十不善相法相違，安隱、清淨、調和、中適，即是如法，名為正相。是事至後第七大段明「證根本初禪覺支」中，當分別其相。如一動觸正相如是，餘七觸正相，皆類之可知。

問曰：是中一向但逐事說，若隨此相分別，是邪是正，是偽是真，是應捨是應取，豈非顛倒憶想墮邪僻耶？

答曰：正有二種。一、世間正。二、出世間正。若如❸世間善法相❹而說，即是世間正相。出世間解脫善法相❺而說，即是出世間正相。

今明根本觸中十種正相，即是辯世間正也。如《摩訶衍論》云：「因世間正見❻，得出世正見❼。若破世間正見，即破出世正見。」是故今欲明出世正法，必須先明世間正法。欲因事顯理，借近明遠故，須先分別根本事❽中初觸正相❾。

復次，若觸內發時，或見三十六物，或發慈心、因緣、正智念佛等諸餘禪定。若有功德安隱如法，資益觸樂❿，亦是宿世善根⓫發，各有十種正相，並是正定。但欲修根本禪定成就者，悉不得取是相。若謝不謝，於根本禪無所妨也。

然末世行者，善根微薄，證觸之時，多不發諸餘事理。禪中境界，今恐有發者不識故，略出此意。餘十四門禪發正相，亦當如是，一一自類廣分別之。

第二，明以法驗知邪正者。自有邪禪，其相微細難別，與正禪相似，非則相之所能別，應以三法驗知。一、定心研磨。二、用本法修治。三、智慧破析。如《涅槃經》說：「欲知真金，應三種試之，謂燒、打、磨。」行人亦是難可別識。若欲別之，亦須三種試之。所謂當與共事。共事不知，當與久處。久處不知，以智慧觀察。

今借此意，以明禪定邪正之相。如發一動觸，若邪正未了，應當深入定心，於所發境中，不取不捨，但平心定住[12]。若是善根，定力逾深，善根逾發。若魔所為，不久自壞。

二、以本法修治。如發不淨觀禪，還修不淨觀。隨所修時，境界增明，此則非偽。若以本修治，漸漸壞滅，當知即是邪相。

三、以智慧觀察者。觀所發法，推檢根源，不見生處。深知空寂，心不住著，邪當自滅，正當自顯。如燒真金，益其光色，若是偽金，即自黑壞。如此簡別。以三法驗之，邪正可知。定譬於磨。修治喻打。智慧觀察，類以火燒。又復久處喻磨。共事如打。火燒即譬智慧觀察。餘禪定例爾驗之，邪正可知。

二、簡是魔[13]非魔。即為二意。一、明是魔相。二、明非魔相。

今明魔禪有二種不同。

一、明禪非是魔，魔入禪中。如行者於正心中，發諸禪定，惡魔恐其道高，為作惱亂，入其禪中。若心貪著，或生憂懼，即魔得其便。若能如上用心卻之，魔邪既滅，如雲除日顯，定心明淨。

二、明一向魔作禪定，誑惑行者。若覺知非真，用法治之。魔退之後，則無復毫釐禪法。

次明非魔相者。罪障於禪，似如魔作，理實非魔，難可別識。若用前所說卻之，終不得去。若能勤修懺悔[14]，罪既除滅，則禪定自然分明。

復次，或入定時，方便不巧，致令境界不如法。若更善作方便，則所證明淨，故知非魔之所作也。

【章旨】首先，說明了禪定的正定之相。安穩、清淨、調和、適中，這樣的禪相，就叫做正定禪相。其次，指出了驗知禪相邪正的三種方法。一、深入定心，不取諸相。二、運用本法，繼續修習。三、觀照諸相，究其根源。再次，說明了辨別魔境界與非魔境界的方法。

【注　釋】❶正相　合乎標準的禪定發相。正，即不邪。相，即禪定發相，亦即禪定時所發起的禪定之相，或曰禪定境界，或曰禪定法相。❷如法　合乎標準。❸如　這裡的這個「如」字，是合乎標準的意思。❹世間善法相　合乎世間法標準的思想與行為。世間，相對於出世間而言。善法相，合乎標準的法相。法相，一切思想行為。❺出世間解脫善法相　既不受惡法縛，亦不受善法縛，善惡解脫，一切無縛。出世間，相對於世間而言。解脫，不受一切縛。善法相，亦即合乎標準的思想與行為，亦即合乎智慧的思想與行為。❻世間正見　合乎世間法標準的見解。❼出世正見　合乎出世間法標準的見解。❽根本事　指作為「出世間法」基礎的「世間法」。❾初觸正相　合乎標準的動觸發相。初觸，是指八觸中的第一觸——動觸。正相，合乎標準的禪定發相。❿觸樂　即舒適的八觸之樂。觸即八觸。樂即快樂。⓫宿世善根　宿世，即過去世。善根，即產生今世善法的過去世習因。⓬平心定住　平心，即平等心，即等觀諸相，不取不捨。定住，即安然地住於這種等觀諸相、不取不捨的平等心中。⓭魔　意譯為奪命、障礙、擾亂、破壞等，亦即能害人性命，障礙擾亂人們的修行。欲界第六天之天主即是魔王。〈分別禪波羅蜜前方便第六之四．明魔事〉中有詳細解釋。參見本書第三一一頁。⓮懺悔　懺，即發露過去所作的舊惡。悔，即悔改過錯，誓心不犯。

【語　譯】第二，辨明正相。若動觸發起的時候，沒有以上所說的二十種邪法境界，而且具足十種善法境界，這就是我們所說的正相。十種善法包括：一、觸相如法。二、定相如法。三、空相如法。四、明相如法。五、喜相如法。六、樂相如法。七、善相如法。八、智相如法。九、解脫相如法。十、心調相如法。

為什麼叫做如法呢？與二十種邪法不相應，安穩、清淨、調和、適中，這樣的禪定之相，就叫做如法，也叫做正相。正相的具體情形，等講到〈釋禪波羅蜜修證第七〉中的「證根本初禪覺支」時，我們再進行詳細地說明。若動觸的正相是這樣，其餘七觸的正相，亦可依而推知。

問：直到現在，您一向是在事相上說明禪定。您若老是在事相上分別，哪一種法是邪法？哪一種法是正法？哪一種法是假法？哪一種法是真法？哪一種法是應該捨棄的法？哪一種法是應該取用的法？如此在事相上大加分別，豈不是墮入顛倒妄想的邪道中去了嗎？

答：所謂正相，有二種。一、世間正相。二、出世間正相。若合乎世間善法的標準，就叫做世間正相。

若合乎出世間善法的標準，就叫做出世間正相。

現在，我們說明根本觸中的十種正相，就是要說明世間正相。譬如《大智度論》中說：「依據世間正見，就能獲得出世間正見。若破壞了世間正見，也就破壞了出世間正見。」所以，我們要想說明出世間正法，就必須先要說明世間正法。借助於事相而顯理體，借助於淺近來說明深遠，所以，我們必須首先說明根本事中的初觸正相。

當動觸內發的時候，或許會看到體內的三十六物，或許會發起慈心觀、因緣觀，以及正智念佛等各種禪定。若行者的內心，安穩如法，增益觸樂，這也是行者宿世善根發起的現象，各有十種正相，都屬於正定。但是，要想通過修根本禪定獲得成就，就不能取著這些境界。無論這些境界謝滅還是不謝滅，對於根本禪來說，都不會有什麼妨礙。

然而，末法時代的修行人，由於善根淺薄的緣故，所以，當觸發的時候，大都不發其餘諸禪境界。在禪定境界中，恐怕有人發起諸禪境界而不自識，所以，在此略示此義。其餘的十四門禪發起的正相，也應當是這樣的，行者自己應當逐一詳加分別。

第二，說明驗知邪正的方法。有些邪禪，發起的禪相，極其微細，難以辨別，與正禪發相，極其相似。這些邪禪，難以在禪定發相上加以辨別，我們應該用三種方法來加以驗知。一、定心研磨。二、用本法修治。三、智慧破析。就像《涅槃經》上所說：「要想辨別是否真金，應當用三種方法加以驗知，所謂燒、打、磨。」行人的禪定發相，是正還是邪，也是很難辨別的。若想辨別行人所發禪定的正邪，也應當用三種方法加以驗知。第一，與其共事。第二，若與其共事還不能驗知，就應當與其久處。第三，若與其久處還不能驗知，就要用智慧來加以觀察。

現在，我們就借用這個道理，用來辨別禪定的邪正。若行者發起了動觸，而自己又不能辨別其邪正的話，行者就應當繼續深入定心，對於所發起的觸動之相，既不取著，也不捨棄，只是平心定住。若動觸是由善根發起來的，那麼，行者的定力愈深，則善根也就會愈發。若這種動觸是魔力所為，行者只要不取不捨，平心定住，不用多久，動觸就會自然謝滅。

二、用本法來修治。譬如，若發起了不淨觀的禪相，行者依然還修不淨觀。在修不淨觀的時候，若發起的禪相越來越清晰，就證明行者所發的禪相不是邪法。若所發的禪相漸漸謝滅，就證明行者所發的禪相是邪法。

三、用智慧來觀照。行者觀察所發起的禪相，推究其生起之處，則不見其生起之處。此時，行者深知，諸法本來空寂，因此，心不取著禪相，則邪相自然謝滅，正相自然顯露。就像燒鍊真金，只能增加真金的光澤。若不是真金，就會變黑變壞。如此而驗知禪相的邪正。

用以上所說的這三種方法來驗知禪相，就可以知道禪相的邪正了。定就好比磨。修治就好比打。智慧觀察就好比火燒。還有，長久相處類似於磨。與其共事類似於打。智慧觀察類似於火燒。對於其他禪相的辨別，用這種方法來加以驗知，也可以得知其邪正。

二、辨明是魔境界還是非魔境界。其中有二意。一、魔境界。二、非魔境界。

現在說明二種不同的魔禪境界。

一、禪並不是魔，魔能入禪中。譬如行者，正心禪定，發起了各種禪定，魔恐怕行者道行高深，所以，惱亂行者，入於行者禪中。行者若心生貪著，或心生憂慮恐懼，那麼，惡魔便乘機而入。行者若能依照以上所說的方法用功，邪魔便會自然謝滅，猶如雲開日出，定心明淨。

二、魔作禪定之相，用來誑惑行者。行者若能覺察到禪相非真，就用相應的方法進行對治。等到魔退之後，則不再有絲毫禪法。

我們再來說明非魔境界的情況。行者的罪業，障礙禪定，這種情形，看上去好像是魔所作，其實，並不是魔所為。行者的罪業所發起的禪相，與魔所作的禪相，這兩種情形，實難辨別。若是行者的罪業所發起的禪相，用前面所說的方法進行對治，禪相終究不能退去。在這種情形下，行者若能精勤懺悔，罪業就會消滅，禪定境界自然也會清淨光明。

還有一種情形是，行者入定時，方法不當，所以，使得禪定境界不如法。這時，行者若能運用適當的方法，就能使禪定境界光明清淨。由此可知，這種不如法的禪定境界，並不是魔所作，而是方法不當所造成的。

【說　明】辨別禪定邪正的方法，不可一概而論，譬如行者作白骨觀時，所觀之骨，未能漸漸清晰，反而，所觀骨相，漸漸謝滅。然而，行者的內心，卻更加清明，見聞覺知，了了常明。此是智心現前之相，且不可誤以為是邪禪之相。若誤以為是邪禪之相，則大失學佛之利益。

一切方便方法，皆屬一時借用。若不假借方便，則難以成就大事。然而，事至成熟，若更執於方便，則方便亦成魔障。事中火侯之把握，分寸之定度，取捨拿放之間，全無一定，須學人善調，方可假般若舟船至覺悟彼岸。若至彼岸，此岸尚無，豈有彼岸？若立彼岸，亦有此岸，彼此對待，不出二元。佛法不二，絕待無對，一切萬法，盡歸真源，此時，彼此平等，盡歸一元，此是真彼岸。

第四，次料揀發禪❶不定。略為五意。一、正料揀事理兩修發禪不定。二、明發禪所由。三、辨發禪多少。四、明發宿善根❷盡相。五、約有漏無漏分別。

第一，先料揀事理兩修發禪不定者。

問曰：上所明三止，若繫緣制心，此二止並是事止，應但發事中禪定。唯體真一止，既是理止，應發理中禪定。今何故？三止通皆發事理諸禪？此則因果渾而無別。

答曰：不然。今一家所明事理兩修，悉隨行人根緣❸，是以發法不同❹，寧可定有分別？如上所明三止。若略說則應如所問，合為事理兩修。若具足分別，應開為四修。

就四修中，則有二種。一、約止門❺明四修。二、約觀門❻明四修。

第一，約止門明四修者。一、事止。所謂繫緣制心等止，即是事修。二、理止。所謂體真止，即是理修。三、事理止。所謂緣俗體真❼止，即是事理修。四、非事非理止。所謂息二邊分別❽止，即是非事非理修。

第二，約觀門明四修者。一、事觀。所謂安般、不淨觀等，即是事修。二、理觀。所謂空無相等觀，即是理修。三、事理觀。所謂雙觀二諦，即是事理修。四、非事非理觀。所謂中道正觀，即是非事非理修。

今為欲成前止門發禪不定義故，但約四止以明修。一一修中，各有四種發禪不定，是故四種修中，合有十六種發禪不定。行者善識此相，即自了知事理兩修，通發一切諸禪三昧，心無疑惑。

云何名為四種止中一一各有四種發禪不定？今先料揀第一事修發禪不定。即有四種不同：

一、自有行人，安心繫緣、制心等事止，還發事中禪定，謂根本四禪❾，四無量心[10]，四無色定[11]，及九想[12]、背捨[13]、勝處[14]、一切處[15]等中諸禪三昧。

二、自有行人，安心事止，而但發理中禪定，謂空無相無作[16]，三十七品[17]，四諦[18]、十二因緣[19]等慧行理中諸禪三昧。

三、自有行人，安心事止，具發事理禪定，謂根本四禪、四無量心、四無色定、九想、背捨、勝處、一切處等事中諸禪三昧。空無相無作、三十七品、四諦、十二因緣等慧行理中諸禪三昧，乃至特勝[20]、通明[21]，皆屬事理禪定。

四、自有行人，安心事止，乃發非事非理禪定，謂自性禪[22]、一切禪[23]等，及法華三昧[24]、一行三昧[25]、首楞嚴[26]、師子吼[27]等中道所攝諸禪三昧，乃至十力[28]、無畏[29]不共之法[30]。

問曰：若修事止，但應發事中禪定。今何得發理及非事理等諸禪三昧、不共法耶？

答曰：發禪有二種。一者、現前方便修得。二者、發宿世善根。若事修還發事禪者，多是修得。若事修而發理、發非事非理等諸禪三昧者，悉是發宿世禪定善根也。

如數人[31]辨有二種修義。一、得修。二、行修。得修名本所未得。行修名本已曾得。今此類然。故約事修則發禪有四種不定。

復次，今此內方便[32]所明，但辨因止發宿世善根[33]，是故雖說事理諸禪三昧發相，皆略而淺近。若論修習成就，因果相稱，從始至終諸禪三昧事理廣深之相，並屬第七大段，彼中方復具足分別。

問曰：若事修乃發非事非理等諸禪三昧不共之法，並由先世習因[34]而得者，則一切隨事而修，皆應得首楞嚴等諸禪三昧不共之法。若爾，何故一切十方諸佛殷勤稱歎般若波羅蜜[35]，若能如聞，行者即具足一切佛法？

答曰：此難更成今義。所以者何？若行者過去已經值無量諸佛，從諸佛所，聞說般若波羅蜜，如聞而行，則今世隨有所修，一切非事非理諸禪三昧不共之法，自然開發。若過去不聞般若，不修般若，今世雖聞雖修而不能發。何況不聞不修而得發耶？

復次，今世雖聞般若，雖修般若而不得發，後世若值諸佛菩薩，聞說般若波羅蜜，如聞而行，即一切大乘諸禪三昧不共之法，悉當開發。故知皆是聞般若，如聞而行能發，非無因緣。是以一切十方諸佛，殷勤稱歎般若波羅蜜：若有如聞而行，則能具足一切佛法。正成今義。

復次，行者以般若波羅蜜方便力故，能於事修之中，即具非事非理修，勇猛精進。常修習者，則能發一切非事非理諸禪三昧不共之法。

問曰：此與前何別？

答曰：是中應作四句料揀。一者、因強而緣弱。二者、因弱而緣強。三者、因緣俱強。四者、因緣俱弱。

一、因強而緣弱[36]，能發非事非理諸禪三昧不共之法。如前分別。

二、因弱而緣強[37]，能發非事非理諸禪三昧不共之法。即是今之所明。

三、因緣俱強[38]，能發非事非理諸禪三昧不共之法者。以前合今，即是其事。

四、因緣俱弱[39]者，則今世或發或不發。設得發禪，微羸淺薄，亦不牢固，多好退失。像末世中[40]，極上行人，只得如此。如上三句所明者，萬中或有一無一。

【章旨】首先，介紹了止門的四種修行（事止、理止、事理止、非事非理止），以及觀門的四種修行（事觀、理觀、事理觀、非事非理觀）。其次，介紹了事修發禪不定的四種情況：一、有人只發事中禪定。二、有人只發理中禪定。三、有人俱發事理禪定。四、有人發非事非理禪定。其次，說明了宿世修行的差異，是今世發禪不定的原因。

【注　釋】❶發禪　即發起禪定。禪定有種種深淺不同，有種種相貌差別。所以，發禪所包括的範圍極廣。發，即發起。禪，即禪定。❷宿善根　亦即宿世善根。宿世，即過去世。善根，即產生今世善法的過去世習因。❸根緣　根，即根機。根機，即行者過去的修行所造成的自身條件。緣，即事緣。事緣，即行者現在所面對的外在條件。內在根機與外在事緣，相互和合，方能獲得相應的成就。❹發法不同　發禪的方法不同。或曰發起禪定的不同方法。❺止門　止息妄念的方法。止，即止息妄念思慮。門，即修行方法。❻觀門　智慧觀照的方法。觀，即智慧觀照。門，即修行方法。❼緣俗體真　借助於俗諦，體悟佛法真諦。緣，即借助於。俗，即俗諦，或曰世間之理。體，即體悟。真，即真諦，或曰佛法真理。❽息二邊分別　以平等之心，觀一切法相，離二邊執著，脫無繩自縛。息，即息滅。二邊，即是非、好壞、美醜、正邪、佛魔等兩極對待之法相。分別，亦即執著、繫縛。❾四禪　又作四禪定、四靜慮。指用來治惑、生諸功德的四種根本禪定，亦即指色界中的初禪、第二禪、第三禪、第四禪，故又稱為色界定。在〈釋禪波羅蜜修證第七之一・釋修證四禪〉中有詳細解釋。參見本書第三二五頁。❿四無量心　亦即慈無量心、悲無量心、喜無量心、捨無量心。與一切眾生樂，名慈無量心；拔一切眾生苦，名悲無量心；見人行善或離苦得樂，深生歡喜，名喜無量心；如上三心，捨之而不執著，或怨親平等，不起愛憎，名捨無量心。〈釋禪波羅蜜修證第七之二・釋四無量心〉有詳細解釋。參見第四〇五頁。⓫四無色定　四空處定包括：空無邊處定、識無邊處定、無所有處定，以及非想非非想處定。在〈釋禪波羅蜜修證第七之二・釋四無色定〉中有詳細解釋。參見本書第四四四頁。⓬九想　又作九相、九想門、九想觀。即對人屍體的醜惡形相，作九種觀想。九想是不淨觀中的一種，依之觀想，可以斷除對肉體的執著。〈釋禪波羅蜜修證第七之五・釋九想觀門〉中有詳細解釋。參見本書第五九二頁。⓭背捨　指八種背棄、消除三界煩惱的禪定。在〈釋禪波羅蜜修證第七之六・釋八背捨〉中有詳細解釋。參見本書第六四〇頁。⓮勝處　又作八除入、八除處、八勝處。即八背捨所引起的八種殊勝境界。八勝處的具體內容，在〈釋禪波羅蜜修證第七之六・釋八勝處法門〉中有詳細解釋。參見本書第六六五頁。⓯一切處　又名十遍處，十一切處。即觀青、黃、赤、白、地、水、火、風、空、識等十法，使其一一周遍於一切處。十一切處的具體內容，在〈釋禪波羅蜜修證第七之六・釋十一切遍處法門〉中有詳細解釋。參見本書第六七七頁。⓰空無相無作　見前「空無相無作」注釋。第二〇九頁。⓱三十七品　即三十七道品。道品，又作菩提分、覺支，即追求智慧，進入涅槃境界的三十七種修行方法。又稱三十七覺支、三十七菩提分、三十七助道法、三十七品道法。

三十七道品包括：四念處、四正勤、四如意足、五根、五力、七菩提分、八正道分，其數共有三十七品，為修道之資糧，故名三十七道品。⑱四諦　又名四真諦，四聖諦或四諦法，即苦諦、集諦、滅諦、道諦。苦諦是說明人生多苦的真理，人生有三苦，八苦，無量諸苦，苦是現實宇宙人生的真相。集諦的集是集起的意思，是說明人生的痛苦是怎樣產生的，人生的痛苦是由於凡夫自身的愚癡無明，和貪欲瞋恚等煩惱的掀動，而去造作種種的不善業，結果才會招集種種的痛苦。滅諦是說明涅槃境界才是多苦的人生最理想最究竟的歸宿的真理，因涅槃是常住、安樂、寂靜的境界。道諦是說明人要修道才能證得涅槃的真理。⑲十二因緣　見前「十二因緣」注釋，第五三頁。⑳特勝　又作十六勝行，十六特勝。為數息觀中最為殊勝之十六種觀法。在〈釋禪波羅蜜修證第七之三・釋十六特勝〉中有詳細解釋。參見本書第四九三頁。㉑通明　亦即通明觀。阿羅漢等聖者，在修四禪定、四無色定、滅盡定等九次第定時，觀息、色、心三事之禪法。又叫做通明觀禪，也叫做通明觀。修此禪定時，必通觀息、色、心三事而徹見無礙，故稱通明。又能得六通、三明，故稱通明。〈釋禪波羅蜜修證第七之四・修證通明觀〉中有詳釋。參見第五二五頁。㉒自性禪　此禪法以觀心之實相為主。即觀一切萬法，無不由心起，無不歸還於心。萬法與心，體相一如，本來如是。行者如是而見，即是自性禪。㉓一切禪　九種大乘禪之一。指能自行化他，具足一切功德之禪定。分為世間、出世間二種。此二種禪，隨其所應，各有三種，即：一、現法樂住禪，謂菩薩之禪定遠離一切妄想，身心止息。二、出生三昧功德禪，謂菩薩之禪定出生種種不可思議無量無邊之十力種性所攝之三昧，而入於一切無礙慧、無諍願智之勝妙功德。三、利益眾生禪，即菩薩饒益有情所作之布施，滅除眾苦，如法攝眾，知恩報恩，歡喜讚歎，無怨憎之念，或以神力令眾生歡喜等功德。㉔法華三昧　三諦圓融的妙理現前，障礙中道的無明熄滅，攝一切法歸於實相，名法華三昧。㉕一行三昧　在佛學詞典上，一般都把一行三昧稱之為「心定於一行而修正定」。這種「把心定於一行」的禪定，猶是著相，不能與自性禪、法華三昧、首楞嚴三昧等中道禪相提並論。六祖惠能解釋一行三昧時說：一行三昧者，於一切處行住坐臥，常行一直心是也。淨名云：直心是道場，直心是淨土。莫心行諂曲，口但說直，口說一行三昧不行直心。但行直心，於一切法勿有執著。迷人著法相，執一行三昧，直言常坐不動妄不起心，即是一行三昧。作此解者，即同無情，卻是障道因緣。㉖首楞嚴　亦即首楞嚴三昧。即堅固攝持諸法之三昧，為百八三昧之一，乃諸佛及十地之菩薩所得之禪定。㉗師子吼　又作獅子吼。謂佛以無畏音說法，如獅子之咆吼。獅子為百獸之王，佛亦為人中之至尊，稱為人中獅子，故用此譬喻。又，當佛說法時，菩薩起勇猛心求菩提，因而外道、惡魔生怖畏，猶如獅子吼時，小獅子亦增威，百獸怖伏。㉘十力　見前「十力」注釋。第五四頁。㉙無畏　亦即四無所畏。見前「四無所畏」注釋。第五四頁。㉚不共之法　即不相同的法。不共，即不相同。㉛數人（流派）薩婆多部（即一切有部）之異名也。主論法數，故曰數人。㉜內方便　即是安定內心的修習方法。內，即內心。方便，即善巧修學。㉝宿世善根　宿世，即過去世。善根，即產生今世善法的過去世習因。㉞習因　過去的修習，作為現在的原因，簡稱為習因。習者，是「過去的修習」。因者，現在之原因。㉟般若波羅蜜　般若智慧之船，能夠使眾生到達覺悟的此岸。般若即大智慧。波羅蜜即到彼岸。㊱因強而緣弱　過去的因強，今世的緣弱。㊲因弱而緣強　過去的因弱，今世的緣強。㊳因緣俱強　過去的因與今世的緣皆強。㊴因緣俱弱　過去的因與今世的緣皆弱。㊵像末世中　像，即像法時期。末，即末法時期。佛法住世，分三個時期，即正法時期、像法時期、末法時期。關於佛法住世的三個時期的時限，諸說不一，今不具說。

【語　譯】第四，概括發禪不定的情形。大致分為五部分。一、從正面概括理事雙修發禪不定的情形。二、說明發禪的原因。三、明辨發禪的多少。四、說明宿世善根發盡之相。五、說明有漏禪與無漏禪。

第一，先概括地說明理事雙修發禪不定的情形。

問：在前面所講到的三止中，繫緣止與制心止，這二種止，皆屬於事相上的止，因此，應該只發事相上的禪定。而體真止，則屬於理體上的止，應該只發理體上的禪定。為什麼繫緣止、制心止與體真止統統都發事相禪定與理體禪定呢？繫緣止、制心止與體真止，統統都發事相禪定與理體禪定，這種說法，混淆因果。

答：不是這樣的。我們現在所說的事修與理修，是根據行者的根機與因緣而說的，所以，有發起禪定的不同方法，行人的根機與事緣，各自有種種不同，因此，在發起禪定的方法上，哪裡有什麼固定不變的方法呢？就像上面所說的三止。若概括起來而說的話，就應該像你問的那樣，只有事修與理修二種修法。若作詳細分別的話，就應該有四種修法。

在這四種修法之中，則分為二部分。一、用「止門」來說明四修。二、用「觀門」來說明四修。

第一，用「止門」來說明四修。一、事相上的止。繫緣止、制心止，就叫做事修。二、理體上的止。體真止，就叫做理修。三、事理雙止。也就是借助世俗之理而體悟佛法之真，就叫做事理雙修。四、非事非理止。息滅二邊執著，就是非事非理修。

第二，就「觀門」來說明「四修」。一、事觀。數息觀、不淨觀等，就是事修。二、理觀。空觀、無相觀等，就是理修。三、事理觀。事理雙觀，即是事理修。四、非事非理觀。中道正觀，就是非事非理修。

現在，為了說明前面所說的止門發禪不定的情形，只用「四止」來說明禪修。在事止、理止、事理雙止、非事非理止這四種止門之中，每一種止門，又各有四種發禪不定的情況。因此，四種止門之中，共有十六種發禪不定的情況。只要行者善於識別，就能夠曉得，事修與理修，都能夠發起一切諸禪三昧，這時，行者也就不會有疑惑了。

為什麼說在四種止門之中，每一種止門各有四種發禪不定的情形呢？現在我們先來說明事修發禪不定的情形。事修有四種發禪不定的情形。

一、有的行人，修習繫緣止、制心止等事止，結果，發起了事相上的禪定，也就是發起了根本四禪、四無量心、四無色定，及九想、背捨、勝處、一切處等偏重於事相的諸禪三昧。

二、有的行人，修行事止，卻發起了理體上的禪定，也就是發起了空、無相、無作、三十七道品、四諦、十二因緣等偏重於理體的慧觀諸禪三昧。

三、有的行人，修行事相止，結果，事禪定與理禪定二者皆發，既發起了事禪定——根本四禪、四無量心、四無色定，及九想、背捨、勝處、一切處等偏重於事相的諸禪三昧，也發起了理禪定——空、無相、無作、三十七道品、四諦、十二因緣等偏重於理體的慧觀諸禪三昧，甚至發起了特勝、通明等事理皆具的諸禪三昧。

四、有的行人，修行事相止，結果發起了非事非理禪定，也就是發起了自性禪、一切禪、法華三昧、一行三昧、首楞嚴、獅子吼等中道禪的諸禪三昧，甚至發起了十力、四無畏、十八不共法等。

問：若修習事止，應該只發事禪定，為什麼卻發起了理禪定，以及發起了非事非理等諸禪三昧，以及十八不共法呢？

答：發禪不定的原因有二種。一、由於今生的方便修行而發。二、由於過去世的善根而發。若是事修而發事禪的話，發起的這種事禪，大多是由於今生的方便修行而發。若是事修而發理禪、非事非理等諸禪三昧的話，就是發起了過去世的禪定善根。

薩婆多部（說一切有部）的人認為，修行有二種。一、得修。二、行修。所謂得修，是指本來沒有，因為今生的修行，所以，今生便獲得了這種禪定。所謂行修，是指宿世已經獲得，因為今生修行的緣故，所以，又重新復現了過去世的禪定。薩婆多部所說的這種情形，與我們今天所說的情形是一樣的。所以說，事修可以有四種不同的發禪情形。

我們現在所說的內方便，只說因修止而發宿世善根，所以，我們雖然闡述了事理諸禪三昧發起的情形，但是，皆屬淺近略說。若論修習所獲得的成就，以及其間的因果關係，從開始修行，到成就佛道，其中的諸禪三昧，在事相與理體上的廣深之相，那就要等到講〈釋禪波羅蜜修證第七〉時再進行詳細地說明。

問：若事修就能發起非事非理等諸禪三昧不共法，並且是由於宿世修習的緣故而獲得，那麼，一切隨事而修，便都應該獲得首楞嚴等諸禪三昧不共法。若是這樣的話，為什麼十方諸佛殷勤稱歎般若波羅蜜時卻說，若有人，如是而聞般若波羅蜜，是人即具足一切佛法？

答：你的這一問難，正是我現在所說的內容。為什麼這樣說呢？這是因為，若行者在過去世已經值遇無量諸佛，從諸佛處已經聽聞般若波羅蜜，並且依照所聽聞的般若波羅蜜而行，那麼，今世隨所修習，一切非事非理諸禪三昧不共法，自然就會得到開發。若是過去世未曾聽聞般若，也未曾修行般若，今世雖然聽聞般若，也修行般若，也是不能發起非事非理諸禪三昧不共法的。更何況不聞般若，也不行般若呢？

若今世聽聞般若，也修行般若，卻未能發起非事非理諸禪三昧不共法，行者於後世值遇諸佛菩薩時，聞說般若波羅蜜，並且依照般若波羅蜜而修行，就能發起一切大乘諸禪三昧不共法。所以我們知道，發起大乘諸禪三昧不共法，皆是由於聽聞般若，並且依照所聞而修行般若的緣故，並不是沒有因緣。所以，十方三世諸佛，殷勤讚歎般若波羅蜜：若有人，如是而聞、如是而修般若波羅蜜，這人就能具足成就一切佛法。這正是我們所要講的內容。

行者借助於般若波羅蜜的方便之力，在事修之中，便能具備非事非理修，勇猛精進。持之以恆修行的人，能夠發起一切非事非理諸禪三昧不共法。

問：這與前面所說的有什麼區別呢？

答：可以概括為四種情況來說。一、因強緣弱。二、因弱緣強。三、因緣俱強。四、因緣俱弱。

一、因強而緣弱的情況。因強緣弱的人，能夠發起非事非理諸禪三昧不共之法。就像前面所說的那樣。

二、因弱而緣強的情況。因弱緣強的人，能夠發起非事非理諸禪三昧不共法。這是我們現在所要說明的。

三、因緣俱強的情況。因緣俱弱的人，能夠發起非事非理諸禪三昧不共法。過去世的強因與今世的強緣和合，正是因緣俱強的情形。因緣俱強的人，所發起的禪定境界最為殊勝。

四、因緣俱弱的情況。因緣俱弱的人，今世或許能發起非事非理諸禪三昧不共法，或許不發非事非理諸禪三昧不共法。即使今世發起了非事非理諸禪三昧不共法，其禪定之力也必定是微弱淺薄，也不牢固，也容易退失道心。像法時代與末法時期的修行人中，最上等的人，也只能修到這種地步。前面所說的三種情形，在像法時代與末法時期，萬人之中或許有一個達到這種程度的人，或許一個也沒有。

【說明】在實際的修行中，事修與理修，本來不可分，然而，為了辨明修行，所以，作如此方便之說。若就實際的修行而論，實際的修行具理備事，理事不分。

行者若作實際的修行，切不可著於理事名相，不可在名相上妄念自縛。若著於理事名相，在名相上妄念自縛，即是作障自礙，無繩自縛。

第二，次料揀理修發禪不定。亦有四種不同。

一、自有行人，安心體真理止❶，還發理中禪定，謂空無相❷等一切理中諸禪三昧。

二、自有行人，安心理止❸，而但發事中禪定，謂根本禪、背捨一切事中諸禪三昧。

三、自有行人，安心理止，而具發事理禪定，謂根本禪、背捨、空、無相等一切事理諸禪三昧。

四、自有行人，安心理止，乃發非事非理禪定，謂自性禪❹等中道所攝一切諸禪三昧不共之法。

廣分別諸禪相，及料揀修發之義類，如初句❺中說。

第三，次料揀事理修發禪不定。亦有四種不同。

一、自有行人，安心緣俗體真❻事理止，便還發事理禪定，謂根本禪背捨空無相等一切事理諸禪三昧。

二、自有行人，安心事理止，而但發事中禪定，謂根本禪背捨等一切事中諸禪三昧。

三、自有行人，安心事理止，而但發理中禪定，謂空無相等一切理中諸禪三昧。

四、自有行人，安心事理止，乃發非事非理禪定，謂自性禪及中道所攝一切諸禪三昧不共之法。

廣分別諸禪相，及料揀修發之義類，如初諸句中說。

第四，次料揀非事非理修發禪不定。亦有四種不同。

一、自有行人，安心息二邊分別非事非理止，還發非事非理禪，謂自性禪等及中道所攝一切諸禪三昧不共之法。

二、自有行人，安心非事非理止，而但發事中禪定，謂根本禪、八背捨等一切事中諸禪三昧。

三、自有行人，安心非事非理止，而但發理中禪定，謂空、無相等一切理中諸禪三昧。

四、自有行人，安心非事非理止，而具發事理禪定，謂根本禪、背捨及空無相等一切事理諸禪三昧。

廣分別諸禪相，及料揀修發之義類，如初句中說。

今但約止門中四修分別，則有十六種發禪不定。若更就觀門中四修分別，亦有十六種發禪不定。止觀合辨，則有三十二種發禪不定。此三十二，但就法行人分別。若約信行人，聞說止觀教門發禪悟道不定，亦有三十二種。其事云云，今不具說。此一往通論，略出六十四種。

若具約三乘人根性分別，則有一百九十二種發禪之異。若細歷諸禪，及約邪正，辨發相分別，則有無量。今此皆是就行人心地分別，非是虛設之言。當知禪定發法不可思議，乃是諸佛菩薩境界，尚非二乘所量，豈是凡夫之所能測？

若行者欲自行化他，必須少分識之。寧可謬自師心，則有自損損他之失。已所修治，為無慧利。

【章　旨】概括了理修（偏重於理體的禪修）、事理修（事理並修）、非事非理修（超越事修與理修）等發禪不定情況：一、有人只發理中禪定。二、有人只發事中禪定。三、有人俱發事理禪定。四、有人發非事非理禪定。

【注　釋】❶體真理止　即止息妄念思慮，體悟佛法真諦。體，即體會。真理，即佛法真諦，歸源至真之理。止，即止息妄念思慮。❷空無相　空，即空三昧。無相，即無相三昧。空三昧與無相三昧，三三昧之二。三三昧包括：空三昧、無相三昧、無願三昧。空三昧是觀察世間的一切法都是緣生的，也都是虛妄不實的；無相三昧是觀察世間的一切形相都是虛妄假有；無願三昧又名無作三昧，即觀一切法幻有，而無所願求。❸理止　亦即體會真理的止。亦即體真止。❹自性禪　此禪法以觀心之實相為主。即觀一切萬法，無不由心起，無不歸還於心。萬法與心，體相一如，本來如是。行者如是而見，即是自性禪。❺初句　四句之一。在這裡，四句是指：事止、理止、事理止、非事非理止。這裡的「初句」是指「事止」。❻緣俗體真　借助於俗諦，體悟佛法真諦。緣，即借助於。俗，即俗諦，或曰世間之理。體，即體悟。真，即真諦，或曰佛法真理。

【語譯】第二，概括理修發禪不定的情形。也有四種發禪不定的情形。

一、有的行人，修習體真止，結果，發起了理中禪定，也就是發起了空、無相等偏重於理體的諸禪三昧。

二、有的行人，修習體真止，結果，只發起了事中禪定，也就是發起了根本禪、八背捨等偏重於事相的諸禪三昧。

三、有的行人，修習體真止，結果，事禪定與理禪定，全部發了起來，也就是發起了根本禪、背捨、空無相等事理並具的諸禪三昧。

四、有的行人，修習體真止，發起了非事非理禪定，也就是發起了自性禪等中道禪範疇內的一切諸禪三昧不共法。

廣泛地分辨各種禪相，以及概括禪修與發禪的種類，則與前面所講到的事止發禪不定的情況是一樣的。

第三，概括事理修發禪不定的情況。事理修也有四種發禪不定的情況。

一、有的行人，修習緣俗體真的事理止，結果，事禪定與理禪定，全都發了起來，也就是發起了根本禪、背捨、空、無相等事理皆具的諸禪三昧。

二、有的行人，修習事理止，結果，只是發起了偏重於事相的禪定，也就是發起了根本禪、背捨、等偏重於事相的諸禪三昧。

三、有的行人，修習事理止，結果，只是發了偏重於理體的禪定，也就是發起了空、無相等偏重於理體的諸禪三昧。

四、有的行人，修習事理止，結果，發起了非事非理禪定，也就是發起了自性禪等中道禪範疇內的一切諸禪三昧不共法。

廣泛地分辨各種禪相，以及概括禪修與發禪的種類，則與前面所講到的各種事止發禪不定的情況是一樣的。

第四，概括非事非理修，及其發禪不同的情形。非事非理修，也有四種發禪不定的情形。

一、有的行人，安心於息滅二邊分別的非事非理止，結果，發起了非事非理禪，所謂自性禪等中道禪範疇內的諸禪三昧不共法。

二、有的行人，安心於非事非理止，結果，只發起了事中禪定，也就是發起了根本禪、八背捨等偏重於事相的諸禪三昧。

三、有的行人，安心於非事非理止，結果，只發了理中禪定，也就是發起了空、無相等偏重於理體的諸禪三昧。

四、有的行人，安心於非事非理止，結果，發起了事禪與理禪，也就是發起了根本禪、背捨及空無相等事理皆具的諸禪三昧。

若廣泛地分辨各種禪相，以及概括修禪與發禪的種類，則與前面所講到的修習事止的情況是一樣的。現在，只就止門中的四種修行來進行分別說明，就有十六種發禪不定的情形。若再就觀門中的四種修行來進行分別說明，觀門中也有十六種發禪不同的情形。若把止觀二門合起來，則有三十二種發禪不同的情形。這三十二種發禪不定的情形，也只是針對法行人來分別的。若就信行人來說的話，聞說止觀教門發禪悟道，也有三十二種不同的情形。具體情形有很多，在這裡就不具體地說明了。總而言之，大致有六十四種發禪不同的情形。

若再就三乘人的根性來作具體分別的話，則有一百九十二種發禪不同的情形。若再詳細地分別各種禪相，以及各種禪相的邪正，辨明各種禪修的發禪情形，那麼，就會有無量之多。我們如此說，則是針對行人的心地來說的，並不是虛設的言說。我們要知道，禪定境界不可思議，這是諸佛菩薩的境界。二乘人尚且不能測量諸佛菩薩的境界，豈能是凡夫之所能測量的？

行者若想自行化他，就必須對於發禪的情況有一個基本的了解，豈能自以為是？若行者自以為是，就會有自損而禍他之過，就會成為沒有智慧、沒有好處的行為。

【說明】依照智者大師的說法，止門中有十六種發禪不定的情形，觀門中也有十六種發禪不同的情形，止觀二門合起來，則有三十二種發禪不同的情形。若更就信位行人來說，也有三十二種不同的情形。若再就三乘人的根性來作具體分別的話，則有九十二種發禪不同的情形。若再詳細地分別各種禪相，以及各種禪相的邪正，辨明各種禪修的發禪情形，那麼，就會有無量之多。

智者大師在事相上作如是細微分別，極容易令人誤入歧途。萬望行者，莫糾纏於事相。行者應當以般若智慧，逐步地為自心減負，而不是為自心增負。從禪修的總體走向上來看，佛法的修行過程，是一個「為道日損」、「漸脫繫縛」的過程。行者且莫忘記這一總則。

第二，明發諸禪三昧所由。自有二解不同。

一、有師言，但修上入定，諸禪自發，不勞餘習。此師一向併用止法，教人事等。舊醫純用乳藥。

今不同此。所以然者？止者一法，發法亦應但一。既行者因止發禪不同，何得一向由止？此則非唯於理有失，亦是乖佛教門。

二、有師言，宿世經習諸禪，善根為因，今世修止，得定為緣，是故異發不同，其義可見。譬如陸地雖有藥草、樹木、叢林，種類若干，名色各異，若不沾一味之雨，豈得有異類生長之殊？此亦如是。

若依大乘暗室瓶盆、井中七寶之義，此則別論。

第三，明發法多少者。上雖辨因止通發一切諸禪三昧，然行人根性不同，發法不無多少之別。有人但發一種禪門。有發二門、三門、四門、五門。或有一人並發十五門，及一切諸禪三昧，不可定判。

所以而然？此皆由行者過去習因偏圓不等、厚薄之殊❶，亦以今世精進懈怠，有慧方便無慧方便之別，故發法優劣不同，殊途萬品之異。是則略明發法多少之相也。

第四，明因止發禪，有盡、不盡。今就易顯者明，故先約一不淨觀中分別。自有行人，宿世已經修得不淨❷、白骨流光❸，今於止中但發得不淨，未得白骨流光，此名不盡。若具足發者，名之為盡。

若過去所習，勢分已盡，雖復修止，則不增進。若更專心諦觀白骨，鍊於骨人，研修不已即覺。隨心所觀，境界漸漸開發，成八背捨，觀鍊熏修❹，悉皆具足。此即是今世善巧精勤修習之所成就，非關過去習因善發❺。

問曰：修止境界不進，何必由習因已盡？或由罪障障於宿善，故不得增長開發。

答曰：實如來問，此別是一途，不妨自有發盡之者，非關罪障。必須方便依如觀法修習，乃得成就。

是中應歷五種根性人料揀。一、退分人。二、護分人。三、住分人。四、進分人。五、達分人。分別云云，今不具記。餘十四禪發盡不盡，相類爾可知。

【章　旨】首先，說明了行者宿世習因有別，因此，今世發禪情況有異。其次，說明了發禪多少的不同，有人發起一門禪，有人發起多門禪，有人盡發十五門禪。再次，說明了發禪盡與發禪不盡的情況。有人發起了宿世所發禪的全部，有人只發起了宿世所發禪的部分。

【注　釋】❶習因偏圓不等厚薄之殊　行者在因地上的修行，有偏圓厚薄之種種差別。偏，即偏修，亦即或偏於事修，或偏於理修。圓，即圓修，亦即具事具理之修。厚，即厚修，亦即精進用功之修。薄，即薄修，亦即膚皮功淺之修。❷不淨　即不淨觀的禪修境界。❸白骨流光　白骨觀中的一種境界。行者觀想白骨，如珂如雪，進而觀想白骨，白光閃爍，照耀十方。這種境界就叫白骨流光。❹觀鍊熏修　指觀禪、鍊禪、熏禪、修禪。觀禪是指背捨及勝處、一切處。鍊禪是指九次第定。熏禪是指師子奮迅三昧。修禪是指超越三昧。在〈釋禪波羅蜜修證第七之六〉中，對觀禪、鍊禪、熏禪、修禪有詳細解釋。參見本書第六三九頁。❺習因善發　習因，即過去世修行，所留下的善因種子。善發，即善因種子獲得開發。

【語　譯】第二，說明諸禪三昧發起的原由。對於諸禪三昧發起的原由，有二種不同的解釋。

一、有的老師說，只要按照上面所說的方法修行，就能發起各種禪定，更用不著修習其他法門。這一類的老師，一向運用修止的方法，教人從事相上進行修行。猶如舊時的醫法，只是運用乳藥。

我們不同意這種做法。為什麼呢？這是因為，只修習止門，發禪的情形也必定是單一的。既然行者因為修止而發禪不同，為什麼一貫運用止的方法呢？這不但與道理相違背，也與教門不相符合。

二、有的老師說，由於行者宿世修習各種禪，種下了各種善根，因為今世修習止門，借助於所得定心，因此，有種種不同的禪定發相，其中的因緣關係，是顯而易見的。譬如陸地上雖然有藥草、樹木、叢林等若干植物，名字種種，千姿百態，若沒有雨露的滋潤，哪裡會有各種植物的特殊生長呢？宿世修行的因，借助於今世修行的緣，發起各種不同的禪定之相，其中的道理，也是一樣的。

若依照大乘的「暗室中的瓶盆、井中的七寶」之義，那又另當別論了。

第三，說明發禪的多少。以上雖然說明了因為修止而發起諸禪三昧的情形，然而，由於行人根性的不同，發禪的多少也是不同的。有人只發了一門禪，有人發了二門禪、三門禪、四門禪、五門禪，或許有人全發十五門禪，以及全發一切諸禪三昧，這都是沒有固定標準的。

為什麼會有這樣的情況呢？這都是因為行者過去世的修習，有偏修圓修之殊，有厚修薄修之異，也是因為行者今世精進與懈怠的不同，也是因為行者有智慧方便與無智慧方便的差別。由於有如此眾多的差異，所以，才有今世發禪優劣的不同，以及千差萬別的發禪之相。以上所說，簡略地說明了發禪多少的情況。

第四，因為修習止門所發起的禪門，有發禪盡與發禪不盡的情況。現在，就以易顯此理的法門為例來進行說明，所以，先以不淨觀為例，來說明發禪盡與發禪未盡的情形。有的行人，在過去世修不淨觀時，已經發起了不淨觀，也發起了白骨流光。但是，今生修習止門，卻只發起了不淨觀，而未能發起白骨流光，這就是發禪未盡的情況。若既發起了不淨觀，亦發起了白骨流光，那就是發禪盡的情況。

若過去世的修行，其勢力已經盡了話，雖然再繼續修止，也不能有所增進。若再專心修習白骨觀，借白骨觀進行鍛鍊，精進不懈，就能獲得覺悟。隨著行者的觀想，禪定境界就會漸漸地得到開發，成就八背捨，觀禪、鍊禪、熏禪、修禪等，便能全部具足。這就是今生善巧方便、精進修習所獲得的成就，與過去的習因善根的開發，並沒有什麼關係。

問：在修止的時候，禪定境界不能增進，也未必就是過去的習因已經發完了吧？或許是罪障妨礙了宿世善根，所以，才使宿世善根不得增長、不得開發。

答：確實有你問的這種情況。不過，這是另一種情況。雖然有罪障妨礙宿世善根的情況，然而，也不妨有宿世善根發盡的情況，這種情況，是與罪障無關的。所以，今世必須如法修習，才會獲得成就。

在這種情況中，應該根據五種根性的人來加以說明。一、退失所得的人。二、保護所得的人。三、安住所得的人。四、有所進取的人。五、達到究竟的人。具體情況，難以說盡。其餘的十四種禪的發禪盡與未盡的情況，與不淨觀進行類比，便可知其詳情。

【說　明】凡有言說，皆非實際，無量分別，如幻如化。未明自心本性的人，總是隨文字名相而轉，吐妄念之絲而自纏。學人的這種著相生解，不但不是解脫，反而是繫縛。真心進道之人，休要著相自纏。為什麼呢？這是因為，「為道日損」，是修行的總則。為道日損，損之又損，損至最後，就會發現，有一「圓覺淨心」，是無論如何亦損不掉的。這個損亦損不掉、取亦取不來、人人本有的「圓覺淨心」，即是百千法門的指歸之處，即是人人本具的「法性之身」。所以，禪門祖師，呵佛斥教，也只是為人解粘去縛而已，不為別事。

第五，約有漏❶無漏❷分別者。

問曰：上明十五門諸禪三昧發相，是中自有有漏無漏。有漏之善，過去經得，可有習因善發❸。無漏本未經得，豈有過去習因善發耶？

答曰：無漏有二種。一者、行行無漏❹。二者、慧行無漏❺。行行無漏，既是對治事法，不的據緣真，得有過去習因善發。慧行無漏，既的約緣真。不可定論有過去習因善發。

慧行無漏，復有二種。一者、緣理修習，以明慧行。二者、發慧見理緣真，以明慧行。緣理修習，則有習因善發。發慧見理，雖復緣真，則無習因善發。發慧見真，復有二種。一者、發相似慧。二者、發真實慧。

發相似慧，或有習因善發。發真實慧，則無習因善發。發真實慧，復有二種。一者、發苦忍等見諦無漏。二、發無礙解脫等三界思惟無漏。若發苦忍等見諦無漏，一向不論有習因善發。若發思惟無漏，則教門不定。

若類薩婆多❻解意，退法斯陀含❼、阿那含❽、阿羅漢❾，退還初果中，後更證果，則有習因善發。若不退法三果人，既無重發之義，皆不辨有習因善發。

若類曇無德❿解意所明，四果⓫發真無漏，皆無習因善發。

問曰：如阿毘曇⓬分別，但初生無漏，無有自種因，今何得一向四果所發真無漏，皆無習因善發？

答曰：今明諸禪三昧發習因，義意不同，是中的據過去經得之善，中間退失，今因止更發，以明習因善發。四果發真無漏，悉無先世經得，中間失退因，今修止重發，豈得為類？

若通論，初品心無漏真解，即為二品心無漏作種類，如是乃至九品⓭。約此明習因善者，則四果所發無漏，皆名習因善發也。今既不約此明習因善發，故云四果所發，皆非習因善根發也。

復次，行者過去修習事理諸禪三昧，雖未得證成就，而已經修習。今世善根時熟，藉修止為緣，悉皆開發，此亦是習因善根發也。類等佛命善來，無漏即發，三明⓮八解⓯，一時具足。料揀亦有漏亦無漏，乃至非有漏非無漏，類例可知。

【章　旨】首先，說明了行行無漏與慧行無漏的含義。其次，從不同的角度上，辨別了行行無漏、慧行無漏與宿世善根的關係。

【注　釋】❶有漏　有煩惱。漏即煩惱。漏含有漏泄和漏落二義：貪瞋等煩惱，日夜由六根門頭漏泄流注而不止，叫做漏；又，煩惱能使人漏落於三惡道，也叫做漏。❷無漏　斷除煩惱，清淨離欲，了脫生死。漏即漏泄，漏即煩惱。❸習因善發　習因，即過去世修行，所留下的善因種子。善發，即善因種子獲得開發。❹行行無漏　行行無漏，並不是一種真正的無漏，它只是在因地上修行無漏法，藉以獲得真正的無漏。所以叫做行行無漏。❺慧行無漏　慧行無漏，是在因地上修行無漏法。慧行無漏與行行無漏相比，更偏重於理修，譬如三止法中的體真止。慧行無漏有證真與未證真之分。所以有緣理修習意義上的慧行，有發慧見真意義上的無漏慧行。❻薩婆多　薩婆多部，小乘二十部之一，亦即說一切有部也。❼斯陀含　意譯為一來、一往來。是聲聞乘四果中的二果。是已人預流果，已斷滅欲界六品之惑，尚須自天上至人間受生一次，方可證入涅槃。❽阿那含　聲聞乘四果中的第三果名，華譯為不還，或是不來，是斷盡欲界的煩惱的聖人的通稱。凡是修到此果位的聖人，未來當生於色界無色界，不再來欲界受生死，所以叫做不還。❾阿羅漢　華譯為無生，意即修到此果位者，解脫生死，不受後有。聲聞乘分為四果，亦即須陀洹果、斯陀含果、阿那含果、阿羅漢果。阿羅漢屬於聲聞四果中的最高果位。❿曇無德　亦即曇無德部，律宗五部之一。曇無德比丘之部宗也。佛滅後百年，優婆毱多羅漢的弟子曇無德，於戒律藏建立一部，部名曰曇無德部。律名曰四分律。⓫四果　在這裡是指四果阿羅漢。⓬阿毘曇　意譯為對法、大法、無比法、向法、勝法、論。與經、律合稱為三藏（三藏，佛教聖典之總稱）。⓭九品　即九種等級，又作三三之品。亦即上上品、上中品、上下品、中上品、中中品、中下品、下上品、下中品、下下品等九種品位。⓮三明　宿命明、天眼明、漏盡明。宿命明，即明白自己或他人一切宿世之事。天眼明，即明白自己或他人一切未來世之事。漏盡明，即以聖智斷盡一切煩惱。⓯八解　指八種背棄、捨除三界煩惱的禪定。在〈釋禪波羅蜜修證第七之六・釋八背捨〉中有詳細解釋。參見本書第六四〇頁。

【語　譯】第五，從有漏與無漏來加以分別。

問：上面已經說明了十五門禪三昧發起的情形，在這十五門禪中，自然有有漏與無漏。有漏之善，過去曾經獲得，所以，可以說有宿世善根發起的情形。然而，無漏之善，過去未曾獲得，怎麼能說有宿世善根發起的情形呢？

答：無漏有二種，一、行行無漏。二、慧行無漏。行行無漏，是一種對治方法，無需緣於對真性的證悟，就可以發起宿世善根。慧行無漏的發起，則需緣於對真性的證悟。所以說，不可定論有宿世善根的發起。慧行無漏，又分二種情況。一、由於依理而修，所以，通達了慧行無漏。二、由於發起了智慧，見到了真性，所以，通達了慧行無漏。依理而修，則屬於習因善發的情況。發慧見真，雖然緣於真性，然而，卻沒有習因善發的情形。發慧見真，亦有二種情況。一、發起相似的智慧。二、發起真實的智慧。發起相似智慧，或許會有習因善發。發起真實智慧，則沒有習因善發。發起真實智慧，亦有二種情況。一、發起苦忍等見諦無漏。二、發起無礙解脫等三界思惟無漏。若發起了苦忍等見諦無漏，則向來不說有過去的習因善發。若發起了思惟無漏，則不同的宗派則有不同的說法。

若依照薩婆多部的說法，退法的斯陀含、阿那含、阿羅漢，若退轉到了初果，而後，又在後世的修行中，又重新證到了這個果位，這就是有習因善發的情況。若不是退位的斯陀含、阿那含、阿羅漢，則沒有重發之說，所以，不說有習因善發。

若依照曇無德部的說法，四果聖人所發的無漏，都沒有習因善發的情況。

問：就像阿毘曇中所說，最初發起的真智無漏，是沒有宿世習因的，現在，為什麼卻說四果聖人所發的無漏智慧，也沒有宿世習因善發呢？

答：我們現在所說的諸禪三昧發起的宿世習因，其含義是不同的，我們所說的諸禪三昧發起的宿世習因，緣於過去所曾經獲得的善果，由於中間退轉掉了，又由於今生修習止門的緣故，所以，又重新獲得了曾經獲得過的善果，這就是宿世習因善發的情況。四果聖人所發的真智無漏，是他在過去沒有經歷過的，也談不上中間退失，當然，更談不上今生修習止門而又重新獲得的事。豈能混為一談？

若通觀而論的話，初品的無漏真解，即是二品的無漏之因，像這樣一直到九品，每一品都可以說是後一品的習因善發。若這樣而說習因善發，則四果所發的無漏，都可叫做習因善發。現在，我們不用這種方法來說明習因善發，所以說，四果發起的禪定境界，都不屬於宿世習因善發。

行者在過去世時，修習事、理諸禪三昧，雖然沒有獲得成就，然而，畢竟作了修習。到了今世，善根已經成熟，借助於修習止門，宿世善根，悉得開發，這也屬於宿世習因善發的情況。譬如佛在世的時候，有人求佛出家，佛便說：善來比丘。此人聞佛所說，便無漏開發，三明八解，一時具足。亦有漏亦無漏，乃至於非有漏非無漏，依此類推，便可明瞭。

【說　明】行行無漏（方便對治——止）之中，有慧行無漏（體悟真性——觀）。慧行無漏之中，亦有行行無漏。借助於行行無漏，可以通達慧行無漏。借助於慧行無漏，亦可以通達行行無漏。止中必有觀，觀中必有止，止觀不可分，方便立二名。

卷第四

分別禪波羅蜜前方便第六之四

（內方便下分明驗惡根性）

第二，明驗惡根性中，即有四意。一、先明煩惱數量。二、次明惡根性發。三、立對治法。四、結成悉檀❶，廣攝佛法。

今釋第一煩惱數量。煩惱者，《涅槃經》云：「煩惱即是惡法。」若具論惡法，名數眾多。今略約五種不善惡法，開合以辨數量。

五種不善法者。一、覺觀❷不善法。二、貪欲不善法。三、瞋恚不善法。四、愚癡不善法。五、惡業不善法。若開乃有八萬四千。論其根本，不過但有三毒❸等分。

若合五不善法，為四分煩惱者。三毒即守本，還為三分，並屬習因❹。覺觀、惡業障道，此二不善，合為一分。所以者何？覺觀即是帶三分煩惱❺而生，亦得說為習因等分。惡業障道，屬報因❻等分。習報合論，但說一等分故。

五種不善法，若一往合說，即但有四分。開論即為八萬四千者。如《摩訶衍論》中所明：「貪欲煩惱，具足二萬一千。瞋恚煩惱，具足二萬一千。愚癡煩惱，具足二萬一千。等分煩惱❼，具足二萬一千。」四分煩惱，合出八萬四千塵勞。佛為對此說八萬四千法門為治。

今處中而明，是故但約五種不善惡法，以辨惡根性發相。所以者何？上明善根性發，既約五種分別。今明惡根性發，豈不但據五不善法而辨？此則藥病相對，法相孱齊。行者欲修禪定，必須善分別之。

【章　旨】首先，概括了無量的不善法，共分五種：第一，覺觀不善法。第二，貪欲不善法。第三，瞋恚不善法。第四，愚癡不善法。第五，惡業不善法。其次，把五種不善法，計為四分煩惱。第一，貪欲煩惱。第二，瞋恚煩惱。第三，愚癡煩惱。第四，等分煩惱。

【注　釋】❶悉檀　佛化導眾生之教法，可分四個範疇，也是佛度生的四種方法，略作四悉檀。悉，即遍之義。檀，為檀那（布施）之略稱，即佛以此四種方法，普施一切眾生，故稱四悉檀。四悉檀包括：一、世界悉檀，即隨順世間之法，而說因緣和合之義，亦即以世間一般之思想、語言、觀念等事物，說明緣起之真理。二、各各為人悉檀，略作為人悉檀。即應眾生各別之根機與能力，而說各種智慧解脫的方法，令眾生生起善根，獲得解脫。三、對治悉檀，即針對眾生之貪、瞋、癡等煩惱，應病予藥，方便對治。四、第一義悉檀，破相歸真，以真攝相，直指佛教第一義諦，令眾生直接契入真乘。❷覺觀　新譯作尋伺。覺，尋求推度之意，即對事理之粗略思考。觀，即細心思惟諸法名義等之精神作用。二者皆為妨礙第二禪以上之定心者，若持續作用，則身心勞損，正念旁落，故又為隨煩惱之一。依此覺觀之有無，能判別定心之淺深。❸三毒　指貪欲、瞋恚、愚癡三種煩惱。又作三火、三垢。一切煩惱，本來皆可稱之為毒，然而，貪欲、瞋恚、愚癡三種煩惱，通攝三界，是毒害眾生之最甚者，能令有情長劫輪回，不得出離，所以，稱之為三毒。貪瞋癡三毒，是身、口、意等三惡行之根源，所以，也叫做三不善根，為根本煩惱之首。❹習因　習續前念之善，而起後念之善，乃至習續前念之無記，而起後念之無記。前念稱為習因，後念稱為習果。習者，是「習續」的意思。❺三分煩惱　在這裡是指貪、瞋、癡三毒。❻報因　產生果報的業因。招感苦樂果報的善惡之因，謂之報因。❼等分煩惱　覺觀煩惱與惡業煩惱，合二為一，即是等分煩惱。

【語譯】第二，說明如何辨別惡根性，分四個方面來說。一、首先說明煩惱的數量。二、說明惡根的發起。三、建立對治的方法。四、結成悉檀，攝廣佛法。

現在解釋煩惱數量。所謂煩惱，《涅槃經》上說：「煩惱即是惡法。」若具論惡法，則惡法數量眾多。現在，我們分五個方面，來廣說與概說惡法的數量。

五種不善法包括：一、覺觀不善法。二、貪欲不善法。三、瞋恚不善法。四、愚癡不善法。五、惡業不善法。若廣說惡法數量，則有八萬四千。若論惡法根本，則只有貪、瞋、癡三毒。

若把五種不善法合起來，則為四分煩惱。貪瞋癡不變，還是三分煩惱，並且都屬於宿世習因。覺觀與惡業，這二分煩惱，合併為一分煩惱。為什麼呢？這是因為，覺觀即是帶著三分煩惱而產生的，也可以說屬於習因的範疇。惡業障道，屬於報因的範疇。把習因與報因合起來，只說一分煩惱。

五種不善法，若概括起來說，只有四分。若具體而說，則有八萬四千，就像《大智度論》中所說：「貪欲煩惱具足二萬一千，瞋恚煩惱具足二萬一千，愚癡煩惱具足二萬一千，等分煩惱具足二萬一千。」四分煩惱總共有八萬四千塵勞。佛為對治八萬四千塵勞，故說八萬四千法門。

現在，我們處中而說，所以，只就五種不善的惡法，來辨別惡根性的發起之相。為什麼呢？這是因為，我們在上面辨別善根性的發起之相時，就是從五個方面進行辨別的。現在，我們辨別惡根性發起的情形，豈能不從這五種不善法而進行辨別呢？這就是藥病相對、法相對應的道理。行者若想修習禪定，必須善於分別。

【說 明】智者大師，把種種不善之法分為五種，然後，又把五種不善法歸結為四分煩惱。智者大師對不善法的種種分別，皆屬於名相上的分別，行者可以依此而明教理。然而，行者若欲作實際地修行，就要在心地上自我保護，勿令不善之法，馳狂於自心之中。

第二，次明惡根性發者。自有行人修禪定時，煩惱罪垢深重，雖復止心靜住，如上所說，內外善法，都不發一事，唯覺煩惱起發。是故次明惡根性發。

今就惡法發中，還約五種不善而辨。一、不善法中，各自為三。三五則為十五不善法。若論行人發不善時，乃無的次第。今約教門，依次而辨，具如前列。

一、明覺觀發相。即為三種。一者、明利心中覺觀。二者、半明半昏心中覺觀。三者、一向昏迷心中覺觀。

一、明利心中覺觀發者。若行人過去既不深種善根，於修定時，都不發種種善法，但覺觀攀緣[1]，念念不住三毒之中，亦無的緣。或時緣貪[2]，或時緣瞋，或時緣癡，而所緣之事，分明了了。如是雖經年累月，而不發諸禪定。此為明利心中覺觀發相。

二、半明半昏心中覺觀者。若人於攝念之時，雖覺覺觀煩惱，念念不住，但隨所緣時，或明或昏。明則覺觀攀緣，思想不住。昏則無記瞪瞢，無所覺了。名半明半昏覺觀發相。

三、一向沉昏心中覺觀者。若行人於修定之時，雖心昏暗似如睡眠，而於昏昏之中，切切攀緣，覺觀不住。是名沉昏心中覺觀煩惱發相。

二、明貪欲中。即有三種發相。一、外貪欲。二、內外貪欲。三、遍一切處貪欲。

一、外貪欲煩惱發者。若行人當修定時，貪欲心生。若是男子，即緣於女。若是女人，即緣於男子，取其色貌姿容，威儀言語，即結使心生，念念不住。即此是外貪淫結使發相。

二、內外貪欲煩惱發者。若行人於修定之時，欲心發動，或緣外男女身相色貌姿態儀容，起於貪著。或復自緣己身形貌，摩頭拭頸，念念染著，起諸貪愛，是以障諸禪定。此即內外貪欲煩惱發相。

三、遍一切處貪欲煩惱起者。此人愛著內外如前，而復於一切五塵境界、資生物等，皆起貪愛。或貪田園屋宅，衣服飲食，於一切處，貪欲發相。

三、明瞋恚發相。即有三種。一、非理瞋。二、順理瞋。三、諍論瞋。

一、違理瞋發者。若行人於修定時，瞋覺欻然而起，無問是理非理，他犯不犯，無事而瞋。是為違理邪瞋發相。

二、順理正瞋發者。若於修定之時，外人實來惱觸。以此為緣而生瞋覺，相續不息。亦如持戒之人，見非法者而生瞋恚。故《摩訶衍》中說：「清淨佛土中，雖無邪三毒而有正三毒。」今言順理正瞋者，即其人也。

三、諍論瞋者。行人於修禪時，著己所解之法為是，謂他所行所說悉以為非。既外人所說，不順己情，即惱覺心生。世自有人，雖財帛相侵，猶能安忍，少諍義理，即大瞋恨，風馬不交。是名諍論瞋發相。

四、明愚癡發相。自有三種。一、計斷常。二、計有無。三、計世性。此三並是著眾邪見，不出生死，是故通名愚癡。

一、計斷常癡者。行者於修定中，忽爾發邪思惟，利心分別；過去我及諸法，為滅而有現在我及諸法邪？為不滅而有邪？因是思惟，見心即發。推尋三世，若謂滅，即墮斷中。若謂不滅，即墮常中。如是癡覺，念念不住。因此，利智捷疾，辯才無滯，諍競戲論❸，作諸惡行，能障正定出世之法，是為計斷常❹癡發之相。

二、計有無癡發者。亦於修定之時，忽爾分別，思惟覺觀，謂今我及陰❺等諸法為定有耶？為定無耶？乃至非有非無耶？如是推尋，見心即發，隨見生執，以為定實。邪覺念念不住，因此，利智捷疾，戲論諍競，起諸邪行，障礙於正定，不得開發。是為計有無癡發之相。

三、計世性癡發者。亦於修定之時，忽作是念：由有微塵，所以即有實法。有實法故，便有四大❻。有四大故，而有假名眾生及諸世界。如是思惟，見心即發，念念不住。因此，利智辯才，能問能說，高心自舉，是非諍競，專行邪行，離真實道，乃至思惟分別剎那之心，亦復如是。以是因緣，不得發諸禪定。設發禪定，墮邪定聚。是為計世性癡發之相。

五、明惡業障道發相。亦有三種。一、沉昏暗蔽障。二、惡念思惟障。三、境界逼迫障。

一、沉昏暗蔽障者。行者於修定欲用心之時，即便沉昏暗睡，無記瞪瞢，無所別知，障諸禪定，不得開發，是為沉昏暗蔽障發之相。

二、惡念思惟障者。若行者欲修定時，雖不沉昏暗睡，而惡念心生，或念欲作十惡[7]、四重[8]、五逆[9]、毀禁[10]、還俗[11]等事，無時暫停。因是障諸禪定，不得開發。是為惡念思惟障發之相。

三、境界逼迫障者。若行人於修定之時，雖無上事，而身或時卒痛，覺有逼迫之事，見諸外境，或見無頭手足、無眼目等。或見衣裳破壞。或復陷入於地。或復火來燒身。或見高崖而復墮落，二山隔障，羅剎[12]虎狼，或復夢見有諸惡相。如是事，皆是障道罪起，逼迫行人，或令驚怖，或時苦惱，如此種種，非可備說。是名境界逼迫障發之相。

今約此五不善法，即合為三障，前三毒，即為習因[13]煩惱障[14]。等分[15]之中覺觀亂法，即是粗四陰[16]，故名為報障[17]。三種障道，即為業障[18]。

何以知之？由過去造惡，未來應受惡報，即以業持此惡。若行者於未受報中間而修善者，善與惡乖，業即扶惡而起，來障於善，故知即是業障。如是三障，障一切行人禪定智慧，不得開發，故名為障。

【章旨】修習禪定的時候，發起的不善之法，有無量之多，然而，五量不善，不出五種。智者大師依據五種不善法，說明了五種惡根性發起的情形。在每一種惡根性發起的情形中，智者大師又各自分為三種情況，所以，共有十五種惡根性發起的情形。對於這十五種惡根性發起的情形，智者大師逐一作了說明。

【注　釋】❶覺觀攀緣　覺觀，即心中的粗細思想。攀緣，即以念逐念，如鉤鎖連環。❷緣貪　即在貪毒之中，念念不停，思慮不斷。緣，即攀緣，思慮。貪，即貪毒。❸戲論　猶如世人演戲，競相表現，取悅世人。在這裡，戲論是用來比喻運用炫人耳目的言論，自我表現，取悅世人。❹計斷常　即執著於斷見，執著於常見。計，即執著。斷，即斷見。常，即常見。❺陰　即指色、受、想、行、識等五陰。❻四大　地大、水大、火大、風大。地大以堅硬為性。水大以潮濕為性。火大以溫暖為性。風大以流動為性。❼十惡　又名十不善，即殺生、偷盜、邪淫、妄語、惡口、兩舌、貪欲、瞋恚、邪見、綺語。❽四重　亦即四重禁，又名四重罪、四棄、四波羅夷罪等。四重禁包括：一、殺生。二、偷盜。三、邪淫。四、妄語。❾五逆　五種極逆於理的罪惡，即殺父、殺母、殺阿羅漢、出佛身之血、破和合之僧。❿毀禁　破戒做惡。毀，即毀壞、破壞。禁，即禁止、戒律。⓫還俗　已入僧籍者，心生退墮，歸還俗家。或奉官命，歸還俗家。⓬羅剎　惡鬼的總名，男的叫羅剎娑，女的叫羅剎私，或飛空，或地行，喜歡食人的血肉。⓭習因　見前「習因」注釋。第九九頁。⓮煩惱障　貪、瞋、癡三毒所包括的無量煩惱。三毒煩惱，能夠障礙修行，障礙禪定智慧，故稱煩惱障。⓯等分　覺觀煩惱與惡業煩惱，合二為一，即是等分煩惱，簡稱等分。⓰四陰　色、受、想、行、識等五陰中的後四陰。覺觀煩惱，因是心中妄念，故無外色陰。⓱報障　即現在所受之報，障礙修道，此障即是報障。報，即過去所作之因，現在所受之報。障，即障礙行人禪定智慧，使之不得開發。⓲業障　障礙修行的身口意三業。業，即身口意所作之業。障，即障礙、障道、障礙修行。

【語　譯】第二，說明惡根性發起的情形。有人禪修時，煩惱罪業深重，雖然用功止妄住靜，就像上面所說的那樣，然而，內善與外善，全都不發，只有煩惱，不斷發起。因此，我們要說明惡根性發起的情形。

現在，我們還是就五種不善法來說明惡根性發起的情形。一、每一種不善法之中，各自分為三種情況，這樣，合起來共有十五種不善法。行人發起不善法的情形，那是沒有一定的次第的。現在，依照教門，對不善法發起的情形，逐一進行辨明，皆如前面所說。

一、說明覺觀發起的情形。覺觀的發起，有三種情形。一、清醒狀態中的覺觀。二、半明半昏狀態中的覺觀。三、始終昏迷狀態中的覺觀。

一、清醒狀態中的覺觀發起的情形。若行人沒有深植宿世善根，在修習禪定時，就不會發起任何善法，但是，卻有覺觀攀緣、念念不住，不離三毒。行者的這種覺觀攀緣，其實也沒有確定的可攀緣之物。有時緣於貪心，有時緣於瞋心，有時緣於癡心，而行者對自己所攀緣的事，清清楚楚，明明白白。像這樣長年累月地修習，而不發任何禪定。這就是清醒狀態中的覺觀發起的情形。

二、半明半昏狀態中的覺觀發起的情形。若人在攝念定心的時候，雖然覺察到了覺觀煩惱，念念不住，但是，在其思慮攀緣之中，有時清楚，有時昏沉。清楚的時候，妄念攀緣，思想不停。昏沉的時候，迷迷糊糊，無所覺察。這種情況就叫做半明半昏狀態中的覺觀發起的情形。

三、始終昏沉狀態中的覺觀發起的情形。行者在修定的時候，雖然心中昏暗，好像是睡著了一樣，然而，在昏昏沉沉的心態中，卻攀緣不停，妄念不住。這種情況就叫做始終昏沉狀態中的覺觀發起的情形。

二、說明貪欲發起的情形。貪欲發起的情形有三種。一、外貪欲發起的情形。二、內外貪欲發起的情形。三、遍一切處貪欲發起的情形。

一、外貪欲發起的情形。行者在修定的時候，生起了貪欲心，若行者是男子，便在心中思慮女子。若行者是女子，便在心中思慮男子。行者在禪修時，思慮異性的音容笑貌，言談舉止，自我纏縛，念念不斷。這就是外貪淫煩惱發起的情形。

二、內外貪欲發起的情形。行者在修定的時候，發起了貪欲心，或者緣於外面的男女色相、姿態儀容，起心貪著。或者緣於自己的身形相貌，摸頭拭頸，念念貪著，生起種種貪心，障礙禪定的發起。這就是內外貪欲煩惱發起的情形。

三、遍一切處貪欲煩惱發起的情形。行人愛著內外色相，就像前面所講到的那樣，同時，又對一切五塵境界，以及長養生命的物品等，皆生起了貪愛之心，或者貪愛田園屋宅，以及衣服飲食等。這就是遍一切處貪愛煩惱發起的情形。

三、說明瞋恚發起的情形。瞋恚發起的情形有三種。一、非理瞋。二、順理瞋。三、爭論瞋。

一、非理瞋發起的情形。行者在修定的時候，瞋心熾然而起，不管是否有道理，也不管是否他人侵害了自己，總是無事而起瞋恚。這種情況，就是非理瞋發起的情形。

二、順理正瞋發起的情況。行者在修定的時候，確實有人來干擾。以他人的干擾為緣而生起瞋恚之心，瞋恚之心，相續不斷，就好像持戒的人，看到了他人犯戒，持戒的人便心生瞋恚，所以《大智度論》中說：「清淨佛土中，雖然沒有邪三毒，然而，卻有正三毒。」我們現在所說的順理正瞋，就屬於這一類情況。

三、爭論瞋發起的情況。行人在修禪的時候，固執己見，自以為是，而認為他人的言行全都不對。只要他人所說，不合乎自己的見解，便煩惱心生。世上有這樣的人，占有他的財物，他猶能容忍，但是，稍有意見分歧，他便心生大瞋，與人絕交。這種情況就是爭論瞋發起的情形。

四、說明愚癡發起的情形。愚癡發起的情形有三種。一、計斷常癡發起的情形。二、計有無癡發起的情形。三、計世性癡發起的情形。這三種情況都是對眾多邪見的執著，不出生死輪回，所以，通稱為愚癡。

一、計斷常癡發起的情形。行者在修定的時候，突然發起了邪思惟，以聰明伶俐之心作這樣的妄想分別：過去的我以及諸法，是滅掉之後而有現在的我及諸法的呢？還是不滅而有現在的我及諸法的呢？由於作這樣的思惟，所以，心中起了知見。行者用這樣的方法，推尋過去、現在與未來，若他的結論是：過去的我及諸法滅掉了之後，才有了現在的我及諸法。行者的這種見解，便落在了斷見之中。若他的結論是：過去的我及諸法沒有滅掉而有現在的我及諸法。行者的這種見解，便落在了常見之中。像這樣的愚癡妄念，念念相連而不斷，因此，聰明伶俐，智力敏捷，口若懸河，賣弄聰明，自我炫耀，作諸戲論。這樣的愚癡之見，能夠障礙出世正定。這種情況就是計斷常癡發起的情形。

二、計有無癡發起的情形。行者在修定的時候，突然心中生起了妄想分別，作這樣的思惟：現在的我及五陰等法，一定是有的呢？還是一定是沒有的呢？乃至於還是非有非無的呢？由於行者這樣思惟，於是，心中起了知見，並且著於這種知見，自以為是。由於行者的邪覺妄念，念念不斷，因此，聰明伶俐，智力敏捷，賣弄聰明，自我炫耀，作各種戲論邪行，障礙正定，使得正定不能開發。這就是計有無癡發起的情形。

三、計世性癡發起的情形。行者在修定的時候，忽然作這樣的思想：由於有微塵的緣故，所以有實物。由於有實物的緣故，所以有四大。由於有四大的緣故，所以有虛幻眾生，以及各種世界。行者作了這樣的思惟，於是，知見叢生，念念不斷。因此，有了智力與辯才，能夠向別人提出問題，也能夠回答別人的問題，因此，自賣風高，是非爭論，行於邪道，遠離正道，乃至糾纏於那些虛假的妄念，亦是這樣。正是因為這樣，所以，不能發起各種禪定。即使發起了禪定，其實，也是落在邪定之中。這就是計世性癡發起的情形。

五、說明惡業障道發起的情形。惡業障道發起的情形有三種。一、沉昏暗蔽障發起的情形。二、惡念思惟障發起的情形。三、境界逼迫障發起的情形。

一、昏沉暗蔽障發起的情形。行者在修定的時候，剛剛用心修行，便進入昏沉暗睡的狀態，昏昏沉沉，無所覺知。這種昏沉無記的狀態，障礙禪定的發起，使得禪定不得開發。這就是昏沉暗蔽障發起的情形。

二、惡念思惟障發起的情形。行者在修定的時候，雖然沒有昏沉暗睡的情況，然而，惡念叢生，或想造作十惡，或想造作四重、五逆、破戒、還俗等事，如此等等的想法，無有暫時停息。因此之故，障礙禪定，使得禪定不得開發。這就是惡念思惟障發起的情形。

三、境界逼迫障發起的情形。若行者在修習禪定的時候，雖然沒有上面所說的情形，然而，身體或突然疼痛，感覺到有逼迫自己的事。或看到種種境界，或看到無頭、無手、無眼目的眾生相。或看到破爛的衣裳。或看到陷入地下。或看到火來燒身。或看到從高崖上墮落下來。或看到被二山夾在中間。或看到羅剎虎狼，或夢見種種惡相。這種種情形，皆是業障現前，逼迫行人，或令行人感到驚怖，或令行人感到苦惱，具體情況，無法說盡。這就是境界逼迫障發起的情形。

現在，把五種不善法，合併成三種障礙，貪瞋癡三毒，即是習因煩惱障。等分煩惱中，覺觀煩惱，是比較粗的四陰，所以，也叫做報障。第三種障礙禪定的不善法，就是業障。

怎麼能知道是過去的惡業障礙禪定呢？這是因為，過去造作惡業，未來應該受報，即以業力攜帶著惡法。若行者在還未受報之前而修習善法，結果，善法與惡法相違背，所以，業力扶持惡法而起，障礙目前所修的善法。由此可見，是過去的惡業障道。煩惱障、報障和業障，這三種障，障礙所有人的禪定智慧，使禪定智慧不得開發，所以，稱之為障。

【說　明】行者若欲修習禪定，就要對惡根性發起的情形有一個詳細的了解。當行者對惡根性發起的情形有了一個詳細的了解之後，再作實際的修行，那就是有備而修。若不然的話，行者就會在惡根性發起的時候，束手無策，退失定心。

行者在進入實際的修行之後，就不可再念著這些惡根性發起的情形，這時，行者應當一切放下，專心於所修法門，若有惡根性發起，亦不理睬，只管專心所修。若能如此用功修習，惡根性發相則自然滅謝。

第三，次明對治法者。對名主對。治名為治。如不淨觀主治淫欲，故名對治。如是乃至念佛三昧等，主治惡業障道。

今明對治中，自有六意不同。一者、對治治。二者、轉治。三者、不轉治。四者、兼治。五者、兼轉兼不轉治。六者、非對非轉非兼治。

一、明對治者。前善惡根性發中，名為十五。今此對治中，亦為十五。

問曰：此豈非煩長邪？

答曰：不然。前為驗知故說。今為對治故說。前為約善根自發故說。今為修習故說。此非煩重。

一、明治覺觀多病者。如經中說，覺觀多者，教令數息[1]。今覺觀之病，既有三種，息為對治，亦為三意。

一、明利心覺觀者。行者坐中，明利之心攀緣，念念不住。此應教令數息。何以故？數息之法，繫之心在息，息是治亂之良藥也。若能從一至十，中間不忘，必得入定，能破亂想。數息之法，於沉審心中記數。沉審之心，能治明利，是以數息能除明利心中覺觀病也。

二、明治半明半昏覺觀者。病相如前說。今對治之法，應教令隨息❷。隨息出入，則心常依息。以依息故，息粗心即粗，息細心亦細。細息出入，繼心緣之，能破覺觀。心靜明鑒，知息出入，長短去就，照用分明，能破昏沉。是故說隨為治。若但數息者，即有扶昏之過。若但觀息，亦有浮亂之失，不名善對治也。

三、明治昏沉心中覺觀者。覺觀起相，如前說。對治之法，應教令觀息。息入時，諦觀此息從何處來，中間何所經遊，入至何處住。口出息亦如是。此法後當廣說。如是求其根源，出無分散，入無積聚，不見定想。明心觀照，心眼即開，破於沉昏。靜心依息，能破散亂。故以觀息對治沉昏覺觀之病。

【章旨】首先，智者大師把無量對治之法，分為六類，一、對治治。二、轉治。三、不轉治。四、兼治。五、兼轉兼不轉治。六、非對非轉非兼治。其次，分三個部分，講述了對治覺觀的方法。

【注　釋】❶數息　〈釋禪波羅蜜修證第七之三・明修證六妙門〉中有詳細解釋。參見本書第四八一頁。❷隨息　〈釋禪波羅蜜修證第七之三・明修證六妙門〉中有詳細解釋。參見本書第四八一頁。

【語　譯】第三，說明對治的方法。「對」，即「主要針對」的意思。「治」，即「醫治」的意思。譬如不淨觀，主要是真對「淫欲」進行醫治，所以叫做對治。同樣的道理，乃至念佛三昧等法，主要是針對「障道的惡業」進行醫治。

在我們所說的對治法中，有六種不同的對治方法。一、對治治。二、轉治。三、不轉治。四、兼治。五、兼轉兼不轉治。六、非對非轉非兼治。

一、說明對治的方法。前面所說的善根性發相與惡根性發相，各自具有十五種不同發相。現在我們要說明的對治方法，也有十五種。

問：您這樣說，是不是太繁瑣了？

答：不繁瑣。前面所說，是為了驗知善惡根性。現在所說，是為了對治各種禪病。前面所說，是說明善根發起的情形。現在所說，是說明禪定修習的方法。這並不是繁瑣重複。

一、對治覺觀的方法。就像佛經上所說，覺觀多的人，教他修習數息法門。覺觀有三種。對治的方法也有三種。

一、對治清醒狀態下的覺觀。行者在坐禪時，明利心中，妄念攀緣，念念不止。這種情況，應該用數息的方法加以對治。為什麼呢？數息的方法，是把心繫緣在氣息上。把心繫緣在氣息上，是對治散亂的良藥。若行者專注數息，從一至十、中間不忘，必然能夠進入禪定，必定能夠破除亂想。數息的方法，在沉穩與審慎的心態中進行記數。沉穩與審慎的心態，能夠破除妄念攀緣，所以說，數息法門能夠破除清醒狀態下的粗細妄念。

二、對治半明半昏狀態下的覺觀。半明半昏狀態下的覺觀情形，在前面已經說過。對治的方法，應該教令隨息。心意隨著氣息的出入，用功日久，則心意自然就會依隨氣息。由於心意依隨氣息的緣故，所以，息粗則心意粗，息細則心意亦細。微細氣息，一進一出，微細心意，亦相依隨，這樣就能破除覺觀。心靜如明鏡，明察氣息的出入、長短、去來之相，如此照察分明，就能破除昏沉，所以說，用隨息的方法進行對治。若只運用數息而不運用隨息，就會有助長昏沉的過失。若只用觀息而不運用隨息，也有助長散亂的過失，不可稱為善巧對治。

三、對治昏沉狀態下的覺觀。昏沉中的覺觀情形，前面已經說過。對治的方法，應教給行者觀息。氣息吸入的時候，要仔細地觀察氣息的起處，中間所經過之處，以及氣息所到達之處。氣息呼出的時候，觀察的方法，也是如此。觀息的方法，在後面將詳加說明。像這樣來觀察氣息，尋求氣息的根源，我們就可以看到，出息沒有住於分散，入息沒有住於積聚，總之，不見氣息有固定的相貌。慧觀氣息，就能心地清明，就能昏沉漸破。靜下心來，依循著氣息，就能破除散亂。所以，觀息能夠對治昏沉狀態下的覺觀之病。

【說明】修習禪定的時候，發起的不善之法，有無量之多，對治之法，亦有無量之多，所謂眾生有八萬四千煩惱，佛有八萬四千法門。針對五種不善法——覺觀、貪欲、瞋恚、愚癡、惡業障道，智者大師設立五種對治法。在五種對治法中，每一種對治法，又各分三種，所以，共有十五種對治法。對於這十五種對治法，智者大師逐一作了說明。

二、明治貪欲多病。如經中說，貪欲多者，教不淨觀❶。欲病既有三種，今對治亦為三意。

一、明治外貪欲多者。病發從著外境，男女容色姿態語言威儀細滑等相，是故淫火熾然不息。對治之法，應教作九想觀❷。若至塚間，取死屍相。亦當諦觀，可愛之境，壁著地上，觀見死屍，膖脹爛壞，膿血流出，大小便利，諸蟲唼食。今我著者，亦復如是，何處可愛？作是觀已，淫心自息。是故九想，能治愛著外境貪淫重病。

二、明治內外貪欲煩惱。煩惱病發如前說，若欲治之，當教作初背捨❸等觀。諦觀內身不淨破壞可惡，即破緣內貪愛。復當如前，觀外不淨可惡，即離外境貪愛，即是初背捨。以是不淨心，觀內外色，能破內外愛著貪淫之病。

三、明治一切處皆起貪愛者。貪病發相如前說，治法應教緣一切處大不淨觀❹，觀一切境，男女、自身、他身、田園、屋宅、衣服、飲食，一切世間所有，皆見不淨，無有一處可生貪心。爾時，一切處中，生厭離心，則一切貪欲，無復起處。是名對治一切處貪欲病。

【章　旨】分三個部分，介紹了對治貪欲的方法。第一，介紹了對治外貪欲多的方法。第二，介紹了對治內貪欲多的方法。第三，介紹了對治一切處皆起貪愛的方法。

【注　釋】❶不淨觀　觀想自身與他身，汙穢不淨。不淨觀可以對治貪欲。在〈釋禪波羅蜜修證第七之五・釋九想觀門〉中有詳細解釋。參見本書第五九二頁。❷九想觀　對人的身體作九種醜陋、骯髒之觀想，用以斷除對肉體的執著。在〈釋禪波羅蜜修證第七之五・釋九想觀門〉有詳細論述。參見本書第五九二頁。❸初背捨　初背捨屬於八背捨中的第一背捨。八背捨與初背捨的具體內容，在〈釋禪波羅蜜修證第七之六・釋八背捨〉中有詳細解釋。參見本書第六四〇頁。❹大不淨觀　不遍謂之小，遍謂之大，所以，大不淨觀，即是觀一切內外之物，皆屬骯髒不淨，令人厭惡之物。在〈釋禪波羅蜜修證第七之六．釋八勝處法門〉中有詳細解釋。參見本書第六六五頁。

【語　譯】二、對治貪欲的方法。就像佛經上所說，貪欲多的人，就教給他不淨觀的方法。貪欲的病有三種，對治的法也有三類。

一、對治外貪欲多的方法。貪欲之病，貪著外境，譬如貪著男女容色、姿態、言語、威儀、膚感等相，因此，淫欲之火，熾然不息。對治的方法，應教令行者作九想觀。行者若至墳地，就要觀想死屍的情形。也要用這個方法觀想自己所愛戀著的男女之相，躺在地上的死屍，膨脹腐爛，流出膿血，以及大小便利，蛆蟲吃食。我所愛戀著的男女之相，也是這樣，有什麼可愛之處？作了這樣的觀想之後，淫欲之心自然息滅。所以說，九想能治愛著外境的貪淫重病。

二、對治內外貪欲煩惱的方法。貪欲煩惱病發的情形，就像前面所說的那樣。若要想治癒這種貪病，就應當作初背捨等觀。觀想身內不淨，骯髒可惡，便能破除對自身的貪愛。還是應用上面所說的方法，觀想自己愛著的外在色相，垢穢可惡。行者作這樣的觀想，就能破除對外境的貪愛，就是初背捨。用這樣的不淨觀，觀想自己所貪愛的內外色相，能夠破除對內外色相的愛著貪欲之病。

三、對治一切處皆起貪愛的方法。一切處皆起貪愛的情形，就像前面所說的那樣，對治的方法，就是對一切境，作大不淨觀，觀想一切境界，譬如觀想男女、自身、他身、田園、屋宅、衣服、飲食等世間一切相，皆屬不淨，無有可貪愛之處。這時，行者對一切世間相皆生起了厭離之心，一切貪欲之心，不復再起。這就是對治一切處貪欲的方法。

【說　明】無論是外貪欲多，還是內貪欲多，還是一切處皆起貪欲，對治的方法，可以運用不淨觀。觀想所貪之人或物，骯髒敗壞、膿血腫爛等，種種不淨之相。以此不淨觀，對治貪欲心。

不淨觀屬於方便對治，所以，不淨觀亦容易導致矯枉過正的現象，譬如經過不淨觀的修習，行者雖然沒有了貪欲，然而，卻對現實生活，心生厭惡，好像自己生活在一個骯髒不堪、無法容忍的環境之中。

三、明治瞋恚多病。如經中說，瞋恚多者，教慈心觀治。瞋病既有三種，今對治亦復有三。

一、明治邪瞋者。日夜心中思惟非理，欲以惡事惱他。瞋發之相，具如上說。治之應令修眾生緣慈❶。取一親人得樂之相，緣之入定，如是見親人得樂中，怨人等皆令得樂。取他樂相，能生愛念，即破於眾生中瞋惱怨害之心。

二、明治正瞋者。若於餘事之中，都無瞋心，但見人作惡，或復犯戒而起瞋。心病發之相，具如前說。治之應教修法緣慈❷。觀五陰❸虛假，不見眾生，豈有持犯是非之事？但緣諸受中法樂，以與於他，慈心愛念，不應加惱。是非既泯，瞋心自息。是為行法緣慈，能治順理瞋病。

三、明治一切法中諍論故瞋者。病發如前說。對治方法，應教修無緣慈❹。何以故？此人隨所得法，既自以為是，謂他即非。同我者喜，違我者即瞋。或於四句❺及絕四句❻中生執。或復執於中道，如是皆有所依，故有諍訟執計因緣，便生瞋覺。對治方法，令修無緣之慈。行此慈時，言語道斷，心行處滅，於一切法，不憶不念。若無憶念，因何諍訟而生瞋心？大慈平等，同與本淨之樂❼。離惱他相故，名慈能與樂，亦得言菩薩為諸眾生說如是法，名為大慈。當知修無緣慈，對治一切法中諍論瞋恚。

【章　旨】以上「原文」，分三個部分，介紹了對治瞋恚的方法。第一，介紹了對治邪瞋恚的方法。第二，介紹了對治正瞋恚的方法。第三，介紹了對治一切法中爭論瞋的方法。

【注　釋】❶眾生緣慈　對一切眾生都視如父母兄妹眷屬，常起與樂拔苦的心，這是凡夫或未斷煩惱的有學人所起的慈悲。在〈分別禪波羅蜜前方便第六之二・明慈心觀〉中有相應解釋。參見本書第一九九頁。❷法緣慈　深見諸法因緣生之理，而起平等慈悲之心，謂之法緣慈。在〈分別禪波羅蜜前方便第六之二・明慈心觀〉中有相應解釋。參見本書第二〇〇頁。❸五陰　陰，即覆蓋、陰覆的意思。五蘊就是色蘊、受蘊、想蘊、行蘊、識蘊。若人迷本著相，那麼，色、受、想、行、識，這五種法相，便具有了覆陰心性的作用。❹無緣慈　心無分別，普救一切。在〈分別禪波羅蜜前方便第六之二・明慈心觀〉中有相應解釋。參見本書第二〇〇頁。❺四句　亦即肯定、否定、復肯定、復否定。因人而異，方便立教之四句。❻絕四句　泯絕一切四句言說，所謂言語道斷。泯覺四句思慮，所謂心行處滅。❼本淨之樂　依照佛教的究竟了義，自心本性，本來清淨，自心本性，本來安樂。悟得心性時，方知本來淨。悟得心性時，方知本來樂。自心本性之淨樂，妄想顛倒所不能染，煩惱結使所不能纏。

【語　譯】三、對治瞋恚多的毛病。就像佛經中所說，瞋恚多的人，就應該教他作慈心觀。瞋病有三種，對治的方法也有三種。

一、對治邪瞋的方法。邪瞋的人，日夜所想之事，皆不合理，他總是想惡意惱亂他人。瞋恚發起的情形，就像上面所說的那樣。對治的方法，應該教令行者修習眾生緣慈。首先，觀想親人獲得快樂的景象，緣此而入定，這樣，在觀想親人獲得快樂的心境中，讓平時所怨恨的人也同樣獲得快樂。借助於他人的快樂之相，能夠令行者生出愛念之心，能夠破除對眾生的瞋恚怨害之心。

二、對治正瞋的方法。若行者對於其他的事情，都已經做到了無瞋恚之心，但是，看到別人作惡，或看到別人破戒，便心生瞋恚。正瞋發起的情形，就像前面所說的那樣。對治的方法，應教他修習法緣慈。行者要觀想五陰虛假，不見有實在的眾生。既然沒有實在的眾生，哪裡更有什麼真實不虛的持戒犯戒、是非對錯呢？行者只是以自己的法樂感染他人，慈心對待他人，不應予以擾惱。這樣，就能泯滅是非之心，瞋恚之心也自然息滅。這就是修行法緣慈，能夠對治順理瞋。

三、對治一切法中爭論瞋的方法。爭論瞋發起的情形，就像前面所說的那樣。對治的方法，應該教令行者修習無緣慈。為什麼呢？這是因為，具有爭論瞋的人，無論他得到什麼法，他都自以為是，而認為他人皆非。若別人與他的觀點相同，他便歡喜，與他的觀點不同，他便瞋恚。或執著於四句及絕四句，或執著於中道，其實，這都屬於執著，因此，當遇到是非爭論、妄計分別等因緣的時候，就會生起瞋恚。對治的方法，應教他修習無緣慈。修習無緣慈時，言語道斷，心行處滅，對於一切法，既不追憶，亦不思念。如果能夠對於一切法，既不追憶，亦不思念，那麼還有什麼是非爭論呢？更不會有是非爭論所引起的瞋恚之事。大慈平等，與自性本淨之樂，無二無別。遠離了惱害他人的緣故，所以，叫做慈心予樂。也可以說，菩薩為諸眾生說這樣的法，名為大慈。我們應當知道，修習無緣慈，能夠對治法中爭論所引起的瞋恚之心。

【說　明】由於有我執，才會有瞋恚。為什麼這樣說呢？當一個人有了我執的時候，無論是執著於貪欲的滿足，還是執著於自己的見解，在這時，只要是有人違背了他的執著，這個人就會心生瞋恚。輕微的瞋恚，即是心中的不快。粗重的瞋恚，即是外顯的發怒。所以，若欲消除瞋恚，就要消除我執。若欲消除我執，就要生起慈心。若欲生起慈心，就要修習慈心觀。

四、明治愚癡多病。如經中說：「愚癡多者，教觀因緣。」

問曰：因緣之法，其義甚深，云何愚癡之人，教觀因緣？

答曰：言愚癡者，非謂如牛羊等，但是人聰明利根，分別籌量，不得正慧，邪心取理，名為愚癡。愚癡之病，既有三種。對治亦應立三。

一、明治斷常癡病者。邪思執著，或起常見，或起斷見，便破因果。病相如前說。對治方法，應教觀三世十二因緣。過去有二、現在有八、未來有二、是為十二因緣。三世相因，不常不斷。如經偈說：

我真佛法中，雖空亦不斷。
相續亦不常，善惡亦不失。

若行者能善觀十二因緣，不執斷常，則邪見心息，亦得以此對治，破相續假❶惑。

二、明治計有無癡病發者。邪念思惟，有我無我，有陰無陰等，如前說。立對治者，應教觀果報十二因緣。

果報十二因緣者。觀現在歌羅邏❷時，名曰無明，乃至生老死等，現在即有五陰、十二入、十八界成就，皆從因緣生。此歌羅邏時，即有三事。一、命。二、暖。三、識，故名無明。此既從緣而生，無有自性，不可言有，不可言無，乃至老死，亦復如是。

若知非空非有，即破空有二見。當知果報十二因緣觀，即治有無見病。今亦得以此對治、破執因成假❸惑。

三、明治世性愚癡發者。若見細微之性，能生萬法，如是邪念，名計世性。廣說如前。對治之法，還作一念十二緣觀。何以故？行者深觀一念之中具足十二。一非十二，十二非一。而今約一說十二，約十二說一，當知一無定性。無定一故，則世性不可得。故以一念十二緣觀，破執世性邪癡。此一念十二緣觀，多破執一異見。今亦即得以此破相待假❹惑。

【章　旨】以上「原文」，分三個部分，介紹了對治愚癡的方法。第一，介紹了對治斷見與常見的方法。第二，介紹了對治計有與計無的方法。第三，介紹了對治世性愚癡的方法。

【注　釋】❶相續假　相續，即前因後果，前後相續。假，即諸相生滅，無有定實。生即不無，滅即不有，諸相生滅，不無不有，猶如水中之漚，故曰假。❷歌羅邏　初宿胎內之位。〈分別釋禪波羅蜜前方便第六之二·明果報十二因緣善根發者〉有解釋。參見本書第二〇二頁。❸因成假　謂一切有為法，皆因緣和合所成，因緣和合而滅，皆屬假有不實。❹相待假　差別現象，互相對立，皆藉自他，相待而有，如長短、大小等，然而，長短、大小等，無真實之體性，皆相待而有，故稱相待假。相待假有二，如眼識之待眼根，稱為觀待假（又作相待）。另如長之待短，稱為形待假（又作不定相待）。

【語　譯】四、對治愚癡的方法。就像佛經中所說：「愚癡多的人，應該教他修習因緣觀。」

問：因緣之法，含義很深，為什麼讓愚癡的人修習因緣觀呢？

答：我們所說的愚癡，不是像牛羊一樣的愚癡。我們所說的愚癡，是指人的聰明伶俐，分別計較，未得正慧，邪心取理。我們把這種「聰明伶俐，分別計較」的心智狀況，稱之為愚癡。愚癡之病有三種，對治的方法也有三種。

一、對治斷見與常見的方法。具有斷見與常見的人，運用不正確的思惟，執著於虛幻的法相，或起常見，或起斷見，破壞了因果。其病相就像前面所說的那樣。對治斷見與常見的方法，應該教令行者修習三世的十二因緣觀。過去世有二個因緣，現在世有八個因緣，未來世有二個因緣，合起來共有十二因緣。三世之中，因緣相連，既不是恆常不滅，也不是斷滅無續。就像佛經上所說：

真實不虛佛法中，諸法空相不斷滅。

因果相續亦非常，善惡因果毫不差。

若行者善觀十二因緣，既不執著於常見，也不執著於斷見，則邪心自然息滅。也可以運用這個方法，破除相續假有之迷惑。

二、對治計有與計無的方法。行者運用不正確的思惟方法，或者使自己落於有我，或者落於無我，或者落於有陰，或者落於無陰，種種偏執的情形，就像前面所說的那樣。對治計有計無的毛病，應該教他修習果報十二因緣觀。

所謂果報十二因緣觀，亦即觀想現在世的歌羅邏時期，名之為無明，乃至生老病死等，現在世的五陰、十二入、十八界，都是因緣和合而生。在歌羅邏時期，便具備了生命、溫暖、神識等三事，所以叫做無明。既然無明屬於因緣和合而有，那麼，無明便無有自性，所以，不可說無明是有，也不可說無明是無，乃至於老與死，同樣，也不可定言是有，也不可定言是無。

若能知道十二因緣非空亦非有，便能破除空有二見。我們應當知道，十二因緣觀，能夠對治計有計無的毛病，現在，我們也可以用這種方法來對治、破除因成假有之困惑。

三、對治世性愚癡的方法。若有人以為，世上的萬事萬物，皆是由微塵和合而成的，這種不正確的見解，就叫做計世性。計世性的具體表現，就像前面所說的那樣。對治世性愚癡的方法，還應當教令行者修習一念十二緣觀。為什麼教令行者修習一念十二緣觀呢？行者若作細心觀察，就會發現，一念之中具足十二因緣。一念不是十二因緣，十二因緣也不是一念，而我們現在就一念而說十二因緣，就十二因緣而說一念，我們應該知道，一念生滅而不可得。由於一念生滅而不可得的緣故，所以說，世性是虛幻而不可得的。所以，用一念十二因緣觀，破除執著於世性的愚癡邪見。一念十二因緣觀，多是用來破除「執一為實」的外道見解的。現在，我們也可以用這種方法來破除「相待假有」之困惑。

【說　明】智者大師所說的愚癡，不是指動物般的愚癡，而是指人的「聰明伶俐，分別計較」。就世間俗情而論，「聰明伶俐，分別計較」，並不是愚癡，而是聰明。然而，對於「修道體真」來講，「聰明伶俐，分別計較」，卻是妄念自纏，背道而馳，所以，稱之為愚癡。若欲消除愚癡，就要善觀十二因緣。只要善觀十二因緣，就能發現，十二因緣非斷非常、非有非無、亦非微塵和合。借助於十二因緣觀，悟得「真空妙有」之實，即是破愚而發慧。

五、明治惡業障道多病。如經中說：「障道者，教令念佛。」今障道既有三種，對治則亦立三。

一、明治沉昏暗塞障發者。惡業病相如前說，對治應教觀應佛，三十二相❶中隨取一相。或先取佛眉間毫相❷，閉目而觀。若心暗鈍，懸作不成，當對一好端嚴形像，一心取相，緣之入定。若不明了，即開眼更觀，復更閉目，如是取一相明了，次第遍觀眾相，使心眼開明，即破昏睡沉暗之心，念佛功德，則除罪障。

問曰：若取其相分明，能破沉昏者，何不作九想白骨等觀？

答曰：九想白骨，但是生死不淨之身，除罪義劣，故非對治。

二、明治惡念思惟障者。障發如前說，對治應教念佛功德。云何為念？正念之心，緣佛十力❸、四無所畏❹、十八不共❺、一切種智❻，圓照法界，常寂不動，普現色身，利益一切，功德無量，不可思議。

如是念時，即是對治。何以故？此念佛功德，從緣勝善法中生心數。惡念思惟，從緣惡法中生心數。善能破惡故，應念報佛。譬如醜陋少智之人，在端正大智人中，即自鄙恥。惡亦如是，在善心中，則恥愧自息。緣佛功德，念念之中，滅一切障。

三、明治境界逼迫障者。罪業發相如上所說，對治方法，應教念法佛❼。法佛者，即是法性平等、不生不滅、無有形色、空寂無為。無為之中，既無境界，何者是逼迫之相？知境界空故，即是對治。

若念三十二相，即非對治。何以故？是人未緣相時，已為境界惱亂，而更取相者，多因此著魔，狂亂其心。今觀空破除諸境界，存心念佛，功德無量，即滅重罪。此為對治，於義可見。略說對治治竟。

【章　旨】以上「原文」，分三個部分，介紹了對治惡業障道的方法。第一，介紹了對治昏沉暗塞的方法。第二，介紹了對治惡念思惟障的方法。第三，介紹了對治境界逼迫障的方法。

【注　釋】❶三十二相　又名三十二大人相，包括：一、足安平。二、足千輻輪。三、手指纖長。四、手足柔軟。五、手足縵網。六、足跟圓滿。七、足趺高好。八、腨如鹿王。九、手長過膝。十、馬陰藏。十一、身縱廣。十二、毛孔青色。十三、身毛上靡。十四、身金光。十五、常光一丈。十六、皮膚細滑。十七、七處平滿。十八、兩腋滿。十九、身如師子。二十、身端正。二十一、肩圓滿。二十二、口四十齒。二十三、齒白齊密。二十四、四牙白淨。二十五、頰車如師子。二十六、咽中津液得上味。二十七、廣長舌。二十八、梵音清遠。二十九、眼色紺青。三十、睫如牛王。三十一、眉間白毫。三十二、頂成肉髻。關於報身佛之三十二相，切不可依文解義，自以為是。此中有真實不虛的象徵性內涵，未通實相者，妄想猜測所不能及。❷眉間毫相　亦即眉間白毫相。報身佛三十二相之一。佛之眉間，有白毫毛，內外映徹，如白琉璃，宛轉右旋。《觀無量壽經》曰：「眉間白毫右旋宛轉，如五須彌山。」《法華經序品》曰：「佛放眉間白毫相光，照於東方萬八千世界。」報身佛眉間白毫之相，有其真實的象徵性內涵，非未實相者所能妄測。❸十力　見前「十力」注釋。第五四頁。❹四無所畏　見前「四無所畏」注釋。第五四頁。❺十八不共　佛的十八種功德，唯佛獨有，不與三乘所共有，故云不共。十八不共法包括：身無失、口無失、念無失、無異想、無不定心、無不知己捨、欲無減、精進無減、念無減、慧無減、解脫無減、解脫知見無減、一切身業隨智慧行、一切口業隨智慧行、一切意業隨智慧行、智慧知過去世無礙、智慧知未來世無礙、智慧知現在世無礙。❻一切種智　三智之一。三智包括：一切智、道種智、一切種智。一、一切智，聲聞緣覺之智也。知一切法之總相者。總相即空相也。二、道種智，菩薩之智也。知一切種種差別之道法者。三、一切種智，佛智也。通達總相與別相。❼法佛　亦即法身佛。佛與眾生所同具之無相真性。

【語　譯】五、對治惡業障道的方法。就像佛經中所說：「惡業障道的人，教令修習念佛法門。」障道的情況有三種，對治的方法也有三種。」

一、對治昏沉暗塞的方法。昏沉暗塞障道的情形，就像前面所說的那樣。對治的方法，應教令行者觀應身佛，在佛的三十二相之中，任意選取一相，或者先選取佛眉間的白毫之相，令行者閉目觀想。若心中暗鈍，觀想不起來，那麼，就要面對一幅相好端嚴的佛相，用心觀察，借助於相好端嚴的佛相而入定。假若還是不能清楚地觀想起來的話，那麼，就睜開眼睛，再次觀看所要觀想的佛相。觀看完畢之後，再閉上眼睛觀想。若把一相觀想清楚了，再觀想其他相，直至遍觀佛的所有相，觀想得清清楚楚，這樣，就能破除昏睡沉暗之心。觀想佛的功德，就能消除一切罪障。

問：若說取相觀想，並且觀想得分明，就能破除昏沉暗塞的毛病。那麼，為什麼不作九想白骨觀呢？

答：九想白骨觀，觀的是生死不淨的四大和合之身，消除罪障的功效不大，所以，不是昏沉暗塞的對治良法。

二、對治惡念思惟障的方法。惡念思惟障礙發起的情形，就像前面所說的那樣。對治的方法，應教令行者念佛功德。怎樣才是念佛功德呢？也就是，以正念之心，觀想佛的十力、四無畏、十八不共法、一切種智，圓照法界，常寂不動，普現色身，利益一切，功德無量，不可思議。

行者作這樣的觀想的時候，即是在對治自己的業障。為什麼這樣說呢？這是因為，觀想佛的功德，是借助於殊勝的善法而生出心念。而惡念思惟，則是借助於惡法而生出心念。由於善法能夠破除惡法的緣故，所以，應該觀想圓滿報身佛。就像長得既醜陋又沒有智慧的人，在既端正而又有大智慧的人面前，就會自感鄙恥。惡法在善法面前，也是如此。惡法在善心中，則自感羞愧而自息。借助於觀想佛的功德，念念之間，能夠消除一切業障。

三、對治境界逼迫障的方法。境界逼迫障發起的情形，就像前面所說的那樣，對治的方法，應該教令行者念法身佛。所謂法身佛，就是法性平等、不生不滅、無有形色、空寂無為。在空寂無為的境界之中，根本沒有任何境界，又哪裡會有逼迫之相呢？能夠知道境界皆空，這就是對治。

觀想佛的三十二相，不是對治境界逼迫障的方法。為什麼這樣說呢？這是因為，行人在未觀相的時候，就已經被境界所惱亂了，現在，若再取相觀想的話，多會因此而著魔，更加狂亂其心。現在，用觀空的方法，破除各種境界，觀想法身實相，功德無量，便能消滅重罪。這就是對治境界逼迫障的方法，其中的義理，顯而易見。現在，我們大致講完了對治的方法。

【說　明】在實際的修行過程中，行者要善於根據具體的情況，對於對治的方法，作隨時的調整。在三種對治方法中，唯有念佛法身，最上最第一。為什麼這樣說呢？這是因為，諸佛法身，空寂無為。於「空寂無為」之中，根本沒有障礙。諸佛法身，即是眾生自性，所以，念諸佛法身，即是念眾生自性，念眾生自性，即是眾生對自性的回歸。回歸自性，乃諸佛法門的歸宗義趣。

第二，明轉治者。出《摩訶衍論》，解十力、明定力、垢淨、智力中說。彼論云：「貪欲之人，教修慈心。多瞋之人，作不淨觀。愚癡多者，教思惟邊無邊。掉散❶心中，教令用智慧分別。沒心人中，教令攝心。」若如是者，名為轉治。若不爾者，名不轉治，此為反上所說。

今明轉治有二種。一者、病轉法亦轉。二者、病不轉而法轉。今約前一觀中，明轉治義。前對治治中，貪心多者，教觀不淨。觀心既成，見於不淨，厭患前境，便生瞋心。如佛在世，有諸比丘，學不淨觀，成即顧人自害。如是之類，應教轉觀修慈，以治於瞋，名為轉治。此即藥病俱轉。如此說者，細熟尋檢，猶未稱教意。

二者、病不轉而藥轉者。貪病不轉，前不淨觀，修慈觀治。

問曰：貪心之法，取人好相，慈亦取人好相，云何為對治？

答曰：《菩薩戒》有明文，一切男子，皆是我父，一切女人，皆是我母，而菩薩不起慈悲，行淫無度，不避六親，犯波羅夷❷罪。若觀前境男女，皆如父如母如子，則自敬愛心生。慈念能破貪欲，譬如父母終不於子所生非法心。復次，慈名與他之樂。貪欲不善，增他煩惱，此非與樂之道。如是思惟，繫心修慈，慈定若發，即治貪欲。何以故？無量心是色界法，不應得有貪欲心生。此則病雖不轉，轉觀治之。今以不淨一門類之，餘十四門禪，悉有二種轉治之義可知。

復次，轉觀有二種。一者、轉心不轉境。二者、心境俱轉。善自推尋，其義可見。

第三，明不轉治者。亦為二意。一者、病不轉觀亦不轉。二者、病轉觀不轉。

一、病不轉觀亦不轉者。如貪心人，作不淨觀，貪心不息，更增想作觀，不須轉觀，當更作膿血爛壞相等。作一人不息，復作多人，如是乃至一城一聚落，皆作不淨。如禪經中廣說。或進入白骨流光❸等治，貪心方息，故名不轉治。雖有此義理，而推之猶恐未是教之正意。

二、病轉觀不轉治者。行者為有貪欲病，作不淨觀治，貪欲轉而生瞋恚。爾時，不轉不淨觀，即於不淨中增想，作不淨觀及白骨流光入定，瞋心自除，亦得即為二意。一、境不轉而心轉。二、境不轉心亦不轉。餘十四對治不轉治義，類亦如是。

【章　旨】首先，介紹了轉治的二種情況。一、病情轉變，對治法也轉變。二、病情不轉，對治法也轉變。其次，介紹了不轉治的二種情況。一、病情與對治法俱不轉。二、病情轉而對治不轉。

【注　釋】❶掉散　身口意三業不靜，好為喧噪也。身掉者，好遊走諸雜戲謔，不暫坐安靜。口掉者，好吟詠，爭是非，為無益之戲論，世間之語言。意掉者，心情放逸，恣意攀緣，思惟文藝世間之才技，為諸惡覺觀也。❷波羅夷　戒律中的極重罪，華譯斷頭，喻如斷頭，不能再生。又譯作棄，謂棄之於外。又譯不共住，謂不能入僧數。又譯退沒，謂其退失道果。又譯墮落，謂墮落於阿鼻地獄。犯此罪者，不名比丘，不名沙門，非釋迦子。比丘犯殺、盜、淫、大妄語四戒，叫做四波羅夷。❸白骨流光　白骨觀中的一種境界。行者觀想白骨，如珂如雪，進而觀想白骨，白光閃爍，照耀十方。這種境界就叫白骨流光。

【語　譯】第二，說明轉治的方法。轉換對治的方法，是《大智度論》在解釋十力、定力、垢淨、智力時說的。《大智度論》中說：「貪欲多的人，要教令他修慈心觀。瞋恚多的人，要教令他作不淨觀。愚癡多的人，要教令他思惟有邊與無邊。散亂多的人，要教令他用智慧分別。昏沉多的人，要教令他制心一處。」若能這樣的話，名之為轉治。否則，名之為不轉治。不轉治與轉治相反。

轉治有二種，第一，病情轉變，對治法也轉變。第二，病情不轉，對治法也轉變。現在就前一種情況，來說明轉治的含義。在前面所說的對治法中，貪心多的人，應教令他修不淨觀。當不淨觀修成之後，則見一切皆屬不淨，因此，厭惡自己所面對一切，瞋恚之心，便由此而生。譬如佛陀在世的時候，有修不淨觀的比丘，不淨觀修成之後，便顧人殺害自己。修不淨觀的時候，若發生了這種情形，就應該教令他轉修慈心觀，以對治不淨觀所引起的瞋恚之心，這就叫做轉治，這就叫做藥病俱轉。話雖這麼說，然而，若仔細推尋的話，猶未能完全符合佛教的義。

第二，病情不轉，對治法轉變。譬如修不淨觀，貪病還沒有轉變，此時，由不淨觀而轉修慈心觀。

問：具有貪心的人，本來就貪取好相美貌。慈心觀的方法，也是取人好的相貌，這樣怎麼能夠對治貪欲呢？

答：〈菩薩戒〉裡有明文，一切男子，皆是我父，一切女人，皆是我母，若菩薩面對男女之相不起慈悲心，而是行淫無度，不避六親，那麼，這種人就犯波羅夷罪。行者若觀面前的男人女人，皆如自己的父母子女，則自然會生起愛心。慈愛能夠破除貪欲之心，就像父母決不會對自己的子女有不規之想。慈即是給予他人快樂。貪欲不善，能增他人煩惱，不是給予他人快樂。行者作這樣的思惟，專心於慈心觀，若發起了慈心定，便能對治貪欲。為什麼這樣說呢？這樣因為，四無量心是色法界，不應該有貪欲心生。這就是病情雖然未變而對治的方法發生轉變的情況。今以不淨觀為例，來說明轉觀對治的情況，其實，十四門禪中，每一門禪皆有「病情轉變，對治也轉」、「病情不轉，對治也轉」這二種轉治的情況，這是可想而知的。

轉觀有二種情況。一、轉心，不轉境。二、心境俱轉。若仔細推尋，便能得見其義。

第三，說明不轉治的情況。也分為二部分。一、病不轉，觀亦不轉。二、病轉，觀不轉。

一、病不轉，觀亦不轉。譬如貪心的人，雖然作不淨觀，然而，貪心並不能止息，這時，就要進一步觀想，不須轉換其他觀法，應當觀想屍體膿血爛壞的樣子。觀想一個屍體膿血爛壞，若貪心還不能息滅，就要再多觀幾個人。如此人數不斷增多，乃至把一個城鎮一個村落的人，皆觀想成膿血爛壞之相。就像禪經中所說的一樣。或者由不淨觀而進入白骨流光觀進行對治，最後，貪心方息，所以叫做不轉治。話雖然這麼說，然而，若細推尋起來，好像猶有不是。

二、病轉，觀不轉。因為行者有貪欲的病，所以，用不淨觀而對治，結果，貪欲息滅而瞋恚生起。這時，並不轉換不淨觀，而是在不淨觀中再進一步觀想，作不淨觀以及作白骨流光觀，緣此而進入禪定，則瞋心自然息滅。病轉而觀不轉的情況，亦分為二種。一、境界不轉而心轉。二、境界不轉，心也不轉。其餘十四門禪的對治不轉的情況，其大致情況也是如此。

【說　明】諸佛大醫王，治療眾生疾，根本就沒有固定不變的藥方，眾生有八萬四千煩惱，諸佛有八萬四千法門，以八萬四千法門，對治八萬四千煩惱，歸至最後，藥病相克，歸於雙亡。

《道德經》言：「為道日損，損之又損，以至於無為。無為而無不為。」佛法的修習，亦是一個日損的過程，損去心中的汙垢，損掉心中的妄念，損之又損，以至於清淨。清淨而含妙有。佛法的修習，實無少法可得。《金剛經》言：「我於阿耨多羅三藐三菩提，乃至無有少法可得，是名阿耨多羅三藐三菩提。」

第四，明兼治者。亦出《摩訶衍論》解八念、念捨文中。彼論云：「菩薩法施者，法施因緣，或復說法，或現神通，或復放光❶，如是等利益度脫眾生，名為法施。」復次，行法施者，應當善識眾生煩惱多少，或但有一煩惱病，或兩兩雜，或三三雜。若一煩惱，說一法治。兩兩雜者，說二法治。三三雜者，說三法治。此即是兼治相。

一病說一法治，如前說。兩病二法治者，如有貪欲病，復有瞋恚，當用不淨、慈心觀共治。何以故？若但用一法，雖偏治一邊，復增一邊，則為過失。今二法相兼，病則皆差。或不淨兼慈，或慈兼不淨。今應隨病起，以義斟酌，兼三兼四、乃至五等，悉有其義，今不具說。

第五，明兼不轉治者。此義亦如轉治不轉治意，但於兼中對病發多少。還約上轉不轉意，細推可見。

第六，非對非轉非兼治者。即是第一義悉檀❷波若正觀❸。此觀通能治十五種病，亦通能發十五種門禪，所以言非對非轉非兼治正觀。法性即法，不可以法對法，故云非對正觀無偏，不增餘病，不須轉也。力能遍破眾病，故不須兼。雖不得能破所破而治，諸不善悉皆除滅，故名為治。是以《摩訶衍》云：「有三昧，但能除貪，不能除瞋，不能除癡。有三昧，能除三毒。」即是今所明正觀第一義悉檀也。

所以波若一觀❹能治五病者。

一、正觀能治貪欲。如《思益經》云：「貪欲之人，以淨觀得脫，不以不淨，世尊自知。」

二、正觀能治瞋者。如《般若》說：「我昔為歌利王，割截身體，爾時，無我相、人相、眾生相，則瞋恚不生。故知實相能治於瞋。」

三、正觀能破治癡者。智慧破於無明，其義可見，故《涅槃經》云：「明時無暗，暗時無明。有智慧時，則無煩惱。有煩惱時，則無智慧。」

四、正觀能治覺觀者。正觀心中，語言道斷，心行處滅，則覺觀從何而生？故《維摩詰經》言：「云何息攀緣？謂心無所得。」

五、正觀能治罪障者。如前引《普賢觀》云：「端坐念實相，是名第一懺。眾罪如霜露，慧日能消除。」

復次，如世餘藥，名隨對治，能治一病，不能遍治一切病也。阿竭陀藥❺即能遍治一切眾病，是名非對非轉非兼治，亦能具足一切禪門，如《大品經》說：「欲學一切善法，當學般若❻。」所以者何？譬如王來，必有營從。若般若慧發，則一心具足萬行，此則可以如意寶珠❼為喻。

第四，次明結成悉檀❽，廣攝佛法者。

今約此驗惡根性中辨對治，即以對《摩訶衍論》所明四種悉檀義。所以者何？如十五種不善境界發相，此正是世界悉檀，乃至前明善根發相，亦屬世界悉檀，以其皆是因緣生陰、入、界攝故。

次明十五種對治禪門，即是對治悉檀，是中正辨藥病相對故。

次明轉治兼轉不轉治，即是為人悉檀，此正逐人根緣不定，方便利益，故名為人。

次明非對非轉，即是第一義悉檀，其義可見。故《摩訶衍論》云：「此四悉檀，即攝十二部經❾八萬四千法藏一切佛法。」理而推之，當知禪門之義，則為廣博靡所不收。

【章　旨】首先，介紹了兼治的方法，亦即兼用多種方法，對治多病眾生。其次，介紹了兼治而不轉治的方法，亦即在兼治之時，針對病情，有所偏重。再次，介紹了第一義悉檀般若正觀，亦即以般若智慧，契悟諸法實相。

【注　釋】❶放光　諸佛菩薩放光，乃放智慧之光，而非物理之光。智慧之光，乃心性通達之光，譬如洞察過去，設計未來，舉手投足，見聞覺知，一切作用，無不是心性光明。❷第一義悉檀　四悉檀之一。悉，即普遍之義。檀，為檀那（布施）之略稱。悉檀，即普遍地施予。第一義悉檀，即破除一切論議語言，直指諸法實相，令眾生直接契入真乘，故又稱入理悉檀。❸波若正觀　般若智慧，圓光普照。波若，即般若。正觀，即無偏之觀，即覺光普照，一視同仁。❹波若一觀　波若，即般若。一觀，即指「般若慧觀」這一觀。❺阿竭陀藥　又作阿揭陀。原意為健康、長生不死、無病、普去、無價，後轉用作藥物名稱，尤指解毒藥而言。阿伽陀藥又稱不死藥、丸藥。此藥靈奇，價值無量，服之能普去眾疾。在這裡，以阿竭陀藥喻般若正觀之法。❻般若　華譯為智慧，即通達真理的無上妙慧。恐與世間解之智慧混雜，有人又於智慧前加一「大」字，名大智慧。般若智慧的全義，可表述為：世間出世間、圓融無礙的大智慧。❼如意寶珠　顧名思義，能生無量妙寶之珠。如意寶珠，有其深刻的象徵性含義，而非俗情依文測義所能及。如意珠無形相，一切萬法緣此出，此珠不是別的物，即是諸人如來性。❽悉檀　佛以四類方法，普施一切眾生，所以，悉檀又稱為四悉檀。悉，即遍之義。檀，為檀那（布施）之略稱。❾十二部經　一切經教的內容，分為十二類，叫做十二部經，也叫做十二分教。一、長行。以散文的形式，直說法相，不限定字句者，因行類長，故稱長行。二、重頌。既宣說於前，更以偈頌總結於後，具有重宣之意，故名重頌。三、孤起。不依前面長行文的含義，單獨發起的偈頌。四、因緣。述說見佛聞法，或佛說法教化的因緣。五、本事。記載佛說諸弟子過去世因緣的經文。六、本生。記載佛說其自身過去世因緣的經文。七、未曾有。記佛現種種神力不思議事的經文。八、譬喻。佛說種種譬喻，以令眾生容易開悟的經文。九、論議。指以法理論議問答的經文。十、無問自說。指無人發問而佛自說的經文。十一、方廣。指佛說方正廣大之真理的經文。十二、記別或授記。是記載佛為菩薩授記成佛的經文。

【語譯】第四，說明兼治。兼治的方法，亦是《大智度論》在解釋八念、念捨時所說的。《大智度論》說：「所謂菩薩行法布施，就是菩薩根據因緣，或者說法，或者現神通，或者放光，作種種利益眾生的事，度脫眾生，這就叫做法布施。」行法布施的菩薩，應當善於了解眾生煩惱的多少。有的眾生只有一種煩惱，而有的眾生有二種煩惱混雜，有的眾生則有三種煩惱混雜。若眾生只有一種煩惱，那麼，就說一種法來對治。若眾生有二種煩惱混雜，那麼，就說二種方法來對治。若眾生有三種煩惱混雜，那麼，就說三種法來對治。這就是兼治的方法。

若眾生只有一種病，就說一種法來對治，這種情況，就像前面所說。若眾生有二種病，那麼，就要說二種法來對治，譬如有人有貪欲的病，還有瞋恚的病，這時，就要用不淨觀與慈心觀來共同對治。為什麼要用二種方法來對治呢？這是因為，若只運用一種方法來對治的話，那麼，就會在偏治一種病的同時，而增加了另一種病的病情，這種偏治的方法，是有過失的。現在，用二種方法來對治，則二種病都會痊癒。或者以不淨觀為主，兼修慈心觀，或者以慈心觀為主，兼修不淨觀。應當依據病情來確定對治的方法，詳加斟酌病情，或者三種方法兼用，或者四種方法兼用，乃至於五種方法兼用，皆有其特殊的義理，在這裡就不再詳細說了。

第五，說明兼治而不轉治的情況。此中的道理，也與轉治不轉治的道理一樣，只是在兼治的時候，針對病情發起的多少而有所偏重而已。運用兼治而不轉治的方法，與上面所說的轉治與不轉治的方法相同，若仔細加以推尋，其義可見。

第六，非對治非轉治非兼治。非對治非轉治非兼治的方法，是第一義悉檀般若正觀。第一義悉檀般若正觀，能夠對治十五種禪病，也能發起十五種禪定，所以稱之為非對治非轉治非兼治的般若正觀。法性是諸法之源，不可以法來對法，所以說，絕待無對的般若正觀，無有偏治之過失，不會增加病情，不需要轉換對治方法。般若正觀能夠破除所有的禪病，所以，不需要兼用其他方法。般若正觀，雖然不採用能所相待方法的進行對治，然而，卻能消滅一切不善之法，所以叫做無為而治。所以《大智度論》中說：「有的三昧只能消除貪病，而不能消除瞋病，也不能消除癡病。有的三昧卻能消除貪瞋癡三毒。」這就是我們現在所說的第一義悉檀般若正觀。

所以，般若正觀，能治五種病。

一、般若正觀能治貪欲病。就像《思益經》中所說的那樣：「貪欲的人，只有運用般若正觀才能獲得解脫，用不淨觀是不能獲得解脫的，世尊知道此事。」

二、般若正觀能治瞋病。就像《金剛經》中所說的那樣：「在過去世的時候，我被歌利王割截身體，此時，無我相、無人相、無眾生相，所以瞋恚不生。所以我們知道，般若正觀能治瞋病。」

三、般若正觀能治癡病。智慧能破無明，這是顯而易見的，所以《涅槃經》上說：「有光明的時候，沒有黑暗，有黑暗的時候，沒有光明。有智慧的時候，沒有煩惱，有煩惱的時候，沒有智慧。」

四、般若正觀能治思慮妄念。在般若正觀心中，言語道斷，心行處滅，那麼，思慮妄念又從何而生呢？所以《維摩經》說：「如何才能息滅攀緣呢？以無所得之心，方能息滅攀緣。」

五、般若正觀能治罪障。就像前面所引用的《普賢觀經》所說：「端身正坐，心契實相，即是第一等懺悔。如此懺悔罪障，就像慧日除霜露，一切皆消融。」

就好像世上的其他藥，因其所治之病，而得相應名字，只能治一種病，不能遍治一切病。而阿竭陀藥，卻能治一切眾病，所以叫做非對治、非轉治、非兼治，亦能具足一切禪門，就像《大品經》中所說的那樣：「若想學一切善法，就應當學般若。」為什麼呢？譬如國王出來的時候，一定有很多的隨從。般若智慧也是這樣，般若智慧得到開發的時候，則一心具足萬法。此事可以用如意寶珠來作比喻。

第四，總結成普施眾生的方法，用來廣攝一切佛法。

我們所說的針對惡根性而採取的對治方法，就是《大智度論》中所說的四種悉檀。為什麼呢？譬如十五種不善境界發起的情形，這正是世界悉檀，甚至前面所說的善根發起的情形，也屬於世界悉檀。為什麼這樣說呢？這是因為，無論是善的境界，還是不善的境界，都屬於因緣所生的五陰、十二入、十八界等的範疇。

十五種對治禪門，即是對治悉檀，這是因為，在這十五種禪門中，主要是講述藥病對治的道理。

轉治，兼轉，不轉治，即是各各為人悉檀，這正是依據每個人的根機與因緣的不同，而給予的方便利益，所以叫做各各為人悉檀。

非對治非轉治，即是第一義悉檀，其中的道理，是顯而易見的。所以《大智度論》中說：「四悉檀能夠包含十二部經、八萬四千法門等一切佛法。」由此可見，我們應當知道，禪門之義，也是廣博深遠而無所不包的。

【說明】若從事相上來論煩惱，則煩惱有無量之多。若從理體上而論煩惱，則一切煩惱，皆屬虛妄，無有自體。既然煩惱虛妄，無有自體，又何必認煩惱為真實呢？所以，修習禪波羅蜜，貴在修習般若正觀，不可著諸法相，不可認煩惱為真，不可著有，不可偏空，一切無住無著，即合般若正觀的義。

此段「原文」，在表述上，亦有不恰當之處，我們必須予以點出，以利讀者方便修行。譬如「原文」中說：「行法施者，應當善識眾生煩惱多少，或但有一煩惱病，或兩兩雜，或三三雜。若一煩惱，說一法治。兩兩雜者，說二法治。三三雜者，說三法治。此即是兼治相。」

智者大師以為，有人有一種煩惱，有人有二種煩惱，有人有三種煩惱，所以，得出兼治的結論：若一煩惱，說一法治。兩兩雜者，說二法治。三三雜者，說三法治。我們可以想一下，是否有「唯獨一種煩惱」的情況？我們就會發現，根本沒有「唯獨一種煩惱」的情況，任何一種煩惱，都不是孤立而起的，譬如瞋恚之時，既有愚癡，亦有貪欲。若無愚癡，則無貪欲。若無貪欲，何來瞋恚？若有愚癡，必有貪欲，若有貪欲，必有瞋恚，三者相聯，豈能有「獨有一種」，或「獨有二種」的情況？

再者，煩惱本來虛妄，不可以數量論。若以數量而論，則有認煩惱為實之弊。

第三，次明安心禪門者。略為五意。一、明隨便宜。二、明隨對治成就。三、明隨樂欲。四、明隨次第。五、明隨第一義。

今釋第一隨便宜者。如驗善根性中，發十五種禪門，隨其發法，當知過去已經修習，可還修今成就。隨所發法，安心修之。如發覺觸❶後，欲修安心，當教數息。所以者何？根本初禪❷，多從數息中發。當知是人過去已曾數息修禪，今若從息道而入，與本相扶，禪則易發，加功不止，則能具足四禪空定❸，因此，即發三乘聖道❹事等。金師之子❺，教令數息，是為隨本。善根發後，說安心法。餘十四善根發❻，隨便宜立。安心亦如是。

二、明隨對治成就立安心法者。如行人本有貪欲、不善障法。為治此病，作不淨觀。觀成病滅，爾時，雖無欲病，而未證深法。當更加心修習不淨，作種種不淨成已，次當卻除皮肉，修白骨流光，入八背捨，斷三界結❼，成三乘道。此則不失其功。若更安心餘法，方復造功，則於事難成。餘十四隨對治成就，辨安心法，類之可知。

三、隨樂欲者。若能對治，斷欲界煩惱不善之患，則十五種禪，通無遮障。爾時，當隨行者心所欲樂諸禪三昧，各安心其門，而修習之，即皆開發，始終成就。此可以數人❽同治修為類。

四、約次第立安心法者。遮障既除，自有行人，欲從淺至深，具足修一切禪定。應從阿那般那中而教數息。證根本四禪空定已，次教隨息。證十六特勝已，次應觀息。具足通明之禪，次教不淨觀。入九想背捨等禪，乃至次應觀心性❾，入九種大禪。禪定次第，並如上第五明禪次第中分別。修證方法，在下自當具說。今明約驗善惡根性後，用安心法，既有如此之便利，故次後而說。

五、明隨第一義者。泥洹❿真法寶，眾生種種門。入此十五種善根發後，及五對治除障已後，隨於一法門易悟之處，即以此為安心者。行人多因是門入聖道也。

【章旨】介紹了設立安心法門的五種依據：一、隨順行者的宿世所修而建立安心法門。二、隨順對治成就而建立安心法門。三、隨順行者的喜好而建立安心法門。四、隨順先後次第而建立安心法門。五、隨順第一義而建立安心法門。

【注釋】❶覺觸　亦即在禪修時，發起的相應的禪定覺受。❷根本初禪　四禪八定，各有根本定與近分定二種，根本定，即四禪八定本身。近分定，即未到地定。根本初禪，即初禪本身。❸四禪空定　四禪包括：初禪、二禪、三禪、四禪。空定，即四空定，又作四無色定。四空定包括：空無邊處定、識無邊處定、無所有處定、非想非非想處定。❹三乘聖道　三乘，在這裡是指第三乘——小乘中的聲聞與緣覺，而非通括佛乘、菩薩乘、聲聞與緣覺乘。《法華經》中有三車之喻，即羊車、鹿車、白牛車。此喻三乘佛教。白牛車喻佛乘，鹿車喻菩薩乘，羊車喻聲聞、緣覺。聲聞與緣覺乘，即是這裡所說的三乘。聖道，即聲聞緣覺所證之境界。❺金師之子　喻直取根本的頓根利器之人。金師，即金毛獅子。❻十四善根發　在〈分別禪波羅蜜前方便第六之二‧明善根發相〉中，提到有十五種善根發相。十四善根發，即指其中的十四種善根發相。參見本書第一八九頁。❼三界結　三界煩惱。三界，即欲界、色界、無色界。結，即煩惱。❽數人　薩婆多部（一切有部）之異名也。主論法數，故曰數人。❾觀心性　凡所有相，皆心性之用，亦心性之相，諸法緣起於心性，還滅於心性，心性乃萬法之本源，心性乃眾生之佛性，亦諸佛之法身。觀諸法緣起之處，觀諸法滅還之處，即是觀心性。❿泥洹　即涅槃。涅者不生，槃者不滅。涅槃，即不生不滅之性體，亦如來法身，亦眾生佛性。

【語　譯】第三，說明安心禪門。安心禪門，大致可分為五種。一、隨順宿世所修而建立安心法門。二、隨順對治成就而建立安心法門。三、隨順行者的喜好而建立安心法門。四、隨順先後次第而建立安心法門。五、隨順第一義而建立安心法門。

一、隨順宿世所修而建立安心法門。譬如，在驗知善根性中，發起十五種禪門，觀其所發禪相，便能知其宿世所修，可以教令行者繼續修習其宿世所修，這樣，便能獲得成就。隨順行者所發禪相，令其安心修習。譬如行者發起了相應的禪定覺受，若更想修習安心法門，可教令行者修習數息法門。為什麼呢？因為根本初禪，是從數息法門而發。我們應該知道，此人宿世已經修習過數息法門，現在，若再從數息法門而修，便能與宿世所習相應，容易發起禪定，若再繼續用功的話，則能達到四禪八定的境界，因此，能夠發起三乘聖道中的事。教令頓利器之人，修習數息法門，是順從他的宿世所習。修習數息法門，待善根發起之後，再讓他修習安心法門。其餘的十四種善根發相，也是隨順宿世所修而方便建立的。建立安心法門的情況，也是這樣的。

二、隨順對治成就而建立安心法門。若行人本來就有很多貪欲、惡習障礙修行，為了對治貪欲，就應該修不淨觀。不淨觀成就之後，一切貪欲障道之法，自然消滅，這時，雖然沒有了貪欲之病，然而，卻未能證入甚深之法。此時，還應該繼續修習不淨觀，修習各種不淨觀成就之後，就應當觀想皮肉脫落，唯獨剩下一具白骨。行者緣此而修白骨流光，緣此而入八背捨，斷除三界煩惱，成就三乘道果。如此修行，則功效顯著。在這時，若轉修其他法門，則重複用功，很難成就。其餘的十四種禪門，隨對治成就，辨明安心法的情況，也大致是一樣的。

三、隨順行者的喜好而建立安心法門。若行者能夠對治、斷除欲界煩惱不善之法，那麼，十五種禪門就再也沒有什麼遮障了。這時，應當隨順行者所喜好，令其安於所好而用功修行，這樣，就能開發出諸禪三昧，就一定能獲得成就。這種方法可以與數人同治修為類。

四、隨順先後次第而建立安心法門。當遮障斷除之後，自會有人，從淺至深，具足修習一切禪定。這時，應該從阿那般那中的數息開始。證得根本四禪及四空定之後，再教令修習隨息。證得十六特勝之後，再教令修習觀息。證得通明禪之後，再教令修習不淨觀。進入了九想、八背捨等禪定境界之後，再教令作心性觀，進入九種大禪的禪定境界。禪定修行的次第，就像上面「說明禪修次第」中所說的那樣。修證的具體方法，在下面將會有詳細地說明。現在，在說明了驗善惡根性之後，運用安心法門，既然有如此多的便利，所以，我們在後面再講如何修習安心法門。

五、隨順第一義而建立安心法門。不生不滅真性體，種種法門歸元處。在十五種善根發起之後，以及用五種對治的方法消除了業障之後，就要選擇一個比較容易開悟的法門，以此為安心法門。大多數人的修行，都是依據此門而證入聖道的。

【說　明】安心法門的確立，要有充分的依據，既要依據行者的過去所習，同時，還要兼顧行者的喜樂愛好。從行者的實際出發，確立合乎實際的法門，然後，再進行循序漸進地修行，這樣，才能實現「般若波羅蜜」的禪修目的。

第四，次明治病方法。行者既安心修道，或本四大[1]有病，因今用心，心息鼓擊發動成病。或時不能善調適身、息、心三事，內外有所違犯，故有病發。夫坐禪之法，若能善用心者，則四百四病，自然差矣。若用心失所，則動四百四病。是故若自行化他，應當善識病源，善知坐中內心治病方法。若不知治病方法，一旦動病，非唯行道有障，則大命有慮。

今明治病法中，即為二意。一、明病發相。二、明治病方法。

病發雖復多途，略出不過三種。一者、四大增動病相。二者、從五臟❷生病。三者、五根❸中病。

略明四大病者。

地大增故，腫結沉重，身體枯瘠，如是等百一患生。

水大增故，痰癊脹滿，飲食不消，腹痛下利等，百一患生。

火大增故，煎寒壯熱，支節皆痛，口爽、大小行不通利等，百一患生。

風大增故，虛懸戰掉，疼痛轉筋，嘔吐嗽氣急，如是等百一患生。

故經云：「一大不調，百一病惱。四大不調，四百四病一時俱動。」四大病發，各有相貌，當於坐時及夢中察之其相眾多（云云）不可具記。

二、次明五臟生患之相。

從心生患者，多身體寒熱口燥等，心主口故。

從肺生患者，多身體脹滿四支煩疼悶鼻塞等，肺主鼻故。

從肝生患者，多喜愁憂不樂，悲思瞋恚，頭痛眼痛疼暗等，肝主眼故。

從脾生患者，身體面上遊風通身㿇㿇，癢悶疼痛，飲食失味，脾主舌故。

從腎生患者，或咽喉噎塞，腹脹耳滿，腎主耳故。

五臟生患眾多，各有其相，於坐時及夢中察之可知。其相眾多，不可具記。

三、次略明五根中患相。

身患者，身體卒痛，百節酸疼瘡癢等。

舌患者，瘡強急飲食失味等。

鼻患者，鼻塞齆及流濃涕等。

耳患者，耳滿疼聾及或時嘈嘈然作聲等。

眼患者，眼懸視䀮䀮及瞖暗疼痛等。

如是四大五臟五根病患，因起非一。病患眾多，不可具說。

問曰：五根之患，無異五臟內外相因，今何以別說？

答曰：為坐中別有治法故，須別說其相。行者若欲修禪，脫有患生，應當善自知因起。三種病通因內外發動。若外傷寒冷熱風，飲食不慎，而病從三處發者，當知因外發。若用心不調，觀行違僻，或內心法起，不知將息，而致此三處病發，此因內發。

復次，行者應知，得病有三種不同。一者、四大增損故病。如前說。二者、鬼神❹所作，及因魔❺事觸惱故得病。三者、業報所得病。如此等病，初得即治，甚易得差。若經久則病成身羸，治之則為難癒。

【章　旨】在禪修時，可能會誘發出許多病患。首先，說明了四大、五臟、五根患病的情形。其次，說明了各種病患的起因。總之，四大、五臟、五根的病患，皆內因外緣和合而發，行者應善於調治。

【注　釋】❶四大　地、水、火、風。堅為地，濕為水，暖為火，動為風。❷五臟　心、肺、肝、脾、腎。❸五根　眼、耳、鼻、舌、身。❹鬼神　鬼是六道眾生之一。作為六道眾生之一的鬼，亦有種種的差別，福報差的叫無財鬼，時常沒有得吃，所以也叫餓鬼；有些雖有飲食，但是不夠，叫少財鬼；有些福報大，常得飲食，叫多財鬼。神是天龍八部的通稱。天龍八部包括：天、龍、夜叉、乾闥婆、阿修羅、迦樓羅、緊那羅、摩睺羅伽。❺魔　意譯為奪命、障礙、擾亂、破壞等，亦即能害人性命，障礙擾亂人們的修行。欲界第六天之天主即是魔王。〈分別禪波羅蜜前方便第六之四・明魔事〉中有詳細解釋。參見本書第三一一頁。

【語　譯】第四，治病的方法。行者安心修道，或許四大色身本來就有病，因為現在用功修行，而發動了本來就有的病因。或者由於行者不能善調身體、氣息與心念，內外有所違犯，所以，就引起了疾病。若能善巧方便地運用坐禪的方法，那麼，四百四十種病，自然就會得到痊癒。若行者不懂得善巧用心的方法，則會發動四百四十種病。所以，行者若想行持自行化他的事業，就應當善於識別病源，同時，還應善於了解打坐時的治病方法。若不知治病的方法，一旦發起了病，不但修行有障礙，甚至生命也有危險。

我們要說明的治病方法，包括二部分。一、說明病發的情形。二、說明治病的方法。

發病的途徑有眾多，然而，不出三大種類。一、由於四大的增損所產生的病。二、從五臟中發起的病。三、從五根中發起的病。

現在，我們首先大致地說明由於四大的增損所產生的病。

由於地大增的緣故，行者的身體會臃腫不通，沉重無力，枯乾瘦弱，有如是等一百零一種病患，皆有可能會發生。

由於行者水大增的緣故，行者會痰癊脹滿，飲食不消，腹痛拉肚，如是等等一百零一種病患，皆有可能會發生。

由於行者火大增的緣故，行者會煎寒壯熱，支節皆痛，口中乏味，大小便不通暢，如是等等一百零一種病患，皆有可能會發生。

由於行者風大增的緣故，行者會虛懸戰掉，疼痛轉筋，嘔吐咳嗽，呼吸氣急，如是等等一百零一種病患，皆有可能會發生。

所以佛經上說：「四大之中，只要有其中的一大不調，就會有一百零一種病產生。若地水火風四大皆不調和，則四百零四種病一齊發動。」由於四大不調所發起的病患，各有不同的情形，我們在坐禪時，或者在夢中，就會發現，病相有眾多，難以說盡。

二、從五臟中發病的情形。

若病是從心臟發起來的，行者的身體就會覺得寒熱，口裡覺得乾燥等，這是由於心臟主口的緣故。

若病是從肺臟發起來的，行者就會覺得身體脹滿，四肢疼痛，胸悶鼻塞等，這是由於肺主鼻的緣故。

若病是從肝臟發起來的，行者就會憂愁不樂，悲觀瞋恚，頭眼皆疼，暗昧不通等，這是由於肝臟主眼的緣故。

若病是從脾臟發起來的，行者就會覺得身體周圍有風流動，渾身上下騷癢疼痛，口中乏味，這是由於脾臟主舌的緣故。

若病是從腎臟發起來的，行者就會覺得咽喉噎塞，腹脹耳滿，這是由於腎臟主耳的緣故。

五臟發起的病患有很多，各有特殊的症狀，行者於靜坐或睡夢中，仔細觀察就會發現。病相有很多，難以說盡。

三、簡略說明五根患病的情形。

若身患病，就會身體突然疼痛，各個關節酸疼、生瘡、發癢等。

若舌患病，就會舌上生瘡，疼痛、飲食無味等。

若鼻患病，就會鼻塞不通，流濃鼻涕等。

若耳患病，就會耳朵脹滿，疼痛，聽力下降，有時耳內會出現嘈雜的聲音等。

若眼患病，就會視線模糊，流眼淚，或眼黑及疼痛等。

以上所說的四大、五臟、五根患病的情形，其發病的原因各有不同。病患有眾多，不可以數計。

問：五根的病情，無異於五臟的病情，為什麼要分別而說呢？

答：因為五根之病與五臟之病，在坐禪的時候各有其對治方法，所以要分別而說。行者若想在修禪的時候脫離病患，就應當善於了解病患的起因。四大、五臟、五根的病患，全都是由於內因與外緣的和合而發動起來的。行者若受到外界寒冷熱風的傷害，或者由於飲食的不慎，而使得病患從四大、五臟、五根等三處發動起來，我們就應該知道，病是由外因所引起的。若行者用心不調，觀照不如法，或內心生起種種境界，而不知如何對治，如此而導致的四大、五臟、五根等三處病發，這是由內因所引起的。

行者也應該知道，得病的原因有三種。一、由於四大的增損而導致的病。病情就像前面所說。二、由於鬼神作祟，以及天魔擾惱而導致的病。三、由於業報而導致的病。如此之類的病，在病患初發的時候進行治療，就很容易治癒。若病歷時久，已經造成了身體羸弱，那麼，即使治療也很難以痊癒。

【說　明】在禪修過程中，有時會出現各種疾病，行者要善於辨明發病的原因，以及治病的方法。發病的原因，多是由於行者不懂得善巧用功的方法所導致的。行者若能心平氣和，無執無著，就不會導致疾病，即使不慎發起了疾病，亦容易消除。若行者不辨真假，認幻當實，捕風捉影，則容易引起疾病，更不利於疾病的消除。行者應當善於調節自心，使其處於「心平氣和、無執無著」的空淨狀態。

二、正明治病方法者。既深知病源起發，當作方法治之。治病之法乃有多途，舉要言之，不過五種。

一者、氣息治病。所謂六種息，及十二種息。何等為六種氣？一吹二呼三嘻四呵五噓六呬。此六種息，皆於唇口之中，方便轉側而作。若於坐時，寒時應吹，熱時應呼。若以治病，吹以去寒；呼以去熱；嘻以去痛，及以治風；呵以去煩，又以下氣；噓以散痰，又以消滿；呬以補勞。若治五臟，呼吹二氣，可以治心；噓以治肝；呵以治肺；嘻以治脾；呬以治腎。

復次，有十二種息，能治眾患。一、謂上息。二、下息。三、滿息。四、燋息。五、增長息。六、滅壞息。七、暖息。八、冷息。九、沖息。十、持息。十一、和息。十二、補息。此十二息，皆心中作想而用。

今略明十二息對治患之相。上息治沉重。下息治虛懸。滿息治枯瘠。焦息治腫滿。增長息治損。滅壞息治增。暖息治冷。冷息治熱。沖息治壅結不通。持息治戰動。和息通治四大不和。補息資補四大。善用此息，可以遍治眾患。用之失所，各生眾患。推之可知。諸師用息治病，方法眾多（云云），不備說，今略示一兩條，令知大意。

二、明假想❶治病者。具如《雜阿含》治禪病秘法，七十二法中廣說。但今人神根既鈍❷，作此觀想，多不成就，或不得其意，非唯治病不差，更增眾患。故諸師善得意者，若有秘要，假想用之，無往不癒。但不可具以文載。

三、咒術❸治病者。萬法悉有對治，以相厭禳。善知其法術用之，無不即癒。咒法出諸修多羅❹及禪經中，術法諸師秘之，多不妄傳。

四、用心主境治病者。有師言：「心是一期果報之主，譬如王有所至處，群賊迸散。心王亦爾。隨有病生之處，住心其中，經久不散，病即除滅。」又師云：「用心住憂陀那，此云丹田，去臍下二寸半，多治眾患。」又師云：「安心足下，多有所治。」其要眾多，今不具說。

五、觀析治病者。用正智慧檢受病，既不可得，四大之患，即自消滅。若是鬼神❺及因魔羅❻得病，當用強心加咒，及以觀照❼等法助治之。若是業病，必須助以修福❽、懺悔❾、轉讀❿，患即自滅。

此五種治病之法，若行人善得一意，則可自行兼他，況復具足通達？若都不知其一，則患生無治，非唯廢修正業，亦恐性命有慮，豈可自行教人？是故欲修禪之者，必須善解內心治病之法。內心治病方法眾多，豈可具傳於文？若欲習知，當更尋訪上來所出是旨，是示其大意。若但依此文，文既闕略，恐未可定怙。智者善得其意，方便回轉，無善知識之處，亦足權以救急。

問曰：用心坐中，治病必有效不？

答曰：若具十法，無有不益。十法者，一，信。二，用。三，勤。四，恆住緣中。五，別病因起。六，者方便。七，久行。八，知取捨。九，善將護。十，識遮障。

何謂為信？謂信此法，必能治病。

何謂為用？謂隨時常用。

何謂為勤？用之專精不息，取得汗為度。

何謂為恆住緣中？謂細心念念，依法而不散亂。

何謂別病因起？別病因起如上說。

何謂為方便？謂吐納運心緣想，善巧成就，不失其宜。

何謂為久行？謂若用之未即有益，不計日月，常習不廢。

何謂知取捨？謂知益則勤，用損則捨之，漸轉心取治。

何謂知將護？謂善識異緣犯觸。

何謂遮障？謂得益不向外說，未損不疑謗。

若依此十法所治，必定有效。

【章旨】介紹了五種治病的方法。一、氣息治病。二、用觀想的方法治病。三、用咒術的方法治病。四、用以心主境的方法治病。五、用觀照分析的方法治病。

【注釋】❶假想　僅在心中作如是觀想，而事實上卻並非如此。譬如白骨觀，即使觀想已經成就，見人皆白骨之相，然而，事實上並非如此，一切人依然還是有血有肉的豐富之相。白骨之相，屬假想成就，而非事實上的如此。假，即不真實、不實在。想，即觀想。❷神根既鈍　心神與根器，皆遲鈍不利。神，即心神、神識。根，即根器。鈍，即不明利。❸咒術　咒語與法術的合稱。咒，指難以用言語說明的特殊靈力的秘密語，有種種功用。術，即法術、方法。❹修多羅　華譯契經。契，即上契諸佛妙理，下契眾生根機。修多羅，即「上契諸佛妙理，下契眾生根機」的佛教經典。❺鬼神　從心態之邪正上而論，邪惡為鬼，正直為神。執著於邪法為鬼，執著於正法為神。邪念為鬼，正念為神。若依究竟了義而觀之，執邪執正，皆是著相，未脫繫縛，不是解脫。譬如六道眾生，無論是執著於邪法，還是執著於正法，皆屬未脫邪正兩極的眾生之列。❻魔羅　意譯為奪命、障礙、擾亂、破壞等，亦即能害人性命，障礙擾亂人們的修行。欲界第六天之天主即是魔王。〈分別禪波羅蜜前方便第六之四・明魔事〉中有詳細解釋。參見本書第三一一頁。❼觀照　觀照諸法空相，非實有之物，究竟了不可得。❽修

福　從因地上廣行善事，利樂有情，這樣，亦是自作多福，必自受用。修，即修習。福，即福報。❾懺悔　懺，即發露過去所作的舊惡。悔，即悔改過錯，誓心不犯。❿轉讀　即反覆讀誦經典。轉，即反覆、輾轉之義。讀，即誦經典。

【語　譯】二、說明治病的方法。既然清楚了病患的起因，就應當運用相應的方法來對治。治病的方法有多種多樣，概括而論，不過五種。

一、氣息治病。所謂氣息，即六種氣，以及十二種息。什麼是六種氣呢？六種氣包括：吹、呼、嘻、呵、噓、呬，這六種氣，都是在唇口之中，可以方便輪換而作。在靜坐的時候，若覺寒冷，就用吹氣。若覺灼熱，就用呼氣。若用氣來治病的話，吹氣可以去寒冷；呼氣可以去灼熱；嘻氣可以去疼痛，以及風病；呵氣可以去煩躁，又可使向下放氣；噓氣可以利痰，又可以消除脹滿；呬氣可以解除疲勞。若是治五臟之病，呼氣與吹氣，可以治療心臟方面的病；噓氣可以治療肝臟方面的病；呵氣可以治療肺臟方面的病；嘻氣可以治療脾臟方面的病；呬氣可以治療腎臟方面的病。

還有十二種息，能治各種各樣的病患。一、向上息。二、向下息。三、充滿息。四、燋乾息。五、增長息。六、滅壞息。七、暖息。八、冷息。九、沖息。十、持息。十一、柔和息。十二、補息。這十二種息，都是在心中作觀想而用的。

現在，我們簡略地說明十二種息對治病患的情形。向上息，可以對治沉重的感覺。向下息，可以對治虛懸的感覺。充滿息，可以對治枯瘠的感覺。燋乾息，可以對治腫滿的感覺。增長息，可以對治損失的感覺。滅壞息，可以對治增長的感覺。暖息，可以對治寒冷的感覺。冷息，可以對治燥熱的感覺。沖息，可以對治壅塞的感覺。持息，可以對治戰動的感覺。柔和息，可以對治四大不調的感覺。補息，可以滋補四大。若善於運用這十二種息，可以治療一切病患。若不善於運用這十二種息，也可以導致許多病患。只要我們善於體會，便可以知道其中道理。老師們用息治病的具體方法有很多，在這裡，就不全部說了。現在，我們只是略示一兩條，讓大家了解其中的大義。

二、用觀想的方法治病。在《雜阿含經》中，提到了治禪病的七十二種秘方，其中有關於治療禪病的廣泛說明。但是，現在的人，神識根器，較為暗鈍，運用這種方法，大都不能成就，亦不得其要領，不但治不好病，反而導致了許多病。善解七十二法秘義的各位禪師，若依秘要，作方便觀想，那麼，諸病皆癒。但是，假想治病的具體運用，是不可以用文字記載的。

三、用咒術的方法治病。萬法皆有對治，用相應的方，便能對治相應的病。善知善用法術的人，一切病皆能迅速治癒。咒法出自各種修多羅及禪經之中，術法諸師秘藏之，多不妄傳他人。

四、用以心主境的方法治病。有的禪師說：「心是果報之身的主人，譬如國王所到之處，一切亂賊定會逃散。心王所到之處，百病無有不治。隨有病生處，住心於此，久而久之，病患即除。」又有的禪師說：「把心住在憂陀那，亦即丹田之處，此處在肚臍下二寸半處，把心住在此處，能治很多的病。」又有的禪師說：「把心住在足下，也能治很多的病。」其中的要領很多，在此就不詳細說明了。

五、用觀照分析的方法治病。用智慧觀照病相，我們就會發現，諸病虛幻，皆不可得。如此觀照，諸病自滅。若是鬼神與天魔所作之病，就要用很強的心力持咒，以及用觀照的方法來作為輔助。若行者的病，屬於業障病，就應當用修福、懺悔、讀經的方法來對治，這樣，病患就會消除。

以上所說的這五種治病的方法，若行者善能領悟與運用其中的一種，便可以自己修行，也可以教導他人，更何況通達一切方法呢？五種方法之中，若一種也不知，則病患生時，無法治療，不但荒廢了正業的修行，即使生命也會有危險的，豈能自行而教他呢？所以，要修禪定的人，必須善解內心治病的方法。內心治病的方法有很多，文字豈能全然記載？若想了解治病的方法，就應當用心參究以上所說之要義，以上所說，大義已顯。若只是依照文字，文字則有局限，恐怕不足以表其全義。有智慧的人，善於把握其精髓，靈活地運用各種方法，若在沒有善知識指導的情況下，亦可以當作應急之用。

問：在坐禪的時候，用心治病一定有效嗎？

答：行者只要具備了十法，則一定能得到利益。十法包括：一、信。二、用。三、勤。四、恆住緣中。

五、別病因起。六、者方便。七、久行。八、知取捨。九、善將護。十、識遮障。

什麼叫信？就是相信此法一定能夠治癒疾病。

什麼叫用？就是經常使用此法治病療疾。

什麼叫勤？就是專心精勤地使用此法，直至完全治癒疾病。

什麼叫恆住緣中？就是綿密用心，依法修行，心不散亂。

什麼叫別病因起？別病因起，在上面已經說過。

什麼叫方便？就是吐納氣息與運心觀想，靈活多變地運用各種方法，皆能不失其宜。

什麼叫久行？就是運用某種方法，久不見效，仍能信而行之，繼續修之。

什麼叫知取捨？就是知道某一種方法是否有益，有益則行之，無益則棄之，轉修其他有益的方法。

什麼叫知將護？就是善於了解各種因緣，以及各種因緣對病情影響的性質。

什麼叫遮障？就是得到了利益而不向外炫耀，病情尚未減輕，也不心生疑謗。

若能依照這十種方法治病，一定會有效的。

【說明】修習禪波羅蜜，切不可陷入繁瑣的事相之中。若陷入繁瑣的事相之中，並且在繁瑣的事相中安念自繞，便會耽擱於事相，不能達到禪修的真正目的。

若想了知治病之方法，行者就應當用心推尋治病之法的道理，抓住其根本，統攝其末端，若能兼本具末，善巧運用，這樣，才能夠獲得眾多的利益。

次第五明魔事者。魔羅秦言殺者，奪行人功德之財，殺智慧命，故名魔羅。

云何名魔事？如佛以功德智慧，度脫眾生，入涅槃❶為事。魔亦如是，常以破壞眾生善根，令流轉生死為事。若能安心道門，道高則魔盛，故須善識魔事。

今釋即為三。一、分別魔法不同。二、明魔事發相。三、明壞魔之法。

第一，分別魔法不同。魔有四種。一者、煩惱魔。二者、陰入界魔。三者、死魔。四者、欲界天子魔。

一、煩惱魔者，即是三毒❷九十八使❸，取有流扼，縛蓋纏惱結等，皆能破壞修道之事。如《摩訶衍論》偈說：

欲是汝初軍，憂愁為第二，
飢渴為第三，觸愛為第四，
睡眠第五軍，怖畏為第六，
疑悔為第七，瞋恚為第八，
利養虛稱九，自高蔑人十。
如是等軍眾，厭沒出家人。
我以禪智力，破汝此諸軍，
得成佛道已，度脫一切人。

二、陰界入魔，為五陰、十二入、十八界，一切名色，繫縛眾生，陰覆行者，清淨善根，功德智慧，不得增長，故名為魔。所謂欲界陰入，乃至色、無色界陰入亦如是。行者若心不了，受著，悉名為魔。若能不受不著，觀如虛空，不為覆障，即破魔業。

三、死魔者。一切生死業報，輪轉不息，皆名為魔。復次，若行人欲發心修道，便得病命終，或為他害不得修道，即為廢今修習聖道。比至後世，因緣轉異，忘失本心，皆名魔事。復次，行者當修道時，慮死不活，便愛著其身而不修道，亦是死魔所攝。

四、天子魔者。即是波旬❹，此魔是佛法怨讎，常恐行人出離其界故，令諸鬼神眷屬，作種種惱亂，破壞行者善根，是為他化自在天子魔。

【章　旨】說明了各種不同的魔障。有四種：一、煩惱魔。二、五陰、十二入、十八界魔。三、死魔。四、欲界天子魔。

【注　釋】❶涅槃　即不生不滅之性體，亦如來法身，亦眾生佛性。涅者不生，槃者不滅。❷三毒　指貪欲、瞋恚、愚癡三種煩惱。❸九十八使　又作九十八隨眠。「使」又名「隨眠」，亦名「煩惱」。煩惱常隨逐於人，故稱隨。其狀幽微難知，如眠性，故稱為眠。九十八者，小乘俱捨宗所立見、思二惑之總數。其中，見惑有八十八隨眠，思惑有十隨眠。此乃以貪、瞋、癡、慢、疑、身、邊、邪、取、戒等十隨眠，配於三界五部，即欲界見苦所斷之十種、見集所斷七種、見滅所斷七種、見道所斷八種及欲界修惑所斷之四種，共為三十六種，又色、無色界於五部各有三十一種，合為九十八種。❹波旬　即欲界第六天魔王波旬。

【語譯】第五，說明魔事。「魔羅」一詞，我們把它翻譯成「殺」，因為魔羅能奪取修行人的功德財寶，能殺害修行人的智慧生命，所以叫做魔羅。

什麼叫做魔事？佛以功德智慧，度脫一切眾生，令入於涅槃。而魔卻常常破壞眾生的善根，令眾生流轉生死。若行者安心修道，那麼，行者在道力增長的同時，魔力也隨之而強盛，所以，行者必須善於識別魔事。現在，我們從三個方面說明魔事。一、分別各種不同的魔障。二、說明魔事發起的情形。三、說明破除魔障的方法。

第一，分別各種不同的魔障。魔有四種。一、煩惱魔。二、五陰、十二入、十八界魔。三、死魔。四、欲界天子魔。

一、煩惱魔。煩惱魔是指貪瞋癡三毒、九十八結使，使眾生取著有相，流轉生死，以及種種纏縛、蓋障、煩惱、結使等，皆能破壞行者的修行。就像《大智度論》中的偈語所說：

第一魔軍是貪欲，第二魔軍是憂愁，
第三魔軍是饑渴，第四魔軍是觸愛，
第五魔軍是睡眠，第六魔軍是怖畏，
第七魔軍是疑悔，第八魔軍是瞋恚，
第九魔軍是利養，第十魔軍是自高。
如是等等諸魔軍，皆能淹沒出家人。
我用種種禪定力，破除浩蕩諸魔軍。
功德圓滿成佛道，度脫一切迷倒人。

二、陰界入魔。陰界入魔，是指五陰、十二入、十八界，這一切名色，繫縛眾生，障礙行者，使得清淨善根與功德智慧不得增長，所以稱之為魔。所謂欲界的五陰、十二入，乃至色界、無色界的五陰、十二入，也都是一樣的。若行者不了自心，著於這些色相，這些色相便稱之為魔。若行者不受不著，觀一切色相，猶如虛幻，不為色相所障，就是破除魔業。

三、死魔。一切生死業報，輪回旋轉，無有停息，這都叫做魔。若行者想發心修道，結果卻生病而死亡，或者被他人所害，而不能修行聖道，因而，廢棄今生所修的道業。到了下一世，修道的因緣發生了轉變，因此，忘失了修道的原本心願，這些都可稱之為魔事。當行者想要修道的時候，行者忽然害怕因修道而導致死亡，所以，便貪愛自己的身體而不修道，也屬於死魔的範圍。

四、天子魔。就是指魔王波旬，它是佛法的冤家，常常恐怕行人脫離它的魔域，所以，它就讓它的鬼神眷屬，作出種種惱亂，破壞行者的善根，這就叫做他化自在天子魔。

【說　明】魔由心造，障由心生，離此一心，無魔無障。總之，凡是心中障礙，皆屬陰覆魔障。為什麼這樣說呢？這是因為，佛教是「一心之教」，佛說種種法，不離一真心，所謂「三界唯心」，「一真法性中，具足十法界」，《華嚴經》所謂：「若人欲了知，三世一切佛，應觀法界性，一切唯心造。」既然是「一真性中，具足一切」，魔又豈能心外而別有呢？魔非別的物，而是心中障。行者若不著，諸相皆非障。行者若著相，諸相皆魔障。

> 第二，明四魔發相者。若煩惱魔，如前不善根性中三毒等分煩惱中廣說。若陰入界魔發相，如前不善及善根性中發種種色心境界說。若死魔發相，如前病患法中廣說。所以者何？病為死因。若鬼神魔者，今當分別說。鬼神魔有三種。一者、精媚。二者、埠惕鬼。三者、魔羅。

精媚者，十二時獸變化，作種種形色，或作少男少女老宿之形，及可畏身相等非一，以惱行人。各當其時而來，善須別識。若多卯時來者，必是狐兔貉等，說其名字，精媚即散。餘十一時形相，類此可知。

二、埠惕鬼者。亦作種種，惱亂行人，或如蟲，緣人頭面，鑽刺慴慴，或擊擽人兩掖下，或乍抱持於人，或復言說音聲喧鬧，及作諸獸之形，異相非一，來惱行人者。應即覺知，一心閉眼，陰而罵之，作是言，我今識汝，汝是此閻浮提❶中食火嗅香偷臘吉支，邪見喜破戒種，我今持戒，終不畏汝。

若出家人，應誦戒序❷。若在家人，應誦三歸❸、五戒❹、菩薩十重四十八輕戒❺等，鬼便卻行匍匐而去。如是作種種留難相貌，及除卻之法，並如禪經中廣說。

三、魔羅惱亂者。是魔多作三種相，來破行人。一、作違情事。即是作可畏五塵。二、作順情事。即是作可愛五塵，令人心著。三、作非違非順事。即是作平品五塵，動亂行者，是故魔名殺者，復名華箭，亦並名五箭，射五情❻故。

一情中有三種境，對情而惱行者，五情合有十五種境，色中三者。

一、順情色。或作父母兄弟、諸佛形像、端正男女可愛之境，令人心著。

二、色中違者。或作虎、狼、師子、羅剎之形，種種可畏像，來怖行者。

三、色中非違非順者。但作平品之形色，亦不令人生愛，亦不令人生怖，皆能動亂人心，令失禪定，故名為魔。

餘諸情中，亦當如是分別。但約塵相有異。行者若不別諸邪偽，則為所壞，狂亂作罪，裸形無恥，起種種過，破他善事，毀損三寶，非可具說。或時得病致死。必須慎之，善加覺識。

問曰：何故不約法塵對意根❼中論三種魔事？

答曰：從多為論，一切魔事，多從五情中入，故但說五情。細而論檢，意根中亦不無三種惱亂之事，類而可知。

復次，諸大乘經中，辨種種六塵中幻偽，對意根魔事起相，是中廣說。故《大品經》云：「如是等魔事魔罪，不說不教，當知即是菩薩惡知識❽。」

三、明破魔法者。當用三法除卻魔罪。

一者、了知所見聞覺知，皆無所有，不受不著，亦不憂戚，亦不分別，彼即不現。

二者、但反觀能見聞覺知之心，不見生處，何所惱亂？如是觀時，不受，不分別，便自謝滅。

三者、若作此觀，不即去者，但當正念，勿生懼想，不著軀命，正心不動，知魔界如，即是佛界如，魔界如，佛界如，一如無二如。於魔界無所捨，於佛界無所取，即佛法現前，魔自退散。既不見去來，亦不憂喜。爾時，豈為魔所惱？

復次，亦未曾見有人坐中，見魔作虎來剩食此人骨肉狼藉，正是怖人，令心驚畏耳，都無實事，當知虛誑。如是知已，心不驚怖。復作是念：設令是實，我今身命為道故死，何足可懼？今我此身，隨汝分別，心如金剛，不可回轉。如是或一月，二月，乃至經年不去，亦當端心，正念堅固，莫懷憂懼。當誦大乘方等諸治魔咒，默念誦之，存心三寶。若出禪定，亦當誦咒自防，懺悔慚愧，及誦波羅提木叉⑨戒。邪不干正，久久自滅。事理除魔，其法眾多，非可備說。行者善須識之，方便除滅故。

初心行人，欲學坐時，必須親近善知識⑩者，為有如此等難。是魔入人心時，能令行人證諸禪定三昧、智慧神通、陀羅尼，何況不能作此小小境界？若欲知之，諸大乘經，及《九十六種道經》中，亦少分分別。今略說此，為今行者深知此意，則不妄受諸境。取要言之。

若欲遣邪歸正，當觀諸法實相，是故《摩訶衍論》云：「除諸法實相，其餘一切皆是魔事。」故偈言：

若分別憶想，是即魔羅網。
不動不分別，是即為法印。
常念常空理，是人非行道。
不生不滅中，而作分別想。

復次，略明破魔義不同，如《摩訶衍》中說：「得菩薩道故，破煩惱魔。得法性身故，破陰界入魔。得菩薩道，得法性身[11]故，破死魔。得不動三昧[12]一切法中自在無住故，破欲界他化自在天子魔[13]。」若《大集經》明：「得四念處，即破四魔。此二說，名異意同。」若《纓絡經》明：「等覺如來，三魔已過，唯有一品死魔在。」若《法華》說：「二乘之人，但破三魔，餘有欲界天子魔所未能破。」此則經論互說不同，悉有深意。若通明四魔，並至菩提方盡。所以者何？如煩惱魔，無明細惑，佛菩提智之所能斷。陰界入魔，如告憍陳如：「色是無常，因滅是色，獲得常色，受想行識，亦復如是。」死魔如前，取《纓絡經》所說。欲界天子魔，坐道場時方來，與菩薩興大門戰，故知四魔皆至菩提，究竟永盡。菩薩摩訶薩⑭心廣大故，安住不動，修深禪定，從初發心，乃至佛果，降伏四魔，而作佛事，廣化眾生，心不退沒。《涅槃經》中說有八魔，《華嚴經》中說有十魔。善得其意，四魔攝盡，更無別法。諸經辨魔事眾多，略說不具足。

【章旨】首先，說明了魔事發起的情形。有四種：一、煩惱魔發起的情形。二、陰入界魔發起的情形。三、死魔發起的情形。四、鬼神魔發起的情形。其次，說明了破除魔障的方法。有三種：一、不住不著，也不憂慮，也不分別。二、反觀本真，了知魔法，本不可得。三、住於正念，了知佛魔，本同一源。

【注釋】❶閻浮提　華譯為贍部洲。閻浮是樹名，譯為贍部，因為此洲的中心，有閻浮樹的森林，依此樹的緣故，稱為贍部洲，贍部洲就是我們現在所住的娑婆世界。❷戒序　指《梵網經．菩薩戒》之序文。❸三歸　又曰三歸依。一、歸依佛。歸依佛寶以為師者。二、歸依法。歸依法寶以為藥者。三、歸依僧。歸依僧寶以為友者。❹五戒　不殺生、不偷盜、不邪淫、不妄語、不飲酒。不殺生是不殺傷生命。不偷盜是不盜取別人的財物。不邪淫是不作夫婦以外的淫事。不妄語是不說欺誑騙人的話。不飲酒是不吸食含有麻醉人性的酒類及毒品。❺十重四十八輕戒　十重戒，又名十波羅夷，即《梵網經》中所說的十無盡藏戒，因為這十種戒已經包含了法界一切之戒，故名無盡藏戒。又因為這十種戒有別於四十八輕戒，故稱為重，誰要是犯了，即得波羅夷罪。十重戒包括：殺戒、盜戒、淫戒、妄語戒、酤酒戒、說四眾過戒、自讚毀他戒、慳惜加毀戒、瞋心不受悔戒、謗三寶戒。四十八輕戒，《梵網經》中所說的大乘菩薩戒；是相對於「十重戒」而建立的四十八種輕戒。❻五情　眾生的五根對五塵的貪愛。眼、耳、鼻、舌、身等五根，針對色、聲、香、味、觸五塵，所生起的五種情識，叫做五情。❼意根　六根之一。位序第六。❽惡知識　惡知識與善知識相反。善知識者，教眾生遠離惡法，修行善法，得證菩提。相反，惡知識者，教導眾生行持惡法。❾波羅提木叉　指七眾防止身口七支等過患，遠離諸煩惱惑業而得解脫所受持之戒律。此戒以防護諸根，增長善法，乃諸善法中之最初門者，故稱波羅提木叉。❿善知識　善知學人根機，慧識學人因緣，引導學人行持正法、得證菩提的人。⓫法性身　法性身又名法身，即常住不滅，人人本具的真如佛性。眾生迷而未證此身，故謂之眾生。諸佛證得此身，故謂之佛。⓬不動三昧　正觀法相，心不動搖之狀態。⓭欲界他化自在天子魔　簡稱天子魔。又作天魔。即住於欲界第六天之魔王及其眷屬，能妨礙人之勝善，憎嫉賢聖之法，並能作種種擾亂，障礙出世之善根。此魔乃因前世之業感此果報，故又稱天子業魔。⓮摩訶薩　摩訶薩埵的簡稱。華譯為大心，或大有情，指立志成佛的大願眾生，亦即大菩薩。

【語　譯】第二，說明四種魔事發起的情形。若是煩惱魔發起的情形，其情形就像前面談及不善根性時，在說明三毒煩惱及等分煩惱時所說的那樣。若是陰入界魔發起的情形，其情形就像前面談及不善根性及善根性發起的情形一樣。若是死魔發起的情形，其情形就像前面病患法中所說的那樣。為什麼說病患法中所說的情形，與死魔的情形是一樣的呢？這是因為，病患就是死亡的原因。若是鬼神魔發起的情形，現在應當分別而說。鬼神魔有三種。一、精媚。二、埠惕鬼。三、魔羅。

一、精媚，就是十二時辰野獸的精魅的變化，它們變化出種種形象，或變作少男少女，或者變作老者的形象，或者變作極可畏的形象，等等不一，以擾亂行者。各種野獸精魅來的時候，都是按照特定的時辰而來，行者應當善於識別。若是在卯時出現的話，那一定是狐、兔、貉等獸的精魅。在這時，行者只要說出此獸的名字，精魅自然會消失。其他十一個時辰的精魅形相，皆可依此類推。

二、埠惕鬼。埠惕鬼也會作出種種事，以騷擾行者，或者變化成蟲，爬到行者的頭與臉上，又是鑽，又是刺，或者撞擊行者的兩腋，或者突然抱住行者。或者用很嘈雜的聲音說話，以及變化出種種野獸的形相，形態各異，以惱亂行者。這時，行者應保持清醒，閉著眼睛，心裡暗暗地罵它，對它這樣說：我是認識你的，你是閻浮提中吃火、聞香、偷臘的屍鬼，你充滿了邪知邪見，喜歡他人破戒，我嚴持戒律，根本就不怕你。

若是出家人，就應該默誦戒序。若是在家人，就要誦三歸五戒，或者誦菩薩十重四十八輕戒等。這時，鬼便會倒退著匍匐而去。鬼的這些擾亂修行者的作為，以及消除埠惕鬼的方法，皆如禪經中所廣泛說明的那樣。

三、魔羅擾亂修行者的情形。魔羅通常變作三種形相，來擾亂修行者。一、作違逆的事，就是作出可怕的五塵形相。二、作順心的事，就是作出可愛的五塵形相，令修行的人，心生貪著。三、作非違非順的事。就是作出平常的五塵形相，動亂行者的心。所以，「魔」就稱之為「殺」，也叫做花朵之箭，也叫做五箭。為什麼叫做五箭呢？這是由於射行人「五情」的緣故。

一情之中，有三種境。針對行者的情，而擾亂行者的心。五種情總計有十五種境。色情之中有三種境。一、順情之境。魔或者變作父母、兄弟的形相，或變作諸佛的形相，或變作端莊的男女之相，令行者心生貪著。

二、違情之境。魔或者變作虎、狼、獅子、羅剎等種種可畏的形相，來怖畏行者。

三、非順非違之境。魔或者變作很平常的形相，既不令人生愛，亦不令人懼怕，但是，卻能動亂行者的心，令行者失去禪定，所以稱之為魔。

其餘的聲、香、味、觸等情，也要作這樣的分別，只是塵相有所不同而已。若行者不能辨別各種邪偽之相，就會受其所害，精神狂亂，作種罪業，或裸露身體，不知羞恥，或作出錯事，破壞他人的善行，毀損三寶，種種狂亂，難以盡說。也有可能得病死亡。行者必須相當謹慎，善於識別各種邪偽之相。

問：為什麼不就法塵與意根中來說明三種魔事呢？

答：就大多數情況來說，一切魔事，大多是從色情、聲情、香情、味情、觸情等五情而入的，所以，只說五情中的魔事。若仔細推尋，意根之中，也不是沒有這三種魔事，仔細推尋，便可知曉。

諸大乘經典之中，對六塵幻相，作了種種辨別與說明，其中，對意根中的魔幻之相，也作了詳細的說明。所以《大品經》中說：「像這樣的魔幻境界，若不向人說明，也不教人對治，那麼，這就是菩薩的惡知識。」

三、說明破除魔障的方法。應當用三種方法破除魔幻。

第一，行者要十分清楚，禪定中的一切境界，其實，皆是虛幻不實的，只要對此不住不著，也不憂慮，也不分別，一切境界，便會消亡。

第二，行者只要反觀能見聞覺知的本真之心，覓魔法生處而了不可得，哪裡更有什麼惱亂之事呢？當行者作這樣反觀的時候，既不受諸相，亦不著諸相，這樣，諸相不除而自滅。

第三，若作這樣的反觀，魔相還不能消除的話，這時，行者只要安住於正念，無所畏懼，也不貪著性命，如是正念安住，知道魔界的本源即是佛界的本源，魔界的本源與佛界的本源，本源不二、無二無別。不捨魔界，不取佛界，如是不取不捨，即佛法現前，魔境自退。即使不見諸境界之去來，也無憂傷與歡喜，這時，豈能被魔所擾惱？

更進一步說，誰也沒有見到過禪定境界中的魔變成老虎，把人吃得骨肉狼藉。禪定中的魔相，只是要恐嚇行者，令行者害怕，其實，魔相皆非實事，只是一個唯心所造的虛妄境相而已。行者若能知道這一切都是假的，就不會再驚慌恐怖。行者又作這樣思惟：假如真是這樣的話，我現在為修道而死，有什麼可懼怕的呢？現在，我的身體任你擺布，而我的心，就像金剛一樣堅固，不動不搖，絕不退轉。這樣經過一個月，二個月，乃至一年，若魔境仍然不去的話，也應當端心不亂，正念堅固，無憂無懼。這時，行者應當誦持大乘方等經中的降魔咒，心中默念，想著三寶。即使出了禪定，也應當誦持降魔咒而自我防護，同時，還要懺悔業障，心生慚愧，還要誦波羅提木叉戒。由於邪不壓正的緣故，所以，魔幻久久自滅。消除魔障的道理與事相有很多，是不可能完全說盡的。行者需要善於識別，用方便善巧的方法來消除它。

初發心修行的人，想學坐禪的時候，必須親近善知識，這是因為，坐禪時會發生上面所說的種種魔幻境界。魔幻進入人心，能令行者發起各種禪定三昧、智慧神通、陀羅尼，更何況不能幻化出以上所說的小小魔幻境界？若想了解魔幻境界，在諸大乘經典及《九十六種道經》中，作了一些說明。現在，我們簡略地對各種魔境作了說明，目的在於，使行者清楚地瞭解魔幻，不受魔幻所惑。在這裡，也只是概要地說明而已。

要想驅散邪魔而歸於正道，應當善觀諸法實相，所以《大智度論》中說：「除了善觀諸法實相，一切愛增取捨，皆屬障道魔事。」所以有偈語言：

一切分別妄想，皆是魔羅網綱。
不動分別取捨，即是諸佛法印。

常念頑空之理，是人非行正道。

不生不滅法中，善於分別諸法。

以上偈語，大致說明了破除魔幻的含義。《大智度論》中說：「得了菩薩道，就能破除煩惱魔。得了法性身，就能破除五陰、十八界、十二入魔。得了菩薩道及法性身，就能破除死魔。得了不動三昧，於一切法自在無礙，就能破除欲界他化自在天子魔。」《大集經》中說：「得了四念處，即破了四魔。」《大智度論》與《大集經》中的這二種說法，在說法上不同，在含義上不別。《纓絡經》中說：「等覺如來，已過三魔，然而，還有一品死魔在。」《法華經》中說：「二乘之人，只破了三種魔，還有欲天子魔而未破。」以上諸經論中的說法，各有不同，然而，卻皆有很深的含義。行者若能洞徹四種魔事，並能契悟菩提之道，這樣，才能算作圓滿成就。為什麼呢？譬如煩惱魔，無明細惑，唯有佛的菩提智慧能破。破五陰、十八界、十二入魔，就像佛對憍陳如所講的那樣：「一切色相，皆是無常，唯斷幻色，方悟實相。受想行識，亦是無常，唯有斷除，方悟實相。」

死魔的情形，就像前面《纓絡經》上所說的那樣。菩薩坐道場時，欲界天子魔便來，與菩薩展開大戰，所以我們應該知道，四魔皆至菩薩道場，最後還是被降服。菩薩摩訶薩，心量廣大，面對魔事，安然不動，深入禪定，從最初發心修行，乃至證成了佛果、降服了四魔，也依然是廣作佛事，普度眾生，心無退轉。《涅槃經》中說有八種魔，《華嚴經》中說有十種魔。行者若能善解其義，其實，四魔就能概括一切魔，除此之外，更無他魔。在不同的佛經上，對於魔事的辨別也各有不同，在此只是略作說明而已。

【說　明】諸法本來不屬魔障。諸法之所以成為魔障，這完全是由於行者著相的緣故。若行者著相，所著之相，皆成魔障。若行者不著，則魔障自除。

依照佛教的究竟了義而論，凡有所著，皆成魔障，即使著於佛相，亦屬魔障之一。在這一段文字中，智者大師對此亦作了說明。

卷第五

釋禪波羅蜜修證第七之一

上已廣明內外方便。行者若能專心修習，繫念禪門，必有證驗。是故第七廣明修證。故經言：「修我法者，證乃自知。」

今明修證中，自開為四。第一，修證世間禪相。第二，修證亦世間亦出世間禪相。第三，修證出世間禪相。第四，修證非世間非出世間禪相。

今第一釋修證世間禪者，則為三。一、四禪。二、四無量心。三、四無色定。

今前釋修證四禪。四禪者。一、初禪。二、二禪。三、三禪。四、四禪。今論色界根本正定，但說有四。若通方便中間，是則不定。若薩婆多❶人，說有未到地❷，及中間禪❸，足四禪為六地定。若曇無德❹人，例不說有未來禪，而說有欲界定、中間禪，以為六地定。若摩訶衍❺及瞿沙❻所明，則具有欲界、未到地、中間禪，足四禪為七地定。此中融會，以義推之。今據正禪❼而論，但說有四。

第一，釋初禪修證。如經偈說：

離欲及惡法，有覺並有觀。
離生及喜樂，是人入初禪。
已得離淫火，則獲清涼定。
如人大熱悶，入冷池則樂。
如貧得寶藏，大喜覺動心。
分別則為觀，入初禪亦然。

佛此偈中，具明修證初禪之相，但意難見。今當分別。就明初禪中，開為三別。第一，釋名。第二，明修習。第三，明證相。

第一釋名者。所言初禪者，禪名支林。行者初得支林之法，故名初禪。復次，覺觀❽等法，名之為支。行者修初禪覺觀之法，必於前發，故說覺觀名為初禪。

問曰：若言在前發得，故為初禪者，欲界、未到地最在前發，何故不得受初禪之名？

答：禪名功德叢林，欲界未到等，未有支林功德之法，雖復前發，不名初禪。

復次，《摩訶衍》說：「欲界、未到、中間，智多而定少，是處非樂，既非正地，是故不得受初禪之名。」復次，言初禪者，亦名有覺有觀三昧❾。為有人疑言，覺觀心中無定，是故佛說：「覺觀三昧。」《地持論》說：「名覺觀俱禪。此禪發時，必與覺觀俱發，亦名聖說法定。」此定內有覺觀，語言道未斷故，與說法之名。如是等種種名字不同。

【章　旨】首先，介紹了世間禪中的四禪（四個禪位上的禪：初禪、二禪、三禪、四禪），同時，亦介紹了四禪之前的未到地定，以及四個禪位之間的中間禪。其次，介紹了初禪的禪定境界：已離貪欲及惡法，了了常明有覺觀。

【注　釋】❶薩婆多　亦即薩婆多部，小乘二十部之一，亦即說一切有部也。❷未到地　正禪有四種，初禪、二禪、三禪、四禪。在即將進入每一地正禪之前，亦有定心之相，這時的定心之相，就叫做未到地定，或稱未到地。❸中間禪　在行者禪修升進的過程中，從下一禪位，逐漸地進入到上一禪位，在這中間，必然會有下一禪位已滅，上一禪位未生的中間地帶，這一中間地帶，就叫做中間禪。❹曇無德　亦即曇無德部，律宗五部之一。曇無德比丘之部宗也。佛滅後百年，優婆毱多羅漢的弟子曇無德，於戒律藏建立一部，部名曰曇無德部。律名曰四分律。❺摩訶衍　摩訶衍那之略稱。指大乘之教法。在《釋禪波羅蜜次第法門》中，有時特指《大智度論》。❻瞿沙　人名，阿育王時期的一位比丘，證大阿羅漢，四辯無礙，三明具足。❼正禪　亦即正位上的禪。未到地定，以及中間禪，皆屬未到正定之位的禪。正禪指初禪、二禪、三禪、四禪。❽覺觀　覺，尋求推度之意，即對事理之粗略思考。觀，即細心思惟諸法名義等之精神作用。二者皆為妨礙第二禪以上之定心者，若持續作用，則身心勞損，正念旁落，故又為隨煩惱之一。依此覺觀之有無，能判別定心之淺深。❾有覺有觀三昧　屬於較低層次上的禪定。覺，即覺察。觀，即觀照。三昧，即正定，即離諸邪亂，攝心不散的意思。

【語譯】以上我們廣泛地說明了禪修的內方便與外方便。行者若能專心修習，用心於禪門，必定會有所證驗的。所以，我們在第七部分，廣泛地說明禪修的證驗。佛經上說：「修習我所說的法門，自證自知。」

現在，我們說明禪修的證驗。分為四種。第一，修證世間禪相。第二，修證亦世間亦出世間禪相。第三，修證出世間禪相。第四，修證非世間非出世間禪相。

第一，修證世間禪相。修證世間禪相，分為三部分。一、四禪。二、四無量心。三、四無色定。

首先，解釋修證四禪。所謂四禪，就是初禪、二禪、三禪、四禪。依據今天所說的色界根本正定來說，禪有四地。若再加上方便前行及中間過度，禪的數量則無有定說。若按照薩婆多部的說法，每一地禪之前有未到地定，下地禪與上地禪之間又有中間禪，再加上四禪，可以有六地定。若按照曇無德部的說法，從來不說有未來禪，而是說有欲界定、中間禪，再加上根本四禪，共有六地定。若按照《大智度論》及瞿沙部的說法，則有欲界定、未到地定及中間禪，再加上根本四禪，共有七地定。其中的道理，需要融會貫通、了然通達。現在，依據正位禪而論，我們把禪分為四個級別。

第一，解釋初禪的修證。就像佛經中的偈語所說：

已離貪欲及惡法，了了常明有覺觀。
離開生滅及喜樂，是人已入於初禪。
已經遠離淫欲火，是人已獲清涼定。
猶如悶熱之中人，入於涼池獲安樂。
亦如貧人獲寶藏，歡欣喜悅無能比。
分別喜受名為觀，進入初禪樂亦然。

佛在這首偈中，具體說明了修證初禪的情形，但是，含義深刻，學人難見。所以，我們再進一步說明。在說明初禪時，我們把初禪分為三部分。第一，解釋名字。第二，說明修習的方法。第三，說明證悟的境界。

第一，解釋名字。所謂初禪，「禪」是「支林」的意思。由於行者是最初獲得「支林」之法，所以叫做初禪。覺觀等法，稱之為「支」。行者修習初禪覺觀之法，初禪覺觀必然最先發起，所以，覺觀叫做初禪。

問：若說最先發起的就叫做初禪，那麼，欲界定，以及未到地定，是最先發起來的，為什麼不能叫做初禪呢？

答：禪也叫做功德叢林，而欲界定及未到地定等，沒有支林功德，雖然最先發起來，也不能叫做初禪。《大智度論》中說：「欲界定、未到地定及其中間定，智多而定少，不是真正的樂處，不是禪定正位，所以，不能叫做初禪。」我們所說的初禪，也叫做有覺有觀三昧。由於有人懷疑，覺觀心中沒有「定」，所以佛說：「覺觀三昧。」《地持論》中說：「初禪也叫做覺觀俱禪。初禪發起的時候，必然會與覺觀一同發起，所以，也叫做聖說法定。」初禪之中有覺有觀，尚有言語之相，因此，給予初禪「說法」之名。初禪有如是眾多不同的名字。

【說明】若行者遠離貪欲及惡法，專心致志地修習禪定，就能進入初禪境界。在初禪的境界之中，雖然有覺有觀，屬於有為禪定，然而，相對於「貪欲熾盛」來說，初禪的境界，猶如清涼池之樂。

第二，明修習。復開為二。前明所修之法，後辨能修之心。

第一，明所修法者，即是阿那波那，為修習根本初禪❶之法。就中即有三意。

一、釋息名。二、辨息相。三、明用息不同。

第一，所言阿那波那者，此是外國語，秦言阿那為入息，波那為出息。《安般守意三昧經》言：「安之言生，般之言滅。」若約息生滅明義，如上說。若約心生滅為語，是則不定。今用入出息為正番。

二、辨息相中有四：一、風；二、喘；三、氣；四、息。分別四種之相，具如調息❷中說。但數風則散，數喘則結，數氣則勞，數息則定。行者應當捨三存息，善取不聲不結、綿綿若存若亡之相而用之。

三、明用息不同者。一、師教繫心數出息。所以者何？數出息則氣不急，身不脹滿，身心輕利，易入三昧。有師教數入息。何故爾數入息？一者、易入定，隨息內斂故。二、斷外境故。三、易見內三十六物故。四、身力輕盛故。五、內實息貪恚故。有如是等勝利非一。應數入息。有師教數入出無在，但取所便，而數無的偏用，隨人心安。

入定無過即用三師所論，皆不許出入一時俱數。何以故？以有息遮，病生在喉中，猶如草葉，吐則不出，咽則不入，此患生故。又師依四時用數，今所未詳。

第二，明能數之心，亦為三意。一、明能數之心。二、明轉緣。三、料揀。

一、明能數之心者。以細念之心，攝心對息，從一至十，令心不散，故名數息。若數不滿十、名數減❸。若至十一、名數增❹。然增減之數，並非得定之道。若從一至十、恆具十、無有間一之失，故名數法成就。若於中間，心竊異緣❺，數法則亂，是故心覺散亂義強。若以一為數者，一則無間，若有異緣，便不時覺，是以但緣一息，不能除亂。若過十者，更一法起，一心緣二、即有亂生，故名為增。夫數息者，但細心約息記數而已，不得多取數相。若息多則氣滿，腹脹，體急，坐欲不安。

二、轉緣者，初數於息，覺息微微，當置數息，便隨於息，任運出入。若心欲靜，便捨隨凝心止住心。若暗忽，即便靜照色息心。若浮動，即便捨觀歸數及隨止也，是故名還。心不馳蕩，凝神寂慮，故名為淨。行者若能如是，善巧攝錄，心則易定。

第三，料揀。息為初門者。

問曰：一切法門，悉可為初，何故但說阿那波那以為初門？

答曰：不然。今依佛教，如經說，阿那波那是三世諸佛入道初門，是故釋迦初詣道樹，欲習佛法，內思安般❻，一數二隨，乃至還淨，具如《瑞應經》所說。

復次，提婆❼初出世時，伏外道已，諸人信敬，度人出家，不可稱數。於是，大集在家出家七眾❽弟子，及剎利、婆羅門❾等，大眾之中，升師子座，淚下如雨。爾時大眾，皆悉默念，將非佛法欲滅，外道復興邪？將非國大擾亂，疫病流行邪？

菩薩爾時知大眾心念，以白氎巾拭淚，更整容服，舉右手而言，亦非佛法欲滅，外道將興，非國不安，疫病流行，但傷佛日潛輝，賢聖月沒，袈裟之中，空無所有耳。

於時大眾，聞此語已，各自感傷，發聲大哭。爾時，飛鳥雜類，在虛空中，繽紛亂墜，皆悉悲鳴。爾時菩薩以慈軟音，安慰大眾，而說偈言：

佛日常在世，無目不見耳。
賢聖月不沒，障礙故不見。
若能淨膚翳，當自得睹見。
何為沒憂海，癡醉如嬰兒。

爾時，大眾聞菩薩慈音，心各醒悟，攝心安坐，寂然無聲，諦觀菩薩，咸欲聞法。爾時，菩薩普告大眾，而說偈言：

佛說甘露門，名阿那波那。
於諸法門中，第一安隱道。
因緣次第起，不雜諸妄想。
譬如種石榴，芽莖次第生。

華實及色味，自然非可作。
時至時自證，非如脂粉色。
汝等調熟地，惠汝石榴種。
令心入甘露，道法次第生。

從此以來，西國法師，相傳不絕，多以此法為學道之初。若四依大士、六通菩薩說法度人，此為首唱，豈非入道初門？末代相承，說法教授，自不修禪，既無內道，出言即便破人修定。若觀提婆之說，乃以禪定為要。世人顛倒，實可哀哉！

復有人言，禪法一向不得處眾說之。敬尋提婆，在大眾中，廣說禪定，今時豈頓杜口？但不得言，我證是法，某證是法，及禪秘密微妙境界。向人說此，獲罪不輕。

【章　旨】首先，介紹了阿那波那法門的含義。其次，說明了阿那波那法門的具體操作。

【注　釋】❶根本初禪　特指正位上的初禪，亦即正位初禪。初禪之前的欲界定、未到地定，以及初禪之後、二禪之前的中間禪，皆不在根本初禪的範疇。❷調息　調息法的具體操作，在〈分別釋禪波羅蜜前方便第六之一‧初入禪調息法〉中有解釋。參見本書第一四三頁。❸數減　由於心不寧、意不專，數息未至十，便亂了數序。由於未能依次而數至十的緣故，所以叫做數減。❹數增　由於心不寧、意不專、粗心大意，數息過十而不自知。由於數息過十的緣故，所以叫做數增。❺異緣異，即差異、不同。緣，即所緣之相。在數息法中，所緣之相，即是息相。若有異緣生起，行者被其牽動，即是離開本緣，移心異緣，便有數減與數增之事。❻安般　阿那波那之簡稱。阿那波那，即數息觀，行者數出入息，以達制心一處、息止散亂的目的。在〈釋禪波羅蜜修證第七之一・明修證六妙門〉中有詳細解釋。參見本書第四八一頁。❼提婆　人名，三世紀時南印度人。居薩羅國，龍樹之弟子，深解空之理法，屢次摧破外道邪說，著有《百論》二卷、《四百論》、《廣百論》、《百字論》等。❽七眾　即佛教的七類弟子。一、比丘，指滿二十歲之出家男。二、比丘尼，指滿二十歲之出家女。三、沙彌，指未滿二十歲之出家男。四、沙彌尼，指未滿二十歲之出家女。五、式叉摩那，譯作學法女，乃沙彌尼為比丘尼前二年之稱呼。六、優婆塞，指在家之男信徒。七、優婆夷，指在家之女信徒。❾剎利婆羅門　古印度的四種階級、四種性之二。四種階級包括：婆羅門、剎帝利、吠舍、首陀羅。婆羅門是古印度的宗教徒，具有最高的權威。剎帝利是和婆羅門同樣被人尊敬的王族。吠舍是指一般工農商階級。首陀羅是被人使役的奴隸。

【語譯】第二，說明修習的方法。也分為二部分來說。第一，說明所修之法，第二，說明能修之心。

第一，說明所修之法。所修之法，就是指阿那波那法門，這是修習根本初禪的方法。說明阿那波那法門，分為三部分，一、解釋「息」的名字。二、辨別「息」的禪相。三、說明「息」的不同用法。

一、解釋「息」的名字。我們所說的阿那波那，此是外國語，漢語把「阿那」譯成「入息」，把「波那」譯成「出息」。《安般守意三昧經》上說：「『安』是『生』的意思，『般』是『滅』的意思。」若就氣息的生滅相上來說，「安般」的含義，則如上所說。若就心念的生滅來說，「安般」的含義，則無有定說。現在，我們從入息與出息的角度來理解安般。

二、辨別「息」的禪相。息相有四種，一、風相；二、喘相；三、氣相；四、息相。四種息相的具體情形，就像我們在調息方法中所說的那樣。在「風相」中數息，容易使心散亂。在「喘相」中數息，容易使心凝結。在「氣相」中數息，容易使心勞累，在「息相」中數息，容易使心安定。因此，行者應該捨棄前三種數息的方法，而取後一種數息方法，善於運用沒有聲響、沒有結使、綿綿不斷、若存若亡的數息方法。

三、說明「息」的不同用法。有的老師教人專心數出息。為什麼要數出息呢？這是因為，數出息能夠使氣息緩慢，身體也不會有脹滿感，身心也感覺輕盈快利，這樣，就容易進入三昧正定。還有的老師教人數入息。為什麼要數入息呢？這是因為，第一，數入息容易入定，這是因為，隨著息相的平穩，能夠收攝妄念。第二，能夠隔斷外境。第三，容易見到身內三十六種物。第四，身體輕盈，精力旺盛。第五，能夠法喜充滿，能夠消滅貪欲與瞋恚。數入息的方法，具有如此多的利益，所以，應教人數入息。有的老師，有時教人數入息，有時教人數出息，只是隨人方便，令人心安，無有偏執之用。

數息入定的方法，不出以上三種老師所講，只不過，不許出息入息一塊數。為什麼呢？這是因為，這樣會有息障，喉嚨會生病，就像草葉卡在喉嚨裡，吐不出亦咽不下。由於出息入息一塊數，會產生這樣的病患，所以，不許入息出息一塊數。又有老師，依照四種時辰而確定數息的方法，但是，至今還未知其詳情。

第二，說明數息的方法。也分三個部分。一、說明數息的方法。二、說明數息方法的轉變。三、總結概括。

一、說明數息的方法。以平靜的心態，專注於氣息之上，從一數至十，令心專注而不散亂，這種方法就叫做數息。若數不到十，就叫做數減。若超過了十，就叫做數增。然而，數不到十，或數過了十，都不是得定的方法。若從一數到十，不增一個數，也不減一個數，每每如此，就是合乎要求的數息之法。若在從一至十的數息過程中，攙雜了其他念頭，則被異緣所牽動，則不能如法數息，所以，覺得心中散亂、思慮心重。若只用「一」來數息，那麼，「一」是沒有中間的，在這時，若有其他念頭生出來，就不能被及時地覺察到，所以，只用「一」來數息，是不能消除散亂的。若數息超過了十，更是有其他念頭生起，這樣，等於是一心緣二事，則會有散亂生起，所以，稱之為「增」。所謂數息，只是全神貫注地依息記數而已，不可多取數字。若息多的話，就會造成氣滿腹脹，身體急躁，坐也不安。

二、說明數息方法的轉變。隨著行者數息的進展，氣息就會慢慢地平穩而微細下來，在這時，行者就應當放棄數息，採用隨息，令氣息自然出入。隨著行者隨息的進展，心就會慢慢地沉靜下來，在這時，行者就應當捨棄隨息，令心安然靜止。若行者感到心中昏暗，就應該靜下心來，照破色相，息滅心念。若行者感到心念浮動，就應該捨棄觀照，再用數息，以及隨息、止息等方法，這就叫做「還」。若心不馳蕩，神清寂靜，這就叫做「淨」。行者若能這樣方便善巧地調製自心，那麼，就容易入定。

第三，總結概括。數息法是入道的初門。

問：一切法門都可以作為初門，為什麼只說阿那波那是修行的初門呢？

答：不是這樣。依照佛教經典上的說法，阿那波那是三世諸佛入道修行的初門，所以，釋迦牟尼佛於菩提樹下，欲修習佛法，首先運用安般法門，數息、隨息，乃至於還原於本淨，其修行的過程，就像《瑞應經》上所說的那樣。

提婆菩薩最初出世的時候，降服了外道之後，得到了眾人的信賴與敬仰，度人出家，不可勝數。有一次，提婆把在家與出家的七眾弟子，以及剎帝利、婆羅門等人集合起來，於大眾中，升獅子座，然後，垂淚如雨。這時，大眾都在心中默默地想，是不是佛法即將滅亡、外道將要興起？是不是國家將要有大災難？或者國家將要有瘟疫等流行病？

這時，菩薩知道了大眾心中所想，於是，就用白色的細毛巾擦乾眼淚，整頓容顏與衣服，舉起右手說：不是佛法將滅亡、外道將興，也不是國家有難、疾病流行，我悲傷的是佛日將要潛隱其光輝，聖賢月將要隱蔽其光明，在披袈裟的人之中，再也沒有聖人與賢者了。

這時，大眾聽了這番話，也都十分悲傷，痛哭失聲。這時，空中的各種飛鳥，也都紛紛墜落，皆發悲鳴。這時，菩薩以慈悲柔和的聲音安慰大眾，而說偈言：

佛日恆常照世間，無慧眾生不能見。
聖賢明月永不滅，幻翳障眼不能見。
若能清除汙垢染，自能得見日月明。
為何沉沒憂愁海，癡迷不悟如嬰孩。

這時，大眾聽了菩薩的慈悲音聲，心中各自醒悟，收攝心念，端身正坐，寂靜無聲，注視菩薩，咸欲聞法。這時，菩薩普告大眾，而說偈言：

佛陀所說甘露門，阿那波那是其名。
無量百千法門中，阿那波那第一門。
因緣次第逐漸起，不曾攙雜諸妄想。
譬如所種石榴種，根芽莖幹次第生。
華果色味待時節，不是人為造作成。
時節到時自然證，非屬人為造作相。
汝等心地已調熟，所以賜汝石榴種。
只要汝心入甘露，根芽莖果自然生。

從此以後，西國的法師們，代代相傳不絕，多以數息法門為學道初門。若是四依大士與六通菩薩說法度人，首先要說數息法門，難道數息法門不是入道初門嗎？佛法在末法時代的傳承，說法的人，自己不修禪，沒有內在的體證，出言就想破人修定。仔細觀察提婆所說，是以禪定為首要法門。世人顛倒，實在是悲哀啊！

還有人說，禪法向來不可在大眾中說。然而，我們看一看提婆，他在大眾中廣說禪定，現在，豈能閉口不言呢？然而，卻不可以說，我證悟到了這個法，或某人證悟到了這個法，以及禪的秘密而微妙的境界。向人說這些事，那一定是獲罪不輕的。

【說　明】阿那波那法門，借助於數息的方法，攝持自心，勿令散亂。行者若能專心致志，從一至十，按照數序，反復計數自己的氣息，勿令攙雜其他妄念。久久純熟，禪定之境，自然由淺至深。行者若能善巧方便地運用阿那波那法門，就能很快地進入禪定。

第三，明證禪相。通方便論證，自有三階。一、證欲界定相。二、證未到定相。三、正明證初禪相。

一、明證欲界定，自有二意。一、正明證相。二、明得失。

今說欲界中自有三。一、粗住心。二、細住心。三、證欲界定。

粗住相者。因前息道❶諸方便修習，心漸虛凝，不復緣慮，名為粗住。細住相者，於後，其心泯泯轉細，即是細住心。

當得此粗細住時，或將得時，必有持身法起。此法發時，身心自然正直，坐不疲倦，如物持身。若好持身，但微微扶助身力而已。若是粗持身者，堅急勁強，來則苦急堅強，去則寬緩困人，此非好法。

心既細已，於覺心自然明淨，與定相應，定法持心，任運不動，從淺入深，或經一坐，無分散意，所以說，此名欲界定。入此定時，欲界報身相未盡故。

二、明得失者。入欲界定，法心既淺，未有支持，難得易失。易失因緣，是事須識。失定有二種。

一、從外緣失。謂得定時，不善用心，內外方便，中途違犯，則退失禪定。

復次，若行者當得定時，或向人說，或現定相令他知覺，或卒有事緣相壞，如是等種種外事，於中不覺不識，障法既生，則便失定。若能將護本得不失，障不得生，故名為得。

二者、約內論得失者。有六種法，能失禪定。一、希望心。二、疑心。三、驚怖。四、大喜。五、重愛。六、憂悔。未得禪有一，謂希望心。入禪有四，謂疑怖喜愛。出禪多有憂悔。此則能破定心令退失。

若通論此六，皆得在未入住出中。俱有此六法，能退失定。若能離此六法，即易得定。以不失，故名得也。此雖近事，若不說者，則人不知。若善取其意，則知遮障。

【章旨】說明了證入欲界定時的情形。一、禪定之相，由粗漸細，漸至欲界定。二、欲界定相，定心膚淺，缺乏定力，難得而易失。

【注釋】❶息道　在這裡是指前面所講的「數息法門」。

【語譯】第三，說明證得的禪相。通論修證的過程，有三個不同的階段。一、證入欲界定時的禪定之相。二、證入未到地時的禪定之相。三、證入初禪時的禪定之相。

一、證入欲界定時的禪定之相。有二方面的含義。一、說明證得的禪相。二、說明獲得禪定與退失禪定的情況。

在欲界定中，有三種定相。一、粗住心。二、細住心。三、證得欲界定。

所謂粗住心，亦即由於修習前面所說的數息法門的緣故，行者的心，漸漸歸於寧靜，不再向外攀緣，這就叫做粗住心。所謂細住心，亦即在粗住心之後，行者的心漸漸地更加轉細，這就是細住心。

當行者獲得了粗住心或細住心時，或者行者將要獲得粗住心或細住心時，一定會有持身法的發起。持身法發起的時候，行者的身心自然正直，坐禪一點也不覺得疲倦，好像有東西支撐著自己的身體。若是好的持身情形，行者會覺得好像有東西輕輕地支撐著自己的身體。若是不好的持身情形，行者的身體就會變得僵硬，這種不好的持身情形發起的時候，行者就會覺得身體苦急堅硬，這種不好的持身情形消退的時候，行者就會覺得鬆弛困倦，這不是好的持身法。

行者獲得了細住心之後，便會覺得內心明淨，與定法相應，定法扶持著內心，隨緣而不動，從膚淺的定境，逐漸進入深遠的定境，有時，整個坐禪的過程，全然地處於這種定境。所以說，這就叫做欲界定。這是由於行者進入這種定境時，報身相還沒有盡的緣故。

二、說明獲得禪定與退失禪定的情況。欲界定相，定心膚淺，沒有定力支持，所以說，欲界定難得而易失。欲界定容易失去，行者必須善識此事。退失禪定的情況有二種。

一、由於外緣而退失禪定的情況。所謂由於外緣而失去禪定，也就是行者得定之後，不善於運用內方便與外方便，保持自心的定境，而是中途違犯禪定規範，所以，退失掉了已經獲得的禪定。

當行者得定之時，向人炫耀，或有意地人面賣弄，或突然有事緣干擾。像這樣的種種外緣干擾，行者卻不知不覺，於是，障緣生起，失去禪定。若行者善於護持所得的禪定，不令失去，則外緣便不能干擾，這樣就叫做得定。

二、從內緣來說明獲得禪定與退失禪定的情況。有六種情況會退失禪定。一、希望心。二、疑心。三、驚慌恐怖。四、狂喜。五、愛心染著。六、憂愁悔恨。在未得禪定時，有一種情況能夠導致退失禪定，這就是希望心。入了禪定後，有四種情況能夠導致退失禪定，這就是懷疑、恐怖、狂喜、愛著。出了禪定之後，憂悔之心也能導致退失禪定。這些情況都能破壞定心，令禪定退失。

若綜觀導致退失禪定的這六種情況，這六種情況則普遍地存在於得禪定、入禪定、住禪定、出禪定之中。有了這六種心，就能退失禪定。若能遠離這六種心，就能獲得禪定。由於不退失禪定的緣故，所以叫做獲得禪定。這些事情雖然淺顯，然而，若不加說明，行人無從知曉。若善於領會其義，便能曉得遮障之所在。

【說　明】相對於四禪八定來講，欲界定的定心比較膚淺。欲界定的定心雖然比較膚淺，然而，卻難以證得，亦容易失去。為什麼呢？這是因為，行者初修禪定，亂心難服的緣故。行者即使證得了欲界定，這種欲界定，亦比較容易失去。這是因為，欲界定比較膚淺，容易被幻相所動搖的緣故。所以，行者初修禪定，要保持一種平常心。未得定時，不急不躁。已得定時，戒驕戒躁。如此修行，方能穩步前進。

二、明證未到地定相。因此欲界定後，身心泯然虛豁，失於欲界之身[1]，坐中不見頭手床敷，猶若虛空，此是未到地定。

所言未到地者，此地能生初禪故，即是初禪方便定，亦名未來禪，亦名忽然湛心。證此定時，不無淺深之相。今不具明。

復次，此等定中，或有邪偽，行者應證，其相非一，略出二事。一、定心過明。二者、過暗。並是邪定。

明者，入定時，見外境界，青黃赤白，或見日月星辰宮殿等事，或一時日，乃至七日不出禪定，見一切事，如得神通，此為邪，當急去之。

二者、若入此定，暗忽無所覺知，如眠熟不異，即是無心想法，能令行人生顛倒心，當急卻之。

此則略說邪定之相，是中妨難，非可具以文傳。

復次，若依《成論》《毘曇》，分別二定，為不便也。今依尊者瞿沙❷所明，分別二定有異，亦應無失，具如前引《摩訶衍》中釋，而多見坐人證定之時，實有兩種定相不同，是故今說欲界、未到二定各異。

【章旨】說明了證入未到地定時的情形。一、欲界之身，頓然消融，不覺有頭，不覺有境。二、防範邪偽，不落明利，莫入昏沉。

【注釋】❶失於欲界之身　並不是在實際上沒有了四大色身，而是由於行者身心靜定的緣故，行者感覺不到了四大色身的存在。若行者動心，打破了此時的定境，行者依然還會感覺到自身的存在。❷瞿沙　人名，阿育王時期的一位比丘，證大阿羅漢，四辯無礙，三明具足。

【語譯】二、說明證入未到地定時的禪定之相。行者獲得了欲界定之後，身心泯然虛豁，消融了欲界之身，行者在坐禪時，不覺有自己的頭、手、禪床及敷座，此時的境界，猶若虛空，這就是證入未到地定時的禪定之相。

我們所說的未到地定，由於能夠生出初禪的緣故，所以，叫做初禪方便定，也叫做未來禪，也叫做忽然湛心。行者證得這種定時，也是有禪定的深淺之相的，在這裡就不詳細說明了。

在未到地定中，也會有種種邪偽之事，行者應當知道，邪偽之相，種類繁多，在這裡，我們只概括地說出二種情況。一、定心太過清明。二、定心太過暗昧。定心太過清明與太過暗昧，這二種情況皆是邪偽之定。

第一種情況，定心太過清明。行者入定之後，會見到種種境界，譬如青黃赤白等景象，或者是見到日月星辰宮殿等，此種境界或者持續一日，甚至持續七日，恆在定中，見到種種奇特之事，就像自己得了神通一樣。這種現象屬於邪偽之相，應當急速而拋棄之。

第二種情況，定心太過暗昧。若行者入了這種定，就覺暗昧恍惚，無所覺知，就像睡眠一樣，這就是無念邪定，這種無念邪定，能夠使行者生出顛倒之心，應當急速而拋棄之。

以上所說，也只是大略地說明邪定情形，其實，具體的邪定情形有很多，難以用文字完全表達。

若依照《成實論》與《毘曇論》的說法，是很難以分別欲界定與未到地定的差異的。現在我們依照瞿沙尊者的說法，來說明欲界定與未到地定的差異，亦應當是不會有什麼失誤的。依據前面所引用的《大智度論》中的說法，我們知道，行人在入定之後，確實有二種不同的定相，所以我們現在說，欲界定與未到地定是有差異的。

【說明】在禪定的過程中，即將進入某一禪定之前，皆有相應的未到地定。在這裡所說的未到地定，是指欲界定已滅、初禪尚未生起時的禪定。在這時，行者容易忘卻身心，同時，亦容易產生昏沉。所以，在這時，行者既要防止散亂，又要防止昏沉，使心處於不散不昏、清明安穩的狀態。如此修行，方能進入初禪。

第三，明證初禪相，自有六種。一、名❶初禪發相。二、明支。三、明因果體用。四、明淺深。五、明進退。六、明功德。

第一，正明初禪發相中，復為四意：一、正明初禪發相。二、簡非禪之法。三、釋發因緣。四、分別邪正。

第一，初禪發相者。行者於未到地❷中，證十六觸成就，即是初禪發相。云何是證？若行者於未到地中，入定漸深，身心虛寂，不見內外，或經一日，乃至七日，或一月乃至一年，若定心不壞，守護增長，於此定中，忽覺身心凝然，運運而動。當動之時，還覺漸漸有身如雲如影動發，或從上發，或從下發，或從腰發，漸漸遍身。上發多退，下發多進。

動觸發時，功德無量。略說十種善法眷屬，與動俱起。其十者何？一、定。二、空。三、明淨。四、喜悅。五、樂。六、善心生。七、知見明瞭。八、無累解脫。九、境界現前。十、心調柔軟。如是十法，與動俱生，名動眷屬，勝妙功德，莊嚴動法。若具分別，則難可盡。此則略說初動觸相。

如是或經一日，或經十日，或一月四月，如是一年，此事既過，復有餘觸，次第而發，故名初禪。餘觸發者，謂八觸也。一動。二癢。三涼。四暖。五輕。六重。七澀。八滑。復有八觸，謂一掉。二猗。三冷。四熱。五浮。六沉。七堅。八軟。此八觸與前相雖同，而細分別不無小異，更別出名目，足前合為十六觸。

此十六種觸發時，悉有善法功德眷屬，如前動觸中說。行者因未到地，發如是等種種諸觸功德善法，故名初禪初發，並是色界清淨四大，依欲界身中而發，故《摩訶衍》云：「色界四大造色，著欲界身中。」

問曰：二十七觸，何故有去取？復出異觸名，料簡（云云）。

【章　旨】說明了初禪發起的情形：行者在未到地定中，證得了十六觸，就是初禪發起的情形。

【注　釋】❶名　此處的「名」字，應該是「明」字。恐「原文」有筆誤。❷未到地　正禪有四種，初禪、二禪、三禪、四禪，在即將進入每一地正禪之前，亦有定心之相，這時的定心之相，就叫做未到地定，或稱未到地。在這裡所說的未到地，是指初禪未到地定。

【語　譯】三、證入初禪時的禪定之相。分六個方面來說明。一、說明初禪發起的情形。二、說明「支」的含義。三、說明因果與體用。四、說明禪定的深淺。五、說明禪定的進退。六、說明初禪的功德。

第一，在初禪發起的情形中，又分為四種情況。一、說明初禪發起的情形。二、說明非禪的情形。三、說明禪定發起的因緣。四、辨別初禪的邪正。

一、說明初禪發起的情形。行者在未到地的禪定之中，證得十六觸的成就，就是初禪發起的情形。怎樣才能算證到了十六觸的成就呢？若行者在未到地的禪定之中，漸漸地深入禪定，身心漸漸虛空寂滅，不見內外之相，或者是一日，乃至七日，或者是一月，乃至一年，若能一直保持這種定境，並且使其逐漸增長，在這種定境之中，忽然覺得身心凝然，如如而動。當動發的時候，行者還會覺得有身體之相，如雲如影般地輕飄遊動，這種輕飄遊動，或者是從身體的上部發起，或者是從身體的下部發起，或者是從腰部發起，逐漸地遍布全身。通常而論，若這種輕飄遊動是從身體的上部發起的，這種定境，多數情況下會退失，若是從身體的下部發起的，這種定境多數情況下會增進。

動觸發起來的時候，具有無量的功德。簡略地說，有十種善法眷屬，與動觸同時發起。這十種善法眷屬是：定、空、明淨、喜悅、樂、善生心、知見明瞭、無累解脫、境界現前、心調柔軟。這十種善法眷屬與動觸同時發起，所以叫做「動觸眷屬」，「勝妙功德」，「莊嚴動法」。動觸發時的種種功德，若作廣泛地說明，那是無法說盡的。我們在這裡，也只是簡略地說明最初的動觸發相。

動觸發相，或者經歷一天，或者十天，或者一個月，或者四個月，乃至一年，動觸發完之後，還會有其餘的觸，相繼發起，所以，叫做初禪。其餘的觸，是指八觸，也就是：動、癢、涼、暖、輕、重、澀、滑。除了以上所說的八觸之外，還有八種觸，也就是：掉、猗、冷、熱、浮、沉、堅、軟。這八種觸，雖然與前面所說的八種觸相同，然而，若仔細分別的話，也是稍有差異的，所以，給這八觸以不同的名字，後面的八觸與前面的八觸合起來，共有十六觸。

十六觸發起的時候，每一觸都會伴隨有種種善法功德眷屬，所發起的功德眷屬，就像前面所說的動觸功德眷屬一樣。因為行者所發起的各種觸的功德眷屬，是在未到地定中發起的，所以，叫做初禪初發，也是色界的清淨四大借助於欲界身而發起來的，所以《大智度論》中說：「色界所緣起的種種色相，還是緣於欲界的種種欲念。」

問：二十七種觸，為什麼有取捨呢？為什麼又羅列出其他觸的名字，以及料簡等呢？

【說　明】初禪發起的時候，會有種種禪定發相。對此禪定發相，行者應當保持一種平常心態，既不取著，亦不棄捨，如此修行，就能穩步前進。

第二，料簡非禪之相者。

問曰：行者於初坐中，未得定心，亦發如是冷暖動等觸，既無如上所說功德之事。有人言，此是病法❶起。所以者何？如重澀等，是地大病生。如輕動觸，是風大病生。如熱癢等觸，是火大病生。如冷滑等觸，是水大病生。

復次，因暖熱癢等，生貪欲蓋。因重滑沉等觸，生睡眠蓋。因動浮冷等，生掉悔❷蓋。因強澀等，生疑蓋。又因重堅澀等，生瞋蓋。

當知觸等發時，能令四大發病，及生五蓋❸障法，或言是魔所作。若發動時，如上過。

上所說皆魔觸發，云何以此為初禪耶？

答曰：不然。若如汝向所說觸發之相，此是生病生蓋之觸。若如上說及增者，亦是魔觸發相，今說不爾。若未得未到地定，而先發觸者，多是病觸，是生蓋及魔所作。

若觸發時，無如上所說十種功德眷屬者，亦是病觸，生蓋及魔觸也。今所說觸發者，要因未到地定發，亦具足有諸功德眷屬俱發故，以此為初禪發相，何可疑哉？

問曰：未到地前發觸，但是生病生蓋及魔觸，亦有治病除蓋非魔觸不？

答曰：亦有此義。

問曰：若爾，與初禪觸，復云何異？

答曰：有異。欲界雖有治病除蓋及非魔觸，而非初禪觸者，此猶是欲界中四大色法，不能發定，無諸功德支林善法故，不名初禪。此則略出欲界善不善觸相。但行人初坐，或有證此一兩，或都不證，然既有此法，故略出之耳。

問曰：未到地中，亦發欲界善不善觸不？

答曰：非無此義。

【章旨】說明了病相而非禪相的情形：尚未獲得定心之時，所發起的一切觸相，皆屬於病相，而非禪相。

【注釋】❶病法　對於佛教文化來說，凡所有相，無論是外塵，還是內識，皆屬於「法」的範疇。在這裡所說的「病法」，就是指四大色身所生起的病相。❷掉悔　五蓋之一。掉，指心浮動不安，為「安定」之對稱。悔，於所作之事，心懷憂惱。不安與憂悔，皆為障礙禪定之蓋障，二障合稱，故稱為掉悔、掉悔蓋。〈分別禪波羅蜜前方便第六之一‧訶五欲及棄五蓋〉有相應解釋。參見本書第一二三頁。❸五蓋　謂覆蓋心性，令善法不生的五種煩惱。一、貪欲蓋。二、瞋恚蓋。三、惛眠蓋。四、掉舉惡作蓋。五、疑蓋。蓋，覆蓋之意。〈分別禪波羅蜜前方便第六之一‧訶五欲及棄五蓋〉中有詳細解釋。參見本書第一二三頁。

【語譯】第二，說明非禪的情形。

問：行者在最初坐禪時，還未獲得定心，也能發起上面所說的冷、暖、動等觸相，只是沒有上面所說的種種功德。有人說，這種情況屬於禪病。為什麼呢？這是因為，如果發起了重、澀等觸相，這說明是地大出了毛病。若行者發起了輕、動等觸相，這說明是風大出了毛病。若行者發起了熱、癢等觸相，這說明是火大出了毛病。若行者發起了冷、滑等觸相，這說明是水大出了毛病。

因為暖、熱、癢等觸相，會生出貪欲蓋障。因為重、滑、沉等觸相，會生出睡眠蓋障。因為動、浮、冷等觸相，會生出掉悔蓋障。因為強、澀等觸相，會生出疑蓋障。又因為重、堅、澀等觸相，還會生出瞋蓋障。

我們應當知道，觸發的時候，能使身體生病，以及生出五種蓋障，有人以為，這是魔所作的。若「觸」發的時候，就會有以上所說的過失。

以上所說的觸發的情形，皆屬魔所作的話，又為什麼以此為初禪呢？

答：你的說法是不對的。你所說的觸發的情景，此是生病、生蓋障的觸發之相。就像上面所說的，由於四大的增損而產生的病，也屬於魔觸之發相。我們現在所說的，卻不是這樣的。若行者還沒有獲得未到地定，就發起了觸的現象，這多是生病，是生蓋障，以及魔所作。

若在觸發的時候，沒有上面所說的十種功德眷屬，這種情況也是病觸，也是蓋障，及魔所作。我們現在所說的觸發，是由於未到地定而發，並且具足各種功德眷屬，以此作為初禪發相，還更有什麼疑惑呢？

問：未到地定之前所發的觸，只是生病、生蓋障，以及魔所作，那麼，未到地定之前所發的觸，也治病、除蓋障、非魔所作的情況嗎？

答：也可以說有這種情況。

問：若是這樣的話，未到地定的觸與初禪的觸，又有什麼不同呢？

答：當然有所不同。欲界定雖然有治病、除蓋及非魔等現象，然而，卻不是初禪的現象，欲界定的各種現象，好像是欲界的地水火風等四大色法，不能發起禪定，而且也不具有各種功德支林，所以，不能稱為初禪。在這裡，簡說欲界中的善觸相與不善觸相。行人最初坐禪時，可能會證到一、二種善觸相或不善觸相，或什麼也沒有證到，然而，既然有此類情況，所以，也應簡略地說一下。

問：未到地定之中，是否也會發起欲界定中的善觸相與不善觸相呢？

答：不是沒有這種可能。

【說明】在禪定的過程中，所發起的種種觸覺之相，皆屬於四大色身，借禪定之緣，因緣和合而生。對此種種觸覺之相，行者只要不取不著，觸覺之相，久久自滅，而禪定之境，久久自深。

三、明禪發因緣。有二。

一者、從初修禪以來，不計勤苦，既有善心功力成就，自然感報，如《法華》中說：「隨功賞賜，乃至禪定根力❶等事。」復次，有師言，是十善相應，此意難見。

二者、色界五陰住在欲界身中。粗細相違故，有掉動八觸等事。譬如世人憂愁煩惱內起，結滯壅塞不通，令四大受諸熱惱。從心而生，乃至得病至死，不從外來而有苦也。

今此禪中有觸樂之事，亦從心有。由數息故，使心軟細，修諸定法。色界定法住在欲界身中，色定之法與欲界報身相觸故，有十六觸，次第而生，亦不從外來，而能覺知，故名為觸。

此八雖有十六、並約四大而發，因四大生。地中四者，重沉堅澀。水中四者，涼冷軟滑。火中四者，暖熱猗癢。風中四者，動掉輕浮。故《金光明》云：「地水二蛇，其性沉下。風火二蛇，性輕上升。」

問：若因四大，但應有四，何得十六？

答曰：相兼故得爾。如熱是火體，兼水故有暖。兼風故有癢。兼地故有猗。兼三之時，失本熱相，故說有四。餘三大各兼三義，類此可知。

復次，此十六觸，各有十種功德善法，合則有一百六十法。而初坐發法之人，未必發盡，或發三五、故略出之。

問曰：此八觸為當發有次第？為無次第？諸觸之中先發何等？

答曰：若論其次第，亦無定前後。雖四大因緣合時，強者先發，而多見有人從動而發，事如前釋。

四者、辨邪正之相。具如前內方便中驗善惡根性相明虛實中說，是中應廣分別。

【章旨】首先，說明了禪定發起的二種因緣。第一，精進用功而發。第二，色界五陰與色身四大緣合而發。其次，指出了辨別邪正的方法。若不著法相，一切法相，皆是善法。若著法相，一切法相，皆成邪法。

【注釋】❶根力　根，即五根。力，即五力。五根，即信根、進根、念根、定根、慧根。因為這五種法是生出聖道的根本，故名五根。五力，即信力、精進力、念力、定力、慧力。因為這五種力的增長，具有破邪扶正的力量，故名五力。

【語譯】三、說明禪定發起的因緣。禪定發起的因緣有二種。

一、行者從開始修禪以來，不計辛苦，精進修習，既然如此正確地用功，自然會感得相應的果報，就像《法華經》上所說：「根據功德的多寡，予以相應的賞賜，乃至獲得禪定的五根、五力等。」還有的論師說，禪定的發起，與十種善法相應，其中的含義，不可思議。

二、色界的五陰，住在欲界的四大色身之中。欲界的粗糙相與色界的細膩相，二者相違背的緣故，所以會有掉、動等八觸之相。譬如世人，憂愁煩惱從心起，煩惱聚集神不通，四大倍受諸熱惱。從心而起的煩惱，乃至使人得病死亡，也不是從外面而有的。

禪定之中，有種種觸樂之相，也是從心而有的。由於修習數息法門的緣故，使心變得柔軟而細膩，生起各種禪定之法。色界定法住在欲界色身之中，色界定法與欲界色身相接觸，所以，十六種觸相，一個接著一個地發生，這也不是從外面而來的。對於這十六種觸相，行者能夠自知，所以叫做觸。

這八種觸，細分為十六觸，都是因四大而發、因四大而生的。地大之中有四種觸：重、沉、堅、澀。水大之中有四種觸：涼、冷、軟、滑。火大之中有四種觸：暖、熱、猗、癢。風大之中有四種觸：動、掉、輕、浮。所以《光明經》上說：「地大水大這二條蛇，本性是向下沉的。風大火大這二條蛇，本性是向上升的。」

問：若是因為四大而有觸相，那麼，就應該有四種觸相，為什麼卻有十六種觸相呢？

答：由於四大相互兼併的緣故，所以會有十六種觸相。譬如熱是火的本性，若火水兼併，就會有暖相。若火風兼併，就會有癢相。若火地兼併，就會有猗相。火大與其餘三大相兼的時候，火大便會失去熱相，所以說，火大就可以產生出四相。地大、水大、風大，各自與其餘的三大兼併，所產生的觸相，也是可以依此類推的。

這十六種觸，每一種觸，各有十種功德善法，合起來總共有一百六十種法。初學坐禪的人，不可能發起一切功德善法，或許只發起三、五種而已，所以，我們在這裡只是作簡單地說明。

問：這八種觸發起的時候，是有一定的次第呢？還是沒有次第？在八觸之中，到底先發哪一種觸呢？

答：若論觸發的次第，其實，也是沒有先後次第的。雖然說四大因緣和合時，最強的那一大先發，然而，大多數人還是從動觸而發起。動觸發起的情形，就像前面所說的那樣。

四、辨別初禪的邪正。分辨初禪的邪正之相，就像前面的內方便中「驗知善惡、說明虛實」中所說的那樣，對於其中的內容，應作深入細緻地了解。

【說明】行者若著諸法相，即使佛法，亦成魔法。為什麼呢？這是因為，著即成障，障即是魔。行者若能諸法無礙，則法法皆是佛法。若達真佛法，佛法亦不立。本分天然，無佛無魔，全都是諸人自己。

第二，明支義。亦開為三。一、釋支名。二、釋支義。三、辨支相。

第一，釋支名者。初禪有五支。一、覺支。二、觀支。三、喜支。四、樂支。五、一心支。覺者，初心覺悟，名為覺。觀者，後細心分別，名為觀。慶悅之心，名為喜。恬澹之心，名為樂。寂然不散，名一心。

所以制五支者？若對不善，即為破五欲❶五蓋❷。若對善法，即對行五法，故《釋論》云：「離五蓋，行五法，具五支，入初禪。」

第二，釋支義者。如《纓絡經》說：「禪名支林。」此即據總別❸之明義也。言支者，支離為義。如因樹根莖則有枝條。根莖是一，枝條有異。禪中支義亦爾。從一定心出生五支，此是總中別義。

所言林者，如林因眾多樹，得有林名。禪義亦爾，五支和合，總受禪稱，此即據別中之總。故知，若說禪即知有五支，如聞林名，必知有樹及以枝條。

復次有人言，枝持為義，如欲界❹、未到地❺中，雖有單靜定心，未有覺觀等五支共相扶持，則定心淺薄易失。若得初禪，即有覺觀等法，則定心安隱，牢固難壞。

三、辨支相。若數人[6]辨相，正約二十二心數去取，辨五支相，具出彼義（云云）。今家所明，略為二。一者、別。二者、通。

一、別釋五支相者。云何名覺？覺名觸覺。有二種。一、成禪覺。二、壞禪覺。如有風能成雨，有風能壞雨。如上所說，十六觸中，一一觸有十種善法眷屬安隱莊嚴者，是成禪覺。如上說，一一觸有二十惡法，是壞禪覺。

復次覺者。覺屬身根，為身有情，異乎木石，所以對觸故生覺。如經說見聞覺知義。見屬於眼，聞屬於耳鼻，觸覺屬於身，知屬於意，亦對舌也，有增用故。

問曰：如經中說，六觸因緣生受，何得覺觸，但屬於身耶？

答曰：此對通說。若通時，見中亦說聞，餘義類爾。今就別義論覺支者，正對身也。於未到定中，發十六觸。觸於身根生識。覺前觸相，故名覺支。

復次，覺名驚悟。行者得初禪，未曾所得善法諸功德故，心大驚悟。昔常為欲火所燒，得初禪時，如人入清涼池。但此覺生時，與欲界身根生覺有異。何以故？與定等善法，一時俱發。是以偈言：「如貧得寶藏，大喜覺動心。」故言初心粗念，名為覺。此與數人明義，應有小異料簡（云云）。

二、釋觀支者。後細心分別，名為觀。既分別觸發已，正念之心，思量分別。向觸生時，與欲界中善法，及未到等法大有異。所以者何？於此觸中，有種種善法珍寶，與觸俱發，欲界所無。復次，分別者。分別十六觸中，法寶之相亦不同。知粗則離，知善則修。此細心分別，故名觀支。故經說：「分別則為觀。」

問曰：若爾，覺有何等異？

答曰：如論說：「粗心在緣名為覺，細心分別名為觀。」

又問：如《毘曇》中說：「覺觀在一心中。」今云何為二？

答曰：二法雖在一心，二相不俱，謂覺時觀不明瞭，觀時覺不明瞭。譬如撞鐘，鐘聲雖一，而粗細有異。一心中覺觀，亦如是。

復次，身根身識相應名為覺。意根意識相應名為觀。身識是外鈍故名粗。意識是內利故能分別名細。此雖同緣一觸，而二相不俱，故為觀支。

三、明喜支者。見細心分別思量，覺知十六觸等微妙珍寶，昔所未逢，是以心喜慶悅。又知所失欲樂甚少，今得初禪功德，其樂甚多。如是覺觀，利我不少，深心慶悅，踴躍無量，故名喜支。

四、樂支者。行者於歡喜已後，其心恬然，受於觸中之樂。樂法娛心，安隱恬愉，故名樂支。

問曰：喜樂有何異？

答曰：如上覺觀分別，今喜樂亦爾。粗樂名喜，細樂名樂，亦可言粗喜為喜，細喜為樂。復次，喜樂雖俱是歡悅之相，而二相有異。喜根相應故名喜。樂根相應故名樂。踴躍心中故名喜。恬靜心中故名樂。復次，行者初緣得樂，心生歡喜，未及受樂名喜。後緣喜情既息，以樂自娛，故名樂。譬如饑人得食，初得歡喜，未及受其味，故名喜。後得食之，方受味中之樂，故名樂。又如三禪有樂而無喜，故知二根有異。

五、一心支者。經久，受樂心息。雖有覺觸等事，而心不緣，既無分散。定住寂靜故，名一心支。

此則略說初禪五支次第而發，並據成就，立於支義。

問曰：若爾約十六觸，一觸皆有五義不？

答曰：實爾。故知初禪對緣，即有眾多支也。雖復對觸有多，終不出五支，譬如五陰，若對五根，根根說五。雖復眾多，而不可說言有第六陰。五支亦爾。

二者、約通義明五支。即一覺發時，具有五支義。云何當覺發時，本對於觸，覺觸中冷暖，即是覺支。當覺時，豈不即分別？知冷異暖，即是觀支。當觸發時，即有喜心，如人見好美色，即生喜悅，不待思量。故論偈說：「大喜覺動心。」觸發之時，必舉體怡解，即是樂支。解發必與定俱，故名覺觀俱三昧。當知，即有一心支。此則五支，一時而發，不待成就。但於事未顯故，據成而說。別義如前。

問曰：若爾，心便並慮？

答曰：心雖不俱，法並何過？此類如十大地心王❼心數❽之義。

問曰：若通支有五者，五支應有二十五？

答曰：如佛經中說五陰，一陰有五，五五二十有五而不乖五陰之義。通五支義，亦如是。

【章旨】首先，說明了初禪所包含的五支功德：一、覺支。二、觀支。三、喜支。四、樂支。五、一心支。其次，從別相與總相的角度，說明了五支功德的含義。

【注釋】❶五欲　對色、聲、香、味、觸等所起之五種情欲。即：色欲、聲欲、香欲、味欲、觸欲。〈分別禪波羅蜜前方便第六之一・訶五欲及棄五蓋〉中有詳細解釋。參見本書第一一三頁。❷五蓋　謂覆蓋心性，令善法不生之五種煩惱。一、貪欲蓋。二、瞋恚蓋。三、惛眠蓋。四、掉舉惡作蓋。五、疑蓋。蓋，覆蓋之意。〈分別禪波羅蜜前方便第六之一・訶五欲及棄五蓋〉中有詳細解釋。參見本書第一二三頁。❸總別　總，即指總相。別，即指別相。總括全體之狀態者，稱為總相。僅指個別、特殊之狀態者，稱為別相。❹欲界　在這裡是指欲界定。見前「欲界定」注釋。第五一頁。❺未到地　正禪有四種，初禪、二禪、三禪、四禪，在即將進入每一地正禪之前，亦有定心之相，這時的定心之相，就叫做未到地定，或稱未到地。在這裡所說的未到地定，是指初禪未到地定。❻數人　（流派）薩婆多部（即一切有部）之異名也。主論法數，故曰數人。❼心王　相對「心所」而言。萬法從心生，心就是萬法之王，故稱心王。有部及法相宗，所說的心王，即是八識（八類心識）之本源，亦精神現象之本源。❽心數　又作心所、心所有法、心所法、心數法，總之，心中的所有法相，皆屬於心數的範疇。心數從屬於心王，乃五位之一，心數與心王相應，同時存在。

【語　譯】第二，說明「支」的含義。分為三部分來講。一、解釋「支」的名字。二、解釋「支」的含義。三、辨別「支」的相貌。

第一，解釋「支」的名字。初禪具備五支。一、覺支。二、觀支。三、喜支。四、樂支。五、一心支。覺是指初心覺悟，稱之為「覺」。觀是指覺後之細心分別，稱之為「觀」。歡慶喜悅之心，稱之為「喜」。恬然淡泊之心，稱之為「樂」。寧靜不亂之心，稱之為「一心」。

為什麼要建立五支法呢？針對不善法來說，建立五支法，就是要破除五種貪欲五種蓋障。針對善法來說，建立五支法，就是要行持五法。所以《大智度論》中說：「離開五蓋，行持五法，具足五支，證入初禪。」

第二，解釋「支」的含義。《纓絡經》上說：「禪就叫做支林。」「支林」之名，就是從總相與別相上來說的。

所謂支，就是支脈的意思。譬如因為有樹的根莖，所以才有樹的枝條。樹的根莖是一，然而，由根莖演化出的枝條是多。禪中所說的「支」，也是這樣的。禪定是一心，生出五支脈。這是從總相的角度來說明別相。

所謂林，譬如，由於有眾多的樹聚集在一起，所以才稱之為林。禪的含義也是這樣的，五支功德合併在一起，所以稱之為禪。這是從別相的角度來說明總相。所以我們知道，如果說到禪，我們就會知道有五支，就像聽到樹林的名字，我們就會知道有很多的樹，以及很多樹的很多枝條。

有人說，枝是扶持的意思。就像欲界定、未到地定中，雖然有安靜的心境，但是，由於沒有覺觀等五支的扶持，所以，定心淺薄，也容易退失。若行者已經進入了初禪，就會有覺觀等法，所以，定心安穩牢固，不容易退失。

第三，辨別「支」的相貌。若是一切有部辨別「支」的相貌，就用二十二心數法來作依據，以辨別支相。對五支之相的辨別，皆出自數人的辨別。我們天台宗對五支之相的辨別，大致分為二部分。一、分別解釋五支之相。二、通論五支之相。

一、分別解釋五支之相。什麼叫做「覺」呢？覺就是觸覺的意思。觸覺有二種。一種是成就禪覺，另一種是破壞禪覺。譬如風能夠成就雨，風也能夠破壞雨。就像上面所說，在十六觸之中，每一種觸都有十種善法眷屬，成就與莊嚴禪定，這就是成就禪覺的善法。又如上面所說，每一觸之中，也會有二十種惡法相伴，這就是破壞禪覺的惡法。

接著，我們再解釋覺支。覺屬於身根，因為身體是有情之物，與木頭石頭不同，所以，根塵相對，就會產生觸覺。就像佛經上所說的見聞覺知的含義。見屬於眼根；聞屬於耳根與鼻根；觸覺屬於身根；知屬於意根，也是對舌根而言的，因為舌根具有增加的作用。

問：就像佛經中所說，六根與六塵相對，因緣和合而生出覺受，您為什麼說覺觸只屬於身根呢？

答：你這種說法，是從通論的角度來說的。若從通論的角度來說，見中也可以說聞，其他的聞、覺、知，亦可依此類推。我們現在所說的覺觸，是從別論的角度來說的，是針對身根來說的。在未到地定中，發起十六種觸。觸與身根因緣和合，便會生出觸相。覺察到前面所說的觸相，所以，稱之為覺支。

覺也叫做驚悟。行者獲得了初禪，獲得了從未有過的善法功德，因此，心生驚悟。在過去，常常被欲火所燒，現在獲得了初禪，就像進入了清涼池。但是，初禪的清涼覺受，有別於欲界的身根覺受。為什麼呢？這是因為，初禪的覺受，是與禪定功德一起發生的。所以有偈語說：「貧人得寶藏，心中生大喜。」所以說，初禪中的心相比較粗，所以叫做覺。這種說法，與數人（薩婆多部）的說法，也稍有差別。

二、解釋觀支。覺支產生之後的細心分別，稱之為觀。亦即「觸」發起之後，用正念之心，思量分別觸發之相。初禪的觸發之相，與欲界中的善法，以及未到地定中的種種善法，大有差別。為什麼說大有差別呢？這是因為，在初禪之中，有種種善法寶藏，與「觸」一起發起，這是欲界定中所沒有的。所謂分別，就是分別十六觸中的各種法相，知是粗相，則捨棄，知是善法，則修持。這種細心分別，就叫做觀支。所以佛經上說：「善於分別諸法相，這就是所謂的觀。」

問：若是這樣的話，觀與覺又有什麼差別呢？

答：就像論中所說：「粗心觀察名之為覺，細心分別名之為觀。」

又問：就像《毘曇》中所說：「或覺或觀，都在一心之中。」現在您為什麼分成二個呢？

答：覺之與觀，雖在一心之中，然而，若不同時具足覺觀的話，那麼，在覺的時候，觀便不清楚，同樣，在觀的時候，覺也不清楚。譬如撞鐘，鐘聲雖然是一，然而，心中的聲音相，卻有粗細之差異。心中的覺觀，也是這樣。

身根與身識相應，名之為覺。意根與意識相應，名之為觀。身識是外在的，作用遲鈍，所以，稱之為粗。意識是內在的，作用比較敏利，善於分別諸法相，所以，稱之為細。身識與意識，雖然都是由觸塵所引發的，然而，身識與意識，鈍利有別，所以，身識遲鈍，名之為覺支。意識敏利，名之為觀支。

三、說明喜支。行者經過細心分別思量，則知十六觸等微妙珍寶，是自己以前從未有過的，所以心中歡喜慶悅。行者又知，自己所失去的欲樂很少，而現在所得到的初禪功德，其樂甚多。行者如是細心分別，則知獲益匪淺，於是，深心慶悅，踴躍歡喜，所以，稱之為喜支。

四、說明樂支。行者在歡喜之後，心中恬靜安然，感受到了「觸」中之樂。行者法喜充滿，安靜恬然，所以，稱之為樂支。

問：喜與樂有什麼差異？

答：喜與樂的差異，就像上面所說的覺與觀的差異一樣。粗的快樂叫做喜，細的快樂叫做樂。也可以說，粗的喜叫喜，細的喜叫樂。喜與樂，雖然都是歡悅之相，然而，這二種歡悅之相也是有差異的。與粗樂相應，就叫做喜。與細樂相應，就叫做樂。心中有踴躍之相，就叫做喜。心中有恬靜之相，就叫做樂。行者剛剛得到快樂之時，心中十分歡喜，然而，卻還未能享受快樂，這就叫做喜。喜情慢慢平靜下來之後，行者以恬靜的樂而自娛，所以，稱之為樂。就像饑餓的人，在剛剛獲得食物的時候，他的心情十分歡喜，然而，他還未能享用食物，這時的歡喜，就叫做喜。後來，開始享用食物，才獲得了享用美食之快樂，這種歡喜，就叫做樂。又譬如，在三禪的境界中，有樂而無喜，所以我們知道，樂與喜是有區別的。

五、說明一心支。久住樂之後，則受樂之心，漸漸平息。在這時，雖然有種種覺受，然而，心不攀援，寂靜不散。由於行者住於寂靜的緣故，所以叫做一心支。

以上大致地說明了初禪五支次第而發的情形，並且依照五支的功德，說明了五支的含義。

問：若是這樣來說明十六觸，那麼，十六觸中的每一觸，是不是都包括五支之義呢？

答：確實是這樣的。所以，我們知道，在初禪的境界中，因緣和合，產生出許多「支」。然而，觸中之「支」，雖有眾多，終不出五支之範疇。譬如五陰，若針對五根來說，每一根中，皆有五陰之相。雖然有眾多的五陰之相，然而，卻不可以說有第六陰。五支的情形，也是這樣的。

二、通論五支之相。覺觸發起的時候，就已經具備了五支。當覺觸發起來的時候，行者針對著所發的覺觸，能夠覺察到覺觸中的冷暖之相，這就是覺支。當覺察的時候，豈能不馬上就能分辨出冷暖之相，這種對冷暖之相的分辨，就是觀支。當覺觸發起的時候，行者就會產生喜悅之心，就像人見到好的景色，馬上就會生出喜悅，這是用不著思惟考慮的。所以，有偈語說：「大喜的同時，就能覺察到這種大喜。」

當觸發的時候，解脫之樂，必然是遍布全身的，這就是樂支。解脫之樂，必定會與禪定同時存在，所以叫做覺觀俱三昧。據此而知，有一心支。五支功德，同時發起，不是一個一個地修成的。但是，由於在事相上並不明顯，所以，根據各支的成就分別而論。五支的各自含義，就像前面所說的那樣。

問：若是這樣的話，豈不是有多種心了嗎？

答：雖然只有一心，然而，不妨有多種法。心與法的關係，就好像十大地心王與心數的關係。

問：通論五支，一支之中有五法，那麼，五支之中就應該有二十五法了？

答：就像佛經中說五陰，一陰之中有五法，五陰之中共有二十五法，皆與五陰之義不相違背。通論五支，也是這樣的。

【說明】在初禪之中，有五支功德。五支功德的發起，皆是借助於禪定之緣，自然而然地發起來的。譬如，在靜定心中，根塵相對，必然會有覺支功德。對覺支功德，細心分別，自然會有觀支功德。對心中覺相，觀察照了，自然會有喜支功德。喜悅之後，自然會歸於平靜之樂（樂支功德）。喜心樂心，漸漸平息，自然到達一心定境（一心支）。

第三，明體用。即為二意。一者、明因果。二、明體用。

一、因果者。遠而論之，行內外方便❶，及入未到地等為因，感得初禪為果。今就近釋，但據初禪，自有因果。有人言：「四支為因，後一心支為果。」此即無文。今依《纓絡》解禪支，五支為因，第六默然心❷為定體，即以體為果。若通論因果，支支相因，悉得辦因果也。

二、明體用。還以默然心為定體。從默然觸更動發起五支，此則為用。何以故？從體起用。用則在後。因則據前。

問曰：因用體果，即無分別？

答曰。不然。雖同據五支明因用，就默然為體果，然義意有異。所以者何？因中五支，為感默然之果。因默然之果，起五支之法。此就默然為體，五支為用。例如三十七品❸，道前為因，道後為用。

問曰：有時從默然體，發勝品五支，後得增勝默然。此義云何？

答曰：若爾，即還應說因果。若無勝品，但是體用。

第四，明淺深者。初禪發時。五支及默然心，前後不無粗細之異，故有淺深，應須分別。所以者何？如論云：「佛弟子修諸禪時，有下中上，名為三品。」離此三品，一品為三、故有九品淺深之相。若細而論，則應有無量品。外道得定，亦有淺深，而不作品說者，以其心粗，於定中不覺故，亦以不修無漏，觀慧照了，則心不覺知。

就立品明淺深中，自為二意。一約同類。二約異類。

一、同類者。如一動觸發時，漸漸覺深，乃至九品。

二約異類者。如動觸謝後，即發餘觸。雖觸相不同，而覺定漸深勝於上。

復次，若約五支中明淺深者。亦有二。

一、同類者。如觸發五支時，即有淺深之相。

二、異類者。若五支次第增長，一一支中，亦各自有淺深之相。

問曰：為當要發十六觸❹等具足，方名初禪？為當亦發一一觸，亦名初禪？

答曰：初禪有二種。一、具足。二、不具足。若具發十六觸，此即是具足，初禪為勝。若發一兩觸等，亦得名初禪。何以故？以一觸具有十種定法眷屬五支成就故。但此初禪不名具足。

【章旨】首先，介紹了禪定過程中的前因後果，以及因果之間的相互關聯。其次，說明了初禪的淺深之相。

【注釋】❶內外方便　方便也就是善巧修學的意思。外方便，就是尚未得定前的修行方法。內方便與外方便合稱，即內外方便。外方便自有五種：一、具五緣。二、訶五欲。三、棄五蓋。四、調五法。五、行五法。內方便，就是安定內心的修行方法。內方便有五種：一、先明止門。二、明驗善惡根性。三、明安心法。四、明治病患。五、明覺魔事。❷第六默然心　初禪之中有五支：覺支、觀支、喜支、樂支、一心支。依五支功德而說默然心，故方便立名為「第六」，故稱第六默然心。❸三十七品　即三十七道品。道品，又作菩提分、覺支，即追求智慧，進入涅槃境界的三十七種修行方法。又稱三十七覺支、三十七菩提分、三十七助道法、三十七品道法。三十七道品包括：四念處、四正勤、四如意足、五根、五力、七菩提分、八正道分，其數共有三十七品，為修道之資糧，故名三十七道品。❹十六觸　證得初禪時，所發起的十六種觸覺之相。〈釋禪波羅蜜修證第七之一・正明初禪發相〉中有詳細解釋。參見本書第三四三頁。

【語譯】第三，說明因果與體用。分為二部分來講。一、說明因果。二、說明體用。

一、說明因果。從久遠的因果關係上來看，修習內方便與外方便，以及進入未到地定等，都屬於因。經過修習，所獲得的初禪境界就是果。若就較近的因果關係上來解釋，初禪本身就具有因果。有人說：「前面的四支是因，後面的一心支是果。」這種說法沒有文字記載。現在，我們依據《纓絡經》來解釋初禪的五支，初禪的五支是因，第六默然心是定體，也就是以默然心為果。若通論因果，則支支相聯，互為因果。

二、說明體用。還是以默然心為定體。從默然心體發起的五支，就是心體的作用。為什麼這樣說呢？這是因為，一切作用皆體所發。發起的作用在後，發起作用的原因在前。

問：難道因、用、體、果就沒有什麼區別了嗎？

答：不是這樣的。雖然都用五支來說明原因與作用，用默然心作為定體與成果，然而，在意義上還是有差別的。為什麼這樣說呢？由於因地上的五支，感得果地上的默然之果。又因為默然之果，而發起果地上的五支功德。此是以默然為體，以五支為用。譬如三十七品，在證得道果之前，三十七品則是因，在證得道果之後，三十七品則是果。

問：有時，在默然心體上，發起殊勝的五支功德，後來，又使默然心體更加殊勝，這又是什麼意思呢？

答：若是這樣的話，還是屬於因果關係。若是沒有發起殊勝的五支功德，那就只屬於本體與作用了。

第四，說明初禪的深淺之相。初禪發起的時候，五支及默然之心，隨著禪修的進展，也有粗細之差異，所以說，初禪之相有淺有深，行者應當善於分別。為什麼呢？就像論中所說：「佛弟子修習禪定時，有上中下三個品位，稱之為三品。」若再進一步細分，每一品中又有三品，所以，共有九品淺深不同的等級。若再進一步細分的話，則會有無量多的品位等級。

外道所獲得的定，也有淺深不同之相，然而，卻不可作為品位來說，因為外道的定心比較粗，在定中不知不覺，也由於外道不修無漏，不善於運用智慧觀照，所以，外道在定心之中，不知不覺。

用品位來說明禪定的淺深之相，分為二部分來說。一、同類淺深。二、異類淺深。

一、同類淺深。譬如動觸發的時候，覺得禪定漸深，以至於達到九品的深度。

二、異類淺深。譬如動觸消失了之後，隨即發起其他觸。前一個消失的觸相與後一個發起的觸相，雖然在觸相上有所不同，然而，能夠感覺得到，禪定漸深，也更加殊勝。

用五支來說明淺深之相，也可以分為二部分。

一、同類淺深。譬如觸發五支的時候，便會有淺深之相。

二、異類淺深。當五支次第增長的時候，每一支之中，也各有淺深不同之相。

問：要等到十六種觸全部發起來的時候稱之為初禪呢？還是只發了個別觸就可以稱之為初禪呢？

答：初禪有二種。一種叫做具足初禪，一種叫做不具足初禪。若發了十六種觸，這就叫做具足初禪，也是初禪之中最殊勝的初禪。若只發了一、二種觸，也可以叫做初禪。為什麼呢？這是因為，在一觸之中就具有十種定法眷屬，以及五支成就。然而，只發了一、二種觸的初禪，不可稱之為具足初禪。

【說明】對於禪定修行來說，過去的一切善行，皆屬於「因」的範疇。由於過去的善因，所引發的一切善果，皆屬於「果」範疇。通觀過去與現在，以至於未來，因果相連，絲毫不差。行者所得初禪之境，亦過去諸多善因所致。

在修習禪定的過程中，隨著禪定過程的展開，禪定之相，亦有淺深之別。禪定的淺深之相，大致分為上中下三品。若更加細緻分別，則有無量淺深差別之相。

行者千萬莫著無量差別之相，要知道，一切禪定境界，一切差別之相，皆於心中生生滅滅，此「心」才是無量差別之相的根本。悟得此心，即是彼岸。迷卻此心，即是此岸。此岸彼岸，只是覺迷之象徵。

第五，明進退者。證初禪時，有四種人，根性不同。一者、退分。二者、住分。三者、進分。四者、達分。

一、退分者。若人得初禪時，或有因緣，或無因緣，而便退失。失有二種。

一者、更修還得。二者、更修不得。所謂過去今世障法起故。末世之中，此退分多。

二、任分者。有人得初禪已，即不退失，定心安隱。任分亦有二種。一者、任運自住。二者、守護乃住。

三、進分者。有人得初禪時，即便進得勝品，乃至進得上地。進有二種。一者、不加功力，任運自進。二者、勤修乃進。

四、達分者。有人得初禪時，於此定中，即發見思無漏❶，達到涅槃。達亦有二種。一者、任運自達。二者、修觀乃達。

復次，此四分定中，復有四種人根性不同。如退分中四者：

一、自有退退。得九品漸退，乃至併失。

二、自有退住。得九品，退至八品七品，便住不失。

三、自有退進。得九品退至八品七品，乃至一品，從一品還進。

四者、自有退達。得九品已，退還八七等品，乃至一品。於其中間，忽然發真無漏。餘住分、進分、達分，各有四義亦如是。是中或有因放逸障故退，或因懺悔清淨故任進達。此義眾多，不可具辨。

第六，明初禪功德者。如前偈說：「已得離淫火，則獲清涼定。」此偈自可為二功德。一者、離過德。二者、善心德。此對止行二善，亦可類於智斷二德。故《大集經》云：「初禪者，亦名為離，亦名為具。」所言離者，謂離五蓋。所言具者，謂具五支。

今釋所以得初禪時離貪欲蓋者。欲界之樂粗淺，今得初禪之樂細妙，以勝奪輕，故能離五欲。

離瞋者，欲界苦緣逼迫故生瞋，得初禪時，無有諸逼迫，樂境在心故無瞋。

能離睡眠者。得初禪時，身心明淨，定法所持，心不昏亂，觸樂自娛，故不睡也。

所以能離掉悔❷者。禪定持心，任運不動，故能離掉。由掉故有悔，無掉即無悔。

離疑者。未得初禪時，疑有定無定，今親證定，疑心即除，故得離疑。

是故得初禪時，具有離過之德。得初禪時，具足善心功德者。約五支明功德善法，義如前說。

復次，若得初禪，即具信、戒、捨、定、聞、慧等善心也。

【章　旨】首先，說明了行者進入初禪之後的四種進退之相，其次，說明了初禪所具有的止惡生善的功德。

【注　釋】❶見思無漏　見無漏與思無漏的合稱。見無漏，即在見解上不再有迷惑，見迷惑已經漏盡，譬如不再有身見、邊見等五種不正見。思無漏，即在思想上不再有迷惑，思迷惑已經漏盡，譬如不再有貪、瞋、癡、慢、疑等五種煩惱。❷掉悔　五蓋之一。掉，指心浮動不安，為「安定」之對稱。悔，於所作之事，心懷憂惱。不安與憂悔，皆為障礙禪定之蓋障，二障合稱，故稱為掉悔、或掉悔蓋。〈分別禪波羅蜜前方便第六之一・訶五欲及棄五蓋〉有相應解釋。參見本書第一二三頁。

【語　譯】第五，說明初禪的進退之相。證得初禪的時候，有四種根性不同的人。一、退失的根性。二、停住的根性。三、進步的根性。四、通達的根性。

一、退失的根性。有的人獲得了初禪之後，或者是有因緣，或者是無因緣，所證得的初禪都會退失。退失初禪之後，還有二種情況。一、退失初禪之後，若繼續修習，還會重新獲得初禪。二、退失初禪之後，雖然繼續修習，也不能再重新獲得初禪。這就是過去世或現在世的業障發起來的緣故。末法時代的修行人，大多數屬於這種情況。

二、停住的根性。有的人獲得了初禪之後，就不再退失，禪定之心，十分安穩。停住的情況有二種。一種是自然而然地停住而不退失。另一種情況是，只要嚴加保護，就能停住而不退失。

三、進步的根性。有人得到了初禪之後，還能繼續進步，獲得殊勝的品位，甚至還能獲得更高一層的禪定境界。進步的情況有二種。一種是不需特意用功，自然而然地就能進步。另一種情況是，只要行人勤勉修持，就能有所進步。

四、通達的根性。有人獲得初禪之後，便能在初禪之中發起見無漏與思無漏，達到涅槃境界。達到涅槃境界，也有二種情況，一種是自然而然地達到涅槃境界。另一種是通過修習觀想而達到涅槃境界。

在這四種根性之中，每一種根性又分為四種不同的根性。譬如「退失的根性」中的四種根性。

一、一直往下退的根性。行人在獲得了九品定之後，逐漸地退步，乃至退到定心全無。

二、退到一定程度而住的根性。行人獲得了九品定之後，便開始退步，直至退到八品，或七品，就再也不往下退。

三、退後再進的根性。行人獲得九品，然後又退至八品、七品，甚至退至一品，然後，又從一品往上進。

四、退後又達的情況。行人獲得九品，然後又退至八品、七品，甚至退至一品。在退的過程中，忽然發明真心而證得無漏。其餘的住、進、達等三種根性，也都各有這四種情況。其中或許有人，因為放逸而導致退失。或許有人由於懺悔自淨，所以，能夠保持禪定，或升進禪定，甚至能夠發明真心、證得無漏。其中的具體情況很多，是無法全部說盡的。

第六，說明初禪的功德。正如前面的偈語所說：「離開了淫欲之火，便能獲得清涼禪定。」這一首偈，可以分為二種功德。一、離開過失的功德。二、生出善心的功德。離開過失與生出善心這二種善，是針對著止惡與行善而說的，也是針對著斷除煩惱與生出智慧而說的。所以《大集經》上說：「初禪叫做脫離，也叫做具足。」所謂脫離，就是脫離開五蓋。所謂具足，就是具足五支。

現在，我們說明為什麼在獲得初禪時能夠脫離貪欲蓋障。欲界之樂，既粗且淺，而現在所獲得的初禪之樂，細膩而微妙。初禪的細妙之樂，超過了欲界的粗淺之樂，所以，行者能夠脫離五欲。

獲得初禪時，能夠離開瞋恚蓋。欲界有苦緣逼迫，能夠生出瞋恚。行者獲得初禪時，離開了欲界的逼迫，心中充滿了快樂，所以，就沒有了瞋恚蓋。

獲得初禪時，能夠離開睡眠蓋。獲得初禪時，身心明淨，定法持心，心不昏沉，亦不散亂，內境愉悅，所以，就沒有了昏睡蓋。

獲得初禪時，能夠離開掉悔蓋。心在定中，如如不動，所以能夠離開掉舉。有掉舉就有悔恨，無掉舉就無悔恨。

獲得初禪時，能夠離開疑蓋。行者未得初禪時，對於有定與無定，始終持懷疑態度。現在獲得了禪定，疑心自然消除，就沒有了疑蓋。

由此可見，行者獲得初禪時，具有離開過失的功德。行者獲得初禪時，具足善心功德。就五支而說功德善法，其義就像前面所說的那樣。

行者若獲得了初禪，也就具備了信、戒、捨、定、聞、慧等善心功德。

【說　明】行者在進入初禪之後，禪定的進退之相，有四種情況，這就是退分、住分、進分與達分。在初禪中，行者要善巧修習，勇猛精進，直至通達，與法相應。

初禪既具有止惡的功德，同時，亦具有生善的功德。在初禪的修行中，能夠使行者脫離五種蓋障，同時，亦能使行者具足五種功德。

次明第二禪者。如偈說：

知二法亂心，雖善而應離。
如大水澄靜，波蕩亦無見。
譬如人大極，安隱睡眠時。
若有喚呼聲，其心大惱亂。
攝心入禪時，以覺觀為惱。
是故除覺觀，得入一識處❶。
內心清淨故，定生得喜樂。

得入此二禪，喜勇心大悅。

佛以此偈中，廣明中間禪❷二禪相。

今明二禪有三義。一者、釋名。二、明修行。三、明證相。

第一釋名者。

次初禪後，故說二禪。既離覺觀，於第二心得勝支功德故，名二禪，亦名無覺無觀三昧。所以者何？得中間禪斷覺。二禪內淨發故斷觀，亦名聖默然定。以覺觀語言滅故，故名默然。若得無漏正慧，入此定故，即名聖默然。《地持論》中說：「名喜俱禪。」此定生時，與喜俱發故。

第二修習。即為二。一者、明修習方法。二、明證中間禪。

今明修二禪者。若凡夫人，亦當先修六行。佛弟子多修八聖種❸。聖種義如前說。

六行者，謂於初禪第六默然心❹中，厭離覺觀，觀初禪為下苦，知二法動亂，逼惱定心，故為苦。從覺觀，生喜樂定等，故為粗。此覺觀法，障二禪內淨，故名障。攀上勝者，二禪內淨安隱，勝初禪覺觀動亂之定。妙者，喜定因內淨而發，是為微妙。出者，若得二禪，即心得出離覺觀等障。

復次，行者既知初禪之過，障於二禪，今欲遠離，當依三種方便。一、不受不著故得離。二、訶責故得離。三、觀析故得離。譬如世人，共事後，見其過失，心欲令去，亦用三法。一者、上人利智，不與顏色，前人自去。二者、若不去，應須數責，彼即自去。三者、若不去，當與杖加之，自便去也。若得此三意，可以離初禪覺觀之過。

二者、明中間禪發相。行者既深心訶責初禪覺觀，覺觀既滅，五支及默然悉謝，以離初禪，二禪未生，於其中間，亦有定法，亦得名禪，但不牢固，無支等扶助之法，所以其心，蔑蔑屑屑，然諸師多說為轉寂，心轉初禪默然也。《釋論》說名觀相應。此定以六行觀為體，住此定中。若離六行觀者，則多生憂悔。憂悔心生，則永不發二禪，乃至轉寂亦失，或時還更發初禪，或時合初禪亦失，因是無法自居。到此定時，為山之功，而少一簣。當善自慎。經中說為無覺有觀三昧。初禪及默然已謝，但住觀相應心中，修二禪故。

【章旨】首先，從二禪與初禪比較的緯度上，說明了二禪的殊勝之處：遠離了覺觀，獲得了法喜。其次，從修行的過程上，說明了由初禪進入二禪的情形：修習六行、八聖種，遠離初禪的過患，經過中間禪，便能進入第二禪。

【注釋】❶一識處　初禪之中，有種種觸覺感受，有種種觀察分別，非屬「心一定境」之定心，故當遠離覺觀之心。遠離覺觀之心之後，自然便是「心一定境」之定心，此定心，遠離了覺觀之惱亂，唯有安定寧靜之心境，故曰一識處。由於安定寧靜的心境，仍屬心識的範疇，所以，仍以「識」相稱。❷中間禪　在行者禪修升進的過程中，從下一禪位，逐漸地進入到上一禪位，在這中間，必然會有下一禪位已滅，上一禪位未生的中間地帶，這一中間地帶，就叫做中間禪。在這裡是指，初禪已滅、二禪尚未生起時的中間禪。❸八聖種　在這裡是指八聖道，亦八正道。即正見、正思惟、正語、正業、正命、正精進、正念、正定等。❹第六默然心　初禪之中有五支：覺支、觀支、喜支、樂支、一心支。依五支功德而說默然心，故方便立名為「第六」，故稱第六默然心。

【語　譯】我們接著說明第二禪。如偈語所說：

知道覺觀亂人心，雖屬善法也應離。
好像一片澄清水，波浪蕩漾皆不見。
好像疲倦至極人，正處安隱睡眠中。
假若有人大聲喚，頓時生出大惱亂。
有人攝心入禪定，覺觀二法為惱亂。
覺觀二法應當除，進入唯一定境中。
由於行者心清淨，因此生出禪定樂。
行者進入二禪時，喜心勇心大愉悅。

佛陀在這首偈中，廣泛地說明了中間禪和二禪的情形。

現在，我們分三部分來說明二禪。一、解釋二禪的名詞。二、說明二禪的修行。三、說明二禪的證相。

第一，解釋二禪的名詞。

由於前面已經介紹了初禪，所以現在緊接著介紹二禪。既然行者離開了覺觀，在第二種心中獲得了殊勝的支林功德，所以叫做二禪，也叫做無覺無觀三昧。為什麼叫這樣的名字呢？這是因為，行者在中間禪時，斷除了初禪之覺。進入二禪後，由於發起了內在清淨，斷除了初禪之觀，因此，也叫做聖默然定。因為斷除了覺、觀、言、語，所以叫做默然。若獲得了無漏正慧，深入默然定中，就叫做聖默然。《地持論》中說：「把二禪叫做喜俱禪。」這是因為，二禪發時，與喜支同時發起。

第二，說明二禪的修行。二禪的修行，分二部分來講。一、說明修習的方法。二、說明證得的中間禪。

現在，我們說明修習的方法。若是凡夫之人，也應當先修習六行。若是佛弟子，大多修習八聖種。聖種的意思，就像前面所說。

所謂六行，行者在初禪的第六默然心中，厭惡初禪的覺觀，把初禪看作是下等的，是苦的。行者清楚地知道，覺觀二法，使心動亂，逼迫行者，惱亂定心，所以稱之為苦。從初禪的覺觀二支，生出初禪的喜樂二支，所以稱之為粗。由於初禪的覺觀之法，障礙二禪的內在清淨，所以稱之為障。所謂攀上勝，亦即二禪的境界，清淨而安穩，勝過初禪的覺觀動亂之定。所謂妙，二禪的喜悅定境，是由於內在的清淨而發起的，所以二禪的喜悅定境是微妙的。所謂出，若獲得了二禪，就能出離初禪的覺觀障礙。

行者既然知道了初禪的過患能夠障礙二禪，現在要想遠離初禪的過患，就要依照三種方便來修行。一、不受不著，就能遠離。二、訶責過患，就能遠離。三、觀析過患，就能遠離。譬如世人，與其共事之後，發現他有種種過患，若想讓他離去，也用三種方法。一、上根利智之人，則對此人不理不睬，此人自然離去。二、假若此人仍不離去，就應反復地責備他，此人就會離去。三、假若此人還不離去，就要加之以棍棒，這樣他就會離去。如果明白了這三種方法，就可以離開初禪的覺觀過患。

二、說明證得的中間禪。行者既然深深地呵責了初禪的覺觀之相，這時，初禪的覺觀之相，便自然凋謝息滅，五支與默然之相，也會全都凋謝息滅。在這個初禪已離、二禪未生的中間地帶，也是有禪定的，也可以稱之為禪，但是，這種中間禪不牢固，無有支林功德的扶助，所以，行者的心念，若有若無，朦朦朧朧。大多數的禪師，把這種禪定稱之為轉寂，就是轉變初禪的默然心。《大智度論》稱之為「觀相應」。此時，以六行觀為方便，方能住持在定中。若離開六行觀，在大多數情況下，便會生出憂悔之心。若生出了憂悔之心，就永遠不發二禪，甚至「默然定境」也會失去，或許還會退失到初禪的境界，或許初禪境界也會退失掉，這都是由於沒有合適的方法的緣故。當行者到達中間禪時，就怕功虧一簣。行者應該十分謹慎。佛經上把中間禪叫做無覺有觀三昧，這是因為，初禪及默然已經滅謝，此時的行者，唯獨住在「觀相應」的境界之中，修習二禪。

【說　明】對於初禪來說，覺觀定境雖然屬於善法，然而，若欲更加深入禪定，就不能執著於初禪的覺觀定境。行者若執著於初禪的覺觀定境，那麼，初禪的覺觀定境，就會成為進入二禪的障礙。在這時，行者就要具足修習六行觀與八聖種，不執著於初禪，經過中間禪的修習，就能進入第二禪。

第三，明二禪發相。亦開為六意。一者、明禪發。二、明支義。三、明因果體用。四明淺深。五明進退。六明功德。

第一，明二禪發相者。行者於中間禪❶，心不憂悔，一心加功，專精不止，於後，其心澹然澄靜，無有分散，名未到地❷。故論偈云：「得入一識處❸，即是二禪方便定發。」

問曰：如論中唯說：「初禪前，有未到地。」今二禪前，何故復說有未到地？

答曰：論總明故說一。若舍利弗毘曇說有四未到地，四中間禪。今用此義故，更說有未到地及中間❹也。

經久不失不退，專心不止，於後，其心豁然明淨，皎潔定心與喜俱發，亦如人從暗室中出，見外日月光明，其心豁然明亮內淨。十種功德眷屬俱發之義，具如初禪發相。但以從內淨定俱發為異耳。

復次，二禪喜樂等發，不從外來。一心澄淨大喜，美妙清淨，勝初禪故。論云：「內心清淨故，定生得喜樂，得入此二禪，喜勇心大悅。」

云何名為內淨？遠而言之，對外塵故說內淨。近而言之，對內垢故說內淨。所以者何？如初禪中得觸樂❺時，身即明淨，兼令心淨。觸是身識相應，故名外淨。今待初禪外淨，故說二禪心識相應為內淨，亦令身淨。淨身故，名外淨。內淨是心淨，淨從心出，今身亦淨，故言內淨。

今言待內垢，故說內淨者。初禪之中，心為覺觀所動故，名為內垢。今得二禪，內心無有覺觀之垢故，名為內淨。言定生得喜樂者，上於初禪說離生❻，今此說定生。義意云何？正言初禪離欲界生色界定法故。二禪既無此義，但說定生。

問曰：若爾，虛空定❼亦應說離生邪？

答曰：不然。前已受名故，不應重說，又且虛空❽離色界。但發定之時，而無支林❾等法生故，不說離生。

問曰：初禪亦有喜樂，與此何異？

答曰：彼從覺觀生喜樂，與身識相應。此中喜樂從內心生，還與意識相應，以此為異。

二、明支義者。二禪有四支：一內淨。二喜。三樂。四一心。今明支義，例有通別，支持[10]支離[11]之義。類如前說。

一、所言內淨支者。既離覺觀，依內淨心發定，皎潔分明，無有垢穢故，名內淨支。

二、喜支者。定與喜俱發，行者深心自慶，於內心生喜定等十種功德善法故，悅豫無量故，名喜支。

三、樂支者。行者受於喜中之樂，恬澹悅怡，綿綿美快故，名樂支。

四、一心支者。受樂心息，既不緣定內喜樂，復不緣外念思想，一心不動故，名一心支。

問曰：《瓔珞經》何得於一心前立猗支邪？

答曰：猶是內淨。於喜樂後，立異名說。所以者何？猗名為縱，縱名為任，既內無垢累，猗任自在，不慮聲刺及覺觀所牽，故言猗。

問曰：《大集經》中，何故但立三支無內淨邪？

答曰：彼經以存略不說。二禪名為喜俱定，既離覺觀說喜，必知有內淨定。通別立支之意，類前可知。

三、明體用因果者。如《瓔珞經》說：「二禪四支為因，第五默然心⑫為定體，翻覆明因果體用之義，不異初禪。」

四、明淺深者。例如初禪，從初品乃至次第發勝品，此為淺深之相可見。今不別明。

第五，明進退之義。例如初禪。

六、明功德中。即還為二意。一者、離過德。二者、善心德。故《大集經》云：「二禪者，亦名為離，亦名為具。所言離者，離五蓋。所言具者，謂具四支。」若言離過者，離覺觀過。具者，從內淨喜心，具足生信、敬、慚、愧等及六善法⑬也。

【章　旨】首先，說明了由初禪進入二禪的過程，及其在這個過程中的用功方法。其次，說明了二禪的內淨、喜、樂、一心等功德發相。

【注　釋】❶中間禪　在這裡是指，初禪已滅、二禪尚未生起時的「中間禪」。❷未到地　正禪有四種，初禪、二禪、三禪、四禪，在即將進入每一地正禪之前，亦有定心之相，這時的定心之相，就叫做未到地定，或稱未到地。在這裡所說的未到地定，是指初禪未到地定。❸一識處　相對於諸相之本源來講，四禪八定，所有定境，皆屬有相，而非法源。法源非識，能生萬識，能生四禪八定，能生一切三昧。四禪八定，住於定境，依照一乘了義來說，依然是背覺合塵、棄本取末、捨源住識。住識著相之故，且一心安住於其上，所以說，四禪八定，所有禪定，皆屬住「一識處」之定（住於某一識相之定）。所不同者，四禪八定，各有所住，所住之境，各有不同。❹中間　在這裡是指「中間禪」。❺觸樂　觸，即初禪的十六種觸。樂，即離開欲界（相對下地），進入初禪（相對上地）。相對欲界定而言，初禪具有解脫之樂。❻離生　離開欲界的不善之法，進入初禪、生出初禪的喜樂善法。離，即離開不善之法。生，即生出善法。❼虛空定　虛與空都是無的別名。虛無形質，空無障礙，故名虛空。在虛空定中，無一切色相，無一切形質，無一切覺受之相，無一切支林功德，此是一種死寂空定。❽虛空　在這裡是指「虛空定」。❾支林　〈釋禪波羅蜜修證第七之一・釋支義〉中有詳細注釋。參見本書第三五三頁。❿支持　支林功德，保持不退。⓫支離　支林功德，退離消失。⓬第五默然心　二禪有四支功德：內淨、喜、樂、一心。依四支功德而說默然心，故方便立名為「第五」，故稱第五默然心。

【語　譯】第三，說明二禪的發相。分為六個部分來講。一、說明二禪的發起。二、說明二禪的支林。三、說明二禪的因果體用。四、說明二禪的深淺。五、說明二禪的進退。六、說明二禪的功德。

第一，說明二禪的發相。行者處於中間禪時，心不憂悔，一心用功，精進不止，其後，行者的定心，逐漸進至澹然澄靜、無有分散之境，這種禪定發相，就叫做未到地定。所以，論偈中說：「證入『純一無雜』處，即是二禪方便定。」

問：論中只說：「初禪之前有未到地定。」現在為什麼在二禪之前又說未到地定呢？

答：論中是總說，所以，只說一次未到地定。在舍利弗所說的論裡，則有四種未到地定，有四種中間禪。現在，我們依據舍利弗的說法，所以，在二禪之前也說未到地定與中間禪。

行者在未到地定中，長久地保持定心，不失不退，專心用功，精進不止，其後，其心豁然開朗，清淨無染的定心與法喜湧動一時俱發，就好像從暗室裡走出，見到外面的日月光明，內心豁然清淨明亮。這時，十種功德眷屬，一時俱發，發起之相，皆如初禪發相。只不過二禪所發。禪定發相，發於內淨，這是二禪發相與初禪發相的不同之處。

二禪的喜支、樂支等禪定發相，不從外來。行者的定心，澄清喜悅，美妙無比，勝過初禪。論中說：「內心清淨之緣故，清淨定心生喜樂，行者證入此二禪，法喜湧動大喜悅。」

為什麼稱為內淨呢？就遠處而言，相對於外塵，所以稱為內淨。就近處而言，相對於內垢，所以稱為內淨。為什麼這樣說呢？就像在初禪中，獲得觸樂時，身體清淨，同時，心亦清淨。觸是身與識相應的緣故，所以稱為外淨。現在，相對於初禪的外淨來說，所以說二禪的心識相應是內淨，同時，身亦清淨。由於身淨的緣故，所以稱為外淨。內淨是心淨，淨從心生，能令身淨，所以稱為內淨。

相對於內在的汙垢，所以說二禪是內淨。在初禪之中，心被覺觀所動擾，所以稱為內垢。現在獲得了二禪，內心沒有了覺觀這種汙垢，所以稱為內淨。所謂定生喜樂，在上面說到初禪的時候，說初禪的喜樂是由於離欲而產生的，現在說到二禪，說二禪的喜樂是由於定心而產生的。為什麼這樣說呢？這是因為，初禪離開欲界而生出色界定法。二禪就沒有這個意思，只說二禪的喜樂由定而生。

問：若是這樣的話，是不是虛空定也可以說是離開貪欲惡法而生出喜樂善法呢？

答：不是的。初禪已受「離不善而生善」之名，所以不應重複用名，並且虛空定已經離開了色界。但是，虛空定發時，並沒有支林功德生出來，所以，不說虛空定是「離不善而生善」。

問：初禪也有喜樂，初禪的喜樂與二禪的喜樂有什麼不同呢？

答：初禪是從覺觀生喜樂，與身識相應。二禪是從內心生喜樂，與意識相應，這就是初禪喜樂與二禪喜樂的不同之處。

二、說明二禪的支林功德。二禪的支林功德有四種：一、內淨。二、喜。三、樂。四、一心。現在所說的「支」的含義，具有通論與別說、支持與支離等情況。與前面初禪所說相同。

一、所謂內淨支。行者既然離開了覺觀動亂，基於內淨心，發起了禪定，這種禪定皎潔分明，沒有汙垢，所以稱為內淨支。

二、所謂喜支。禪定與喜悅一併而發，行者內心，深自慶幸，內心之中，生出喜、定等十種功德善法，愉悅充滿，所以稱為喜支。

三、所謂樂支。行者感受到了喜中之樂，恬澹悅怡，綿綿美快，所以稱為樂支。

四、所謂一心支。受樂之心也息，既不攀援禪定中的喜樂，也不攀援禪定中的思想念頭，一心不動，所以稱為一心支。

問：《纓絡經》在一心支的前面，為何又立「猗支」之名呢？

答：《纓絡經》所立的「猗支」，好像就是說的「內淨支」。在喜樂支之後，只不過另外立一個名字而已。為什麼這樣說呢？因為「猗」就是「縱」的意思，「縱」就是「任」，既然內心沒有了汙垢之累，所以能夠任運自在，不再擔心被聲響所擾亂，也不會害怕被覺觀所牽累，所以稱之為「猗」。

問：在《大集經》中，為何只立三支而無內淨支呢？

答：《大集經》省略而不說。二禪名為喜俱定，既然是離開了覺觀而說喜支，我們知道，那一定是有「內淨定心」的。通論與別說的立支的情況，與前面初禪所說的相類似。

三、說明二禪的因果。就像《纓絡經》上所說：「二禪的四支為因，第五默然心為定體，如此反反覆覆地說明前因後果的道理，與初禪所說是一樣的。」

四、說明二禪的深淺。就像初禪，從初品開始，乃至逐步地發起勝品，這就是由淺至深的禪定之相。在這裡，就不再分別說明了。

五、說明二禪的進退。二禪的進退之相，就像初禪的進退之相一樣。

六、說明二禪的功德。二禪的功德，分為二個方面。一是離開過失的功德。二是生出善心的功德。《大集經》中說：「二禪也叫做離，也叫做具。所謂離，就是指離開五種蓋障。所謂具，就是具備四支功德。」二禪的「離」，就是離開覺觀之過。二禪的「具」，是指在內淨喜心的基礎之上，具足信心、恭敬、慚愧等功德，以及六行觀的功德。

【說明】行者在初禪與二禪的中間地帶，只要一心用功，精進不懈，就能進入澹然澄靜、無有分散的禪定境界，這種禪定境界，就是初禪已經滅謝、即將進入二禪時的未到地定。只要行者在未到地定中，定心不退，就會自然而然地進入二禪。

二禪的禪定發相有四支功德，第一，內淨支。第二，喜支，第三，樂支，第四，一心支。至於二禪的因果、淺深、進退之相，如同初禪，並無二樣。

次明第三禪相。禪義如偈說：

攝心第一定，寂然無所見。
患苦欲棄之，亦如捨覺觀。
由愛故有苦，失喜則生憂。
離苦樂身安，捨念及方便。

此偈中具明三禪修證之相。今釋三禪義，亦開為三。一者、釋名。二、明修習。三、明得證。

第一，釋三禪名者。行者於第三心中，得五種支林功德定中之善法故，名三禪也。若依《地持論》，名為樂俱禪。此定功德眷屬，與遍身樂俱發故，猶是無覺無觀三昧❶聖默然定❷之所攝，但名通。於前二禪中已受名，今不重釋。

第二，釋修習三禪方法。如前一行半偈說：「攝心第一定，寂然無所見。患苦欲棄之，亦如捨覺觀。由愛故有苦，失喜則生憂。」

此偈廣說，訶二禪喜相。今行者觀二禪為過失，欲得三禪時，是中應具足明六行❸方法，今但略出二禪過罪相、六行之義。此二禪定，雖從內淨而發，但大喜勇動，定不牢固，類如前說。但誑心念著安隱處，如人知婦是羅剎女，則棄之，不生戀著。一心專念三禪功德，爾時，即捨大喜及與默然。當如上用三法遣之。一、不受，二、訶責，三、觀心窮檢。既不受喜，喜及默然則自謝。

三禪未生，中間有定，亦如是說，但淺深有異。行者是時，慎勿憂悔。過同前說。

第三，明三禪發相。亦類前為六意。一、正明三禪發相。二、明支義。三、明因果。四、明淺深。五、明進退。六、明功德。

第一，明三禪發相者。加功不止，一心修習，其心湛然安靜。爾時，樂定未發，而不加功力，心自澄靜，即是三禪未到地❹。於後，其心泯然入定，不依內外，與樂俱發。當樂發時，亦有功德眷屬，具如前辨，但無動勇之喜為異，而綿綿之樂，從內心而發，心樂美妙，不可為喻。

樂定初生，既未即遍身，中間多有三過：一者、樂定既淺，其心沉沒，少有智慧用。二者、樂定微少，心智勇發，故不安隱。三者、樂定之心，與慧力等，綿綿美妙，多生貪著，其心迷醉。故經言：「是樂聖人得捨，餘人捨為難。」三禪欲發，有此三過，則樂定不得增長遍身。行者當善調適。

云何調適？當用三法。一者、心若沉沒，當用念精進、慧等法策起。二者、若心勇發，當念三昧定法攝之。三者、心若迷醉，當念後樂及諸勝妙法門，以自醒悟，令心不著。行者若能善修三法，調適樂定，當知樂法，必定增長，遍滿身分。是故經言：「三禪受遍身樂。」

問曰：若樂充滿遍身，身具五根，五根之中，悉有樂不？

答：樂遍身時，身諸毛孔，悉皆欣悅。爾時，五情雖無外塵發識，而樂法內出，充滿諸根，五根之中，皆悉悅樂，但無外塵對，則不發五識。情依於身，身樂既滿，情得通悅。樂與意識相應，以識內滿故，則遍身而受，所以佛說：「三禪之樂，遍身而受。」

復次，初禪樂，從外而發，外識相應，意識不相應，內樂不滿。二禪之樂，雖從內發，然從喜而生，喜根相應，樂根不相應。樂依於喜，喜尚不遍，況於樂邪？今三禪之樂，從內發，以樂為主，內無喜動，念慧因緣，令樂增長，遍身內外，充滿恬愉快樂。世間第一，樂中之上故，佛說：「行慈果報，遍淨地中。」

問曰：佛說三禪，有二時樂。一受樂。二快樂。約何義說邪？

答曰：實爾。快樂樂者，樂定初發，未遍身也。受樂樂者，樂既增長，遍身受。譬如石中之泉，從內湧出，盈流於外，遍滿溝渠。三禪之樂，亦復如是。

第二明支義。開為二意。一、明支義。二、明前後不同。

今明支者。三禪有五支，其五云何？一捨。二念。三智。四樂。五一心。

一、捨支者。得三禪樂定生時，捨喜心不悔，亦得言捨離三過❺。

二、念支者。既得三禪之樂，念用三法❻守護，令樂增長。

三、智支者。善巧三法，離三過。

四、樂支者。快樂，樂遍身受。

五、一心支者。受樂心息，一心寂定，相貌並如二禪發相中說。

就此支中，約義自有四意。

一者、三為方便支，二為證支。用念慧智三支，調適樂定，令速得增長遍身，故說為方便支。受身樂、一心二支為證。此二一時發，是三禪之正主也。

二者、四是自地立支❼，一望下地立❽。慧、念、樂、一心，約自地立。捨支約捨下地喜不悔立也。

三者、五支通得說作方便支。三如上說。下二何故亦得名方便邪？正言修樂增長，能感後樂故，一心亦爾。復望第六默然定體❾，五支例得名，因例得名方便。

四者、五支通得說為證支。所證樂定時，自然生捨愛念樂定，如母護子，不由人勸，等智自發，籌量調適，五支俱皆屬證。

問曰：若爾，前說並是方便，後說是證得，此意豈不頓相違反邪？

答曰：並有其義，細尋自見。

第二，明支前後不同者。諸經及論，各異立次第，如《成實論》，明五支次第者，捨、念、智、受樂、一心。阿毘曇❿明次第，慧、念、樂、捨、一心。《大集》所出次第者，念、捨、慧、安、定。《瓔珞經》中明次第，樂、護、念、智、一心。《釋論》明次第，文則不定，或與《成論》同，或與《瓔珞》同。

問曰：何獨此明支次第不定，餘禪不然邪？

答曰：初禪等，唯有一樂故。今三禪有二種樂故，由此二樂前後異故，中間回互不定，是故諸經次第，各立不同，而悉有意，必須得所以。

第三，明體用。如《瓔珞經》云：「五支為因，第六默然心為體。」

第四，明淺深。

第五，明進退，並如前釋。

第六，明功德者。具有離過善心二德，如《大集經》說：「所言離者，謂離五蓋。具者，謂具五支。」據別則但三禪，獨有離喜過之德。餘義類上可知。

【章旨】首先，說明了三禪的獨特含義。第一，有其獨特的五支功德。第二，離喜得樂，充滿禪樂。其次，說明了進入三禪的方法。第一，依六行觀，捨棄二禪的大喜湧動，追求三禪的更加殊勝。第二，二禪已滅、三禪未生時，安住定境，莫生憂悔。再次，說明了三禪的發相、支林、因果、淺深、進退、功德。

【注釋】❶無覺無觀三昧　為三三昧之一。指第二禪以上，無粗大思惟作用，亦無微細思惟作用，乃至泯滅受想、覺知之心，分別禪味之念亦亡，故名無覺無觀三昧。❷聖默然定　滅盡一切受想之定，屬於二乘聖人之定，不是諸佛菩薩之「隨感赴應」之「默然」。諸佛菩薩，徹底覺醒，不昧心體，不廢心用。❸六行　這裡的「六行」，應該是指「六行觀」。以有漏之智，次第斷除下地之惑的方法。三界分為九地，比較下地與上地，下地粗、苦、障，故觀而厭之。上地靜、妙、離，故觀而欣之。依此欣上厭下之力，可次第斷除下地之惑，故又稱欣厭觀。❹三禪未到地　二禪境界已滅、三禪境界即將發起之前的禪定境界。❺三過　樂定初生，尚未遍及全身，此時，容易產生三種過失：一、樂定淺薄，心智容易沉沒。二、樂定微少，心智容易湧動。三、樂定美妙，心智容易貪著。❻三法　一、不受。二、呵責。三、觀心窮檢。❼自地立支　是指在三禪的境界中出現的支林功德。自地是指三禪之地。❽望下地立　指對二禪支林功德的捨離。下地是指在二禪的境界中出現的支林功德。

❾第六默然定體　三禪有五支功德：捨支、念支、智支、樂支、一心支。依五支功德而說默然心，故方便立名為「第六」，故稱第六默然心，或稱第六默然定體。❿阿毘曇　意譯為對法、大法、無比法、向法、勝法、論。與經、律合稱為三藏（三藏，佛教聖典之總稱）。

【語　譯】接著，我們再說明第三禪。第三禪的禪義，就像偈語中所說的那樣：

攝心進住第一定，著空守寂無所見。
逼迫苦患欲棄之，亦當如同捨覺觀。
愛著粘縛即生苦，失去歡喜則生憂。
離開苦樂身得安，捨念棄想屬方便。

在這首偈中，全面地說明了三禪修證的情形。現在，我們解釋三禪的含義，也分三個部分。一、解釋三禪的名字。二、說明三禪的修習。三、說明三禪的證得。

第一，解釋三禪的名字。行者在第三種心中，獲得了五種支林功德，以及定中的種種善法，所以稱為三禪。若依照《地持論》上的說法，三禪也叫做樂俱禪。三禪的功德眷屬，與全身的快樂一起發生，好像是無覺無觀三昧、聖默然定的情形，但是，這只是在名字上的相通。在前面的二禪中，已經用了這個名字，所以，這裡就不再作解釋了。

第二，解釋三禪的修習。三禪修習的方法，就像前面的那一行半偈語所說：「攝心進住第一定，著空守寂無所見。逼迫苦患欲棄之，亦當如同捨覺觀。愛著粘縛即生苦，失去歡喜則生憂。」

這首偈廣泛地說明了呵責二禪喜相的方法。現在，行者已經知道了二禪的過患，在想要獲得三禪的時候，就應該全面地了解獲得三禪的六行方法。現在只簡單地列出二禪的過患，以及六行的含義。二禪的定相，雖然是由內在清淨心而發，但是，由於大喜湧動，所以，定心並不牢固，就像前面所說的那樣。但是，這個大喜湧動的心，依然嚮往安穩之處，就像有人，知其婦是羅剎女，便會捨棄之，不再生愛戀。由於行者一心嚮往三禪的功德，這時，便離開了大喜與默然。應當就像上面所說的，運用三種方法消除大喜與默然。一、不受。二、呵責。三、觀心窮檢。既然不受大喜，則大喜與默然，便會自然凋謝。

在二禪已滅、三禪未生之前，中間也有定相，與類如前說，但是，二禪與三禪之間的中間禪，與前面所說初禪與二禪之間中間禪，卻有定心淺深的不同。這時，行者要特別地謹慎，不要心生憂悔。憂悔的過失，就像前面所說的一樣。

第三，說明三禪的發相。也像前面一樣，分為六個方面來講。一、說明三禪的發相。二、說明三禪的支林。三、說明三禪的因果。四、說明三禪的淺深。五、說明三禪的進退。六、說明三禪的功德。

第一，說明三禪的發相。行者用功不止，一心修習禪定，其心湛然安靜。這時，樂定雖然還未發生，然而，卻不需著意用功，心自澄靜清明，這就是三禪未到地定。然後，行者的心，泯然入於定中，這種定心境界，不依附於內，也不依於外，與樂同時發生。當這種禪樂發生之時，也有種種功德眷屬，就像前面所說的那樣，但是，卻沒有湧動之喜，綿綿不斷的禪樂，從內心而發出，美妙至致，難以言表。

樂定剛剛發生，尚未遍及全身，在這中間，常有三種過失：一、樂定淺薄，定心容易沉沒，很少有智慧之用。二、樂定微少，心智容易湧動，所以定心不穩。三、樂定之心，與智慧力均等，行者對於綿綿而來的美妙樂定，常常生出貪著之心，迷醉於美妙的樂定之中。所以，佛經上說：「對於這種樂定，聖人容易捨棄，其餘的人，則常生執著。」三禪即將發生的時候，行人會產生這三種過失，使得樂定不能增長到全身。行者應當善於調適自己。

怎樣調適呢？應當用三種方法加以調適。一、若心昏沉，就要用念精進、念智慧等方法來鞭策自己。二、若心湧動，就要用三昧定法來攝持。三、若心迷醉於妙樂定境，就要想念：後面還有更加妙樂殊勝的境界，以提醒自己，不要沉溺於當前的禪定樂境。行者若能夠善於運用這三種方法，調適樂定，那麼，樂法一定會漸漸增長，最後達到遍滿全身。所以佛經上說：「三禪之樂，樂遍全身。」

問：若禪樂充滿全身的話，身體具有眼耳鼻舌身等五根，那麼，在五根之中，都有快樂嗎？

答：禪樂充滿全身時，全身的毛孔，無不欣然愉悅。這時，雖然沒有五塵來引發五情，然而，禪樂從內而出，充滿五根之中，使得眼耳鼻舌身等五根，全都快樂。但是，這時的快樂，無有外塵相對，所以，不發眼識、耳識、鼻識、舌識、身識等五識。情依於身體，既然身中充滿禪樂，所以，情也通體而悅。樂與意識相應，由於意識充滿的緣故，所以，遍身受樂，所以佛說：「三禪之樂，樂遍全身。」

初禪的快樂，是從外面而發起的，與眼識、耳識、鼻識、舌識、身識相應，與意識不相應，所以，內樂不能遍滿。二禪的快樂，雖然是從內而發起的，然而，二禪之樂，是從喜支而生出來的，與喜根相應，卻與樂根不相應。二禪之樂依賴於喜，喜尚且不能遍滿全身，更何況於樂呢？我們現在所講的三禪之樂，是從內裡而發出來的，以樂為主，無有喜動，嚮往智慧，所以，使得內樂不斷增長，漸漸遍滿全身內外，使全身充滿恬愉快樂。三禪之樂，世間第一，樂中最上，所以佛說：「慈悲喜樂，遍滿心中。」

問：佛說三禪，有兩個階段上的樂。一、受樂階段上的樂。二、快樂階段的樂。這是什麼意思呢？

答：確實有兩種樂。所謂快樂的樂，是指禪樂初發，尚未遍滿全身。受樂的樂，是指禪樂增長，已經遍滿全身，就像山澗的泉水，從內湧出，盈流於外，遍滿溝溝渠渠。三禪之樂，也正像這盈滿外流的山澗泉水。

第二，說明三禪的支林。分為二部分來說。一、說明三禪的支林功德。二、說明支林的前後不同。

現在首先說明三禪的支林功德。三禪有五支功德，具體包括：捨支、念支、智支、樂支、一心支。

一、捨支。三禪樂定發生時，行者捨棄二禪的喜心，一點也不後悔，也可以說，這是捨棄了昏沉、喜動、著相的三種過失。

二、念支。行者既然已經得到了三禪的快樂，就要用三種方法來守護三禪之樂，令禪樂的覺受漸漸增長。

三、智支。行者善巧方便地運用三種方法降服三種過患。

四、樂支。獲得了禪樂，禪樂遍滿全身。

五、一心支。受樂之心也息，唯是寂然一心，其情形，就像談及二禪發相時所說。

三禪的五支功德，概括起來講，有四種含義。

一、三禪的五支功德中，其中有三支屬於方便支，有二支屬於證支。捨支、念支、智支等三支，調適禪定之樂，使禪定之樂迅速增長，遍及全身，所以，稱之為方便支。樂支與一心支，屬於證支。樂支與一心支同時俱發，是三禪的核心。

二、在三禪的五支功德中，其中有四支，屬於自地立支，其中有一支，屬於下地立支。慧支、念支、樂支、一心支，這四支屬於自地立支。捨支屬於下地立支。

三、三禪的這五支，也都可以叫做方便支，捨支、念支、智支這三支，就像上面所說到的那樣。樂支與一心支，為何也叫做方便支呢？這是因為，修習禪定時的樂受增長，能夠引發後來的禪樂，一心支也能引發後來的禪樂。對於第六默然定體來說，五支功德皆具有引動啟發的作用，所以，三禪的五支，皆可以稱之為方便。

四、三禪的這五支，也都可以叫做證支。這是因為，當行者證得樂定時，自然會生出捨離「愛著樂定」的心，就像母親護念子女，並不需要別人勸說，智慧就會自然而發，作出各種思量安排，所以，三禪的五支功德，皆屬於證支。

問：如果是這樣的話，前面說五支都屬於方便支，後面又說五支都屬於證得支，這不是大大地自相矛盾嗎？

答：前面說五支都屬於方便支，後面說五支都屬於證得支，這二種說法，各有其含義，仔細思量就會明白。

第二，說明支林的前後不同。各種佛經及論，各自用不同的順序，說明五支生起的次第。譬如，《成實論》所說的五支次第是：捨、念、智、受樂、一心。阿毘曇所說的五支次第是：慧、念、樂、捨、一心。《大集經》所說的五支次第是：念、捨、慧、安、定。《纓絡經》所說的五支次第是：樂、護、念、智、一心。《大智度論》的文本不同，有的文本所說的五支次第，與《成實論》所說的五支次第相同。有的文本所說的五支次第，與《纓絡經》所說的五支次第相同。

問：為什麼在關於「三禪的五支次第」上，各種佛經及論有不同的說法呢？而初禪、二禪，為什麼沒有不同的說法呢？

答：因為初禪只有一種樂的緣故。現在所說的三禪有二種樂，前一種樂與後一種樂不同的緣故，所以，在前一種樂與後一種樂的中間，才會有中間的難以定性的樂，所以，諸佛經典所說的五支次第，各有不同，然而，各種不同的說法，卻各有其義，必須要仔細體察。

第三，說明三禪的因果。如《纓絡經》所說：「五支功德為因，證得第六默然心為果。」

第四，說明三禪的淺深，以及第五，說明三禪的進退，都與前面的解釋相同。

第六，說明三禪的功德。三禪具有離開過失與生出善心這二種功德。就像《大集經》中所說的那樣：「所謂離，就是離開五種蓋障。所謂具，就是具足五支功德。」就差別上來講，只有三禪才有「離開喜心」的功德。三禪的其餘功德，依照前面的說法，細加推想，就可以知道。

【說明】一切不要執著，這是修習禪定的基本法則。在二禪之中，行者若能這樣修習，二禪的法喜動亂，自然就會謝滅。

二禪滅謝之後，三禪尚未生起之前，於此禪地，行者莫生憂悔，保持靜心，就能進入第三禪。在三禪之中，內心清淨，法樂充滿，遍滿全身諸毛孔。在這時，行者切莫著相。若著法相，即成繫縛，不但修道不成，反而落入魔障。

次釋第四禪相。如經偈說：

聖人得能捨，餘人捨為難。
若能知樂患，見不動大安。
憂喜先已除，苦樂今亦斷。

捨念清淨心，入第四禪中。
第三禪中樂，無常動故棄。
欲界中斷憂，初二禪除苦。
是故佛世尊，第四禪中說。
先已斷憂苦，今則除苦樂。

今此四行偈，具明修證四禪之相。

今釋第四禪，開為三意。一、釋名。二、明修習方法。三、明發相。

第一，釋四禪名者。禪名支林，四禪攬四支成定，於第四心中證得故，名四禪。猶是無覺無觀三昧❶、聖默然❷攝，亦名不動定❸。《地持經》說名捨俱禪。此定發時，體無苦樂，與微妙捨受❹俱發。此定與捨根相應故，名捨俱禪。

第二，明修習方法者。如上一行偈說：「是樂聖人得能捨，餘人捨為難。若能知樂患，見不動大安。」佛此偈具明修四禪方便。所以者何？行者欲得四禪，當應深見三禪過患。云何見過？初欲得樂，一心勤求，大為辛苦。既得守護愛著，是亦為苦。一旦失壞，則復受苦，是故經說：「第三禪中樂，無常動故苦。」又此樂法覆念，今不清淨。行者既深見三禪樂，有大苦之患，應一心厭離，求四禪種不動定。爾時，於三禪邊地，當修六行❺方法，例如前說。亦應用於三法除遣。一不著。二訶責。三觀析。

行此三法，即三禪謝滅。而四禪未到中間，必有定前發，與觀相應等相貌，並如上說。不同憂喜過，如前說。

【章旨】首先，說明了四禪的含義：體無苦樂，苦樂俱捨。其次，介紹了進入四禪的方法：當修六行，捨下取上。

【注釋】❶無覺無觀三昧　為三三昧之一。初禪有覺有觀，所以叫做有覺有觀三昧。在初禪已滅、二禪未起的中間禪，覺被斷除。進入二禪後，觀被斷除，此時，無覺無觀，所以，二禪也叫做無覺無觀三昧。二禪，以及二禪以上，無粗大思惟作用，亦無微細思惟作用，乃至泯滅受想、覺知之心，分別禪味之念亦亡，故名無覺觀三昧。❷聖默然　由於二禪斷除了覺觀，進入了默然心態，所以，也稱為聖默然。這時的「聖默然」之「聖」，並非大乘之聖，而是小乘之聖。站在究竟了義的一乘佛教上來看，即使小乘之極果，也是方便有餘果位，究竟是靠不住的。❸不動定　有大乘不動定與小乘不動定。大乘的不動定，屬於「動中之定」，自性本來如是，不屬修為而成，學人只是如是而悟，如是而行便可。小乘的不動定，屬於捨動而取定，直至入於寂滅之相。寂滅之相也是相，著於寂滅之相，也屬於著相，所以，大乘謂之「方便有餘定」。《釋禪波羅蜜》在這裡所說的「不動定」，屬於小乘之定，也是著於「四禪八定」之「定相」的「定」。❹捨受　在四禪的禪定層次上，無苦樂覺受，所以稱之為捨受——捨棄一切覺受。❺六行　以有漏之智，次第斷除下地之惑的方法。三界分為九地，比較下地與上地，下地粗、苦、障，故觀而厭之。上地靜、妙、離，故觀而欣之。依此欣上厭下之力，可次第斷除下地之惑，故又稱欣厭觀。

【語譯】解釋四禪的情形。就像佛經中的偈語所說：

聖人得樂能夠捨，凡夫得樂捨也難。

若能了知諸樂患，證入不動獲大安。

憂喜即今已消除，苦樂目前亦已斷。
離諸妄念清淨心，行者入於第四禪。
三禪之中樂妙境，無常動盪故應棄。
欲界禪定已斷憂，根本二禪消除苦。
諸佛世尊大覺人，第四禪中作廣說。
先前已經斷憂苦，即今苦樂亦已除。

這首四行偈，已經說明了修證四禪的情形。

現在，我們解釋第四禪，分為三個部分。一、解釋四禪的名字。二、說明四禪的修習。三、說明四禪的發相。

第一，解釋四禪的名字。禪稱為支林，四禪有四支功德而成，在第四心中證得的緣故，所以稱為四禪。四禪好像屬於無覺無觀三昧、聖默然定的範疇，也叫做不動定。《地持經》把四禪稱之為捨俱禪。四禪發生的時候，沒有苦樂的覺受，與微妙的捨受同時發起。由於這種定與捨根相應，所以也稱為捨俱禪。

第二，說明四禪的修習方法。就像上面的偈語所說：「聖人得樂能夠捨，凡夫得樂捨也難。若能了知諸樂患，證入不動獲大安。」佛陀的這首偈語，說明了修習四禪的方便途徑。為什麼這樣說呢？這是因為，行者要想證入第四禪，就應當清楚地知道三禪的過患。為什麼說三禪有這樣的過患呢？這是因為，行者最初想要獲得禪樂的時候，一心一意地勤修追求，實在是很辛苦。獲得了禪樂之後，又要用心地守候看護，也是很辛苦的。一旦失去這種禪樂，行者就會變得懊惱，所以佛經上說：「第三禪中的樂，是無常變動的，所以三禪之樂，終歸是苦。」

此外，法樂覆心上，令心不清淨。既然行者深見三禪之樂，依然有大苦之患，因此，行者就應該一心捨離三禪之樂，追求四禪的不動定。此時，在三禪的邊緣地帶，就應該修習六行觀，就像前面所說的那樣。同時，也應當運用三種方法來排除三禪之樂。一、不著禪樂。二、訶責禪樂。三、剖析禪樂。

行持不著、訶責、剖析等三種方法，三禪就會自然滅謝。在還沒有證入四禪之前，必定會有三禪已滅、四禪未生的中間禪，以及與觀相應的種種禪相。在前面都已經說過。不同之處，則是無有「憂喜之過」。前面也已經說過。

【說　明】在三禪之中，切莫戀著三禪之樂。若戀著於三禪之樂，亦會造成大苦果。在這時，行者應當捨棄三禪之樂，更加追求進步，直至進入第四禪。

行者進入四禪之後，就會發現，四禪有喜亦有樂。同樣，行者亦不可戀著四禪的喜樂，行者應當安住於定心之中，不被四禪的喜樂所惑。只要行者即此喜樂而離此喜樂，不被四禪的喜樂所惑，即是四禪的大安樂。

第三，釋四禪發相。此如上三行偈說證。例前開為六意。一、正明證四禪。二、明支義。三、明體用。四、明淺深。五、明進退。六、明功德。

第一，明四禪發相。行者因中間禪❶，修行不止，得入未到地❷。心無動散，即四禪方便定。於後其心，豁然開發，定心安隱，出入息斷。定發之時，與捨俱生，無苦無樂，空明寂靜，善法眷屬，類如前說。但無事用喜樂動轉之異。

爾時，心如明鏡不動，亦如淨水無波，絕諸亂想，正念堅固，猶如虛空，是名世間真實禪定，無諸垢染。行者住是定中，心不依善，亦不附惡。無所依倚，無形無質，亦無若干種種色相，而內成就淨色之法。何以得知？若無淨色根本，則不應於定中，對因緣時，發種種色，如通❸、四無量心❹、勝處❺、一切處❻變化等色，並依四禪。

若以不見諸色，謂言無色者，應如虛空處定，三種色滅，一切色法，悉不得現。今一切色法自在得現，而於定法無所損減者，當知是真色定。譬如明鏡體是淨色故，隨對諸色一切得現。若無淨色為本者，終不於虛空中現諸色像。

復次，此四禪種智定一心故，念常清淨，亦名不動定，亦名不動智慧。於此禪中，若欲轉緣學一切事，隨意成就，一切神通變化霔雨說法，莫不從此定出，如經說：「佛於四禪為根本。」

第二明支義。四禪有四支。一不苦不樂支。二捨支。三念清淨支。四一心支。

不苦不樂支者。此禪初發與捨受俱發。捨受心數❼，不與苦樂相應故，言不苦不樂支。

二捨支者。既得不苦不樂定，捨下勝樂，不生厭悔。復次，真定以發未得成就，若心進勝定，則便隨念動轉，不名無動定，是故定發心不念著，自能捨離故，名捨支。

禪定分明，等智照了故，名念清淨支。

定心寂靜，雖對眾緣心無動念，名一心支。

若次第明支義，如今說。通而為論，於初一支，即具四支。

問曰：何故《大集》明不苦不樂支為第三？此中云何為初？

答曰：前後皆有所以，今約發說，彼據成就而立，例如三禪立樂支，前後不定。

第三，體用者。如《纓絡經》說：「四禪四支為用，第五默然❽為體。」

第四，淺深，第五，進退，例上可解。

第六，功德者。四禪亦具離過、善心二種功德。如《大集經》說者，離五蓋具四支，而獨四禪有離憂喜苦樂之過。善心、敬信、慚愧等及六善法，悉從不動定四禪而發，功德善根深厚，倍勝於上。類前可解。

問曰：今明行菩薩道，應說諸法實相，甚深空定等，何故說於凡夫四禪❾、世間有漏❿、生死虛誑之法？

答曰：不然。如《釋論》中設問答曰：是般若波羅蜜論議中，但說諸法相空，菩薩云何於空法中能起禪定？答曰：菩薩知諸五欲及五蓋，從因緣生，無自性，空無所有，捨之甚易。眾生顛倒因緣，著此欲事，貪少弊樂，而離禪中深妙定樂。菩薩為是眾生故，起慈悲心，修行禪定，繫心緣中，離五欲，除五蓋，入喜初禪。

滅覺觀，攝心深入，內清淨，得微妙喜，入第二禪。以深喜散之故，離一切喜，得遍滿樂，入第三禪。離一切苦樂，一切憂喜，及出入息自斷。以清淨微妙捨，而自莊嚴，入第四禪。是菩薩雖知諸法空無相，以眾生不知故，以禪相教化眾生。若有諸法空，是不名為空，亦不應捨五欲而得禪，無捨無得故。今諸法空相，亦不可得作是難言。若諸法空，何能得禪？

復次，若菩薩不以取相愛著故，行禪如人服藥，欲以除病，不以為美。為戒清淨智慧成就故行禪。

菩薩一一禪中，行大慈觀空，於禪無所依止。以五欲粗誑顛倒故，以細微妙虛空法治之，譬如毒能治諸毒。

復次，《釋論》又說：「譬如國王見子從高崖墜落，恐必定死，即以軟物接之，不令身命損毀。菩薩亦爾，見眾生遠離波若，顛倒墜落故，說四禪空法，以接眾生，不令損失法身慧命。」是故今辨行菩薩道，略明四禪，於義無過也。

【章旨】首先，說明了四禪的禪定發相：定心安穩，出入息斷。其次，說明四禪的四支功德：一、不苦不樂支。二、捨支。三、念清淨支。四、一心支。再次，說明四禪的體用：以四支功德為「用」，以第五默然心為「體」。

【注　釋】❶中間禪　在這裡特指，三禪已滅、四禪未起時的中間地帶的定心之相。❷未到地　在這裡是指，中間禪之後、四禪即將發起之時的定心之相。❸通　亦即通明觀。阿羅漢等聖者，在修四禪定、四無色定、滅盡定等九次第定時，觀息、色、心三事之禪法。又叫做通明觀禪，也叫做通明觀。修此禪定時，必通觀息、色、心三事而徹見無礙，故稱通明。又能得六通、三明，故稱通明。〈釋禪波羅蜜修證第七之四・修證通明觀〉中有詳釋。參見本書第五二五頁。❹四無量心　亦即慈無量心、悲無量心、喜無量心、捨無量心。與一切眾生樂，名慈無量心；拔一切眾生苦，名悲無量心；見人行善或離苦得樂，深生歡喜，名喜無量心；如上三心，捨之而不執著，或怨親平等，不起愛憎，名捨無量心。〈釋禪波羅蜜修證第七之二・釋四無量心〉中有詳細解釋。參見本書第四〇五頁。❺勝處　又作八除入、八除處、八勝處。即八背捨所引起的八種殊勝境界。八勝處的具體內容，在〈釋禪波羅蜜修證第七之六・釋八勝處法門〉中有詳細解釋。參見本書第六六五頁。❻一切處　又名十遍處，十一切處。即觀青、黃、赤、白、地、水、火、風、空、識等十法，使其一一周遍於一切處。十一切處的具體內容，在〈釋禪波羅蜜修證第七之六・釋十一切遍處法門〉中有詳細解釋。參見本書第六七七頁。❼心數　又作心所、心所有法、心所法、心數法，總之，心中的所有法相，皆屬於心數的範疇。心數從屬於心王，乃五位之一，心數與心王相應，同時存在。❽第五默然　亦即四禪的靜定之心。四禪有四支功德，故方便立名此「默然定心」為第五。❾凡夫四禪　站在大乘菩薩道的境界上來看，四禪八定之禪，依然著於禪定之相，即使到了四禪，所謂的「默然心為定體」，其實，也是著於寂滅之心相，而不是對無相真心的體證。無相真心者，不離諸相而恆常清淨，如是證得此無相真心，如是運用此無相真心，就是大乘佛教所說的「不離世間常清淨」。因為四禪八定，著於各種禪定之相，著相即凡夫，所以，稱為凡夫四禪。且不可輕視凡夫四禪，此是證入一乘清淨禪之前行，離此途徑而達一乘清淨、聖道第一義禪者，無有是處。❿有漏　與無漏相對。漏乃流失、漏泄之意，亦煩惱之異名。由於煩惱所產生的過失、苦果，使人在迷妄的世界中流轉不停，難以脫離生死苦海，故稱為有漏。若達究竟覺悟之境界，則稱為無漏。

【語　譯】第三，解釋四禪的發相。四禪的發相，就像上面三行偈語所說。依照前例，也分為六部分來講。一、說明四禪的證得。二、說明四禪的支林。三、說明四禪的體用。四、說明四禪的淺深。五、說明四禪的進退。六、說明四禪的功德。

第一，說明四禪的發相。行者在三禪至四禪的中間禪，修行不止，便能證入四禪之前的未到地定。此時，定心無有動盪散亂，即是四禪之前的方便定。其後，行者定心，豁然頓開，定心安穩，出入息斷，即是證入第四禪。四禪發起之時，與捨支功德，同時發生，此時，定心之中，無苦無樂，空明寂靜，發起的善法眷屬，與前面所說，大致相同，但是，只是沒有了事相上的喜樂動轉等情形的發生。

這時，行者的定心，就像明鏡一樣，普照而不動，也像沒有波瀾的淨水一樣，各種亂想全部消亡，正念堅固，猶如虛空，這就是沒有任何染汙的真實禪定。行者住在這種禪定之中，心不依著善法，也不附著惡法。此心沒有任何依附，沒有任何形質，也沒有任何色相，然而，卻成就了內在清淨之法。何以知道如此？這是因為，若沒有清淨法體，則不能在定中緣起種種色相，譬如通明、四無量心、八勝處及一切處等禪定中的種種變化之色，全都是依四禪而發起的。

若把不見色相當作無色，就像虛空處定那樣，三種色法全都滅亡，一切色相都不能顯現。然而，在我們今天所講的四禪境界中，一切色法，隨緣顯現，而四禪定境，卻毫不受色法影響。我們應該知道，四禪之定，才是真正的色界之定，就好像明亮的鏡子，由於鏡體清淨，所以才能隨緣顯現諸相。若無清淨的鏡體，那是不能現出諸相的。

由於四禪的定慧，平衡等持的緣故，行者的定心，恆常清淨，所以稱為不動定，也叫做不動智慧。若行者達到了四禪，就可以隨著自己的心願，隨有所學，皆能成就，一切神通變化，運心說法，皆從四禪中出，就像佛經上所說：「佛以四禪作為根本。」

第二，說明四禪的支林。四禪含有四支功德。一、不苦不樂支。二、捨支。三、念清淨支。四、一心支。

一、說明不苦不樂支。四禪初發的時候，是與捨支同時而發的，由於捨棄一切覺受，不與苦樂相應的緣故，所以叫做不苦不樂支。

二、說明捨支。行者既然獲得了不苦不樂定，因此，能夠捨棄三禪的殊勝之樂，而無有厭煩與後悔之心。在四禪初發而還未能成就之前，就急於進入殊勝的四禪勝定，就會定心動盪，就不能叫做無動定。所以，當四禪初發的時候，只要無取無求，自然就能捨離苦樂覺受，所以叫做捨支。

定心境界，歷歷分明，平等智慧，圓光普照，所以叫做念清淨支。心境寂靜，隨緣現相，心念不動，所以叫做一心支。

若是按照次第說明支的含義，就像我們現在所說的一樣。若通觀而論的話，在第一支之中就已經具備了四支。

問：在《大集經》裡，為什麼把不苦不樂支列為第三支呢？而在這裡卻把不苦不樂支列為第一支呢？

答：各種排列的順序，自有其如此排列的道理，我是依據禪定發相來進行排列的，《大集經》是依據禪定成就來進行排列的，就像三禪的樂支，排列順序也是不定的。

第三，說明四禪的體用。就像《纓絡經》上所說：「四禪的四支功德為『用』，第五默然心為『體』。」

第四，四禪的深淺，第五，四禪的進退，就像前面所說的一樣。

第六，說明四禪的功德。四禪也具有離開過失與生出善法的功德，就像《大集經》所說的那樣，四禪具有離開五蓋、具足四支的功德，而唯獨四禪具有離開憂、喜、苦、樂的功德。善心、敬信、慚愧等，以及六種善法，皆從四禪的不動定而發。四禪的功德，其深厚程度，遠遠勝過前面所說的一禪、二禪、三禪。參照前面所講的內容，四禪的功德就比較容易理解了。

問：我們說行菩薩道，就應該說諸法實相，以及甚深空定，您為什麼卻說凡夫四禪、世間有漏、生死虛誑的禪定之法呢？

答：你的看法是不對的。就像《大智度論》中，自設問難曰：在般若波羅蜜的議論中，若只是說諸法空相，那麼，菩薩又為什麼能在空法中起諸禪定呢？又自作回答道：菩薩知道五欲與五蓋，皆因緣所生法，無有實際，根本就是空無所有，若欲捨棄，極其容易。可是，眾生顛倒，追求渾濁的五欲，貪圖極少的弊樂，而遠離甚深禪定之妙樂。菩薩為了救度眾生的緣故，生起大慈之心，教導眾生修行禪定，專心致志修習禪門，遠離五欲，消除蓋障，直至進入歡喜初禪。緊接著，又教導眾生，捨棄初禪的覺觀，繼續攝心深入，直至內心清淨，獲得微妙的法喜，直至進入第二禪。接著，由於法喜逐漸散去的緣故，便離開了一切喜，獲得了遍滿樂，至此，行者進入了第三禪。最後，離開一切苦樂與憂喜，即使出入息亦斷。行者捨棄了一切法相，獲得了本來莊嚴，至此，行者便進入了第四禪。菩薩雖然深知諸法空相，由於眾生不知的緣故，所以，菩薩就用有為禪法來教化眾生。若有一個「諸法皆空」的「空」，那麼，這個所謂的「諸法皆空」，就不能叫做「空」，也不應該捨棄五欲而得禪，這是因為，本來無捨也無得的緣故。今天我們所說的諸法空相，也不可用來作為問難之語。若是你理解的那種「諸法空」的話，又為什麼能夠發起諸禪呢？

菩薩修習禪定，不執一法，也不著一相，菩薩修習禪定，就像病人服藥，是為了把病治好，不是把吃藥當成一樁美事。為了除去心中汙垢，恢復本性光明，所以，菩薩修習禪定。

菩薩在每一禪中，以大慈大悲之心，觀諸法空相，於諸禪相，不依不著。由於五欲粗誑，令人顛倒，所以就用微細美妙的虛空法來對治，就好像以毒攻毒的方法一樣。

《大智度論》裡又說：「譬如國王見到王子，從高崖上落下，國王恐怕王子會摔死，於是就用柔軟的東西來接他，不令王子身命受到損壞。菩薩對待眾生也是這樣，看到眾生遠離般若智慧，迷心顛倒，墜落懸崖，因此，菩薩就用四禪空法來接引眾生，不令眾生損傷法身慧命。」因此，我們簡略地介紹四種禪定的修行，是與菩薩道的修行不相違背的。

【說　明】佛教設立種種方便，猶如用藥治療百病。病有多種，藥有多般。病若痊癒，藥亦不立。若更執藥，藥亦成病。行者從初禪開始，經過次第修行，到達了四禪的境界。然而，四禪之境，仍非究竟，四禪之境，只屬於色界之最高。行者到達了四禪之境，切不可以四禪為究竟，住著於四禪之上，自生障礙，不得解脫。為什麼這樣說呢？這是因為，四禪之境，亦屬於有為造作而成，終究歸於破滅。在這時，行者應該清楚地知道，種種禪定之相，種種支林功德，皆從一心所生，還歸於一心。心是萬法之源，萬法歸於一心。若人識得心，頓超達彼岸。

卷第六

釋禪波羅蜜修證第七之二

釋四無量心。開為五。第一，明次第。第二，釋名。第三，明處所。第四，明修證。第五，明功德。

第一，釋四無量心。所以次四禪❶後者，明行人有二種。一者、世間行人。二者、出世間行人。

就凡夫行人中，則有三。

一者、樂高勝自在，求作梵天王，是故雖得四禪，而更進修無量心。何以故然？四禪但是色界自行具足，而無益他之德，淺薄。若生彼天，不得王領。若修四無量心，緣於十方眾生而入三昧，慈悲普攝，利他心大，是故功德轉多，若生彼天必作梵天王，王領自在，是故能得四禪，猶更修習四無量心。

二者、外道行人，雖得四禪而見有心識之患，欲求涅槃無想寂滅❷，不知破色，直用邪智滅心，入無想定❸。

三者、或有凡夫外道行人，悉厭患色，猶如牢獄，一心破色，修四空定❹，是為凡夫行人，同得此定。志樂不同，各隨所習，愛樂不同。

若佛弟子，有二種人，所謂小大兩乘。是二種人，得四禪時，進修無量心者。小乘之人，為自調心增長福德，易得涅槃故。大乘之人，欲度眾生，必以大悲為本故，次四禪明，修四無量心。

問曰：如《摩訶衍》中假設問云：「是四禪中有四無量及十一切入等諸定。」今何故別說？

答曰：雖四禪中皆有是法，若不別說，人則不知其功德。譬如囊中有寶，若不示人，即無人知者。若欲示大福德，為說四無量心。患厭色如牢獄，為說四無色定。於緣中不得自在觀所緣，為說八勝處❺。若有遮道不得通達，為說八背捨❻。心不調柔，不能從禪起次第入禪，為說九次第定❼。不能得一切緣遍照隨意，為說十一切處。

問曰：若以論說，今得四禪者，亦應悉得四無量等諸禪定否？

答曰：此依義而說。若無漏四禪中，說有四無量心，則於義無過。何以故？無漏禪中，具諸觀行法門故。若有漏根本禪說者，當知乳中說酪耳。

第二，釋四無量名者。一、慈無量心者。慈名愛念眾生，常求樂事以饒益之。二、悲無量心者。悲名愍念眾生，受五道中種種身苦。三、喜無量心者。喜名欲令眾生從樂得歡喜。四、捨無量心者。捨三種心，但念眾生不憎不愛。緣此四法，故說於四心。遍十方平等無隔，名無量心。修慈心，為除眾生中瞋覺故。修悲心，為除眾生中惱覺故。修喜心，為除眾生中不悅樂故。修捨心，為除眾生中憎愛故。此四定次第階級之相，在下當釋。

【章旨】首先，說明修行四無量心的次第。其次，說明了四無量心的含義。

【注釋】❶四禪　又作四禪定、四靜慮。指用來治惑、生諸功德的四種根本禪定，亦即指色界中的初禪、第二禪、第三禪、第四禪，故又稱為色界定。在〈釋禪波羅蜜修證第七之一．釋修證四禪〉中有詳細解釋。參見本書第三二五頁。❷涅槃無想寂滅　屬於動靜二極中的極端靜態，不是「遍含動靜的動靜之體」，在大乘佛教看來，這種涅槃，依然不是究竟了義的涅槃。❸無想定　外道為了獲得無想天的果報而修習的一種泯滅一切心想的禪定。❹四空定　又作四無色定、四空處定、四無色。指超離色法繫縛的四種境界。四無色定包括：一、空無邊處定，又作空處定。此定超越色界之第四禪，滅除障礙禪定的一切想，思惟「空間為無限大」，亦即思惟空無邊之相。二、識無邊處定，又作識處定。此定超越空無邊處定，而思惟「識為無限大」，亦即思惟識無邊之相。三、無所有處定，又作少處定。此定超越識無邊處定，與無所有相應，即思惟無所有之相而安住之。四、非想非非想處定，又作非有想非無想定。此定超越無所有處定，思惟非想非非想之相，具足而安住之。此定無明勝之想，故異於滅盡定。亦非無想，故亦異於無想定。❺八勝處　又作八除入、八除處、八勝處。即八背捨所引起的八種殊勝境界。八勝處的具體內容，在〈釋禪波羅蜜修證第七之六・釋八勝處法門〉中有詳細解釋。參見本書第六六五頁。❻八背捨　指八種背棄、捨棄三界煩惱的禪定。八背捨的具體內容，在〈釋禪波羅蜜修證第七之六・釋八背捨〉中有詳細解釋。參見本書第六四〇頁。❼九次第定　九種定包括：色界之四禪、無色界之四定，以及滅受想定等九種禪定。所謂次第，就是不雜他心，依次自一定而入於二定、三定等等，所以稱為次第定。九種定具體包括：一、初禪。二、二禪。三、三禪。四、四禪（以上稱為色界四禪根本定）。五、空處定。六、識處定。七、無所有處定。八、非想非非想處定（以上稱為無色界四處之根本定）。九、滅受想定。〈釋禪波羅蜜修證第七之六・釋九次第定〉中有詳細解釋。參見本書第六九〇頁。

【語　譯】解釋四無量心。分五部分來講。第一，說明四無量心的次第。第二，解釋四無量心的名字。第三，說明四無量心的處所。第四，說明四無量心的修證。第五，說明四無量心的功德。

第一，解釋四無量心的次第。之所以在四禪之後解釋四無量心，這是因為，修行人有二種。一種是世間行人。另一種是出世間行人。

世間的行人有三種：

一、有一類人，喜歡殊勝自在，求作梵天王，所以，雖然得到了四禪，然而，更進一步修習四無量心。為什麼這樣呢？因為四禪只是行者在色界天修行的自行圓滿，還沒有利益他人的功德，或者是利益他人的功德較為淺薄。這一類人，即使生到梵天，亦不能處於王位，統領大眾。若修習四無量心，發心利益十方眾生，以此為緣，進入三昧，慈悲普攝，利益眾生的心量廣大，所以功德越來越多，若生到梵天，必定作王，統令梵眾，自在無礙。所以，在獲得了四禪之後，還會更進一步修習四無量心。

二、外道行人。外道行人，雖然得到了四禪，依然覺得有心識之患，因此，試圖追求無念無思的涅槃寂滅，而不知破除自己對色相的執著，而是運用邪智邪慧，妄圖息滅心念，入於無思無想的禪定。

三、有的凡夫外道行人，厭惡色相，猶如牢獄，因此，一心破除色相，修習四空定。這就是凡夫行人也能獲得四空定的原因。凡夫外道，他們的志向樂趣不同，他們各自按照自己的志向與樂趣進行修習。

若是佛弟子，有二種人，也就是佛教的大乘與小乘。這二種人，得到四禪之後，進一步修習四無量心。小乘行人修習四無量心，是為了自己調心，增長福德，以便獲得涅槃。大乘行人修習四無量心，是為了救度眾生，必須以大悲心為根本，所以，在證得四禪之後，繼續修習四無量心。

問：就像《大智度論》中所設立的問答：「四禪中有四無量心及十一切處等各種禪定。」現在又為什麼另作別說呢？

答：在初禪、二禪、三禪及四禪中，雖然皆有四無量心及十一切處等各種禪定，然而，若不特別地提出來，人們便不會知道有這樣的功德，就好像囊中本來就有寶物，若不拿出來給人看的話，就不會有人知道。若給具有大福德的人說法，就應該為他說四無量心。若給厭惡色相猶如牢獄的人說法，就為他說四無色定。若給面對諸緣不自在的人說法，就給他說八勝處。若給有障礙而不能通達的人說法，就給他說八背捨。若給心不調柔、不能次第升進的人說法，就給他說九次第定。若給不能隨意遍照一切諸緣的人說法，就給他說十一切處。

問：若依照論上所說，現在獲得了四禪的人，是否也獲得了四無量心等各種禪定呢？

答：這要根據情況而論。若依無漏四禪而說，可以說，獲得了四禪的人也獲得了四無量心，這是沒有什麼過錯的。為什麼呢？這是因為，無漏四禪之中，具有一切觀行法門的緣故。若依有漏根本禪而說，其實，就如同乳中說酪，因中說果。

第二，解釋四無量心的名字。一、慈無量心。慈即愛念眾生，常求樂事，以饒益眾生。二、悲無量心。悲即憐憫眾生，在五道之中受種種苦。三、喜無量心。喜即欲令眾生從快樂中獲得歡喜。四、捨無量心。捨即捨棄慈心、悲心、喜心這三種心，對於所有的眾生，無憎亦無愛。

依據這四種法，所以叫做四心。心光普照，無有障礙，所以叫做無量心。修習慈無量心，是為了消除眾生的瞋恚之心。修習悲無量心，是為了消除眾生的煩惱之心。修習喜無量心，是為了消除眾生的不愉悅之心。修習捨心，是為了消除眾生的憎愛之心。慈無量心、悲無量心、喜無量心、捨無量心，這四種定的逐級而進的禪定境界，在下面將會得到解釋。

【說　明】修習慈無量心，能夠消除瞋恚。修習悲無量心，能夠消除煩惱。修習喜無量心，能夠增加愉悅。修習捨無量心，能夠培養平等。修習四無量心，既能增長行者的福德，亦能利益世道人心。慈悲喜捨四無量心，乃佛教文化之精神，眾生若能依而行之，自然能夠自利利人。

第三，明修處所。自有二種。一為通明處。二者、別明處。

第一，通明處者。四禪中間定，悉得修四無量心。如《釋論》中說：「是慈在色界根本禪❶，亦在禪中間❷。」無色界❸無色，於緣眾生為不便。欲界❹、未到地❺定淺，不任修諸功德。

問曰：欲界、未到地，利根之人，能用此定，發見思真解，何故不得修四無量心？

答曰：緣理之慧利故，得發。若神通無量等是事法，必假深定。而欲界、未到非全，不得修無量心。但發得，即屬初禪，是故不說。

如初禪五支，覺觀二支分別欲界，則生悲易。喜支生喜易。樂支生慈易。一心支生捨易。故說為修證之處。

問曰：第四禪及中間無喜樂，云何以喜樂與眾生？

答曰：內雖無有喜樂緣，取外喜樂人相而平等與樂。譬如離欲行人，自不須五塵❻，亦不與塵欲交染，而為大福德故，亦以五欲勝妙樂具給施前人，而於自心無所染汙。於四禪中與他喜樂亦復如是。未到中間，類即可解。

第二，別明修處者。如初禪以覺觀為主，深識欲界眾生苦惱之相。此處修悲則易。二禪內有大喜。此處修喜無量則易。三禪內有遍身之樂，此處修慈則易。四禪妙捨莊嚴，此處修捨為易。此則隨地各有其便。

問曰：若爾，佛何故說住四禪修四無量易得耶？

答曰：第四禪名念清淨，得不動定，於此中修一切佛法功德易成，故作是說耳。

問曰：上說初禪行悲，此則壞於次第。如慈在前，應初禪而修慈，二禪修悲，三禪修喜，四禪修捨。何故不爾？

答曰：此逐義便，不隨次第。譬如佛十弟子，各有第一。若問何人智慧第一，應答身子是，若以夏臘❼大而答第一者、則於義大僻。

【章旨】首先，說明了「處處皆可修習四無量心」。從初禪至四禪，以及諸禪之間的中間禪，在這些處所，皆可修習四無量心。其次，說明了慈悲喜捨的容易成就之處。在初禪之中，修習悲無量心比較容易成就。在二禪之中，修習喜無量心比較容易成就。在三禪之中，修習慈無量心比較容易成就。在四禪之中，修習捨無量心比較容易成就。

【注釋】❶色界根本禪　從初禪到四禪，皆不出色界的範疇，所以，初禪、二禪、三禪、四禪，皆屬於色界根本禪的範疇。❷禪中間　四種根本禪之間的中間禪。❸無色界　三界（欲界、色界、無色界）之一。無色界，即無有色相的境界。❹欲界　三界（欲界、色界、無色界）之一。欲界，即貪欲的境界。根據貪欲程度的不同，又有不同的等級。❺未到地　每一種根本禪，在即將發起之前，皆有相應的未到地定，因此，有四種根本禪，亦有相應的四種未到地定。❻五塵　亦即色、聲、香、味、觸。❼夏臘　又曰法臘。比丘之年歲也。比丘每歲為九旬之安居，由其安居之數，以算法齡，稱曰法臘幾歲，故安居中與安居竟之日，猶如世俗之舊臘與歲首，所以稱「夏臘」。以夏臘之多少而定僧中之長幼。

【語譯】第三，說明四無量心的處所。分二部分來說。一、概括地說明四無量心的處所。二、分別地說明四無量心的處所。

第一，通觀說明修習四無量心的處所。從初禪至四禪，以及諸禪之間的中間禪，在這些處所，皆可修習四無量心。就像《釋論》中所說：「慈無量心，既在色界的根本禪裡，也在禪與禪之間的中間禪裡。無色界沒有色相，不便於觀想眾生。欲界定、未到地定的定力不夠，難以修習各種功德。

問：根器銳利的人，能夠在欲界定及未到地定中，發起真正的見解與思惟，為什麼不能修四無量心呢？

答：由於利根的人，慧力充足的緣故，所以，利根之人在欲界定及未到地定中，能夠發起真正的見解與思惟。然而，各種神通，以及四無量心，必須要借助於甚深的禪定才能發起來。欲界定及未到地定，禪定的深度不夠，沒有辦法修習四無量心。但是，若發起了四無量心，那就已經屬於初禪了，所以，在欲界定及未到地定中，不說四無量心。

在初禪的五支功德裡，覺支與觀支，分別欲界的種種法相，所以，覺支與觀支，容易發起悲無量心。喜支容易發起喜無量心。樂支容易發起慈無量心。一心支容易發起捨無量心。所以說，初禪即是修習四無量心之處。

問：第四禪，以及四種禪之間的中間禪，沒有喜支與樂支，又怎麼能給予眾生喜樂呢？

答：第四禪中，以及四種禪之間的中間禪，在這些禪定境界中，雖然沒有喜支與樂支，然而，行者卻能假借他人的喜樂之相而平等地給予快樂。譬如，已經達到了離欲境界的人，自己不需要五塵，也不與五塵貪欲混雜，為了培植大福德的緣故，也會把能夠滿足五欲的勝妙樂具布施給眾生，而在自心上，卻無所染著。在第四禪境界中的人，給予眾生喜樂，也是這樣的情形。在未到地定及中間禪的禪定中，修習四無量心的情形，亦是可想而知的。

第二，分別說明修習四無量心的處所。就像初禪以覺觀為主，深知欲界眾生的苦惱之相，因此，在初禪中修習悲無量心，則比較容易成就。二禪之中有大喜，因此，在二禪中修習喜無量心，則比較容易成就。三禪有遍身之樂，所以，在三禪中修習慈無量心，則比較容易成就。四禪有妙捨莊嚴，所以，在四禪中修習捨無量心，則比較容易成就。這就是說，每一禪各有其容易成就之處。

問：若是這樣的話，佛為何說，住在四禪，修習四無量心，比較容易成就呢？

答：第四禪也叫做念清淨，獲得了不動定。在四禪之中，修習一切佛法功德，都能容易成就，所以才這樣說。

問：您在上面談到，在初禪中修習悲心，您這種說法，是違背禪修次第的。慈無量心在前，應該在初禪中修習慈無量心，在二禪中修習悲無量心，在三禪中修習喜無量心，在四禪中修習捨無量心。為什麼不依照這個次第呢？

答：我在上面所說的修習四無量心的次第，是依義而說的，而不是依次第而說的，譬如佛的十大弟子，各有第一。若有人問：誰是智慧第一？應答舍利弗，若說年歲大的佛弟子是智慧第一，那就與義相違背了。

【說　明】慈悲喜捨，乃人心之四種作用，亦對治煩惱的四種方便。四種禪定對治種種散亂，慈悲喜捨對治慳貪瞋恚。行者若能修習四種禪定，同時，亦修習四無量心，雙管齊下，至誠不息，便能圓成佛道。

第四，正明修證。約四無量心，即自有四。一、修慈證慈。二、修悲證悲。三、修喜證喜。四、修捨證捨。

第一，明修慈證慈者。即開為二。

第一，正明修習方法。此如佛處處經中說，有比丘以慈相應心，無恚無恨，無怨無惱，廣大無量，善修習。

云何名以慈相應心。如《釋論》說：「若念十方眾生，今得樂時，心數法中生法名為慈。」善是相應。

欲入禪定，當先作誓願：一切眾生悉受快樂，我於定中悉得見受想行識，是名心數法。諸身業口業及心不相應諸行，是法和合，皆名為慈。是法皆以慈為主故，慈得名。譬如一切心數法皆是後世因緣，而但思得名，於作業中，思最有力故，是名慈相應相。

復次，行者初修時，用念清淨心，取外所愛親人受樂之相，若父母兄弟，隨取一最愛者，一心緣之。若有異念，攝之令還，令於心想的的分明。見於親人受樂之相，其心愛念。乃至中人❶、怨人❷，餘五道亦如是。

復次，行者如是修時，若見種種善惡境界，及發諸禪中事，悉不得取，但一心觀於親人得樂之相，心心相續。是則略說修慈方法。

第二，明慈定發相。行者禪定智慧福德善根力清淨故，如是一心慈念眾生時，三昧即發。三昧力故，即於定心中見所愛親人受於快樂之相，身心悅豫，顏色和適，了了分明。

如是見親人得樂已，次見中人，乃至怨人，亦復如是。於定心中見一人，次見於十人，千人，萬億，一聚落，一國土，一閻浮提❸，一四天下❹，乃至十方世界一切眾生悉皆受樂。

行者於定中見外人受樂，而內定轉深，與外相應，湛然無動，是名相應慈心。即是相應受、想、行、識、陰、入、界等法。如前說。

問曰：慈相應定見眾生時，為當如上說，從一至十，漸漸而見，為當一時並見？

答曰：行者根有漸頓，不定一種。

慈相應心者。慈名心數法，能除心中憒濁，所謂瞋恨、慳貪、煩惱，譬如淨水明珠，置濁水中，水即澄清。

無恚無恨無怨無惱者。於眾生中，若有因緣，若無因緣，初生名為瞋。瞋增長籌量，持著心中而未決了，是名為恨，亦名為怨。若心已定，無所畏忌，欲損於他，是名為惱。

以慈心力除捨，離此三事，是名無瞋無恨、無怨無惱。此無瞋無恨、無怨無惱，以是讚歎慈心功德。

廣大無量者。一心分別有二種名，如慈相緣見一方為廣。四方為大。緣四維及上下為無量。復次，破瞋恨心名為廣，破怨心名為大，破惱心名為無量。慈緣親人為廣，慈緣中人為大，慈緣怨人得福多，故名無量。復次，為狹緣故名為廣，為小緣故名為大，為有量緣，故名無量。

善修者是慈心牢固。初得慈不名為善修。非但愛念眾生中，非但好眾生中，非但益一眾生中，非但一方眾生中，名為善修行者。

於上親、中親、下親，上中人、中中人、下中人，下怨、中怨、上怨，是九種人中，愛憎正等無異，乃至愛念五道眾生中，以一慈心，視之如父、如母、如兄弟、子侄、知識，常求好事，欲令利益安樂。如是之心，遍滿十方，是名善修。復次，若但與眾生欲界樂，不名善修。但與初禪樂，不名善修。但與二禪樂不名善修。若能具足與欲界樂乃至三四禪樂，是名善修。

如是慈心，名眾生緣，或在凡夫人行處，或有學人未漏盡者，亦行此悲，為調心得大福德，入無漏故。

法緣者。諸漏盡阿羅漢、辟支佛、諸佛，是諸聖人，破吾我相，滅一異相❺故，但觀從因緣相續生。以慈念眾生時，從和合因緣相續，但空。五陰即是眾生，念是五陰此慈念。眾生不知是法空定。眾生常一心欲得樂，聖人愍之，令隨意得樂。為世俗法故，名為法緣。

無緣者。是慈，但諸佛有。何以故？諸佛不住有為、無為性中，不依上下、過去、未來、現在，知諸因緣為不實，顛倒虛誑故，心無所緣。

佛以眾生不知是諸法實相，往來五道，心著諸法而分別取捨。以是諸法實相智慧，令眾生得之，是為無緣。譬如給濟貧人，或與財物金銀寶物，或與如意神珠，眾生緣、法緣、無緣亦復如是。此義如《摩訶衍》中廣說。

復次，眾生緣慈，但見受果報樂相。法緣慈則見受諸法門及涅槃樂相。無緣慈則見一切同是佛性常樂平等相。

復次，眾生緣慈則在根本禪中。法緣慈多在特勝通明背捨諸無漏禪中。無緣慈多是首楞嚴❻、法華三昧❼及九種禪❽中。

【章　旨】說明了慈無量心的修習方法。其次，說明了慈無量心的證得之相。

【注　釋】❶中人　自己既不親愛，也不憎恨的人。❷怨人　自己所憎恨的人。❸閻浮提　華譯為贍部洲。閻浮是樹名，譯為贍部，因為此洲的中心，有閻浮樹的森林，依此樹的緣故，稱為贍部洲，贍部洲就是我們現在所住的娑婆世界。❹四天下　須彌山的東南西北，四個方位上的四大洲，又名四天下。❺一異相　一，即一相，即外道所執著的「獨懸之一元」。異，即差異之相，眾多之相，亦叫異相。外道多執著於一相與多相。悟道的聖人，破除了對一相與異相的執著。❻首楞嚴　亦即首楞嚴三昧。即堅固攝持諸法之三昧，為百八三昧之一，乃諸佛及十地之菩薩所得之禪定。❼法華三昧　三諦圓融的妙理現前，障礙中道的無明息滅，攝一切法，歸於實相，名法華三昧。❽九種禪　亦即「九種大禪」。大禪，即大乘禪法，共有九種，故云九種大禪。即自性禪、一切禪、難禪、一切門禪、善人禪、一切行禪、除煩惱禪、此世他世樂禪、清淨淨禪等九種。此等禪法為菩薩不共的深廣禪法，不是小乘人所修，故稱為大禪。

【語　譯】第四，說明四無量心的修證。依據四無量心，分四個方面來講。一、說明慈無量心的修證；二、說明悲無量心的修證；三、說明喜無量心的修證；四、說明捨無量心的修證。

第一，說明慈無量心的修證。分二部分來說。

第一，說明修習慈無量心的方法。佛在經典中常說，有的比丘與慈心相應，他們既沒有瞋恚，也沒有怨惱，心量廣大，善於修習慈無量心。

什麼是慈心相應呢？就像《大智度論》中所說的那樣：「觀想十方眾生，令其獲得快樂，這時，行者所生起的種種想法，就叫做慈心。」「善修習」的「善」字，就是「行者與所修的法相應」的意思。

若想進入禪定，就要先發大願：願一切眾生，皆得快樂，願我在定中，能夠見到他們的受樂之相，這就叫做心數法。在這時，各種身業、口業及所有的心念運行，皆屬於諸法和合而生，都可以叫做慈心。因為心中的這些念頭與想法，都是圍繞著慈心而展開的，所以，都可以叫做「慈」。就好像所有的心數法，都是後世因緣，然而，只有「思惟」最為顯著，這是因為，在心靈的活動中，唯獨「思惟」的力量最強，所以，思惟是與慈心相應的一種心理現象。

行者在修習慈無量心的時候，以清淨之心，選取一位親人獲得快樂的情形，或者父母，或者兄弟，隨意選取一位親人獲得快樂的情形，並且專心致志地作此觀想。在這種觀想中，若有雜念生出，分散了自己的注意力，就要趕緊把注意力從妄念上拉回來，拉回到所觀想的親人受樂之相上來，令所觀之相，了了分明。在觀想中，見到親人受樂的情景，心中自然十分愛念。對於中人、怨人，甚至其餘的五道眾生，也應該作這樣的觀想。

在行者作這樣的觀想的時候，若有種種善惡境界的出現，或者是發起了禪定中的種種事相，對此，應該一概不理，只是一心專注於親人的受樂之相，念念不捨，緣心不離。以上所說，簡略地說明修習慈無量心的方法。

第二，說明慈定發起的情形。由於行者的禪定、智慧、福德、善根等都很清淨的緣故，當行者一心慈念眾生的時候，就會發起慈定三昧。由於慈定三昧的緣故，行者在定中就能見到親人受樂的情形，見到他們身心愉快，和顏悅色。此情此景，了了分明。

親人受樂之相，觀想成功之後，接著觀想中人，甚至怨人，亦像觀想親人受樂的情景一樣。最初只觀想一人受樂，接著觀想十人受樂，慢慢增至千人、萬人、億人，一聚落的人，全國的人，一閻浮提的人，一四天下的人，甚至十方世界的一切眾生，全部都受到快樂。

行者在禪定中，見到他人得到快樂，自己內在的定力，也相應地逐漸轉深，行者一心緣觀，不為他緣所動，這就叫做慈相應心，即是與受、想、行、識、五陰、十二入、十八界等一切諸法相應。此時的情形，就像前面所說。

問：在慈相應定中，觀想眾生的時候，是像上面所說的那樣，從一人至十人，一個一個地逐漸觀想起來的呢？還是一下子觀想起來的呢？

答：行者的根器，有漸有頓，那是不一定的。

慈相應心。慈是思惟觀想法，能夠消除行者心中的汙垢，也就是能夠消除瞋恨、慳貪、煩惱等，就像具有淨水功能的寶珠，把它置於濁水之中，濁水就會自然而然地變成清淨之水。

無恚、無恨、無怨、無惱。不論是有因緣，或是無因緣，最初生起的瞋恚，就叫做瞋心。瞋心逐漸增長，在心中不斷籌劃，猶豫不決，不知應該如何，這就叫做恨，也叫做怨。當心念已經決定，不再顧忌，準備向對方採取行動時，就叫做惱。

行者應當運用慈心的力量，消除心中的瞋、恨、惱，遠離這三種汙垢，這就叫做無瞋無恨、無怨無惱。這種無瞋無恨、無怨無惱之心，就是對慈心功德的讚歎。

所謂廣大無量。一心分別，有二種名，譬如慈心觀想一方，叫做廣。慈心觀想四方，叫做大。慈觀四面八方，叫做無量。破除瞋心叫做廣。破除怨恨叫做大。破除惱心叫做無量。慈心觀想親人，叫做廣。慈心觀想中人叫做大，慈心觀想怨人，能夠獲得很多的福報，所以叫做無量。為了狹隘的緣而修習慈心，叫做廣。為了微小的緣而修習慈心，叫做大。為了所有的緣而修習慈心，叫做無量。

善修，是指慈心牢固的意思。最初生起的慈心，不能叫做善修。不只是在心中愛念眾生，也不只是喜歡眾生，也不只是為了一個眾生，也不只是為了一方眾生，這才叫做善修慈心。

行者對於親人中的上、中、下三等親人，對於中人中的上、中、下三等中人，以及怨人中的上、中、下三等怨人，都能夠一視同仁，乃至於對待其餘的五道眾生，也都是一視同仁，慈心相待，把所有的眾生，都當成自己的父、母、兄、弟、子女、朋友等，常常為他們做好事，總想著利益他們，令他們得到安樂。如此對待眾生，慈心普照，遍滿十方，就叫做善修慈心。若只給予眾生欲界快樂，就不能叫做善修慈心。若只給眾生初禪快樂，也不能叫做善修慈心。若只給眾生二禪快樂，也不能叫做善修慈心。若能全部地給予眾生欲界、乃至三禪、四禪快樂，就可以叫做善修慈心。

像這樣的慈心，就叫做眾生緣。或者是凡夫之人，或者是未至無學的有漏之人，他們為了調心、獲得大福德、證入無漏的緣故，也修習這種慈心觀。

所謂法緣慈。諸漏已盡的阿羅漢、辟支佛，以及諸佛，這些聖人，他們已經破了我相，也息滅了一異相，所以，他們觀一切法，皆從因緣相續而生。因此，悟道的聖人，以慈心思念眾生的時候，也是遵從因緣和合相續之法而觀之，但是，他們卻能不著於其上。他們也知道，五陰就是眾生，念亦屬於五陰，慈念亦不例外。可是，眾生不知這個慈心觀，也是一個空相禪定。眾生常常一心想得到快樂，聖人憐愍眾生，因此，聖人隨順著眾生的心意，使眾生得到快樂。由於隨順世俗接引凡夫的緣故，所以叫做法緣慈。

所謂無緣慈。無緣慈，只有諸佛才有這種慈。為什麼呢?這是因為，諸佛不住有為，不住無為，不依四維上下，不依過去未來及現在。諸佛知道，一切有為法，皆無實際，如夢幻泡影顛倒虛假，誑惑人心。所以，諸佛之心，無所攀緣。

佛因為眾生不知諸法實相，在五道之中輪回不已，心著諸法，分別取捨。諸佛以諸法實相之智慧，令眾生亦同樣證得此智慧，這就叫做無緣慈。就像救濟貧困的人，或者給予他們金銀，或者給予他們寶物，或者給予他們如意寶珠。佛度眾生，或者運用眾生緣慈，或者運用法緣慈，或者運用無緣慈，其中的道理，也是一樣的。這個道理，就像《大智度論》中所廣泛說明的那樣。

眾生緣慈，只見眾生受到果報時的快樂之相。法緣慈，則見眾生得到佛法時的快樂之相，以及證悟到涅槃時的快樂之相。無緣慈，則見一切眾生，同是佛性、常樂平等之相。

眾生緣慈，在根本禪中出現。法緣慈，在多數情況下，則在特勝、通明、背捨等各種無漏禪中出現。無緣慈，在多數情況下，則在首楞嚴定、法華三昧，以及九種大禪中出現。

【說　明】行者修習慈無量心時，定中所見到的一切境界，無一不是唯心所生，亦即所見到的種種境界，皆人心之現象。行者借助於慈心觀，修養自己的慈心德，亦佛門修行的方便途徑。學人依教奉行，便能漸至無為之境。無為之境非無為，空花佛事自在行。

第二，釋修證。悲即為二。

一者、正明修悲方法。如佛說，若有比丘，以悲相應心，無瞋無恨，無怨無惱，廣大無量，善修悲相應心者。

行者於慈定中，常念欲與眾生樂。從慈定起，猶見眾生，受種種身苦心苦，心生憐愍，即作是念：眾生可念，莫令受是種種身苦、心苦。復更念言：我今無目，五道之中，親、中、怨人[1]，並受種種身心諸苦，而我不知不見，長夜懈怠，不生救拔之心。

作是念已，即發願言：若有眾生，受種種苦，我於定中，悉願得見，勤加救護。作是願已，即入禪定。用定念淨心，先取一所愛親人受苦之相，繫心緣之。若有異念，攝之令還，令於心想，的的分明。其心憐愍，悲念無極。如是乃至中怨憎，一方乃至十方，一道乃至五道，亦如是。是則略說修悲方法。

二、明悲定發相。行者福德智慧，善根清淨，作是觀時，三昧便發，即於定中，見於親人受苦之相，了了分明。其心悲愍，欲加救護。既見親人受苦，生憐愍心已，次見中人、怨人如是，乃至十方五道眾生受苦之相。行者於定心中，見外人受苦，而內心憐愍。從悲定起，心轉深固，定心與外相應，湛然無動，是名悲相應心。無瞋無恨，無怨無惱，廣大無量，皆如上說。

善修者。於悲定中，非但見親人受苦深憐愍，乃至中、怨九種十方五道，諸受苦者，憐愍救護，其心平等，故名善修。

復次，若見是受苦之人生愍念，受樂者、受不苦不樂者，而不憐愍，不名善修。若見三種之人，悉皆是苦，憐愍不二、是名善修。復次，見五道眾生受苦差別，名不善修。若見受苦不異憐愍平等，名曰善修。亦可得言，若見五道眾生受苦一種，名不善修。若能分別五道眾生，受苦差別不同，名曰善修。

如是略說善修之相。

問曰：五道眾生，果報不同，苦樂有異。如三塗❷眾生多苦報。人道眾生半受苦樂。天道眾生多受樂果。云何行慈因緣❸皆見一切受樂？行悲因緣皆見一切受苦？豈非顛倒耶？

答曰：不然。是為得解之道。行者欲學是慈無量心時，先當作願，願諸眾生受種種樂。取受樂人相，攝心入定，即見眾生，皆悉受樂。譬如鑽火，先以軟草乾牛糞等，火勢轉大，能燒大濕。大慈心初發亦如是。初生之火，唯及親人，慈心轉廣，怨親同等，皆見受樂，無復苦相。

復次，一切眾生，五道輪轉，苦樂不定。即雖暫樂，後必大苦。今雖大苦，後當得樂。雖即未然，必有其事。是故行者，用得解之心，緣於一切皆樂，不墮顛倒。悲喜捨心，亦復如是。

【章 旨】說明了悲無量心的修習方法，其次，說明了悲無量心的證得之相。

【注 釋】❶親中怨人 亦即親人、中人（自己既不親愛亦不怨恨的人）、怨人（自己所怨恨的人）。❷三塗 血塗、刀塗、火塗。血塗是畜生道，因畜生常在被殺，或互相吞食之處。刀塗是餓鬼道，因餓鬼常在饑餓，或刀劍杖逼迫之處。火塗是地獄道，因地獄常在寒冰，或猛火燒煎之處。三塗即三惡道的別名。❸因緣 因，即引起結果的內在原因。緣，即引起結果的外在原因。譬如種子為因。泥土、雨露、陽光等為緣。因緣和合，生出禾苗。

【語 譯】第二，解釋悲無量心的修證。分二部分來講。

一、修習悲無量心的方法。就是佛所說，若有比丘，與悲心相應，能夠做到無瞋無恨，無怨無惱，心量廣大，這樣就是善於修習悲無量心，也是與悲無量心相應。

行者在慈心定之中，經常想念給予眾生快樂。然而，行者出了慈心定之後，依然見到眾生受種種苦，於是心生憐愍，心想：眾生可憐，不要讓眾生再受種種苦。於是，行者便作這樣的思惟：我現在沒有慧眼，五道之中，親人、中人、怨人，他們都在受種種苦，而我卻不知不見，在漫漫長夜中，不思精進，不生救苦拔難之心。

行者作了這樣的思惟之後，便發出這樣的誓願：若有眾生，受種種苦，願我在禪定中悉知悉見，並且努力救度與保護他們。行者發出這樣的誓願之後，就開始進入禪定。進入禪定之後，行者就要用清淨的定心，先觀想一位親人受苦受難的情形，並且專心致志地作此觀想。在這其中，若有雜念生出，分散了自己的注意力，就要趕緊把注意力從妄念上拉回來，拉回到所觀之相上來，令所觀之相，了了分明。見到親人受苦受難的情形，行者自然會生出無限的悲心。運用這樣的方法，觀想中人、乃至觀想怨人，觀想一方，乃至十方，觀想一道眾生，乃至觀想五道眾生，也都是這樣——觀想得清清楚楚、了了分明，並且生出無限的悲心。以上簡略地說明了修習悲無量心的方法。

二、說明悲定發起的情形。由於行者具有福德、智慧與善根清淨的緣故，行者在作悲心觀時，就能發起悲定三昧，就能在悲定三昧中，見到親人受苦的情形，並且見得了了分明。此時，行者就會生出悲憫之心，就會生出救護之心。見到了親人受苦，生起了悲憫心，然後，再觀想中人、怨人，乃至觀想十方、五道眾生受苦受難的情形。行者在禪定之中，見到他人受苦受難的情形，因此，生出無限的憐憫之心。行者生出了悲心定之後，悲心更加深切而堅固，定心與外相相應，湛然不動，這就叫做悲相應心。無瞋無恨、無怨無惱、廣大無量等的含義，皆如上面所說的那樣。

所謂善修，就是在悲心定中，不僅見到親人受苦而生悲心，乃至見到中人、怨人等各種人，以及見到十方、五道中的一切眾生受苦，也都能平等相待，悲心救護，這就叫做善修。

若見到受苦的人而心生憐憫，而見到受樂的人，或者見到受不苦不樂的人，則不生憐憫，這就不能叫做善修。若見到受苦、受樂、受不苦不樂的這三種人，所受的皆是苦，行者對他們同樣地生出憐憫，這就叫做善修。若見到五道眾生受苦，而不能平等地憐憫他們，就叫做不善修。若見到五道眾生受苦，能平等地憐憫他們，這就叫做善修。也可以說，若只是見到五道眾生受苦，就叫做不善修。若能見五道眾生，受種種差別之苦，就叫做善修。

以上簡略地說明了善於修習悲無量心的情形。

問：五道眾生，所獲得的果報不同，苦樂也有差別。譬如三惡道的眾生，多受苦報。人道的眾生，苦樂參半。天道的眾生，多受樂報。那麼，為什麼在修習慈心定時，觀想一切眾生皆是受樂之相呢？又為什麼在修習悲心定時，觀想一切眾生皆是受苦之相呢？前觀樂後觀苦，作這樣的觀想，豈不是自相矛盾嗎？

答：不是這樣的。慈心觀與悲心觀，只是獲得解脫的修行方法。行者要想修習慈無量心，就要先發願：願一切眾生，皆受快樂。然後，選取眾生受樂之相，藉此而入定，就能在定中見到眾生的受樂之相。就像點火，最初之時，需要柔軟的草，以及乾燥的牛糞作引子，等到火勢轉大之後，就能對治大濕。大慈之心，初發之時，也是這樣。剛剛生起的慈心，只能緣及親人，等到慈心廣大之後，就會怨親平等，見到他們皆受快樂，不再有痛苦。

一切的眾生，在五道中輪轉，或苦或樂，那是不一定的。即使目前獲得了快樂，將來也一定會有痛苦。現在雖然痛苦，將來也一定會有快樂。現在雖然沒有某種情形，將來一定會有這種情形。所以，行者運用無縛無脫之心，觀想一切眾生皆受快樂，這不是顛倒。修習悲心、喜心、捨心，其修行的方法，也是這樣的。

【說　明】在假想之中，平等地給予眾生快樂，即是慈心觀。在假想之中，平等地拔除眾生苦惱，即是悲心觀。慈心觀與悲心觀，皆屬自我修養的方便方法。

在悲心觀中，所見到的一切事相，無論多麼形象逼真，就究竟了義上來講，皆非真實而有，而是生生滅滅的心中法相，亦是唯心觀想而成，屬於「有為法」的範疇。《金剛經》言：「一切有為法，如夢幻泡影，如露亦如點，應作如是觀。」

第三，釋修喜證喜。即為二。

一者、正明修喜方法。如佛說，若比丘以喜相應心，無瞋無恨，無怨無惱，廣大無量，善修喜相應心者。

行者入悲定已，其心愍傷一切眾生，長夜為諸苦惱之所逼迫，我當云何而拔濟之？今是等眾生從苦得樂，從樂生歡喜。爾時，深觀眾生雖受苦惱，此苦虛妄，本無今有，易可除滅。所以者何？如人有病苦，若遇良藥，即便差癒，更以衣食，供給快樂無量。復次，如人火熱，身受苦惱。若得清冷之水，火苦即滅，歡樂便生。如人現受貧困，以是因緣，慳貪造惡，若給施珍寶，教修布施行善，則現在離於貧弊，身心慶快，未來之世，長受安樂。復次，又如世人，愚癡顛倒，縈纏煩惱，受種種苦。若聞無漏清淨妙法，如說修行，煩惱病除，即便獲得禪定智慧，及涅槃樂。

如是種種因緣，苦無定性，易可除滅，令得歡樂。行者作是觀已，即發願言：願諸眾生，一切諸苦，悉皆除滅，受樂歡喜。我於定中，悉皆得見。作是願已，即入禪定，用念清淨心，取於親人，從苦得脫受樂歡喜相，一心觀之，令於念心，的的分明。

見於親人受歡樂相，其心悅豫，欣慶無量。次緣中人、怨人，乃至十方五道眾生受喜之相，心生慶悅。

是則略明修喜方法。

二者、明喜定發相。行者如是修已，念慧福德善根力故，作是緣時，即發三昧力故，即於定中，任運見於所愛親人，離苦得樂歡喜之相，了了分明。於三昧中，其心悅豫不可說，乃至十方五道眾生，受於歡喜，亦復如是。行者於三昧中，見於外人受喜之相，而於內心無有動轉，定漸增深，是名喜相應心。

無瞋無恨，無怨無惱，廣大無量，善修之義，如慈心中說。

問曰：慈心令眾生樂，喜心令眾生喜，樂之與喜，有何等異？

答曰：如《摩訶衍》中說：「身樂名樂。心樂名喜。五識❶相應名樂。意識相應名喜。五塵❷中生樂名樂。法塵❸中生樂名喜。復次，欲界中，五識相應名樂。初禪中，三識❹相應名樂。三禪中，一切樂是名樂。欲界及初禪，意識相應名樂。二禪中一切樂是名喜。粗樂名樂，細樂名喜。因時名樂，果時名喜。初得樂時名樂。歡心內發，樂相外現，歡喜踴躍是名喜。樂根相應名為樂，喜根相應故名喜。」如是等種種分別，喜樂之相異。

問曰：若爾者，何以不慈喜次第？

答曰：行慈心時，愛念眾生，猶如赤子，心願與樂，出慈三昧，猶見眾生受種種苦，深心愛念，欲拔其苦，令得安樂，當如初樂後喜，中隔於悲故，不次慈記喜也。譬如人母，雖常念子，令得安樂，而未名喜。後見染病，其心愁毒。病既得差，家業付之大歡喜，故次悲說喜也。

問曰：何故約禪明喜樂？喜即為粗，約無量心明喜則為細？

答曰：禪則以定為貴，樂心恬靜，與定相扶，故為勝。無量則心緣眾生。因緣眾生歡喜為勝故細。復次，行者初定既淺，但以樂緣眾生。何以故？若取喜相，心散難攝。後緣三昧漸深，雖歡喜踴躍，心不散亂，故為細。

【章　旨】說明了喜無量心的修習方法，其次，說明了喜無量心的證得之相。

【注　釋】❶五識　眼識、耳識、鼻識、舌識、身識。❷五塵　色、聲、相、味、觸。❸法塵　眼根、耳根、鼻根、舌根、身根與色塵、聲塵、相塵、味塵、觸塵相對，緣起眼識、耳識、鼻識、舌識、身識等五識。意根與法塵相對，緣起意識。法塵，即是與意根相對的一類塵相。❹三識　指天台宗所立九種識的後三識，即第九，阿摩羅識。第八，阿賴耶識。第七，末那識。九種識包括：一、眼識。二、耳識。三、鼻識。四、舌識。五、身識。六、意識。七、末那識。八、阿賴耶識。九、阿摩羅識。

【語　譯】第三，解釋喜無量心的修證。分二部分來說。

一、說明修習喜無量心的方法。就像佛陀所說的那樣，若比丘與喜心相應，無瞋無根，無怨無惱，心量廣大，就是善於修習喜無量心，也是與喜無量心相應。

行者進入悲心定之後，心生憐愍：一切眾生，在漫漫長夜之中，被種種苦惱所逼迫，我應當如何救度他們呢？以使他們脫離苦海，獲得快樂，從快樂之中，更獲得歡喜。這時，行者應該深刻地觀察，眾生雖然經受種種苦惱，然而，他們所受的苦，本來就是虛妄的，也不是從來就有的，因此，容易滅除。為什麼這樣說呢？就像有人有病，若遇到良藥，病就容易痊癒。痊癒之後，再給予衣服飲食，則病人就會快樂無量。又好像被火烤的人，感到非常苦惱。此人得到清涼水時，火烤之苦就會息滅，歡樂之心就會生起。又好像貧困之人，由於貧困的緣故，而慳貪造惡。若給予貧人珍寶，並且教導他們布施行善，他們就會遠離貧困，身心愉快，即使將來，也會享受安樂。又好像世人，愚癡顛倒，吐煩惱之絲，作無繩自纏，受虛妄惱苦，然而，他們若聽到了無漏妙法，並且依照無漏妙法而修行，煩惱就會消除，還能獲得禪定智慧，以及涅槃之樂。

像以上所說，苦是虛妄不實的，也是容易消除的，令眾生獲得快樂。行者如是觀想之後，發出這樣的誓願：願一切眾生，所有痛苦，全都消滅，獲得歡喜，願我於禪定中，見到他們離苦得樂的情形。行者發出這樣的誓願之後，就進入禪定，用清淨之心，選取一位親人，觀想他離苦得樂的情形，並且專心致志地作此觀想，令「親人離苦得樂的情形」，在自己的心中，了了分明。

見到親人離苦得樂的情形，行者的心中自然愉快，歡喜無量。在此基礎上，再觀想中人、怨人、乃至十方、五道眾生，也都離苦得樂。行者為此，亦心生歡喜。

以上所說，簡略地介紹了修習喜無量心的方法。

二、說明喜定發起的情形。行者作了這樣的觀想之後，由於智慧、福德、以及善根有力的緣故，所以，行者在作這樣的觀想的時候，就會發起喜定三昧，便能在喜定之中，隨意觀想親人離苦得樂之相，並且能夠觀想得歷歷分明。行者在這樣的喜定三昧定中，內心愉快，無法形容，乃至觀想十方、五道眾生離苦得樂的情形，行者心中的愉快，也是這樣。行者在喜定三昧之中，見到他人離苦得樂的情形，而自己的定心，並不隨之轉動，而是定力漸深，這就叫做喜相應心。

無瞋無根，無怨無惱，心量廣大，以及善修的含義，就像「慈定發起的情形」中所說的一樣。

問：慈心能夠使眾生樂，喜心能夠使眾生喜。那麼，樂與喜究竟有什麼區別呢？

答：就像《大智度論》裡所說的那樣：「身體上的樂叫做樂。心裡的樂叫做喜。與五識相應的樂叫做樂，與意識相應的樂叫做喜。因為五塵而引生的樂叫做樂，因為法塵而引生的樂叫做喜。在欲界定中，與五識相應的樂叫做樂。在初禪中，與三識相應的樂叫做樂。在三禪中，所有的樂都叫做樂。在欲界定及初禪中，與意識相應的樂叫做樂。在二禪中，所有的樂都叫做喜。粗的樂叫做樂，細的樂叫做喜。在因地時叫做樂，在果地時叫做喜。剛剛獲得樂的時候叫做樂。內心歡喜，表現於外，歡喜踴躍，這就叫喜。與樂根相應就叫做樂。與喜根相應就叫做喜。」像這樣的種種分別，即是喜與樂的區別。

問：若是這樣的話，為什麼不在慈無量心觀之後，緊接著講喜無量心觀呢？

答：在修習慈無量心時，行者愛念眾生，就像父母照顧子女，打心眼裡就願意給眾生快樂。行者發起了慈心三昧的時候，卻依然見到眾生，受種種苦。由於深心愛護眾生的緣故，於是就想消除眾生的苦，以使眾生得到安樂。就像最初是樂，最後是喜，而中間隔著救苦救難的悲心，因此，在說明慈心之後，並不緊接著說明喜心。譬如做母親的，雖然經常念著子女，想要使他們獲得安樂，但卻不能叫做喜。後來子女生病，母親為此而愁苦。最後，子女的病好了，母親把家業託付給子女，便獲得了大歡喜。所以在說明了悲心之後，緊接著就說喜心。

問：為什麼用禪來說明喜樂呢？「喜」比較「粗」，然而，就無量心而說「喜」，「喜」為什麼又「細」了呢？

答：對於禪修來講，最主要是「定」。喜樂恬靜之心態，能夠有助於「定」，因此而說，喜也是很殊勝的。以無量心，遍觀無量眾生，因為觀想無量眾生，皆大歡喜的緣故，所以屬於殊勝，也屬於細。行者最初發起禪定的時候，禪定之力較為淺薄，只能運用樂心觀想眾生。為什麼呢？這是因為，若運用喜心，觀想眾生，那麼，心就會散亂，難以收攝。等到後來，三昧定力，愈來愈深，這時，雖然歡喜踴躍，心也不再散亂，所以，喜心屬於細。

【說　明】在諸佛法門之中，最直截了當地契悟本真的方法，莫過於「一切放下」。「一切放下」不是空，此時正是含大有。行者切莫於相上作意纏繞。若於相上作意纏繞，正是妄念自纏，和水合泥，而非智慧解脫。所以說：易易易，百草頭上西來意。難難難，入海算沙徒自辛。

第四，釋修捨證捨。亦為二。

一者、正明修捨方法。如佛說，若比丘以捨相應心，無瞋無恨，無怨無惱，廣大無量，善修捨相應心者。

行者從喜定出，心自思念，若慈與眾生樂，悲欲拔苦，喜令歡喜，而計我能利益，不忘二事，即非勝行。譬如慈父益子，不求恩德，乃曰真親。

復次，眾生得樂，有多因緣，不獨由我。若言我能與樂，則為過分。

復次，慈心與樂，但是得解，然諸眾生，實不得樂。若以為實，即是顛倒。

復次，是諸眾生受苦樂，憂喜心生。憂喜心生，即是結使，難得解脫。我今欲與清淨善法，不應住此三心。

復次，我雖慈悲愛念，於彼無益，今當捨此三心，行諸善法，實利眾生。

如是念已，即捨三心，一心發願，願一切眾生，皆得妙捨莊嚴❶，今我悉見。作是念已，即入禪定，用念清淨心，取於親人，受不苦不樂之相，一心緣之。若有異念，攝之令還，令於心想，的的分明。見於前人受不苦不樂，如是次第緣中人、怨人，十方五道一切眾生，皆是不苦不樂，其心平等。

是則略明修捨方法。

二者、明捨定發相。行者如是修已，正念福德善根力故，作是緣時，三昧便發，即於定中，不加功力，任運見於所愛親人，受於不苦不樂之相，了了分明。於禪定中，雖見眾生，心無憎愛，乃至十方五道眾生，亦復如是。行者爾時，於此定中，見諸眾生皆是捨相，三昧開發，無有動轉，深妙堅固，其心安隱，平等不二、是名捨相應心。

無瞋無恨，無怨無惱，廣大無量，善修之義，並如上說。

問曰：前三種心中，應有福德，是捨心於眾生不苦不樂，有何等益？

答曰：行者作是念，一切眾生離苦得樂，失時即是苦，皆是惱累。得不苦不樂，則心安隱，始終無患，以捨饒益故，得福亦大。

復次，行者慈喜心時，或時愛著心生。行悲心時，或時憂悲心生，貪憂故，行則功德甚薄。入是捨心，除此貪過，無諸煩惱。當知行捨，福德甚大。復次，行者於捨心中，能作種種益眾生事，是故福德增多。

略說捨無量心竟。

問曰：悲、喜、捨中，何故不說法緣❷、無緣❸。

答曰：義類前慈心可見。不煩重說。

問曰：是四無量心，樂為二分。悲喜捨何故不作二分？

答曰：樂是一切眾生所愛重，故作二分。若不愛不欲，故不作二分。

問曰：四無量發願，入定見眾生。為實見？為心想見？

答曰：見有二種。一、得天眼無量心。此實見。二者、但用得解憶想，緣眾生而入三昧。既證三昧，三昧力故，入則得見，出則不見。此為三昧得解之力，非實見。

問曰：證四無量心，何故不分別支及體用淺深進退等相？

答曰：證無量心時，亦非全無其義。但既無的文，故不須分別。

【章　旨】說明了捨無量心的修習方法，其次，說明了捨無量心的證得之相。

【注　釋】❶妙捨莊嚴　一切不著，一切皆捨，這樣的禪定境界，就叫做妙捨莊嚴。❷法緣　在這裡是指：法緣悲心、法緣喜心、法緣捨心。❸無緣　在這裡是指：無緣悲心、無緣喜心、無緣捨心。

【語　譯】第四，解釋捨無量心的修證。分二部分來講。

一、說明修習捨無量心的方法。就像佛所說的，若比丘與捨心相應，無瞋無恨，無怨無惱，心量廣大，就是善於修習捨無量心，就是與捨無量心相應。

行者從喜心定中出來之後，作這樣的思惟：若慈心給予眾生快樂，悲心拔除眾生痛苦，喜心使得眾生歡喜，這樣好像計著「我能利益」，好像未能遠離人我二見，這就不能算作殊勝的修行。譬如慈父利益子女，卻沒有「求恩德」的想法，這樣的利益，才是真正的慈愛之心。

眾生得到快樂，有各種各樣的因緣，並不單單是因為我的緣故。若說我能給予眾生快樂，這種說法，就實在是太過分了。

慈心給予眾生快樂的觀想，只是行者獲得解脫的修行方法，然而，在現實中，眾生並沒有得到快樂。若把「眾生得到快樂」的觀想，當成了「眾生得到快樂」的實際，那就是行者的顛倒。

在觀想中，看到眾生受苦，行者則心生憂愁，看到眾生受樂，則行者心生歡喜。行者生出了憂愁與歡喜之心，行者心中就有了煩惱，這樣，就很難獲得解脫。我現在要與清淨善法相應，不應該住著在慈心、悲心、喜心之中。

我對眾生，雖然慈悲愛念，然而，卻對他們沒有實際的利益。現在，我應當捨棄對慈心、悲心、喜心的住著，應該行持一切清淨善法，實際地利益一切眾生。

行者作了這樣思惟之後，就捨棄了慈心、悲心、喜心，一心發願：願一切眾生，皆能得到妙捨莊嚴，願我在捨心三昧中悉知悉見。行者發出了這樣的誓願之後，即進入禪定，用清淨之心，選取一位親人，觀想親人受不苦不樂的情形，並且專心致志地作此觀想。在觀想的過程中，若有雜念生出，分散了自己的注意力，就要趕緊把注意力從妄念上拉回來，拉回到所觀之相上來，令所觀之相，清清楚楚。在觀想中清清楚楚地觀想到了親人受不苦不樂的情形之後，再接著觀想中人、怨人，乃至觀想十方五道中的一切眾生，皆受不苦不樂的情形。如是觀想，一心平等。

以上所說，簡略地介紹了修習捨無量心的方法。

二、說明捨定發起的情形。行者作了捨無量心的修行之後，由於正念、福德、以及善根有力的緣故，所以，在作捨心觀時，便發起了捨心三昧，由於捨心三昧的緣故，行者在定中，不需著意用功，便能見到親人受不苦不樂的情形，而且見得了了分明。在禪定之中，雖然見到了眾生，然而，在行者的心中，卻無憎無愛，無取無捨，甚至見十方五道一切眾生，行者之心，亦是無憎無愛，無取無捨。此時，行者在定中，見一切眾生的心，亦是無憎無愛，無取無捨，於是，行者三昧開發，定心不動，甚深微妙，定心安穩，心光普照，這就叫做捨相應心。

無瞋無恨、無怨無惱、心量廣大，以及善於修習的含義，與前面所說相同。

問：修習慈心、悲心、喜心，都會有福德，而修習捨心，觀想不苦不樂，這樣會有什麼益處呢？

答：行者作這樣的思惟：一切眾生離苦得樂，然而，當快樂失去的時候，眾生還依然是苦，所以，即使離苦得樂，也是煩惱累贅。若獲得了不苦不樂，就會內心安穩，始終無患。由於用捨心來饒益的緣故，所以，獲得的福報亦大。

當行者生起慈心與喜心的時候，或者會產生愛著之心。當行者生起悲心的時候，或許會產生憂愁之心。由於有愛著與憂愁的緣故，所以功德很少。當行者生起捨心的時候，能夠消除愛著與憂愁，使行者心無煩惱。我們知道，修行捨無量心，獲得的福德很大。行者在捨無量心的境界中，能夠作種種利益眾生的事，因此，福德就會增多。

以上所說，簡略地介紹了捨無量心。

問：在講悲心、喜心、捨心的時候，為什麼不講法緣悲心、法緣喜心、法緣捨心呢？以及為什麼不講無緣悲心、無緣喜心、無緣捨心呢？

答：其中的含義，與前面所講的慈心相類似，所以，在這裡就不再重複了。

問：在慈、悲、喜、捨四無量心中，樂為二分。悲無量心，喜無量心，捨無量心為何不作二分呢？

答：「樂」是一切眾生都深愛的事，所以作二分。若不愛也不欲，所以就不作二分。

問：行者發了四無量心，然後入定，在定中見到眾生。此是真的見到了眾生呢？還是在想像中見到了眾生呢？

答：在定中見到眾生，有二種情況。一種情況是，行者獲得了天眼、無量心，這時，就是真的見到了眾生。另一種情況是，見到眾生，只是用來獲得解脫、進行觀想的方法，也是進入禪定三昧的方法。在獲得了禪定三昧之後，由於三昧定力的緣故，在定中就可以見到眾生，然而，出定之後就見不到了。這是借助於禪定三昧，獲得了解脫的情形，並非真的見到了眾生。

問：證到四無量心的境界，為什麼不分別來說明支林、體用、淺深及進退的情形呢？

答：證得四無量心的時候，也並非沒有支林、體用、淺深及進退的情形。但是，因為沒有確實的文字記載，所以就不再分別說明了。

【說明】《金剛經》言：「凡所有相，皆是虛妄，若見諸相非相，則見如來。」行者定中所見，豈能是真實而有？定中所見，唯心所現，皆非真實。行者切莫以「觀想所成的心相」為真實，若以此為真實，正是著相自纏，正是背覺合塵。智者大師亦說：「慈心與樂，但是得解，然諸眾生，實不得樂。若以為實，即是顛倒。」也就是說，慈悲喜捨四種觀想，所成就的四類心相，皆非實有。若以此為實有，正是背覺合塵，是顛倒，而非覺悟。

第五，釋四無量功德。即為二。一者、現世。二者、未來世。

一、現世功德者。如佛《阿含》中說：「若入慈心三昧者，現世得五種功德。一、入火不燒。二、中毒不死。三、兵刃不傷。四、終不橫死。五、善神擁護。」以利益無量眾生故，得無量福德。

二、未來功德者。善修四無量心，若生色界，多作梵王。以無量心廣攝眾生故，若於初禪得，即作初禪王，乃至四禪亦爾。

問曰：三藏中，但說初禪，號娑婆世界主，梵天王。今何故說，乃至四禪，悉有梵王？

答曰：《纓絡經》中明：「四禪，禪禪並有梵王。」

問曰：若爾，佛何以故說慈報生梵天上？

答曰：以梵天眾生所尊，皆聞皆識故。佛在天竺國，常多婆羅門❶。婆羅門法，所有福德，盡願生梵天。若聞行慈生梵天，聞多信教，修行慈法，以是故說行慈生梵天上。

復次，斷淫欲天，皆名為梵。說梵則攝四禪❷，四無色定❸。如五戒中律儀，但說一種不妄語，則攝三事。

復次，若於四禪中，修四無量心，隨是禪中，悉得受生。既隨禪生無量心，福德大故，果報亦應有異，豈得生於彼天，而無君民之別？

復次，如佛於《人王經》說：「十八梵，亦應有王民之異。」又云：「四禪中有大靜王。」而佛於三藏中，但說初禪有大梵王者，以初禪內有覺觀心，雖則有語言法，主領下地眾生❹為便。上地無此，故不別出。

問曰：若爾，佛何故說四無量功德？慈心好修，善修福德，極遍淨天❺。悲心好修，善修福德，極虛空處❻。喜心好修，善修福德，極識處❼。捨心好修，善修福德，極無所有處❽。云何言慈果報應生梵天上？

答曰：佛法不可思議，隨眾生應度者如是說。復次，從慈定起，入三禪易。從悲定起，向虛空處易。從喜定起，入識處易。捨定起，入無所有處易。復次，慈心願令眾生得樂，此果報自應受樂，三界中遍淨天最為樂故，言福德極遍淨。悲心觀眾生，老病殘害，行者憐愍心生，云何令得離苦？若除內苦，外苦復來。若為除外苦，心苦復來。行者思惟：有身則有苦，唯有無身，乃得無苦。虛空能破色，是故福德極虛空處。

喜心欲與眾生樂。心識樂者，心得離身，如鳥出籠。虛空處心，雖得出身，猶繫心虛空處無得礙，於一切法中皆有心識。識得自在無邊❾故，以喜福極在識處❿。

捨心者，捨眾生中苦樂，故得真法，所謂無所有處。以是故，捨心福極無所有處⓫。

若作如是明四無量心功德，但諸聖人，智慧方便自在故如是，非諸凡夫。何以故？凡夫之人住初禪，乃至四禪，修四無量，隨禪受報，不能方便巧入無色⓬，修四無量。

復次，佛知未來世，諸弟子鈍根故，分別著諸法，錯說四無量相。是四無量心，聖人所知眾生緣⑬故，但是有漏，但緣欲界故，無色界中無。所以者何？無色界不緣欲界故。

為斷如是人妄見故，說四無量心。無色界中亦以四無量心，普緣十方眾生故，不重言不緣無色界。如是說者，多存法緣⑭、無緣⑮。復次，行者若於眾生緣中，具足入法緣，無緣，是時，眾生緣四無量心是摩訶衍⑯。

復次，菩薩發菩提心，行菩薩道，此眾生緣四無量心，雖是凡夫所行，亦應知應證。證已，以不可得空無所著，善巧方便，即能於此定中，具足一切善法，度諸眾生，即是行菩薩道。

復次，四無量心中，觀行功德眾多。更欲論餘事，不具明也。

【章旨】主要介紹了修習四無量心的功德。第一，修習四無量心的現世功德。第二，修習四無量心的來世功德。

【注釋】❶婆羅門　又作婆囉賀磨拏、婆羅欱末拏、沒囉憾摩。意譯淨行、梵行、梵志、承習。印度四姓中，最上位之僧侶、學者階級。為古印度一切知識之壟斷者，自認為是印度社會之最勝種姓。❷四禪　這裡所說的「四禪」，並不是特指「第四禪」，而是指初禪、二禪、三禪、四禪等四種正禪。❸四無色定　即空無邊處定、識無邊處定、無所有處定、非想非非想處定。❹下地眾生　在這裡是指，初禪天以下的眾生。❺遍淨天　又作遍淨天、無量淨天、廣善天、淨難逮天。為色界十八天之一。即第三禪中最上位之天。生此天者，受樂遍滿，故稱遍淨。❻虛空處　亦即虛空處定，亦即空無邊處定，四空處定之一。空無邊處定是修行人心想出離患難重重的色（色蘊物質）的牢籠，於是捨色想而緣無邊的虛空，做到心與空無邊相應。❼極識處　亦即識無邊處定，四空處定之一。識無邊處定是行人厭棄虛空定相，於是捨虛空定相而緣內在識相，做到心與識無邊相應。❽極無所有處　亦即無所有處定，四空處定之一。無所有處定是行人厭棄識處，而觀心識無所有，做到心與無所有相應。❾識得自在無邊　心識之法，獲得了自在無礙的境界。識，即心識之法。得，即獲得。❿識處　無色界之第二，亦即「色無邊處天」也。亦即識無邊處定的禪定境界。⓫無所有處　無色界之第三，亦即「無所有處天」也。亦即無所有處定的禪定境界。⓬無色　這裡的「無色」，是指四空處定。⓭聖人所知眾生緣　聖人知道眾生的所攀之緣，眾生以貪欲之心，攀緣於三界之境。聖人，即證得道體，獲得解脫的人。知，即知道、了解。眾生緣，即眾生所攀緣之事。⓮法緣　《釋禪波羅蜜次第法門》對「無緣」的解釋是：法緣者，諸漏盡阿羅漢、辟支佛、諸佛，是諸聖人，破吾我相，滅一異相故，但觀從因緣相續生。以慈念眾生時，從和合因緣相續，但空。五陰即是眾生，念是五陰此慈念。眾生不知是法空定。眾生常一心欲得樂，聖人愍之，令隨意得樂。為世俗法故，名為法緣。南本《大般涅槃經》卷一四（大一二・六九四下）說：「法緣者，不見父母妻子親屬，見一切法，皆從緣生，是名法緣。」又，深見諸法因緣生之理，而起平等之慈悲，稱為法緣慈悲。⓯無緣　《釋禪波羅蜜次第法門》對「無緣」的解釋是：無緣者，是慈，但諸佛有。何以故？諸佛不住有為、無為性中，不依上下、過去、未來、現在，知諸因緣為不實，顛倒虛誑故，心無所緣。⓰摩訶衍　摩訶衍那的簡稱，華譯為大乘法。

【語　譯】第五，解釋四無量心的功德。分二部分來說。一、現世的功德，二、來世的功德。

一、現世的功德。《阿含經》裡說：「若證得了慈心三昧，現世就會得到五種功德：一、入火不燒。二、中毒不死。三、兵刃不傷。四、不遭橫死。五、善神擁護。」由於利益無量眾生的緣故，所以，獲得的福德也是無量的。

二、來世的功德。由於善於修習四無量心，假若行者生到色界天，多數情況下，就會作梵王。由於用無量心，廣泛地攝受眾生的緣故，若能夠證入初禪，就能做初禪王，乃至證入四禪，也能夠做四禪王。

問：經律論三藏經之中，只說初禪王，是娑婆世界之主，也就是梵王。您為什麼卻說四禪也有梵王呢？

答：《纓絡經》中說：「四禪之中，每一禪都有梵王。」

問：若是這樣的話，佛為什麼卻這樣說：慈心所得到的果報，一定會生到梵天呢？

答：這是因為，梵天是眾生所嚮往的地方，也是因為眾生都知道梵天，所以，佛陀才這樣說。佛陀所在的天竺國，有很多婆羅門。婆羅門的修行，把所有的福德，全部都迴向給梵天，希望自己能生到梵天。若他們聽說修習慈心，能生到梵天，他們就會喜聞樂行，所以佛陀說，修習慈心，能夠生到梵天。

斷了淫欲的境界，都可以叫做「梵」。因此，只是說「梵」，就已經包括了四禪與四無色定。譬如五戒律儀中，只說不妄語這一條戒，就已經包括了不惡口、不兩舌、不綺語這三條戒。

若在四種禪定之中，修習四無量心，隨便在任何一種禪中修習，只要修習成就了，就能生到那一禪天。在禪修的同時，修習四無量心，會有很大的福德，行者所得到的果報，也會有所不同，豈能生到某一禪天，而沒有君主和臣民的區別呢？

就像佛在《人王經》中說：「十八種梵天，也應該有天王和臣民的區別。」又說：「四禪天中，有大靜王。」然而，佛在經律論三藏中，只說初禪有大梵天王，這是因為，初禪有覺觀之心，雖然有語言法，也只是為了統領下地眾生的方便。二禪天以上，無有覺觀之心，所以，就不特別地說明二禪天以上的梵王。

問：若這樣的話，佛為什麼說四無量心的功德呢？修習慈心定，並且善於修習福德，能夠獲得遍淨天之極果。修習悲心定，並且善於修習福德，能夠獲得虛空處天之極果。修習喜心定，並且善於修習福德，能夠獲得識無邊處天之極果。修習捨心定，並且善於修習福德，能夠獲得無所有處天之極果。可是，現在你為什麼只說修習慈心定的果報，應該生到梵天呢？

答：佛法是不可思議的，佛法總是隨順眾生的根機而方便教化。從慈心觀而修，容易進入三禪。從悲心觀而修，容易進入虛空處定。從喜心觀而修，容易進入識處定。從捨心觀而修，容易進入無所有處定。行者的慈心，能使眾生得到快樂，自己也必然會得到快樂的果報。三界之中，遍淨天是最快樂的地方，所以說，獲得的福德最圓滿、最清淨。以大悲之心，觀想眾生，見眾生生老病死之苦，因此，行者生起這樣的憐愍之心：我應該用什麼辦法救度眾生脫離苦海呢？若消除了眾生的內苦，則眾生的外苦就會生起。若消除了眾生的外苦，則眾生的內苦又會生起。這時，行者就想：有身則有苦，只有無身，才能無苦。虛空處定，能夠破除一切色相，所以說，最好的果報是虛空處天。

喜心是要給眾生快樂。所謂心識樂，是指行者不受色身所縛，猶如小鳥飛出牢籠。虛空處定中的心識，雖然不再受色身所縛，但是，好像繫心於虛空處而無所障礙，於一切法中，皆有心識。心識之法，獲得了自在無邊的緣故，所以說，喜無量心的最好福德，是在識處天。

所謂捨心，就是捨棄慈心觀、悲心觀、喜心觀中的苦樂之相。行者只有捨棄了對這些苦樂之相的執著，才能夠獲得真正的佛法，亦就是歸於所謂的無所有處。因此之故，捨無量心的最好福報，是在無所有處天。

若這樣來說明四無量心的功德，只有聖人，才能有這樣的智慧方便與無礙辯才，凡夫是做不到的。為什麼這樣說呢？這是因為，凡夫住在初禪，修習四無量心，甚至住在四禪，修習四無量心，只是隨緣受報，而不能以善巧方便，入於四空處定而修四無量心。

佛陀知道，在未來世，諸弟子根器暗鈍，分別諸法，著諸法相，錯解四無量心。聖人知道眾生所緣，只是以有漏心，攀緣於欲界事，而無色界中，則無可攀緣。為什麼這樣說呢？這是因為，無色界的境界，已經解脫了欲界的緣故。

為了除斷這些人的顛倒妄見，所以，我們要說四無量心。在無色界中，也用四無量心，普緣十方眾生，所以，不重複地說不緣無色界。這樣說的人，有法緣與無緣之見。在眾生緣中，若行者既能入法緣，又能入無緣，這時，行者所修的眾生緣四無量心，就是大乘法。

菩薩發菩提心，修行菩薩道，所修習的眾生緣四無量心，雖然也是凡夫所行的法，然而，我們應該知道，將來一定也是會有所證得的。在證得之後，以不可得之空體，行無所著之方便，就能在眾生緣四無量心中，具足一切善法，救度所有眾生，這就是行菩薩道。

在四無量心中，觀行的功德有很多，現在要論述其他內容，所以，就不再具體說明了。

【說　明】修習四無量心，乃通往菩提的正覺之道，亦大乘佛教的本色之行。若行者不修利益眾生的四無量心，即使具足修習了四禪八定，成就了一切禪定，那也依然未脫小乘。若是大乘菩薩之人，不但修習四禪八定，同時亦修四無量心。四禪八定與四無量心，同時修行。若能如此修行，便能成就無上佛道。

次四無量心後，應釋無想定。何以故？有諸外道，深厭有為心識生滅，欲求涅槃寂靜常樂。既無智慧，不知真實，得四禪時，不見細色之過，但覺心識生滅虛誑，則厭患其心。

既不知破色，斷色繫縛，直以邪智滅卻其心。邪法相應，心無憶想，謂證涅槃。既未斷色繫縛，若捨命時，即生無想天中，猶是色界生死不得解脫，亦名客天。猶如阿那含❶人，修五品熏禪❷，為色界思惟惑未盡，寄生色界，亦名客天。此無想定，既是邪法，非佛弟子所修。今欲具足明三界定，所以，略明示知邪正相耳。

第三，釋四無色定。四無色定者。一、空處。二、識處。三、無所有處。四、非有想非無想處。今釋此四定為二意。一、總釋。二、別釋。

一、總釋者。前四禪，四無量定，悉依色法故有。今此四定，悉依無色法從境得名，故云無色定。是故經云：「四空滅色道，心心互相依，亦名四空定。」

無形無質，即是義同虛空故，名四空定，亦名四空定處。此四種定心，亦名定處。此四種定心，以所觀之境為處，如念處❸、勝處❹、一切處❺，悉從所觀處得名。

四空定次第之相❻，在下當明。而不名禪者，前已受名，不應重立，今應更立勝名。復次，此四無色自體支林有闕，不得名禪。

問曰：《纓絡經》說：「五支為因，默然為定體。」此復云何？

答曰：此但約義，方便立支。非如四禪，具足成就支林之法，故諸經論中，並不說有支也。

第二，別釋空處。即開為三。一、釋名。二、修行。三、證相。

第一釋名。所以名空處定者，此定最初，離三種色，心緣虛空，既與無色相應故，名虛空定。今此空處，及上三無色定，並是無覺無觀❼、聖默然❽及捨俱❾所攝故。《摩訶衍》云：「得虛空處定，不苦不樂，其心轉增。」

問曰：若虛空無色，名空定者，上來諸禪，亦見空想，何故不名虛空定耶？

答曰：不爾。彼六地❿中，但是入定心細，不見粗色之相，意謂為空，而實未能觀色破散色法，斷色繫縛，所以定中，或時見色，或不見色，非如空定，一向永絕色相，是故六地定中，雖有空相，不名虛空無色定也。

第二，明修空方法。就中有二。一、明所修之境。二、明能修之心。

一、明所修之境。中有二種。一者、障境。二者、相成境。

一、障者。行者欲入空處，要須滅三種色。一、可見有對色[11]。二、不可見有對色[12]。三、不可見無對色[13]。故經中說：「過一切色相，滅有對相，不念種種相，入無邊虛空處。」《摩訶衍》云：「過一切色相，即破可見有對色。滅有對相，即是破不可見有對色。不念種種相，是滅不可見無對色。一切色法，不過十一[14]，謂五塵、五根及一入少分，即是色法塵。」如阿毘曇[15]說：「一則見，十則說有對，一入少分，是不可見無對。」行者欲入虛空處定，必須破此三色，此三種色即是障境。

二、成定境者。虛空為智所緣，因此入定，即是成定之境。

第二，明能修之心。即為二。一、訶讚。二、觀析修習。

言訶讚者。如行者欲求虛空處定，應深思色法過罪，所謂若有身色，則內有饑渴、疾病、大小便利、滓穢粗重弊惡欺誑虛假等一切諸苦。外受寒熱、刀杖、枷鎖、刑罰等一切諸苦。從先世因緣和合，報得此身，即是種種眾苦之本，不可保著。

復次，一切色法繫縛於心，不得自在，即是心之牢獄，令心受惱，無可貪樂。是則略說訶色過罪之相。

讚者。讚歎虛空無色，則無此過，虛豁安樂，此處寂靜，無眾惱患。今明訶責讚歎者，即是修習六行[16]之相。類前可知也。

第二，明觀析修習。行者於四禪中，應作是念：我今此定，依欲界身，具足色法，何故不見？作此念已，即當一心諦觀己身，一切毛道及與九孔[17]，身內空種皆悉虛疏，猶如羅縠，內外相通，亦如芭蕉，重重無實。

作是觀時，即便得見。既得見已，復更諦心觀察，見身如簁如甑，如蜘蛛網。漸漸微末，身分皆盡，不見於身及五根等。

如內身既盡，外色亦然。所以者何？內身四微[18]、四大[19]、一切色法，不異外身四微、四大、一切色法故。

復次，行者如是觀時，眼見色壞故，名過色。耳聲鼻香舌味身觸覺壞故，名滅有對相。於二種餘色，及無教色，種種不分別故，名不念種種別異相。

一切色法既滅，但一心緣空，念空不捨，即色定便謝而空定未發，亦有中間禪。爾時，慎勿憂悔，勤加精進，一心念空，當度色難。

是則略說修習禪定方法。

【章　旨】首先，從總論與別論的角度，說明了四無色定。其次，介紹了四無色定的修習方法。

【注　釋】❶阿那含　聲聞乘四果中的第三果名，華譯為「不還」，或「不來」，是斷盡欲界煩惱的聖人的通稱。凡是修到此果位的聖人，未來當生於色界無色界，不再來欲界受生死，所以叫做不還。❷五品熏禪　五品，即五種品位。熏禪，即師子奮迅三昧。亦即行者順著次第，逆著次第，自由出入諸禪，使得定心與觀照，了了分明，相當純熟，以增益禪定功德。❸念處　亦即四念處。見前「四念處」注釋。第五一頁。❹勝處　亦即八勝處。見前「勝處」注釋。第二九頁。❺一切處　亦即十一切處。見前「一切處」注釋。第二九頁。❻四空定次第之相　在四種空定中，每一種空定，各有自己獨特的禪相，或曰各有自己獨特的禪定相貌。四種空定，相互銜接，按照一定的次序（次第）出現，所以，叫做四空定的次第之相。❼無覺無觀　為三三昧之一。指第二禪以上，無粗大思惟作用，亦無微細思惟作用，乃至泯滅受想、覺知之心，分別禪味之念亦亡，故名無覺觀三昧。❽聖默然　由於二禪斷除了覺觀，進入了默然心態，所以，也稱為聖默然。這時的「聖默然」之「聖」，並非大乘之聖，而是小乘之聖。站在究竟了義的一乘佛教上來看，即使小乘之極果，也是方便有餘果位，究竟是靠不住的。❾捨俱　《地持經》說名「捨俱禪」。此定發時，體無苦樂，與微妙捨受俱發。此定與捨根相應，所以，亦叫做捨俱禪。❿六地是指初禪、二禪、三禪、四禪，再加上中間禪、未到地定，共計六地禪定。⓫可見有對色　即與眼根相對，肉眼可以見的種種色相。可見，指肉眼可見者。有對，指與眼根相對。⓬不可見有對色　指眼、耳、鼻、舌、身等五根，以及聲、香、味、觸等四塵，均非肉眼能見之色，故稱不可見有對色。⓭不可見無對色　亦即無表色。無表色非眼能見，非由極微細物質所組成，其自性無對礙，故稱不可見無對色。其自性雖無對礙，然係有對礙之四大所生之法，故攝之於色。⓮十一　包括眼、耳、鼻、舌、身等五根，以及色、聲、香、味、觸等五塵，以及無表色，總計有十一法。⓯阿毘曇　亦即佛教典籍中的「論」。三藏之一。與經、律合稱為三藏（佛教聖典之總稱）。⓰六行　這裡的「六行」，應該是指「六行觀」。以有漏之智，次第斷除下地之惑的方法。三界分為九地，比較下地與上地，下地粗、苦、障，故觀而厭之。上地靜、妙、離，故觀而欣之。依此欣上厭下之力，可次第斷除下地之惑，故又稱欣厭觀。⓱九孔　指二眼、二耳、二鼻、口、大小便道。此九孔，破如瘡，常流膿血不淨，為瘡。由外物通，為入。由內物出，為流、漏。⓲四微　色、香、味、觸等四種微細的色法。⓳四大　地、水、火、風等四種粗重的色法。

【語譯】在解釋完了四無量心之後，我們應該接著解釋無想定。為什麼要緊接著解釋無想定呢？這是因為，有些外道，深深地厭惡心念的生滅，欲求無思無想的涅槃寂靜之樂。由於這些外道，既沒有智慧，又不辨真假。所以，他們在證得四禪時，沒有覺察到微細色法的過患，只是覺察到了心念生滅的虛妄，因而，對這些心念，產生了厭患之心。

由於外道不知破除色法，斷掉色法的繫縛，反而運用邪智邪慧，滅除心中念頭。這些外道，與邪法相應，把無思無想的寂滅空定，當作涅槃。這些外道，並沒有斷除色法的繫縛，等到命終的時候，就會生到無想天上去，猶是未能解脫色界生死，所以，他們也被稱之為客居天界的人。就像阿那含人，修習五品熏禪，由於色界思惑未盡，所以，寄生在色界天，也被稱之為客居天界的人。無思無想的寂滅空定，屬於邪法，不是佛弟子應該修習的法。今天我們要全面地說明三界中的各種禪定，所以，略加明示禪定的邪正之相。

第三，解釋四無色定。四無色定包括：一、空無邊處定，二、識無邊處定，三、無所有處定，四、非有想非無想處定。今天，我們解釋四無色定，從二個方面來進行解釋。一、總論四無色定。二、分別論四無色定。

一、總論四無色定。前面所講的四種禪定，以及四無量心的禪定，都是依據色法而立其名。我們現在所說的四無色定，是依據無色法，從所觀之境而立其名的，所以叫做無色定，所以佛經上說：「四種無色定，滅除色界法，四空相互依，也名四空定。」四種空定，無形無質，如同虛空，所以叫做四空定，也叫做四空定處。這四種定心，也叫做定處。這四種定心，以所觀之境為住處，就像四念處、八勝處及十一切處等，也都是從所觀之境而得名的。

四空定的次第之相，在下面的講述中，我們將會予以說明。四空定不能稱為禪，這是因為，前面已經有了四禪的名字，所以，不能重複立名，今應另立其他名字。再一個來說，四無色定，缺乏支林功德，所以不能叫做禪。

問：《纓絡經》裡說：「五支功德為因，默然心為定體。」這又如何解釋？

答：這只是依據義理，方便建立支林功德。四空定並不像四禪那樣，具足成就了一切支林功德。所以，在各種經論中，都不說四空定有支林功德。

二、分別解釋四空定處。分三部分說明，一、解釋名字，二、說明如何修行，三、說明得證之相。

第一，解釋名字。之所以叫做空處定，這是因為，這種禪定在最初的時候，離開三種色法，住著在無有色法的空寂境界裡，由於這種禪定與空寂無色的禪定境界相應，所以叫做虛空定。我們現在所說的空處，以及上面所說的三種無色定，皆屬於無覺無觀、聖默然、捨俱的範疇。所以《大智度論》中說：「獲得虛空處定，其心不苦不樂，定力逐漸增加。」

問：若說虛空無色的禪定境界就叫做空定的話，那麼，前面所說的各種禪定，也都有虛空無色的境界，為什麼不能叫做虛空定呢？

答：前面所說的六種禪定，都不能叫做虛空定，這是因為，前面所講的六種禪定，只是行者入定之後，其心相逐漸轉細的一種禪定境界，在這種禪定境界裡，只是沒有了粗重的色相，所以也具有「空」的意思。但是，在實際上，前面所講的六種禪定，未能破除色法，未能斷除色法的繫縛，所以，前面所講的六種禪定，有時候有色相，有時候沒色相，這六種禪定，並不像空定那樣，一向是沒有色相。所以，前面所說的六種禪定，雖然有空寂的禪定境界，然而，卻不能叫做虛空無色定。

第二，說明修習空定的方法。分二部分來說。一、說明所修的境界。二、說明能修之心。

一、說明所修的境界。有二種。一、障道的色法境界，二、空定成就的情形。

一、障道的色法境界。行者要想進入空處定，就必須要息滅三種色，一、可見有對色。二、不可見有對色。三、不可見無對色。佛經中說：「超越一切色相，息滅一切有對，不思念形色，才能進入無邊虛空處定的禪定境界。」《大智度論》中說：「超越一切色相，破除一切可見有對色。息滅有對色，就是破除不可見有對色。不思念種種色相，就是息滅不可見無對色。一切色法，皆屬於十一法的範疇，也就是五塵、五根及無表色。這十一法，皆屬於色法的範疇。」阿毘曇中說：「五根、五塵是有相對、有質礙的。無表色是不可見、無質礙、無相對的。」行者要進入虛空處定，就必須要破除這三種色法。這三種色法，就是進入虛空處定的障道的色法境界。

二、空定成就的情形。行者以自己的心智，緣於虛空無色之境，借助於這種方法而入定，就可以進入虛空處定，這就是成就虛空處定的情形。

第二，說明能修之心。分二部分來講，一、訶責與讚歎，二、觀想與剖析的修習方法。

一、訶責與讚歎。若行者欲求虛空處定，應該深刻的思惟色法的種種罪過。所謂有色身，就會有身內的饑渴、疾病、大小便、汙穢、粗重、弊惡、欺誑、虛假等身苦。身外也會有冷熱、刀杖、枷鎖、刑罰等身苦。借助於前世的因緣，才會有今世的這個報身，這個報身，是一切痛苦的根本，實在不可貪著。一切色法繫縛於自心，使得自心不得自在，作虛妄色法，虛營自繞，這就是心的牢獄，使心煩惱不堪，實在不可貪著。

以上所說，簡略地介紹了訶責色法的修行方法。

所謂讚歎。讚歎虛空性，無形亦無色，虛空無形色，更無諸過患，虛豁安樂處，寂靜無有比，更無種種患。

我們現在所說的訶責與讚歎，也就是修習厭下欣上的六行觀。只要參照前面內容，就可以知道其中的詳情。

二、說明觀想與剖析的修習方法。行者在第四禪中，應該作這樣的觀想：我現在所得到的定境，是依據於欲界身而有的，具足一切色法，我為什麼不能清楚地徹見此事呢？行者作了這樣的觀想之後，就應當反過來觀想自己的色身：色身的一切毛孔，以及九孔，還有自己身體的內部，全都是空虛稀疏的，就像紡紗羅縠，內外相通。也像芭蕉樹，一層一層的，一點也不實在。

當行者這樣觀想的時候，就能見到身空不實的境界。見到這種境界之後，更要用心觀想，見到自己的身體，好像簁羅及瓦甑，好像蜘蛛網。行者再一步一步地分析下去，以至於分析至極微細的程度，最後分析至虛無一物的程度，這時，身體在行者的心中，就全部化空了，自己的眼耳鼻舌身等五根，就不復存在了。運用這樣的方法，把自己的身體剖析空了，也應該運用同樣的方法，剖析身外的種種色法，為什麼呢？這是因為，身內的四微、四大、形形色色，與身外的四微、四大、形形色色，都是一樣的。

行者作這樣的觀想時，種種色法，漸漸壞滅，此時的禪定境界，叫做過色。聲、香、味、觸等種種感覺，漸漸滅壞，此時的境界，叫做滅有對相。這時，行者對於可見有對色、不可見有對色，以及無表色等種種色法，就不再妄想分別。此時的禪定境界，就叫做不念種種差別相。

所有的色法，全都滅謝，只要行者一心緣空，久久不捨，色界定就會滅謝，空定就會發起。在色界定已滅、空定未發之前，在這其間，也有中間禪。這時，行者慎勿生出憂悔，應該勤加精進，一心緣空，努力度過色界難關。

以上所說，簡略地介紹了修習禪定的方法。

【說明】根本四禪，雖然解脫了欲界的繫縛，然而，尚未解脫色界的繫縛。若欲解脫色界的繫縛，行者就要生起「厭下欣上」之心，厭惡粗重的下界，欣慕微妙的上界，捨棄色界的四禪，修習無色界的四空定。借助於四空定的修習，解脫色界的繫縛。

第二，明證虛空定。亦為六意。一、證相。二、明有支無支。三、體用。四、淺深。五、進退。六、功德。

第一，明證相者。行者既一心念空不捨，則其心泯然，任運自住空緣。此亦似如前說未到地之相。於後豁然與空相應，其心明淨，不苦不樂，益更增長。於深定中，唯見虛空，無諸色相。雖緣無邊虛空，心無分散，既無色縛，心識澄靜，無礙自在，如鳥在籠中，籠破得出，飛騰自在。證虛空定，亦復如是。

復次，得空處定，出過色界故，名過一切色相。空法持心，種種諸色，而不得起故，名滅有對相。既得勝妙空處，決定能捨色法，心不憶戀故，名不念種種相。是故經中，多以此義，明證虛空處定。

第二，明有支無支者。餘經論中，明四無色定，例不立支，唯《瓔珞經》云：「四空定五支為因，第六默然心為定體。」方便道同，體用相似故。若依《瓔珞》所說：「虛空定即有五支。」五支者，如經說：「一、想。二、護。三、正。四、觀。五、一心。」但上來四禪，悉有支相貌可見。今此空定，既無別證支離之法，此恐是據修空方便義立為支，故經言：「方便道同，體用相似故。」餘經論，悉不立支者，當是為自體，無有別證支林成就之相。而於《瓔珞》中，說有支者，多是據方便，及約義故說支。

約方便立支，其義云何？

一、想者，修空定時，想身如簁如甑想。

二、護者，即是捨支，捨於三種色相。又護者，名護持，遮三種色，不令破於空心。

三、正者。不邪為義。今修空定為正，若念色相，是則為邪。

四、觀者。觀達正念，破三種色，達於空理。

若觀心住虛空，無有分散，名一心支。

通明支者，謂支離為義。因此，五法支離非一、故名為支。約修方便論支，正應如此。

佛意難知，既無的文，不可定判。或是證空定時，於空定中義立五支。何以故？經亦說言：「五支為因，第六默然心為定體。」今約修空立支，隱顯明因果體用，如似不便。若約證空定時義立五支，亦復宛然，似如可見。深推自解，不煩多釋。

第三，體用者。前五支為因，第六默然心為果。果後更起五支，則為用。默然為體，例如前四禪不異。

問曰：向言無證支，那得例上？

答曰：還用方便支義，支對隱顯，例作亦當，於義無失。

第四淺深者。初得虛空定，即離三種色，心與十方虛空相應，於後，定既重發，復覺心識明淨，見空亦廣，定又增深。自覺初淺狹，今則漸廣深，如是乃至九品。類前可知。

第五進退者。得虛空定，亦有四種人不同。所謂退分、住分、進分、達分。類如上四禪中說。今不廣明。

第六，明功德者。亦有共，不共。共如上說。不共，離過者，始於此空定中，方得離三種色❶過。善心不共者，得離色證空，更得增勝信敬慚愧等諸功德。

【章　旨】分六個部分說明了虛空定。一、說明了虛空定的禪定發相。二、說明了虛空定的支林功德。三、說明了虛空定的體用。四、說明了虛空定的淺深。五、說明了虛空定的進退。六、說明虛空定的功德。

【注　釋】❶三種色　一、可見有對色。可以眼見之色相，譬如青黃赤白，大小方圓等。二、不可見有對色。不可眼見之色相，譬如聲香味觸等四塵，眼耳鼻舌身等五根。三、不可見無對色，其自性無對礙，亦不可眼見者，無表色是也。〈釋禪波羅蜜修證第七之二・明修空方法〉有解釋。參見本書第四四六頁。

【語　譯】第二，說明證得的虛空定。分六部分來說。一、說明得證的空定之相。二、說明有無支林功德。三、說明本體與相用。四、說明空定的淺深。五、說明進退之相。六、說明空定的功德。

第一，說明證得虛空定的情形。行者一心緣空，久久不捨，其心便能漸漸地入於寂滅，自然而然住於空境。這種禪定境界，就像前面所說的未到地定的情形一樣。假若行者再繼續用功，就會豁然與空相應，心性清淨光明，此時，既沒有苦，也沒有樂，更加有益於禪定的修行。在這種甚深的禪定之中，唯見虛空，不見色相。行者住於無邊虛空，定心無有分散，也沒有色相的繫縛，行者的定心，湛然清淨，任運自在，就像籠中之鳥，脫離了籠子的囚禁，在空中自由飛翔。證得虛空定的情形，也是這樣的。

證得了虛空處定，超越了色法的繫縛，所以，叫做「過一切色相」。由於空法攝持定心的緣故，所以，種種色法，無能緣起，因此之故，叫做「滅有對色」。既然獲得了殊勝的空處定，就一定能夠解脫色法，不再意念戀著色法，所以叫做「不念種種相」。佛經上多用以上所說的情形，來說明證得虛空定的情形。

第二，說明有無支林功德。在其他的經論中，說明四無色定，向來不說支林功德。唯獨《纓絡經》上說：「以四空定的五支為因，以第六默然心為定體。」在各種經論中所說的虛空處定的修習過程，大體相同，所證得的體用，亦大致相似。若依照《纓絡經》上的說法：「虛空定有五支功德。」這五支功德就是：「想、護、正、觀、一心。」但是，前面所說的四禪，皆有支林功德。現在所說的空定，沒有另外的支林功德。《纓絡經》上所說的空定的五支功德，恐怕是出於修習空定的方便，才說有五支功德之說，所以，佛經上說：「這是由於方便道同，體用相似的緣故。」其他經論，之所以不立支林功德，可能是因為空定本身，沒有另外的支林功德的緣故。在《纓絡經》中，之所以說有支林功德，多是根據方便，以及義理，所以才這樣說的。

依據方便而建立支林功德，那麼，支林功德的各自含義又是怎樣的呢？

一、想支。就是修空定時，想像自己的身體，如簁如甑。

二、護支。也就是捨支，捨棄三種色法。護又叫做護持，用來遮擋三種色法，不使色法破壞空定。

三、正支。正，就是不邪的意思。修空定是正，若愛著色相，就叫做邪。

四、觀支。觀，就是觀照，達於正念，破除三種色法，達於空無之理。

五、一心支。若觀照自心，住於虛空無色之境，定心無有分散，這就叫做一心支。

從總體來說明「支」的含義。「支」也就是分支、分離的意思。因為功德發相，支脈分化，所以叫做支。若從修行方便的角度上來說明「支」的含義，就應該如此而說。

佛意不可思議，關於空定的「支」的含義，並沒有確實的文字記載，所以，不可做定論。或者是在證得空定時，在空定意義上來建立五支功德，為什麼呢？這是因為，佛經上也說：「發起的五支功德是因，成就的第六默然心是定體。」我們現在依據修習空定而建立支林，主要是用來說明因果體用的隱意和顯意，這好像有所不便。若依據證得的空定而建立五支，亦同樣是這樣，猶若清晰可見。這其中的詳情，還要請各位深思推理，在這裡，就不再多解釋了。

第三，說明體用。在前面已經說過，五支是因，第六默然心是果。證得第六默然心之後，又更發起五支功德，此時所發起的五支功德就是用，默然心是體。其中的道理，與前面四禪所說相同。

問：向來就不說證得的空定支林，哪能像您上面所說？

答：這還是從方便的角度上來說的，以便用支林功德來說明空定的隱意與顯意，我這樣說也是恰當的，不違佛義。

第四，說明空定的淺深之相。最初證得虛空定的時候，離開了三種色法，心與十方虛空相應。後來，空定漸漸轉深，於是，行者覺得心識越來越光明清淨，所見到虛空，也越來越廣大，定心也越來越深邃。此時，行者覺得，自己最初證得的空定，膚淺而狹隘，而現在所證得的空定，則逐漸深邃而廣大，如是乃至達到九品之位。依照前面所講的內容，就能明白其中的含義。

第五，說明空定的進步和退步的情況。證得虛空定時，也有四種不同的情況。也就是：退步的情況、住定的情況、進步的情況、通達的情況。就像前面解釋四禪時所說的一樣。今不再作廣泛地說明了。

第六，說明虛空定的功德。虛空定的功德，也有共功德與不共功德的區別。虛空定的共功德，與前面所說的一樣。所謂不共，亦即離過功德，在虛空定中，才能離開三種色法的過患。所謂善心不共，亦即離開色法、證得空定，更能增進殊勝的信敬、慚愧等的功德。

【說　明】行者捨棄對色界的執著，不再受色界的繫縛，而是緣心於無邊虛空。行者如此用功，久久純熟，便能與無邊虛空相應，便能獲得虛空處定。

色相不可著，同樣，空相亦不可著。著色被色縛，著空被空縛。理既如是。然而，若就修習虛空定的用意而論，修習虛空定，只是為了對治行者對色相的執著，所以，行者在修習虛空定的時候，必須清楚地知道，虛空定的修習，亦一時方便之用，非究竟了義之處。

第二，明識處定者，亦為三。第一，釋名。二、修行方法。三、證相。

第一，釋名者。所以名識處者。捨空緣識，以識為處，正從所緣處受名，故名識處。

第二，修行方法者。有二種。一者、訶毀空處，讚歎識處。二者、觀破空處，繫緣念識處。

云何名訶責空定？行者知空處定與空相應，虛空無邊，心緣虛空，緣多則散，能破於定。復次，虛空是外法，緣外法入定，定從外生，則不安隱，過罪多，是名訶虛空定。識處既是內法，緣內法入定，則多寂靜安隱，是故讚歎識處。

第二，觀破空處者。觀緣空受、想、行、識，如病如癰，如瘡如刺，無常、苦、空、無我，和合而有，欺誑不實。此即是八聖種觀。前四是對治方法，便是事觀。後無常等四、即是緣諦理觀。

就此八種觀中，即有總別。總者，用此八法，總觀空處定，四陰❶和合，故有此定，可患無實。別觀者，用此八法，前四對治，觀四陰事，如病者對治受陰，如癰者對治想陰，如瘡者對治行陰，如刺者對治識陰。

復次，四無常等，即對觀四陰理相。無常觀識陰，苦觀受陰，空觀想陰，無我觀行陰。此事理二觀總別，觀虛空處，事理無可貪樂，即心易生厭疾能捨離。善用念處❷中意尋此別對❸之義可見。

問曰：離四禪時，何故但說三方便？今離四空定，說八聖種❹耶？

答曰：空定既細，若不說聖種往觀，則過難見。

問曰：若爾，凡夫無八聖種，云何得離？

答曰：善修六行❺亦得離之。但不如八聖種疾。

問曰：若修有漏禪，得用八聖種者，與無漏復有何異？

答曰：今此中，用八聖種，但是欲疾離下，修上地定，不能即深觀自地，發無漏慧，故與無漏有異。

次明繫心緣識。行者既善知空定過罪，心不喜樂，便捨空處，一心繫緣現在心識，念念不離，未來過去，亦復如是。常念於識，欲得與識相應，加功專至，不計旬月，一心緣識，無異念。

問曰：過去識已滅，未來未至，現在不住。云何可緣而入定耶？

答曰：心識之法，實如所問，雖三世心識不可得，而亦可憶持，如過去瞋心，已滅不可復得，猶可憶知。亦如得他心智，即能知他三世之心。諸法雖空，而不斷故，何況自緣已三世識心，而不得作入定因？

緣此而推之，亦得有緣識入定之義，是故行者一心緣識，空定即謝。識定未生，中間亦例如前。

問曰：若爾，亦說中間禪相耶？

答曰：上已解之，其義可見。

第三，證相。亦有六義。一證相。二明支。三體用。四淺深。五進退。六功德。

一、證定發相者。行者一心緣識，即便泯然任運自住識緣，因此，後豁然與識相應，心定不動，而於定中，不見餘事，唯見現在心識，念念不住，定心分明，識慮廣闊，無量無邊。亦於定中，憶過去已滅之識，無量無邊，及未來應起之識，亦無量無邊，悉現定中，與識法相應。識法持心，無分散意，此定安隱，清淨寂靜，心識明利，不可說也。

問曰：行者未得三通，云何知三世心？

答曰：此是三昧之力，類上四無量心，其義可知。

二、明支者。如《纓絡經》說：「四空五支，方便道同，用相似故。」例如空處，不煩更說。

三、體用及淺深、進退、功德等，並類可知。今不別釋。

【章　旨】首先，說明了識處定的含義：以識為處所，對治虛空執。其次，說明了進入識處定的方法。第一，修習六行觀，厭下而欣上。第二，運用八聖道，對治種種執。再次，說明了識處定的禪定發相。

【注　釋】❶四陰　在這裡是指受、想、行、識四種心理現相。迷人不識自心，被受、想、行、識所覆陰、障礙，所以，稱之為「陰」。若在達人分上，雖有受、想、行、識之四種心理現相，然而，卻不名之為「陰」，這是因為，達人已「轉識成智」，已轉受、想、行、識為四妙用。圓滿覺悟的佛，並不是沒有了受、想、行、識，而是識心達本、善用諸法的人。❷念處　亦即四念處。四念處包括：一、觀身不淨。二、觀受是苦。三、觀心無常。四、觀法無我。❸別對　「別觀對治」的簡稱。觀想受、想、行、識，猶如疾病、癰疽、膿瘡、棘刺、無常、苦、空、無我，因緣和合，無有自性，虛幻不實。在這八種觀想法中，分為總觀對治與別觀對治。總觀對治是指，用這八種法，綜觀空處定，皆是四陰和合，虛幻不實，所以說，虛空處定，可厭無實。別觀對治是指，用這八種法中的前四法，來觀四陰之事，譬如用疾病觀來對治受陰，用癰疽觀來對治想陰，用膿瘡觀來對治行陰，用棘刺觀來對治識陰。❹八聖種　亦即八聖道，即八種通向涅槃解脫之道的正確方法或途徑。又作八正道、八支正道、八聖道分、八道行等。八聖道乃三十七道品中，最能代表佛教之實踐的法門。八聖道包括：正見，正思惟，正語，正業，正命，正精進，正念，正定。❺六行　這裡的「六行」，應該是指「六行觀」。以有漏之智，次第斷除下地之惑的方法。

三界分為九地，比較下地與上地，下地粗、苦、障，故觀而厭之。上地靜、妙、離，故觀而欣之。依此欣上厭下之力，可次第斷除下地之惑，故又稱欣厭觀。

【語　譯】第二，說明識處定。分三部分來說，一、解釋名字，二、說明修行方法，三、說明所證得的識處定相。

第一，解釋名字。之所以叫做識處定，這是因為，捨棄空處定，以識為處所，從所緣處而立名，所以，才叫做識處定。

第二，說明修行的方法。有二種修行的方法。一、訶責空處定，讚歎識處定。二、看破空處，一心緣於識處。

第一，何謂訶責空處定？行者知道，虛空處定與虛空相應。虛空無有邊際，繫心於虛空，久而久之，定心就會散亂，能夠破壞禪定。再說，虛空是外法，借助於外法而入定，定從外而生，則定心不穩，過失也較多，因此，要訶責虛空定。識處屬於內法，借助於內法而入定，則定心寂靜而安穩，所以，要讚歎識處定。

第二，運用觀想法，破除空處定。心緣於空相，觀想受、想、行、識，猶如疾病、癱疽、膿瘡、棘刺、無常、苦、空、無我，因緣和合，無有自性，虛幻不實。這就是八聖種的觀想法。觀想受、想、行、識，如病如癱，如瘡如刺，此是對治法，屬於事相觀。觀想受、想、行、識、無常、苦、空、無我，因緣和合，虛妄不實，屬於理體觀。

在這八種觀想法中，分為總觀與別觀。總觀是指，用這八種法，綜觀空處定，皆是四陰和合，虛幻不實，所以說，虛空處定，可厭無實。別觀是指，用這八種法中的前四法，來觀四陰之事，譬如用疾病觀來對治受陰，用癱疽觀來對治想陰，用膿瘡觀來對治行陰，用棘刺觀來對治識陰。

用後四法——無常、苦、空、無我，來對治四陰——受、想、行、識。譬如運用無常觀來對治識陰，運用苦觀來對治受陰，運用空觀來對治想陰，運用無我觀來對治行陰。運用事理二觀的總觀與別觀，來對治虛空處定。如是而觀，在事相與理體上，皆沒有了可貪戀之處，所以，容易心生厭離，捨棄空處定。若善用四念處來推尋其中的道理，則「別觀對治」之義，便清晰可見。

問：脫離四禪時，為什麼只講三種方便方法？現在，脫離四空定，又為什麼說八聖道呢？

答：因為空定很細微，若不用八聖道來返觀，就很難見到空定的過失。

問：若這樣的話，凡夫並沒有修八聖道，怎麼能脫離空定呢？

答：只要善巧修六行觀，也是可以脫離空定的，只是比不上修八聖道來得快而已。

問：若修有漏禪，需要運用八聖道，那麼，與修無漏禪，又有什麼不同呢？

答：這裡所說的運用八聖道，只是要行者盡快地脫落下地定，而迅速地進入上地定，然而，並不能通過深觀自地而發起無漏慧，所以，與無漏禪有區別。

進入識處定的方法。行者既知空定過失，因此，不再喜愛空定，而是捨棄空處定，一心繫緣於當前心識，一刻也不離開，無論是過去，還是未來，他都是這樣用功。一心繫緣於識，欲求與識相應，就必須努力用功，不計時日，無間用功，亦無雜念。

問：過去識已滅，未來識未至，現在識不住，又怎麼能夠緣識而入定呢？

答：心識之法，確實像你所問的這樣。然而，過去、未來、現在的三世心識，雖然皆不可得，然而，卻是可以憶念而觀想的。譬如過去的瞋心，雖然已經息滅，不可復得，但是，卻可以回憶起來。也就像得了他心智的人，能夠知道他人的三世心識。諸法雖然是空的，然而，卻是持續不斷的。更何況緣於自己的三世識心，豈能不可以作為自己入定的因緣呢？

由此推論，也有緣識入定的含義，因此，行者一心繫緣於識，此時，空定就會謝滅。在空定已滅、識定未生之前，也會有中間定的發起，與前面所說的一樣。

問：若是這樣的話，也要說中間禪的情形嗎？

答：前面已經解釋過了，參照上說，其義自見。

第三，說明所證得的識處定相。分六部分來講。一、說明識處定的禪定發相。二、說明識處定的支林。三、說明識處定的體用。四、說明識處定的淺深。五、說明識處定的進退。六、說明識處定的功德。

一、說明識處定的禪定發相。行者一心繫緣於心識，就會寂靜任運，住於識緣，因此，日久功深，就會豁然與識相應，心定不動，而於定中，行者不見有餘事，只見當下心識，生生滅滅，無有暫停。在這時，定心非常清明，識境也非常廣闊，無有邊際。在此定中，憶念過去已滅之識，無量無邊，憶念未來應起之識，亦無量無邊，一切心識，全在定中出現，定心與識法相應。由於識法持心的緣故，所以，定心無有分散，非常安穩，清淨寂靜，心識明利，這是難以用語言來形容的。

問：行者還沒能通達三世，怎麼能知道三世的心識呢？

答：這是三昧力量的緣故，參照上面所說的四無量心，就可以知道其中的詳情。

二、說明識處定的支林功德。就像《纓絡經》所說：「四空處定、五支功德，方便道是相同的，緣起的用相，亦是大致相同的。」其中的詳情，就像虛空處定中所說的那樣，在這裡就不再重複了。

三、說明識處定的體用、淺深、進退、功德等。參照前面的說法，就可以知其詳情。今不再作詳釋了。

【說明】修習識處定，是為了對治行者對空處定的執著，所以說，識處定亦屬方便對治，而非究竟了義。因此，行者在修習識處定的時候，必須清楚地知道，識處定的修習，亦一時之用，非究竟了義，因此，不可住此不前。

第三，明不用處。亦為三。一、釋名。二、明修行方法。三、明證相。

一、釋名者。不用處者，修此定時，不用一切內外境界。外境名空，內境名心，捨此二境，因初修得名，故言不用處❶，亦名少處，亦名無所有處，亦名無想處。此三名從定體得名也。

二、明修無所有處定。方法為二。一者、訶贊。二、觀行修習。

云何訶責識處？行者深知識處過故，所以者何？識定心與識法相應。若於定中，心緣於識過去現在未來，心識悉無量無邊。若心緣無邊，緣多則散，壞於定。

復次，上緣空入定，名為外定。今緣識入定，名為內定。而依內依外，皆非寂靜。若依內心，以心緣心入定者，此定已依三世心生，非真實。唯有無心識處，心無依倚，乃名安隱。如是知已，讚無所有處。

二、觀行修習者。觀於緣識，受想行識，如病、如癰、如瘡、如刺，無常、苦、空、無我，和合而有，虛誑不實。義如前釋。

如是知已，即捨識處，繫心無所有處。無所有處，既無所依，緣心識則內靜息，求不用一切心識之法，知無所有法，非空非識，無為法塵，無有分別❷。如是知已，靜息其心，念無所有法。是時，識定即謝，少定未起，於其中間，證相如前說。

問曰：有人言，修無所有，取少識緣之入定。此事云何？

答曰：不然。應捨一切，但念無所有法，故名無所有處。而說言少處者，但意根對無所有法塵，生於少處❸，非是緣少識入定，名為少處也。

第三，明證相。亦為六。一者、正明證相。二者、明支。三、明體用。四、淺深。五、進退。六、功德。

第一，明無所有定發相者。行者於中間，心不憂悔，專精不懈，一心內淨，空無所依，不見諸法，寂然安隱，心無動搖，此為證無所有定相。入此定時，怡然寂絕，諸想不起，尚不見心相，何況餘法？無所分別，是名無所有處定，亦名無想定。

二、明支。三、明體用。四、明淺深。五、進退。六、功德。例如前說。

【章旨】首先，說明了無所有處定的含義：內捨心境，外捨空境，一切皆捨，故名無所有。其次，說明了無所有處定的修行方法：第一，捨棄識無邊處定，追求無所有處定。第二，返觀識無邊處定，無常苦空，因緣和合，無有自性，虛妄不實。再次，說明了無所有處定的禪定之相：心境怡然，絕待空寂，空諸法相，更無分別。

【注釋】❶不用處　最初修習此定時，不用外境作緣，亦不用內境作緣，內外不用，使心處於無所緣處，所以叫做不用處定。在此定中，無思無想，一切皆無，或有少許外境心識別，所以叫做無想處定，或無所有處定，或少處定。❷非空非識三句　識相宛然，歷歷目前，故曰非空。生滅變遷，無有實際，故曰非識。法塵幻相，生滅滅生，本分天然，故曰無為。同屬虛幻，緣真而有，故曰無有分別。❸少處　這裡的「少處」，是指「無所有處」。

【語　譯】第三，說明不用處定。分三部分來說，一、解釋不用處定的名字。二、說明不用處定的修行方法。三、說明不用處定的得證之相。

一、解釋不用處定的名字。所謂不用處，就是修習此定時，不用一切內外境界。外境是空境，內境界是心境，捨此內外二境，因為初修此定而得名，所以就叫做不用處定，也叫做少處定，也叫做無所有處定，也叫做無想處定。這三個名字，都是以此定體而得名的。

二、說明修習無所有處定的方法。方法有二種。一、訶責識處定，讚歎無所有處定。二、反觀分析的方法。

如何訶責識處定？行者深知識處定的過失。為什麼說識處定有過失呢？這是因為，識處定與識法相應，行者若在識處定中，一心繫緣於過去、現在及未來的心識，那麼，心識是無量無邊的。若把心繫緣在無量無邊的心識上，時間長了，就會散亂，破壞定心。

上面說，緣空入定，叫做外定。現在說，緣識入定，叫做內定。然而，不管是緣空入定，還是緣識入定，皆非寂靜之法。若緣內心而入定，此定亦是依三世的心識而生的，亦是虛幻不實的。只有無心識之處，心無所依倚，才能叫做安穩。行者作了這樣的思惟之後，就會讚歎無所有處定。

二、反觀分析的方法。反觀所緣的受想行識等識，猶如疾病、癰疽、膿瘡、棘刺，根本就是無常、苦、空、無我，因緣和合，無有自性，虛妄不實。其中的含義，就像前面所說的一樣。

行者如是而知之後，於是，捨棄識處，繫念於無所有處。無所有處，無有可依之緣，緣心就會靜息。借助於「捨棄一切心識」之法，知道無所有之法，非空非識，無為法塵，無有分別。行者如是而知道這個道理之後，就會靜息其心，緣心於無所有法。這時，識處定已滅，無所有處定尚未發起，於其中間，亦有禪定發相，就像前面所說的一樣。

問：有人說，修習無所有處定，是取用少分心識，緣此心識而入定，您看這種說法對嗎？

答：這種說法是不對的。應該捨棄一切，只緣心於無所有法，所以才叫做無所有處定。我們所說的少處，只是意根對無所有法塵，生於少處，並不是緣於少分心識而入定，所以叫做少處。

第三，說明得證的無所有處定的情形。分六部分來講。一、說明無所有處定的證相。二、說明無所有處定的支林。三、說明無所有處定的體用。四、說明無所有處定的淺深。五、說明無所有處定的進退。六、說明無所有處定的功德。

第一，說明無所有處定發起的情形。行者在中間定時，心不憂悔，專心修行，精進不懈，專心靜心，心無所緣，不見諸法，寂然安穩，心無動搖，這就是證得無所有處定的情形。

進入無所有處定時，心境怡然，絕待空寂，無有任何念頭生起，尚且不見有任何心相，更何況其他的法相呢？無有任何法相，更無有任何分別，所以叫做無所有處定，也叫做無想定。

二、說明無所有處定的支林，以及無所有處定的體用、淺深、進退、功德。皆如前所說。

【說明】識處定，亦非究竟了義之定，因此，行者必須捨棄識處定，修習無所有處定。當行者進入了無所有處定，獲得了絕待空寂之境，此時，行者亦必須清楚地知道，無所有處定，亦非究竟了義之定，不可住此不前。

第四，釋非想非非想定。亦為三。一、釋名。二、修行方法。三、證相。

一、釋名者。言非想非非想者，解釋不同。有言此定名一存一亡❶觀。所言非想者，非粗想，此則亡於粗想。非非想者，非非細想，此則存於細想。

又解云：前觀識處是有想。不用處是無想。今雙除上二想。非想遣識處有想。非非想遣不用處無想故。

又解言：若非有想者，此定中不見一切相貌故，言非有想。非無想者，行人或作是念，若一向無想者，如木石無知，云何能知無想故？言非無想也。

問曰：非有想非無想中實有想。云何言無想耶？

答曰：非想有四陰共成，豈得言無？但凡夫人，入此定中，陰界入細故，不覺謂言無想。佛法中說，有四陰共成，但因其本名故，言非有想非無想。亦有解言：約凡夫說言非有想。約佛法中說，言非無想。合而論之，故言非有想非無想也。

第二，修行方法。亦有二。一者、訶讚。二者、觀行。

修習訶責者，深知無想中過罪，是無所有定，如癡如醉，如眠如暗，無明覆蔽，無所覺了，無可愛樂故。《摩訶衍》云：「觀於識處，如瘡如箭。觀無想處，如癡。」皆是心病，非真寂靜處。更有妙定，名曰非想，是處安隱，無諸過罪，我當求之。

二、明觀行修習。行者爾時，諦觀無所緣❷受想行識，如病、如癰、如瘡、如刺，無常、苦、空、無我，欺誑不實，和合而有，非實有。如是觀已，即便捨離心，觀於非有非無。何法非有？謂心非有。何以故？過去現在未來，求之都不可得，無有形相，亦無處所，當知非有。

云何非無？若言是無，何名無？為心是無？為離心是無？若心是無，不名為心，以無覺無緣故。若心非無，更無別無。何以故？無不自無，破有故說無。無有則無無，故言非有非無。如是觀時，不見有無，一心緣中，不念餘事，是名修習非有想非無想定。如是即依非有非無，常念不捨，則不用處定，便自謝滅。而非有想非無想定未發，於其中間，亦如上說。

第三，明證相。亦為六意。一者、正明證相。二、明支。三、明體用。四、明淺深。五、進退。六、功德。

第一，明證相者。行者既一心專精，加功不已，其心任運，住在緣中。於後，忽然真實定發，不見有無相貌，泯然寂絕，心無動搖，恬然清淨，如涅槃相，是定微妙三界無過，外道證之，謂是中道實相涅槃常樂我淨，愛著是法，更不修習。彼若正觀，如步屈蟲，行至樹表，更不復進，到退回還。如經中說：「凡夫證此定法，如繩繫鳥，繩盡則還。」已其不知，四陰和合而有自性。然其雖無粗煩惱，而亦成就十種細煩惱，以不知故，謂是真實。外道入此定中，不見有無，而覺有能知非有非無之心，即計此心，謂是真神不滅，故言神至細不破，神能知。若佛弟子，知是四陰和合而有，虛誑不實，是中心想故，知無別神知。

復次，前虛空處，破色故說空。識處破空故說識。說識為有想，不用處破識故無識，說無識為無想。今此定破無所有，說非無想，故言非有想非無想。此定於世間中，沉浮❸等故，智定、空有均平，是定安隱，於世間中，最為尊勝，等智所不能破，故數人❹言：一常有漏❺。

復次，無想有三義。一、無想天定。二、非有想非無想定。三、滅受想定。

無方便外道，滅心入無想天定。有方便凡夫外道，滅心入非有想非無想定，佛弟子滅心入滅受想定。

問曰：無所有處，亦名無想定。何故不入三種滅心耶？

答曰：不善滅無所有中心數法，故非妙。復次，若在色界，無想為極。若在無色界，非有想非無想為極。若佛法中，自有滅受想。不用處，於三處中，皆非勝定，故不取也。

第二，明支。三、體用。四、淺深。五、進退。六、功德。義類前可知。

般若滅一切法而能生一切法。如從初禪來滅憂，乃至非想非非想，滅不用處之想，皆是般若中前方便。滅諸法為入空，以其滅諸法故，能生後勝法，故般若能生萬法，故此十二門禪，皆般若氣分所攝。

問曰：菩薩行菩提道，入實相空，尚不得空。今云何隨此不實顛倒之空分別有四耶？

答曰：如《釋論》解四空義❻中說：「與諸法實相共智慧行，是四無色❼中，無有顛倒，是《摩訶衍》中四無色。」

問曰：何等是諸法實相智？

答曰：諸法自性空是。

問曰：色法和合，分別因緣故空。此無色中云何空？

答曰：色是眼見耳聞粗事，能令空，何況不可見無有對、不覺苦樂而不空耶？復次，色分別，乃至微塵，皆散滅歸空。是心心數法，在日月時節，乃至一念中不可得，是名真實四無色空義。菩薩如是知已，亦能分別種種諸相，以大悲方便，為一切眾生故，行而不著。以此功德，回向菩提，具一切佛法，普施眾生，即是行菩薩道也。

【章　旨】首先，說明了非想非非想定的含義：不著有想，不著無想。其次，說明非想非非想定的修習方法：第一，訶責下地，欣慕上地。第二，諦觀下地法相，皆屬虛幻不實。再次，說明了非想非非想定的禪定之相：不見有相，不見無相，泯然寂絕，心無動搖，恬然清淨。

【注　釋】❶一存一亡　存於細想，亡於粗想。❷無所緣　內不緣心識，外不緣空境，一切無所緣，即此無所緣，亦是無所有處定。無所緣處定，或曰無所有處定，此定之中，並非無有受想行識，只是不緣受想行識而已。若無所有處定中沒有受想行識，何以方便用功修行呢？切莫見佛家說空而著空，見佛家說有而著有。佛家說的空而非凡夫所想之空，佛家說的有，而非凡夫所想的有。若明真義，非於當下親證自心實相不可。若未證此處，不免「棄有著空、棄空著有」之過。龐居士說：「但願空諸所有，慎勿實諸所無。」❸沉浮　沉，即昏沉。浮，漂浮；散亂。❹數人　（流派）薩婆多部（即一切有部）之異名也。主論法數，故曰數人。❺一常有漏　這裡的「一常」，不可理解成「唯一的恆常不滅」，這是因為，非想非非想定，依然屬於有漏法。既然是有漏法，就屬於生滅，就不是恆常不滅。這裡的「一」字，亦即「唯一」、「最」的意思。常，即「長久」、「穩固」的意思。在四禪八定中，所有的禪定，與非想非非想相比，皆屬下地禪定，其穩定程度，皆不及非想非非想定，所以說，非想非非想是最穩固、最長久的有漏法。❻解四空義　解，即解釋。四空，即四種空定：空無邊處定、識無邊處定、無所有處定、非想非非想處定。義，即含義。❼四無色　即四無色定，亦名四空定。

【語　譯】第四，解釋非想非非想定。分三部分來講。一、解釋非想非非想定的名字。二、說明修習非想非非想定的方法。三、說明非想非非想定的證相。

一、解釋非想非非想定的名字。關於非想非非想定，有各種不同解釋。有人說非想非非想定叫做一存一亡觀。所說的非想，是指非粗重之想，這就是亡於粗想。所說的非非想，是指並非沒有細想，這就是存於細想。

又有人說：前面所說的識無邊處定是有想。前面所說的不用處定是無想。現在，捨棄上面所說的有想與無想。運用非想，遣除識處定的有想。運用非非想，遣除不用處定的無想。

又有人說：非有想是指，在定中不見一切相貌，所以叫做非有想。所謂非無想，行者或許會想：若沒有絲毫的想，就像木頭與石頭一樣，又如何能知道無想呢？所以，就叫它非無想。

問：非有想與非無想之中，其實也是有想的。您為什麼卻說無想呢？

答：非想之中，有受、想、行、識等四陰，豈能說無想呢？但是，凡夫之人，進入此定時，陰界的種種法相，變得極其微細，行者不能覺察，所以，叫做無想。在佛法中說，無想定是由四陰共同構成的，我們只是依照佛法的本意，所以，就叫它非有想非無想。也有人說：若從凡夫方面來說，此定就叫做非有想。若從佛法方面來說，此定就叫做非無想。若把這二方面合起來說，此定就叫做非有想非無想。

第二，說明修行非有想非無想定的方法。有二種方法。一、訶責與讚歎。二、反觀與分析。

所謂修習訶責，亦即行者深知無想定的過失，這種無想定，猶如愚癡、酒醉、昏眠與黑暗。在無想定中，無明遮蔽了心靈，使心靈無所覺知，無想定無有可愛樂之處。所以，《大智度論》中說：「識處定猶如膿瘡，猶如中箭。無想處定，猶如癡迷。」識處定與無想處定，這二種定，皆是禪定之病，並不是真正的寂靜之處。還更有勝妙的禪定境界，叫做非想定，那才是真正的安穩之處，在非想定中，沒有那麼多的過失，我應當獲得此定。

二、說明反觀與分析的修行方法。在這時，行者諦觀無所有處定中的受、想、行、識等四陰，猶如疾病、癰疽、膿瘡、棘刺，無常、苦、空、無我，因緣和合，無有自性，虛幻不實。行者作了這樣的返觀之後，就會生出捨離之心，而用心於非有想非無想。什麼法是非有呢？心識之法是非有。為什麼說心識之法是非有呢？這是因為，過去、現在、未來的心識，虛幻不實，皆不可得，心識沒有形質，沒有處所，所以我們知道，心識法是非有之法。

何謂非無呢？若說是無，那麼，什麼是無呢？到底心是無？還是離心之外是無？若說心是無，那麼，心就不叫心了，這是因為，沒有能覺、沒有所覺的緣故。若心是非無，那就更沒有一個別的無，為什麼這樣說呢？這是因為，無不自無，破有而說無。沒有有，也就沒有無，所以叫做非有非無。行者作這樣的觀想時，不見有，也不見無，一心繫緣於非有非無，更無其他雜念，這就叫修習非有想非無想定。行者這樣繫緣於非有非無，久久用功，則不用處定自然就會謝滅。在不用處定已滅，非有想非無想定尚未發起之前，也有中間定，就像上面所說的一樣。

第三，說明得證之相。分六部分來講。一、說明非想非非想定的得證之相。二、說明非想非非想定的支林功德。三、說明非想非非想定的體用。四、說明非想非非想定的淺深。五、說明非想非非想定的進退。六、說明非想非非想定的功德。

第一，說明非想非非想定的得證之相。行者專心精進，用功不已，自由自在，繫心於非想非非想。於後，忽然發起真實禪定，不見有相，不見無相，心識泯然寂絕，定心無有動搖，恬然清淨，就像獲得了涅槃境界。這種定境，非常微妙，三界之中，所有境界，無有超過這種境界的。外道證到這種境界，就認為獲得了中道實相，獲得了涅槃，達到了常樂我淨的境界。因此，貪愛這種境界，不求繼續前進。若以正覺眼界來看，外道的這種修為，猶如步屈蟲，只是走到樹的表皮，就不再繼續前進，反而向後退步。正如佛經中所說：「凡夫證到這種境界的時候，猶如繩子繫鳥，繩盡則還。」由於凡夫與外道，他們不知道此定是四陰和合而成的，所以，他們雖然沒有了粗重的煩惱，然而，卻依然還有十種細微的煩惱。由於凡夫與外道不知諸法實相的緣故，所以，把虛幻妄法當成了一真實相。外道在這種定境之中，不見有相，不見無相，卻覺察到了，有一個「能夠知道非有非無的心」。於是，他們就把這個「能夠知道非有非無的心」，當成了「不滅的真神」，所以他們說，神是至細而不可破的，並且是能夠覺知的。若是佛弟子，就會知道，此定乃四陰和合而成，虛妄不實，亦是唯心所現之法相，其實，並無別神知。

前面所說的虛空處定，是為了破除色相，所以才說空。在識處定中，是為了破除空相，所以才說識。識也就是有想。在不用處定中，是為了破了識相，所以才說無識。無識也就是無想。現在我們所說的定，為了破除行者對無想的執著而說非無想，所以說非有想非無想。此定在世間中，沉浮均衡，定慧相等，空有平均，所以，此定非常安穩。此定在世間，最尊、最殊勝，世俗之智所不能破。所以一切有部的人說：非想非非想定，是有漏法中的最穩固的定法。

無想有三種含義。一、無想天定。二、非有想非無想定。三、滅受想定。

缺乏方便法的外道，他們滅除心念，入於無想天定。有方便法的凡夫與外道，他們滅除心念，入於非有想非無想定。而佛弟子，滅除心念，入於滅受想定。

問：無所有處定，也叫無想定，為什麼不在三種滅定之列呢？

答：因為無所有處定，不能善巧地滅除心中的虛幻法相的緣故，所以，不屬於勝妙的法。若是在色界之中，無想定就是色界定中的最高成就。若是在無色界之中，非有想非無想定，就是無色界定中的最高成就。若是在佛法之中，自有滅受想定。不用處定在色界、無色界，以及佛法之中，都不屬於殊勝的定境，所以，不把不用處定列入到三種滅定之中。

第二，說明非想非非想定的支林，以及非想非非想定的體用、淺深、進退、功德等。只要參照前面的內容，就可以知道其中的詳情。

般若既能滅除一切法，也能生出一切法。譬如從初禪開始滅憂，一直到非有想非無想處定，滅不用處定中的識想，這些都是般若法門的方便前行。滅除諸法，是為了進入空定。由於滅除了諸法、進入了空定的緣故，所以，才能生出後來的殊勝的禪定境界，所以說，般若能生萬法。由於般若能生萬法界的緣故，所以，我們所講的十二門禪，皆在般若的容攝之中。

問：菩薩行菩提道，入於般若實相之空，尚且不得空。現在，您為什麼卻在不顛倒的空法裡，而又分化出四種空呢？

答：就像《釋論》解釋四空義時所說：「與諸法實相相應的般若智慧之行，才是四無色定中的無顛倒之行，也是《大智度論》中所說的四無色定。」

問：什麼是諸法實相之智呢？

答：諸法自性空，即是諸法實相之智。

問：色法是因緣和合之法，逐級剖析其因緣，則知色法即是空法。但是，在無色界定中，根本沒有色相，又如何說空呢？

答：色法是眼見耳聞的粗法事相，尚且能夠剖析至空，更何況無有相對、不苦不樂之法而不能空呢？剖析色法，乃至剖析到微塵那個層面，直至最後，層層色法，皆歸於空。心中的色法，在日月時節之中，一刻不息地變遷而去，乃至於在一念之間，也盡是變遷而去的不可得之相，這就是四無色空的真實含義。菩薩如實了知第一義，善於分別諸法相，為了救度眾生的緣故，菩薩以大悲方便，行於事相而不著於事相。菩薩以此功德，迴向給菩提之道，希望自己具備一切佛法，普施一切眾生。行如是之道，即是行菩薩道。

【說　明】非想非非想定，屬於無色界定之最高定境，亦有為禪定的最高定境。行者具足修習了四禪八定，達到了無色界的最高定境，切不可生究竟了義之想。我們應該知道，四禪八定的種種定境與功德，盡歸一真心體，一真心體，最尊貴最無上。行者證得此心，方名究竟了義。

卷第七

釋禪波羅蜜修證第七之三

（修證亦有漏亦無漏禪）

今約三種法門，以辯亦有漏亦無漏禪。一者、六妙門。二者、十六特勝。三者、通明觀。此三法門亦得說為淨禪。此中明淨禪，與阿毘曇❶有小異，淺深位次，並如前第五卷中說。但教門分，一息道❷立三種禪❸，為化眾生。今須略推此教意，多是對三種人根性不同。

一者、自有眾生，慧性多而定性少，為說六妙門。六妙門中慧性多故，於欲界初禪中，即能發無漏，此未必至上地諸禪也。

二者、自有眾生，定根多而慧性少，為說十六特勝。慧根性少故，下地不即發無漏。定性多故，以具上地諸禪方得修道。

三者、自有眾生，定慧根性等，為說通明。通明者，亦具根本禪，而觀慧巧細，從於下地乃至上地，皆能發無漏也。

此是隨機之說。若隨對治，則與此相違。如前五門中意可解。

【章　旨】提出問題：運用三種法門（六妙門、十六特勝、通明觀）辨明亦有漏亦無漏禪。

【注　釋】❶阿毘曇　亦名阿毘達磨，又作阿鼻達磨、毘曇。意譯為對法、大法、無比法、向法、勝法、論。與經、律合稱為三藏（三藏，佛教聖典之總稱）。❷一息道　即數息觀。又作阿那般那觀、安那般那念、念安般、安般守意。意譯作念入出息、念無所起、息念觀、持息念。簡稱安般、數息。❸三種禪　即指六妙門、十六特勝、通明觀。

【語　譯】現在用三種法門，以辨明亦有漏亦無漏禪。一、六妙門，二、十六特勝，三、通明禪。這三種法門，也可以叫做淨禪。在這裡所說的淨禪，與阿毘曇的說法，稍有不同，三種淨禪的淺深之相，以及發起的次第，就像第五卷中所說的那樣。在教門中，一息道分為三種禪，這主要是為了教化眾生。現在，我們略說其教義，主要是針對三種不同根性的人。

一、有的眾生，慧根較好，然而，定根較差，於是，就為這類眾生說六妙門。由於他們修習六妙法門，又加上慧性較好的緣故，所以，他們在欲界初禪中，就能發起無漏智慧。慧根較好而定根較差的這一類人，他們的無漏智慧的發起，未必要等到二禪、三禪、四禪。

二、有的眾生，定根比較好，而慧根比較差，於是，就為這類眾生說十六特勝。由於慧根較少的緣故，所以，在下地定中，不能發起無漏智慧。由於定根比較好的緣故，所以，只有到了上地諸禪時，才能證得無漏道。

三、有的眾生，定根與慧根，均衡相等，於是，就為這類眾生說通明法。通明具足根本禪，觀照的智慧，既善巧又精細。通明禪，從下地禪，一直到上地禪，在每一地禪，都能夠發起無漏智慧。

以上這些說法，都是針對眾生根機而說的。若從對治法門上來說，情況則就不同了。參閱前面所講的五門禪，就可以知其詳情。

【說　明】佛教所說的一切法門，皆依眾生根性而立，猶如一切治病藥方，皆依患者病情而成。智者大師在這裡所說的六妙門、十六特勝、通明禪等三種法門，亦依據眾生根性而方便建立，令眾生借此方便，通達諸佛要義。

初釋六妙門為三。一者、釋名。二、辨位次。三、明修證。

第一，釋名者。所言六妙門者，一、數，二、隨，三、止，四、觀，五、還，六、淨。通稱六妙門者，妙名涅槃。此之妙法，能通至涅槃，故名妙門，亦名六妙門。此六妙門，三是定法，三是慧法。定愛慧策，亦有漏亦無漏。義在於此。

二、辨次位者。此六妙門，位即無定。所以者何？若於欲界未到地中，巧行六法❶，第六淨心❷成就，即發三乘無漏❸，況復進得上地諸禪而不疾證道？

雖此與前有異，是以《瑞應經》云：「因此六法，遊止三四❹、出生十二。」此而推之，故知此六妙門，位則不必定耳。

三、明修證者。若廣明此六法修證，則諸禪皆屬六妙門攝。今但取次第相生，入道之正要，以明六妙修證之相。

今明修證六妙門，開為十二門也。所以者何？如數有二種。一者、修數。二者、數相應，乃至修淨與相應亦如是。

今約修證分別有十二門。一、修數。二、與數相應。

一者、修數。行者調和氣息，不澀不滑，安詳徐數，從一至十，攝心在數，不令馳散，是名修數。

二、與數相應者。覺心任運，從一至十，不加功力，心息自住。息既虛凝，心相漸細，患數為粗，意不欲數。爾時，行者應當放數修隨。隨亦有二種。一者、修隨。二者、與隨相應。

修隨者。捨數法，一心依隨息之出入，心住息緣，無分散意，是名修隨。

二者、與隨相應。心既漸細，覺息長短，遍身入出息。任運相依，意慮恬然凝❺靜，是名與隨相應。

覺隨為粗，心厭欲捨，如人疲極欲眠，不樂眾務。爾時，行者應當捨隨修止。止有二種。一者、修止。二與止相應。

修止者。三止❻之中，但用制心止❼也。制心息諸緣慮，不念數隨，凝❽靜其心，是名修止。

二、與止相應者。自覺身心泯然入定，不見內外相貌，如欲界、未到地等定法持心，任運不動。

行者爾時，即作是念：今此三昧，雖復寂靜，而無慧方便，不能破壞生死。復作是念：今此定者，皆屬因緣，陰入界❾法，和合而有，虛誑不實，我今不覺，應須照了。作是念已，即不著止。

【章旨】首先，說明了六妙門的含義：數、隨、止、觀、還、淨。其次，說明了數息、隨息、止息的修習方法。

【注釋】❶六法　在這裡是指「六妙門」。一、數息門。二、隨門。三、止門。四、觀門。五、還門。六、淨門。此六者，因其次第相通，能到達真妙之涅槃，故名六妙門。❷第六淨心　指六妙門中的第六門——淨門。❸三乘無漏　指小乘學人所發起的無漏之智。佛教三乘，佛乘、大乘、小乘。小乘之中，由於悟道因緣的不同，又分為：聲聞與緣覺。聲聞是聞佛教誨而悟道者。緣覺是觀十二因緣而悟道者。❹三四　六妙門，一門分二門，六妙門共分十二門。此處的「三四」，即十二門之異稱。❺凝　此處的「凝」字，應是「寧」字。恐是筆誤。❻三止　一、體真止，乃針對空觀而立。謂體達無明顛倒之妄，即是實相之真者，稱為體真止。以其徹達因緣和合，諸法空無自性，故能止息一切攀緣妄想而證空理。空即是真，故稱為體真止。若達此境地，則發定、開慧眼，能見第一義，成就真諦三昧。二、方便隨緣止，又作方便止、繫緣守境止。乃針對假觀而立。菩薩隨緣歷境，心安於俗諦而不動，稱為方便隨緣止。菩薩知空非空，故能善巧方便，隨緣分別藥病，以教化眾生，並安於俗諦，心不為外境所動。此能開法眼，成就俗諦三昧。三、息二邊分別止，又作制心止。乃針對中觀而立。指不分別生死與涅槃、有與無等二邊之相。由於第一止偏於真，第二止偏於俗，俱不合於中道。既知真非真，則為空邊寂靜。知俗非俗，則為有邊寂靜，亦即息真俗二邊而止於中諦。若達此境，則發中道定，開佛眼，成就中道三昧。❼制心止　又作息二邊分別止。乃針對中觀而立。指不分別生死與涅槃、有與無等二邊之相。由於第一止偏於真，第二止偏於俗，俱不合於中道。既知真非真，則為空邊寂靜。知俗非俗，則為有邊寂靜，亦即息真俗二邊而止於中諦。若達此境，則發中道定，開佛眼，成就中道三昧。❽凝　此處的「凝」字，應是「寧」字。恐是筆誤。❾陰入界　五陰、十二入、十八界之簡稱。

【語　譯】一、解釋六妙門法。分為三部分。一、解釋六妙門的名字。二、分辨六妙門的次第。三、說明六妙門的修證。

一、解釋六妙門的名字。所謂的六妙門，就是指數、隨、止、觀、還、淨。之所以通稱六妙門，這是因為，六妙門的「妙」字，也叫做涅槃。六妙門能夠通達涅槃境界，所以叫做妙門，也叫做六妙門。在六妙門中，其中有三門是定法，有三門是慧法。定法產生愛著，慧法策勵前進，因此之故，所以叫做亦有漏亦無漏禪。六妙門的名字，義亦如此。

二、分辨六妙門的次第。六妙門沒有固定的次第。為什麼這樣說呢？這是因為，若在欲界、未到地定中，善巧方便地運用六妙門，只要六妙門中的淨門獲得了成就，就能發起三乘無漏。更何況到了上地諸禪而不能迅速地證得無漏智慧呢？

我們的這個說法，與前面所說，有所不同，所以《瑞應經》說：「從六妙門，遊止十處，生出十二門。」由此推論，六妙門的次第，未必就是固定的。

三、說明六妙門的修證。若從廣義上來說六妙門，那麼，一切禪皆屬於六妙門。現在，依據六妙門的次第相生、入道之正要，來說明六妙門的修證。

現在，我們說明六妙門的修證，分成十二門來講。為什麼分十二門呢？這是因為，數息門就有二門。一、修數息門。二、與數息門相應。一直到六妙門的淨門，也有修淨門、及與淨門相應二種門，所以說，一門分二門，六妙門共分為十二門。

現在，分別來講述這十二門，一、修數息門。二、與數息門相應。

一、修數息門。行者調和氣息，使氣息不澀也不滑，很安詳地慢慢數息，從一數到十，用心在數息上，令心不散亂，這就叫做修數息門。

二、與數息門相應。行者已覺自心，任運自如，從一數到十，不用著意，氣息平穩，心念不散。氣息虛甯時，心境也變細，此時，行者即覺數息粗重，不欲再數。這時，行者就應當放棄數息，而修隨息。

隨息門也有二種。一、修隨息門。二、與隨息門相應。

一、修隨息法門。行者捨棄數息，一心依隨著氣息的出入，住心於氣息，心意無散，這就叫修隨息門。

二、與隨息門相應。行者的心相，漸漸地變細，覺察到氣息的長短，氣息的遍身出入。任運依隨著氣息，無須特加用功，心意怡然寧靜，這就叫做隨息相應。

再進一步，行者覺得隨息亦粗，因此，行者就會厭而棄之，猶如疲倦至極的人，想進入睡眠，不再樂意其他事情。在這時，行者就應當捨棄隨息而修止息。

止息法有二種。一、修止息門。二、與止息門相應。

一、修止息門。體真止、繫緣止、制心止等三止門中，只用制心止。息滅各種緣慮，不再念著數息與隨息，令心寧靜，這就叫修止息法。

二、與止息門相應。行者覺得，身心泯然，入於定中，身之內外，一切有相，全然不見，猶如欲界、未到地定的境界一樣，自心能夠任運而不動。

這時，行者即作這樣的思惟：現在我所得到的這種三昧，雖然寂靜，但是，卻沒有智慧方便，不能了脫生死。行者又想：現在我所得到的這種定境，屬於五陰、十二入、十八界之法，也是因緣和合而有，虛妄不實。我現在對此反而不覺不知。我應該洞觀徹見此事。行者作了這樣的思惟之後，就會捨棄止門而進入觀門。

【說明】阿那波那法門，繫緣於氣息，方便攝持亂心，使亂心漸漸歸於寧靜。最初之時，由於定力淺薄，故用數息之法，攝心勿亂。隨著定力的加深，行者的內心，越來越寧靜，若再用數息之法，反而破壞了內心的寧靜，因此，改用隨息之法。隨著禪定的不斷深入，行者依照六種法門的順序，具足修習六妙門。

起觀分別，亦有二種。一者、修觀。二者、與觀相應。

一、修觀者。觀有三種。一者、慧行觀。觀真之慧。二者、得解觀。即假想觀。三者、實觀，如事而觀也。

今此六妙門，十六特勝，通明等，並正用實觀成就，然後用慧行觀，觀理入道。所以者何？名實者，如眾生一期，果報實有四大不淨、三十六物所成，但以無明覆蔽，心眼不開明，則不依實而見。若能審諦觀察，心眼開明，依實而見，故名實慧行觀。

及得解觀，在下四諦、十二因緣、九想、背捨等中當廣分別。

云何修習實觀？行者於定心中，以心眼諦觀此身中，細微入出息，想如空中風，皮筋骨肉，三十六物，如芭蕉不實，內外不淨，甚可厭惡。

復觀定中喜樂等受，悉有破壞之相，是苦非樂。又觀定中心識❶，無常生滅，剎那不住，無可著處。復觀定中善惡等法，悉屬因緣，皆無自性。如是觀時，能破四倒❷，不得人我，定何所依？是名修觀。

二、與觀相應者。如是觀時，覺息入出，遍諸毛孔，心眼開明，徹見內三十六物，及諸蟲戶，內外不淨，眾苦逼迫，剎那變易，一切諸法，悉無自性，心生悲喜，無所依倚，得四念處❸，破四顛倒，是名與觀相應。

觀解既發，心緣觀境，分別破析，覺念流動，非真實道，爾時，應當捨觀修還。

還亦有二。一者、修習還。二者、與還相應。

一、修習還者。既知觀從心發，若隨析境，此則不會本源，應當返觀此心者，從何而生？為從觀心生？為從非觀心生？

若從觀心生，則先已有觀，今實不爾。所以者何？數隨止等三法之中，未有觀故。若非觀心生，不觀心為滅生，為不滅生？若不滅生，即二心並。若是滅，法已謝，不能生現在。若言亦滅亦不滅生，乃至非滅非不滅生，皆不可得。

當知觀心，本自不生，不生故不有，不有故即空，空無觀心。若無觀心，豈有觀境？境智雙忘，還源之要，是名修還。

二、與還相應者。心慧開發，不加功力，任運自能破析，返本還源，是名與還相應。

既相應已，行者當知，若離境智❹，欲歸無境智，不離境智縛心，隨二邊故。

爾時，當捨還。

安心淨道。亦有二。一者、修淨。二者、與淨相應。

一、修淨者。知色淨故，不起妄想分別，受想行識，亦復如是。息妄想垢，息分別垢，息取我垢，是名修淨。舉要言之，若能心如本淨，名為修淨。亦不得能所修❺，及淨不淨❻，是名修淨。

二、與淨相應者。作是修時，豁然心慧相應，無礙方便，任運開發，三昧正受，心無依倚。證淨亦有二。一者、相似證。五方便❼相似無漏慧發。二者、真實證。苦法忍乃至第九無礙道❽等，三乘真無漏慧發也。三界垢盡，故名證淨。

復次，觀眾生空，故名為觀。觀實法空，故名為還。觀平等空，故名為淨。

復次，空三昧相應，故名為觀。無相三昧相應，故名為還。無作三昧相應，故名為淨。

復次，一切外觀名為觀。一切內觀名為還。一切非內非外觀名為淨。故先尼梵志言：「非內觀，故得是智慧。非外觀，故得是智慧。亦不無觀，故得是智慧。」

復次，菩薩從假入空觀，故名為觀。從空入假觀，故名為還。空假一心觀，故名為淨。若能如是修者，當知六妙門即是摩訶衍❾。

復次，三世諸佛入道之初，先以六妙門為本。如釋迦初詣道樹，即內思安般❿，一數二隨三止四觀五還六淨，遊止三四⓫、出生十二。因此，證一切法門，降魔成道。

當知菩薩，善入六妙門，即能具一切佛法，故六妙門即是菩薩摩訶衍。今欲更論餘事，故略說不具足也。

【章　旨】說明了觀門、還門、淨門的修行方法。

【注　釋】❶心識　亦即心中的「識」。包括眼識、耳識、鼻識、舌識、身識、意識等，亦包括自由泛起的所有心念，甚至包括借助於禪定而成就的禪定境界，皆屬於心識的範疇。如此等等，所有心識，若在迷人分上，棄本逐末，皆成障礙。若在達人分上，以本統末，皆成妙用。無量心識，到底是障礙，還是妙用，則無有定性，唯依人之迷悟而定。譬如佛陀，圓滿成就，然而，不廢六識之用，四十九年說法，皆六識之妙用。❷四倒　亦即四顛倒。有二種四顛倒。第一，凡夫的四顛倒：一、常顛倒，無常認為有常。二、樂顛倒，以苦當作樂。三、淨顛倒，以不淨為淨。四、我顛倒，無我認為有我。第二，二乘人的四顛倒：一、無常顛倒，於涅槃之常而計無常。二、無樂顛倒，於涅槃之樂而計無樂。三、無我顛倒，於涅槃之我而計無我。四、無淨顛倒，於涅槃之淨而計無淨。❸四念處　四念處包括：一、觀身不淨。二、觀受是苦。三、觀心無常。四、觀法無我。❹境智　「所觀之境，能觀之智（心）」之簡稱。❺能所修　「能修與所修」之簡稱。❻淨不淨　「淨與不淨」之簡稱。棄垢而取淨，依然是執妄，依然是邊見。❼五方便　二十五方便之略稱。天台止觀修習之外方便，有二十五種，稱為二十五方便，分為五科，即：一、具五緣。二、訶五欲。三、棄五蓋。四、調五事。五、行五法。在〈分別禪波羅蜜前方便第六之一・外方便〉中有詳細解釋。參見本書第八七頁。❽九無礙道　即九無漏道，九無間道，九解脫道。三界總有九地，若就聖者而言，於修道位斷欲界前六品者為第二果，欲界九品全斷者為第三果，斷上二界七十二品者為第四果。每斷一品惑，各有無間、解脫二道，即正斷煩惱之位為無間道，煩惱既斷而得解脫之位為解脫道。一地之思惑有九品，故能治之道亦有九，稱為九無間道、九解脫道。❾摩訶衍　摩訶衍那之略稱。指大乘之教法。❿安般　「阿那波那」之簡稱。阿那波那，即數息觀，行者數出入息，以達制心一處、息止散亂的目的。在〈釋禪波羅蜜修證第七之一・明修證六妙門〉中有詳細解釋。參見本書第四八一頁。⓫三四　六妙門，一門分二門，六妙門共分十二門。此處的「三四」，即十二門之異稱。

【語　譯】起心觀照，分別諸法。也分二門。一、修觀門。二、與觀門相應。

一、修觀門。觀門有三種。一、慧行觀。亦即觀真之慧。二、得解觀。亦即假想觀。三、實觀。亦即如事觀。

六妙門、十六特勝及通明觀等，都是先修實觀而得以成就的，然後，再用慧行觀，觀諸法實相，證真實大道。為什麼要先用實觀呢？所謂實觀，就像眾生這一期的生命，所得的果報，確實有由地水火風與三十六種不清淨物所合成的身體，由於無明覆蓋與遮蔽的緣故，使得眾生的心眼，昏暗無見，因而不能見到事情的真相。若行者能夠依教而觀，心眼就能開明，就能得見事情的真相，所以叫做實慧行觀。

關於得解觀，在下面講四諦、十二因緣、九想、八背捨等時，再加詳細說明。

怎樣修習實觀呢？行者在定心之中，用心眼來觀察身中的出入息，想像出入息，猶如空中的風一樣，想像皮肉筋骨、三十六物，猶如芭蕉樹一樣，無有實際，內外不淨，令人厭惡。

行者再觀定中的喜樂等覺受，就會發現，那些喜樂覺受，終歸破滅，不能恆常，是苦法而非樂法。行者再觀定中的心識，皆屬無常生滅，剎那無住，無可著處。行者再觀定中的善惡等法，皆屬因緣和合而有，因緣分散而無，皆無實際。行者作這樣的觀想，能夠破除四顛倒。既然沒有了人，沒有了我，那麼，定心又有什麼可依託之處呢？如是而觀，就叫做修觀。

二、與觀門相應。行者如是而觀時，覺察到氣息的出入，遍布全身毛孔，這時，心眼開明，徹見體內三十六物，以及體內的細蟲。這時，行者就會覺得，身體內外，皆屬不淨，眾苦逼迫，剎那變易，凡所有相，盡屬不實，唯心所生之悲哀與歡喜，根本就沒有可依託之處，因而，行者證得了四念處，破除了四種顛倒，這就叫做與觀相應。

發起了觀慧之後，心緣所觀之境，分別破析，就會覺察到，各種念頭，生滅流轉，並非實有。這時，行者就應捨棄觀門而修還門。

還門也有二種。一、修還門。二、與還門相應。

一、修習還門。既然知道了所觀之境，唯心所生，行者若隨所觀之境而轉，就不能契悟本源。行者應當返觀，此心是從何處生起的？到底是從觀心而生起的呢？還是從非觀心而生起的呢？

所觀之境，若是從觀心而生的話，那麼，先前有觀，而現在卻無觀。為什麼這樣說呢？這是因為，數門、隨門、止門等，這三種法門之中，並沒有觀心。所觀之境，若不是從觀心而生的話，那麼，是觀心滅了之後而生出來的呢？還是觀心尚未滅時而生出來的呢？若是觀心尚未滅時而生出來的，那麼，就是同時有二心了。若是觀心滅了之後而生出來的，那麼，觀心已滅，就不能生出現在。若說是亦滅亦不滅而生出來的，乃至於說是非滅非不滅而生出來的，皆屬不可得之事。

我們應當知道，觀心本來不生。因為觀心本來不生，所以觀心本來不有，不有即是空，空即是沒有觀心。若連觀心都沒有，又哪裡會有所觀之境呢？能觀的心與所觀的境，二者都沒有了。此是還源之精要，叫做修還門。

二、與還門相應。智慧開發，不用費力，能夠非常自如地破析諸法，返本還源，這就叫做與還門相應。既然已經與還門相應，行者就應當知道，若離開了能觀與所觀，而歸於無能觀與無所觀，其實，這依然未能脫離能觀與所觀的繫縛，這是因為行者執著於二邊的緣故。這時，行者就應當捨棄還門而修淨門。

修習淨門。亦有二法。一、修習淨門。二、與淨門相應。

一、修習淨門。行者知道，一切色相，皆屬清淨，所以，行者對於色相，不起妄想分別，受、想、行、識，也皆清淨，行者對此，也不起妄想分別。息滅妄想塵垢，息滅分別塵垢，息滅我執塵垢，這就是修淨門。以要言之，若能使心，同於本淨，就叫做修淨門。不得落於能修與所修，乃至不得落於淨與不淨，這就叫做修淨門。

二、與淨門相應。修習淨門時，自心與所修淨門，豁然相應，無礙方便，任運開發，三昧正受，超然含廓。證得淨門，有二種情況。一、相似證。發起與五方便相似的無漏智慧。二、真實證。發起苦法忍，乃至發起第九無礙道等三乘無漏慧。三界塵垢，全部淨盡，這就叫做證得清淨。

觀眾生空，叫做觀。觀實法空，叫做還。觀一切皆空，叫做淨。與空三昧相應，叫做觀。與無相三昧相應，叫做還。與無作三昧相應，叫做淨。

一切外觀，叫做觀。一切內觀，叫做還。一切非內非外觀，叫做淨。所以，先尼梵志說：「非內觀，所以叫做智慧。非外觀，所以叫做智慧。也不是無觀，所以叫做智慧。」

菩薩從假觀而入空觀，叫做觀。從空觀而入假觀，叫做還。假空平等觀，叫做淨。若能這樣修行六妙門，那麼，六妙門就是大乘法。

三世諸佛最初入道，皆以六妙門為本。譬如釋迦牟尼佛，最初坐於菩提樹下，就是修習安般法門，逐一修習數息門、隨息門、止息門、觀門、還門、淨門，遍歷六妙門所包含的十二種法門，因此，證得一切法門，降服魔道，成就佛道。

我們應當知道，若菩薩善於修行六妙門，就能具足一切佛法，所以說，六妙門就是菩薩所修的大乘法。現在要講其他法門，所以，六妙門略說至此，就不再詳說了。

【說　明】六妙門的修行，並不是要修出一個清淨心來，而是要借助於六妙門的修行，證得本來清淨的無相真心。從究竟了義上來說，真正意義上的清淨，並不是人為修成的。若言修成，修成還壞，終歸破滅。依照佛教的究竟了義，自心本性，本來清淨，由於顛倒妄想，所以不能證得。為了證得清淨，佛教設立了種種方便，令眾生借助於方便，息滅妄想顛倒，證得本來清淨。

次釋十六特勝。即開為三意。一、釋名。二、明觀門制立不同。三、明修證。第一，釋名者。所言十六特勝者。一、知息入。二、知息出。三、知息長短。四、知息遍身。五、除諸身行。六、受喜。七、受樂。八、受諸心行。九、心作喜。十、心作攝。十一、心作解脫。十二、觀無常。十三、觀出散。十四、觀欲。十五、觀滅。十六、觀棄捨。

所以通名十六特勝者。十六即是數法，特勝者，從因緣得名，如佛未出世時，外道等並已修得四禪❶四空❷，而無對治觀行，故不出生死。

如來成道，初為拘鄰及舍利弗等利根弟子說四真諦❸，即得道跡。復為摩訶迦葉、絺那等直聞四諦真理不悟，更說不淨觀法，對治破諸煩惱。因此，初明九想❹、背捨❺、等諸不淨觀禪。爾時，修此觀者，得道無量。

復有一機眾生，貪欲既薄，若厭惡心重，作不淨觀，即大生厭患，便增惡此身，無漏未發，即顧人自害。此事如律文所明。佛因此告諸比丘，捨不淨觀，更修勝法，法名十六特勝，修之可以得道。

此十六特勝，有定有觀，是中具足諸禪，以喜樂等法愛養故，則無自害之過，而有實觀❻觀察，不著諸禪，所以能發無漏。既進退從容，不隨二邊，亦能得道，故名特勝。

問：若爾，應在觀禪後說淨禪。何以故？若取教門，即在觀禪之後。若論行法，既勝二邊，亦應在後。

答：今明禪定力用、淺深之相，非是對緣利物之時。所以者何？背捨、勝處，悉是得解之觀，觀力既能轉想、轉心，於斷結❼義強。今此特勝，唯是實觀，能是身內三十六物，力用劣弱，不能疾斷結使，功德淺薄，故應前說。

復次，若不淨觀散滅骨人，則不能得更觀身毛孔、息出入相。若於實觀後，轉作九想、背捨等，則具足成就，於義無失。

復次，《大品經・廣乘品》觀於十六特勝，復次說九想、背捨等諸觀禪，此為明證，不應生疑也。

【章　旨】說明了「十六特勝」的含義，以及十六特勝所包括的具體內容。

【注　釋】❶四禪　在這裡不是指「第四禪」，而是指初禪、二禪、三禪、四禪等四級禪。❷四空　指四種空定。即空無邊處定、識無邊處定、無所有處定、非想非非想處定。❸四真諦　又名四聖諦，即苦諦、集諦、滅諦、道諦。一、苦諦，說明人生多苦的道理。人生有三苦，八苦，無量諸苦，苦是現實人生。二、集諦，集是集起的意思，是說明人生的痛苦是怎樣來的。人生的痛苦是由於凡夫自身的愚癡無明，和貪欲瞋恚等煩惱的掀動，而去造作種種不善業，結果才會招集種種的痛苦。三、滅諦，說明涅槃境界才是多苦人生的最理想、最究竟的歸宿，因為涅槃是常住、安樂、寂靜的境界。四、道諦，說明人要修道才能證得涅槃。❹九想　〈釋禪波羅蜜修證第七之五．釋九想觀門〉有詳細解釋。見本書第五九二頁。❺背捨　指八種背棄、捨除三界煩惱的禪定。在〈釋禪波羅蜜修證第七之六．釋八背捨〉中有詳細解釋。參見本書第六四〇頁。❻實觀　觀想有形之實物，譬如，身內有三十六物，如是而觀想此三十六物，這種即實物而觀想的觀想方法，就是這裡所說的實觀。❼結　結使；心結；煩惱。

【語　譯】解釋十六特勝。分三部分來解釋。一、解釋十六特勝的名字。二、說明觀門制立的不同。三、說明十六特勝的修證。

第一，解釋十六特勝的名字。我們所說的十六特勝，主要包括：一、知息入。二、知息出。三、知息長短。四、知息遍身。五、除諸身行。六、受喜。七、受樂。八、受諸心行。九、心作喜。十、心作攝。十一、心作解脫。十二、觀無常。十三、觀出散。十四、觀欲。十五、觀滅。十六、觀棄捨。

為什麼叫做十六特勝呢？「十六」表示數目，「特勝」從因緣而得名，譬如佛未出世時，外道也已經證到了四禪及四空，然而，他們卻沒有對治與觀行，所以不能出離生死。

如來成道之後，最初為拘鄰及舍利弗等利根弟子，說苦、集、滅、道四真諦法，他們聞佛所說，就能證得道果。而摩訶迦葉、絺那等人，聽了四真諦法，卻不能開悟，於是，佛陀就為他們說不淨觀的法門，以破除他們的煩惱，因此，佛陀最初為他們說九想、八背捨等不淨觀禪。當時，修不淨觀而證得道果者，有無量之多。

還有一類眾生，貪欲心輕，他們本來就有很重的厭惡世間的心，若再讓他們修不淨觀，他們就會生起更大的厭惡心，他們就會憎惡這個四大和合的色身，因此，在無漏智慧未發之前，他們就會顧人殺害自己。就像在律文上所記載的那樣。因此，佛陀就告訴這類比丘，捨棄不淨觀，改修更加殊勝的法，這種法就叫做十六特勝，修習十六特勝，就能證得道果。

在十六特勝法之中，既有定境，也有觀照，十六特勝法，包含了一切禪法。在十六特勝法中，由於有喜樂等法來調製心境，所以，不會導致行者自害的事情。由於有實際觀察，又不著於各種禪境，所以，能夠發起無漏智慧。十六特勝，既能從容進退，又能不墮於二邊，還能證得道果，所以叫做特勝。

問：若是這樣的話，應該在說明了觀禪之後而說明淨禪，為什麼呢？這是因為，若依照教門來說，淨禪則在觀禪之後。若依照修行方法來說，淨禪超越二邊，也應該在後面才說。

答：現在所說的禪定的力用，以及定心的淺深，並不是面對世間、利益眾生之時。為什麼呢？這是因為，八背捨、八勝處，都是用來解脫心中結使的，八背捨、八勝處的觀想力量，能夠轉換行者的心想，能夠斷除行者的煩惱。而現在所說的十六特勝，只是實物之觀，雖然能見身內三十六物，但是，觀照的力量很劣弱，不能迅速地斷除煩惱，功德淺薄，所以先說觀禪而後說淨禪。

若是修不淨觀，行者修到骨人散滅之後，就不能再觀身上毛孔、氣息出入之相。若於十六特勝之後，再轉作九想、八背捨等觀的話，就能夠具足成就，所以先講觀門而後講淨門，這是沒有什麼過失的。

《大品經．廣乘品》裡，也是先說十六特勝，然後再講九想、八背捨等諸觀禪，這就是很好的例證，所以，你不應懷疑。

【說　明】八萬四千法門，法法皆對根當機而立，就像世間大醫王，因病予藥，無有定義。十六特勝方便法，亦屬對根當機而立。眾生的根機各有不同，十六特勝的具體修習，亦當有所不同，所以，行者在修習十六特勝時，也不可固執死板而不知變通。

第二，明觀門制立不同者。解有二。

一者、有人云：此阿那波那等十六法❶對四念處❷。若約四念處而明，當知但在欲界、未到地，乃至初禪，則具足也。

欲至上地，非為不得。但觀法式少不具足，如四禪，既無出入息及喜樂等。若約息及喜，欲明念處，則不便也。上下類而可知。

亦明對四念處，復有二解不同。一師解云：前五對身，中三對受，次二對心，後五對法。此師明十六特勝，自云依禪經中說。

一、觀入息至於氣滅。

二、觀出息止至於鼻端。

三、觀息長短。若身不安，心多散亂，則出入息俱短。若身安心靜，則出入息俱長。

四、息遍身者。形心既安，則氣道無壅，如似飲氣，既統遍身中。

五、除諸身行者。根受為心行，覺觀為口行，出入息為身行，既息遍身中，患彼覺動粗念，除諸粗故，名除諸身行。

此五屬身念處。受念處有三。

謂粗息除故，身心安隱，故六受喜。

七、受樂者。雖有微喜，樂能遍滿，身識既滿，內心喜悅，故名樂。

八、受諸心行者。既受樂在懷，必有數法❸相隨，倚心樂境故，名受諸心行。

心念處有三。

九、心作喜者。既止心一境，未有慧解，必為沉心❹所覆沒，以喜舉之，令不沉沒，故名作喜。

十、心作攝者。喜心動散，則發越過，常攝之令還，不使馳散諸緣，故作攝。

十一、心作解脫者。心不掉散，均等無累，故名解脫。

法念處有五。

十二、觀無常者。已得自在，不為沉浮所敗，故能觀諸法無常，念念生滅，不可樂也。

十三、觀散壞者。此身不久，當散壞。磨滅之法，非真實有。

十四、觀離欲者。此身唯是苦本，心欲離之，故名離欲。

十五、觀滅者。是心住滅，多諸過患，不欲住故。

十六、觀棄捨者。觀此諸法，皆是過患，故名棄捨。

此阿那波那等十六行是慧性，無一息入出而不覺故。彼師自云依經明十六特勝。今既未見經文，但述而不作，亦未敢治定。

次師別解云：若對四念處起十六行，無往不爾。但分之不調，如無漏十六行，約四諦中，一諦下有四，四四十六。有漏亦復應爾。然約四念處中，說一念中有四，四四十六，義亦然。向言身念處有四，以除身行屬身者，此義不然。何以故？若心息為身行者，如《大集經》說：「息乃通於三行，非止屬身行。」

今正明身行者。如《摩訶衍》說：「行❺名身業。」今明善惡諸業，皆從心生。身息是無知之法，不能造善惡，但為行作緣。

今身以心來受身，今身有所造作，名為身。今明行破於受心，即是破行也。故知，此屬受念處。當知受中亦具四法❻也。

向言，法中有五。觀無常，屬法念處者。此亦不然。何以故？經中皆說，觀心無常，觀法無我。今明觀無常，正是心念處也。此則一中，各說有四，四四十六，於義為便也。

次第二師云：此十六法，應須竪對諸禪八觀，法相關故。所以者何？

一、知息入。

二、知息出者。此則對於數息。

三、知息長短者。對欲界定。

四、知息遍身者。對未到地定。

五、除諸身行者。對初覺支。

六、受喜。對初禪喜支。

七、心受樂。對初禪樂支。

八、受諸心行者。對初禪一心支。

九、心作喜。對二禪內淨喜支。

十、心作攝。對二禪一心支。

十一、心住解脫。對三禪樂支。

十二、觀無常。對四禪不動定。

十三、觀出散。對空處。

十四、觀離欲。對識處。

十五、觀滅。對不用處。

十六、觀棄捨。對非想非非想。

處此則從初調心乃至發諸禪定，明觀行具足，此解為勝也。

【章　旨】說明了「觀門制立」的二種不同見解。二種見解皆以為，十六特勝與四念處，具有著對應性關係。然而，在具體的對應性關係上，卻存在著不同見解。

【注　釋】❶十六法　在這裡是指「十六特勝」。細讀下文可知。❷四念處　即觀身不淨，觀受是苦，觀心無常，觀法無我。❸數法　數者，心中之法相，一個一個的念頭，一個一個的覺受，有無數之多，所以稱為數法。❹沉心　於禪修時，不知不覺，更甚者，頭垂身彎，猶如深睡。如此之狀，無論輕重，皆名之為沉心。沉，即昏沉。❺行　泛指身口意之造作。我們平時，只是把肢體行為叫做行，然而，在佛學裡，一切運行皆稱之為「行」，特別是內心的運行，更是佛教所說的「行」的主要內容。❻四法　就是四念處：觀身不淨，觀受是苦，觀心無常，觀法無我。

【語　譯】第二，說明觀門制立的不同。有二種解釋。

第一種解釋。有人說：阿那波那等十六特勝法，是與四念處相對應的。若依據四念處來說明十六特勝的話，我們應當知道，在欲界定、未到地定，乃至在初禪，就已經具有了十六特勝的禪定境界。

至於說二禪，以及二禪以上的禪，並不是沒有十六特勝，只是因為觀的成分少，而不能完全具備而已。譬如在四禪中，就沒有了出息與入息，以及沒有了喜樂等覺受，這時，若依據息與喜來說明四念處的話，那就很不方便了。只要是我們把上地禪與下地禪比較一下，也就容易明白了。

第二種解釋，亦說十六特勝與四念處相對應。這其中又有二種不同。有一論師說：十六特勝中的前五種特勝，是對「身」而言。中間的三種特勝，是對「受」而言。其後的二種特勝，是對「心」而言。後面的五種特勝，是對「法」而言。這類論師，如此說明十六特勝，他自己說，這是以禪經裡的說法為依據的。

一、觀照入息，觀到氣至之處。

二、觀照出息，觀到鼻端為止。

三、觀照氣息的長短。若是身不安定的話，大多會內心散亂，那麼，出入息也會變短。若是身安心靜的話，那麼，出入息就會變長。

四、氣息遍身。身體與內心，已經很安穩，氣息很流暢，更無有壅塞，猶如飲氣息，充遍於全身。

五、除諸身行。五根的覺受是心行，覺觀是口行，出入息是身行。既然氣息遍滿身中，行者厭倦粗重的身體覺受，於是，除去粗重的身體覺受，所以叫做除諸身行。

上面所說的五種特勝，屬於四念處中的身念處。下面三種特勝，屬於受念處。

六、受喜。除去了粗重的身體覺受，身心獲得安穩，所以叫做受喜。

七、受樂。雖然有些微喜，然而，快樂之感，遍滿全身。由於快樂遍滿全身，內心充滿快樂的緣故，所以叫做受樂。

八、受諸心行。既然充滿快樂，必然會有快樂的心境，依於快樂心境的緣故，所以叫做受諸心行。

下面的三種特勝，屬於心念處。

九、心作喜。在尚未獲得智慧覺悟之前，只要把心念止於一處，就必然會被昏沉所覆沒，所以，以喜悅之心，提起心念，令心不沉沒，所以叫做心作喜。

十、心作攝。喜心動搖散亂，心隨境遷，所以，要時常覺察，攝心歸於本位，不令心隨境遷，所以叫做心作攝。

十一、心作解脫。心不掉舉，亦不散亂，心境廓然，無有諸累，所以叫做解脫。

下面的五種特勝屬於法念處。

十二、觀無常。行者已獲得了自在，不被昏沉或浮散所破壞，所以，能夠照見諸法無常，念念生滅，無可愛著之處。

十三、觀散壞。這個身體，不久就會散壞，既然能夠散壞，就不是真實之法。

十四、觀離欲。這個身體是眾苦之本，行者心欲離之，所以叫做離欲。

十五、觀滅。心念生滅，有很多的過患，所以，不願住著於其上。

十六、觀棄捨。一切諸法，皆是過患，所以叫做棄捨。

安那波那等十六特勝的修行，屬於智慧之行。為什麼這樣說呢？這是因為，在十六特勝的修行中，息出則知息出，息入則知息入，無一不被覺察，因此之故，叫做智慧之行。這個論師他自己說，他是依照經典而說明十六特勝的。今既未見經文，所以，我們只是引述他的話，而不加任何評論，也不敢論其是非。

另一論師說：若從四念處而起十六觀行，並非不可以。但是，如此分法，則不太妥當，譬如，無漏十六行，在四諦之中，一諦之中有四諦，四諦之中則有十六諦。有漏十六行，也應當是這樣。然而，若就四念處來講，說一念之中有四念，四念之中則有十六念，其道理也是這樣的。在上面說，身念處有四念，這是因為，把身行除外的緣故，這就不對了。為什麼呢？若息心之法就是身行的話，那麼，《大集經》裡卻說：「息心之法，通於身口意三行，並非只局限於身行。」

現在要解釋什麼是身行。《大智度論》說：「行叫做身業。」我們現在知道，善惡諸業，皆從心生。身體是無知之法，它本來不能造作善惡諸業，只是作為造作善惡諸業的條件而已。

我們現在所說的身，是依心而說是身，心令身有所造作，所以叫做身。我們現在所說的「行」破於「受心」，也就是破於「行」。所以我們知道，這應該屬於受念處。我們應當知道，受念處也包括四法。

上面說，法念處有五種。把十六特勝中的「觀無常」列入到「法念處」，這也是不對的。為什麼呢？這是因為，佛經中都說，觀心無常，觀法無我。所以，十六特勝中所說的觀無常，正是說的心念處。一種念處之中，就有四種特勝，四四一十六，四念處共有十六種特勝，這樣說才是合乎其義。

第二位論師說：十六特勝之法，應該豎對諸禪的八種觀法，因為十六特勝與諸禪的八觀相應的緣故。為什麼這樣說呢？這是因為：

一、知息入。

二、知息出。這二種法，與數息法相應。

三、知息長短。與欲界定相應。

四、知息遍身。與未到地定相應。

五、除諸身行。與初禪的覺支相應。
六、受喜。與初禪的喜支相應。
七、心受樂。與初禪的樂支相應。
八、受諸心行。與初禪的一心支相應。
九、心作喜。與二禪的內淨喜支相應。
十、心作攝。與二禪的一心支相應。
十一、心作解脫。與三禪的樂支相應。
十二、觀無常。與四禪的不動定相應。
十三、觀出散。與空處定相應。
十四、觀離欲。與識處定相應。
十五、觀滅。與無所有處定相應。
十六、觀棄捨。與非想非非想處定相應。

此論師從行者的最初調心，一直到發諸禪定，所有的觀行全都說得明明白白，因此，他的解釋要勝過上一位論師的解釋。

【說　明】莫著無量閑名相，著即受縛違佛意。統體放下君自看，寂照不昧法性身。若人不能當下了，便須方便次第行。

第三，明修證者。所以心名修證者，即是作心修習，心未相應。證者，即是任運開發，心得相應。

既有三師制立觀法不同，今亦修有證之異，但前師云：於欲界未到地及初禪中，約四念處明十六特勝，觀法大意亦不異，如前說六妙門中觀法，而非無小小不同，而名目有異，善尋配當，其義可解。此則不煩別說修證也。

今正明後師，豎對三界，明真特勝。既上來未說此觀慧方法，今當出修證之相。

豎明修十六特勝者。一、知息入。二、知息出。此對代數息也。調息方法，事事如前數息中說。行者既調息，綿綿一心，依隨於息。息若入時，知從鼻端入至臍。若出時，知從臍出至鼻。如是一心照息，依隨不亂。

爾時，知息粗細之相。粗者知風、喘、氣為粗。細者知息相為細。若入息粗時，即調之令細。是名知粗細相。譬如守門之人，知門人出入，亦知好人惡人。知好則進。知惡則遮。

復次，知粗細者。入息則粗，出息則細。何故爾？入氣利急，故相粗。出息澀遲，故細。

復次，知輕重。知入息時輕，出息時重。何以故？入息既在身內，即令體輕。出息時身無風氣，則覺身重。

復次，知澀滑。入息時滑，出息時澀。何以故？息從外來，風氣利故，則滑。從內出吹，內滓穢塞諸毛孔則澀。

復次，知冷暖。知入息時冷。知出息時暖。何以故？息從外來，冷氣而入故冷。息從內出，吹內熱氣而出故暖。

復次，知久近。入息時近，出息時久。何以故？息入既利，則易盡，故近。息出澀，則難盡，故久。

復須覺知，因出入息故，則有一切眾苦煩惱，生死往來，輪轉不息，心知驚畏。行者隨息之時，知息有如是等，法相非一、故云知息入出也。

問：何故以此代數息？

答：若是數息，直闇心數，無有觀行。修證時，多生愛見慢等諸煩惱病也。愛者，愛著此數息。見者，謂見我能數。慢者，謂我能數，以此慢他。

今以隨代數者。隨息之時，即覺知此息無常。命依於息，以息為命，一息不還，即便無命。既覺息無常，知身命危脆。知息無常，即不生愛。知息非我，即不生見。悟無常，即不生慢。此則從初方便，已能破諸結使，不同數息。

復次，行者一心依息，令心不散，得入禪定，故名亦愛。覺悟無常，故名亦策。與定相應，名亦有漏。觀行不著，名亦無漏。

復次，若數息時，冥闇心而數，既無照了。後證定時，則心無所見。今隨息者，既明心照息。後證定時，則心眼開明，見身三十六物，破愛見慢。此即是特勝，勝於數息也。

三、知息長短者。此對欲界定。若證欲界定時，宜是定明淨，都不覺知息中相貌。今此中初得定時，即覺息中長短之相。

云何為覺？若心定時，覺入息長，出息短。何以故？心既靜住於內，息隨心入故，入則知長，既心不緣外，故出則知短。

復次，覺息長則心細，覺息短則心粗。何以故？心細則息細。息細，則入從鼻至臍，微緩而長，出息從臍至鼻亦爾。心粗則息粗，息粗，則入從鼻至臍急疾短，出從臍至鼻亦爾。

復次，息短故覺心細。息長故覺心粗。何以故？如心既轉靜，出息從臍至胸即盡，入息從鼻至咽間即知盡，此則心靜，故覺息短。覺長故心粗者，如行者心粗，故覺息從臍至鼻，從鼻至臍，道里長遠。此則心粗，故覺息長。

復次，短中覺長則定細，長中知短則是粗。何故爾？如息從鼻至胸則盡，此行處雖短，而時若大久久方至臍，此則行處短而時節長也。若就此而論，短中覺長則定細。覺長中而短是粗者。如心粗故，息從鼻至臍，道里極長，而時節短，忽然之間，即出至鼻。何以故？心粗氣息行疾故，此雖長而短，然此息短則是心粗也。故云短中長而細，長中短而粗也。

如此覺長短時節，知無常，由心生滅不定故。今息長短，相貌非一，得此定時，覺悟無常，轉更分明。

證欲界定，故名亦愛。觀行覺無常，故名亦策。此略說第三知息長短，破欲界定也。

第四，知息遍身者。對未到地定。若根本未到地，直覺身相，泯然如虛空。爾時，實有身息，但以眼不開，故不覺不見。今特勝中，發未到地時，亦泯然入定，即覺漸漸有身如雲影，覺出入息遍身毛孔。爾時，亦知息長短相等，見息入無積聚，出無分散，無常生滅，覺身空假不實，亦知生滅，剎那不住。

三事和合，故有定生。三事既空，則定無所依。知空亦空，於定中不著，即破根本未到地愛策之義，已在其中。

問：《摩訶衍》中及諸經，多說觀息入出。何以故言知息入出？

答：此說知為觀，而觀法實未具足，故今說為知。《大品．廣乘品》中，明十六特勝相，皆言知息入出長短，以是文為證，說知則不乖文義。觀慧在下當說。

第五，除諸身行者。對初禪覺觀支。就中二：一、明身行。二、明除身。

身行者。欲界身中，發得初禪。色界四大造色，觸欲界身，欲界身根，生身識，覺此色觸。二界色❶，相依共住，故名身。身行者，即觀支。此觀支從身分生，知身中之法，有所造作，故名身行。

次明除身行者。因覺息遍身，發得初禪，心眼開明，見身三十六物，臭穢可惡。爾時，即知三十六物，由四大有，頭等六分，一一非身，四大之中，各各非身。此即是除欲界身也。

除初禪身者。於欲界身中，求色界四大不可得，名除初禪身。所以者何？若言有色界造色者，是為從外來？為從內出？為在中間住？如是觀時，畢竟不可得。但以顛倒憶想，故言受色界觸。諦觀不得，即是除初禪身。身除故，身行即滅。

復次，未得初禪時，於欲界身中起種種善惡行。今見身不淨，則不造善惡諸結業，故名除身行。

今明此定亦有二種。一者、根本五支，如前說。二者、淨禪五支者，覺身三十六物，虛假不實名覺。分別此禪與欲界及根本功德大有優劣名為觀。既得法喜，心大慶悅，名為喜。於無垢受恬憺之樂，名為樂。正定持心，令不動搖，名為一心。此中支除，成就勝妙喜樂，而心無染著，故名為淨禪也。復次，如阿毘曇中說：「隱沒無記有垢，不隱沒有記無垢等義。」約此二種禪中，應廣分別。

六、受喜者。即是對破初禪喜支。根本禪中喜支，從隱沒有垢覺觀後生，既無觀慧照了，多生煩惱，故不應受。今明受喜者，於淨禪覺觀支中生。以有觀行破析，達覺觀性空。當知從覺觀生喜亦空，即於喜中不著，無諸過罪，故說受喜。如羅漢人，不著一切供養，故名應供。復次，如真實知見，得真法喜，故說受喜。

七、受樂者。對根本禪樂支。彼禪既無觀慧，樂中多染，故不應受。今言受樂者，受無樂，知樂性空，於樂中不著，既無樂過罪，上無別證無為之樂，故說受樂。

八、受諸心行者。此對破根本一心支。今明能通諸法，故名諸心行。心行有二種。一者、動行。二者、不動行。有人解云：從初禪，乃至三禪，猶是動行。四禪已去，名不動行。

今略說不動行者。覺等四支是動行，後一心支是不動行，亦名諸心行者，即是一心支不動之行。

若根本禪，入一心時，心生染著，此一心不應受。今明受諸心行者，知此一心，虛誑不實，一心非心，即不取著，既無過罪，即是三昧正受，故說受諸心行。

九、心作喜者。此對二禪內淨喜。所以者何？二禪喜從內淨發，以無智慧照了，多受也。今觀此喜，即知虛誑，不生受著，如真實知生法喜，亦名喜覺分。既從正觀心生真法喜，故名心作喜。

十、心作攝者。此對二禪一心支。何以故？為二禪喜動經攝故，說心作攝。今明攝者，正以破前偽喜，生喜覺喜。此喜雖正，而不無湧動之過，即應返觀喜性，既知空寂畢竟定心不亂，不隨喜動，故云作攝。是以《大集經》云：「動至心。」

十一、心住解脫者。此對破三禪樂。所以者何？三禪有遍身之樂，凡夫得之，多生染愛，為之所縛，不得解脫。今言解脫者，以觀慧破析，證遍身樂時，即知此樂從因緣生，空無自性，虛誑不實。觀樂不著，心得自在，故名心作解脫。

十二、觀無常。此對破四禪不動。所以者何？如世間中有動、有不動法，三種為樂所動，猶名動法。今此四禪名不動定。凡夫得此定時，多生常想，心生愛取。今若觀此定，生滅代謝，三相❷所遷，知是破壞不安之相，故經云：「一切世間，動不動法，皆敗壞不安之相，故名觀無常。」

十三、觀出散者。此對破空處。所以者何？出者，即是出離色界。散者，即是散三種色❸。復次，出散者，謂出離色，心依虛空，消散自在，不為色法所縛，故名出散。凡夫得此定時，謂是真空安隱，心生取著。

今言觀出散者，行人初入虛空處❹時，即知四陰❺和合故有，無自性，不可取著。所以者何？若言有出散者，為虛空是出散？為心是出散？若心出散，心為三相所遷，過去已謝，未來未至，現在無住，何能出耶？若空是出散者，空是無知，無知之法，有何出散？既不得空定，則心無受著，是名觀出散。

十四、觀離欲者。此對識處❻。所以者何？一切愛著外境，皆名為欲。從欲界乃至空處❼，皆是心外之境。若虛空為外境，識來領受此空，即以空為所欲。今識處定，緣於內識。能離外空欲，故離欲。

若凡夫得此定，無慧眼照了，謂言心與識法相應，真實安隱，即生染著。今言觀離欲者，得此定時，即觀破析。若言以心緣識，心與識相應，得入定者，此實不然。何以故？過去、未來、現在三世識，皆不與現在心相應故。云何言心與三世識相應？定法持心，名為識定，故知此識定，但有名字，虛誑不實，故名離欲也。

十五、觀滅者。此對無所有處。所以者何？此定緣無為法塵，心與無為相應，對無為法塵發少識故。凡夫得之，謂之心滅，深生愛著不能捨，為之所縛。今言觀滅者，得此定時，即覺有少識，此識雖少，亦有四陰和合無常無我虛誑，譬如糞穢，多少俱臭，不可染著，是名觀滅。

十六、觀棄捨者。此對非想。所以者何？非想是兩捨之對治，從初禪以來，但有遍捨，無有兩捨故，未與棄捨之名。今此非想，既有雙捨有無，故名棄捨。亦以此定是捨中之極，故最後受名。若凡夫得此定時，謂為涅槃，無有觀慧覺了，不能捨離。

今明棄捨者，得此定時，即知四陰、十二入、三界及十種細心數等和合所成，當知此定，無常苦空無我，虛誑不實，不應計為涅槃，生安樂想。既知空寂，即不受著，是名觀棄捨。雖求定相，而亦成就此定。爾時，即具二種棄捨。一者、根本棄捨。二者、涅槃棄捨。永棄生死，故云觀棄捨。行者爾時，深觀棄捨，即便得悟三乘涅槃。此事如須跋陀羅，佛令觀非想中細想，即便獲得阿羅漢果。

今明悟道，未必應須具十六、或得三二特勝即便得悟。亦利根者，初隨息時，覺悟無常，即便悟道。此隨人不定也。

從初以來，俱發根本定❽，故名亦有漏。於中觀行，破析不著，名亦無漏，故云特勝，是亦有漏亦無漏禪。此豎對三界諸禪者，則一一觀法相，至義可見也。

【章　旨】從初特勝至十六特勝，從欲界定至非想非非想定，智者大師按照諸禪之間的細密次第，非常詳細而具體地介紹了十六特勝的修行方法，以及每一特勝的相應功德。智者大師所說十六特勝，對於次第漸修者來說，若善於運用的話，無疑是一個非常有益的指導。若不善於運用，而是著於細密禪相，便成障礙。行者切不可著於四禪八定之相，猶如智者大師所說：「十六特勝即是亦有漏亦無漏禪。」若以相為實，著於禪相，即是有漏。若能照了諸相，乃真心之發用，悟得自心體，即是真無漏。

【注　釋】❶二界色　指欲界色與色界色。❷三相　即過去相，未來相，現在相。❸三種色　一、可見有對色。可以眼見之色相，譬如青黃赤白，大小方圓等。二、不可見有對色。不可眼見之色相，譬如聲香味觸等四塵，眼耳鼻舌身等五根。三、不可見無對色，其自性無對礙，亦不可眼見者，無表色是也。〈釋禪波羅蜜修證第七之二・明修空方法〉有解釋。參見本書第四四六頁。❹虛空處　亦即虛空處定，空處定之具名。四空處定之一。❺四陰　色、受、想、行、識等五陰中的後四陰。覺觀煩惱，因是心中妄念，故無外色陰。❻識處　即識無邊處定。四空處定之一。四空處定包括：一、空無邊處定。二、識無邊處定。三、無所有處定。四、非想非非想處定。❼空處　亦即空無邊處定。是四無色定之一。❽根本定　這裡的「根本定」，是指「四禪八定」。亦即色界的四種禪定，以及無色界的四種空定。

【語　譯】第三，說明修行和證得。之所以用「心」來表示「修證」，這是因為，作意修習，心未相應的緣故。

證就是已得任運自在，心已與法相應。

前面三位論師，所制定的觀法不同，因此，在修與證上也有不同。第一位論師說：在欲界、未到地定，以及初禪之中，依照四念處來說明十六特勝，觀照的方法，大致也沒有什麼差異，就像前面所說的六妙門中的觀法。但是，也不是沒有小小的差異，其中的名目也稍有不同，只要我們善於比較與對照，就可以理解其義。在此，就不再另外說修證了。

現在，我們要說明最後一位論師的見解，他用豎對三界的方法，說明了真正的十六特勝。由於前面未談及到這種十六特勝的修證之相，所以，現在應當說明這種十六特勝的修證之相。

運用豎對三界的方法，說明十六特勝的修行。一、知息入。二、知息出。這二種方法，與數息法相應。調息的方法，就像前面數息法中所說的那樣。行者既然調整好了自己的氣息，專心致志，依隨於息。氣息入時，覺知氣息從鼻端入至肚臍。氣息出時，覺知氣息從肚臍出至鼻端。這樣一心觀息，令心依隨，保持不亂。

這時，知道氣息的粗細之相。風、喘、氣等息相粗，行者則知其粗。息相細，行者則知其細。若入息相比較粗的話，就調節氣息，使其變細，這就叫做知粗細相。就像守門的人，知道出出進進的人，也知道好人與壞人。知道是好人，就讓他進來。知道是壞人，就不令進入。

所謂知道氣息的粗細。入息屬於粗的氣息，出息屬於細的氣息。為什麼呢？這是因為，入息順利而急切，所以，入息屬於粗的氣息。出息阻澀遲緩，所以，出息屬於細的氣息。

所謂知道氣息的輕重。知道入息時輕，出息時重。為什麼呢？這是因為，氣息進入身體時，能令身體覺輕。氣息離開身體時，身體就沒有了風氣，所以就會覺得身重。

所謂知道澀滑。入息時滑利，出息時澀滯。為什麼呢？這是因為，氣息從外面進入身內，風氣很滑利，所以覺得滑。氣息從身內呼出時，身內的渣滓汙垢塞住毛孔，所以覺得澀。

所謂知道冷暖。知道入息時冷，知道出息時暖。為什麼呢？這是因為，氣息從外面來，冷氣進入身體，所以覺得冷。氣息從身內而出，攜帶體內的熱氣，所以覺得暖。

所謂知久近。入息時快，那麼，出息時就慢。為什麼呢？這是因為，入息時順利，則很容易吸完，所以用時就短。出息時慢，則較難出完，所以用時就長。

行者還應該知道，由於有出入息，所以才會有一切痛苦與煩惱，生死往來，輪轉不息，因此，心中驚慌與畏懼。行者在隨息的時候，知道氣息有以上所說的種種不同，所以叫做知息入出。

問：為什麼用這種方法來代替數息法呢？

答：因為數息法，只是用暗鈍之心，按順序數息，而沒有觀照。在修行的時候，以及證得的時候，行者多半會產生貪愛、知見、我慢等等煩惱。貪愛是指，行者執著於數息法。知見是指，行者有「我能數息」之見。我慢是指，行者認為，自己能夠超過別人，因此而輕慢他人。

現在用隨息來代替數息。隨息的時候，就會覺察到氣息的生滅無常。生命依賴於氣息，有氣息就有生命，若一息不來，生命就會結束。既然覺察到了氣息的無常，也就知道了生命的危險與脆弱。知道了氣息的無常，就不會再生出貪愛。知道了氣息並不是我，就不會再生出我知我見。覺悟到了無常，就不會再生出傲慢。從修行之初，隨息法就已能夠破除各種煩惱，這是隨息法與數息法所不同的地方。

行者一心繫緣於氣息的出入，攝心不亂，這樣，便會漸漸地進入禪定，所以叫做亦貪愛。由於覺悟到了諸法無常，所以叫做亦策勵。由於隨息法與有為禪定相應，所以叫做亦有漏。由於隨息法，有觀照持心，一物不著，所以叫做亦無漏。

若在修數息法的時候，只是運用暗昧之心，按照順序數息，而沒有智慧觀照，那麼，行者在證得禪定的時候，就會心中暗昧，一無所見。現在我們所說的隨息法，以清淨光明之心，觀照氣息的出入之相，等到後來證得禪定時，則心眼開明，見到身中三十六物，破除貪愛、知見及傲慢。這就是特勝之法勝過數息之法的地方。

三、知息長短。十六特勝中的知息長短，與「欲界定」相對應。若證得欲界定時，則定境明淨，甚至都感覺不到氣息的相貌。在十六特勝法中，初得定時，就能覺知到氣息的長短之相。

怎樣才是覺呢？若心定時，就能覺察到入息長，出息短。為什麼呢？這是因為，既然住心於內，氣息隨著心念而入，所以，氣息入時則知長。既然心不攀援於外相，所以，氣息出時則知短。

在定心之中，覺察到氣息長則心相細，覺察到氣息短則心相粗。為什麼呢？這是因為，心相細的話，氣息也就細。氣息細的話，氣息從鼻子進入肚臍，就會微緩而漫長，氣息再從肚臍出到鼻端，其情況也是一樣的。心相粗的話，氣息也就粗，氣息粗的話，氣息從鼻子到肚臍，就會急速而快短，氣息再從肚臍到達鼻端，其情況也是一樣的。

氣息的行程短，就會覺得心相細。氣息的行程長，就會覺得心相粗。為什麼呢？這是因為，心念既然已經平靜，所以，出息時，從肚臍到胸部就盡了，入息時，從鼻端到咽喉就盡了。這就是心靜就會覺得息短，氣息的行程長，就會覺得心相粗。假若行者心粗，就會覺得氣息從肚臍到鼻端，從鼻端到肚臍，氣息的行程長遠，這就是心粗就會覺得息長。

若氣息短，反而覺得長，這就是定心細。若氣息長，反而覺得短，這就是定心粗。這是什麼原因呢？假若氣息從鼻端到胸部就盡了，氣息的這段行程雖然很短，然而卻覺得很久才到達肚臍，那麼，這就是氣息的行程短，而行者卻覺得用時長。若就此而論的話，路途短而覺得用時長，這個就是定心細。氣息行程很長，而卻覺得用時短，這就是心粗之相。若是心相粗的話，氣息從鼻端到肚臍，路途很長，而用時卻很短，氣息很多就到了鼻端，這是什麼原因呢？這是因為，心相粗，氣息急促之故，所以說，氣息的路程雖然很長，然而，氣息的用時卻很短，這種氣息急促的情況，就是定心粗。所以說，氣息行程短而緩慢，就是定心細，氣息行程長而急促，就是定心粗。

如此而知氣息路程的長短，以及氣息用時的多少，則知一切無常，全是由於心念生滅不定的緣故。氣息的長短，各有不同，獲得此定時，就更加覺悟到無常。

行者證得欲界定，所以叫做亦愛著。觀心行而悟無常，所以叫做亦策勵。以上所說，簡略地說明了十六特勝的第三項——知息長短，破除欲界定的情形。

第四，知息遍身。十六特勝中的知息遍身，與「未到地定」相對應。若是在根本未到地定，就會覺得身體泯然消失，如同虛空一樣。這時，行者其實既有身體，也有氣息，只是由於心眼未開，覺察不到身體與氣息的存在而已。修十六特勝法，在發起未到地定時，行者也是泯然入定，然而，覺得自己的身體如同浮雲，出入的氣息遍滿毛孔。這時，行者也知氣息的長短，也知氣息入時，無有積聚，氣息出時，沒有分散，無常生滅，覺得身體虛假不實，也知道諸法生滅，剎那不住。

身體、入息與出息，三事和合，所以有未到地定的產生。這三件事既然是空的，那麼，定心就無所依著。行者知道，空也是空的，所以，在定中無依無著。無依無著，就能破除根本未到地定中的愛著與策勵，如此之義，已包含在其中了。

問：《大智度論》與各種經典中，多說「觀息入出」，您為什麼說「知息入出」呢？

答：我在這裡說的「知息入出」的「知」，就是經典中所說的「觀」，但是，由於還不是真正的「觀」，所以就用「知」來代替。在《大品經．廣乘品》裡，在說明十六特勝相貌的時候，也都是說「知息入出長短」。以《大品經》為依據，我所說的「知息入出」，其實與佛經是不相違背的。至於「觀照的智慧」，在下面將會談到。

第五，除諸身行。十六特勝中的除諸身行，與「初禪的覺觀支」相對應。分二部分說明。一、說明身行。二、說明除諸身行。

說明身行。在欲界身中，發起初禪。色界的四大，所產生出的種種色相，觸及到欲界身，欲界身根，便會緣起身識，覺察到色界觸相。欲界色相與色界色相，互相結合，和合共住，這就叫做身。所謂身行，也就是觀支。觀支是依身而生，能夠覺察到身中法相的種種變化，也能夠進行種種造作，所以叫做身行。

接著說明除身行。由於覺察到了氣息遍滿全身，發起了初禪，心地變得開闊光明，見到身中三十六物，臭穢可惡。這時，行者就會知道，身中的三十六物是由四大構成的，頭、軀幹，以及四肢，這六個部分，每一部分都不是身，地水火風等四大，每一大也都不是身。這就是除欲界身。

除初禪身。在欲界身中，求色界的四大，每一大都不可得，叫做除初禪身。為什麼呢？若說是色界造色的話，那麼，這個色是從外面來的呢？還是從裡面出的呢？或者是住於中間的呢？如此內、外、中間遍尋觀察，則知種種色相，畢竟不可得，但是，由於顛倒妄想，所以才說有色界的種種色相。諦觀種種色相，一切皆不可得，這就是除初禪身。除去了初禪身，此時，初禪的身行，也就不復存在了。

還未證得初禪的時候，在欲界身中，還會起心，造種種善惡之業。現在，見身不淨，就不再造作種種善惡結業，所以叫做除身行。

現在，說明除諸身行，也有二種定。一種是根本禪中的五支功德，與前面所說的一樣。一種是淨禪中的五支功德。行者覺察到身中的三十六物，虛假不實，這就叫做覺支。分別初禪與欲界未到地定的功德，大有優劣之差別，這就叫做觀支。既然得到了法喜，心中十分慶幸與愉悅，這就叫做喜支。在沒有汙垢的境界之中，享受恬淡的快樂，這就叫做樂支。正定住持在心中，能夠使心不動搖，這就叫做一心支。在禪定中，成就了殊勝的喜支與樂支，心亦不染著這些功德法相，所以叫做淨禪。就像阿毘曇中所說：「昏沉無知，就是有垢，不昏沉，覺察分明，叫做無垢等義。」在這二種禪中，應作廣泛的說明。

六、受喜。十六特勝中的受喜，對應與破除「根本初禪的喜支」。根本禪中的喜支，是從昏沉有垢的覺觀之後而產生的，根本禪中的喜支，由於沒有智慧觀照的緣故，所以，大多會生出煩惱，所以不應該受這個喜支。十六特勝中的受喜，是在淨禪的覺觀之中產生的。由於十六特勝中的受喜，有智慧觀照，破析種種法相，深達「諸法性空」之理，並且，行者也深深地知道，覺觀法中所生出的喜支，也是空的，所以，行者能夠在喜支中而不執著於喜支，所以，行者就不會有過失，所以叫做受喜。就像羅漢，不執著於一切供養，所以叫做應受供養之人。就像真實智慧，得真實法喜，所以叫做受喜。

七、受樂。十六特勝中的受樂，對應與破除「根本初禪的樂支」。根本禪的樂支，由於沒有智慧觀照的緣故，在樂境之中，多會染著於樂境，所以，不應該受這個樂支。十六特勝中的受樂，是受「空無之樂」。行者知道樂的自性是空無的，因此，在樂境中而不執著於樂境，就不會有樂的過失。由於根本禪的樂支，沒有證到這個無為之樂，而十六特勝所證得的這個樂，所以叫做受樂。

八、受諸心行。十六特勝中的受諸心行，對應與破除「根本初禪中的一心支」。我們現在所說的能夠通達諸法，就叫做諸心行。心行有二種。一種是動行。另一種是不動行。有人解釋說：從初禪到三禪，都好像是屬於動行。到達四禪時，動行已經消失，所以，四禪才能叫做不動行。

現在，我們簡單地說明不動行。覺、觀、喜、樂等四支屬於動行。一心支屬於不動行，也叫做諸心行，也就是一心支的不動之行。

若是根本禪，在證入一心支的時候，就會心生染著，因此，根本禪的一心支，不應該受。十六特勝中的受諸心行，行者能夠知道，此一心支也是虛妄不實的，並不是無相真心。行者只要不執著於這個一心支，就不會有什麼過罪。如此受一心支而不著於一心支，即是三昧正受，也叫做受諸心行。

九、心作喜。十六特勝中的心作喜，對應與破除「二禪的內淨喜」。為什麼這樣說呢？二禪的喜支，是從內淨心發出來的，缺乏智慧觀照，多會受喜而染著。現在，我們再看二禪中的喜支，就會知道，二禪的喜，虛妄不實，我們不應該執著於二禪的喜支，猶如真實的智慧，能夠生出法喜而不執著於法喜，所以，叫做喜覺支。從正觀心中，生出真實法喜，所以叫做心作喜。

十、心作攝。十六特勝中的心作攝，對應與破除「二禪的一心支」。為什麼這樣說呢？這是因為，二禪的喜支，使心動搖，於是就要修習攝心之法，所以叫做心作攝。我們現在所說的心作攝，正是為了破除前面所說的虛妄不實的喜支，令行者生出法喜來。這種法喜，雖然屬於正定之喜，但是，並不是沒有湧動的過失。在這時，行者就應當返觀喜性，這時，就會發現，喜性本來空寂，喜性本來不亂，喜性本來不隨喜動，所以叫做作攝。所以，《大集經》裡說：「動是真心之動。」

十一、心住解脫。心住解脫，對應與破除「三禪樂」。為什麼呢？三禪有遍身之樂，凡夫若證得這種快樂，大多數會生出染愛之心，被三禪的快樂所繫縛，使行者不得解脫。我們現在所說的十六特勝中的心住解脫，以智慧觀照諸相，所以，在獲得遍身之樂時，知道遍身之樂也是因緣和合而有，空無自性，虛妄不實。因此，於禪樂之中而不著於禪樂，當下解脫，自在無礙，所以叫做心作解脫。

十二、觀無常。十六特勝中的觀無常，對應與破除「四禪不動定」。為什麼呢？在世間法中，有動法與不動法，初禪、二禪、三禪，皆被樂所動搖，好像依然是動法。到了四禪，就叫做不動定。凡夫證到四禪不動定時，大多會認為，四禪不動定是恆常不動的，於是心生愛著。現在，用十六特勝，來觀照四禪不動定，就會發現，所謂的四禪不動定，依然是生滅變遷的，生相、住相、滅相等三相，依然是變遷不停的，因此，知道四禪不動定，究竟也是會變壞的，也是不安定的。所以經典上說：「世間的動法與不動法，都是敗壞不安之相，所以叫做觀無常。」

十三、觀出散。十六特勝中的觀出散，對應與破除「空處定」。為什麼這樣說呢？出就是出離色界的意思。散就是破散三種色法。出散就是出離色，心與空無所有相應，無有繫縛，自在無礙，不被一切色法所繫縛，所以叫做出散。凡夫證得此定時，認為已到達了真空安穩的境界，於是，心生執著，不得解脫。

我們現在所說的十六特勝中的觀出散，行人初入虛空處定時，就知道虛空處定是受想行識等四陰和合而有的，空無自性，不可取著。為什麼呢？這是因為，若說有出散的話，那麼，究竟是虛空出散呢？還是心出散呢？若說是心出散的話，心是隨著過去、現在、未來這三種相而變遷的，那麼，過去已滅，未來還未到來，而現在剎那不住，又如何能出散呢？若說是虛空出散的話，虛空是無知覺的。無知覺之物，如何能出散呢？既然虛空定不可得，那麼，心就不會再執著了，所以叫做觀出散。

十四、觀離欲。十六特勝的觀離欲，與「識處定」相對應。為什麼呢？凡是貪戀外境，都叫做欲。從欲界定，一直到空處定，都是心外之境。若虛空是外境，心識來領受虛空，就是以虛空作為所欲之物。我們現在所說的識處定，緣於內識，能夠離開對虛空定的貪欲，所以叫做離欲。

若凡夫獲得了識處定，由於沒有智慧，不能照了諸境，就會認為，心與識處定相應，這就是真實安穩之處，就會生出染著之心。我們現在所說觀離欲，在獲得識處定時，就能以智慧照了諸境。若說一心緣識，心與識處定相應，就能夠進入十六特勝中的觀離欲，那是不可能的事。為什麼呢？這是因為，過去、未來、現在，三世心識，都不與現在心相應。為什麼說心與三世識相應呢？定法住持於心中，叫做識定，所以我們知道，我們這裡所說的識定，只是一個虛名，非真實法，所以叫做觀離欲。

十五、觀滅。十六特勝中的觀滅，與「無所有處定」相對應。為什麼呢？這是因為，無所有處定，緣無為法塵而有，心與無為法相應，對無為法塵生少分識心。凡夫證得這個無所有處定，認為自己的妄心已經息滅，因此，對於無所有處定深生愛著，不能捨離，被無所有處定所繫縛。

我們現在所說的十六特勝中的觀滅，行者證得此定時，就能覺察到有少分心識。這些心識，雖然微少，但仍是四陰和合，無有自性，虛妄不實，就像糞便，不管有多少，皆屬臭穢，不可染著，所以叫做觀滅。

十六、觀棄捨。十六特勝中的觀棄捨，與「非想非非想定」相對應。為什麼呢？非想非非想定，是捨棄識處定及無所有處定的對治法。從初禪以來，各級禪定，普遍地具有棄捨，然而，卻始終未能棄捨這個「棄捨」，所以，在給禪命名時，就沒有使用「棄捨」這個名字。現在，非想非非想定，棄捨了一切有想，也捨棄了這個「棄捨」，所以就用「棄捨」這個名字。為什麼呢？非想非非想定，也是棄捨法中的最高級的棄捨法，所以，最後才用「棄捨」這個名字。凡夫證得這個非想非非想定時，以為自己證得了涅槃，由於他們沒有智慧觀照，不能棄捨這個非想非非想定。

我們所說的十六特勝中的這個觀棄捨，在證得此定時，就知道這個非想非非想定，也是由四陰、十二入、三界及十種微細的心念等和合而成的，知道此定是無常、苦，無有自性，虛妄不實，不應該把它當作涅槃，也不應該認為這是安樂之處。行者既然知道了此定虛妄不實，就不會再執著此定，這就叫觀棄捨。行者努力追求禪定，成就了非想非非想定，這時，就有了二種棄捨，一種叫根本棄捨，一種叫涅槃棄捨。永遠棄捨生死，所以叫做觀棄捨。在這時，行者深深地觀察棄捨，就會證得三乘涅槃，就像須跋陀羅，佛陀讓他觀察非想非非想定中的微細念頭，須跋陀羅就證得了羅漢果。

未必人人都要修完十六種特殊勝才能頓悟，有的人或許只修了二、三種特勝就能悟道，也有的利根之人，在最初修隨息法時，就覺悟到了無常，體悟到了大道。到底修習十六特勝到什麼程度才能悟道，這是因人而宜的。

從最初修習以來，具足發起了四禪八定，所以叫做亦有漏。在禪定中，運智觀照，破析諸相，令心不著，叫做亦無漏。因此而說，十六特勝叫做亦有漏亦無漏禪。十六特勝，豎對三界諸禪，逐一慧觀，其義可見。

【說 明】在十六特勝的修習過程中，捨下取上，次第進取，每得之境，皆非真得，為什麼這樣說呢？這是因為，佛法之得，本無所得。無得之得，即是真得。《金剛經》言：「我於阿耨多羅三藐三菩提，乃至無有少法可得，是名阿耨多羅三藐三菩提。」無漏之法，人人本有，非修而得，而是返觀而證。由於未證，故假方便，次第修行。待證之時，得見自心本性，本來如是，增亦增不得，減亦減不得，汙亦汙不得，染亦染不得。此心本來「不垢不淨，不增不減」，哪裡更有什麼有漏與無漏？

卷第八

釋禪波羅蜜修證第七之四

（修證通明觀）

今辨此禪。大意為三。一者、釋名。二者、辨次位。三者、明修證。

一釋名者。所以此禪名為通明觀者，此觀方法，出《大集經》文，無別名目，北國諸禪師，修得此禪，欲以授人，既不知名字，正欲安根本禪裡，而法相迥殊。若對十六特勝，則名目全不相關。若安之背捨勝處，觀行方法，條然別異。既進退並不相應，所以諸師別作名目，名為通明觀禪。

或有說言：《華嚴經》有此名目。所言通者，謂從初修習，即通觀三事❶。若觀息時，即通照色心。若觀色，乃至心，亦如是。此法明淨，能開心眼，無諸暗蔽，既觀一達三❷，徹見無閡，故名通明。

復次，善修此禪，必定能發六通❸三明❹，故《大集經》明：「法行比丘修此禪時，欲得神通，即能得之。」今言通者，即是能得六通。明者，即是能生三明。此因中說果，故言通明觀。

問曰：餘禪亦能發六通三明。何故獨此禪說為通明？

答曰：餘禪乃有發通明之義，不如此禪利疾，故名通明。

問曰：如《大集經》亦有別釋此禪名義。故經言：「所言禪者，疾故名禪。疾大疾、住大住、寂靜觀、滅達離，是名為禪。」今何故別立名耶？

答曰：彼經雖有此釋，於義乃顯，而名猶漫，既不的有名目故，復更立通明之名。

第二，明次位者。此禪無別次位，猶是約根本四禪❺、四空❻立次位。但於一一禪內，更有增勝出世間觀定之法，能發無漏及三明六通疾利。亦於非想❼後心，滅諸心數，入滅受想定❽故，不同根本，暗證取著，無有神智功能。是故雖復次位，同於根本，而觀慧殊別。恐人謬解，故立別名。雖名有異，而次位無差。

問曰：若此禪得入滅定❾，與九次第定❿有何異耶？

答曰：修此定時，心心無間，亦得說為九次第定，然終非是具足九次第定法。是事在下自當可見。若比准《成實論》解九定⓫八解⓬，亦是具足。

【章　旨】首先，說明了通明禪的含義：能夠迅速地發起六種神通與三種智明，故稱之為通明禪。其次，說明了通明禪的次第：通明禪與四禪八定的次第相同，只是通明更加殊勝而迅速。

【注　釋】❶三事　觀息、觀色、觀心。❷觀一達三　觀息、觀色、觀心，三觀之中，無論是觀息，還是觀色，還是觀心，只要能作一觀，就能通達其餘二觀。❸六通　指六種神通。六通包括：神足通、天耳通、他心通、宿命通、天眼通、漏盡通。〈禪波羅蜜修證第七之六・釋六神通〉中有詳細解釋。參見本書第六八一頁。❹三明　宿命明、天眼明、漏盡明。宿命明，即明白自己或他人一切宿世之事。天眼明，即明白自己或他人一切未來世之事。漏盡明，即以聖智斷盡一切煩惱。❺根本四禪　這裡的「根本四禪」，不是特指第四禪，而是指初禪、二禪、三禪、四禪這四種禪。❻四空　特指四種空定，亦即空無邊處定，識無邊處定，無所有處定，非想非非想處定。❼非想　在這裡是指「非想非非想定」。非想非非想定，是四禪八定次第定中的最後一「定」。❽滅受想定　又名滅盡定，或滅定。在此定中，以滅受想二心所（能受之心與所受之境，能想之心與所想之境）為主，最後並六識心所（能心與所境）亦滅，是九次第定的最後一「定」。❾滅定　此處的「滅定」，即是指「滅受想定」，或曰「滅盡定」。❿九次第定　九種定包括：色界之四禪、無色界之四處，以及滅受想定等九種禪定。所謂次第，就是以不雜他心，依次自一定而入於二定、三定等等，所以稱為次第定。九種定具體包括：一、初禪。二、二禪。三、三禪。四、四禪（以上稱為色界四禪根本定）。五、空處定。六、識處定。七、無所有處定。八、非想非非想處定（以上稱為無色界四處之根本定）。九、滅受想定。〈釋禪波羅蜜修證第七之六・釋九次第定〉中有詳細解釋。參見本書第六九〇頁。⓫九定　在這裡是指「九次第定」。⓬八解　在這裡是指「八解脫」，或曰「八背捨」。在〈釋禪波羅蜜修證第七之六・釋八背捨〉中有詳細解釋。參見本書第六四〇頁。

【語　譯】現在要講明通明禪的大意。分三部分來講。一、解釋通明禪的名字。二、辨明通明禪的修行次第。三、說明通明禪的修習方法與證得之相。

一、解釋通明禪的名字。此禪為什麼叫做通明禪呢？這是因為，通明禪的觀修方法，出自《大集經》，但是，在《大集經》裡並沒有相應的名字。北方禪師，修習此禪獲得了成功，於是，就想以此禪來教人，但是，卻沒有合適的名字來表義。若把此禪列入根本禪裡的話，那麼，此禪的功德法相與根本禪的功德法相，卻有著很大的差別。

若把十六特勝拿來作對比，又發現十六特勝中的所有名目，與此禪全不相關。若把此禪與八背捨、八勝處相比較，那麼，此禪的觀行方法與八背捨、八勝處的觀行方法，也迥然不同。既然此禪與其他諸禪各不相同，於是，禪師們就另立名字，把它叫做通明禪。

有人說，《華嚴經》裡有這個名字，所謂通，就是從初修習時，就能通觀三事。若修習觀息法時，就能通觀照了色法和心法。修習觀色法，或修習觀心法時，也能「修一兼三」。由於這種方法，明亮清淨，能開心眼，沒有暗蔽與遮障。因此，行者就能借助於一觀而通三觀，徹見一切法相，無有任何障礙，所以叫做通明。

若善於修習這種禪的話，一定能夠發起六種神通與三種智明。《大集經》上說：「法行比丘在修習此禪的時候，想要獲得神通，也就獲得了神通。」我們現在所說的「通」，就是指能夠獲得六種神通。我們今天所說的「明」，就是指能夠獲得三種智明。這是在因地而說果地，所以叫做通明禪。

問：其他的禪，也能發起六通與三明，為什麼只把此禪叫做通明呢？

答：其他禪雖然也能發起六通與三明，但是，不如此禪發起的順利和快速，所以把此禪叫做通明。

問：《大集經》裡也有特別解釋此禪名字的地方，譬如《大集經》上說：「我們所說的禪，也就是疾速的意思。快中之疾快，住中之大住，寂中之靜觀，滅中之脫離，所以叫做禪。」可是，您現在又為什麼另立名字呢？

答：《大集經》上雖然有這樣的解釋，顯示了禪的內涵，但是，禪這個名字，十分寬泛，而不是一個具體的名字，所以另立「通明」這個具體禪名。

第二，辨明通明禪的修行位次。此禪並沒有特殊的位次，好像是與四禪、四空定的位次大致相同，只是通明禪在每一禪之中，有更加殊勝的出世間慧觀方法，能夠很迅速地發起無漏、三明以及六通。通明禪，在非想非非想定之後，泯除各種心念，進入滅受想定，所以，通明禪不同於根本四禪，暗昧渾濁，取著法相，沒有神通智慧的功能。所以，通明禪在位次上，雖然與根本禪大致相同，然而，在觀照智慧上，卻大有不同。為了避免混淆，所以，另立「通明」這個名字。通明禪與根本四禪，雖然在名字上不同，然而，在階位上卻是一樣的。

問：若通明禪能夠證入滅盡定，那麼，通明禪與九次第定又有什麼不同呢？

答：修通明禪時，心心無間，也可以說是九次第定，然而，究竟不是具足位次的九次第定。通明禪與九次第定的差異，在下面將會講到。若按照《成實論》解釋九次第定與八解脫的方法，通明禪也可以說是具足九次第定。

【說　明】通明禪本來是沒有名字的，由於通明禪能夠迅速地發起六通與三明，所以稱之為通明禪。通明禪，亦沒有特殊的禪定階位，其禪定階位，與四禪八定基本相同，然而，卻比四禪八定更加清明與迅速。

第三，明修證。此禪既無別次位，還約根本次位辨修證也。

第一，先明修證初禪之相。如《大集經》說：「言初禪者，亦名為具，亦名為離。離者，謂離五蓋❶。具者，謂具五支。五支者，謂覺、觀、喜、安、定。

云何為覺？如心、覺、大覺、思惟、大思惟，觀於心性，是名為覺。

云何為觀？觀心行、大行、遍行、隨意，是名為觀。

云何為喜？如真實知、大知、心動至心，是名為喜。

云何為安？謂心安、身安、受安、受於樂觸，是名為安。云何為定？謂心住、大住，不亂於緣，不謬，無有顛倒，是名為定。」

即是彼經，略釋修證通明初禪之相。推此經文，所明五支，則與餘經論所明大異，故須別釋。

今先釋如心。如心者，即是初禪前方便定發也，亦即是未到地。但證不孤發，要由修習。云何修習？行者從初安心，即觀於息、色、心三事，俱無分別。觀三事者，必須先觀息道。云何觀息？謂攝心靜坐，調和氣息，一心諦觀息，想遍身出入。

若慧心明利，即覺息，入無積聚，出無分散，來無所經由，去無所履涉。雖復明覺息入出遍身，如空中風性無所有，是則略說觀息如❷心相。

次觀色如❸。行者既知息依於身，離身無息，即應諦觀身色如，此色本自不有，皆是先世妄想因緣，招感今世四大造色圍虛空故，假名為身。

一心諦觀，頭等六分❹，三十六物，及四大❺、四微❻，一一非身，四微、四大，亦各非實，尚不自有，何能生六分之身、三十六物？無身色可得。爾時，心無分別，即達色如。

次觀心如❼。行者當知，由有心故，則有身色去來動轉。若無此心，誰分別色？色因誰生？諦觀此心，藉緣而有，生滅迅速，不見住處，亦無相貌，但有名字，名字亦空，即達心如。行者若不得三性別異❽，名為如心❾。

復次，行者若觀息時，既不得息，即達色、心空寂。何以故？三法不相離故。色、心亦爾。若不得色心三事，即不得一切法❿。

所以者何？由此三事和合，能生一切陰入界眾苦煩惱、善惡行業，往來五道，流轉不息。若了三事無生⓫，則一切諸法，本來空寂。是則略說修習如心之相。

【章旨】說明了通明禪的修習方法：先觀息相，生生滅滅，皆不可得，再觀色相、心相，一切法相，皆不可得。如是而觀，即是通明觀，亦通明禪之基本修行方法。

【注釋】❶五蓋　謂覆蓋心性，令善法不生之五種煩惱。一、貪欲蓋。二、瞋恚蓋。三、惛眠蓋。四、掉舉惡作蓋。五、疑蓋。蓋，覆蓋之意。〈分別釋禪波羅蜜前方便第六之一．訶五欲及棄五蓋〉中有詳細解釋。參見本書第一二三頁。❷觀息如　即是觀息相，皆屬緣聚則有，緣散則無，根本就是虛幻不實的，如是而觀息相，即是觀息如。❸觀色如　即是觀色相，皆屬緣聚則有，緣散則無，根本就是虛幻不實的，如是而觀色相，即是觀色如。❹六分　頭、軀幹、四肢，共六分。❺四大　地大、水大、火大、風大。❻四微　色、香、味、觸四種極微分子。❼觀心如　這裡的「心」，是指「心念」這個意義上的「心」。觀心如，即是觀一切心相，皆屬緣合而有，緣散而無，根本就是虛幻不實的。如是而觀心相，即是觀心如。❽不得三性別異　息相、色相、心相，三相生滅，皆無自性，皆不可得，故曰「不得三性別異」。❾如心　亦即如是而觀其心。❿不得色心三事　息相、色相、心相，三相虛妄，皆不可得，所以說「不得息、色、心三事」。凡所有相，皆屬虛妄，皆不可得，所以說「不得一切法」。⓫三事無生　息、色、心三相，虛生幻滅，皆非實有，所以稱之為「三事無生」（虛幻生滅相上，不可認假為真)。

【語　譯】第三，說明通明禪的修習方法與證得之相。通明禪既然沒有特別的階位，因此就依照根本四禪的階位來分辨它的修習方法與證得之相。

第一，首先說明修證初禪的情形。《大集經》裡說：「我們所說的初禪，也叫做具，也叫做離。離就是離開五蓋。具就是具足五支。所謂五支，是指覺、觀、喜、安、定。

什麼是覺？如心、覺、大覺、思惟、大思惟，返觀自心本性，就叫做覺。

什麼是觀？觀心、行、大行、遍行、隨意，就叫做觀。

什麼是喜？真實知、大知、心動至心，就叫做喜。

什麼是安？心安、身安、受安、受於樂觸，就叫做安。

什麼是定？心住、大住、不亂於緣、不謬、無有顛倒，就叫做定。」

這就是《大集經》略說修證通明初禪的情形。《大集經》裡所說的五支功德，與其他經論所說，大不相同，因此，需要別加解釋。

現在，我們先解釋如心。所謂如心，就是發起了初禪的前方便定，也就是未到地定。但是，要證得未到地定，必須要修習才行。怎樣修習呢？就是行者在最初安心修習的時候，就要觀照氣息、色相與心念這三件事，皆無分別。在氣息、色相、心念三事之中，行者必須先觀氣息。如何觀氣息呢？就是攝心靜坐，調和氣息，一心繫緣於氣息上，想像氣息遍身出入。

若行者慧心明利的話，就能覺察到，氣息在入時，無有積聚，氣息在出時，無有分散，氣息來時，沒有來路，氣息去時，沒有去跡。行者清楚地覺察到，氣息的入出，雖然遍滿全身，然而，氣息的入出，猶如空中的風，無有自性。以上所說，簡略地說明了觀息的情形。

現在我們再說明觀色如。行者既然知道氣息是依附於身體的，離開了身體就沒有氣息，那麼，行者就應該這樣觀照色身，這個色身，本來沒有，都是由於前世的妄想因緣，才招感今世四大要素，合成此身。這個四大合成之物，就稱為色身。

行者諦觀自己的頭、軀幹、四肢等六部分，以及身內三十六物，以及四微與四大之每一要素，皆非行者自身。四微與四大之每一要素，亦非真實存在。既然四微與四大，尚屬不實，由四大四微和合而成的六分之身，以及身內三十六物，還更有什麼真實性呢？由此可見，四大和合而成的四大色身，亦非實有，亦不可得。因此，行者不再執著於色相。此時的境界，即是觀色如。

接著，我們再來說明觀心如。行者應當知道，由於有心念的緣故，才會有色身的去來動轉。若沒有心念，誰來分別種種色相呢？種種色相又因何而生呢？行者諦觀此心念，知道此心念是借緣而有，心念的生滅，無常迅速，根本看不到它的停留之處，也看不到它的相貌，但有假名，無有實際，如是而觀心念，即是觀心如。

行者若能知息相、色相、心相，皆無自性，皆不可得，這就叫做觀心如。

行者觀息的時候，既然知道息相，屬於虛妄，本不可得，就能知道色相與心相，亦屬虛幻，亦不可得。為什麼呢？這是因為，息、色、心三法不相離的緣故。觀色、觀心時，亦同樣是「觀一而達三」。若能知道息相、色相、心相，虛幻不實，皆不可得，就能知道一切法相，皆屬虛幻，皆不可得。

為什麼這樣說呢？這是因為，由息、色、心三事和合，才能生出一切五陰、十二入、十八界的眾苦煩惱、善惡行業，導致五道輪回，流轉不息。若能照見息、色、心三事，本來無生，則一切諸法，頓然空寂。以上所說，簡略地說明了修習如心的情形。

【說　明】氣息之相，此生彼滅，來回往返，沒有定相。行者如是觀察氣息之相，就會發現，氣息之相，根本不可得。在此基礎上，行者再觀色相。四大色身，本來沒有，因緣和合，故有此身，因緣分散，還歸於無。行者如是觀察，就會發現，色身之相，根本不可得。在此基礎上，行者再觀心相。心念之相，無常生滅，根本沒有停留之處，亦沒有實在的相貌。行者如是觀察心念，就會發現，心念虛幻，無有實際。行者如是而觀息、色、心三相，即是方便修習通明禪。

第二明證相。此亦具有證欲界未到地相。行者如上觀察三性，悉不可得，其心任運，自住真如，其心泯然明淨，名欲界定。於此定後，心依真如法❶，心泯然入定，與如相應，如法持心，心定不動，泯然不見身息心三法異相，一往猶如虛空，故名如心，即是通明未到地也。

次釋初禪發相。如前引經說，此應具釋五支證相。今先據覺支為本，覺義既成，釋餘四支，則從可見。

所以經言：「覺、大覺。」覺者，覺根本禪，覺觸發相，故名為覺。此事如前說。但輕重有異。大覺者，豁然心目開明，明見三事發相，名為大覺。此傍釋，未是正意。

復次，今當分別覺、大覺義。所言覺者，覺世間相也。大覺，出世間也。此即對真俗二諦❷釋之。亦有漏❸無漏❹，義意在此。

今明世間則有三種。一、根本世間，一期正報❺五陰是也。二、義世間者。知根本之法與外一切法，義理相關也。三、事世間者。發五通時，悉見一切眾生種類及世間事也。

世間既有三種，出世間對世間亦為三。所以者何？眾生根有下中上，利鈍不等，是故雖同證此初禪境界，淺深其實有異，故須約三義分別證初禪不同。第一，先釋約根本世間出世間。明覺、大覺、五支，成初禪之相。即為二意。第一，先明初禪發相。第二，即釋成覺、大覺、五支差別之相。

一、先明初禪發之相。即為三意，品次不同。一者、初發。二、次。三、後。

一、初發相。行者發初禪時，即豁然見自身九萬九千毛孔空疏，氣息遍身毛孔出入。雖心眼明見遍身出入，而入無積聚，出無分散，來無所經由，去無所履涉。即見身內三十六物，一一分明。三十六物者，諸髮、毛、爪、齒、薄皮、厚皮、筋、肉、骨、髓、脾、腎、心、肝、肺、小腸、大腸、胃、胞膽、屎、尿、垢、汗、淚、涕、唾、膿、血、脈、黃痰、白痰、癊、肪、𦙶、腦膜。

此三十六物，十是外物，二十六是內物，二十二是地物，十四是水物。已見風水地相分明，復覺諸物各有熱氣煎煮，火相分明。

觀此四大，猶如四蛇，同處一篋。四大蚖蛇，其性各異，亦如屠牛之人分肉為四分。諦觀四分，各不相關，行者亦爾，心大驚悟。

復次，行者非但見身三十六物，四大假合不淨可惡，亦覺知五種不淨之相。何等為五？一者、見外十物相不淨，心生厭患，是名自相不淨。二者、見身內二十六物，內性不淨，是名自性不淨。三者、自覺此身，從歌羅邏❻時，父母精血和合以為身，是名種子不淨。四者、此身處胎之時，在生熟二臟之間，是名生處不淨。五者、及其此身，死後捐棄塚間，壞爛臭穢，是名究竟不淨。

當知此身，從始至終，不淨所成，無一可樂，甚可厭惡。我為無目，忽於昔來，著此不淨臭爛之身，造生死業。於無量劫，今始覺悟，悲喜交懷。五種不淨如《摩訶衍論》廣說。

復覺定內心識，緣諸境界，念念不停，諸心數法，相續而起，所念相異，亦復非一，是名初禪初證之相。

次明中證相。行者住此定內，三昧漸深，覺息後五臟內，生息相各異，所謂青黃赤白黑等，隨臟色別，出至毛孔。若從根入，色相亦不同。如是分別，氣相非一。復見此身，薄皮厚皮膜肉，各有九十九重。大骨小骨三百六十及髓，各有九十八重。

於此骨肉之間，有諸蟲，四頭四口，九十九尾。如是形相非一、乃至出入來去，音聲言語，亦悉覺知。

唯腦有四分，分有十四重。

身內五臟，葉葉相覆，猶如蓮華，孔竅空疏，內外相通，亦各有九十九重。

諸物之間，亦各有八十戶蟲，於內住止，互相使役。若行者心靜細時，亦於定內聞諸蟲語言音聲，或時因此發解眾生言語三昧❼。

身內諸脈，心脈為主。復從心脈內，生四大之脈。一大各十脈，十脈之內，一一復各九脈，合成四百脈。從頭至足，四百四脈，內悉有風氣血流相注。此脈血之內，亦有諸細微之蟲，依脈而住。

行者如是知，是知身內外不實，猶如芭蕉。復觀心數❽，隨所緣時，悉有受想行識，四心差別不同。

三、明後證之相。行者三昧智慧，轉深淨明利，復見氣息調和，同為一相，如琉璃器，非青黃赤白。亦見息之出入，無常生滅，悉皆空寂❾。

復見身相新新，無常代謝。所以者何？飲食是外四大，入腹資身時，新四大既生。當知故身隨滅，譬如草木，新葉既生，故葉便落，身亦如是。愚夫不了，謂是惜身❿。智者於三昧內，覺此身相，無常所遷，新新生滅，空無自性，色不可得。

復各一念心生之時，即有六十剎那生滅。或有人言：六百剎那，生滅迅速，空無自性，心⓫不可得。

【章　旨】主要介紹了通明禪的初禪發相。初禪發相有五支功德，在本部分，主要介紹了初禪的初、中、後三期的覺支發相。

【注　釋】❶真如法　即是法性之法，即是法源之法，亦諸法之本。息相、色相、心相，皆不離此根本。❷真俗二諦　是真諦與俗諦的合稱。前者又稱勝義諦、第一義諦，指真實平等之理。後者又稱世俗諦、世諦，指世俗差別之理。❸有漏　貪瞋等煩惱，日夜由六根門頭漏泄流注而不止，叫做漏。又，煩惱能使人漏落於三惡道，也叫做漏，所以有煩惱之法就叫做有漏法，而世間的一切有為法，都是有煩惱的有漏法。❹無漏　清淨沒有煩惱，不落於三惡道的意思。❺正報　二報之一。二報，就是依報與正報。依報又名依果，即眾生依之而住的果報，如國土大地，房屋器具等是。正報又名正果，即眾生五蘊假合的身體，因為此身乃因惑造業所感，是正報之果報。❻歌羅邏　初宿胎內之位。〈分別釋禪波羅蜜前方便第六之二・明果報十二因緣善根發者〉有解釋。參見本書第二〇二頁。❼解眾生言語三昧　即行者進入了理解眾生語言的禪定境界。解即了解、聽懂。三昧即正定，相對於邪定而言。❽心數　又作心所、心所有法、心所法、心數法，總之，心中的所有法相，皆屬於心數的範疇。心數從屬於心王，乃五位之一，心數與心王相應，同時存在。❾空寂　並不是什麼都沒有，而是說諸相生滅變遷，無有定相可得。當下之相，剎那即過，過而不可得。不可得故，無有實在故，謂之空寂。❿惜身　根據前後文的意思，在這裡的「惜身」應該是「昔身」。⓫心　這裡所說的「心」，不是指「不生不滅的無相真心」，而是指「生滅變化的心念」。

【語　譯】第二，說明證得之相。通明禪具有欲界未到地定的禪定發相。行者依照以上所說，觀察氣息、色相、心念，則知：氣息、色相、心念，皆不可得，於是，豁然脫縛，自住真如，其心明淨，這就叫做欲界定。證得欲界定之後，心相與真如融合，泯然入於定中，與真如實相相應。定法住持心中，於是，心定不動，泯然不見身、息、心之差別，猶如虛空，這就叫做如心，也是通明禪的未到地定。

解釋通明禪的初禪發相。就像前面所引用的經文中所說，在這裡，應該逐一解釋初禪五支功德的證相。現在先解釋覺支的功德，把覺支的功德說清楚了，其餘的四支功德，也就可以據此而見。

所以佛經上說：「覺、大覺。」所謂覺，是指覺知根本禪，覺知觸發相，所以叫做覺。覺就像前面所說的那樣，只不過是有輕重差異而已。所謂大覺，是指突然心地開明，很清楚地覺知到了氣息、色相與心念三事的發起之相，所以叫做大覺。以上關於覺與大覺的解釋，屬於旁釋，而不屬於正意。

現在，我們應當分別解釋覺與大覺的含義。所謂覺，是指覺悟世間相。所謂大覺，是指覺悟出世間相。覺悟世間相與覺悟出世間相，這是針對真諦與俗諦來說的。有漏與無漏之義，也是這樣。

世間有三種，一、根本世間。就是這一世的五蘊和合之身。二、義世間。就是知道根本之法與外在之法的義理，亦是相關的。三、事世間。發起五種神通之時，悉見一切眾生種類，以及世間一切事。

世間有三種，出世間也有三種。為什麼這樣說呢？這是因為，眾生的根器，有上中下之分，也有利鈍之別，所以，雖然同樣證到這個初禪境界，然而，所證禪相卻有深淺不同，所以，分三個方面來說明所證得的初禪的不同。

第一，先解釋根本世間與出世間。說明覺、大覺、五支功德的初禪之相。分二部分說明。一、先說明初禪的發起之相。二、解釋成就覺、大覺、五支功德的差別之相。

一、先說明初禪的發起之相。初禪發起的情形，有初、中、後三種情況。

一、初禪發起的初期情況。行者發起初禪的時候，突然見到自己的身體，有九萬九千個毛孔空疏，氣息在全身毛孔中出出入入。雖然見到了氣息在全身毛孔中出出入入，然而，入息的時候，氣息無有積聚，出息的時候，氣息也無有分散，氣息來的時候，不見氣息的來路，氣息去的時候，不見氣息的蹤跡。行者見身中三十六物，亦非常分明。這三十六物，就是頭髮、鬚髮、指爪、牙齒、薄皮、厚皮、筋、肉、骨、髓、脾、腎、心、肝、肺、小腸、大腸、胃、膽、屎、尿、垢、汗、淚、涕、唾、膿、血、脈、黃痰、白痰、癃、肪、腨、腦、膜等。

身中三十六物，有十種屬於身外之物，有二十六種屬於身內之物，有二十二種屬於地大之物，有十四種屬於水大之物。行者清楚地看到風大、水大、地大之相。行者又覺知到這三十六物，各有熱氣在煎煮，因此，行者清楚地看到火大之相。

行者觀地水火風四大，猶如四條蚖蛇，放在同一個篋子裡。這四條蚖蛇，秉性各不相同，也就像屠牛的人，把肉分成四份。我們若仔細觀察，就會發現，這四份肉，各不相關。行者觀想自己的四大，也是這樣，各不相關，因此，心中驚訝而覺悟。

行者不但看到身中三十六物，四大假合，骯髒可惡，同時，亦覺察到了五種不淨之相。是那五種不淨之相呢？一、見到身外十種物，骯髒不淨，心生厭患，這就叫做自相不淨。二、見到身內二十六種物，亦屬骯髒不淨，這就叫做自性不淨。三、覺知此身，從歌羅邏時，就是由父母精血和合而成，這就叫做種子不淨。四、在胎胞的時候，此身就在生臟與熟臟之間，這叫做出處不淨。五、四大色身，死後被丟到墳墓裡，腐爛變臭，這就叫做究竟不淨。

我們應當知道，此身從始至終，都是由不淨之物而構成的，此身之中，無有一物是可樂著的，而且是令人可厭惡的。我無覺悟，從過去一直到現在，執著於這個不淨、臭、爛之身，造種種生死之業。從無始以來，今天終於覺悟，不禁悲喜交加。五種不淨，在《摩訶衍論》裡有很詳細的說明。

行者又覺察到定境中的心識，攀緣於各種境界，念念不停，各種心念，相續而起，心中念頭，各自不同，也不再是同一個，這就是初禪的初證之相。

二、初禪的中證之相。行者住於定中，定心愈來愈深，這時，覺察到氣息後面的五臟之內，生出不同的氣息之相，有青、黃、赤、白、黑等顏色，不同的內臟，生出不同的顏色，出至到毛孔之中。氣息從五根進入體內時，由於五根不同，生出的顏色也不同。如此等等，氣相不同。行者又看到此身，薄皮、厚皮與膜肉，各有九十九層。大小骨頭，有三百六十塊，骨頭與骨髓，也各有九十八層。

骨肉之間，有很多的蟲，各有四個頭、四張嘴、九十九條尾巴。蟲的形相，各不一樣，乃至這些蟲的出入來去，聲音語言，行者也能清晰覺知。

唯獨腦有四部分，每一部分有十四層。

體內的心肝脾腎肺這五臟，相互重疊，猶如蓮花。五臟的孔竅是通暢的，內外也是相通的，五臟之中的每一臟，也各有九十九層。

身內諸物之間，各有八十種蟲，住在身內諸物之中，蟲與蟲之間，互相使役。當行者的心很寂靜的時候，在定心之中，也能聽到諸蟲語言音聲，行者或許能夠發起「解眾生言語三昧」。

身內諸脈，以心脈為主，在心脈之中，又生出四大脈，每一大脈又生出十脈，十脈之中，又各生出九脈，心脈共有四百脈。從頭到腳，共有四百零四脈。在這些脈中，也都有風氣和血液流注。在此脈血之內，也有很多微細的蟲，住在脈血之中。

行者如此覺知自身之後，則知此身，內外不實，猶如芭蕉。行者又觀照心中的念頭，則知隨心所緣，皆有受想行識之四相，這四相也各有不同。

三、說明初禪的後證之相。行者的三昧智慧，變得更加深邃、清淨、明利，這時，行者又見到調和的氣息，完整統一，就像一個完整的琉璃器，而不是各自分立的青黃赤白之色。行者也見到出入的氣息，生滅無常，都是空寂之相。

行者見自身色相，生生不息，滅滅不已，為什麼呢？這是因為，飲食是外面的四大，當外面的四大入身資體的時候，新的四大也就產生了。新的四大產生的時候，舊的四大便隨之而滅，就像草木，新的葉子生出來的時候，舊的葉子也就脫落了，身體代謝的情形，也是這樣的。愚蠢的凡夫，不曉得此事，認為此身還是昔日之身。有智慧的人，在三昧定中，知道此身變遷無常，生滅不住，根本就是沒有自性的，一切色相皆不可得。

行者又看到，每一個心念的生滅，這其中就有六十剎那的生滅，或許有人說：每一個心念的生滅，這其中就有六百刹那的生滅，心念的生滅如此迅速，心念根本就是沒有自性的，所以說，心念也是不可得的。

【說明】行者在定中所見到的三十六種物，物物皆屬虛假，如夢幻泡影，如露亦如電，根本不可得。行者若愛戀這些幻相，或厭棄這些幻相，皆屬認幻當真，以虛作實。行者若見諸相，無憎無愛、無取無捨，便是進修菩提之道。

第二，明釋成覺觀五支之相。即為五。

第一釋覺支。經說覺支云：「覺、大覺、思惟、大思惟、大思惟觀於心性。」約此五句，以明覺相。

今先釋覺、大覺二句。此約世間出世間境界分別故，有此二覺之異。世間境即是異相。出世間境即是如相。此之如異，即是真俗二諦之別名也。今約觀門❶，淺深易見。今當具依《摩訶衍》分別。論云：「有三種上中下。」如異既有三種，覺、大覺，亦應為三也。論意分別，假名為異。分別四大，實法同體，名為下如。分別地大，異餘三大，名為異。同一無常，生滅不異，名次如。無常生滅，名為異。生滅即空無異，名上如。

今即約禪為下中上品，明觀門淺深之相。

第一，先明下品覺相。覺氣息入出，青黃赤白諸色隔別，名為覺。覺此諸息，同一風大無異，名大覺。次覺三十六物隔別，名為覺。覺餘三大，無有別異，名大覺。覺於心數非一，名為覺。同是四心無異，名大覺。

第二，明中品覺者。息是風大，名為覺。覺息生滅無常，名大覺。覺餘三大各別，名為覺。覺同一無常，生滅不異，名大覺。覺四心❷差別不同，名為覺。覺無常生滅不異，名大覺。

第三，明上品覺者。覺息無常為異者。此息為八相所遷，故無常。何等為八相？一、生。二、住。三、異。四、滅。五、生生。六、住住。七、異異。八、滅滅。此八種相遷，法體別異非一，名為覺。覺息本空寂，無八相之異，名大覺。覺餘三大，各有八相別異，名為覺。覺餘三大，本來空寂，無八相之異，名大覺。覺心八相所遷，別異非一，名為覺。覺心本來空寂，無八相之異，名大覺。所以者何？若心即是八相，八相即是心者，則壞有餘相。所以者何？今息色亦即是八相，八相亦即是息色，八相無異故，息、色、心三事，亦應無異。若爾，說心時即應是說息、色。今實不爾。壞亂世諦相故，如人喚火，應得水來。說心一向即是息色，過同於此。

復次，若離心有八相，離八相有心者，此則心非八相，八相非心。若心非八相，則心但有名無相。無相之法，是不名心。若八相離心，八相則無所遷，即不名八相，八相無所相故。如是審諦求之，則心與八相，本自不有，亦不依他有性，性如虛空，無一異相，故名大覺。

覺前息色，一一亦當如是分別。

此則略說上品覺大覺之相。

次釋思惟、大思惟二句。此還約前覺、大覺說。所以者何？初心覺悟真俗之相，名覺大覺。後心重慮觀察，名思惟大思惟。對小覺後說思惟，大覺後說大思惟。此義易見，不煩多釋。

次釋觀於心性者。即是返觀能思惟、大思惟之心也。所以者何？行者雖能了於前境，而不能返達觀心，則不會實道❸。今即返照能觀之心，為從觀心生？為從非觀心生？若從觀心生，若從非觀心生，二俱有過。當知觀心畢竟空寂。五句釋覺支竟。

【章旨】介紹了通明禪的初禪覺支發相。依據初禪覺支功德的殊勝程度，又把覺支功德分為覺、大覺、思惟、大思惟、觀於心性等禪定發相，並對此五句，智者大師逐一作了介紹。

【注釋】❶觀門　六妙門的第四門。❷四心　在這裡，特指「受、想、行、識」。❸實道　就是真實之道。此「道」不是別物，它是我們的「能思惟、能觀境的靈明心體」。此「靈明心體」即是真實之道，真實之道就是這個「靈明心體」。

【語　譯】第二，說明成就覺觀五支功德的情形。分五部分來講。

第一，首先解釋覺支功德。經典上說覺支功德包括：「覺、大覺、思惟、大思惟、大思惟觀於心性。」我們根據這五句，來說明覺支的情形。

先解釋覺與大覺這二句。從世間境界與出世間境界來分別覺支功德，所以，有覺與大覺的不同。世間境界就是異相。出世間境界就是如相。我們在這裡所說的「如」，就是指「真諦」。我們在這裡所說的「異」，就是指「俗諦」。

若從觀門來看覺支功德，禪定的淺深之相，則容易得見。現在，我們應當完全地依照《大智度論》來說明覺支功德。《大智度論》上說：「有上、中、下三種境界。」既然如相與異相各有三種境界，那麼，覺與大覺，也應該有三種境界。著意分別諸法相，即是異。明見四大，歸元不二，即是下品如。分別地大與其餘三大的差異，即是異。了知四大，皆屬無常，生滅相同，即是中品如。了知一切法相，無常生滅，了知生滅法相，即是空相，即是上品如。

現在從禪定的下、中、上三個品位，來說明觀門的淺深之相。

第一，首先說明下品覺支的情形。覺察到氣息的出入，有青黃赤白等不同的顏色，叫做下品覺。覺察到不同相狀的氣息，同屬於風大，無有差異，這叫做下品大覺。覺察到三十六物，各各不同，叫做下品覺。覺察到風大、地大、水大、火大，沒有什麼不同，叫做下品大覺。覺察到各種心念，各不相同，叫做下品覺。覺察到受想行識，同屬無常生滅，沒有什麼差異，叫做下品大覺。

第二，說明中品覺支的情形。覺察到氣息是風大，叫做中品覺。覺察到氣息生滅無常，叫做中品大覺。覺察到地大之外的三大，各自不同，這叫做中品覺。覺察到四大，皆屬無常生滅，沒有什麼差異，叫做中品大覺。覺察到受想行識，各有不同，叫做中品覺。覺察到受想行識，皆屬無常生滅，無有差異，叫做中品大覺。

第三，說明上品覺支的情形。覺察到氣息是無常的，並且有不同的差別之相。氣息被八種法相所變遷，所以叫做無常。這八種法相是：生、住、異、滅、生生、住住、異異、滅滅。氣息的這八種法相，各自不同，行者能夠覺察到氣息相的差別，叫做上品覺。行者覺察到氣息，本來空寂，本來沒有八相的差異，叫上品大覺。覺察到風大之外其他三大，也各有八相的不同，叫做上品覺。覺察到風大之外的其他三大，本來沒有八相的差異，叫做上品大覺。覺察到心念的八相變遷，各相互異，叫做上品覺。覺察到心念，本來空寂，本來沒有八相的差異，叫做上品大覺。為什麼呢？這是因為，若心念就是八相，八相就是心念的話，就會混亂其他法相。為什麼呢？這是因為，氣息與色法也是八相，八相也是氣息與色法的緣故。既然八相根本沒有什麼不同，那麼，氣息、色法與心念，這三類法相也應該沒有什麼不同。

若是這樣的話，那麼，說心念的時候，也就等於是說氣息與色法了。今天所說，並非如此。這是因為，如果這樣說，就會混淆世間相。譬如有人說拿火來，結果卻把水拿來。說心念即是息相及色相，其過失也是這樣。

若離開了心念而有八相，離開了八相而有心念，這就等於說心念不是八相，八相也不是心念。若心念不是八相，那麼，心念也就只有名字而沒有法相了。沒有法相的心念，是不能叫做心念的。若八相離開了心念，八相就不會有所變遷，也不能叫做八相，這是因為八相已經沒有了變遷之相的緣故。行者如此審實諦求，則心念與八相，本來就沒有，也不是依他物而有，諸法虛幻，無有實際，更沒有什麼真實不虛的差異，行者覺察到這種程度，叫做大覺。

氣息和色法的覺支功德，應當逐一作這樣的分別。

以上所說，簡略地介紹了上品覺、大覺的情形。

解釋「思惟、大思惟」。還是依照前面的覺、大覺來說。為什麼呢？這是因為，最初覺悟到俗諦與真諦，叫做覺與大覺。後來，又重新思慮觀察，叫做思惟與大思惟。在覺之後的思惟，就叫做思惟。在大覺之後的思惟，就叫做大思惟。此義容易明白，就用不著多加解釋了。

解釋「觀於心性」。觀於心性，也就是返觀這個能思惟、能大思惟的「心」。為什麼呢？這是因為，行者雖然能夠觀照前境，但是，若不能返觀「能觀之心」的話，就不能領悟真實之道。現在，我們返照這個「能觀之心」，它到底是從觀心而生呢？還是從非觀心而生呢？若說是從觀心而生的，或者說是從非觀心而生的，這二種說法都是不對的。我們應當知道，這個能觀之心，畢竟空寂。用五句解釋覺支功德，至此解釋完畢。

【說明】對於究竟了義的佛教來說，世間與出世間，根本就不是二個不同的地方。迷即世間，悟即出世間。若真悟達，世間即是出世間，並不是離開的世間而更有一個出世間。若是利根上器人，直截根源當下了。若人不能頓然超，更須法門次第行。智者大師正是從次第法門的角度，談論通明禪的初禪覺支發相的。

第二次釋觀支。經云：「若觀心、行大行、遍行、隨意。」

觀心者，即是前觀於心性也。行大行者，聲聞之人，以四諦❶為大行。當觀心時，即具四諦正觀❷。所以者何？若人不了心故，無明不了，造諸結業，名為集諦。集諦因緣，必招未來名色❸苦果，是名苦諦。若觀心性，即是具足戒定智慧，行三十七品❹，故名道諦。

若有正道，則現在煩惱不生，未來苦果亦滅，名為滅諦，是名聲聞大行。若緣覺人，以十二因緣❺為大行。

若是菩薩，即入無生正道正觀❻，證於寂定琉璃三昧❼，毛孔見佛❽，入菩薩位也。則略明三乘大行之道相❾也。

遍行者。觀行未利，亦並約心而觀四諦，名為大行。今觀道稍利，能遍歷諸緣，觀於四諦，出十六行觀❿，故名遍行。

隨意者。若是遍行，雖在定內，得見諸緣，出禪定時，則觀不相應。今隨意者，隨出入定，觀一切法，任運自成，不由作意，是名隨意。此則略釋觀支相也。

第三，明喜支。喜支者，經言：「如真實知、大知、心動至心，是名為喜。」

如真實知者。即是上來觀於心性、四諦真理也。

大知者。如上觀行，若心審諦，停住緣內，稱觀而知，故言如真實知。若豁然開悟，稱理而知，心生法喜，故名大知。

心動至心者。既得法喜，心動若隨此喜，則為顛倒。今了此喜無，即得喜性，即得喜性，故名至心。是名為喜。

第四，次明安支。安支者。經言：「若身安、心安、受安、受於樂觸，是名為安。」

身安者。了達身性故，不為身業所動，即得身安，故名身安。

心安者。了達心性故，不為心業所動，即得心樂，故名心安。

受安者。能觀之心，名之為受⑪。知受非受。斷諸受故，名之為樂，故名受安。

受於樂觸者。世間出世間，二種樂法成就，樂法對心，故受於樂。

第五，次明定支者。經言：「若心住、大住、不亂於緣、不謬、無有顛倒，是名為定。」

心住者。住世間定法⑫，持心不散，故名住。

大住者。住真如定法⑬，持心不散故。

不亂於緣者。雖住一心，而分別世間之相不亂也。

不謬者。謬名妄謬。諦了真如，妄取不起，故言不謬。

不顛倒者。若心偏取世間相，即隨有見，沉沒生死，不得解脫。若心偏取如相，即隨空見，破世間因果，不修善法⑭，是大可畏處。行者善達真俗，離此二種邪命，名不顛倒。

復次，若二乘之人，得此心破四倒⑮，名不顛倒。若是菩薩，得此一心，能破八倒⑯，名不顛倒。

行者初得覺支成就，即覺身息不實，猶如芭蕉。今得住此一心定支成就，心既寂靜，於後泯然微細，即覺身息之相不實，猶如聚沫。

是則略明下根行者，證通明初禪之相。

【章旨】首先，介紹了通明禪的初禪觀支發相：觀心、行大行、遍行、隨意。其次，介紹了通明禪的初禪喜支發相：如真實知、大知、心動至心。第三，介紹了通明禪的初禪安支發相：身安、心安、受安、受於樂觸。第四，介紹了通明禪的初禪定支發相：心住、大住、不亂於緣、不謬、無有顛倒。

【注釋】❶四諦　又名四真諦，四聖諦或四諦法，即苦諦、集諦、滅諦、道諦。❷正觀　相對於外道之邪觀而說的，是指以智慧了知諸法實相。❸名色　五蘊的總稱。五蘊之受想行識四蘊為名。色蘊為色。因為受、想、行、識四蘊，是心識的作用，只有名相而無實體，所以叫做名。色蘊則是由一些極微物質所構成，是有質礙的物體，所以叫做色。❹三十七品　即三十七道品。道品，又作菩提分、覺支，即追求智慧，進入涅槃境界的三十七種修行方法。又稱三十七覺支、三十七菩提分、三十七助道法、三十七品道法。三十七道品包括：四念處、四正勤、四如意足、五根、五力、七菩提分、八正道分，其數共有三十七品，為修道之資糧，故名三十七道品。❺十二因緣　又名十二有支，或十二緣起，是說明有情生死流轉的過程。十二因緣是無明（貪瞋癡等煩惱為生死的根本）、行（造作諸業）、識（業識投胎）、名色（但有胎形六根未具）、六入（胎兒長成眼等六根的人形）、觸（出胎與外境接觸）、受（與外境接觸生起苦樂的感受）、愛（對境生愛欲）、取（追求造作）、有（成業因能招感未來果報）、生（再受未來五蘊身）、老死（未來之身又漸老而死）。以上十二支，包括三世起惑、造業、受生等一切因果，周而復始，至於無窮。❻無生正道正觀　這裡所說的「無生」，不是「死寂不生」，而是「生生而無生」。過去之法相，已成過去，不可得。未來之法相，尚未至今，不可得。現在之法相，剎那無住，剛說現在，已成過去，亦不可得。總之，一切法相，生生不息，滅滅不已，皆不可得，所以說「生生而無生」，所以說「幻有不可得」。如是而觀諸法相，即是無生正道正觀，而不是「棄有著空」之觀。❼寂定琉璃三昧　寂定即是自心本性本自不動，與自心本性相應之定，即是菩薩所行之寂定，而不是有為造作而成的「靜相」。琉璃是個比喻，是指內外透徹，無有遮障。心性之光，本來通貫十方，本來無有遮障，所以說，覺性之光，或說心性之光，即是琉璃三昧。三昧者，即是不亂之正定。❽毛孔見佛　「毛孔見佛」這一句話，這是一個隱喻。毛孔，喻塵塵剎剎、事事物物。見佛，喻識自本心，見自本性。毛孔見佛，即事事物物上明心，塵塵剎剎上知性，事事物物、塵塵剎剎，皆會歸自性。❾三乘大行之道相　根據上下文可以，這裡所說的「三乘」，不是通常意義上的三乘，而是指聲聞、緣覺、菩薩三乘。大行之道相，即用功修道的情形。❿十六行觀　又作八忍八智，又名十六心。包括：一、苦法忍，即斷欲界苦諦下見惑之智。二、苦法智，即斷苦惑已，而正證理之智。三、集法忍，即斷欲界集諦下見惑之智。四、集法智，即斷集惑已，而正證理之智。五、滅法忍，即斷欲界滅諦下見惑之智。六、滅法智，即斷滅惑已，而正證理之智。七、道法忍，即斷欲界滅諦下見惑之智。八、道法智，即斷道惑已，而正證理之智。九、苦類智忍，即斷上二界（色界和無色界）苦諦下見惑之智。十、苦類忍，即斷苦惑已，而正證理之智。十一、集類忍，即斷上二界集諦下見惑之智。十二、集類智，即斷集惑已，而正證理之智。十三、滅類忍，即斷上二界滅諦下見惑之智。十四、滅類智，即斷滅惑已，而正證理之智。十五、道類智忍，即斷上二界道諦下見惑之智。十六、道類智，即斷道惑已，而正證理之智。⓫能觀之心，名之為受　這句原文，恐怕是有錯誤的。這是因為：能觀之心，猶如明鏡；種種受相，猶如鏡影。若將能觀當作受，恰似認影為明鏡。能觀之心本寂滅，無苦無樂體自清，法相緣起種種受，能觀體上虛生滅。⓬世間定法　未悟真心之前，心緣於一處，使妄念不動，這樣的禪定，都叫做世間禪定。⓭真如定法　契合真如性體，行無所住之行，於事上而不染，即是真如定法。⓮善法　這裡的「善法」，不是道德意義上的善良、善意、善舉之善，而是指「中道正觀」之法。亦即不著於世間有相，亦不著於出世間空相，空有二邊，皆不受縛，即一切相，離一切相，離一切相，即一切相，即離同時，無有先後，便是中道正觀之善法。⓯四倒　就是四顛倒的略稱。四顛倒有二種：第一種，指凡夫的四倒。一、常顛倒，無常認為有常。二、樂顛倒，以苦當作樂。三、淨顛倒，以不淨為淨。四、我顛倒，無我認為有我。第二種，指二乘的四倒。一、無常顛倒，於涅槃之常而計無常。二、無樂顛倒，於涅槃之樂而計無樂。三、無我顛倒，於涅槃之我而計無我。四、無淨顛倒，於涅槃之淨而計無淨。⓰八倒　對生死的無常、無樂、無我、無淨，執定為常、樂、我、淨者，是凡夫的四倒。對涅槃的常、樂、我、淨，執定為無常、無樂、無我、無淨，是二乘人的四倒。這兩種四倒合起來就是八倒。

【語　譯】第二，解釋觀支功德。經上說：「觀心、行大行、遍行、隨意。」

觀心。觀心就是前面所說的「返觀能觀的心性」。行大行。聲聞之人，以修習四聖諦為大行。聲聞人觀心的時候，就已經具備了苦、集、滅、道之智慧觀照。為什麼呢？若人未「明心見性」，就不能了卻無明。無明不了，就會造業纏縛，這就叫做集諦。由於集諦的緣故，一定會招來五蘊苦果，這就叫做苦諦。若「返觀能觀的心性」，即是具足戒定慧之行，即是三十七道品之行，所以叫道諦。

若有正確的修行方法，則現在煩惱不生，未來苦果也自然消滅，這就叫滅諦，也是聲聞人的大行。若是緣覺人，則以十二因緣為大行。

若是菩薩的大行，則入於「生生而無生」的般若正觀，證得自性光明，內外明徹，於塵塵剎剎中皆能見佛即是入位菩薩之位。以上所說，簡略地說明了三乘行人的大行之相。

所謂遍行。行者觀行的功夫還不夠銳利，亦依據於心地法門而修行四諦之法，叫做大行。現在，觀照的功夫已經比較銳利了，能夠遍歷諸境，隨緣觀照四諦，並且具備了十六行觀，這就叫遍行。

所謂隨意。若行者達到了遍行這個層次，在定中雖然能夠得見定中法相，但是，出禪定之後，則無法與正定相應。我們現在所說的隨意，無論是入定還是出定，能夠隨緣觀照，無所住著，不用作意，便能與正定相應，所以叫做隨意。以上所說，簡略地解釋了觀支的功德發相。

第三，說明喜支的功德發相。所謂安支，經上說：「如真實知、大知、心動至心，就叫做喜支。」

所謂如真實知，就是前面所說的「返觀能觀的心性」，返觀四諦的理體。

所謂大知。就像前面所說的觀行，若用心審察諦觀，住心於所緣之法，能夠隨觀而知，就是如真實知，若行者豁然開悟，稱理而知，法喜充滿，所以叫做大知。

所謂心動至心。就是行者獲得法喜，若心隨法喜而動，那就是顛倒。現在，我們了解到，法喜之相，本來空寂，便悟到了喜性。既然悟到了喜性，所以叫做至心。以上所說，就是喜支功德。

第四，說明安支功德。所謂安支，經上說：「身安、心安、受安、受於樂觸等四支，就是安支。」

所謂身安。了達身性本來空，不為身業所動轉，便能獲得身安穩，所以叫做身安。

所謂心安。了達心念本來空，不為心業所動轉，便能獲得心安樂，所以叫做心安。

所謂受安。能觀的心，稱之為受。知道種種覺受，虛妄不實。由於斷除了種種虛妄不實的覺受，所以稱之為樂，亦稱之為受安樂。

所謂受於樂觸。世間樂與出世間樂，二種樂法，皆得成就，樂法持心，所以叫做受於樂觸。

第五，說明定支功德。經上說：「若能夠心住、大住、不亂於緣、不謬、無有顛倒，就叫做定支功德。」

所謂心住。住於世間定法，能夠使心不散亂，就叫做心住。

所謂大住。住於真如定法，能夠使心不散亂，就叫做大住。

所謂不亂於緣。雖然繫心一緣，然而，善於分別諸法，自心不亂不散，這就叫做不亂於緣。

所謂不謬。謬叫做妄謬。洞徹真如實相，無有妄取分別，所以叫做不謬。

所謂不顛倒。若心偏取於世間相，就會著於有相，沉沒於生死，不得解脫。若心偏取於出世間相，就會著於空相，破壞世間因果，不得中道了義，這是大可怖畏的事。行者已經通達真諦與俗諦，只要行者離開真諦與俗諦，不著真俗二邊，就叫做不顛倒。

若是二乘根性的人，證得這種定心的時候，能夠破除凡夫所執著的常、樂、我、淨等四種顛倒，所以叫做不顛倒。若是菩薩根性的人，證得這種定心的時候，能破除凡夫所執著的常、樂、我、淨，以及二乘人所執著的無常、無樂、無我、無淨等八種顛倒，所以叫做不顛倒。

行者最初獲得覺支成就時，就覺得色身與氣息，虛假不實，就像芭蕉樹一樣。現在，獲得了安住於一心定支的成就，定心安靜。其後，定心越來越寂靜，越來越微細，這時，行者覺得色身與氣息之相，猶如聚在一起的泡沫，虛幻不實。

以上所說，簡略地介紹了下根行人，證得通明時的初禪發相。

【說　明】凡夫之人執著於世間有，修道之人捨有而著空。著有取空的這二類人，若就實際而論，皆屬於著相，只不過一個是著有相，一個是著空相。著有著空，皆屬著相。著有被有縛，著空被空困，皆不是解脫，而是繫縛。

若論究竟了義的解脫，則是悟得心性，本自解脫。心性之解脫，不屬有造作而成。若是有為造作而成，則造成還壞，終歸於滅，不是真解脫。悟得心性，依而行之，即是合道之行，即是真解脫。

第二，次釋約義世間，明中次根行者，進證初根五支之相。即為二。一者、正明義世間相。二者、即釋成覺義。就第一，釋義世間為二意。一、明外義世間。二、明內義世間。

今釋外義世間。復為三意。一、正明根本世間因緣。二、明根本與外世界相關。三、明王道治正。

第一，釋覺知根本世間因緣生義。行者初得初禪，既已證見根本世間。爾時，或見道，或未見道。今欲深知此根本世間一期果報，因何而生。爾時，於三昧內，心慧明利，諦觀身內三十六物、四大、五陰，以願知心，願知此身何因緣？有三昧智慧，福德善根力故，即便覺知，如是身命，皆由先世五戒業力❶，持於中陰❷，不斷不滅，於父母交會之時，業力變識，即計父母身分精血二渧，大如豆子，以為己有，識托其間。

爾時，即有身根、命根、識心具足，識在其間，具有五識❸之性，七日一變，如薄酪凝酥。於後漸大，如雞子黃。業力因緣，變此一身。

內先為者，五臟安置五識。

爾時，即知不殺戒力，變此身內，次❹為肝臟，則魂依之。

不盜戒力，變此身內，以為腎臟，則志依之。

不淫戒力變此身內為肺臟則魄依之。

不妄語戒力，變此身內，以為脾臟，則意依之。

不飲酒戒力，即變身內，以為心臟，則神依之。

此魂、志、魄、意、神五神，即是五識之異名也。五臟宮室既成，則神識則有所棲，既有棲托，便須資養。

五戒業力，復變身內，以為六腑❺神氣，府養五臟❻及與一身。

府者，膽為肝府，盛水為氣，合潤於肝。

小腸為心府，心赤小腸亦赤。心為血氣，小腸亦通血氣，主潤於心，入一身故。

大腸為肺府，肺白大腸亦白，主殺物益肺成化一身。

胃為脾府，胃黃脾亦黃，胃亦動作，黃間通理脾臟，氣入四支。

膀胱為腎府，腎府黑膀胱亦黑，通濕氣潤腎，利小行腸故。

三焦合為一府分，各有所主，上焦主通津液，清溫之氣。中焦主通血脈，精神之氣。下焦主通大便之物。三焦主利上下。

五臟之神，分治六府。六府之氣，以成五官之神，主治一身義。府臟相資，出生七體。

腎生二體，一骨二髓。腎屬於水，以水內有砂石故，即骨之義也。

肝生二體，一筋二腸。肝為木，木為地筋，故生筋腸也。

心生血脈。心色赤，屬血，以通神氣，其道自然。

脾生肌膚。脾為土，肌膚亦土。

肺生於皮。肺在眾臟之上故，皮亦是一身之上。

是為五臟能生七體，亦名七支。肺為大夫，在上，下捨不義。肝為尉仁，心在中央，稟種種。脾在其間，平五味。腎在下，沖四氣增長。

七體成身。骨以柱之。髓以膏之。筋以縫之。脈以通之。血以潤之。肉以裹之。皮以覆之。以是因緣，則有頭身手足大分之軀。餘骨為齒。餘肉為舌。餘筋為爪。餘血為髮。餘皮為耳。識神在內。

戒力因緣，則五胞❼開張，四大造色清淨，變為五情❽。是以對塵則依情，以識知五色因緣則生意識，塵謝則識歸五臟。一期果報，四大、五陰、十二入、十八界具足成就。

此則略說一期果報根本世間義所因由。

問曰：若言識從內出，在五根間識別五塵，與外道義有何異耶？

答曰：如《淨名經》說：「不捨八邪❾而入八正❿。」亦云：「六十二見⓫是如來種。」此言何謂如是等義？皆出《提謂經》明，非人所作。若於此義不了，在下自當可見。

第二，釋內世間與外國土義相關相。行者三昧智慧願智之力，諦觀身時，即知此身，具仿天地一切法俗之事。所以者何？如此身相，頭圓像天，足方法地，內有空種，即是虛空。腹溫暖，法春夏，背剛強，法秋冬。

四季體法四時，大節十二、法十二月。小節三百六十，法三百六十日。鼻口出氣息，法山澤溪谷中之風氣。眼目法日月。眼開閉，法晝夜。髮法星辰。眉為北斗。脈為江河。骨為玉石。皮肉為地土。毛法叢林。

五臟在內，在天法五星，在地法五嶽，在陰陽法五行，在世間法五諦⓬。內為五神，修為五德，使者為八卦，治罪為五刑，主領為五官，升為五雲，化為五龍。

心為朱雀，腎為玄武，肝為青龍，肺為白虎，脾為句陳，此五種眾生，則攝一切世間禽獸悉在其內。亦為五姓⑬，謂宮商角徵羽。一切萬姓並在其內。

對書典則為五經。一切書史並從此出。若對工巧，即是五明⑭六藝⑮。一切技術悉出其間。

當知此身雖小，義與天地相關。如是說身，非但直是五陰世間⑯，亦是國土世間⑰。

第三，釋身內王法治正義。行者於三昧內，願智之力，即復覺知身內，心為大王，上義下仁故，居在百重之內，出則有前後左右，官屬侍衛。肺為司馬，肝為司徒，脾為司空，腎為大海中有神龜，呼吸元氣，行風致雨，通氣四支。

四支為民子，左為司命，右為司錄，主錄人命。齊中太一君，亦人之主柱。天大將軍，特進君王，主身內萬二千大神。太一有八使者，八卦是也，合為九卿。

三焦關元，為左社右稷，主奸賊。上焦通氣入頭，中為宗廟，王者於間治化。若心行正法，群下皆隨，則治正清夷。故五臟調和，六府通適，四大安樂，無諸疾惱，終保年壽。

若心行非法，則群僚作亂，互相殘害，故四大不調，諸根暗塞，因此抱患致終，皆由行心惡法故。經言：「失魂即亂，失魄則狂，失意則惑，失志則忘，失神則死。」當知外立王道治化，皆身內之法。如是等義，具如《提謂經》說。

【章　旨】首先，說明了正報之身是如何漸漸形成的。其次，說明了正報之身與天地萬物的對應性關係。第三，說明了內世間治理與外世間治理之間的相似性。

【注　釋】❶五戒業力　五戒屬於五種善業，在生滅的過程中，也有其習慣性的運行趨向。五戒善行的慣性力量，就叫做五戒業力。五戒包括：不殺生、不偷盜、不邪淫、不妄語、不飲酒。不殺生是不殺傷生命。不偷盜是不盜取別人的財物。不邪淫是不作夫婦以外的淫事。不妄語是不說欺誑騙人的話。不飲酒是不吸食含有麻醉人性的酒類及毒品。業力，即是所做之業的慣性力量。❷中陰　就是指中陰身，又名中有，即人死後尚未投胎之前，有一個由微細物質形成的化生身來維持生命，此化生身即是中陰身。❸五識　眼識、耳識、鼻識、舌識、身識。這五識屬於六識之中的前五識，所以叫做五識。❹次　原本卷末注曰：「次」疑當作「以」。❺六腑　胃、膽、大腸、小腸、膀胱、三焦。❻五臟　心、肝、肺、腎、脾。❼五胞　胞胎狀態中的五根。❽五情　眾生的五根對五塵的貪愛。眼、耳、鼻、舌、身等五根，針對色、聲、香、味、觸五塵，所生起的五種情識，叫做五情。❾八邪　與八正道相反的八種邪道，亦即：邪見、邪思惟、邪語、邪業、邪命、邪方便、邪念、邪定。❿八正　亦即八正道，又名八聖道。正見、正思惟、正語、正業、正命、正精進、正念、正定。⓫六十二見　指古代印度外道所執著的六十二種錯誤見解。⓬五諦　指五種真理。據《瑜伽師地論》卷四十六載，五諦為：因、果、智、境、勝。據《顯揚聖教論》卷八載，五諦為：因、果、能知、所知、至。二論所說的「五諦」，名稱有別，內容不異。⓭五姓　在這裡所說的「五姓」，是指中國音樂中的五個基本音位，這五個基本音位的唱名是：宮商角徵羽。⓮五明　指五種技藝，包括：一、聲明，語言、文典之學。二、工巧明，工藝、技術、算曆之學。三、醫方明，醫學、藥學、咒法之學。四、因明，論理學。

五、內明，專心思索五乘因果妙理之學，或表明自家宗旨之學。⓯六藝　即是指儒家的六種技藝，包括：禮、樂、射、御、書、數等六藝。⓰五陰世間　三世間之一。三世間包括：眾生世間、國土世間、五陰世間。眾生世間又名假名世間，即假五陰和合之名而有的眾生，亦即眾生的正報。國土世間又名器世間，即一切眾生所依之而住的世間環境，亦即眾生的依報。五陰世間又名五眾世間，即色法的色，與心法的受想行識，亦即構成依正二報的要素。⓱國土世間　又名器世間，即一切眾生所依之而住的世間環境，亦即眾生的依報。

【語　譯】第二，接著解釋義世間，說明中下根行人，得證初禪五支的功德發相。分二部分來講。一、說明義世間的情形。二、解釋中根人證得五支時的功德發相。第一，解釋義世間。又分為二部分。一、說明外在的義世間。二、說明內在的義世間。

現在，我們解釋外在的義世間。又分三部分來解釋。一、說明根本世間因緣。二、說明根本世間與外在世界的關係。三、說明王道治正。

第一，解釋根本世間的因緣相生之義。行者在最初證得初禪的時候，就已經證悟到了根本世間。這時，有的人因此而見道，有的人卻未見道。現在，我們要更進一步地了解，這一世的果報，是如何產生的。這時，行者在三昧定中，心性清淨，智慧明利，仔細地觀察身中的三十六物、四大、五陰，願意知道，此身是由於何種因緣而有的。

由於有三昧智慧、福德善根的緣故，行者就能知道，自己的身命，皆是前世的五戒業力，挾持著中陰身，不斷不滅，在父母交合之時，受業力所牽，生出取捨識心，把父母雙方的如豆粒大小的二滴精血，取為己有，於是，識心就托住於其中。

這時，就具足了身根、命根和識心。識心在身命之中，具有了眼識、耳識、鼻識、舌識、身識等五識之性。身根、命根和識心所成之物，七天一變化，猶如薄酪凝酥，後來漸漸長大，就像雞蛋黃大小。由於業力的原因，所以，產生了這一世的果報之身。

首先形成五臟，用以安置五識。

這時，行者就知道，不殺戒的善業力量，變成身內的肝臟，魂依住於其中。
不盜戒的善業力量，變成身內的腎臟，志依住於其中。
不淫戒的善業力量，變成身內的肺臟，魄依住於其中。
不妄語戒的善業力量，變成身內的脾臟，意依住於其中。
不飲酒戒的善業力量，變成身內的心臟，神依住於其中。
這裡所說的魂、志、魄、意、神這五種神識，就是眼識、耳識、鼻識、舌識、身識等五識的別名。五臟的宮室既然已經完成，則神識就有了棲止之處。既然神識有了棲止之處，那麼，棲止之處就須要加以滋養。五戒的善業力量，又能變成身內六腑的神氣，滋養五臟以及全身。

膽是肝的腑，盛水而化為氣，以滋潤肝臟。

小腸是心的腑，心紅潤，小腸亦紅潤。心屬於血氣。小腸也通血氣，主要功能在於滋潤心臟，並且通遍全身。

大腸是肺的腑，肺白色，大腸也白色，它能把體內的廢物排泄掉，以利益肺腑養育全身。

胃是脾的腑，胃黃色，脾也黃色，胃有消化食物的動作，黃色遍通於脾臟，流通於四肢。

膀胱是腎的腑，腎腑黑色，膀胱也黑色。膀胱流通濕氣，滋潤腎腑，這是因為，膀胱通利小便、潤滑腸道的緣故。

上焦、中焦、下焦等三焦，合成為一腑，然而，也各有功能。上焦具有流通津液的功能，屬於清溫之氣。中焦具有流通血液的功能，屬於精神之氣。下焦具有流通大便的功能。上、中、下三焦的功用，主要是使全身上下通暢無礙。

五臟的神識，分別治理六腑。六腑之氣，又化成五官之神，統治全身。五臟六腑，互相資養，於是生出七種物質。

腎臟生出二種物質，一是骨，二是髓。腎屬於水，由於水中有砂石的緣故，砂石就是骨的意思。

肝臟生出二種物質，一是筋，二是腸。肝屬於木，木是大地的筋，所以，肝生出筋、腸二物。

心臟生出血液。心臟是紅色的，屬於血，具有通達神氣的功能，使血脈之道，運行自然。

脾臟生出肌膚。脾屬於土，肌膚也屬於土。

肺臟生出皮。肺在其他四臟之上，皮也在一身之表。

這就是五臟所產生的七種物體，也叫做七支。肺臟相當於當官的大夫，在上面，捨棄下面的不仁不義。肝臟相當於慰官。心臟在中間，接收種種信息。脾臟在其間，平衡五味。腎在下面，使四氣得以增長。

七種物質，構成身體。骨頭具有支撐的作用。骨髓具有膏潤的作用。筋具有連結的作用。脈具有通流的作用。血具有潤澤的作用。肉具有包裹的作用。皮具有覆蓋的作用。由於這樣的因緣和合，所以，才會有頭、身、手、足等宏觀身軀。剩餘的骨頭成為牙齒。剩餘的肉成為舌頭。剩餘的筋成為手腳之爪。剩餘的血成為頭髮。剩餘的皮成為耳朵。而識神就棲止於身內。

由於持戒力量的緣故，所以，能夠使胎胞狀態中五根得以展開。由於四大所造色清淨的緣故，所以，變成五種情識——眼識、耳識、鼻識、舌識、身識等五種情識，所以，五根對五塵則生出了五情，以心識思惟五塵的緣故，於是，就產生出了意識。五塵謝滅，五識則歸回於五臟之中。行者一生的果報，四大、五陰、十二入、十八界，就是這個樣子。

以上所說，簡略地說明了一期果報的身心由來。

問：若說心識從身內而出，若在五根之間來識別五塵，這樣，與外道又有什麼不同呢？

答：就像《淨名經》上所說：「不捨八種邪法而入八種正道。」又說：「六十二種邪知見即是如來種子。」這話是什麼意思呢？這些道理在《提謂經》裡說得很明白，非一般人所能作。若你現在還不明白這個道理的話，我們在下面還將會講到。

第二，解釋內世間與外世間的關係。由於行者具有三昧智慧以及志心誓願的緣故，所以，當諦觀此身的時候，行者就能知道，此身完全仿效天地之間的法俗之事。為什麼呢？這是因為，在人的身相中，頭是圓的，與天相似。腳是方的，與地相似。身內的空隙，與虛空相似。體內的溫暖，與春夏相似。脊背的剛強，與秋冬相似。

手腳四肢，與四季相對應。十二塊大骨，與十二個月相對應。三百六十塊小骨，與一年三百六十天相對應。鼻口出息，與山澤溪谷裡的風相對應。兩眼，與日月相對應。眼睛的開合，與晝夜相對應。頭髮，與星辰相對應。眉毛，與北斗星相對應。脈，與江河相對應。骨頭，與玉石相對應。皮肉，與土地相對應。毛髮，與叢林相對應。

身體內部的五臟。在天，與五星相對應。在地，與五嶽相對應。在陰陽，與五行相對應。在世間，與五諦法相對應。在內，即是五種神識。在修行，即是五種德行。在使用，即是八卦。在治罪，即是五刑。在主領，即是管理五官。升騰猶如五雲，變化恰似五龍。

心代表朱雀，腎代表玄武，肝代表青龍，肺代表白虎，脾代表句陳。這五種眾生，則統攝世間的一切眾生，即使禽獸也包含在其中了。五臟之「五」，與五音相對應，就是宮商角徵羽五個基本音位。一切音聲階位，全都包含在五音之中了。

五臟之「五」，若對典籍，即是五經，一切書冊史籍，皆從五經出。五臟之「五」，若對工巧，就是聲明、工巧明、醫方明、因明、內明等五明，以及禮、樂、射、御、書、數等六藝。一切世間技術，也全都包含在其中。

我們應當知道，這個身體雖然很小，但是，它與天地萬物相對應，我們這樣來說這個身體，不單單是直接地說五陰世間，其實也是說國土世間。

第三，說明身內王法治正。行者在三昧定中，借助於自己的願力與智慧，就能覺察到這樣情形，心好比是大王，以仁義來行化天下，住在百重宮殿之內，當大王出宮的時候，前後左右，百官隨從。肺好比是司馬，肝好比是司徒，脾好比是司空。腎好比是大海水中有神龜，呼吸元氣，興風致雨，通達四肢。

四肢好比是百姓，左肢好比是司命，右肢好比是司錄，主管人的性命。中間的脊柱好比是太一君，也是身體的支柱。天大將軍護衛君主，主管身內的一萬二千位大神。太一君有八位使者，即是八卦，八卦與太一君合稱為九卿。

三焦關元左邊好比是社，右邊好比是稷，三焦關元主管奸賊。上焦通氣，入於頭中，中焦好比是宗廟，大王住在其中，治理社會，教化民眾。若行持正法，部下群臣無不相隨，則天下大太平。因此，五臟調和，六腑舒適，四大安樂，沒有病惱，而能享盡天年。

若王行惡法，群臣作亂，互相殘害，所以說，四大不調，諸根昏朦閉塞，就會使人抱病終身，這都是心行惡法的緣故。佛經上說：「失掉了魂，就會內亂，失掉了魄，就會發狂，失掉了意，就會迷惑，失掉了志，就會遺忘，失掉了神，就會致死。」所以我們應該知道，身外的王道治化，也就是身內的王道治化。這些道理，完全與《提謂經》上所說的一樣。

【說明】若欲知道佛法的真義，切莫著於差別法相。若著於差別法相，則不能了悟佛法的真義。

第二，明內世間義相關者。上來所說，並與外義相關。所以者何？佛未出時，諸神仙世智等，亦達此法，名義相對，故說前為外世間義也。

是諸神仙，雖復世智辯聰，能通達世間。若住此分別，終是心行理外，未見真實。於佛法不名聖人，猶是凡夫，輪回三界❶二十五有❷，未出生死。若化眾生，名為舊醫，亦名世醫。故《涅槃經》云：「世醫所療治，差已還復發。若是如來療治者，差已不復發。」此如下說。

今言內義世間者，即是如來出世，廣說一切教門名義之相，以化眾生。行者於定心內，意欲得知佛法，教門主對之相，三昧智慧善根力故，即便覺知。云何知？如佛說五戒義，為對五臟，已如前說。若四大、五陰、十二入、十八界、四諦、十二因緣，悉入身內也。即知四大此義為對五臟。風對肝，火對心，水對腎，地對肺脾。若聞五陰之名，尋即覺知，對身五臟。色對肝，識對脾，想對心，受對腎，行對肺，名雖不次，而義相關。

若聞十二入、十八界，亦復即知對內五臟，十入、十五界義自可見。二入三界，今當分別。

五識悉為意入界，外五塵，內法塵，以為法入界，此即二十三界相關。意識界者，初生五識為根，對外法塵即生意識，名意識界。

若聞五根，亦知對內五臟，憂根對肝，苦根對心，喜根對肺，樂根對腎，捨根對脾。

五根因緣，則具有三界。所以者何？憂根對欲界，苦根對初禪，喜根對二禪，樂根對三禪，捨根對四禪，乃至四空定，皆名捨俱禪。

當知三界亦為五臟，其義相關。聞說四生❸，亦覺知此義關五臟。所以者何？

欲界具五根，五根關五臟，五臟關四大，四大對四生。一切卵生，多是風大性，身能輕舉故。一切濕生，多是水大性，因濕而生故。一切胎生，多屬地大性，其身重鈍故。一切化生，多屬火大性，火體無而忽有故，亦有光明故。

如來為化三界四生故，說四諦、十二因緣、六波羅蜜。當知此三法藥神丹，悉是對治眾生五臟五根陰故說。所以者何？如佛說一心四諦義，當知集諦對肝，因屬初生故。苦諦對心，果是成就故。道諦對肺，金能斷截故。滅諦對腎，冬藏之法，已有還無故。一心已對脾，開通四諦故。乃至十二因緣、六波羅蜜，類此可知也。

此三種法藏，則廣攝如來一切教門，是故行者，若心明利，諦觀身相，即便覺了一切佛法名義。故《華嚴經》言：「明瞭此身者，即是達一切。」是則說內義世間義相關之相。意在幽微，非悟勿述。

【章　旨】主要說明了四大、五陰、十二入、十八界、四諦、十二因緣等，全都在身內有著對應性關係。

【注　釋】❶三界　欲界、色界、無色界。❷二十五有　眾生有業因，必然會有果報，所以，眾生所受的果報，也叫做有。各類眾生所受的果報，共有二十五種，包括：一、地獄有。二、畜生有。三、餓鬼有。四、阿修羅有。地獄至阿修羅，皆有阿修羅的存在。五、弗婆提有。六、瞿耶尼有。七、鬱單越有。八、閻浮提有。九、四天處有。十、三十三天處有。十一、炎摩天有。十二、兜率天有。十三、化樂天有。十四、他化自在天有。十五、初禪有。十六、大梵天有。十七、二禪有。十

八、三禪有。十九、四禪有。廿、無想有。廿一、淨居阿那含有。廿二、空處有。廿三、識處有。廿四、不用處有。廿五、非想非非想處有。❸四生　胎生、卵生、濕生、化生。胎生是在母胎內成體之後才出生的生命，如人類是。卵生是在卵殼內成體之後才出生的生命，如鳥類是。濕生是依靠濕氣而受形的生命，如蟲類是。化生是無所依託，只憑業力而忽然出生的生命，如諸天和地獄及劫初的人類是。

【語　譯】第二，說明內世間義的相關。上面所說的內容，全都與外世間義相關。為什麼呢？這是因為，在佛未出世以前，各種神仙與世智辯聰之人，也都通達外世間法，名義相對，所以說，我們前面所講的內容屬於外世間法。

這些神仙，雖然有世間的聰明與辯才，能夠通達世間法。但是，若住著在這些差別法相上，就不能悟達理體，就不能證悟實相。在佛法中，這些人都不能稱為聖人，他們同凡夫一樣，輪回於三界二十五有之中，未能脫離生死。他們教化眾生，療眾生之疾，因此，他們被稱為舊時醫生，也叫做世間醫生。《涅槃經》上說：「世間醫生療眾疾，病癒之後還生疾。若是如來治眾病，藥病相亡永無疾。」這就是我們下面所要講到的。

我們現在所說的內世間義，就是說如來出現於世間，廣泛宣說一切教法義理，教化一切眾生。

行者在禪定之中，想要了知佛法中的對應性關係，借助於三昧智慧與善根定力，行者就能了知一切佛法。為什麼能了知一切佛法呢？譬如，我們在前面已經說過的，佛說五戒，針對著五臟。四大、五陰、十二入、十八界、四諦、十二因緣，全都在身內有著對應性關係。四大與五臟有著對應性關係。風與肝相對應，火與心相對應，水與腎相對應，地與肺脾相對應。若聽到五陰的名字，審思則知，五陰與五臟有著對應性關係。色與肝相對應，識與脾相對應，想與心相對應，受與腎相對應，行與肺相對應。雖然名字不相關，然而，意義卻相聯。

若聽到十二入、十八界，行者就能知道，十二入、十八界，與五臟相對應，十二入、十八界中的十入與十五界，其義明顯，不須多釋。十二入中的另外二入，以及十八界中的另外三界，即今應當特別地說明。

五種心識全都是意入界。外在的五塵，以及內在的法塵，叫做法入界。意入界與法入界，與二十三界相對應。所謂意識界，初生的五識叫做五根，眼耳鼻舌身五根，對色聲相味觸五塵，緣起五種識，這五種識就是意識界。

憂苦喜樂捨等五根，與五臟也相對應，憂根與肝相對應，苦根與心相對應，喜根與肺相對應，樂根與腎相對應，捨根與脾相對應。

憂苦喜樂捨等五根，與三界也相對應，為什麼呢？憂根與欲界相對應，苦根與初禪相對應，喜根與二禪相對應，樂根與三禪相對應，捨根與四禪相對應，乃至四空定，都叫做捨俱禪。

我們應該知道，三界與五臟也相對應。聽說胎生、卵生、濕生、化生等四生，也能知道四生與五臟相對應。為什麼呢？

這是因為，欲界有五根，五根又與五臟相對應，五臟又與四大相對應，四大又與四生相對應。一切卵生眾生，大多具有風大的特性，這是因為，卵生眾生身輕易舉的緣故。一切濕生眾生，大多具有水大的特性，這是因為，潮濕眾生產生於水的緣故。一切胎生眾生，大多具有地大的特性，這是因為，胎生眾生身重遲鈍的緣故。一切化生眾生，大多具有火大的特性，這是因為，火能夠忽然生起來，並且有光明的緣故。

如來為了度化三界內的四類眾生，所以宣說了四諦、十二因緣、六波羅蜜之法。要知道這三種法，是神丹妙藥，全是針對眾生的五臟、五根、五陰而說的。為什麼呢？譬如佛所說的一心四諦之法，集諦與肝相對應，這是因為，集諦屬於最初生起的緣故。苦諦與心相對應，這是因為，苦果是成就的緣故。道諦與肺相對應，這是因為，金能截斷他物的緣故。滅諦與腎相對應，這是因為，冬天屬於收藏，就是把已有的東西歸還於無。一心對於脾，這是因為，一心可以開通四諦的緣故。乃至十二因緣、六波羅蜜，亦可以依此類推。

四諦、十二因緣、六波羅蜜這三種法，廣泛地包含如來的一切教門，所以說，若行者心智明利的話，返觀自己的身相，就能了解一切佛法的道理。所以《華嚴經》說：「若能了知此一身，即是通達一切法。」

以上，我們說明了內義世間的諸義相關的情形。這其中含義，幽微難見，非是證悟之人，難以行於言表。

【說　明】佛法與外道的差別，並不在於對差別法相的認知上，而在於佛法是心地法門，種種方便，循循善誘，意在令人「識自本心，見自本性」。若人忘卻了這一根本宗旨，只是在差別法相上妄自纏縛，那就違背了佛法的宗旨。所以《壇經》云：「不識本心，學法無益。若識自本心，見自本性，即名丈夫、天人師、佛。」佛法不為別事，只為諸人識得自己。

第二，次釋成覺五支義者。亦為三義。一、下。二、次。三、上。

今先釋覺支三義。

一、下，覺、大覺者。行者於靜心內，悉覺上來所說內外二種世間之相，分別名義不同，即是隔別之相❶，故名覺義世。覺義世間，故名覺。大覺者。覺一切外名義，雖別而無實體，但依五臟，如因肝說不殺戒。歲星、太山、青帝、木魂、眼識、仁毛、詩角、性震等諸法，此諸法不異肝。肝義不異不殺戒等，即是如，故名大覺。覺餘一切法如，四臟亦如是。

第二，次明覺、大覺者。行者覺知肝，雖如不殺戒等一切法，而肝非肺、脾、心、腎等一切法。了知別異，名為覺。覺肝等諸法，無常生滅，不異四臟等諸法無常，名大覺。

第三，次明上覺、大覺者。行者覺知，肝等諸法，八相❷別異，名為覺。覺此肝等諸本來空寂，無有異相，名大覺。

如此分別覺、大覺，及世間出世間相，雖與前同，而亦有異。深思自當可見。

次釋思惟大思惟者。觀於心性之義，類如前說。是則略明約義世諦中，辯初禪覺支之相。餘觀喜安定等，亦當如是一一分別。

【章旨】依照義世間的道理，分下、中、上三品，簡略地說明了通明禪中的初禪覺支之相。

【注釋】❶隔別之相　在這裡是指內世間相與外世間相的相互差異。隔，即隔開。別，即差別。❷八相　生、住、異、滅、生生、住住、異異、滅滅。

【語譯】第二，解釋五支功德成就的情形。分為下品、中品、上品三部分來說。

先解釋覺支成就的情形。

第一，先說下品的覺、大覺。行者在寂靜的禪定之中，全然地覺知到了上面所說的內世間相與外世間相，能夠分別內世間相與外世間相的不同，亦即能夠分別內世間相與外世間相的差別，所以叫做覺義世間。覺知義世間，就叫做下品覺。所謂大覺，就是覺知到了一切外世間，雖然有種種差別之相，然而，這些差別之相，無有實體，只是依附於五臟而有的。譬如，依肝臟而說不殺戒。歲星、太山、青帝、木魂、眼識、仁毛、詩角、性震等諸法，所依附之物，與不殺戒所依之肝臟，並沒有什麼不同。肝臟之義，不異於不殺戒，這也就是我們所說的「如」，也叫做下品大覺。行者覺知不殺戒之外的其他法，也是這樣，覺知肝臟之外的其餘四臟，也都是這樣。

第二，說明中品的覺和大覺。行者覺知了肝臟，雖然與不殺戒等一切諸法一樣，然而，肝臟並不是肺臟、脾臟、心臟、腎臟等。行者能夠了知其間的差異，就叫做中品覺。行者覺察到了肝臟的種種法相，無常生滅，無有暫住，與肺、脾、心、腎等四臟沒有什麼差異，這就叫做中品大覺。

第三，說明上品的覺、大覺。行者覺知到了肝、肺、脾、心、腎等四臟法相，具有八種法相上的差異，這就叫做上品覺。行者覺知到了肝、肺、脾、心、腎等諸法相，本來空寂，無有差異，這就叫做上品大覺。如此分別覺、大覺，以及世間、出世間的法相差異，雖然與前面所說的相同，然而，也有不同之處，只要我們善於諦觀審思，就能明見其義。

接著，解釋思惟、大思惟。返觀心性的方法，就像前面所說的一樣。以上，我們依照義世間的道理，簡略地說明了初禪的覺支功德。至於觀、喜、安、定等的功德之相，也應當像這樣逐一進行辨別。

【說明】若能了知諸相差別，名義不同，即是覺。若能覺知諸相不實，本來空寂，即是大覺。

第三，釋事世間者。此據得初禪時，獲六神通，見世諦事，了了分明，如觀掌內庵摩勒果，此則現睹眾事，不同上說，以義比類惟忖分別世事也。

今就明事世間內，亦為二意。第一，正見事世間相。第二，釋成覺觀五支義。

今釋第一，事世諦相者。上根行人，福德智慧利故，證初禪時，有二因緣得五神通。一者、自發。二者、修得。

一、自發者。是人入初禪時，深觀根本世間三事，即能通達義世間相。覺義世諦時，三昧智慧，轉更深利，神通即發。

更得色界四大清淨造色眼成就，以此淨色之心眼，徹見十方一切之色，事相分明，分別不亂，名天眼通。所餘天耳、他心、宿命、身通，亦復如是。

得五通故，明見十方三世色心境界差別不同，眾生種類，國土相貌，一一有異，是為異見事世間也。故經言：「深修禪定，得五神通。」

第二，修得五通，見事世間者。如《大集經》言：「法行比丘，獲得初禪，入禪已，欲得身通，繫心鼻端，觀息入出，深見九萬九千毛孔息之出入，見身悉空，乃至四大，亦復如是。如是觀已，遠離色相，獲得身通。乃至四禪，亦復如是。」

云何法行比丘獲得眼通？若有比丘得初禪，觀息出入，真實見色。既見色已，作是思惟：如我所見，三世諸色，意欲得見，隨意即見，乃至四禪，亦復如是。

云何法行比丘得天耳通？憍陳如，若有比丘得初禪，觀息出入，次第觀聲，乃至四禪，亦復如是。

云何法行比丘得他心智通？若有比丘，觀息出入，得初禪時，修奢摩他❶，毘婆捨那❷，是名他心智，乃至四禪，亦復如是。

云何法行比丘得宿命智？憍陳如，若有比丘，觀出入息，得初禪時，即獲眼通。獲眼通已，觀於初有歌羅邏❸時，乃至五陰生滅，乃至四禪，亦復如是。

既得五通，即能見十方三世九道聖凡，眾生種類，國土所有，一一相貌差別不同，是名修得神通，見事世間，通達無閡。

【章　旨】說明了通明初禪獲得六種神通、洞見世間相的情形。

【注　釋】❶奢摩他　意譯為止，亦即止息一切雜念的意思。❷毘婆捨那　亦即「觀」的意思。即以寂靜之慧，觀察六根、六塵內外諸法，使三昧成就而進趣菩提之修法。❸歌羅邏　初宿胎內之位。〈分別釋禪波羅蜜前方便第六之二・明果報十二因緣善根發者〉有解釋。參見本書第二〇二頁。

【語　譯】第三，解釋事世間。行者在初禪時，獲得了六種神通，見世間諸事，了了分明，猶如觀看自己手掌中的奄摩勒果一樣。此時，行者所見到的種種事相，不同於上面所說的情形，因為上面所說，只是運用類比思惟的方法，來分別世間法相。

現在，我們說明事世間相。分二部分來說。一、解釋事世間相。二、解釋成就覺觀五支的情形。

一、說明事世間相。若上根利器的修行人，由於福德與智慧都很銳利的緣故，他在證得初禪時，有二種情況，能夠使他獲得五種神通。一、自發神通。二、修得神通。

一、自發神通。行人在進入初禪的時候，深觀根本世間的三事——氣息、身體和心念，就能通達世間法的義理。當覺悟到了世間法的義理時，行者的三昧智慧就會更加深入而銳利，於是，神通即發。

行者獲得了色界的清淨四大所造之色而成就的眼根，用此淨色所造的心眼，徹見十方一切色相，了了分明，現於目前，分別法相，無有錯亂，即是行者獲得天眼。獲得天耳通、他心通、宿命通、神足通等的情形，也是這樣。

由於行者獲得了五通的緣故，徹見十方三世差別境界，眾生的種類，國土的相貌，各個不同，這就是徹見事世間的差別相。所以佛經上說：「深入修習諸禪定，便能獲得五神通。」

第二，修得五種神通，見到事世間的情形。正如《大集經》上所說的：「法行比丘獲得了初禪，他在進入初禪之後，想要獲得神足通，於是繫心於鼻端，觀照氣息的出入。此時，深深地見到身上的九萬九千個毛孔之中的氣息出入，深見四大色身，盡空無餘，乃至於地、水、火、風四大要素，也都空無所有。法行比丘作了這樣的觀想之後，便解脫了色相的繫縛，於是，便獲得了神足通。乃至四禪，也是如此。」

為什麼法行比丘獲得了天眼通呢？假若有比丘獲得了初禪，觀照氣息的出入，真實地見到色法。見到色法之後，又作這樣的思惟：就像我所見到的三世諸色，若想見到的話，就能隨意見到，甚至到四禪，也都是如此。

為什麼法行比丘獲得了天耳通呢？憍陳如，假若有比丘，獲得了初禪，首先觀照氣息的出入，再觀照聲音的生滅，乃至到了四禪，也都是這樣。

為什麼法行比丘獲得了他心通呢？假若有比丘，觀照氣息的出入，獲得了初禪的時候，就修奢摩他，毘婆捨那，這就叫做他心通，乃至到了四禪，也都是這樣。

為什麼法行比丘獲得了宿命通呢？憍陳如，假若有比丘，觀照氣息的出入，到了初禪的時候，就獲得了天眼通。在獲得了天眼通之後，就用天眼觀照初住成胎的歌羅邏，乃至觀照到五陰的生滅，乃至到了四禪，也都是這樣觀照。

既然獲得了五通，就能見到十方三世，九道中的聖人與凡夫，眾生種類，國土相貌，各個不同，這就叫做獲得了神通，徹見事世間法相，通達無礙。

【說　明】神通妙用是心性本體的作用。心性本體是神通妙用之根本。若人迷卻心性本體，著相外求神通，正是背覺合塵，不但不能獲得神通，反而能夠導致神經。

在佛教裡，談及神通，便會引起人們極大的興趣，令人嚮往與追求。豈不知，神通是求不得的，此是人人本具的。傅大士云：「夜夜抱佛眠，朝朝還共起，起坐鎮相隨，語默同居止。欲識佛去處，只這語聲是。」

切莫錯認，這「語聲」只是個「化身佛」，如露亦如電，且不是真佛。真佛是這「能語能聲者」。何是這「能語能聲者」？行者須是從這裡透過。若能透過，何處不通？既然自心是佛，何處不具神通？

第二，次釋成覺觀五支義。今先釋覺。亦為三義。一下。二中。三上。

下，覺、大覺者。用天眼通，徹見諸色，分別眾生種類非一、國土所有差別不同，名字亦異，故名為覺也。大覺者。即覺世間所有，但假施設，諦觀四大，即不見有世間差別之異，了了分明，故名大覺。餘四通亦爾。

第二，明次品覺大覺者。用天眼通，見四大色，即知其性各異，故名為覺。知四大無常生滅，性無差別，故名大覺。餘四通亦爾。

第三，明上品覺大覺者。用天眼通，明見無常之法，八相有異，是名為覺。覺知八相之法，本來空寂，一相無相，故名大覺。餘四通亦爾。

此則略說用五神通見事世間覺、大覺相。

思惟、大思惟，觀於心性，成就覺支之相，類如前說。餘觀支、喜、安、定等，亦當如是一一分別。

行者當知，若聲聞緣覺得此禪故，依定獲得不壞解脫❶、無礙解脫❷、三明❸

六通❹，故名通明觀。若菩薩大士住此禪時，即得無礙大陀羅尼❺，乃至四禪，亦復如是。

【章旨】說明了通明初禪五支（覺支、觀支、喜支、安支、定支）成就的情形。

【注釋】❶不壞解脫　壞，即壞法相。譬如不淨觀、壞散觀、空觀等，皆屬於壞法相之方便修行。如此修行所獲得的解脫，即是壞法相解脫。不壞，即是不壞法相，譬如數息、隨息、止息、繫緣止、制心止、體真止等，皆屬於不壞法相之方便修行。如此修行所獲得的解脫，即是不壞解脫。❷無礙解脫　無礙，即是於諸法無礙，定心不受諸法所動搖。譬如獲得無礙解脫的人，不用回避世間相，而是身處世間，不為世間所動搖。❸三明　宿命明、天眼明、漏盡明。宿命明，即明白自己或他人一切宿世之事。天眼明，即明白自己或他人一切未來世之事。漏盡明，即以聖智斷盡一切煩惱。❹六通　指六種神通。六通包括：神足通、天耳通、他心通、宿命通、天眼通、漏盡通。〈禪波羅蜜修證第七之六・釋六神通〉中有詳細解釋。參見本書第六八一頁。❺無礙大陀羅尼　即證悟了一切陀羅尼之本源（諸法實相），能夠自在無礙地運用一切陀羅尼。無礙，即沒有一切障礙。大陀羅尼，即一切陀羅尼之本源。陀羅尼，亦即咒語，亦名總一切法、持無量義。

【語譯】第二，解釋成就覺觀五支的情形。今先解釋成就覺支的情形。分下、中、上三品來說。

第一，說明下品覺、大覺。運用天眼通，能夠徹見各種色相，能夠分別眾生種類，各有不同，以及國土相貌，種種差別，還有各種不同的名字，這就叫做下品覺。所謂下品大覺，覺悟到世間所有法相，都只不過是虛假設施，仔細觀照四大，不見有世間種種差別，如此觀照，了了分明，所以叫做下品大覺。其餘的天耳通、他心通、宿命通、神足通等四通，也都是如此。

第二，說明中品覺、大覺。用天眼通，見到四大色相，便能知道地水火風，性質各有不同，這就叫做中品覺。知道四大無常，生滅不定，虛妄之性，無有差異，所以叫做中品大覺。其餘的四通，也都是如此。

第三，說明上品覺和大覺。運用天眼通，明見無常之法，有八種法相上的差異，就叫做上品覺。能夠知道八種法相，空無所有，一元實相，不屬有相，這就叫上品大覺。其餘的四通，也都是如此。

以上簡略地說明了用五種神通，觀照事世間時的覺、大覺的情形。

運用思惟、大思惟觀照心性的情形，以及所成就的覺支功德，與前面所說的相同。其餘的觀支、喜支、安支、定支等，也應當應用這樣的方法逐一進行說明。

行者應當知道，若聲聞、緣覺，證得了這種禪定，就能依此禪定獲得不壞解脫、無礙解脫、三明、六通等，所以，這種禪定就叫做通明觀。若菩薩大士，住於這種禪定之中，就能獲得無礙大陀羅尼，乃至到了四禪，也都是如此。

【說　明】行者若欲開發神通，須先明心見性，故人云：「但得本，莫愁末。」本者，萬法之本——自心本性。末者，神通妙用——心的作用。若棄本而求末，不但求不得神通，反而會成為神經。

次明二禪。自此已下，乃至非想❶，滅定❷禪門，轉復深妙，事相非一，寧可具辯。今但別出經文，略釋正意而已。

所言二禪者。經云：「二禪者，亦為名離，亦名為具。離者，同離五蓋❸。具者，具足三支，謂喜、安、定。」

釋曰：行者於初禪後，心患初禪覺觀❹動散，攝心在定，不受覺觀，亦知上地❺不實，諦觀息、色、心三性，一心緣內，覺觀即滅，則發內淨大喜三昧❻。於定內，見身如泡，具二禪行。

次明三禪。經云：「三禪者，亦名為離，名亦為具。離者同離五蓋。具者具足五支，謂念捨慧安定。」

釋曰：行者於二禪後，心患厭大喜動散❼，攝心不受，亦如上地❽不實，攝心諦觀，喜法即謝，發身樂，即於定內，見身如雲，成三禪行。

次明四禪相。經云：「四禪者，亦名為離，亦名為具。離者，謂同離五蓋。具者，具足四支。謂念捨不苦不樂定。」

釋曰：行者於三禪後，心厭患樂法，一心不受，亦知四禪非實，諦觀三性，即豁然明淨，三昧智慧，與捨俱發。心不依善，亦不附惡，正住其中，即於定內，見身如影，具四禪行。

【章旨】從通明觀的角度，智者大師對二禪、三禪及四禪，逐一作了說明。

【注釋】❶非想　這裡的「非想」，是指「非想非非想定」。無色界有四天，非想非非想天是其中的第四天，三界之最頂也。

❷滅定　亦名滅盡定，又名滅受想定，或稱滅定。在滅盡定之中，滅掉受、想二心所，最後，六識心所亦要滅掉。滅盡定是九次第定的最後一定❸五蓋　謂覆蓋心性，令善法不生的五種煩惱。一、貪欲蓋。二、瞋恚蓋。三、惛眠蓋。四、掉舉惡作蓋。五、疑蓋。蓋，覆蓋之意。〈分別釋禪波羅蜜前方便第六之一‧訶五欲及棄五蓋〉中有詳細解釋。參見本書第一二三頁。

❹覺觀　新譯作尋伺。覺，尋求推度之意，即對事理之粗略思考。觀，即細心思惟諸法名義等之精神作用。二者皆為妨礙第二禪以上之定心者，若持續作用，則身心勞損，正念旁落，故又為隨煩惱之一。依此覺觀之有無，能判別定心之淺深。❺上地　根據上下文可知，此處的「上地」，是指「初禪」。❻內淨大喜三昧　行者捨棄了初禪的覺觀動散，內心已經獲得相對清

淨。在內淨基礎上獲得的法喜與定心，即是內淨大喜三昧。❼大喜動散　由二禪的法喜所帶來的內心的妄動與散亂。❽上地　根據上下文可知，此處的「上地」，是指「二禪」。

【語　譯】接著我們說明二禪的情形。二禪以上，乃至到非想非非想定，以及滅盡定，禪定的境界愈來愈深妙，定中事相，愈來愈詳，豈能說得盡呢？現在只能另錄一些經文，用來說明其中的大義。

什麼叫二禪呢？經典上說：「二禪也叫做離，也叫做具。所謂離，也就是脫離五蓋。所謂具，也就是具足喜、安、定等三支功德。」

解釋如下：行者在初禪之後，厭患初禪覺觀的散亂妄動，於是，攝心在定，捨棄覺觀，同時，行者也知道，上地禪相，亦屬不實，因此，一心諦觀氣息、身相、心念等三法。行者一心繫緣於內，覺觀動散就會息滅，這時，行者就會發起內淨大喜三昧，在定中見到自己的身體，就像聚在一起的泡沫。行者自此，進入了二禪。

接著說明三禪的情形。經典上說：「三禪也叫做離，也叫做具。所謂離，就是脫離五蓋，所謂具，就是具足念、捨、慧、安、定等五支功德。」

解釋如下：行者在二禪之後，厭患二禪的法喜所帶來的妄動與散亂，於是攝持心念，不受法喜之相，同時，行者知道，上地禪相，亦虛幻不實，於是，攝心諦觀，此時，法喜之相，自然滅謝，行者就會發起身樂，就能在禪定中，見到自己的色身，猶如浮雲，虛幻不實，行者自此，進入了三禪。

接著說明四禪的情形。經典上說：「四禪也叫做離，也叫做具。所謂離，就是脫離五蓋。所謂具，就是具足念、捨、不苦不樂、定等四支功德。」

解釋如下：行者在三禪之後，厭惡三禪的法樂之相，於是，捨棄法樂，不取法樂，不受法樂。同時，行者也知道，即將進入的四禪之相，也非真實，於是，諦觀三法自性，豁然之間，頓覺明亮清淨，三昧智慧與捨支功德同時發起。此時，行者的心，既不依著於善，也不附著於惡，住於中道。行者在中道觀中，見到自己的身體，猶如影子，虛幻不實，行者自此，進入了四禪。

【說明】捨棄下地粗禪，追求上地勝妙。行者若能如此進取，便能到達色界之極禪——四禪。在這時，行者若能借禪定之力，照見諸法，本來空寂，一切有相，皆是空相，「色即是空，空即是色，色不異空，空不異色」。在這種修為上，行者還更有什麼實際的障礙呢？

次明空處❶。經言：「觀身厭患，遠離身相，一切身觸、喜觸、樂觸，分別色相，遠離色陰，一心觀無量空處，是名比丘得空處定。」

釋曰：此可為二義。一者、通觀上下。二者、但約自地及以上。

通上下者。經觀身厭患，遠離身相者，深知欲界之身，過罪非一，身分皆不可得也，身等三觸，對初禪、二禪、三禪。對可見。

分別色相者。分別欲界色身，乃至四禪色，一一別異不實。亦知空處未離色法也。

遠離色陰及觀無量空處者。並如前根本禪內滅三種色法，與虛空相應也。

二、並約自地釋者。觀身厭患，遠離身相者，厭患如影之色覆蔽於心，觀此影色，亦不可得也。身等三觸❷者，別喜根，前已壞。此是四禪色起觸心生三觸也。

分別色相者。分別四禪喜樂，及如影之色，皆虛誑也。

遠離色陰及觀無量空處。不異前說。

次明識處定相者。經言：「若有比丘，修奢摩他❸，毘婆舍那❹，觀心意識，自知此身，不受三受❺，以得遠離是三種受，是名比丘得識處定。」

釋曰：心意隨者。心者即是捨空定，緣三性❻入識處定。行者用三昧攝智慧，雖知三性不實，為免空難，一心緣識，即入識處定也。

自知此身，不受三受者。緣色四句❼，空處雖離初句，而猶受後三句。今識處緣識入定，則迥離色界四句。所有四受，悉屬於識，故云：自知此身，不受三受，亦得言，不受苦樂等三受也。已得遠離是三種受，名識處定相。

次明少識處定相者。經言：「若有比丘，觀三世空，知一切行，亦生亦滅，空處識處，亦生亦滅。」作是觀已，次第觀識，我今此識，亦非識非非識。若非識者，是名寂靜。我今云何求斷此識，是名得少識處定。

釋曰：觀三世空，一切諸行，亦生亦滅者，深觀自地及上下心數❽，悉是有為之相，虛誑不實。

次第觀識者。是觀識處亦識。非識非非識者，即通知所有法不可得也。若非識者，是名寂靜。我今云何求斷此識者，即是念滅識之方便，緣非識之法⑨，入少識處定⑩也。

次明非想定者。經言：「若有比丘有非心想，作是思惟：我今此想，是苦是漏，是瘡是癰，是不寂靜。若我能斷如是非想及非非想，是名寂靜。若有比丘，能斷如是非想非非想者，是名獲得無想解脫門。」何以故？法行比丘作是思惟：若有受想，若有識想，若有觸想，若有空想，若非想非非想，是等皆名粗想。我今若修無想三昧，則能永斷如是等想，是故見於非想非非想為寂靜處。如是見已，入非非想定已，不受不著，即破無明。破無明已，名獲阿羅漢果。

釋曰：有非心想者，即無想定也。是苦是漏等，即是觀無想定過罪也。若我能斷如是非想及非非想，是名寂靜。非想者，即是無想定⑪也。及非非想者，已逆見上地⑫之過，應斷除，是寂靜者破非想定，故獲涅槃之寂靜也。若有比丘能斷如是非想，獲得無想解脫門者，一切三界之定，皆名為想。今斷此想，獲得無想三昧，即能於非想定，破無明，發無漏，得阿羅漢果，證涅槃也。

法行比丘，若有受想，已下即是重釋出上意，義可見也。

又經言：「前三種定，二道所斷，後第四定，終不可以世俗道斷。」凡夫於非想處，雖離粗煩惱，而亦具有十種細法，以其無粗煩惱故，一切凡夫，謂是涅槃。廣說如經。

釋曰：此明凡夫等智，於非想不能發無漏也。

次經云：「憍陳如⑬，若比丘修習聖道，厭離四禪、四空處，觀於滅莊嚴之道者。」

釋曰：此明通觀於想，後得入滅盡也。此義下背捨中當具說。

行者入此法門，不取實際作證，具足大悲方便一切佛法，起六神通度脫眾生，即是約一種法門明摩訶衍⑭也。

【章旨】從通明觀的角度，智者大師對四空定（空無邊處定、識無邊處定、無所有處定、非想非非想處定）以及滅盡定，逐一作了說明。

【注釋】❶空處　亦即空處定。在〈釋禪波羅蜜修證第七之二・釋四無色定〉中有詳細解釋。參見本書第四四四頁。❷三觸　身觸、喜觸、樂觸。❸奢摩他　意譯為止，亦即止息一切雜念的意思。❹毘婆捨那　亦即「觀」的意思。即以寂靜之慧，觀察六根、六塵內外諸法，使三昧成就而進趣菩提之修法。❺三受　苦受、樂受、不苦不樂受。❻三性　在這是指氣息、身相、心念等三種法相。❼緣色四句　緣於色相的四種覺受，也就是：苦、樂、亦苦亦樂、不苦不樂。四句包括：肯定、否定、復肯定、復否定。❽心數　又作心所、心所有法、心所法、心數法，總之，心中的所有法相，皆屬於心數的範疇。心數從屬於心王，乃五位之一，心數與心王相應，同時存在。❾非識之法　第一句——識，識處即是識，是一個肯定。第二句——非識，識處而非識，是一個否定，是排除第一句對識的執著。非識之法，就是指第二句。❿少識處定　通常之心態，妄念紛紜，所以，借助於息滅妄念這個方便法門，入於寂滅無妄之定靜。從最終來看，寂滅無妄的定境，其實，也是一種特殊形態的法相，也在生滅法的範疇，然而，卻是證入實相之方便途徑，所以，運用息滅妄念的方法，所獲得的所謂無妄之定境，叫做少識處定。⓫無想定　有些外道或凡夫，以為無思無想的境界，就是解脫境界，因此，他們運用種種方法，泯滅一切心想。外道與凡夫所修的這種禪定，就叫做無想禪定。⓬上地　根據上下文可知，此處所說的「上地」，是指「非想定」，或曰「無想定」。⓭憍陳如　人名。⓮摩訶衍　摩訶衍那的簡稱，華譯為大乘。

【語　譯】接著說明空處定的情形。經典上說：「觀照色身，令人厭患，於是，遠離對身相的執著，遠離對一切身觸、喜觸、樂觸的執著。觀照色相，虛幻不實，於是，遠離一切色相，一心諦觀無量空處，這就叫做比丘得空處定。」

解釋如下：分二部分來說。一、通觀上地與下地。二、只觀自地及自地以上。

通觀上地與下地。觀照色身，令人厭患，那些試圖遠離身相的人，深深知道欲界之身，有種種罪過，一一身相，虛幻不實，皆不可得，身觸、喜觸、樂觸等，與初禪、二禪及三禪相對應。這些相對關係，是顯而易見的。

分別色相。分別欲界的色身，乃至分別初禪、二禪、三禪、四禪中的各種法相，知道這些法相，有種種差異，然而，卻虛幻不實。行者也能知道，空處定並沒有離開色法的繫縛。

遠離色陰及觀無量空處。與前面根本禪中所說的滅除三種色法的方法一樣。遠離色陰及觀無量空處，這種方法，與虛空定相對應。

二、觀自地及自地以上。覺得身相，令人厭患，那些試圖遠離身相的人，厭惡如影之色覆蓋其心，行者觀察這些如影之色，也不可得。身觸、喜觸、樂觸等三觸，是與喜根有差別的，為什麼說是有差別的呢？這是因為，行者在進入三禪時，喜根已經謝滅，而身觸、喜觸、樂觸等三觸，這是由四禪的色法所發起的三種覺受。

分別色相。就是能夠知道四禪的喜樂之相，如同影子，虛假不實。

遠離色陰及觀無量空處定。與前面所說的相同。

接著說明識處定的情形。經典上說：「若有比丘修奢摩他，毘婆捨那，觀於心中法相，就能知道自身，根本不染於苦、樂、不苦不樂等三種覺受，所以行者就能遠離這三種覺受，這就叫做比丘獲得了識處定。」

解釋如下：所謂心意隨。心就是捨棄空處定，緣於氣息、身相、心念等三法，入於識處定。行者運用三昧，攝持智慧，雖然知道氣息、身相、心念等三法是虛幻不實的，但是，為了避免空法障道，於是，一心緣識，便進入了識處定。

自知此身，不受三種受。緣於色相的四種覺受，空處定雖然已經離開了第一句，然而，卻未能離開後三句。我們現在所說的識處定，則完全地離開色界的四種覺受。由於這四種覺受，全都屬於「識」的範疇，所以說，自知此身不受三受，也可以說不受苦、樂、亦苦亦樂等三種受。已經遠離了苦、樂、不苦不樂等三種覺受，這就是識處定的情形。

接著說明少識處定的情形。經典上說：「若有比丘，觀三世諸法，一切皆空，知一切事相，亦生亦滅，空處定與識處定，也是亦生亦滅的有為法。」行者作了這樣的觀照之後，再進一步觀照，我現在的種種識相，亦非真實，亦非空無。若識非真實，那麼，正有「識」時即是「寂靜」。那麼，我現在為什麼又要斷除「識」呢？若能豁然識得，識處即是靜處，這就叫做獲得了少識處定。

解釋如下：所謂「觀三世諸法，一切皆空，種種法相，亦生亦滅」，亦即諦觀識處定，以及上地禪與下地禪中的種種法相，皆是有為法，虛妄不實。

說明次第觀識的情形。次第觀識，首先，把識處看作是識。其次，觀識即非識，亦非非識，也就是說，所有的法，皆不可得。若識即非識的話，那麼，識處即是寂靜處。那麼，我現在之所以要斷除識，就要運用「滅識」之方便，緣於「非識之法」，而入於「少識處定」。

接著說明非想定的情形。經典上說：「若有比丘已經獲得了非想非非想定，此時，他心裡作這樣的思惟：非想非非想定，是痛苦的，是有漏的，是瘡是癰，是不寂靜。若我能夠斷除非想非非想定的話，這才是真正的寂靜。若有比丘能夠斷除非想非非想定的話，這就叫做獲得了無想解脫門。」為什麼這樣說呢？法行比丘作這樣的思惟：若有受想、若有識想、若有觸想、若有空想，若有非想非非想等，這都叫做粗想。若我現在修無想三昧的話，就能永遠斷除這些粗想，所以，就能通達非想非非想處，即是寂靜處。行者證悟至此，便入於非非想定。入於非非想定中之後，不受一切法，不著一切法，這樣便破除了無明。破除了無明之後，就叫做證得阿羅漢果。

解釋如下：用非想破除有想，有想被破除之後，即是無想定。是苦、是漏等，即是觀無想定過失。若我能夠斷除非想，以及非非想，就叫做寂靜。非想就是無想定。非非想就是，行者已經看到非想定的過失，並且力圖斷除非想定的過失，這種寂靜，能夠破除非想定，能夠獲得涅槃寂靜。

若有比丘能夠斷除非想，獲得了無想解脫，這時，三界中的一切禪定，都可以叫做有想。現在，斷除了非想，獲得了無想三昧，就能在無想三昧中，破除無明煩惱，發起無漏智慧，證得阿羅漢果，獲得寂靜涅槃。法行比丘，若有受想的話，那麼，以下經文，即是重複解釋上文的意思，其意可見。

經典上又說：「前面三種定，凡夫和外道，也能斷除，後面的第四種定，那是運用世俗方法所不能斷除的。」凡夫在非想處定中，雖然能夠離開粗重的煩惱，但是，仍然具有十種微細煩惱，由於沒有粗重煩惱的緣故，所以，一切凡夫之人，就把這種沒有粗重煩惱的境界叫做涅槃。就像佛經上所廣泛說明的那樣。

解釋如下：這也就是說，在非想定中，凡夫的聰明是不能發起無漏智慧的。

經典上又說：「憍陳如，若比丘修習聖道，就要遠離對四禪、四空定的執著，就要觀照寂滅莊嚴之道。」

解釋如下：這就是說，逐一修習四禪、四空處之後，行者才能入於滅盡定。在下面講到背捨的時候，我們再具體地說明這個道理。

行者修習這個法門，不要執著在禪定法相上，而是要以大悲方便，廣修一切佛法，起六種神通，度一切眾生，這就是運用一種法門，通達大乘佛法。

【說　明】捨棄下地的粗禪，追求上地的勝妙，次第進取禪定，便能到達四禪八定之極定——非想非非想處定。行者到達非想非非想處定之後，若仍然不能悟達真性，就要進一步修習滅盡定。若行者到達了滅盡定之後，仍然還不能悟達真性，那就成了離欲阿羅漢。對於究竟了義的佛教來說，佛教唯有一乘——佛乘，無二亦無三。若說二說三，那只是方便接引，非究竟了義。所以說，離欲阿羅漢，不能通佛智。惟有悟真人，與佛共一體。

卷第九

釋禪波羅蜜修證第七之五

明修證無漏禪。今明無漏有二種。一者、對治無漏。二者、緣理無漏。故《大集經》云：「有二種行。一者、慧行。二者、行行。」行行者，即是九想、背捨等對治無漏也。緣事起行對治，破諸煩惱故，名行行無漏行也。二慧行者，即是四諦、十二因緣。真空正觀❶，緣理斷惑❷故，名慧行無漏行也。

第一，前釋對治無漏。此約九種法門明也。一、九想。二、八念。三、十想。四、八背捨。五、八勝處。六、十一切處。七、九次第定。八、師子奮迅三昧。九、超越三昧。

今此九種禪，通說為對治無漏。及次第淺深之義，皆如前第一卷中說。今就此九種法門中，即有二種對治無漏道。一者、壞法道。二者、不壞法道。

壞法道者，即是九想、八念、十想是也。善修此三，若發真無漏，即成壞法阿羅漢也。

二、不壞法道，即是背捨、勝處、一切處、九次第定、師子奮迅、超越等三昧。具足此禪，發真無漏，成不壞法大阿羅漢也。

今通釋第一壞法觀中三種法門。所以此三法門名壞法觀者，行人心厭六欲❸，猶如怨賊，故修九想以為對治。作此觀時，雖破壞六欲，而多生恐怖。若修八種正念，恐怖即除，既貪欲心薄，又無怖畏。爾時，欲斷三界結使❹，即應進修十想。十想成就，即便殺諸結賊，成阿羅漢。是人既壞滅欲界身相，不能具足三界，觀鍊熏修❺三明❻八解❼，故名壞法也。

問曰：九想與十想有何異耶？

答曰：有異，不異。異者，九想如縛賊，十想如殺賊。九想為初學，十想為成就。九想為因，十想為果。故經云：「二為甘露門。一者、不淨觀門。二者、阿那波那門。」不異者，善修九想，即具足十想。此義在下當明之。

【章　旨】介紹了「修證無漏禪」中所要講的主要內容。一、對治無漏禪。二、緣理無漏禪。

【注　釋】❶真空正觀　四諦、十二因緣等法，具有破相證真的修行指向，所以叫做「真空」。四諦、十二因緣等法，不是追求某種禪定境界，而是要使行者斷惑證真，所以叫做正觀。❷緣理斷惑　顧名思義就是借助佛門教理，實現斷惑證真的宗旨。❸六欲　在這裡是指：眼對色、耳對聲、鼻對香、舌對味、身對觸、意對法（心中的法相）所產生的六種欲望。❹結使　煩惱之異稱。諸煩惱纏縛眾生，不使出離生死，故稱結。驅役而惱亂眾生，故稱使。❺觀鍊熏修　即是指觀禪、鍊禪、熏禪、修禪。在〈釋禪波羅蜜次第法門・辨禪波羅蜜詮次第四〉中有「觀禪、鍊禪、熏禪、修禪」之詳釋。參見本書第四八至四九頁。❻三明　宿命明、天眼明、漏盡明。宿命明，即明白自己或他人一切宿世之事。天眼明，即明白自己或他人一切未來世之事。漏盡明，即以聖智斷盡一切煩惱。❼八解　亦即八解脫。指八種背棄、捨除三界煩惱的禪定。在〈釋禪波羅蜜修證第七之六・釋八背捨〉中有詳細解釋。參見本書第六四〇頁。

【語　譯】說明修證無漏禪。無漏禪有二種。一、對治無漏禪。二、緣理無漏禪。《大集經》上說：「有二種行。一種是慧行。另一種是行行。」所謂行行，就是指九想、八背捨等對治無漏禪。九想、八背捨等對治無漏禪，借助於事相，運用對治的方法，破除種種煩惱，因此之故，叫做行行無漏行。所謂慧行，就是指四聖諦、十二因緣等緣理無漏禪。四聖諦、十二因緣等，具有「真空正觀、緣理斷惑」的作用，所以叫做慧行無漏行。

第一，先解釋對治無漏禪。對治無漏禪有九種法門。一、九想，二、八念，三、十想，四、八背捨，五、八勝處，六、十一切處，七、九次第定，八、師子奮迅三昧，九、超越三昧。

以上所說的這九種禪，通通都叫做對治無漏禪。這九種禪的次第淺深之相，皆與第一卷中所說的相同。

在這九種禪門中，有二種對治無漏。一種是壞法相的對治方法。另一種是不壞法相的對治方法。

一、壞法相的對治方法，就是指九想、八念、十想等法門。行者善於修習九想、八念、十想三種法門，若發起了真正的無漏，就能證成破壞世間相的阿羅漢。

二、不壞法相的對治方法，就是指背捨、勝處、一切處、九次第定、師子奮迅、超越等三昧。行者遍修這些法門，若發起了真正的無漏，就能證成不壞世間相的大阿羅漢。

現在我們首先通觀解釋壞法相中的三種法門。之所以把「九想、八念、十想」稱為壞法相，這是因為，行者厭惡六欲，視六欲為怨賊，所以，就用九想觀來對治。行者修九想觀時，雖然能夠破壞六欲，然而，大多數人會生出恐怖心。在這時，若轉修八種正念，恐怖心就會消除，此時，行者貪欲心薄弱，又沒有恐怖心。行者修行至此，若想斷除三界結使的話，就要轉修十想。十想修成之後，就能殺除三界一切結使怨賊，證成阿羅漢果。修習九想、八念、十想獲得成就的阿羅漢，既然已經壞滅了欲界身相，於是，不再具足三界，觀鍊熏修禪三明八解脫，所以叫做壞法阿羅漢。

問：九想與十想有何不同？

答：九想與十想，既有不同之處，又有相同之處。不同之處是，九想猶如把賊綁住，十想猶如把賊殺掉。九想好比初學，十想好比已經學成。九想是因，十想是果。所以佛經上說：「這二種法門，皆為甘露門。一是不淨觀，二是阿那波那。」相同之處是，善於修習九想，就能具足十想。這其中的道理，我們在下面將會說明。

【說　明】在這裡所說的「無漏禪」，還不是真正意義上的「無漏禪」，屬於二乘行人的方便無漏。

初釋九想觀門者。一、脹想。二、壞想。三、血塗想。四、膿爛想。五、青瘀想。六、噉想。七、散想。八、骨想。九、燒想。此九種法門通稱想者，能轉心轉想，所謂能轉不淨中淨顛倒想，故名為想。

今釋九想，即開為四意。一、明修證。二、明對治。三、明攝法。四、明趣道。

一、明修證者。行人先持戒清淨，令心不悔，易受觀法，能破淫欲諸煩惱賊故。爾時當先觀人，初死之時，辭談言語，息出不反，忽已死亡，氣滅身冷，無所覺知，室家驚慟，號天叫地。言說方爾，奄便何去？此為大畏，無可免者。譬如劫盡火燒，無有遺脫。如偈說：

死至無貧富，無勤修善法。
無貴亦無賤，老少無免者。
無祈請可救，亦無欺誑處。
無捍格得脫，一切無免者。

死法名永離恩愛之處，一切有生之所惡。雖知可惡，甚無得免者。我身不久必當如是，同於木石，無所別知。我今不應貪著五欲，不覺死至，同於半羊。牛羊禽獸雖見死者，跳騰哮吼，不自覺悟。我既已得人身，識別好醜，當求甘露不死之法。如偈說：

六情根完具，智鑒亦明利，
而不求道法，唐受身智慧。
禽獸皆亦智，欲樂以自恣，

而不知方便，為道修善事。

既已得人身，而但自放恣，

不知修善行，與彼復何異？

三惡道眾生，不得修道業，

已得此人身，當勉自益利。

行者思惟是已，即取我所愛人，若男若女，脫衣露體臥置地上，於前如死屍想，一心三昧，觀此死屍，心甚驚畏，破愛著心。

此則略說死想，以為九想前方便❶也。

復次，九想有二種。一者、利根。二者、鈍根。若利根之人，懸心存想死脹等事，悉得成就。若鈍根之人，懸作不成，必須見人初死，至屍所取是相已，繫心修習，既見相分明。心想成就，即發三昧。於後，雖離死屍，隨想即見。

【章旨】行人首先要持戒清淨，使令心中沒有悔恨，這樣，才能容易修習九想觀，才能破除淫欲煩惱怨賊。在此基礎上，觀想一個人死亡的情形，以作為「九想觀」的前方便。

若持戒不淨，有所犯禁，必然會造成悔恨。若有悔恨，則心中不安。若心中不安，則不能入定。若不能入定，則不能證得無漏、獲得解脫。

【注　釋】❶前方便　死想，不屬於九想的範疇，是修習九想之前所修習的方便觀想，所以，在這裡把「死想」叫做前方便。

【語　譯】先解釋九想觀法門。九想包括：一、膨脹想，二、毀壞想，三、血塗想，四、膿爛想，五、青瘀想，六、食噉想，七、分散想，八、白骨想，九、火燒想。這九種法門，之所以都叫做「想」，這是因為，修習這九種法門，「能轉心轉想」一句，可以譯成能夠轉變「把不清淨當作清淨想」的顛倒妄想，所以，這九種法門都叫做「想」。

現在，我們解釋九想。分為四部分。一、說明修證。二、說明對治。三、說明攝法。四、說明趣道。

一、說明修證。行人首先要持戒清淨，使令心中沒有悔恨，這樣，才能容易修習九想觀，才能破除淫欲煩惱怨賊。這時，行者先觀想人死亡的情形，一個人在快要死的時候，費力言談，出息容易，入息困難，只要一息不來，就會頓時死亡，他身上的暖氣也會漸漸地散去，他的全身將會變得毫無知覺。家裡的人受驚悲慟，呼天叫地。此人剛才還與人說話，現在，又忽然到哪兒去了呢？這實在是可畏可怖的事，沒有人能夠得以幸免。譬如這一劫結束的時候，劫火燒盡一切，沒有能夠逃脫者。有偈語說：

死亡之時無貧富，著意勤修亦難能。
高貴貧賤都一樣，男女老少不能免。
祈禱哀求不能救，聰明辯才無有用。
強悍弱者都一樣，無有一人能得免。

死亡就是永遠地離開恩愛的人與所愛的地方，這是一切眾生所厭惡的事。雖然眾生都厭惡死亡，但是卻無法逃脫死亡。接著，行者再作這樣的觀想，我在不久的將來，也必然要死亡，到那時候，猶如木頭石頭，毫無覺知。我現在不應該貪著五欲，就像牛羊一樣，不知死亡的到來。牛羊等禽獸，見到同類死亡的時候，跳躍咆哮，不能覺悟。我既然已經獲得了人身，能夠識別好醜，就應當尋求不死的甘露之法。如偈語中說：

六根具備無殘缺，智慧辨別亦明利，

若不勤求甘露門，妄受人身與智慧。
禽獸亦有聰明智，只知欲樂以自恣，
禽獸不知方便門，為得達道修善事。
我人既然得人身，如若恣情六欲中，
不知修習諸善行，與彼禽獸有何異？
三惡道中諸眾生，惡報纏身難修善，
我今已經得人身，勇猛精進自求益。

行者作了這樣的思惟之後，就選取一位自己所親愛的人，或者男人，或者女人，赤身裸體，躺臥地上，行者就像前面所說的那樣，觀想這具死屍，一心專注，心裡就會產生驚慌與恐懼，這樣就能破除對這個人的愛著。

以上簡略地說明了對死的觀想，以作為九想定的前方便。

修九想有二種。一種是利根人的九想。另一種是鈍根人的九想。若是利根人的話，只要觀想死屍的膨脹，就能獲得成就。若是鈍根人，則對死屍腫脹觀想不起來，他必須要親眼看見人之初死，親自到停放死屍的地方見到這具死屍，借助於他親眼所看的這具死屍，一心觀想，就能觀想得清清楚楚。觀想成功了之後，就能發起九想三昧。自此之後，他雖然不再看這具死屍，亦能隨意地觀想起這具死屍來。

【說　明】九想觀是一種對治觀，不屬於中道觀。這是因為，眾生貪戀自己的身體，執著於自己的身體，因此，這種貪戀與執著，就成了悟道的障礙，為了消除這種障礙，聖人方便立教，教作九想觀，用以對治執著與貪戀。所以，九想觀只能用作一時。

一、脹想者。行者對死屍邊，見胮脹如韋囊盛風，異於本相。此身中無主，妄識役御視聽言語，以此自誑，今何所趣？但見空捨，膖脹項直。

此身姿容，妖媚細膚，朱唇素齒，長眼直鼻，平額高眉，如是好身，令人心惑。今但見膖脹，好在何處？男女之相亦不可識。

即取此相，以觀我所愛人，作此訶責欲心。臭屎囊膖脹可惡，何足貪著，為此沉沒？自念我身，未脫此法。一心三昧，除世貪愛。

二、壞想。行者復觀死屍，風吹日曝，轉大烈壞，在地六分，破碎五臟，屎尿臭穢盈流，惡露已現。

我所著者，以此觀之，無可愛樂。我為癡惑，為此屎囊薄皮所誑，如燈蛾投火，但貪明色，不顧燒身之禍。自念我身亦爾，未脫此法。一心三昧，除世貪愛。

三、血塗漫想。行者復觀死屍，既見破壞，處處膿血流溢，從頭至足，點汙不淨、臭穢、腥臊、膖脹，不可親近。

我所愛者，以此觀之，無可愛樂。我為癡惑，坐是沉淪。汙穢不淨，好在何處？自念我身，未脫此法。一心三昧，除世貪愛。

四、膿爛想。行者觀死屍，風熱水漬，日漸經久，身上九孔，蟲膿流出，皮肉處處膿爛，滂沱在地，臭氣轉增。

我所愛者，以此觀之，好容美貌，為此昏迷。今見臭爛，甚於糞穢，何可貪著？自念我身，未脫此法。一心三昧，除世貪愛。

五、青瘀想。行者復觀死屍，膿血稍盡，風日所變，皮肉黃赤，瘀黑青黯，臭氣轉增。

我所愛者，以此觀之，桃華之色，誑惑於我，今何所在？自念我身，未脫此法，一心三昧，除世貪愛。

六、噉想。行者復觀死屍，蟲蛆唼食，烏挑其眼，狐狗咀嚼，虎狼齜裂，身殘缺駁，脫落可惡。

我所愛人，以此觀之，本時形體清潔，服飾莊嚴，嬌態自惑。今見破壞，本相皆失，甚可厭惡。自念我身，未脫此法，一心三昧，除世貪愛。

七、散想。行者復觀死屍，禽獸分裂，身形破散，風吹日曝，筋斷骨離，頭首交橫。

我所愛人，以此觀之，人相何在？自念我身，未脫是法，一心三昧，除世貪愛。

八、骨想。行者復觀死屍，皮肉等已盡，但見白骨。見骨有二種。一者、見筋相連。二者、筋盡骨離。復有二種。一則餘血膏膩染汙。二則骨白如珂如貝。我所愛人，以此觀之，髑髏可畏，堅強之相，甚於瓦石，柔軟細觸，一旦皆失。自念我身，未免此法，一心三昧，除世貪愛。

九、燒想。行者復到死屍林中，或見積多草木焚燒死屍，腹破肥出，爆裂煙臭，甚可驚畏。或見但燒白骨，煙焰洞然，薪盡火滅，形同灰土。假令不燒不埋，亦歸磨滅。

我所愛人，以此觀之，身相皆盡，甚於兵刃。沐浴香熏，華粉嚴飾，軟肥細體，清溫諂佞，以此惑人，今皆磨滅，竟何所在？自念我身，未脫此法，一心三昧，除世貪愛。

【章　旨】從死屍的腫脹，一直到爛壞散滅，歸於空無，智者大師對「九種觀想」，逐一作了說明。

【語　譯】一、腫脹的觀想。行者在死屍的旁邊，見到腫脹的屍體，猶如盛滿風的韋囊，這種形相與死者生前大不一樣。現在，這具死屍已經沒有了主人，死者在生前的時候，妄識驅使著這個身體，使這個身體視聽言動，自我誑騙。現在，這個妄識又跑到哪裡去了呢？目前，只是見到死屍，腫脹膨滿，頭頸僵直。

這具死屍的容貌，原來也是十分妖媚細膩的，紅紅的嘴唇，潔白的牙齒，修長的眼睛，挺直的鼻樑，寬平的額頭，高聳的眉毛。如此美妙的色身，真是令人迷戀。可是現在，這個色身已經腫脹膨滿，那些迷人的色相又跑到哪裡去了呢？這具死屍，腫脹得連男女之相都分辨不出來了。

把自己所愛戀的人，觀想成「腫脹」之相，以此來對治貪戀之心。臭皮囊，腫脹可惡，為什麼要貪著於它？並且為它而沉淪呢？行者心想：我自己的色身，將來也免不了這種腫脹的結局。於是，行者一心觀想，消除對世間的貪愛。

二、壞想。行者又觀察這具屍體，經過風吹日曬之後，更加分裂變壞，地上分散著頭、軀幹及四肢，破碎的五臟，臭穢的屎尿，盈流於滿地，屍身已顯露出令人噁心之相。

把自己所愛戀的人，觀想成「壞爛」之相，沒有可愛戀之處。我實在是太愚癡了，被這個臭皮囊所欺騙，我就像飛蛾撲火，只顧貪戀光亮，不顧燒身之禍。行者心想：我自己的色身，將來也免不了這種壞爛的結局。於是，行者一心觀想，消除世間貪愛。

三、血塗漫想。行者繼續觀想死屍，見到死屍更加破壞，處處膿血流溢，從頭到腳，又臭又髒，腫脹膨滿，令人厭惡。

把自己所愛戀的人，觀想成「血塗遍地」之相，無有可愛之處。我實在太愚癡了，竟為貪戀色相而沉淪。血塗遍地的死屍，汙穢不淨，有什麼可貪戀的呢？行者心想：我自己的色身，將來也免不了這種「血塗遍地」的結局。於是，行者一心觀想，消除對世間的貪愛。

四、膿爛想。行者觀想死屍，被風吹、日曬、雨淋，久而久之，身上的九孔，流出血膿，蛆蟲叮滿，皮肉處處，皆是膿爛，灘塗在地，臭氣濃劣。

把自己所愛戀的人，觀想成「膿爛」之相，哪裡還有什麼好容美貌呢？我竟然還為此而癡迷。我今天所見到的這副臭爛之相，比糞便還要臭，有什麼可貪著的呢？行者心想：我自己的色身，將來也免不了這種「膿爛」的結局。於是，行者一心觀想，消除對世間的貪愛。

五、青瘀想。行者再觀察這具死屍，膿血已經稍乾，由於風吹日曬的緣故，死屍的皮肉已經變成黃赤、瘀黑、青紫之色，臭味更濃。

把自己所愛戀的人，觀想成「青瘀」之相，他以前的桃花容顏，曾經使我迷戀，現在，他的桃花容顏又跑到哪兒去了呢？行者心想：我自己的色身，將來也免不了這種「青瘀」的結局。於是，行者一心觀想，消除對世間的貪愛。

六、噉想。行者再觀察這具死屍，被蛆蟲吃食，被烏鴉啄眼，被狐狸野狗咀嚼，被老虎野狼撕裂，全身被弄得殘缺斑駁，散落遍地，令人十分厭惡。

把自己所愛戀的人，觀想成「被吃」之相，他原本形體清潔，服飾莊嚴，嬌態迷人，現在，他的形體被破壞成這個樣子，原來的那個形相已經完全失去，現在的形相，實在令人厭惡。行者心想：我自己的色身，將來也免不了這種「被吃」的結局。於是，行者一心觀想，消除對世間的貪愛。

七、散想。行者再觀察這具死屍，禽獸分裂其身，骨肉散亂各處，由於風吹日曬，筋骨已經分離，肢體縱橫交錯。

把自己所愛戀的人，觀想成「散亂」之相，他以前的形相又跑到哪裡去了呢？行者心想，我自己的色身，將來也免不了這種「散亂」的結局。於是，行者一心觀想，消除對世間的貪愛。

八、骨想。行者再觀察這具死屍，皮肉都已經消盡，只剩下一具白骨。行者所見到的白骨有二種。一種是有筋相連的白骨。另一種是筋消骨散的白骨。還有二種白骨。一種是被血跡油膩所汙染了的白骨。另一種是白如珂貝的白骨。

把自己所愛戀的人，觀想成「白骨」之相，可怕的白骨骷髏，如同瓦石一樣堅硬，以前的柔軟細膩，全都消失得無影無蹤。行者心想：我自己的色身，將來也免不了這種「白骨」的結局。於是，行者一心觀想，消除對世間的貪愛。

九、燒想。行者再到焚燒死屍的林中，或許會見到堆積草木，焚燒屍體的情形，這具屍體被燒得肚子破裂，肥油流出，屍體被燒得爆裂，冒出來煙油，散發著惡臭，實在是令人驚慌害怕。行者或許是只見焚燒白骨，煙火通明，薪盡火滅之後，白骨形同灰土。假使屍體與白骨，不被焚燒與掩埋，終究也會無影無蹤。

把自己所愛戀的人，觀想成「焚燒」之相，他的形體與相貌，已經被燒得蕩然無存，甚於刀刃的毀傷。

死者在生前，沐浴香熏，又插花又塗粉，打扮得漂漂亮亮，柔軟的身體，膩滑的皮膚，嬌聲細語，令人迷戀，如此之相，今已全滅，死者的迷人之相又跑到哪裡去了呢？行者心想：我自己的色身，將來也免不了這種「焚燒」的結局。於是，行者一心觀想，消除對世間的貪愛。

【說　明】九想觀，屬於行者在心中所作的九種假想，這九種假想，能夠令行者遠離對色相的貪著。當九想觀修成之後，雖然行者不再貪著於世間，然而，卻又產生了對世間的厭棄。厭世世間而不著於世間，這並不是真正的解脫，而是二乘人的方便解脫。

二、明九想對治者。行者修九想既通，必須增想重修，令觀行熟利，隨所觀時，心即與定相應。想法持心無分散意，此則能破六欲，除世貪愛。

六欲者。一者、色欲。二、形貌欲。三、威儀恣態欲。四、言語音聲欲。五、細滑欲。六、人相欲。此六欲中能生六種著。

色欲者。有人染著赤色，若赤白色，若黃白色、黑色，若赤黑色，若青色，若青白色，若桃華色。無智愚人，見此等色，沒溺迷醉。

若形貌欲。有人但著形貌，面如滿月，修目高眉，細腰纖指，相好端嚴，心即惑著。

威儀欲者。有人著威儀恣態，行步汪洋，揚眉頓臉，含笑嬌盈，便生愛染。

言語欲者。有人但愛語聲，若聞巧言華說，應意承旨，音詞清雅，歌詠讚歎，悅動人心。愚夫淺識，為之迷惑。

細滑欲者。有人但愛身形柔軟，肥膚光悅，猶若兜羅之綿。寒時體溫，熱時體涼。按摩接待，身服熏香。凡情沒溺，為此危喪。

雜欲者。有人皆著五事。

人相欲者。有人皆不著五事，但著人相，若男若女，雖見上五事，若不得所愛之人，猶不染著。若遇適意之人，則能捨世所重，頓亡軀命。

如是六欲，世世誑惑眾生，沉淪生死，沒溺三塗❶，不得解脫。若能善修九想，對治除滅，則六欲賊破散，疾證涅槃。

所以者何？初死想，破威儀語言二欲。次脹想、壞想、噉想，破形貌欲。次血塗漫想、青瘀想、膿爛想，多破色欲。次骨想、燒想，多除細滑欲。九想除雜欲及所著人相欲。噉想、散想、骨想，偏除人相欲，殘噉離散白骨中不見有人可著故。

以是九想觀，能破欲結，瞋癡亦薄。三毒薄故，九十八使❷山皆動，漸漸增進其道，以金剛三昧❸，摧破結使山，得三乘道。

九想雖是不淨觀，因是能成大事。譬如大海中死屍，溺人依之，即得度也。

【章　旨】說明了六種貪欲，誑惑人心，使人沉淪於生死海，沒溺於三惡道，不得智慧解脫。行者善於修習九想，就能破除六欲，證得涅槃。

【注　釋】❶三塗　血塗、刀塗、火塗。血塗是畜生道，因畜生常在被殺，或互相吞食之處。刀塗是餓鬼道，因餓鬼常在饑餓，或刀劍杖逼迫之處。火塗是地獄道，因地獄常在寒冰，或猛火燒煎之處。三塗即三惡道的別名。❷九十八使　亦名九十八隨眠。隨眠，煩惱之異稱。煩惱常隨逐於人，故稱隨。其狀體幽微難知，如眠性，故稱為眠。九十八者，小乘俱捨宗所立見、思（修）二惑之總數。其中，見惑有八十八隨眠，修惑有十隨眠。❸金剛三昧　指能夠摧毀一切煩惱的禪定。金剛象徵著堅利，能夠摧毀一切。三昧是指正定，或智心禪定。

【語　譯】二、說明九想的對治。行者修成了九想定，還要繼續反覆修習，使觀想達到即觀即定、觀定相應的純熟程度。觀想住持於心，心意無有分散，這樣就能破除六欲染著，破除世間貪愛。

六欲主要包括：一、色欲。二、形貌欲。三、威儀姿態欲。四、言語音聲欲。五、細滑欲。六、人相欲。這六種欲，能夠生出六種染著。

所謂色欲。有人染著於赤色，或有人染著於紅白色，或有人染著於黃白色、黑色，或有人染著於赤黑色，或有人染著於青色，或有人染著於青白色，或有人染著於桃紅色等。沒有智慧的人，見到這些顏色，就會為此而迷醉。

所謂形貌欲。有人染著於形貌，只要見到圓滿的臉龐、修長的眼睛、高聳的眉毛、纖細的腰指、端莊的長相，就會為此而沉迷。

所謂威儀欲。有人染著於威儀姿態，只要他見到悠閒邁步、揚眉頓目、含笑撒嬌的姿態，他就會心生染著。

所謂言語欲。有人喜歡語言音聲，若聽到了巧言花語、順意奉承、音詞高雅、歌詠讚歎之類的話，就會為之心動。愚夫缺乏智慧，為語言音聲所迷惑。

所謂細滑欲。有人喜愛身體的柔軟、肌膚的光華，就像兜羅綿一樣。寒冷時喜歡體溫，炎熱時喜歡體涼。喜歡按摩，喜歡香噴噴的身體與衣服。凡夫沉迷於「細滑欲」之中，為此而冒生命的危險。

所謂雜欲。有人對以上所說的五種情況皆生染著。

所謂人相欲。有人對以上所說的五種情況皆不染著，但是，對人的長相卻心生染著。或者男子，或者女子，雖然見到了以上所說的五種情況，但是，若沒有見到自己所中意的人，他好像是沒有什麼染著。若遇到了自己所中意的人，就會捨棄世間所重，為自己所中意的人而捨命。

以上所說的這六種貪欲，生生世世誑惑眾生，使眾生沉淪於生死海，沒溺於三惡道，不得智慧解脫。行者若善於修習九想，就能破除六欲之賊，迅速地證得涅槃。

為什麼這樣說呢？這是因為，死想能夠破除威儀姿態欲以及言語音聲欲。脹想、壞想、噉想，能夠破除形貌欲。血塗漫想、青瘀想、膿爛想，能夠破除色欲。骨想、燒想，能夠破除細滑欲。九想能夠破除雜欲及人相欲。噉想、散想、骨想，能夠破除人相欲，這是因為，在殘遭吃食、支離破碎、白骨散地的情形中，沒有可以愛戀的人。

九想觀能夠破除貪欲煩惱，瞋心與癡心也會變得薄弱。由於貪、瞋、癡三毒，已經變得薄弱無力，九十八使這座大山到處鬆動，若行者能夠繼續增進其道，用金剛三昧的力量，摧毀煩惱大山，就能證得三乘道果。

九想雖然屬於不清淨的觀想，但是卻能夠成就涅槃大事。就像大海裡的死屍，雖然不淨，然而，溺水的人，亦可以依之而活命。

【說　明】為了要破除六種貪欲，行者要反覆修習九想觀。在反覆修習九想觀時，觀想與定心，二者要相應，亦即觀時定，定時觀，觀定相應，止觀同時。行者若能做到觀定相應，止觀同時，就能破除六欲，獲得解脫，證得無漏。

三、明攝法者。是九想法，緣欲界身色想陰攝，亦身念處❶少分。或欲界攝，或初禪二禪攝。未離欲散心人，得欲界繫。離欲人得色界。繫膀脹等八想，欲界、初禪、二禪中攝。淨骨想，欲界初禪、二禪、四禪中攝。三禪中樂多，故無是想。

四、明九想趣道者。修九想有二種。若按事而修，此則但能伏欲界結，後別修十想❷，以斷見思❸，成無學道❹。二者、若善修九想，即具十想，從事入理，此則不煩別約餘門修十想。所以者何如？行者觀人死時，動轉言語，須臾間忽然已滅，身體膀脹，爛壞分散，各各變異，是則無常。若著此身，無常壞時，是即為苦。若無常苦，不得自在者，是則無我。不淨無常，苦無我故，則世間不可樂著，觀身如是。食雖在口，腦涎流下，與唾和合成味，而咽與吐無異，下入腹中即為糞穢，即是食不淨想。以此九想觀，觀身無常變易，念念皆滅，即是死想。以是九想，厭世間樂，知煩惱斷即安隱寂滅，即是斷想。以是九想遮諸煩惱，即離想。

以九想厭世間故，知五陰滅，更不須生，是處安隱，即是盡想。若能如是善修九想，即具十想，斷見思惑❺。當知是人，必定趣三乘道。

復次，《摩訶衍》中說：「若善修九想，開身念處❻門。身念處開三念處❼門。四念處❽開三十七品門❾。三十七品開涅槃門。入涅槃故，則滅一切憂苦。」菩薩憐愍眾生故，雖於九想能入涅槃，而亦不取實際作證。所以者何？若色中無味相，眾生即不應著於色。若色中無離相，今亦不應從色得解脫。以色中有味故，眾生則著於色。色中有離相故，眾生從色得解脫。而味不即離，離不即味，離味處無脫處，離脫處無味處。當知色即非縛非脫。

爾時，不隨生死，不證涅槃，但以大悲憐憫一切眾生，於此不淨觀中成就一切佛法。《大品經》云：「九想即是菩薩摩訶衍。」

【章旨】說明了九想觀與次第定的對應性關係。其次，說明了九想觀的所趨之道——究竟涅槃。

【注釋】❶身念處　四念處之一。又作身念住、身觀。即觀身不淨，又觀身苦、空、非常、非我，以對治四顛倒中之淨顛倒。❷十想　在〈釋禪波羅蜜修證第七之五．釋十想法門〉中有詳細解釋。參見本書第六二〇頁。❸見思　這裡的「見思」，是指見惑與思惑。所謂見惑，即見解上的迷惑錯誤，譬如身見、邊見等五種不邪見。所謂思惑，即思想上的迷惑錯誤，譬如貪瞋癡慢疑等五種煩惱。❹無學道　又作無學位、無學地。見道、修道、無學道，合稱為三道。無學道是指，證得真諦之理，解脫一切煩惱，學道圓滿，而不用再學。這裡所說的「無學道」，是指學人所成就的阿羅漢果。❺見思惑　見惑與思惑之合稱。❻身念處　四念處之一。又作身念住、身觀。即觀身之自相不淨，又觀身之共相苦、空、非常、非我，以此來對治四顛倒中的淨顛倒。❼三念處　亦即三念住，佛之大悲，攝化眾生，常住於三種念：第一念住，眾生信佛，佛亦不生喜心，常安住於正念正智也。第二念住，眾生不信佛，佛亦不生憂惱，常安住於正念正智也。第三念住，同時一類信，一類不信，佛知之亦不生歡喜與憂戚，常安住於正念正智也。❽四念處　又名四念住，即身念處、受念處、心念處、法念處。身念處是觀身不淨。受念處是觀受是苦。心念處是觀心無常。法念處是觀法無我。❾三十七品門　即三十七道品。道品，又作菩提分、覺支，即追求智慧，進入涅槃境界的三十七種修行方法。又稱三十七覺支、三十七菩提分、三十七助道法、三十七品道法。三十七道品包括：四念處、四正勤、四如意足、五根、五力、七菩提分、八正道分，其數共有三十七品，為修道之資糧，故名三十七道品。

【語譯】三、說明攝法。九想法緣於欲界身，被色陰及想陰所攝持，也有少分的身念處成分。九想法能夠被欲界定所攝持，也能夠被初禪、二禪所攝持。尚未離開欲界的散心之人，修習九想法能夠獲得欲界定。已經離開欲界的人，修習九想法能夠獲得色界定。修習膖脹等八種觀想，屬於欲界、初禪、或二禪的範疇。修習白骨觀，屬於欲界、初禪、二禪、四禪的範疇。在三禪之中，由於樂受比較多的緣故，所以，無法修習九想。

四、說明九想觀所趣之道。修習九想觀，有二種情況。一種情況是，若行者按照事相而修，平息了欲界的煩惱，行者再接著修習十想，以斷除見惑與思惑，然後證得阿羅漢果。另一種情況是，若行者善於修習九想，就能具足十想，因此，從事觀而證入實相，這樣就不需要再修習十想了。為什麼呢？這是因為，行者在觀想人死之狀，見到死者的語言動作，忽然就停止了，身體膨脹、腐爛變壞、四大分散，種種變化，這就是無常想。行者觀想：執著於此身的人，在此身無常變壞時，此人痛苦不堪，這就叫做苦想。行者觀想：色身無常，究竟變壞，不得自在，這就是無我想。骯髒不淨，苦空無常，因此之故，世間不可貪著，行者應當如是而觀。食物在口中，腦體流出涎水，與唾液混合成味，吞下的食物與吐出的食物，並沒有什麼兩樣，食物進到人的肚裡，就變成了糞便。如是觀想，就是食不淨想。運用九想，來觀想色身無常變易，剎那剎那，密移變遷，這就是死想。運用九想，厭惡世間的快樂，知道斷除了煩惱，就是安穩寂滅之處，這就是斷想。運用九想，對治各種貪欲煩惱，這就是離想。

作九想觀，厭離世間，五陰斷滅後，更不再起，這個五陰不起之處，就是安穩之處。行者如是而想，就是盡想。若行人能夠這樣善巧方便地修習九想的話，那麼，就能具足十想，就能斷除見思二惑。我們知道，這人一定能夠圓滿成就三乘道。

《大智度論》上說：「若行者善於修習九想，就能開發出身念處門。修習身念處，就能開發出三念處門。修習四念處就能開發出三十七道品門。修習三十七道品，就能開發出涅槃門。進入涅槃，就能息滅一切憂苦。」

菩薩憐愍眾生，雖然於修九想時而入涅槃，然而，菩薩於虛妄法中，卻不生執著。為什麼呢？這是因為，若色相之中沒有滋味的話，眾生就不應該執著於色相。若色相中沒有解脫之相的話，現在也不應該從觀色法中獲得解脫。由於色相中有滋味的緣故，所以，眾生執著於色相。由於色相中有解脫之相的緣故，所以，眾生能從觀色法中獲得解脫。然而，色相滋味不是解脫，解脫也不是色相滋味，離開了色相滋味沒有解脫，離開解脫也沒有色相滋味。我們應該知道，色相虛幻，既不是實在的繫縛，也不是實在的解脫。

這時，菩薩不受生死流遷，也不取寂滅涅槃，只是以大悲之心，憐憫一切眾生，在不淨觀法中，成就一切佛法。《大品般若經》上說：「九想法就是菩薩所行的大乘佛法。」

【說　明】九想觀能夠對治貪欲，然而，運用九想觀治癒了貪欲，卻又容易產生厭離世間的態度。在佛教的完整修行系統中，棄有著空，只屬於完整的修行過程中的一個過度階段，這個過度階段的修行指向，是指向大乘菩薩道的。大乘菩薩道的修行，又是指向究竟了義的佛乘的。究竟了義的佛乘，既不偏空，亦不偏有。諸法平等無高下，森羅萬相在一心。五蘊皆空不落空，空花水月自在行。

次釋八念法門。所言八念者。一、念佛❶。二、念法。三、念僧。四、念戒。五、念捨。六、念天。七、念入出息。八、念死。

此八通稱念者。一心緣中，憶持不忘失，故名之為念。今釋八念即為三意。

一、明教門所為。二、明修證。三、明趣道之相。

一、明教門所為者。佛弟子於阿蘭若❷處，空捨塚間，山林曠野，善修九想外不淨，厭患其身而作是念：我云何將是底下不淨臭屎尿囊以自隨逐？爾時，嗇然驚怖，舉身毛豎，及為惡魔作種種形色來恐怖之，欲令其道退沒，以是故念佛。

次九想後說八念，以除怖畏。如經中說：「佛告諸比丘：『若於阿蘭若處有驚怖心，爾時，應當念佛，恐怖即滅。若不念佛，應當念法，恐怖即除。若不念法，應當念僧，恐怖即除。』」故知三念❸為除怖畏說也。

問曰：經說：「三念因緣，為除怖畏。」後五念復云何？

答曰：是比丘自布施持戒，怖畏即除。所以者何？若彼破戒，畏墮地獄。若慳貪畏墮餓鬼，及貧窮中，自念我有是淨戒布施則歡喜，上諸天皆是布施持戒果報，我亦有是福德，是故念天，亦能令怖畏不生。

十六行❹中，念阿那波那時，細心覺尚滅，何況怖畏粗覺？

念死者，念五陰身念念生滅，從生已來，恆與死俱，今何以畏死？

是五念佛雖不別說，當知是為深除怖畏。所以者何？念他功德以除恐怖則難，念自功德以除怖畏則易。以是義故不別說。

【章旨】說明了修習八念法門的功德。修習八念法門，能夠消除行者的怖畏心。

【注釋】❶念佛　在這裡不是淨土宗的持名念佛，而是意念佛的功德。❷阿蘭若　譯為山林、荒野、遠離處、寂靜處、最閑處、無諍處，指適合於出家人修行與居住的僻靜場所。❸三念　念佛，念法，念僧。❹十六行　又作十六勝行，十六特勝。為數息觀中最為殊勝之十六種觀法。在〈釋禪波羅蜜修證第七之三・釋十六特勝〉中有詳細解釋。參見本書第四九三頁。

【語譯】解釋八念法門。所謂八念是指，一、念佛，二、念法，三、念僧，四、念戒，五、念捨，六、念天，七、念入出息，八、念死。

這八種法門，之所以都叫做念，這是因為，行者一心繫緣，念念不忘，因此之故，就叫做念。現在，我們分三個部分來解釋八念。一、說明八念的所為。二、說明八念的修證。三、說明八念法的趣道之相。

一、說明八念的所為。佛弟子在阿蘭若處，或者在空室，或者在墳地，或者在山林曠野，善巧修行九想不淨觀，厭惡色身，於是心裡就想：我怎麼會追隨於這個骯髒不淨的臭皮囊呢？這時，行者突然驚恐起來，全身毛骨聳然，以為是惡魔變作種種形相前來恐嚇，令行者退卻其道。因此，行者要念佛。

在說過了九想之後，接著再說八念，這是為了消除行者的恐怖與畏懼。經典上說：「佛陀告訴諸比丘：『在僻靜處修行時，若產生了驚恐之心，這時，就應當念佛，只要念佛，恐怖就會消滅。若不念佛，就應當念法，只要念法，恐怖心就會消滅。若不念法，就應當念僧，只要念僧，恐怖心就會消滅。』」我們應該知道，念佛、念法、念僧，是用來消除怖畏的。

問：經上說：「念佛、念法、念僧，是為了消除怖畏。」那麼，八念中的後面五念又是怎麼回事呢？

答：只要比丘布施、持戒，那麼，怖畏心就會消除。為什麼呢？這是因為，若這個比丘破了戒，就會恐懼自己墮落到地獄。若這個比丘慳貪，就會畏懼自己墮落到餓鬼，或者生在貧人家中，這個比丘每想起自己持戒清淨，廣行布施，就心生歡喜，這是因為，上界諸天人民的福德，皆是持戒布施的果報，今天我也持戒清淨，廣行布施，我將來也有這種福德，所以，行者念天，也能不生怖畏。

在十六行法中，念阿那波那，微細心念，尚能息滅，更何況粗重的怖畏之心呢？所謂念死，就是觀想五陰之身，念念生滅，無有暫息，從出生以來，一直是與死亡相伴，現在又何以懼死呢？

八念法中的後面五念，雖然不特別地加以說明，但是，我們也能知道，這是為了徹底消除行者的怖畏之心。為什麼呢？這是因為，念他人的功德，用以消除恐怖，則比較困難，念自己的功德，用以消除恐畏，則比較容易，因此之故，對於八念中的後五念，就不再特別地加以說明了。

【說明】行者在修習九想的過程中，容易產生恐怖心，甚至會出現種種恐怖的幻覺。當恐怖心產生的時候，行者就要修習八念法門，念佛、念法、念僧、念戒、念捨、念天、念入出息、念死。八念法門，能夠消除行者的怖畏心。

二、明修證八念。

念佛者。若行者於阿蘭若中，心有怖畏，應當念佛❶。佛是多陀阿伽度❷，阿羅訶❸，三藐三佛陀❹，乃至婆伽婆❺，十號具足，三十二相❻，八十種好❼，大慈大悲，十力❽，四無所畏❾，十八不共法❿。智慧光明，神通無量，能度無量十方眾生，是我大師，救護一切，我當何畏？一心憶念，恐怖即除。

二、念法者。行者應念是法巧出，得今世果，無諸熱惱，不待時能到善處，通達無礙。

巧出者。善說二諦⓫，不相違故，是法能出二邊，故名巧出。

得今世果者。諸外道法，皆無今世果，唯佛法中，因緣展轉生，所謂持戒清淨故，得心不悔。得心不悔故，生法歡喜。生法歡喜故，得心樂。得心樂故，則能攝心。攝心故，得如實智。得如實智故，得厭離。得厭離故，得離欲。離欲故，得解脫。解脫果報故，得涅槃。是名得今世果報。

無熱惱者。無三毒⓬生死熱惱也。

不待時者。諸外道受法要須待時節，佛法不爾，譬如薪遇火即然，不待時。

到善處者。若行佛法，必至人天樂果、三乘涅槃之處。

通達無礙者。得三法印故，通達無礙也。

我修如是等法，當何所畏？一心憶念，恐怖即除。

三、念僧者。行者應念僧，僧是佛弟子眾，具五分法身⓭，是中有四雙八輩⓮二十七人⓯，應受供養禮事，世間無上福田，所謂若聲聞僧，若辟支佛僧，若菩薩僧神，智無量，能救苦難度脫眾生，如是聖眾是我真伴，當何所畏？一心憶念，恐怖即除。

四、念戒者。行者應念是戒，能遮諸惡，安隱住處。是中戒有二種。所謂有漏戒，無漏戒。復有二種。一、律儀戒。二、定共戒。律儀戒能遮諸惡，身得安隱。定共戒能遮諸煩惱，心得內樂。無漏戒能破無明諸惡根本，得解脫樂。我修如是之法，當何所畏？一心憶念恐怖即除。

五、念捨者。行者應念捨。有二種。一者、捨施捨。二者、諸煩惱捨。捨施有二種。一者、捨財。二者、捨法。是二種捨，皆名為捨，即是一切善法根本。行者自念，我有身已來，亦有如是捨施功德。我當何畏？一心憶念，怖畏即除。

六、念天者。行者應念四天王天[16]，乃至他化自在天[17]，彼諸天等，悉因往昔戒施善根，得生彼處，長夜快樂，善法護念我等。復當憶念，天有四種。一者、名天。二者、生天。三者、淨天。四者、義生天。如是等天，果報清淨。若我有戒施之善，捨命之時，必生彼處，當何所畏？一心憶念，恐怖即除。

七、念阿那波那者。如前六十特勝[18]初門中說，行者若心驚怖，即當調息，緣息出入，覺知滿十，即當發言念阿那波那[19]，如是至十，六神即歸。一心念息，恐怖即除。

次念死者。死有二種。一者、自死。二、他因緣死。是二種死，常隨此身。

若他不殺，自亦當死，何足生怖？譬如勇士入陣，以死往遮，則心安無懼。如是一心念死，怖畏即除。

是則略說八念對治恐怖。是中法相，並如《摩訶衍》廣分別。

三、明八念趣道之相者。若如前說，止是權除怖畏及諸障難。今明善修八念，即是一途入道法門。釋八念入道有二意。一者、次第修行入道之相。二者、一一念各得入道。

次第修行入道者。行者欲求解脫煩惱之病，先當念佛如醫王，念法如良藥，念僧如瞻病，念戒如禁忌飲食，念捨如將養，念天如身病少差，念阿那波那使發禪定，念死，即悟無常四諦。若三界病盡，即得聖道。

二者、明一一念各是入道方法者。念佛，即是念佛三昧入道之相。如《文殊般若》及諸經中說。念法者，如經說。諸佛所師所謂法也。若四諦、十二因緣、六波羅蜜、中道實相，如是等法，皆是入道之法。念僧者，如觀世音三昧藥上等經中說。念戒，如前十種戒中說。念施，如《摩訶衍》中檀波羅蜜⑳入道相中說。

餘三念者。若念天及第一義天即入道。若念阿那波那入道之相，具如通明中說。念死如下死想義中說。

當知八念，隨修一念，即得入道，不須餘習。菩薩為求佛道故，行是八念，心無依倚，大悲方便，廣習法門，以化眾生。當知八念，即是菩薩《摩訶衍》也。

【章　旨】首先，說明了八念的修習方法，亦即如何念佛、念法、念僧、念戒、念捨、念天、念阿那波那、念死等。其次，說明了八念法門次第入道的情形。

【注　釋】❶念佛　在這裡不是淨土宗的持名念佛，而是意念佛的功德。❷多陀阿伽度　佛的十種名號之一。譯曰：如來，又曰：如去。❸阿羅訶　佛的十種名號之一。譯曰：應供。亦即應當受眾生供養的意思。❹三藐三佛陀　佛的十種名號之一。舊譯曰正遍知，等正覺等。新譯曰正等覺。❺婆伽婆　佛的十種名號之一。譯曰：有德、有大功德、有名聲、世尊等。即具備眾德，為世所尊重恭敬的意思。❻三十二相　又名三十二大人相，包括：一、足安平。二、足千輻輪。三、手指纖長。四、手足柔軟。五、手足縵網。六、足跟圓滿。七、足趺高好。八、腨如鹿王。九、手長過膝。十、馬陰藏。十一、身縱廣。十二、毛孔青色。十三、身毛上靡。十四、身金光。十五、常光一丈。十六、皮膚細滑。十七、七處平滿。十八、兩腋滿。十九、身如師子。二十、身端正。二十一、肩圓滿。二十二、口四十齒。二十三、齒白齊密。二十四、四牙白淨。二十五、頰車如師子。二十六、咽中津液得上味。二十七、廣長舌。二十八、梵音清遠。二十九、眼色紺青。三十、睫如牛王。三十一、眉間白毫。三十二、頂成肉髻。關於報身佛之三十二相，切不可依文解義，自以為是。此中有真實不虛的象徵性內涵，未通實相者，妄想猜測所不能及。❼八十種好　佛之身所具備的八十種好相。❽十力　指如來所具有的十種智慧。一、知覺處、非處智力，即能知一切事物的道理與非道理的智力。二、知三世業報智力，即能知一切眾生三世因果業報的智力。三、知諸禪解脫三昧智力，即能知各種禪定及解脫三昧等的智力。四、知諸根勝劣智力，即能知眾生根性的勝劣與得果大小的智力。五、知種種解智力，即能知一切眾生種種知解的智力。六、知種種界智力，即能普知眾生種種境界不同的智力。七、知一切至所道智力，即能知一切眾生行道因果的智力。八、知天眼無礙智力，即能以天眼見眾生生死及善惡業緣而無障礙的智力。九、知宿命無漏智力，即知眾生宿命及知無漏涅槃的智力。十、知永斷習氣智力，於一切妄惑餘氣，永斷不生，能如實知之的智力。❾四無畏　又云四無畏，化他之心不怯，名無畏。四無畏有佛與菩薩之二種。佛四無畏：佛對眾生說法時有四種泰然無畏。一、一切智無所畏，佛於大眾中明言我為一切智人而無畏心；二、漏盡無所畏，佛於大眾中明言，我斷盡一切煩惱而無畏心；三、說障道無所畏，佛於大眾中說惑業等諸障法而無畏心；四、說盡苦道無所畏，佛於大眾中說戒定慧等諸盡苦之正道而無畏心。菩薩四無畏：一、總持不忘說法無畏。菩薩能聞持教法憶持眾義而不忘，故於大眾中說法不畏也。二、盡知法藥及知眾生根欲性心說法無畏。三、善能問答，說法無畏。一切異見皆能摧破，一切正法悉能成立，無量眾生一時雖來問難，而菩薩悉能於一時酬對，故對大眾中說法不畏也。四、能斷物疑，說法無畏。眾生問難，隨意解說法，如法能巧斷眾生之疑，是曰能斷疑。以有此能之故，於大眾中說法不畏也。❿十八不共法　佛的十八種功德，惟佛獨有，不與三乘所共有，故云不共。十八不共法包括：身無失、口無失、念無失、無異想、無不定心、無不知已捨、欲無減、精進無減、念無減、慧無減、解脫無減、解脫知見無減、一切身業隨智慧行、一切口業隨智慧行、一切意業隨智慧行、智慧知過去世無礙、智慧知未來世無礙、智慧知現在世無礙。⓫二諦　俗諦和真諦。俗諦又名世諦，或世俗諦，即凡夫所見的世間事相。真諦又名第一義諦，或勝義諦，即聖智所見的真實理性。⓬三毒　指貪、瞋、癡三毒。貪是貪愛五欲，瞋是瞋恚無忍，癡是愚癡無明，因貪瞋癡能毒害人們的身命與慧命，故名三毒。⓭五分法身　以五種功德法，成就佛身，叫做五分法身。一、戒法身，謂如來三業，離一切的過失。二、定法身，謂如來真心寂滅，離一切的妄念。三、慧法身，謂如來真智圓明，通達諸法的性相。四、解脫法身，謂如來的身心，解脫一切的繫縛。五、解脫知見法身，謂如來具有了知自己實已解脫的智慧。⓮四雙八輩　即四向四果。亦即聲聞依其修行之淺深而分四階之果位及其向道。即預流向、預流果、一來向、一來果、不還向、不還果、阿羅漢向、阿羅漢果等四對八種。向與果合則為四雙，分則為八輩。⓯二十七人　在這裡是指二十七賢聖。二十七賢聖包括：十八種有學聖賢（在小乘四果中，前三果為有學，即有所修學的意思）與九種無學聖賢（第四果為無學，即無可修學的意思），合稱二十七賢聖。⓰四天王天　四天王所居住的天界，在須彌山腰，六欲天之第一重。⓱他化自在天　簡稱他化天，此天不用自己變現樂具，而是借助於下一層的天而化作，自在遊戲，故名他化自在，居欲界天之頂，為欲界之主。⓲六十特勝　這裡的「六十特勝」，應是「十六特勝」。恐是筆誤。⓳阿那波那　即數息觀，行者數出入息，以達制心一處、息止散亂的目的。在〈釋禪波羅蜜修證第七之一・明修證六妙門〉中有詳細解釋。參見本書第四八一頁。⓴檀波羅蜜　布施波羅蜜，是六波羅蜜之一。

【語　譯】二、說明八念的修習方法。

一、念佛的修習方法。若行者在阿蘭若處修行，心中產生了怖畏，這時，就應當憶念佛的功德。佛是多陀阿伽度，阿羅訶，三藐三佛陀，乃至婆伽婆，具足十個名號，三十二種相，八十種好，大慈大悲，十力，四種無所畏，十八不共法，智慧光明，神通無量，能度十方無量眾生，佛陀是我的大師，能夠救護一切眾生，我還有什麼可畏懼的呢？行者一心憶念佛的功德，恐怖之心就會消滅。

二、念法的修習方法。行者應該憶念，佛法巧出，得今世果，無諸熱惱，不待時能到善處，通達無礙。所謂巧出，就是善巧地說明真俗二諦，使真俗二諦圓融無礙，超出二邊繫縛，含括一切萬法，所以叫做巧出。

所謂得今世果。各種外道的法，皆沒有今世之果，只有在佛法中，因緣方能展轉相生，也就是說持戒清淨，就能獲得內心無悔。只要內心無悔，就能生起歡喜。能夠生起歡喜，就能夠獲得心樂。能夠獲得心樂，就能攝心在定。能夠攝心在定，就能獲得真實智慧。能夠獲得真實智慧，就能遠離顛倒。能夠遠離顛倒，就能捨離貪欲。能夠捨離貪欲，就能獲得解脫。能夠獲得解脫，就能證得涅槃。這就是得今世果。

所謂無熱惱。就是沒有貪瞋癡三毒，沒有生死，沒有煩惱。

所謂不待時。各種外道，在受法的時候，都要等待時節。佛教的受法，卻不這樣，佛法的受法，就像薪火相遇，即刻燃燒，不需要等待時節。

所謂到善處。就是說行者行持佛法，必定能夠獲得人天樂果，或者獲得三乘涅槃之果。

所謂通達無礙。行者獲得了諸行無常，諸法無我，涅槃寂靜這三種法印，所以，能夠通達無礙。

行者心想，我修習這樣的佛法，還有什麼可畏懼的呢？只要專心修習，恐怖之心就會消滅。

三、念僧的修習方法。行者應該憶念僧，僧是佛的弟子眾，具有戒、定、慧、解脫、解脫知見等五分法身，在佛的弟子眾中，自初果至四果，有二十七種聖賢，應該受人天供養禮拜，他們是世間的無上福田。這些聖賢，包括聲聞僧、辟支佛僧，以及菩薩僧等，他們的智慧無量，能夠拯救眾生的苦難，能夠度脫眾生。這樣的聖眾，都是我的真正伴侶，我還有什麼可怕的呢？於是，一心憶念這些聖賢僧，恐怖之心就會消滅。

四、念戒的修習方法。行者應當這樣念戒，戒律能夠遮蔽諸惡，能令行人到達安穩之處。戒有二種。一種是有漏戒。另一種是無漏戒。又有二種。一種是律儀戒。另一種是定共戒。律儀戒能夠遮蔽諸惡，使行者身得安穩。定共戒能夠遮蔽諸煩惱，使行者心得內樂。無漏戒能夠破除無明——各種惡業的根本，使行者獲得解脫之樂。我修這樣佛法，還有什麼可怕的呢？於是，一心憶念戒律，恐怖之心就會消滅。

五、念捨的修習方法。行者應當憶念捨。捨有二種。一種是施捨。另一種是煩惱捨。施捨又有二種。一種是施捨財。另一種是施捨法。這兩種施捨都叫做捨，也是一切善法的根本。

行者心想，我有身以來，也有這樣的施捨功德，還有什麼可怕的呢？於是，一心憶念施捨，恐怖之心就會消滅。

六、念天的修習方法。行者應當憶念四天王天，乃至他化自在天，這些天上的人民，全都是因為前世施捨的緣故，所以生到這些天上，日日夜夜享受著快樂，並且運用善法，護持我等眾生。行者應當憶念，天有四種。一、名天。二、生天。三、淨天。四、義生天。這些天的果報，都是很清淨的。若我具有施捨的功德，臨命終的時候，必定會生到這些天上，還有什麼可怕的呢？於是，一心憶念諸天，恐怖之心就會消滅。

七、念阿那波那的修習方法。像前面的十六特勝的初門中所說，行者若心中有驚怖，就應當調息，隨著氣息的出入，清楚地覺知氣息，從一覺知到十，這樣全神貫注地覺知到十個十，散亂的心神就會安靜下來。行者一心專注於阿那波那法門，恐怖之心就會消除。

八、念死的修習方法。死有二種。一種是自因而死。另一種是他因而死。這二種死亡，一直伴隨著這個身體。即使不遭他人殺害，自己也會走向死亡。既然如此，還有什麼可怕的呢？就像勇士在戰場上，以死相抵，這樣，就會無所畏懼。以這樣的態度對待死亡，恐怖之心就會消滅。

以上所說，簡略地說明了運用八念對治恐怖的方法，其中的種種情形，均如大乘經論中所廣泛說明的那樣。

三、說明八念法的趣道之相。前面所說，只是以權宜之計消除怖畏，以及消除行者的各種障難。我們現在要講的善於修習八念，就是一種方便途徑。修習八念，方便入道，有二種情況。一、次第修行而入道。二、每一法門，各得入道。

一、次第修行而入道。行者想要尋求解脫煩惱的方法，首先要念佛就像大醫王，念法就像祛病的良藥，念僧就像尋醫治病，念戒就像治病時的飲食禁忌，念捨就像病中的調養，念天就好像病體稍有好轉，念阿那波那能夠發起禪定，念死能夠覺悟諸法無常，以及四諦真義。若治癒了三界的病，就能證得聖道。

二、八念法中的每一念都可證入聖道。念佛的方法，就是念佛三昧入道之相，就如《文殊般若經》及各種經典上所說的那樣。念法的方法，就像經上所說的那樣。諸佛所依之法，即是佛法。四聖諦、十二因緣、六波羅蜜、中道實相義等等，皆是入道的方法。念僧的方法，就像觀世音三昧藥上等經中所說。念戒的方法，就像前面十種戒中所說的那樣。念布施的方法，就像《摩訶衍論》中的「檀波羅蜜入道相」所說的那樣。

八念中的其餘三念。念天，以及念第一義天，就能入道。念阿那波那的入道情形，我們在解釋「通明」時已說過。念死入道的情形，將在下面的「死想」中再加說明。

我們應該知道，在八念法門中，只要隨意修一種法門，就可以證入聖道，不需要再修其他法門。但是，菩薩為了求得佛道，修習八念法，心不著於一法，以大悲方便，廣修一切法門，救度一切眾生，我們應該知道，八念法就是菩薩所行的大乘法。

【說明】八種念法亦屬於有為法，其修習過程，同樣亦具有明顯的次第過程。從下地禪至上地禪，行者即使具足修習一切禪定階位，究竟不出行者的一真心體。行者切莫忘記，體證一真心體，是修習佛法的根本大事。離此根本大事，著相念境，總歸是門外之事。

次釋十想法門。十想者。一、無常想。二、苦想。三、無我想。四、食不淨想。五、一切世間不可樂想。六、死想。七、不淨想。八、斷想。九、離想。十、盡想。今釋十想即為三意。一、明次位。二、明修證。三、明趣道想。

第一，所言次位者。於佛教所說諸法中，有三種道。一、見道。二、修道。三、無學道。今此十想，即約三道以明位次。

所以者何？壞法人於乾慧地❶已具九想伏諸結使，今修無常等三想，即是總相觀，為破六十二見❷諸顛倒法，入見道中得初果故。次有食不淨想等四想，此為須陀洹❸、斯陀含❹人入修道中，欲斷五下分結❺，證阿那含❻果，故說是四種別相事觀，助成正觀，斷思惟惑。後斷、離、盡等三想，為阿那含人，行阿羅漢❼向，修無學道，為欲斷離色、無色愛❽，證阿羅漢故說。

當知十想約三道以辯次位。一往義則可見。

第二，明修證。

一、無常想者。觀一切有為法無常，智慧相應故，名無常想。所以者何？一切有為法，新新生滅故，屬因緣故，不增積故，生時無所從來，滅時無所去處，故名無常。

是中無常有二種。一者、眾生無常。二者、世界無常。

眾生無常者。行者觀我及一切眾生，從歌羅邏❾來，色心生滅變異，乃至老死，無暫停時。所以者何？一切有為，悉屬生住滅三相遷變，故知無常。所謂欲生異生，欲住異住，欲滅異滅。如是變易無常，剎那迅速，無暫停息。故知一切眾生悉皆無常。

世界無常者。如偈說：

大地草木皆磨滅，須彌巨海亦崩竭。
諸天住處皆燒盡，爾時世界何處常？

復次，如佛說無常觀有二種。一者、有餘。二者、無餘。一切人物皆盡，唯有名在，是名有餘。若人物滅盡，是名無餘。所以者何？若言以三相故，一切有為法為無常者，三相自不可得，云何有無常？如生時無住滅，離生時亦無住滅。若生時即有住滅，即壞生相，以生滅相違故。若言離生有滅住，亦壞三相義，若離生則滅無所滅故。

當知三相不可得。若無有三相，云何言無常？若不得無常相，即見聖道，是名無常想。

問曰：若爾，佛何故說無常為聖諦？

答曰：為對治破著常顛倒故，是中不應求實。若心計無常為實者，即墮斷見。

復次，有餘無常想，如上特勝通明中說。

無餘者，在下慧行中當廣說。

問曰：何以聖行初門先說無常想？

答曰：一切凡夫未見道時各貴所行，或言持戒為重，或言多聞為重，或言十二頭陀[10]為重，或言禪定為重。如是各各所行為貴，更不復勤求涅槃。佛言：是諸功德，皆是趣涅槃道分。若觀諸法無常，是為真涅槃道。

如是種種因緣故，諸法雖空，而說是無常想。

二、苦想者。行者應作是思惟，若一切有餘法[11]無常遷變，即是苦想。所以者何？從內六情[12]外六塵和合故生六種識。六種識中生三種受，謂苦受、樂受、捨受。是三種受中，生老病死，恩愛別離，求不得，怨憎會，五陰盛等，八苦之所逼切，故名為苦。

復次，是苦受以事即是苦故，一切眾生所不欲。是樂受以為順情故，一切眾生所愛。若生貪著，無常敗壞，即現受眾苦，後受地獄、畜生、餓鬼等苦。如是等種種諸苦，皆從求樂生故，知樂即是苦。捨受雖復情中不覺，苦樂不取不棄，理實無常遷逼，亦為大苦。

如是觀時，於三界中，不見樂相可生貪著，心生厭畏，是名苦想。

問曰：若無常即是苦者，道聖諦[13]有為無常，亦應是苦？

答曰：道聖諦雖無常，而能滅苦，不生諸著。又與空、無我等諸智慧和合故，但是無常而非苦也。

三、無我想者。行者當深思惟，若有為法悉是苦者，苦即是無我[14]。所以者何？五受陰中，悉皆是苦。若是苦者，即不自在[15]。若不自在，是則無我。何以故？若有我自在者，則不應為苦所逼。知苦即是無我。復次，五陰、十二入、十八界中，諸法從緣生，則無自性故。若即陰離陰，更求我等十六知見[16]皆不可得，既不得我，則捨一切諸見執著，心無所取，便得解脫，是名無我想。

是無常、苦、無我三想，觀行深細。在下釋苦諦中，更當廣說。

問曰：無常、苦、無我，為是一事？為是三事？若是一事，一事不應說三。若是三事，佛何故說無常即苦，苦即無我。

答：三是一事。所謂受有漏法，觀門分別故。有三種異。無常行想，應是無常想。苦行想，應是苦想。無我行想，應是無我想。無常不令入三界。苦令知三界過罪。無我則捨世間。復次，無常生厭。苦生怖畏。無我拔出，令得解脫。

復次，無常者遮常見。苦遮今世涅槃見。無我者，遮著處見。無常者，世間所可著常法是。苦者，世間計樂處是。無我者，世間所可計我牢固者是。如是等種種分別，並如摩訶衍中廣說也。

四、食不淨想者。行者雖知無常、苦、空、無我，若於飲食猶生貪著，當修食不淨想以為對治。諦觀此食，皆是不淨因緣故有，如肉是精血水道中生，是為膿蟲住處。如酥乳酪，血變所成，與爛膿無異，飯似白蟲，羹如糞汁。一切飯食，廚人執作，汁垢不淨。若著口中，腦有爛涎二道流下與唾和合，然後成味，其狀如吐。從腹門入，地持水爛，風動火煮，如釜熟糜，滓濁下沉，清者在上，譬如釀酒滓，濁者為屎，清者為尿。

腰有三孔，風吹膿汁，散入百脈，先與血和合，凝變為肉，從新肉生脂骨髓。以是因緣故生身根。

從新舊肉，今生五情根。從此五根，則生五識，次第生意識，分別取相，籌量好醜。然後生我、我所心等諸煩惱，及諸罪業。

觀食如是，本末因緣，種種不淨。知內四大與外四大，則無有異，但以我見力故，強計為我。

有行者如是思惟，知食罪過，若我貪著，當墮地獄餓鬼，吞熱鐵丸，或墮畜生豬狗之中，噉食糞穢。

如是觀食，則生厭想，因厭食故，五欲亦薄，即是食不淨想。

五、一切世間不可樂想者。行者若念世間色欲滋味、眷屬親里、服飾園觀、國土人事等，則生樂想。惡覺不息，障離欲道故。行者應當深心諦觀世間過罪之相。過罪有二種。一者、眾生。二者、國土。

眾生過罪者。一切眾生皆有八苦之患，無可貪著。復觀眾生貪欲多故，不擇好醜，猶如禽獸。瞋恚重故，乃至不受佛語，不敬聞法，不畏惡道。愚癡多故，所求不以道理，不識尊卑。或慳貪憍慢，嫉妒狠戾，諂誑讒賊，邪見無信，不識恩義。或罪業多故，造作五逆，不敬三寶，輕蔑善人。世間眾生，善者甚少，弊惡者多。

深觀如是煩惱過罪，應生厭離。如是不可親厚國土過罪者。如偈說：

或有國多寒，或有國多熱，

有國無救護，或有國多惡，
有國多饑餓，或有國多病，
有國不修福，如是無樂處。

行者深觀欲界惡事如是，無有樂處，乃至上三界[17]，果報破壞時，憂苦甚於下界。譬如極高處墮落，摧碎爛壞。經言：「三界無安，猶如火宅，眾苦充滿，甚可怖畏。」

若常觀是相，則深生厭離，愛覺不生，是名世間不可樂想。

六、死想者。行者若修上來諸想，多少懈怠心生，不能疾斷漏。是時，應須深修死無想，如佛說死想義。有一比丘偏袒白佛：「我能修死想。」佛言：「汝云何修？」比丘言：「我不望一歲活。」佛言：「汝為放逸修死想者。」復有比丘言：「我不望七月活。」有比丘言：「七日六日五日四日三日二日活。」佛言：「汝等皆是放逸修死想者。」有比丘言：「從日至食。」有一比丘言：「一食頃。」佛言：「汝等皆是放逸修死想者。」

有一比丘偏袒白佛言：「我於出息不保入息，入息不保出息。」佛言：「善哉善哉，是真修死想者，是真不放逸行。」若能如是修死想者，當知是人，破懈怠賊，一切善法恆得現前，是名修死想也。

七、不淨想者。如前通明觀，見身三十六物，五種不淨⑱，是中應廣說。

八、斷想。九、離想。十、盡想者。緣涅槃斷煩惱結使，故名斷想。離結使故，故名為離想。盡諸結使，故名為盡想。

問曰：若爾者，一想便足，何故說三？

答曰：如前一法三說，無常即苦，苦即無我。此想亦如是。

斷想有餘涅槃。盡想無餘涅槃。離想二涅槃方便門。當知壞法人成就十想，即成阿羅漢，具足二種涅槃，故說九想、十想為壞法道⑲也。

十想義種種分別，具如摩訶衍中廣說。

【章　旨】首先，依據三級道位（見道位、修道位、無學道位），辨明了十想法門的修行次第。其次，逐一說明了十想法門的觀想方法。

【注　釋】❶乾慧地　即菩薩修行階位中，三乘道位，共分十地。乾慧地就是十地中的第一地。乾慧地，有定而無慧，故稱乾慧地。❷六十二見　指古代印度外道所執著的六十二種錯誤見解。❸須陀洹　舊譯為入流，新譯為預流，是聲聞乘四果中的初果名。入流是初入聖人之流的意思，預流是預入聖者之流的意思。❹斯陀含　見前「須陀含」注釋。第二五四頁。❺五下分結　即三界中之下分界（欲界）之五種結惑，繫縛眾生，令其不得超脫。五下分結即：一、欲貪，於順情境上生起貪著之心而無有厭足。二、瞋恚，於違情境上生起瞋恨之心而不自已。三、有身見，於名（心）、色（色身）、五陰、十二入、十八界等妄計為身，執著我見。四、戒禁取見，取執非理無道之邪戒。五、疑，迷心乖理，狐疑不決，由此疑惑而迷真逐妄，背覺合塵。❻阿那含　聲聞乘四果中的第三果名，華譯為不還，或是不來，是斷盡欲界的煩惱的聖人的通稱。凡是修到此果位的聖人，未來當生於色界無色界，不再來欲界受生死，所以叫做不還。❼阿羅漢　華譯為無生，意即修到此果位者，解脫生死，不受後有。聲聞乘分為四果，亦即須陀洹果、斯陀含果、阿那含果、阿羅漢果。阿羅漢屬於聲聞四果中的最高果位。❽斷離色無色愛　屬於「五上分結」的範疇。五上分結，即色界與無色界的五種結惑，繫縛眾生，令其不得超離其界。五上分結即：一、色貪，貪著色界五妙欲之煩惱。二、無色貪，貪著無色界禪定境界之煩惱。三、掉舉，上二界眾生心念掉動而退失禪定之煩惱。四、慢，上二界眾生恃自淩他憍慢之煩惱。五、無明，上二界眾生耽著禪定，而於真性無所明瞭之煩惱。❾歌羅邏　初宿胎內之位。〈分別釋禪波羅蜜前方便第六之二・明果報十二因緣善根發者〉有解釋。參見本書第二〇二頁。❿十二頭陀　十二是指十二種行為規範。頭陀是指修治身心、除淨塵垢。十二頭陀所行的十二條行為規範包括：一、納衣，又名糞掃衣，即拾人丟棄不用的破布洗淨之後縫納為衣。二、三衣，又名但三衣，即但著僧伽梨、鬱多羅和安陀會等三衣，不用其餘的長衣。（以上二衣，屬於衣服。）三、乞食，又名常乞食，即自行乞食，不敢受他之請待與僧中之食。四、不作餘食，即午前一度正食之後，不更作二度以上的正食，二度以上的正食叫做餘食。五、一坐食，又名一食，即午前一度正食之後，不更作小食，餅果粥等叫做小食。六、一揣食，又名節量食，即受一丸之食於缽中便止，不再多接受。（以上四種屬於食事。）七、阿蘭若處，華譯遠離處，或空閑處，即住於遠離人家的空閑處。八、塚間坐，即住於墳墓之處。九、樹下坐，即住在樹下。十、露地坐，即樹下猶有庇蔭，去而住於露天之地。十一、隨坐，即有草地即住，不必樹下露地。十二、常坐不臥，即常趺坐而不橫臥。（以上五種屬於住處。）⓫有餘法　亦即無常法、生滅法、有為法。⓬內六情　又叫做六情。眼、耳、鼻、舌、身、意等六根，對色、聲、香、味、觸、法等六塵，所生出的六種情識——眼識、耳識、鼻識、舌識、身識、意識，叫做六情。⓭道聖諦　即四聖諦（苦、集、滅、道）中的「道諦」。⓮無我　一切生滅法，皆無常變壞，所以說，雖有而非真實。苦也是生滅法，也是雖有而非真實，所以說，苦無我，亦即無有實在的苦本身。⓯不自在　這裡的「不自在」，是指「沒有真實的自身存在」。⓰十六知見　又名十六神我。未見道的人，在五蘊法中強立主宰，妄計有我、我所，所以，生出十六種知見，亦即：我、眾生、壽者、命者、生者、養育、眾數、人、作者、使作者、起者、使起者、受者、使受者、知者、見者等十六種知見。⓱三界　欲界、色界、無色界。⓲五種不淨　一、種子不淨。此身以過去之結業為種，以現在父母之精血為種。二、住處不淨。在母胎不淨之處。三、自相不淨。此身具有九孔，常流出唾涕大小便等不淨。四、自體不淨。由三十六種不淨之物所合成。五、終竟不淨。此身死後，埋則成土，蟲啖成糞，火燒則為灰，究竟推求，無一淨相。⑲壞法道　顧名思義就是破壞世間法相的觀想方法。

【語譯】解釋十想法門。十想法門包括：一、無常想。二、苦想。三、無我想。四、食不淨想。五、一切世間不可樂想。六、死想。七、不淨想。八、斷想。九、離想。十、盡想。我們分為三部分來解釋十想。一、說明十想法門的次第。二、說明十想法門的修證。三、說明所證之道。

第一，說明十想法門的次第。在佛教所說的各種法門中，有三個階段上的道位。一、見道位。二、修道位。三、無學道位。現在，我們就依據這三個道位來說明十想法門的修行次第。

為什麼要依據三級道位來說明十想法門的修行次第呢？這是因為，壞法人的修習方法，在乾慧地這一修習階段中，就已具備了九想的功德，降服了各種結使煩惱，現在行者繼續修習無常、苦、無我等三想，這就是總相想，這是為了破除六十二種顛倒法見的緣故，以便使行者進入見道位，證得初果。

食不淨、一切世間不可樂、死、不淨等四想，是須陀洹以及斯陀含人，在進入修道位之後，為了斷除欲界的貪結、瞋結、身見結、戒取結、疑結的緣故，以便使行者證得阿那含果，所以，用這四種別相事觀，以促成智慧正觀，以斷除欲界思惑。

斷想、離想，以及盡想，這是阿那含人邁向阿羅漢果，想要證入無學道位，以便斷除色界以及無色界的貪愛，證得阿羅漢果。

我們應該知道，以上所說，是依據三個道位來辨明十想法門的修行次第的。以上要義，顯而易見。

第二，說明十想法門的修證方法。

一、無常想。行者觀一切有為法，皆屬無常，能夠與智慧相應，所以叫做無常想。為什麼說一切有為法，皆屬無常呢？這是因為，一切有為法，生生不息，滅滅不已，緣聚則生，緣散則滅，無有增加，無有積累，生無來處，滅無去處，所以叫做無常。

無常有二種，一種是眾生無常。另一種是世界無常。

所謂眾生無常，行者觀想自己，以及一切眾生，從歌羅邏以來，色身及心念，生滅變遷，直到老死，沒有暫息。為什麼會這樣呢？這是因為，一切有為法，皆屬於生、住、滅三相變遷，所以叫做無常。由於有種種貪欲生出，所以有種種生命之相。由於有種種欲望執著，所以有種種生活狀況。由於有種種貪欲滅去，所以有種種死亡之相。一切變化無常，剎那迅速，無有暫息，所以我們知道，一切眾生皆屬無常。

所謂世界無常，就像偈語所說：

大地草木，悉皆磨滅，須彌巨海，亦會枯竭。
諸天住處，亦皆燒盡，此時世界，何處是常？

佛說無常觀有二種。一種是有餘無常觀。另一種是無餘無常觀。一切人物，終歸於滅，只有名字，留存下來，這就叫做有餘無常觀。一切人物，終歸於滅，即使名字，亦無留存，這就叫做無餘無常觀。為什麼呢？這是因為，若以生、住、滅三相來看的話，一切有為法皆屬無常，三相虛幻，本不可得，哪裡還會有什麼無常呢？譬如生的時候，沒有住、滅之相。離開生相也沒有住、滅之相。若生時有住、滅之相，那麼，就會破壞生相。為什麼這樣說呢？這是因為住、滅之相與生相相違背的緣故。若說離開生相而有滅、住之相，也是與三相之義相違背的，為什麼呢？這是因為，若離開了生相，則沒有相可滅。

我們應該知道，生、住、滅三相，皆不可得。若三相不可得的話，又從何而說無常呢？若行者體悟到了無常也不可得，那就是見到了聖道，也叫做無常想。

問：若是這樣的話，佛為什麼說無常就是聖諦呢？

答：這是因為，為了破除眾生對「常」的執著，所以佛說「無常」。行者切不可把「無常」當作真實。若把「無常」當作真實，就會墮入「斷滅」之見。

有餘無常想。就像前面「特勝、通明」中所說過的那樣。

無餘無常想。我們在下面講到「慧行」時再加以具體說明。

問：為什麼聖人之道，最先講無常想？

答：這是因為，一切的凡夫，在未見道時，都認為自己所修的法門最重要。有人認為持戒最重要，有人以為多聞最重要，有人認為十二頭陀行最重要，有人認為禪定最重要。由於人人都認為自己所修的法門最重要，因此，不再勤求涅槃。佛說：所有這些法門的功德，都是證悟涅槃的方便法門。體證到了諸法無常，這才是真正的涅槃道。

由於以上所說的種種因緣，所以，諸法雖然空相，然而，還是要說諸法無常。

二、苦想。行者應該作這樣思惟：一切有餘法，皆屬無常變遷。行者如此而想，就叫做苦想。為什麼呢？這樣是因為，由於內六根與外六塵的和合，所以，才生出了六識。在這六識之中，又生出三種受，這三種受就是苦受、樂受、捨受。在這三種受中，有人生八苦：生苦、老苦、病苦、死苦、愛別離苦、求不得苦、怨憎會苦、五陰熾盛苦，人生被這八種苦所逼迫，所以叫做苦。

所謂苦受，就是說事情的本身就是苦的，所以，一切眾生皆捨棄它。所謂樂受，就是事情本身順眾生情，所以一切眾生都喜愛它。若眾生對樂事心生貪著的話，那麼，當樂事無常變壞的時候，眾生就會感受到苦，將來甚至還會受地獄、畜生、餓鬼三惡道之苦。如此種種的苦，都是貪求欲樂所導致的，所以，我們應該知道，貪求欲樂必然導致苦受。行者捨棄覺受之後，雖然覺察不到了苦樂，對於苦樂沒有了取捨之心，然而，一切有為法相，卻依然受著無常變遷的逼迫，這也是大苦。

行者作這樣的觀想的時候，就會發現，在三界之中，沒有任何可樂著的事物，反而令人厭惡與畏懼，這就叫做苦想。

問：若無常就是苦的，那麼，四聖諦中的「道諦」也屬於有為的無常法，也應該是苦的了？

答：「道諦」雖然也是無常法，但是它能夠滅苦，並且能夠令人不生貪著，道諦與空、無我等智慧相應，所以，道聖諦只是無常，而不是苦的。

三、無我想。行者應當深自思惟，若一切有為法，無一不是苦的話，那麼，苦本身就是無我。為什麼這樣說呢？這是因為，五種受陰，全都是苦的。若種種覺受，全都是苦的，那麼，就沒有真實的存在。既然沒有真實的存在，那也就是說「無我」。為什麼呢？這是因為，若有真實的存在，就不應該被苦所逼迫。所以我們知道，諸苦本身，無有實際。為什麼說諸苦本身，無有實際呢？這是因為，在五陰、十二入及十八界中，一切諸法，皆因緣而生，根本沒有自性，因此之故，我們說諸苦本身，無有實際。若行者能夠即五陰而離五陰，行者就會發現，十六種知見，皆如空花水月而不可得。既然一切皆不可得，那麼，行者就會捨棄對種種知見的執著，此時，自心舒展，一無所著，便獲得了解脫。這就叫做無我想。

無常、苦、無我，這三種觀想的方法，是非常深邃而微細的。我們將在下面解釋苦諦時，再加詳細說明。

問：無常、苦及無我，是一件事，還是三件事？若是一件事的話，就不應該說成三樣。若三件事的話，佛陀為何又說無常就是苦，苦就是無我呢？

答：這三件事就是一件事。這是因為，受了有漏法，就應該運用觀門來進行分別。有三種不同的情形。無常行想，應該就是無常想。苦行想，應該就是苦想。無我行想，應該就是無我想。無常想，令人離三界。苦想，令人知過患。無我想，令人捨世間。無常想，令人生厭惡。苦想，令人生怖畏。無我想，拔苦獲解脫。

無常想，對治凡夫的常見。苦想，對治凡夫的世樂見與涅槃見。無我想，對治凡夫的我見。世間執著的常，其實就是無常。世間執著樂，其實就是苦。世間執著的我，其實就是無我。以上種種的說明，全都與大乘經論中的說法不相違背。

四、食不淨想。行者雖然知道無常、苦、空、無我，然而，對於飲食猶生貪著，此時，就應當用「食不淨想」來加以對治。行者要深觀飲食，都是骯髒不淨的東西所構成的，譬如肉類，是由精子與卵子和合而初成，再從陰道中而生出來，肉體本身也是膿蟲寄生的地方。再譬如，酥乳酪，也都是乳血所變成的，與爛瘡所流出的膿汁沒有什麼不同。吃的米飯，好似白色的蟲子，喝的羹湯，就像大便汁。所有的飯食，都是廚夫所做，汗水與身垢參雜於其中。若吃在口中，就會從腦中流下爛涎二水，與唾液和合，形成飯食的滋味，口中飯食的形狀，就像我們所看到的嘔吐出的食物。當食物進入腹部之後，地大托住它，水大浸泡它，風大搖動它，火大蒸煮它，就像鍋中所煮的粥飯，濁渣沉下去，清稀浮上來，就像釀酒時所出的酒與滓，我們腹中食物，濁的就是屎，清的就是尿。

風大把形成的膿汁，借助於腰間的三個通道，輸送到全身百脈之中。輸送到全身的這些膿汁，首先與血混合，凝聚成肉，再從肉中生出油脂以及骨髓，如是這樣，而生出身根。

新肉與舊肉，因緣和合，又會滋生出五根，從五根中又會生出五識，接著又會生出意識，分別事相的好壞，愛憎取捨，從而產生了我及我所之心等各種煩惱，以及造出種種罪業。

行者如是觀想飲食，就會發現，飲食的構成要素，以及飲食本身，有著種種不淨。行者就會知道，內在的四大與外在的四大，根本沒有什麼不同，只是由於眾生自我執著的緣故，所以眾生才固執地以為，內四大就是我。

有的行者，如是而作「食不淨想」，知道飲餐具有種種過患，若我貪著飲食，將會墮落地獄道或餓鬼道中，吞食熱鐵丸子，或者墮落到畜生道中，變成豬或者狗，吃大便或其他髒物。

行者對飲食作了這樣的觀想，就會厭惡飲食。由於厭惡飲食的緣故，五欲就會變得淡薄。這就是「食不淨想」。

五、一切世間不可樂想。行者若執著於世間的色欲、滋味、眷屬、親里、服飾、園觀、國土、人情等，就會生出愛樂之想。若惡覺心念不能息滅的話，就會障礙離欲之道。行者應當深心觀察世間的過罪。過罪有二種。一種是眾生過罪。另一種是國土過罪。

所謂眾生過罪。一切眾生皆有八苦，實在不應該貪著。行者還應當深心地觀察，由於眾生貪欲心重的緣故，他們不擇好壞美醜，濫施淫欲，猶如禽獸。由於眾生瞋恚心重的緣故，乃至不受佛教，不敬佛法，不畏惡道。由於眾生愚癡心重的緣故，他們做事不行正道，不識尊卑貴賤。眾生或者是慳貪、憍慢、嫉妒、狠戾、諂媚、欺誑、讒賊、邪見、無信、無恩、無義。或者是由於罪業深重的緣故，造作五逆大罪，不敬三寶，輕蔑善人。世間眾生，善良之人甚少，弊惡之人甚多。

深心諦觀如此種種煩惱過罪，應該生起厭離之心。不可愛著的國土過罪，正如偈語所言：

有的國家多寒冷，有的國家多酷熱，
有的國家無救護，有的國家多罪惡，
有的國家多饑餓，有的國家多疾病，
有的國家不修福，如是無有安樂處。

行者深心諦觀欲界的惡劣情況，實在沒有安樂之處，即使上界三天，當果報壞的時候，其憂苦的程度，甚於下界，就好像東西從高處落下，越高損毀越嚴重。經典上說：「三界沒有安樂，猶如燃燒的火宅，其中充滿了痛苦，甚是可怖可畏。」

行者若常常這樣觀想世間的過患，就會對世間深生厭離，不再執著於世間，這就叫做世間不可樂想。

六、死想。若修行前面所說的種種觀想，行者就會生出或多或少的懈怠心，而不能迅速地斷除煩惱。這時，行者就應當深修死想，修習死想的方法，就像佛經上所說的那樣：有一位比丘，偏袒右肩而白佛言：「我能修習死想。」佛陀問他：「你怎樣修死想？」比丘回答說：「我觀想自己只能活一年。」佛陀說：「你是放逸而修死想的人。」又有比丘說：「我觀想自己只能活七個月。」又有比丘說：「我觀想自己只能活七天、六天、五天、四天、三天、或者二天。」佛陀說：「你們都是放逸而修死想的人。」又有比丘說：「我觀想自己只能活從早上到午飯的這段時間。」有一比丘說：「我觀想自己只能活一頓飯的時間。」佛陀說：「你們都是放逸而修死想的人。」

有一位比丘，偏袒右肩而白佛言：「出息之時，難保會有入息。入息之時，難保會有出息。」佛陀說：「善哉，善哉。這才是真正地修死想，這才真正地不放逸。」若能夠這樣修習死想的話，我們應該知道，這個人就能破除懈怠，一切善法恆常現前，這就叫做修死想。

七、不淨想。與前面所說的通明觀一樣，見到身中三十六物，見到五種不淨，前面已經說得很詳細了。

八、斷想。九、離想。十、盡想。追求涅槃寂靜，斷除煩惱結使，所以叫做斷想。遠離煩惱結使，所以叫做離想。滅盡煩惱結使，所以叫做盡想。

問：若是這樣的話，一種想就足夠了，為什麼還要說三想呢？

答：與前面所說的「三法相融」的道理一樣，無常就是苦，苦就是無我。我們這裡所說的斷想、離想、盡想，這三法也是相互通融的。

斷想是有餘涅槃。盡想是無餘涅槃。離想是有餘涅槃與無餘涅槃的方便法門。我們應該知道，壞法人修成了十想，也就是修成了阿羅漢，具備了二種涅槃，所以說，九想與十想，是破壞世間相的觀想方法。十種觀想的具體方法，全都像大乘經論中所說的那樣。

【說明】為了破除眾生的種種執著，方便建立種種觀想法門。觀想而成的種種境界，皆屬唯心所生的虛妄境界。

凡是對治之法，皆屬以妄治妄。凡是以妄治妄，皆非究竟了義。若達究竟了義，須是能所雙亡。若達能所雙亡，即合絕待真體。

第三，明趣道相者。即有三種。

一者、漸次入壞法道。具如前說。

二者、非次第壞法道。從初發心，即具修十想，斷諸結使，得阿羅漢果，具足二種涅槃。故《摩訶衍》云：「若於暖、頂、忍、世間第一法，正智慧觀，離諸煩惱是離想。得無漏道，斷結使是斷想。入涅槃時，滅五受陰❶，不復相續，是名盡想。」當知從初乾慧地❷來即說離想等，此則異前所說三想，併在後無學道中也。

三者、隨分入道。若於十想之中，隨修一想，善得成就，即能斷三界結使，得阿羅漢，證二種涅槃。故經云：「善修無常，能斷一切欲愛、色愛、無色愛、掉❸、慢、無明，三界結使永盡無餘。」當知無常即是具足入道不煩惱想，下九想亦當如是一一分別趣道之相。

復次，菩薩摩訶薩行菩薩道時，心廣大故，欲為一切眾生習甘露法藥，雖知諸法畢竟空寂，而亦具足成就十想。是菩薩於一一想中，次第入一切法門，旋轉無閡，為眾生說。當知十想，即是菩薩摩訶衍也。

【章　旨】說明了證入涅槃的三種途徑：一、次第修行而入道的情況。二、非次第修行而入道的情況。三、隨分修行而入道的情況。

【注　釋】❶五受陰　五受，即五根對五塵所緣起的五種覺受。陰，即覆蓋、覆陰。若人著於五種覺受之相，受五種覺受所蒙蔽，這五種覺受，就叫做五陰。若是識心達本之人，雖然亦有這五種覺受，然而，善用這五種覺受，而不受其蒙蔽，這五種覺受，就叫做五種妙用。❷乾慧地　即菩薩修行階位中，三乘道位，共分十地。乾慧地就是十地中的第一地。乾慧地，有定而無慧，故稱乾慧地。❸掉　即掉舉。一種令心高舉而不得安寧的煩惱。

【語　譯】第三，說明證道的情形。有三種情況。

一、次第修行而入道的情況。與前面所說的完全一樣。

二、非次第修行而入道的情況。從開始發心，就具足修習十種觀想，斷除煩惱結使，證得阿羅漢果，具足二種涅槃。所以《大智度論》中說：「若行者在修習暖、頂、忍、世間第一法時，以正覺智慧來觀照，遠離種種煩惱，這就是離想。證得無漏道，斷除種種煩惱，這就是斷想。入於涅槃，滅除五種受陰，使之不再相續，這就叫盡想。」我們應該知道，從乾慧地開始，我們就一直說離想、斷想、盡想等，我們在這裡所說的離、斷、盡三想，與前面所說，有所不同，然而，前面所說與現在所說，全都包含在後面的「無學道」中了。

三、隨分修行而入道的情況。若在十種觀想法中，隨意選擇一種觀想，善巧修習，得以成就，就能斷除三界煩惱，證得阿羅漢果，證得二種涅槃。所以經典上說：「善於修習『無常想』，就能斷除一切欲愛、色愛、無色愛、掉舉、驕慢等一切無明，三界結使就會永斷無餘。」我們應該知道，修習「無常想」，就能消除一切煩惱，使人證得涅槃。十想中的其他九想，其證入涅槃的情形，也是這樣的。

大菩薩修行菩薩道時，由於他們的心量廣大，為了一切眾生修習甘露法門，他們雖然已經證悟諸法空相，也成就了十種觀想，然而，這樣的大菩薩，在每一種觀想中，次第進入一切法門，圓融通達，轉法無礙，善巧方便，為眾生說。所以我們應該知道，十想法門就是菩薩所行的大乘法。

【說　明】諸人各有不同的根機，因此，所經歷的具體的修行途徑，亦各不相同。諸人依照各不相同的修行途徑，皆能到達覺悟的彼岸。到達覺悟的彼岸，即是悟達自性心地。

卷第十

釋禪波羅蜜修證第七之六

從背捨已去，有六種法門，並屬不壞法道❶所攝。利根聲聞具此六法，發真無漏，即成不壞法大力阿羅漢。故《摩訶衍》云：「不壞法阿羅漢，能具無諍三昧❷願智頂禪❸。」

今分此六種法門即為四意，謂觀、鍊、熏、修。

一者、背捨及勝處、一切處。此三門並屬觀禪。故《摩訶衍》云：「背捨是初行。勝處是中行。一切處是後行。」悉為對治，破根本味禪中無明貪著，及淨法愛也。

二、九次第定即是鍊禪。

三、師子奮迅三昧即是熏禪。

四、超越三昧即是修禪。

今釋第一觀禪，即為二意。一、先釋三番修觀禪方法。二、明觀禪功能。

第一，釋三番觀行方法者。一、先釋背捨。二、次釋勝處。三、釋一切處也。

先釋八背捨。八背捨者，一、內有色相外觀色是初背捨。二、內無色相外觀色是二背捨。三、淨背捨身作證是三背捨。四、虛空處背捨。五、識處背捨。六、不用處背捨。七、非有想非無想背捨。八、滅受想背捨。

今釋背捨即為五意。一、釋名。二、明次位。三、辯觀法不同。四、明修證。五、分別趣道之相。

第一，釋名。此八法門，所以通名背捨者，背是淨潔五欲，離是著心，故名背捨。言淨潔五欲者。欲界粗弊色聲香味觸，貪著是法，沉沒三塗，名為不淨五欲。欲界定、未到地、根本四禪、四空，是中雖生味著，皆名淨潔五欲。

今以背捨無漏對治破除，厭離不著欲界根本禪定喜樂，故言能背，是淨潔五欲，捨是著心，名為背捨。

復次，多有人言，背捨即是解脫之異名。今用摩訶衍意，往撿此義不然，所以者何？如《大品經》云：「菩薩依八背捨，入九次第定，身證阿那含人，雖得九次第定，而不得受具足八解之名。」故知因中厭離煩惱名背捨。後具足觀、鍊、熏、修，發真無漏，三界結盡，爾時，背捨轉名解脫。如此說者，義則可依。

第二，明次位者。解釋不同。

若依曇無德❹人所明，初、二背捨，位在欲界，三淨背捨，位在色界四禪。第四、五、六、七，此四背捨，位在四空。第八滅受想背捨，位過三界。

若依薩婆多❺人所說，初、二背捨，位通欲界、初禪、二禪。第三淨背捨，唯在四禪。彼云：三禪樂多，又離不淨近，故不立背捨。下五背捨，明位不異於前。

復有師言：三禪無勝處。四禪無背捨。此則與前有異。

今依摩訶衍中說。論言：「初背捨，初禪攝。第二背捨，二禪攝。」當知此二背捨，位在初、二禪中。為對治破欲界故，皆言以是不淨心觀外色。第三淨背捨，位在三禪中，故論云：「淨背捨者，緣淨故，淨遍身受樂故，名身作證。三界之法，若除三禪，更無遍身之樂。」論文又言：「是四禪中有一背，一背四勝處，如比上進退從容。」當知位在三禪、四禪。苟而遍屬，即互乖論。今若具以此義，破射於前，及融通教意，甚自紜紜。下五背捨配位，不異於前。今依後家之釋，以辯位次也。

第三，釋觀法不同者。若曇無德人，明此八解脫觀，並以空觀而為體。若薩婆多人，明此背捨不淨觀，並是有觀厭背為體。

今此八背捨具有事理兩觀，在因則名背捨，果滿則名解脫，亦名俱解脫也。若偏依前二家所說，此則事理互有不具，豈得受於俱解脫之名？此中觀行方法，與前二家不同，淺深之異，在下自當可見。

【章　旨】首先，說明了八背捨所包含的八項內容。其次，說明了「背捨」名字的含義。第三，說明瞭八背捨的相應禪定階位。第四，提出了具理備事的背捨觀。

【注　釋】❶不壞法道　不壞法道與壞法道相對應。壞法道，即對治、破除之觀想，譬如不淨觀，屬於破壞色相之觀法。觀身不淨，淤血膿爛，屬於破壞色身相之觀法。與此相反，不壞法道，即對待各種法相，不取不著，不厭不離，採取一種「對色無心，無心對色」的偏空態度。❷無諍三昧　住於空理，與他無諍，這樣的禪定，就叫做無諍三昧。❸願智頂禪　一切願，一切智，悉得滿足之禪，禪之最高境界。❹曇無德　亦即曇無德部，佛教的一個流派，律宗五部之一。曇無德比丘之部宗也。佛滅後百年，優婆毱多羅漢五弟子之一，於戒律藏建立一部，部名曰曇無德部。律名曰四分律。❺薩婆多　亦即薩婆多部，小乘二十部之一，亦即說一切有部也。

【語　譯】從八背捨開始，有六種法門，皆屬於不壞法道的範疇。若利根聲聞修習這六種法門，發起了真正的無漏，那麼，他也就成了不壞法的大力阿羅漢。所以《大智度論》說：「不壞法阿羅漢，能夠具足無諍三昧與願智頂禪。」

我們把這六種法門概括成四種禪：觀禪、鍊禪、熏禪及修禪。

一、八背捨、八勝處、十一切處，這三種法門都屬於觀禪。所以《大智度論》云：「八背捨是初期修行的法門。八勝處是中期修行的法門。十一切處是最後修行的法門。」八背捨、八聖處、十一切處這三種法門，全都屬於對治法，用來對治根本四禪中的無明貪著，以及對淨法的愛著。

二、九次第定屬於鍊禪。

三、師子奮迅三昧屬於熏禪。

四、超越三昧屬於修禪。

我們首先解釋觀禪。分二部分來說。一、解釋三番修習觀禪的方法。二、說明觀禪的功能。

第一，解釋三番修習觀禪的方法。一、先解釋八背捨。二、次解釋八勝處。三、最後解釋一切勝處。

先解釋八背捨。所謂八背捨，一、內有色相外觀色，是初背捨。二、內無色相外觀色，是二背捨。三、淨背捨身作證，是三背捨。四、虛空處背捨。五、識處背捨。六、不用處背捨。七、非有想非無想背捨。八、滅受想背捨。

我們解釋背捨，分為五個部分。一、解釋背捨的名字。二、說明背捨的階位。三、解釋背捨的觀法。四、說明背捨的修證。五、說明背捨的趣道之相。

第一，解釋背捨的名字。這八種法門，之所以都叫做背捨，這是因為，背就是「清除五欲、離開執著」的意思，所以叫做背捨。所謂清除五欲，就是說，欲界有種種粗弊的色聲香味觸等法相，若人們貪著於這些法相，就會沉沒於三惡道中，所以叫做不清淨的五欲。欲界定、未到地定、根本四禪，以及四空定中，雖然也有對法相的愛著，然而，皆可以叫做淨潔五欲。

現在，我們用無漏背捨來加以破除，使行者厭離、捨棄對欲界根本禪定喜樂的愛著，所以叫做能夠背離，所以叫做清除五欲，捨離這種執著之心，所以叫做背捨。

有很多人說，背捨就是解脫的別名。現在，我們用大乘佛法的意思來對照此義，結果發現，事實並非如此。為什麼呢？譬如《大品經》裡說：「菩薩依照八背捨，進入九次第定。證得阿那含果的人，雖然修成了九次第定，但是，並沒有獲得八解脫。」因此，我們知道，在因地上厭離煩惱，就叫做背捨。後來，具足修習觀、鍊、熏、修等四禪，而發起了真正的無漏，消盡了三界的煩惱，這時的背捨，才可以叫做解脫。合乎此義的說法，才是正確的說法。

第二，說明修行的階位。關於修行的次第，各派的說法，各有不同。

曇無德派認為，初背捨、二背捨，與欲界定相對應。第三、淨背捨，與色界四禪相對應。第四、五、六、七背捨，與四空定相對應。第八滅受想背捨，已經超出三界，不在三界之位。

薩婆多派認為，初背捨、二背捨，與欲界、初禪、二禪相對應。第三淨背捨，與四禪相對應。薩婆多派認為，三禪的樂多，又離不清淨比較近，所以沒有背捨的功德。下面的五種背捨的階位，與曇無德派的說法相同。

還有論師說：三禪沒有八勝處。四禪沒有八背捨。這種說法與前面不同。

現在，我們還是依照大乘經論中的說法。論云：「初背捨屬於初禪。二背捨屬於二禪。」我們應當知道，初背捨、二背捨，與初禪、二禪相對應。為了對治、破除欲界的煩惱，初背捨、二背捨，都可以說是以這樣的不淨之心而觀外色。第三淨背捨的階位，與三禪相對應，所以論中有言：「淨背捨以清淨心為因緣，所以，淨背捨的樂，遍滿全身，因此之故，淨背捨也叫做身作證。在三界之中，除了三禪之外，再也沒有樂遍全身的禪定境界了。」論中又說：「從初禪至四禪的四級禪定中，有逐級背舍的四種勝處，就像以上所說的那樣，能夠進退從容。」因此，我們知道，第三淨背捨的階位，應該在三禪與四禪。若說淨背捨普遍地屬於所有的禪，那就說不通了。現在，若完全地依據此義，來解釋前面的內容，解釋全部的教義，那必定是雜亂無章的事。下面的五種背捨，及其相應的階位，與前面所說的相同。我們還是依據後家之釋，以辯八背捨的相應位次。

第三，解釋背捨的觀法。曇無德學派，說明八解脫觀，皆以「空觀」為體。薩婆多派，則說明背捨不淨觀，皆以「有觀厭背」為體。

我們現在所說的八背捨，兼具事觀與理觀。在因地修行時，叫做背捨，果地圓滿時，就叫做解脫，也叫做大解脫。若依照前面二家的說法，事不具理，理也不具事，豈能更受於俱解脫之名？我們所說的觀行方法，與前二家有所不同，其中的淺深差異，將會在下面講到。

【說明】背捨下地的粗重之禪，合取上地的微妙細禪。逐級背捨、逐級合取，如此這樣，歷經八級禪定，這就是八背捨的次第修行。

行者遍歷四禪八定，依然還在取捨之中，雖然屬於著相，然而，亦是次第修行的不可躐等之過程。

第四，明修證。行者欲修八背捨無漏觀行，必須精持五篇諸戒，極令清淨。復當精勤勇猛，大誓莊嚴❶，心無退沒，及能成辦大事。

所言初背捨者，不壞內外色，不內外滅色相，已是不淨心觀色，是名初背捨。所以者何？眾生有二分行。愛行。見行。愛多者著樂，多縛在外結使。見多者，多著身見等諸見，為內結使縛。以是故愛多者觀外身不淨，見多者觀內身不淨敗壞。

今明背捨觀行。多先從內起，內觀既成，然後，以不淨心觀外。

云何觀內？行者端身正心，諦觀足大拇指，想如大豆脹黑，亦如腳繭之相。於靜心中，觀此相成，即復想脹起如梨豆大，如是乃至見一拇指腳如雞卵大。次觀二指，三四五指亦然。

次觀腳法，復見腫脹，乃至腳心、腳踵、腳踝、磚膝、髀髖，悉見腫脹。次觀右腳亦如是。

復當靜心諦想，大小便道，腰脊腹背胸脅，悉見腫脹。

復當靜心諦觀左胛臂肘腕掌五指，悉見腫脹，乃至右胛，亦復如是。復當靜心諦觀，頸項頭頷，悉見腫脹，舉身項直。如是從頭至足，從足至頭，循身觀察，但見腫脹，心生厭惡。

復當觀壞膿爛，血汙不淨，大小便道，蟲膿流出。復既坼破，見諸內臟及三十六物，臭爛不淨，心生厭惡。自觀己身，甚於死狗。觀外所愛男女之身，亦復如是，不可愛樂。廣說如九想，但除散燒二想為異耳。

行者修此觀時，若欲界煩惱未息，當久住此觀中，令厭心純熟。若離食愛，是時應當進觀白骨，一心靜定，諦觀眉間，想皮肉裂開，見白骨如爪大，的的分明。次當以心向上裂開皮肉，即見額骨及髮際骨，嶷然而開，即見骨相。復觀頂骨，亦見皮肉脫落，髑髏骨出。

復當定心，從頭向下，想皮肉皆隨心漸漸剝落至足。皮肉既脫，但見骨人，節節相拄，端坐不動。行者爾時，即定心諦觀此骨，從因緣生，依因指骨以拄足骨，依因足骨以拄踝骨，依因踝骨以拄磚骨，依因磚骨以拄膝骨，依因膝骨以拄髀骨。依因髀骨以拄髖骨，依因髖骨以拄腰骨，依因腰骨以拄脊骨，依因脊骨以拄肋骨，復因脊骨上拄項骨，依因項骨以拄頷骨，依因頷骨以拄牙齒，上有髑髏，復因項骨以拄肩骨，依因肩骨以拄臂骨，依因臂骨以拄腕骨，依因腕骨以拄掌骨，依因掌骨以拄指骨，如是展轉相依，有三百六十骨，一一諦觀，知大知小，知強知軟，共相依假，是中無主無我，何者是身見？出入息但是風氣，亦復非身非我。觀受觀心，乃至觀法，悉知虛誑，無主無我。作此觀已，即破我見，憍慢五欲，亦皆除滅。

爾時，復當定心，從頭至足，從足至頭，循身諦觀，深鍊白骨，乃經百千許遍，骨人筋骨既盡，骨色如珂如貝。深觀不已，即見骨上白光熠爚。

見是相已，即當諦觀眉間，當觀時，亦見白光痏痏，悉來趣心。行者不取光相，但定心眉間。若心恬然，任運自住，善根開發，即於眉間，見八色光明，旋轉而出，遍照十方，皆悉明淨。

八色者。謂地、水、火、風、青、黃、赤、白，普照大地，見地色如黃白淨地，見水色如淵中澄清之水，見火色如無煙薪清淨之火，見風色如無塵清風，見青色知❷金精山，見黃色如薝蔔華，見赤色如春朝霞，見白色如珂雪，隨是色相悉有光耀，雖復見色分明而無形質可得。此色超勝，非世所有。是相發時，行者心定安隱，喜樂無量，不可文載也。

行者復當從頭至足，深鍊骨人。還復攝心，諦觀於額，住心緣中，復見八色光明，旋轉而出。如是次第定心觀髮際、頂、兩耳孔、眉骨、眼骨、鼻口齒頷骨、頸項骨，從上至下，三百六十諸骨諸節，悉見八色光明，旋轉而出。行者攝心轉細，從頭至足，從足至頭，觀此骨人，悉見遍身放光，普照一切，悉皆明淨。若是菩薩大士，咸於光中見諸佛像。若行人善根劣弱，乃至四禪方得見諸佛像。行者既光明照耀，定心喜樂，倍上所得，是名證初背捨相。

所以者何？內骨人未滅故，故名內有色相。見外八種光明及欲界不淨境故，故言以是不淨心觀外色。外色有二種，如欲界不淨，此是不淨外色。八種清淨之色，是出世間色界之色，故名外色。

行者見內外不淨色故，背捨欲界，心不喜樂。見八種淨色故，即知根本初禪，無明暗蔽，虛誑不實，境界粗劣，即能棄捨，心不染著，故論言：「背是淨潔五欲，離是著心，故名背捨。」復次，如《摩訶衍》中說：「初禪一背捨❸。」當知背捨即是無漏初禪。若是初禪，即便具有五支之義。今當分別。

如行者從初不淨觀來，乃至鍊骨人光耀，即是觀禪欲界定相。

次攝心眉間，泯然定住，即是觀禪未到地相。

八種光明旋轉而出。覺此八色，昔所未見，心大驚悟，即是觀禪覺支之相。

分別八色，其相各異，非世所有，即是觀支。

慶心踴躍，即是喜支。

恬惔之法，怡悅娛心，即是樂支。

雖睹此色，無顛倒想，三昧不動，即是一心支。

今略事分別此無漏觀禪五支之相。當知與上根本、特勝、通明中五支，條然有異。

【章　旨】詳細而具體地說明了初背捨的觀想方法。從腫脹爛壞觀，到白骨觀，再到白骨流光觀，八種光明觀等等，皆屬於「背捨欲界」的觀想方法。

【注　釋】❶大誓莊嚴　大誓，即修道之人，所發之大願。若無大願，則行不堅固，易中途退轉，亦極易落空。小乘行人，多發出世大願。大乘行人，多發四大弘願。莊嚴，即以大願莊嚴行者的心，令其勇猛精進，無有退轉。❷知　這個「知」字，可能是誤筆。應該是「如」字。❸一背捨　這裡的「一背捨」，是指「初背捨」。

【語譯】第四，說明背捨的修證。行者若要修習八背捨無漏觀行，就必須嚴持五篇戒律，令心極其清淨。行者還應當勇猛精進，發大誓願，心不退沒，這樣才能成就大事。

所謂初背捨，就是不破壞內外色相，不息滅內外色相，已是不淨心觀色，這就叫初背捨。為什麼這樣說呢？這是因為，眾生有二種行。一種是貪愛行。另一種是知見行。貪愛多的人，執著於樂，被外在的煩惱所繫縛。知見多的人，執著於身見等各種知見，被內在的煩惱所繫縛。鑒於這種情況，貪愛多的人，要觀外在色身不淨，而知見多的人，要觀內在色身不淨，以及內在色身的敗壞之相。

現在說明背捨的觀行方法。大多數情況下，先從內身觀起，內身觀想成就之後，再以不清淨觀來觀想外身。

如何觀內呢？行者端身正心，用心觀想腳大拇指，就像膨脹發黑的大豆，就像腳繭。行者在靜心中，觀想成就之後，再觀想這個腳指，脹得就像梨豆一樣大，然後又慢慢地脹得像雞蛋一樣大。然後再觀二指、三指、四指及五指，也都是這樣觀想。

接著再觀想腳。觀想腳腫脹，從腳心、腳踵、腳踝、小腿、膝蓋、大腿、屁股等，全都腫脹。然後再觀想右腳，也都是這樣觀想。

行者再靜心觀想，大小便道、腰、脊、腹、背胸、脅，也都腫脹起來。

行者再靜心觀想，左胛、臂、肘、腕、掌、五指，也都腫脹起來，乃至右胛，也是這樣。然後，再靜心觀想頸子與頭顱，也是這樣腫脹，全身僵直。這樣從頭到腳，從腳到頭，遍身觀想，行者見到腫脹的軀體，就會心生厭惡。

接著再觀想軀體膿爛變壞的情形，軀體已經變得血汙不淨，大小便道中，流出膿蟲。身軀既然已經破裂，內臟以及三十六物已經露出，惡臭爛壞，汙垢不淨，於是，行者心生厭惡。行者返觀自身，骯髒甚於死狗。

行者再觀想自己所愛戀著的男女之身，也都是如此骯髒不淨，一點可愛的地方都沒有。初背捨，除了與散想、燒想不同之外，其餘的皆與九想相同。

行者作這樣的觀想時，若欲界煩惱尚未息滅，就要久久地住於這種觀想之中，使厭惡之心，達到極致。行者若息滅了對飲食的貪欲，這時，行者就應該進一步修習白骨觀，一心入於定中，觀想兩眉間的皮肉裂開，見到了眉間骨，就像爪一樣大小，了了分明。然後再繼續觀想，裂開的皮肉，繼續延伸向上，看到額部、髮際的皮肉，已經全部裂開，露出了裡面的骨相。接著再觀想頭頂骨，見到頭顱，皮肉脫落，露出了髑髏骨相。

行者繼續定心觀想，從頭部開始，逐步向下觀想，想像全身的皮肉，隨著自己的心念，漸漸剝落，一直脫落至腳。既然皮肉已經全部脫落，此時，只剩下一具骨人，骨節之間，節節相連，端坐不動。這時，行者定心觀想這具骨人，純屬因緣和合而有，腳指骨支撐著腳骨，腳骨支撐著踝骨，踝骨支撐著磚骨，磚骨支撐著膝骨，膝骨支撐著髀骨，髀骨支撐著髖骨，髖骨支撐著腰骨，腰骨支撐著脊骨，脊骨支撐著肋骨。又因脊骨支撐著項骨，項骨支撐著頷骨，頷骨支撐著牙齒及髑髏，項骨支撐著肩骨，肩骨支撐著臂骨，臂骨支撐著腕骨，腕骨支撐著掌骨，掌骨支撐著指骨，如是這樣，骨骨相依，共有三百六十塊骨。行者逐一諦觀身骨，知其大小，知其強軟，知其相互依賴，在這其中，沒有主人，也沒有我，還哪裡有什麼身見？出入息只是風氣而已，既不是身體，也不是我。行者再仔細觀察覺受與心念，乃至所修之法，皆知其虛妄不實，沒有主人，也沒有我。當行者作這樣的觀想時，就破除了我見，也破除了驕慢五欲。

這時，行者再定下心來，仔細觀想，從頭到腳，從腳到頭，反覆觀想，深刻觀想白骨，至百千遍，此時，骨人的筋肉油膩完全消盡，骨頭的顏色猶如珂貝一樣白。行者深觀不已，就會見到骨上白光閃爍。

行者見到白骨發光之後，就要專注於眉間。當這樣觀時，也見眉間白光閃爍，照向行者的心間。此時，行者不取光相，只是定心於眉間。若心意恬然，任運自在，善根就會得以開發，這時，就會見到眉間放光，八種顏色，旋轉而出，遍照十方，通徹明淨。

所謂八色，就是地、水、火、風、青、黃、赤、白等光色，普照大地。這時，行者見地大之色，就像黃白淨地。見水大之色，就像深淵澄水之色。見火大之色，就像無煙薪火之色。見風大之色，就像無塵清風之色。見青色，就像金精山色。見黃色，就像是薝蔔華色，見赤色，就像春天的朝霞之色。見白色，就像是珂雪之色。每一種色相，皆有光明閃爍，雖然見到種種色相，清晰分明，然而，卻無有形質可得。這些色相，非常殊勝，非世間所有。如是色相發起之時，行者的內心，安穩無比，喜樂無量，這是筆墨難以形容的。

行者應當再從頭到腳，深刻觀想骨人之相。行者還應當專心致志地觀想額頭，久久觀想，這時，又會見到八色光明，旋轉而出。如是次第定心於髮際、頭頂、兩耳孔、眉骨、眼骨、鼻、口、齒、頷骨、頸骨等，從上至下，三百六十骨節之中，皆見八色光明，旋轉而出。行者攝心作觀，心行更細，從頭到腳，從腳到頭，觀想這具骨人，全身放光，普照一切，所照之處，悉皆明淨。若是菩薩大士作此觀想的話，便能在光明之中，見到諸佛形象。若行人善根劣弱，只有到了四禪，才能見到諸佛形象。行者既然已經光明照耀，定心之中，充滿喜樂，喜樂的程度，遠遠超過最初所得，這就是證得初背捨時的情形。

為什麼這樣說呢？這是因為，內心所觀的那具骨人，尚未破滅的緣故，所以叫做內有色相。由於見到了八種光明，以及欲界的不淨境界，所以說，這是用不清淨的心而觀外色。外色有二種。譬如欲界的不淨，這就是不淨外色。八種清淨之色，是出世間的色界之色，所以叫做外色。

行者見到了內身與外身的不淨之色，因此之故，背離欲界，心不貪著。由於行者見到了八種淨色，所以，行者知道了根本初禪，無明暗蔽，虛誑不實，境界粗劣。於是，棄捨初禪，心不染著。所以論中說：背就是清除五欲、離開執著，所以叫做背捨。」《大智度論》中說：「初禪之中有初背捨。」我們應該知道，初背捨就是無漏初禪。若初背捨就是初禪的話，那麼，初背捨就會具有五支功德。現在，應當分別加以說明。

行者從初禪不淨觀開始，一直鍊到白骨流光，都屬於觀禪的欲界定相。

攝心於眉間，泯然定住，這是觀禪的未到地定相。

八種光明，旋轉而出。行者知道，這八種光明，昔日未曾得見，因此之故，心中喜悅。這就是觀禪的覺支之相。

行者分別八種色相，每一色相，各自不同，非世間所有，這就是觀支之相。

行者心生歡喜，法喜蕩漾，這就是喜支之相。

行者心境恬愉，愉悅快樂，這就是樂支之相。

行者雖然見到了八種光色，然而，定心不動，無顛倒想，這就是一心支。

以上略說無漏觀禪的五支功德之相。我們應該知道，無漏觀禪的五支功德，與根本禪、特勝、通明中的五支功德，是有明顯差異的。

【說明】行者通過修習觀想屍體的腐爛腫脹、白骨的光耀閃爍，這種類似於幻覺的假想，增加了行者的厭離欲界之心。

在這時，行者必須要有智慧，清楚地知道，自己所觀想而成的屍體腫脹之相，以及白骨流光之相，皆是唯心假想而成，而非事實果真如此。行者若把假想而成的心相，當作真實存在的事實，這不但違背了佛法修行的真正用意，而且還容易造成精神病患。莫把幻想當真實，當真即違真實義。假借方便善巧行，直至無上第一義。

二背捨者。壞內色，滅內色相。不壞外色，不滅外色相。以是不淨心觀外色，是第二背捨。所以者何？行者於初背捨中，骨人放光既遍。今欲入二禪內淨故，壞滅內骨人，取盡欲界。見思未斷故，猶觀外白骨不淨之相，故云以是不淨心觀外色。

今明修證。行者於初背捨後，心中不受覺觀動亂，諦觀內身骨人，虛假不實，內外空疏，專取壞散磨滅之相。如是觀時，漸漸見於骨人，腐爛碎壞，猶如塵粉，散滅歸空，不見內色。

是時，但攝心入定，緣外光明及與不淨，一心緣中，不受觀覺，於後，內心豁然明淨，三昧正受❶，與大喜俱發，即見八種光明，照從內淨，出明十方，倍勝於上。

既證內法，大喜光明，即知根本二禪，虛誑粗劣，厭背不著，故名背捨，亦名無漏第二禪。是中具有四支，推尋可見。

三、淨背捨身作證者。如摩訶衍中說：「緣淨故淨，遍身受樂，故名身作證。」所以者何？行者欲入是三背捨，於二背捨後，心即不受，觀外不淨，悉皆壞盡散滅，無有遺餘，亦不受大喜湧動，但攝心諦觀，八色光耀之相，取是相已，入深三昧。鍊此八色，極令明淨。住心緣中，即泯然入定。

定發之時，與樂俱生，見外八色，光明清淨皎潔，猶如妙寶光色，各隨其想，昱晃明照，遍滿諸方。外徹清淨，外色照心，心即明淨，樂漸增長，遍滿身中，舉體怡悅。

既證此法，背捨根本，心不樂著。是則略說證淨背捨相，亦名無漏三禪。是中具足五支，深思可見。乃至四禪淨色，亦復如是，皆淨背捨所攝，但以無遍身樂為異耳。

問曰：若爾，從初背捨來，悉有淨色，何故今方說為淨背捨耶？

答曰：是中應用四義分別。一者、不淨不淨。二者、不淨淨。三者、淨不淨。四者、淨淨。

不淨不淨者。如欲界三十六物之身，性相已是不淨，不淨觀力，更見此身膖脹膿爛青瘀臭處。此則不淨中更見不淨。

不淨淨者。如白骨本是不淨之體，諦心觀之，膏膩既盡，如珂如貝，白光焴爍。此則不淨中淨也。

淨中不淨者。從初背捨來，雖有淨光，但此光明有三種不淨因緣。一者、出處不淨，謂從骨人出也。二者、所照不淨，謂照外境也。三者、光體未被鍊，故不淨。譬如金不被鍊，滓穢未盡，光色不淨。以是因緣，初禪雖有光明，不名緣淨故淨。二禪雖無白骨，光從內淨而出，猶照外不淨而未被鍊，及大喜故，亦得名為緣淨。

今言淨淨者。八色光明，本是淨色，今於此地，又離三種不淨❷，故淨言淨淨，亦名緣淨故淨。既淨義具足，所以說為淨背捨也。

【章旨】首先，說明了二背捨的修習方法與所證境界。其次，說明三背捨的修習方法與所證境界。

【注釋】❶三昧正受　三昧，亦即正定，離諸散亂，攝心在定。正受，亦即與三昧相應的禪定境界。❷三種不淨　是指以上所說的三種不淨。一、光明產生的地方不淨。二、光明所照的外境不淨。三、光明所發的色相不淨。

【語譯】所謂二背捨，就是壞內色相，滅內色相。不壞外色相，不滅外色相。以這樣的不淨心來觀外色，這就是第二背捨。為什麼說這就是第二背捨呢？這是因為，行者在初背捨的時候，骨人所有的部位已經放光。現在，行者要想進入內在清淨的二禪境界，就得滅掉骨人之相，滅盡欲界煩惱。此時，欲界的見惑與思惑，尚未斷滅，因此之故，好像應該再觀外白骨不淨之相，所以叫做以不淨心來觀外色。

我們現在說明修證。行者在修成了初背捨之後，定心不再受覺觀動亂的影響，諦觀內身骨人，虛假不實，內外空疏，觀想骨人散滅的情形。行者作這樣的觀想的時候，就會逐漸地看到，骨人腐爛風化，最後，化成粉末，散滅於空中，最後，再也看不到骨人的一點色相。

這時，行者收攝心念，深入禪定，借助於外在光明，以及不淨之相，專心致志，不受覺觀動亂的影響，一直用功下去，內心就會豁然明淨，三昧正受，就會與大喜同時發起。這時，行者就會見到八種光明，從清淨的內心，向外照耀，通貫十方，光明的程度，倍勝於初背捨。

既然證得了內在的大喜光明，行者就會發現，根本二禪，也屬虛幻粗劣，行者便厭棄遠離根本二禪，所以叫做背捨，也叫做無漏第二禪。第二背捨之中，具有四支功德，行者若善於推尋，就能明白其中的含義。

三、淨背捨身作證。正如大乘經論中所說：「一心緣於淨，所以淨法生，遍體受其樂，故名身作證。」

為什麼這樣說呢？行者要進入三背捨，就必須要在二背捨之後，心不受一切法相，觀一切外色，全都是不清淨的，全都會散壞消滅，不留一點痕跡，行者亦不受大喜湧動的影響，只是攝心諦觀八種光明色相，行者如是修行，就能深入三昧。行者觀想這八種色相，令其清晰光明。只要行者住心於這八種光明色相，就能泯然入定。

三禪發生的時候，伴隨著三禪之樂，這時，行者見到，外有八種光色，光明清淨，皎潔透亮，猶如妙寶，隨緣現色，光明照耀，遍滿十方。外面的清淨光色，照耀行者的心田，因此，行者的心田也變得光明清淨，行者的樂受，逐漸增長，直至最後，遍滿全身，全身上下，無不怡悅。

行者既然證得這個境界，便會捨棄根本二禪，不再執著根本二禪。以上所說，就是證得淨背捨的情形，淨背捨也叫無漏三禪。淨背捨中的五支功德，只要深入體會，就會明白其中的道理。不但三禪的清淨光色是這樣，即使到了四禪，其清淨光色，也是這樣的，三禪與四禪，皆屬於淨背捨的範疇，只是四禪沒有遍滿全身的樂受而已，這也是四禪有別於三禪的地方。

問：若是這樣的話，從初背捨開始，每一背捨，都有清淨之色，為何到現在才說淨背捨呢？

答：其中的原因，應從四個方面來說。一、不淨不淨。二、不淨淨。三、淨不淨。四、淨淨。

所謂不淨不淨。譬如欲界的三十六物，其性質與相狀，已經屬於不淨，行者再運用不淨觀，觀想身體的腫脹、膿爛、青瘀、惡臭等，這就是從不淨之中，更見不淨。

所謂不淨淨。譬如白骨，本來就是不淨之物，行者攝心觀想，見其膏膩已經淨盡，其色猶如白色珂貝，白光閃爍，這就是不淨中的淨。

所謂淨中不淨。從修習初背捨以來，雖然每一背捨都有淨光，但是，這種淨光，也有三種不淨之處。一、產生的地方不淨。就是此光是從白骨而發出的。二、所照之處不淨。就是光明所照的外境不淨。三、光明未被修鍊，所以說，光色不純淨。譬如金尚未被提鍊時，渣滓汙穢尚未除盡，所以說，光色不淨。因此之故，初禪雖然有光明，但不能叫做緣於淨的淨。二禪雖然沒有了白骨，光明從內淨處而發，然而，這種光明所照的外境，好像還是不淨，並且這種光明，尚未經過提鍊，大喜湧動參雜其中，所以，二禪也可以叫做緣於淨的不淨。

所謂淨淨。八色光明本來就是淨色，今於三禪之地，又離開了三種不淨，所以叫做淨中之淨。也叫做緣於淨的淨。由於具足了清淨的全部含義，所以就叫做淨背捨。

【說明】初背捨之後，行者再觀想白骨，化成粉末，散於空中。行者再進一步用功，便能見到八種光明，獲得三昧法喜。二背捨之後，行者一心緣於淨色，心無旁騖，就能進入三背捨。三禪發生時，伴隨著三禪樂，外見八種光色，光明照耀，遍滿十方。

四、虛空背捨者。行者於欲界後，已除自身皮肉不淨之色。初背捨後，已滅內身白骨之色。二背捨後，已卻外一切不淨之色，唯有八種淨色。至第四禪，此八種色，皆依心住。譬如幻色依幻心住，若心捨色，色即謝滅，一心緣空，與空相應，即入無邊虛空處。此明滅色方便，異於前也。證虛空處定，義如前說。

行者欲入虛空背捨，當先入空定，空定即是背捨之初門。背捨色緣無色故，凡夫人入此定，名為無色。佛弟子入此定，深心一向不回，是名背捨。云何名深心？善修奢摩他❶故。

云何名一向不回？於此定中，善修毘婆捨那❷、空、無相、無作、無願故，能捨根本著心，即不退沒輪轉生死，故名一向不回。

復次，佛弟子當入無色定時，即有八聖種觀❸。如癰瘡等四種對治觀❹故，即能厭背無色之法。無常等四種正觀❺故，即破無色假實二倒，能發無漏。

八聖種觀行方法。並如前離虛空定修識定時說，但彼欲離虛空故，方修八聖種。今行人即入虛空定時，即修八聖種，雖住定中，而不著虛空定，故名背捨也。五、識處，六、無所有處，七、非有想非無想處背捨，亦當如是，一一分別。八、滅受想背捨者。背滅受想諸心心數法❻，是名滅受想背捨。所以者何？諸佛弟子厭患散亂心故，入定休息，似涅槃法，安著身中，故名身證❼。

行者修是滅受想背捨，必須滅非想陰界入，及諸心數法。云何滅是？非想中，雖無粗煩惱，而具足四陰、二入、三界十種細心數法，所謂一、受，二、想，三、行，四、觸，五、思，六、欲，七、解，八、念，九、定，十、慧。

云何為受？所謂識受。云何為想？所謂識想。云何為行？所謂法行。云何為觸？所謂意觸。云何為思？所謂法思。云何為欲？謂入出定。云何為解？所謂法解。云何為念？謂念於三昧。云何為定？謂心如法住。云何為慧？謂慧根。

慧身及無色愛，無明掉慢，心不相應諸行等，苦集法和合因緣，則有非想。前於非想背捨中，雖知是事，不著非想，故名背捨，而未滅諸心數法。

今行者欲入滅受想背捨故，必須不受非想，一心緣真，絕陰界入，則非想陰入界滅。一切諸行，因緣悉滅，受滅，乃至慧滅，愛、無明等諸煩惱滅，一切心數法滅，一切非心數[8]亦滅，是名不與凡夫共，非是世法。若能如是觀者，是名滅受想，以能觀真之受想，滅非想苦集之受想。

今行者欲入滅受想之背捨，復須深知能觀真之受想，亦非究竟寂靜，即捨能觀之定受慧想，捨此緣真定慧二心故，云背滅受想諸心數法。譬如以後聲止前聲，前聲既息。即後聲亦如是能除。受想既息，因此，心與滅法相應。滅法持心，寂然無所知覺，故云身證想受滅[9]。此定中既無心識，若欲出入，但聽本要期長短也。

第五，分別趣道之相。行者修八背捨，入道有三種不同。

一者、先用背捨破遮道法，後則具足修習勝處[10]，乃至超越三昧[11]，事理二觀具足，方發真無漏，證三乘道。

二者、若修八背捨時，是人厭離生死，欲速得解脫。是時，遍修緣諦真觀等，即於八背捨中，發真無漏，證三乘道，亦名具足八解脫[12]也。當知此人未必具下五種法門。

問曰：若爾，此人未得九次第定[13]。云何已得受八解脫之名？

答曰：是義應作四句分別。一者、自有九次第定非解脫，自有是解脫非次第定，自有次第定亦是解脫，自有非次第定非解脫，而是八背捨。

三者、若人厭離生死心重，但證初背捨時，即深觀四諦真定之理，無漏若發，便於此地入金剛三昧⓮，證三乘道。當知是人，亦復未必具上七種背捨。

菩薩摩訶薩，心如虛空，無所取捨，以方便力，善修背捨，具足成就一切佛法，度脫眾生。當知背捨即是菩薩摩訶衍。

【章旨】首先，說明了從第四背捨到第八背捨的修習方法與所證境界。其次，說明了修習背捨而證得道果的三種情況。

【注釋】❶奢摩他　意譯為止，亦即止息一切雜念的意思。❷毘婆捨那　亦即「觀」，即以寂靜之慧，觀照內外諸法，使三昧得以成就，證得菩提道果的修行方法。❸八聖種觀　觀想受、想、行、識，如病、如癰、如瘡、如刺、無常、苦、空、無我，皆屬因緣和合，無有自性，虛幻不實。這就是八聖種觀，前四種觀想，屬於對治，亦是事觀。後四種觀想，屬於緣諦理觀。❹四種對治觀　觀想受、想、行、識，如病、如癰、如瘡、如刺。這四種觀想，屬於對治觀，亦叫四種對治觀。❺四種正觀　觀想受、想、行、識，無常、苦、空、無我。這四種觀想，即是緣諦理觀，亦即四種正觀。❻心數法　又作心所、心所有法、心所法、心數法，總之，心中的所有法相，皆屬於心數的範疇。心數從屬於心王，乃五位之一，心數與心王相應，同時存在。❼身證　滅盡種種覺受，滅盡種種思想，獲得寂靜安樂，稱為身證。❽非心數　與心數法相對。生生滅滅的觀念思想，叫做心數法。沒有念頭的內心之狀，就叫做非心數法。從究竟了義的境界上來看，心數法與非心數法，屬於心中的二種法相，若行者執著於非心數法，與執著於心數法，具有同樣的過患。所以，《心經》上說：「色即是空，空即是色，色不異空，空不異色，受想行識，亦復如是。」❾身證想受滅　行者親自證到了心念與覺受，一切皆滅的禪定境界。❿勝處　即八背捨所引起的八種殊勝境界。八勝處的具體內容，在〈釋禪波羅蜜修證第七之六・釋八勝處法門〉中有詳細解釋。參見本書第六六五頁。⓫超越三昧　佛及菩薩能超越上下諸地而隨意入出之三昧。在〈禪波羅蜜修證第七之六・釋超越三昧〉中有詳細解釋。參見本書第七〇一頁。⓬八解脫　指八種背捨三界煩惱的禪定。八背捨的具體內容，在〈釋禪波羅蜜修證第七之六・釋八背捨〉中有詳細解釋。參見本書第六四〇頁。⓭九次第定　〈釋禪波羅蜜修證第七之六・釋九次第定〉中有詳細解釋。參見本書第六九〇頁。⓮金剛三昧　指能夠摧毀一切煩惱的禪定。金剛象徵著堅利，能夠摧毀一切。三昧是指正定，或智心禪定。

【語　譯】四、虛空背捨。行者在欲界定之後，已經除去了不淨的皮肉。初背捨之後，又除卻了白骨之相。二背捨之後，除去了所有的不淨之色，只剩下八種清淨之色。到了第四禪，這八種清淨之色，皆依心念而住，就像虛幻之色，依於虛幻之心。若心捨棄色相，色相就會謝滅。行者一心緣空，心與空相應，便能進入無邊虛空處。我們在這裡所說的滅卻色相的方法，與前面所說，有所不同。證得虛空處定的情形，與前面所說的相同。

行者要想進入虛空處定，背捨一切色相，就必須要首先證入空定，空定是背捨的初門。由於背捨就是緣於無色而背色的緣故，所以，凡夫證入這種空定，就叫做無色定。佛弟子證入這種空定，便會深心住於空定，無有退轉之心，所以叫做背捨。何謂深心？深心就是善於修習「止息法門」的意思。

何謂一向不回？就是在禪定中，善於修習觀、空、無相、無作、無願等，所以，能夠放下執著，不再退沒於生死輪回，所以叫做一向不回。

佛弟子安住於無色定時，具有八聖種觀。由於有癰觀、瘡觀等四種對治觀，所以，能夠背捨無色之法。由於有四種正觀，所以，能夠破除對無色與有色、虛假與真實的二邊執著，能夠發起無漏智慧。

八聖種觀的修行方法。與前面所說的「觀破空處」「繫心緣識」中所講的修行方法一樣。前面所說的觀行方法，只是為了要離開虛空定，所以才修習八聖種。而我們現在所說的觀行方法，是在虛空定中修習八聖種，雖然在虛空定中，然而，卻不著於虛空定，所以叫做虛空背捨。

五、識處背捨，六、無所有處背捨，七、非有想非無想處背捨，每一階位上的背捨，也都應當像這樣逐一進行說明。

八、滅受想背捨。捨棄、滅除種種覺受，以及種種思想，這就叫做滅受想背捨。為什麼呢？這是因為，諸佛弟子厭患散亂心，於是入於定中，休念息想，就好像涅槃之法，安於身中，所以叫做身證。

行者修習「滅受想背捨」的時候，必須要滅除非想定中的四陰、三界、二入，以及諸心數法。為什麼這樣說呢？非想定中，雖然沒有了粗重的煩惱，然而，卻具足四陰、二入、三界中的十種微細心法，也就是受、想、行、觸、思、欲、解、念、定、慧等十種微細心法。

什麼叫受？就是識受。什麼叫想？就是識想。什麼叫行？就是法行。什麼叫觸？就是意觸。什麼叫思？就是法思。什麼叫欲？就是入定與出定。什麼叫解？就是法解。什麼叫念？就是念於三昧。什麼叫定？就是心如法而住。什麼叫慧？就是慧根。

智身、無色愛、無明、掉心、慢心、心不相應行等，以及苦集之法，因緣和合，才有了非想定。然而，非想背捨與非想定不同。在非想背捨中，雖然也有非想定中的種種事相，然而，非想背捨卻不執著於這些事相，所以叫做非想背捨，而不是消滅心數法。

現在，行者要想證入「滅受想背捨」，行者必須不著於非想之法，一心緣於真性，斷絕陰、入、界諸心數法，只有這樣，才能息滅非想定中陰、入、界諸心數法。一切諸法，因緣皆滅，覺受滅，乃至於慧滅，愛、無明等種種煩惱亦滅，生生滅滅的心念亦滅，寂靜無念之狀亦滅，這就叫做不與凡夫法相同，亦不屬於世間法的範疇。行者若能證入這種定境，就叫做滅受想定，也是運用觀真之受想，來消滅非想、苦、集等受想。

行者要想證入「滅受想背捨」，必須深知能觀真之受想，亦非究竟寂靜，所以，行者必須捨背能觀的定、受、慧、想，捨棄緣於真性的定慧二見，所以叫做背捨息滅受想諸心數法。譬如以後聲止前聲，前聲即息。用來止前聲的後聲，也應當運用同樣的方法加以息滅。覺受與心念，已經息滅，因此，心與寂滅之法已經相應。寂滅之法，住持心中，寂然無狀，無所覺知，這就叫做身證想受滅。滅受想定中，沒有心識，若想出定，就取決於入定之前所設定的住定時間的長短。

第五，說明趣道之相。行者修習八背捨，其入道情況，有三種不同。

一、首先修習八背捨，破除入道的障礙，然後，再具足修習八勝處，乃至修習超越三昧，直至事觀與理觀，逐一修習完畢，才能發起真正的無漏，證得三乘道果。

二、若修八背捨時，行人厭離生死，想要迅速獲得解脫，這時，就要普遍地修習十二因緣、四諦、真觀等，這樣，就能在修習八背捨的過程中，發起真實的無漏，證得三乘道果，也叫做具足八解脫。我們應該知道，此人未必具備下面我們所要講到的五種法門。

問：若是這樣的話，這個人並沒有獲得九次第定，他怎麼能夠獲得八解脫呢？

答：獲得八解脫，有四種情況。一、有人獲得了九次第定，然而，卻沒有獲得八解脫。二、有人獲得了八解脫，然而，卻沒有獲得九次第定。三、有人獲得了九次第定，也獲得了八解脫。四、有人沒有獲得九次第定，亦沒有獲得八解脫，只是獲得了八背捨而已。

三、若行者，厭離生死的心比較重的話，就應該在證得初背捨時，深刻地觀照四諦真定之理。在這時，行者若發起了無漏，就可由此進入金剛三昧，證得三乘道果。我們應該知道，從初背捨進入金剛三昧的人，未必具足修習以上所說的七種背捨。

大菩薩的心，就像虛空一樣，於一切法，不取不捨，運用種種方便，修習八種背捨，具足成就一切佛法，度脫一切眾生。我們應該知道，八背捨就是菩薩所行的大乘法。

【說　明】行者在修習八背捨時，切記一個基本原則，那就是「即相而離相」。為什麼呢？若不即相，專志而行，那麼，則不能獲得成就。若不離相，捨下取上，則不能次第進取。即相之時不著相，比量之時亦現量。

對於究竟了義的佛法來說，滅心數法的法，也是要捨棄的。行者即不可以著於非法，也不可以著於破除非法的法，就像以藥除病，病若得除，藥亦應去，更不可以執藥為寶。所以《金剛經》說：「法尚應捨，何況非法？」亦即一切皆捨，捨也當捨，捨至無可更捨處，即是一塵不染處，也是遍含萬法處。學人只有依法行證，方可到達究竟了義之處。

次釋八勝處法門。八勝處者。

一、內有色相，外觀色少。若好若醜，是名勝知勝見。一勝處也。

二、內有色相，外觀色多。若好若醜，是名勝知見。二勝處也。

三、內無色相，外觀色少。若好若醜，是名勝知見，三勝處也。

四、內無色相，外觀色多。若好若醜，是名勝知見。四勝處也。

五、青勝處，六、黃勝處，七、赤勝處，八、白勝處，若依《纓絡經》，用四大為四勝處。

今明勝處，即為四意。一者、釋名。二、明階立。三、辯修證之相。四、明趣道。

第一，釋名。此八法通明勝處者，則有二義。一者、若淨若不淨五欲，得此觀時，隨意能破，故名勝處。二者、善調觀心，譬如乘馬擊賊，非但破前陣，亦能善制其馬，故名勝處。

此則有異背捨，經亦說為八除入。若因勝處斷煩惱盡，則知虛妄陰入皆滅。爾時，勝處變名八除入也。

第二，明次位者。今但依《摩訶衍》中說：「初、二勝處，位在初禪。次第三，第四勝處，位在二禪。後四勝處，位在四禪。」所以三禪不立勝處者？以樂多心鈍故。

前二禪離欲界近，欲界煩惱難破，雖位居二禪，猶觀不淨破下地結。

四禪❶既是色中之極。故色勝位極於此。

四空❷既無色故，亦以破地煩惱薄故，故不立勝處。

【章旨】首先說明了「八勝處」所包含的基本內容。其次，說明了「勝處」的含義。再次，說明了「八勝處」的相應禪定階位。

【注釋】❶四禪　在這裡，並不是指四級禪位，而是指第四禪。❷四空　又作四無色。指無色界之空無邊處、識無邊處、無所有處、非想非非想處等四空處。

【語譯】接著我們解釋八勝處法門。八勝處包括如下：

一、「內有色相，外觀色少」勝處。這時，無論是觀想清淨的色相，還是觀想不清淨的色相，若能做到一心平等，就叫做勝知勝見，這就是第一勝處。

二、「內有色相，外觀色多」勝處。這時，無論是觀想清淨的色相，還是觀想不清淨的色相，若能做到一心平等，這就叫做勝知見。這就是第二勝處。

三、「內無色相，外觀色少」勝處。這時，無論是觀想清淨的色相，還是觀想不清淨的色相，若能做到一心平等，這就叫做勝知見。這就是第三勝處。

四、「內無色相，外觀色多」勝處。這時，無論是觀想清淨的色相，還是觀想不清淨的色相，若能做到一心平等，這就叫做勝知見。這是第四勝處。

第五，青勝處，第六，黃勝處，第七，赤勝處，第八，白勝處。若依照《纓絡經》上的判定方法，則把地、水、火、風作為後四勝處。

現在我們說明八勝處，從四個方面來說明。一、解釋八勝處的名字。二、說明八勝處的相應階位。三、說明八勝處的修證。四、說明勝處的趣道之相。

第一，解釋八勝處的名字。八種勝處，之所以都叫做勝處，有二個方面的原因。一、無論是清淨的五欲，還是不清淨的五欲，行者只要修成了八勝處，就能隨意而破除五欲，所以叫做勝處。二、八勝處的修行方法，善於調製與觀照心性，譬如騎馬殺敵，不但能夠消滅敵軍，也能調順其馬，所以叫做勝處。

八勝處和八背捨亦有不同之處。經典上也把八勝處叫做八除入。行者若運用八勝處，已經把煩惱斷除乾淨，此時，虛妄的五陰與十二入，全都息滅。這時的八勝處，就叫做八除入。

第二，說明八勝處的相應的階位。依照《大智度論》中的說法：「初勝處與二勝處，與初禪的階位相應。第三勝處與第四勝處，與二禪的階位相應，後面的四勝處，與四禪的階位相應。」為什麼三禪沒有相應的勝處呢？這是因為，三禪樂多心鈍的緣故。

初禪與二禪，由於接近於欲界，又由於欲界的煩惱很難破除，所以，雖然第四勝處，位居二禪，然而，仍然需要修不淨觀，以破除欲界的煩惱結使。

四禪即是色界中的最高位，因此，色界的最高勝處，位於四禪。

四空處沒有任何色相，煩惱也很稀少，所以，不說有勝處。

【說明】從第一勝處開始，一直到八勝處，觀想的範圍越來越廣，定心亦越來越穩固，直至觀一切色，皆能一心平等，定心不亂，這就是八勝處的次第行、次第證。

第三，明修證。所以言「內有色相，外觀色少」者，緣少故名少。觀道未增故，觀少因緣，觀多畏難攝故，譬如鹿遊未調，則不中遠放。云何名觀少？行者自觀見己身不淨，亦觀所愛之人不淨、脹爛、白骨，心甚厭惡，如初背捨中說。

若好若醜者。觀外諸色，善業果報故名好。惡業報故名醜。

復次，行者從師所受觀法，觀外緣種種不淨，是名醜色。行者或時憶念，安生淨想，觀淨色是好色。

復次，行者自身中繫心一處，觀欲界中色有二種。一者、能生淫欲。二者、能生瞋恚。能生淫欲是淨色，名為好。能生瞋恚者，是不淨色，故名醜。

勝知勝見者。觀心淳熟，於好色中，心不貪愛。於醜色中，心不瞋恚。但觀色四大，因緣和合而生，如水沫不堅固，智慧深達假實之相。行者住是不淨門中，淫欲瞋恚諸結使來能不隨，故名勝處。勝是不淨中淨顛倒諸煩惱故。

復次，好醜者。不淨觀有二種。一者、見自身他身三十六物，臭濊不淨，是名醜。二者、除內外皮肉五臟，但觀白骨，如珂如雪，乃至流光照耀，是名為好。行者見不淨時，即知虛假，心不畏沒。見淨色時，知從緣生，心不愛染，是名勝知勝見。

復次，行者於少緣中，隨意觀色，轉變自在，亦能善制觀心，故名勝處。

二、內有色相，外觀色多，若好若醜，是名勝知勝見者。行者觀心既調，爾時，不滅內骨人，更於定中，廣觀外色，所謂諦觀一死屍，乃至十百千萬，一國土，乃至十百千萬國，一閻浮提❶，乃至一四天下❷等，皆見悉是死屍。若觀一膖脹時，悉見一切膖脹，乃至壞血汙膿爛青瘀剝落亦如是。

行者既廣見死屍不淨，心甚厭惡。次當諦觀一死屍，脫除皮骨，但見白骨，如是乃至一切死屍，悉除皮肉，皆見白骨，遍滿世界。此觀如禪經廣明，是中應具說。

行者外骨觀既成，復當定心，諦觀內身白骨，鍊使明淨，如珂如貝。當自觀骨時，見外一切骨人，悉皆起立，行行相對羅列，舉手而來。行者於三昧中，即知此諸骨人，皆是隨想而來，無有定實，心不驚怖。復當心默念，訶此骨人：咄，汝諸骨人，從何而來。如是訶時，悉見骨人，悉還辟地。如是或至多反。行者深觀內骨，即見光明普照十方，一切骨人為光所照，悉亦明淨。

此觀成時，於一切怨親中人，及諸好醜，其心平等，無有愛恚，是名若好若醜，勝知勝見。好醜勝知見義，如前說。

復次，行者住此觀中，能見一骨人，遍四天下，皆是骨人，是名為多。還復攝念觀一骨人，故名勝知勝見。隨意五欲男女淨潔相中能勝故，故名勝處。又能善調觀心，雖知能觀之心性無所有，而於緣中自在回轉，觀諸境界無有障閡，故名勝處有。義如摩訶衍中廣說。

復次，有師言，若但觀一切人，見不淨白骨是名少。若作大不淨觀，是名多。大不淨觀者，為破一切處貪愛故。

何謂一切觀？觀象馬牛羊六畜，飛禽走獸之屬，悉見為死屍膖脹。復次，觀飲食，皆如蟲如糞，衣服絹布，猶如爛皮爛肉之段，臭處可惡。錢財金寶，如毒蛇蚖，斯須死變臭爛不淨。穀米，如臭死蟲。宅捨田園，國土城邑，大地山川林藪，皆悉爛壞，臭處不淨，流溢滂沱，乃至見白骨狼藉。一切世間，不淨如此，甚可厭患。

行者於三昧中，隨觀即見，回轉自在，能破一切世間好醜愛憎貪憂煩惱，故名內有色相，外觀色多，若好若醜，勝知勝見。

問：世間資生既不淨，悉是皮肉筋骨之法，云何悉見不淨爛壞？

答曰：此為得解之道。心力轉變，非實觀也。所以者何？一切非實是淨，淨倒力故，遂悉見淨，而生貪愛。一切雖非悉不淨，今不淨觀智慧力，皆見不淨。破諸煩惱，復有何過？譬如劫燒火起，一切大地，有情無情，若干種類，皆成火焰，以火力故。今以不淨心，觀一切世間，悉見不淨，亦如神通之人，轉瓦石為金玉。當知者❸法，有何定性？彼師如是明第二勝處。深思此意，義理觀行，悉可依用也。

次明第三第四勝處。觀行方法不異於前，但以內無色相為異。滅內色方法，前二背捨初門說。今行者為欲界煩惱歎破故，於第二禪中重修此二勝處，對治除滅下地結使，令無遺餘。亦以重轉變觀道，令利熟增明，牢固不失，工力轉勝也。

次釋青黃赤白四勝處者，行者不受三禪身證之樂，入第四禪時，念慧清淨，四色轉更光顯，如妙寶光明，勝於前色，故名勝處。

復次，行者於四禪中，用不動智慧，鍊此四色，少能多，多能少，轉變自在，欲見即見，欲滅即滅，故名勝處。

復次，行者於三昧中，見是勝色，結漏未斷，或時法愛心生，為斷法愛，諦觀此色，知從心起，譬如幻師，觀所幻色，知從心生，則不生著，是時，背捨變名勝處。

第四，明趣道之相。亦為三意。

一者、先用勝處調心，然後具足修習超越❹等法，發真無漏，證三乘道。

二者、此八勝處，具足成就，深入四諦真觀，第四禪中，發真無漏，具足三十四心❺，斷三界結，證三乘道。

三者、自有行人，得初勝處，入初禪時，厭畏心重，即作念言：我今何用事中諸禪，但須疾取涅槃。作此念已，即於此地，深觀四諦、十二因緣、中道實相。若發無漏，即證三乘聖果也。下七勝處，亦當一一如是分別。

菩薩摩訶薩，雖知諸法畢竟空寂，憐愍一切眾生故，深修勝處，於勝處中發大神通，摧伏天魔，破諸外道，度脫眾生。當知勝處即是菩薩摩訶衍。

【章旨】首先，說明了八勝處的修證方法與所證境界。其次，說明了修習八勝處而證得道果的三種情況。

【注釋】❶閻浮提　華譯為贍部洲。閻浮是樹名，譯為贍部，因為此洲的中心，有閻浮樹的森林，依此樹的緣故，稱為贍部洲，贍部洲就是我們現在所住的娑婆世界。❷四天下　須彌山的東南西北，四個方位上的四大洲，又名四天下。❸者　此「者」，應是「諸」字，恐是筆誤。❹超越　即「超越三昧」。佛及菩薩能超越上下諸地而隨意入出之三昧。在〈禪波羅蜜修證第七之六・釋超越三昧〉中有詳細解釋。參見本書第七〇一頁。❺三十四心　亦即三十四心斷結成道。三藏教菩薩，扶惑潤生，歷劫具修六度梵行，饒益有情，最後至菩提樹下，一念相應，慧發真無漏智時，以八忍、八智、九無礙、九解脫等三十四心，頓斷見思習氣而成正覺，故稱三十四心斷結成道。

【語譯】第三，說明八勝處的修證。所謂「內有色相，外觀色少」，就是行者所觀的外緣少，所以叫做「外觀色少」。由於行者觀想的熟練程度還不夠，所以只能觀想少分的色相，若觀想多分的色相，恐怕擾亂其定心，就好像尚未調馴好的鹿群，不適宜遠行放牧。什麼叫做「觀少」呢？行者觀想自身不淨，也觀想自己所親愛的人不淨、脹爛、最後變成白骨，因此，心生厭惡。觀想的方法，就像初背捨中所說的那樣。

所謂若好若醜，就是說，行者觀想各種外在的色相，凡是由於善業而獲得的果報，都叫做好。凡是由於惡業而獲得的果報，都叫做醜色。

行者依照老師授予的觀想方法，觀想種種外緣，皆屬不淨，這就叫做醜。有時，行者作意觀想，把一切色相，皆想像成淨色，這就叫做好色。

行者定心於自身的某一處，觀想欲界之中，有二種色相。一種是能夠使人生出淫欲的色相。另一種是能夠使人生出瞋恚的色相。使人生出淫欲的色相，就是淨色，所以叫做好色。使人生出瞋恚的色相，就是不淨色，所以叫做醜色。

所謂勝知勝見，就是說，行者的觀想，已經很純熟，能夠對於好色不生貪愛，對於醜色不生瞋恚，只是一心觀想，觀見一切色相，皆屬因緣和合，虛妄不實，就像水中泡沫一樣，行者能夠以智慧之力，辨別假相與實相。行者住心於這種不淨觀中，淫欲和瞋恚等煩惱來的時候，能夠不隨淫欲與瞋恚而轉，所以叫做勝處。勝就是在不清淨之中，淨除一切顛倒煩惱。

所謂好醜。不淨觀有二種。一種是見到自己和他人身中的三十六物，臭穢不淨，這就叫做醜。另一種是，行者在觀想中，想像皮肉與五臟，全部剝落淨盡，只剩下一具白骨，這時，行者只是觀想白骨，如珂如雪，甚至觀想白骨流光，照耀十方，這就叫做好。行者見到不淨相（醜色）時，知道各種不淨相，皆屬虛假不實，所以，心不畏懼，也無退沒。行者見到清淨相（好色）時，知道各種淨相，皆屬因緣和合，所以，不生貪愛，這就叫做勝知勝見。

行者觀於少分色緣，能夠隨意觀想，能夠轉變自在，也能夠善調其心，所以叫做勝處。

二、「內有色相，外觀色多。若好若醜，是名勝知勝見。」這一句話的意思是說，行者的觀想，已經比較熟練，這時，行者不息滅觀想而成的骨人之相，而是在禪定之中，作更加廣泛地觀想，也就是從觀想一個死屍，逐漸增至觀想十個、百個、千個、萬個死屍，從觀想死屍滿一個國土，逐漸增至死屍遍滿十個、百個、千個、萬個國土，從觀想死屍遍滿一個閻浮提，逐漸增至遍滿一個四天下，全都是死屍。觀見一個死屍腫脹時，亦觀見一切死屍腫脹，乃至觀見死屍破壞、血汙、膿爛、青瘀、剝落，也都是由一個，逐漸增至遍滿一切處。

行者在觀想中，已經觀見很多死屍，皆屬骯髒不淨之相，心裡十分厭惡。行者這時，就要觀想一個死屍，皮肉漸漸脫落淨盡，最後，只剩下一具白骨，按照這樣的方法，觀想所有的死屍，也都是皮肉脫落淨盡，只剩下一具具白骨，遍滿這個世界。這種觀想的方法，在禪經上已經作了詳細的說明。

行者觀想外在白骨，觀想成了之後，就要定下心來，觀想自身白骨，直至觀想得十分明淨，就像潔白的珂貝一樣。當行者觀想自身白骨時，行者應觀想外面的白骨，全都站立了起來，排列整齊，向著行者，舉手走來。行者在三昧之中，知道這些骨人，都是唯心所造，無有實際，因此，行者心不驚怖。這時，行者應當心裡默默地訶責這些骨人，說：去！你們這些骨人，從什麼地方而來！當行者這樣訶責的時候，就會見到這些骨人，全部都倒在地上。行者這樣觀想，這樣訶責，甚至反覆地這樣修行。行者返觀自身白骨，即白骨光明，普照十方。所有的骨人，被光明所照，也都變得十分明淨。

白骨觀修成之後，行者對於怨人與親人，對於好色與醜色，都能一心平等，沒有貪愛，也沒有瞋恚，這就叫做「若好若醜，勝知勝見」。好色醜色，以及勝知勝見的含義，與前面所說意思相同。

行者於白骨觀中，觀想成了一骨人之後，進而見四天下所有人，皆是骨人之相，這就叫做「外觀色多」。四天下人，皆是骨人之相，此觀修成之後，行者攝心住定，把四天下所有的骨人，還觀為一骨人，所以叫做勝知勝見。在五欲男女淨相之中，行者能夠任意超越，所以叫做勝處。行者善於調製與觀照自心，雖然知道能觀之心性無所有，然而，卻能在觀想中任運自在，觀諸境界，無有障礙，所以叫做「勝處有」，此義就像大乘經論中所廣泛說明的那樣。

有論師說，若只是觀想一切人，見其骯髒不淨，見其白骨之相，這就叫做「外觀色少」。若觀想一切事物，皆屬不淨，這就叫做「外觀色多」。觀想一切事物，皆屬不淨之相，可以破除行者的一切處貪愛。

什麼是大不淨觀呢？也就是，觀世間的象、馬、牛、羊等六畜，以及飛禽走獸之類，全都是死屍腫脹之相。觀想世間的飲食，就像大便蛆蟲，世間的衣服絹布，就像爛皮爛肉的片段，臭穢可惡。觀想世間的金銀財寶，就像毒蛇蚖蠍，也會死亡變壞，臭爛不淨。觀想世間的穀米，就像臭死的蟲子。觀想世間的住宅、田地、園林、國土、城邑、大地、山川、林木，也都爛壞破滅，臭穢不淨，流溢四處。甚至觀見白骨狼藉，遍地皆是。世間的一切，如此不淨，甚可厭惡。

行者在三昧之中，隨意觀想，隨意可見，無有任何障礙，這樣的大不淨觀，能夠破除世間的一切好醜、愛憎、貪心、憂愁、煩惱，所以叫做「內有色相，外觀色多，若好若醜，勝知勝見。」

問：世間資生之物，既然是不淨的，都屬於皮肉筋骨之類，那麼，為什麼要把它們看作是不淨爛壞之物呢？

答：這是獲得解脫的方便方法。這時，行者見一切事物，皆屬不淨，這是由於不淨觀的心力所造成的，並非真的這樣不淨。為什麼呢？這是因為，人們把虛假之物當作淨物，以不淨作淨，淨顛倒的緣故，所以，當見到所謂的淨物時，就會馬上生起貪心。一切事物，雖然並非全都不淨，但是，由於不淨觀的緣故，所以，所見一切，皆成不淨。運用不淨觀的方法，破除各種煩惱，這樣做又有什麼過錯呢？譬如劫火燒起來的時候，大地上的一切有情之類，無情之類，一切種類，全都成為火焰，這是由於火力的緣故。現在，由於不淨觀的緣故，所以，觀見世間一切事物，皆屬不淨，就好像有神通的人，把瓦石變成金玉。我們應該知道，各種事物，是沒有定性的。彼論師就是這樣說明第二勝處的。行者要深思其含義，其中的義理與觀行，都是可以方便運用的。

接著，我們再說明第三勝處及第四勝處。第三勝處及第四勝處的觀行方法，與前面所說的初勝處、第二勝處的觀行方法，並沒有什麼不同，只是第三勝處與第四勝處，沒有了內在的色相。滅除內在色相的方法，在前面的第二背捨中已經說過。今行者被欲界煩惱誑惑，所以，在第二禪中，應重修第二勝處，用以對治、破除下地的煩惱，令煩惱永盡無餘，亦是為了使觀想更加熟練清晰，牢固不失，工力更加殊勝。

解釋青、黃、赤、白四勝處，行者不著三禪遍身之樂，因此，進入了四禪，此時，心念清淨，智慧明晰，青、黃、赤、白四種光色，更加光明顯耀，猶如妙寶光明，倍勝於前，所以叫做勝處。

行者在四禪之中，運用不動智慧，觀想青、黃、赤、白四種光色，能夠由少至多，由多至少，任運自在，能夠隨意而見色，隨意而滅色，所以叫做勝處。

行者在三昧正定之中，雖然見到了殊勝的四種色想，但是，由於煩惱未斷，有時還會產生法愛。為了斷除其法愛，行者應該仔細觀察，知道法相皆從心起，猶如幻師所變幻出的色相，皆屬唯心假想，於是，對此不起貪愛，這時的背捨，就可以叫做勝處。

第四，說明趣證道果的情形，分三部分來講。

一、先用八勝處之法來調節自心，然後再具足修習超越三昧等法門，發起真正無漏，證得三乘道果。

二、具足成就八勝處法門，深入到四聖諦法中，作真實的觀想，於第四禪中，發起真正無漏，具足三十四心，斷除三界煩惱，證得三乘道果。

三、有的行人，在證得初勝、進入初禪的時候，厭惡畏懼世間的心很重，於是心中作這樣的思惟：我何必在事相上修習各種禪法呢？我應當直取涅槃。行者作了這樣的思惟之後，就在初禪之中，深觀四諦、十二因緣、中道實相。這時，行者若發起了無漏，也就證得了三乘聖果。從二勝處至八勝處，每一勝處，也應當這樣逐一進行說明。

大菩薩雖然知道「諸法空相」之理，然而，菩薩憐憫一切眾生，因此之故，深入修習八勝處，在八勝處法門中，發起大神通，摧伏天魔外道，度脫一切眾生。我們應當知道，八勝處就是菩薩所行的大乘佛法。

【說明】行者所獲得的八種勝處，皆屬於假借觀想而成，是人們的圖像觀念，是人們的心靈狀態，是人們的悟真助緣。行者不可把方便作究竟。若把方便作究竟，把幻相作實相，不但修道不成，反成精神錯亂。

次釋十一切遍處法門。十一切處者。一、青。二、黃。三、赤。四、白。五、地。六、水。七、火。八、風。九、空。十、識。此十通名一切處者，一一色各照十方遍滿故，名一切處，乃至空亦如是。前背捨勝處，雖有八色，所照既狹，未能普遍，是以不得受一切之名。

復次，經中有時說為十一切入。有人解言，此猶是一切處之異名。今則不爾。初名以一色遍照十方，名一切處。後心轉善巧，能於一一切遍照色中，一一互得相入，無相妨閡故，處立一切入名。

今明十一切處，即為二意。一、明階位。二、辯修證。

第一，明階位者。十一切處，初八色一切處，位在第四禪中。次第九空一切處，位在空處。第十識一切處，位在識處。所以前三禪中不立一切處者，行者初學彼三地中，有覺觀喜樂動故，不能令色遍滿。

停住上無所有處定，無物可廣，亦不得快樂，佛亦不說，無所有處，無量無邊，故不立一切處。非有想非無想處心鈍，難取想廣大，故不立一切處。

第二，次明修證。行者住第四禪中，以成就自在勝色，爾時，應用念清淨心，捨七種色，直念青色，取少青光焰相，如草葉大，一心緣中，即與少青相應。觀心運此少青，遍照十方，即見光明隨心普照，一切世間，皆見青相遍滿，停住不動，如青世界，是名青一切處。餘七一切處修觀之相，亦當如是一一分別。

自有師言：修一切處，緣取草葉等相，因外色起相，遍滿普照。如此說者，非唯乖失觀門之法，亦與摩訶衍所說都不相關。

行者既已成就以一切處，欲入虛空一切處，當入虛空背捨，但背捨緣狹，未名一切處。今更廣緣十方虛空故，名虛空一切處。

欲入識一切處者，當亦先入識處背捨，於識定中廣觀此識，遍滿十方，皆見是識，故名識一切處。

行者若欲修一切入，既得一切處成，當以一切處為本，然後用善巧觀心，於青一切中，令黃赤白等，皆入其中，不壞青之本相，而能於青色之中具見餘色。

是則略說一切處一切入竟。

問曰：何故不於一切處中，分別趣道之相？

答曰：一切聲聞經中，多說一切處是有漏緣，但是修通法，既於發無漏義劣，故不分別。

若依摩訶衍義欲分別者，類如前背捨勝處中說。今菩薩為欲令神通普偏❶，成就普現色，具足一切法界中事，故修是一切處，故《大品經》亦說名一切處波羅蜜❷。

【章旨】首先，說明了十一切處所包含的基本內容。其次，說明了十一切處的相應禪定階位。第三，說明了十一切處的修證方法。

【注釋】❶偏　此處的「偏」字，應當是「遍」字。疑是筆誤。❷波羅蜜　覺悟到彼岸。

【語譯】解釋十一切遍處法門。十一切處，包括：一、青。二、黃。三、赤。四、白。五、地。六、水。七、火。八、風。九、空。十、識。這十種，統統都叫做一切處，這是因為，每一種色，各自遍照十方，遍滿一切處，所以叫做一切處，乃至空，也遍滿一切處。前面所說的八背捨，以及八勝處，雖然也有八種色，但是，所照範圍狹小，不能遍滿一切處，所以不能叫做一切處。

在經典中，有時稱為十一切入。有人解釋說，這好像是十一切處的另一種名字。我們以為並不是這樣。

最初，以一色遍照十方，叫做一切處。後來，觀想越來越熟練，每一色皆能遍照一切處，色色互攝，不相妨礙，所以叫做一切入。

現在，分二部分來講十一切處。一、說明十一切處的階位。二、說明十一切處的修證。

第一，說明十一切處的階位。在十一切處中，前面的八一切處，位於第四禪。第九「空一切處」，位於空處定。第十「識一切處」，位於識處定。前三禪，之所以不立一切處，這是因為，行者在最初修習前面的三禪時，有覺觀喜樂，動搖其心，不能使所觀之色遍滿一切處。

停住在「無所有處定」，沒有東西可以增廣，也不會獲得快樂，佛也不說無所有處無量無邊，所以，不能叫做一切處。非有想非無想處定，覺性暗鈍，很難觀想廣大，所以，也不能叫做一切處。

第二，說明十一切處的修證。行者住在第四禪中，以便成就自在殊勝的色相，這時，行者應該運用清淨之心，捨棄其餘的七色，只是一心觀想青色，行者用少許青色光焰之相，如草葉大小，一心觀想，就能夠與少許的青色相應。然後，行者再運心觀想，使少許的青色，逐漸遍滿十方，這時，行者就會見到青色光明，隨心觀想，遍照十方，一切世間，青色充滿，青色遍滿停住，猶如青色的世界，這就叫做青一切處。其餘的七一切處的修證方法，也應當這樣逐一進行說明。

有的禪師說，修習一切處，要取草葉作為觀想的助緣，借助於外色起觀想，最後，所觀之色，遍滿十方，普照一切。這種說法，不僅是錯誤的觀法，也與大乘經論中的說法不相關。

行者修成了八一切處之後，若想進入虛空一切處，就要先進入虛空背捨。只是虛空背捨尚未廣大遍滿，所以，不能叫做虛空一切處。現在，行者所觀想的虛空，漸漸增廣，遍滿一切處。當虛空遍滿一切處之後，就可以叫做虛空一切處。

行者要想進入識一切處的時候，也應當先進入識處背捨，然後，在識處背捨中，廣泛地觀想識相，漸漸增廣，遍滿十方。當識相遍滿一切處之後，就可以叫做識一切處。

行者要想進入一切入，就要首先修成一切處，一切處修成之後，以一切處為根本，善巧用心，在青一切處中，使黃色、赤色、白色等，漸漸地加入進來，並且不破壞青色的本相，使黃、赤、白色，在青色之中清晰可見。

以上簡略地說明了一切處，以及一切入。

問：為什麼不在一切處中，分別說明趣入道體的情形呢？

答：幾乎所有的聲聞乘經典上都說，一切處是有漏法，一切處只不過是用來修習神通的方法而已，不利於無漏智慧的發起，所以，不進行分別地說明。

若依照大乘經論的義理來說的話，則與前面背捨、勝處中所說的相同。現在，菩薩為了普現一切神通，普現一切色相，成就一切法界中事，所以，菩薩修習十一切處，《大品經》中稱之為「一切處即是波羅蜜」。

【說　明】以清淨之心，隨緣起用，用而不著，即般若智慧之行。對於「十一切處」的修習，亦應當不離般若慧觀，所謂即一切相而離一切相，知諸法皆空，非真實有，不取不著，不厭不棄。若能如此，則修一切法，皆無障礙。若不得如此，則修一切法，皆成障礙。行者修習佛法，不可丟棄般若慧觀，若丟棄般若慧觀，一味地執著在虛幻法相上，起幻逐幻，弄聲捉響，其結果，必然是十有五雙成精神錯亂。

第二，明觀禪功用之法者。佛弟子既得此三番觀行❶，若欲為化眾生，現希有事，令心清淨，應當廣修一切神通道力，所謂六通、十四變化、四辯、無諍三昧❷、願智頂禪❸、自在定❹、鍊禪❺、十八變化等諸大功德，皆應住此背捨、勝處、一切處中學。既學得已，令多眾生睹見，歡喜信伏得度，故修神變。

次釋六神通。六通者。一、天眼通。二、天耳通。三、他心通。四、宿命通。

五、如意通。六、漏盡通。

皆言神通者。神名天心，通是智慧性。以天然之智慧，徹照一切色心等法無閡，故名神通。

今約此諸禪，後釋六通，即為三意。一、明得通因緣不同。二、正明修通方法。三、明變化功用。

第一，明得通因緣不同者。自有三種。

一者、報得。如諸天大福德，淨土中人受生，即得報得五通也。

二者、發得。若人但因懺悔，或深修上所說禪定，雖不作取通方便而神通自發。故經云：「深修禪定，得五神通。」

三、修得者。行人雖證上所說諸深禪定，而未斷障通無知，則神通終不發。若於禪定中，更作取通方便，斷障通無知，神通即發。今正約此明義。

第二，次明修通法者。經論所說，乃各不同。今但取摩訶衍中意，以略明修通方法。

一、修天眼通者。行人深心憐愍一切，發願欲見六道眾生死此生彼之相。爾時，當任色界、背捨、勝處、一切處及四如意足[6]中，正念修習，具足四緣，即生天眼通。何等為四？

一、光明常照，晝夜無異。

二、諦觀世間隔障，悉如虛空，無有覆蔽之相。

三、專心先取一易可見境，以心緣之，常勤精進，善巧修習，欲見前境。

四、於禪定中，發四大造清淨眼根成就。

是名具足四緣和合，因此生清淨識，即見十方六道眾生死此生彼苦樂之相。若明暗近遠障內障外粗細之色，徹見無閡，了了分明，是名天眼通。

二、次明修天耳通。行者既見色已，若欲聞其聲，當於禪定中，諦取障外可聞細聲，一心聽之，願欲得聞。若心明利發，得四大造清淨色耳根，即聞障外障內一切六道音聲苦樂憂喜言辭不同，是名天耳通。

三、明修他心通。行者既聞聲已，若欲知眾生心所念事，當即於禪定中，觀前人喜相瞋相怖畏等相，悉知依心而住。借此等相，諦觀其心所緣念法，一心願欲知之。若心明利，因此發通，隨所見眾生，即知心所念事，是名他心通。

四、次明修宿命通。行者既知他心已，若欲自知己宿命❼及他宿命，百千萬世所作事業，即當於禪定中自憶己所，於日月歲數中經作之事，乃至歌羅邏❽時所作之事。如是憶念，一心願欲知之。若心明利，便發神通，即自知過去一世，乃至百千萬世劫數中宿命所作事業之相，了了分明，乃至知他宿命亦如是，是名宿命通。

五、次明修身如意通。行者既知宿命，若欲得身通變化，當於三昧中，繫心身內虛空，滅粗重色相，常取輕空之相，發大欲精進心，智慧籌量：心力能舉身。未籌已，自知心力已大，能舉其身，譬如學跳之人，常自輕舉其身。若觀心成就即發。

身如意通有三種。一者、能到。二者、轉變。三者、自在。

所言能到者，即有四種。一者、身能飛行，如鳥無閡。二、移遠令近，不往而到。三、此沒彼出。四、一念能到。

二、次明轉變者。大能作小，小能作大。一能作多，多能作一。種種諸物皆能轉。

三、聖如意者。外六塵中，不受用不淨物，能觀令淨，可受淨物，能令不淨。是自在法，如意神通，從修勝處、一切處、四如意足中生，是名證身如意通。行者得是身如意通故，即能隨意變現。

若欲自得解脫及度眾生，必須斷除心病，是時應修無漏通。修無漏通，下明諦觀中，當廣分別。

問曰：修下六、次第一向如前所說耶？

答曰：此約一途論次第。若行人隨所樂通，前學即得，未必皆如前辯。

第三，明變化者。十四變化能生神通，亦因神通能有變化。云何名十四變化？

一者、欲界初禪，成就二變化。一、初禪初禪化。二、初禪欲界化。

二者、二禪成就三變化。一、二禪二禪化。二、二禪初禪化。三、二禪欲界化。

三者、三禪成就四變化。一、三禪三禪化。二、三禪二禪化。三、三禪初禪化。四、三禪欲界化。

四者、四禪成就五變化。一、四禪四禪化。二、四禪三禪化。三、四禪二禪化。四、四禪初禪化。五、四禪欲界化。是為十四變化。

若人成就此變化，即具十八變化。一切神通力，觀行功德，無量無邊，是事微細，豈可以文字具載？今但略出名目，欲令學者知一切神通變化，皆從觀禪中出。此諸神通，若在菩薩心中，名神通波羅蜜。

【章　旨】首先，說明了六種神通所包含基本內容，以及神通的含義。其次，說明獲得神通的三種方式：一、報得的神通。二、自發的神通。三、修得的神通。第三，逐一說明了六種神通的修習方法。第四，說明了十四種變化。

【注　釋】❶三番觀行　即指背捨、勝處、一切處等法門的修行。❷無諍三昧　住於空理，與他無諍，這樣的禪定，就叫做無諍三昧。❸願智頂禪　一切願，一切智，悉得滿足之禪，禪之最高境界。❹自在定　無有障礙，叫做自在。一心不亂，名為定。禪定之中，任運自在，無有障礙，叫做自在定。❺鍊禪　鍊禪亦名九次第定。〈釋禪波羅蜜修證第七之六・釋九次第定〉中有詳細解釋。參見本書第六九〇頁。❻四如意足　又名四神足，亦即四種神通，獲得滿足。一、欲如意足，謂修道趣果的欲望增進。二、念如意足，謂念念一心，住於正理。三、進如意足，謂精進直前，功無間斷。四、慧如意足，謂真照離妄，心不散亂。❼宿命　過去世之生命狀況。即總稱過去一生、無量生中之受報差別、善惡苦樂等情狀。若能知此情狀，稱為宿命通。凡夫不知宿命，故常憍慢，不畏造惡果報，不精進於萬善。❽歌羅邏　初宿胎內之位。〈分別釋禪波羅蜜前方便第六之二・明果報十二因緣善根發〉有解釋。參見本書第二〇二頁。

【語　譯】第二，說明觀禪的功用。佛弟子經過背捨、勝處、一切處法門的修行，為了要度化眾生，顯現希有之事，令眾生心意清淨，就應當廣泛地修習神通變化。所謂神通變化，亦即六通、十四變化、四無礙辯、無諍三昧、願智頂禪、自在定、鍊禪及十八變化等諸大功德。佛弟子應當修習的這些神通變化，都應該在背捨、勝處及一切處法門中修學。學成之後，令廣大眾生得以相見，令廣大眾生心生歡喜，信受佛法，因此而得度，所以，佛弟子應廣泛地修習神通變化。

接著，我們解釋六種神通。六種神通包括：一、天眼通，二、天耳通，三、他心通，四、宿命通，五、如意通，六、漏盡通。

所謂神通，神即本然之心，通即智慧之性。以本然之心，普照一切法相，無有障礙，這就叫做神通。

現在，我們依據以上所說的這些禪，再來解釋六種神通，共分三部分。一、說明獲得神通的因緣，二、說明修習神通的方法。三、說明神通變化的功用。

第一，說明獲得神通的因緣。獲得神通，有三種因緣。

一、報得的神通。譬如有大福德的天人，淨土中的人，當他們再次受生時，他們就會有五種神通，這屬於報得的神通。

二、自發的神通。有人由於修習懺悔法，或者由於深入修習前面所說的各種禪定，他們雖然沒有要獲得神通的心向，然而，他們卻自然而然地發起了神通。佛經上說：「深入修習禪定，就能獲得五種神通。」

三、修得的神通。行者雖然已經證得了上面所說的各種禪定，但是，由於尚未斷除障礙神通的無明，因此，神通始終不發。行者若在修習禪定時，善巧修習神通，斷除障礙神通的無明，這樣，就能發起神通。現在，我們正是在這個意義上來說明神通的獲得的。

第二，說明修習神通的方法。修習神通的方法，經論上的說法，各有不同。現在，我們依照大乘經論之意，簡略地說明修習神通的方法。

一、修天眼通的方法。行人深心憐愍一切眾生，發願要見到六道眾生死此生彼的情形。這時，只要行人安住色界、背捨、勝處、一切處及四如意神足中，正念修習，具足四緣，就能獲得天眼通。四緣又是指什麼呢？

一、光明常照，晝夜無異。

二、行者見到世間隔障之物，猶如虛空一樣，根本沒有任何遮蔽。

三、行者要專注於一個容易觀想的境相，一心緣於這個境相，精進不懈，善巧修習，一心一意地想見到這個境相。

四、行者在禪定之中，就能獲得由清淨四大所構成的眼根。

以上四緣具足之後，就會產生清淨的眼識，這時，就能見到十方六道眾生，死此生彼，受苦受樂的情形，明暗、遠近、內障、外障、粗色、細色，若都能徹見無餘，了了分明，這就叫做天眼通。

二、說明修習天耳通的方法。行者既然見到了六道眾生的種種情形，若再想要聽到六道眾生的音聲，這時，行者就要在禪定之中，選取身外的可以聽到的細微之聲，一心專注在這個聲音上，一心一意地想聽到這個聲音。若行者，心明通利，就能獲得由清淨四大所構成的耳根。這時，就能聽到身內身外的一切六道眾生的聲音，就能聽到或苦或樂、或憂或喜的不同言語，這就叫做天耳通。

三、說明修習他心通的方法。行者已經聽到了六道眾生的聲音，若再想要知道眾生心中所想之事，這時，行者就要在禪定之中，深入觀察眾生的喜相、瞋相、怖畏之相，知道他們的喜相、瞋相，以及怖畏之相，全都是依心而有的。行者借助於眾生的喜相、瞋相、怖畏之相，深入體察眾生心中之事，一心想知道眾生所想之事。若行者心性明利的話，就能發起他心通，隨所見眾生，便能知眾生心中所想之事，這就叫做他心通。

四、說明修習宿命通的方法。行者成就了他心通之後，若想要知道自己及他人的過去，以及百千萬世以來所作的事業，行者就要在禪定之中，回憶自己的所作所為，回憶自己在一天、一月、一年之中所作的事業，乃至追憶自己住胎時所作的事業。如是憶念自己的所作所為，一心一意地想要知道自己的所作所為。若行者心智明利的話，就能發起宿命通，就能清楚地知道自己在前世，乃至自己在過去百千萬世劫數中所作的事業，乃至他人在過去百千萬世劫數中所作的事業，也都能清楚地知道，這就叫宿命通。

五、說明修習如意通的方法。行者獲得了宿命通之後，若想進一步獲得身通變化，行者就要在三昧定中，把心專注於身內虛空，除滅粗重的色相，取輕盈的空相，發大願望心，發大精進心，以智慧之心，作這樣的觀想：自己的心力，能夠舉起身體。久而久之，行者就會發現，心力已經增大，能夠舉起自己的身體，就好像學跳高的人，經常輕身高跳。若行者觀心獲得了成就，就能發起身如意通。

身如意通有三種。一、能到，二、轉變，三、自在。

一、我們所說的「能到」，有四種情況。一、身體能夠飛行，像鳥一樣沒有障礙。二、移遠物至近處，不用前往，便能到達。三、在此地滅去，在彼方生出。四、起一心念，便能到達。

二、說明「轉變」。以大作小，以小作大，以一作多，以多作一，能於種種事物之中，如意轉變。

三、說明「聖如意」。外在的六塵之物，不能受用的不淨之物，通過觀想，能夠把它變成淨物。能受用的清淨之物，通過觀想，能夠把它變成不淨之物。這樣的自在之法、如意神通，是修習勝處、一切處、四如意足時而成就的，所以，叫做證身如意通。行者獲得了這樣的身如意通，就能隨意變現。

若行者想要獲得解脫，以及度化眾生，就要斷除心病。這時，行者就要修習無漏通。修習無漏通的方法，在下面講「諦觀」時，我們會作詳細說明。

問：修習六神通的次第，是否一向如前面所說的那樣？

答：這只是就一種途徑來說明修行的次第，若行人順著自己的所喜愛而修習，前面的修習方法即可，然而，也未必完全地與前面所說的修行次第相同。

第三，說明變化。十四變化能夠生出神通，神通也能產生種種變化。什麼是十四變化呢？

一、欲界定及初禪，能夠成就二種變化。㈠初禪能夠成就初禪變化。㈡初禪能夠成就欲界變化。

二、二禪能夠成就三種變化。㈠二禪能夠成就二禪變化。㈡二禪能夠成就初禪變化。㈢二禪能夠成就欲界變化。

三、三禪能夠成就四種變化。㈠三禪能夠成就三禪變化。㈡三禪能夠成就二禪變化。㈢三禪能夠成就初禪變化。㈣三禪能夠成就欲界變化。

四、四禪能夠成就五種變化。㈠四禪能夠成就四禪變化。㈡四禪能夠成就三禪變化。㈢四禪能夠成就二禪變化。㈣四禪能夠成就初禪變化。㈤四禪能夠成就欲界變化。這就是十四變化。

若有人成就了十四變化，其實也就具備了十八變化。一切神通之力，觀行功德，無量無邊，極其微妙，語言文字豈能盡表其義？現在只是大略地說出名目，以便令學人知道，一切神通變化，都是從觀禪中產生出來的。以上所說的這些神通，在菩薩的境界上來說，就叫做神通波羅蜜。

【說　明】唯心假想所成之事，只存在於人們的觀念之中，而在客觀事實上卻並非如此。譬如行者假想身騰虛空，雖然心力極大，亦依然是立地而行。若人著相求神通，猶如出坑又入坑，這實在是有違佛門清淨之行。

神通之事，並非外求而得，而是自心本有之事。若人心地清淨，自利利人，事上鍛鍊，則知識才幹，世事人情，利世之用，則自然通達，豈不是菩薩所行的大神通？若於神通，更生奇特之想，那自然是依文解義，虛營自繞，自瞞自欺。

次釋九次第定。九次第定者，離諸欲，離諸惡不善法，有覺有觀❶，離生喜樂❷，入初禪。如是次第入二禪、三禪、四禪、空處定、識處定、不用處定、非有想非無想處定、滅受想定，是名九次第定。

釋九次第定，即為三意。一者、釋名。二、明次位。三、明修證。

第一，釋名。今此九法皆轉名次第定者，上來諸法門，既觀行未熟，入禪時心有間故，不名次第定也。行者定觀之法，先已成就，今於此中，修鍊既熟，能從一禪心起，次入一禪，心心無間，不令異念得入，若善若垢。如是乃至滅受想定，是名九次第定，亦名鍊禪。所以者何？諸佛弟子心樂無漏，先得諸味禪，今欲除其滓穢，以無漏禪鍊之，皆令清淨，如鍊金之法。

問曰：說九次第定中鍊法，與阿毘曇❸人明熏禪之法，有何等異？

答曰：有同有異。彼以無漏鍊有漏，今亦以無漏鍊有漏，故同。彼則但明鍊四禪為防退轉，轉鈍為利，現法樂及生五淨居❹故，唯鍊四禪，無色界則無鍊法。

今明從初禪，乃至非想，悉皆鍊之，令一切諸禪，清淨調柔，增益功德，故為異也。尋下修證，自當可見。

第二，明階位者。此位雖一往約四禪、四空及滅盡定，然實位通諸禪。所以者何？如上所說，特勝、通明、背捨、勝處，悉有四禪、四空，未必但是根本❺。今修鍊之法，悉應普入諸禪，令心無間，不可的約根本世間禪以為次位也。故《大品》云：「菩薩依八背捨，逆順出入九次第定。」若依《成論》毘曇義，但用無漏心入八禪，緣真入滅，以為九次第定。今用《大品》《摩訶衍論》所明九次第定，意在望彼，則大有門闕。習者尋上來所說言意臣類，同異之相，泠然可見。

第三，明修證者。行者既具足諸禪，今欲入九次第定者，先當從淺至深，修鍊諸禪，定觀之法，極令調柔利熟，然後，總合定觀二種法門，一心齊入，善斷法愛，自識其心。從初調心入一禪，不令異念間雜，如是乃至滅受想定。所以者何？行者於根本禪中，定多而智少，則心不調柔，故入禪有間。背捨禪等，觀多而定少故，心不調柔，入禪有間。譬如車有二輪，若一強一弱，則載不安穩。亦如刀刃，強軟不調，則無利用。此亦如是。

今修此定，既定觀均等，定深智利。定深故，在緣則不散。智慧利故，則進入捷疾無閡。是故從一禪起，入一禪時利疾，心心相次，無諸雜間，隨念即入，亦名無間三昧。

行者若用此心，遍入諸禪，非但次第調柔，心無雜間，亦復增益諸禪功德，轉深微妙。如鍊金，光色更增，價直亦倍，故說此定名曰鍊禪。

問曰：是中亦有欲界未到中間，何故但說九定？

答曰：雖有此法，既不牢固，又聖人所得大功德，不在邊地，是故不說。復次，上來入禪心鈍故，於方便中間，經停則久，是故分別，有未到、中間之相。今此九定，定慧心利，欲入正地，隨念即入，既不久住方便中間，是故不說。若分別趣道之相，具如前背捨勝處中說，故不別明。

【章旨】首先，說明了九次第定所包含的基本內容：四種禪定，四種空定，再加滅受想定，共計九種定。其次，說明了九次第定的含義、階位，以及九次第定的修證。

【注釋】❶有覺有觀　亦即有覺有觀三昧。初心在禪，稱之為覺。細心分別，稱之為觀。行者以有覺有觀之心，行持禪法，這就叫做有覺有觀。❷離生喜樂　初禪天已經遠離了欲界的貪欲、惡、不善等法，生出了初禪的喜樂，所以叫做離生喜樂。（離開貪欲，生出喜樂。）❸阿毘曇　意譯為對法、大法、無比法、向法、勝法、論。與經、律合稱為三藏（佛教聖典之總稱）。❹五淨居　即五淨居天，是淨業聖人所居之處。在顯教中，五淨居天，屬於色界第四禪天中的第五天，是證得阿那含果的人所居之處。❺根本　亦即根本禪、根本等至、八定根本、八根本定，略稱根本。四靜慮（四禪）與四無色定等八者，各有根本定與近分定二種。壓伏下地煩惱，所得之上地禪定，稱為近分。斷除下地煩惱，所得之上地禪定，稱為根本。

【語　譯】接著，我們再解釋九次第定。所謂九次第定，就是離開各種貪欲，離開各種不善之法，進入有覺有觀、離生喜樂的初禪。如是再進入二禪、三禪、四禪、空處定、識處定、不用處定、非有想非無想處定、滅受想定，這就是九次第定。

解釋九次第定，分三部分來說。一、解釋名字。二、說明階位。三、說明修證。

第一，解釋名字。我們把這九種定，皆稱之為「次第定」，這是因為，我們在上面所說的各種法門，其觀行尚未達到純熟的程度，在次第升進的過程中，心有間斷，所以不能叫做次第定。行者已經成就了定觀之法，今於所成就的定觀之法中，繼續修鍊，使定觀之法，逐步達到純熟，能夠從一禪而進入另一禪，心一定境，無有雜念，無論是善念還是垢念，皆不令其得入。這樣，從初禪，依次進入滅受想定，就叫做九次第定，也叫做鍊禪。為什麼叫做鍊禪呢？這是因為，諸佛弟子，喜愛無漏，已經得到了各種禪定，現在要除掉各種禪定的滓穢，所以，就以無漏清淨之心，修鍊各種禪定，以使禪定清淨，猶如鍊金之法。

問：九次第定中的鍊禪，與阿毘曇人的熏禪，有什麼不同呢？

答：既有相同之處，亦有不同之處。阿毘曇人，以無漏修清淨之心，對治有漏煩惱之心，我們也以無漏清淨之心，對治鍊有漏煩惱之心，在這一點上，是相同的。不過阿毘曇人修鍊四禪，是為了要防止退轉，是要轉化鈍心，是為了獲得今生禪樂，以及將來生到五淨居天上，他們只鍊四禪，到了無色界，他們則無法可鍊。

我們今天所說的九次第定，則是從初禪開始，一直到非想非非想定，皆以清淨無漏之心而鍊之，目的在於，令一切諸禪，清淨調柔，增益諸禪功德，這就是鍊禪與熏禪的差異之處。我們在講到九次第定的修證時，鍊禪與熏禪的差異，就會顯而易見。

第二，說明階位。以往說明諸禪的階位，皆參照根本四禪、四空、以及滅盡定，而我們現在所說的九次第定，它的每一個階位，都能通達所有的禪。為什麼這樣說呢？這是因為，就像上面所說，特勝、通明、背捨及勝處等，都包含有四禪及四空定，未必只有根本禪。

我們現在所說的修鍊之法，應該普遍地深入諸禪，心無有間斷，不可只限於世間禪的階位。所以《大品經》上說：「菩薩修習八背捨，或逆次第，或順次第，出入九次第定。」若依照《成實論》的意思，只要運用無漏心，入於八禪，再借助於真諦，入於寂滅，這就叫做九次第定。現在，我們依據《大品經》《大智度論》中所說的九次第定，來看《成實論》中所說的九次第定，我們就會發現，《成實論》的說法，大有缺失。習禪之人，若能依照前面所說的意思，仔細分別《大智度論》與《成實論》的說法，其間的同異之處，就會顯而易見。

第三，說明修證的方法。行者既然具備了諸禪，現在想要進入九次第定，這時，就應當從淺至深，修鍊諸禪，使定心與觀慧，調柔與熟練。然後，綜合定心與觀慧，使定心與觀慧等持，並且善於斷除法愛，善於自識其心。從最初調心，到進入初禪，不令異念參雜，這樣修習禪定，一直修到滅受想定。為什麼呢？這是因為，行者在根本禪中，定多而智少，心不調柔，所以，入禪就會有間斷。背捨等禪，觀多而定少，心也不調柔，入禪也有間斷。就好像車子的兩個輪子，若一強一弱，車子就會不穩。也好像刀子鋒刃，若強軟不調，就不得其利用。禪定中的定心與觀慧，也應當是調柔均衡的。

現在修習九次第定，已經達到了定觀等持、定深智利。由於定心深遠的緣故，所以，定心處緣而不亂。由於智慧明利的緣故，所以，入禪迅速而無礙。所以，從一禪而進入另一禪，能夠迅速而快利，能夠心心不間斷，也不參雜異念，隨念即入，無有間雜，所以叫做無間三昧。

行者若運用「定觀等持、定深智利」之心，普遍地進入諸禪，這樣，不但能夠次第調柔，心無雜念間隔，也能增益諸禪功德，使諸禪越來越深遠微妙。猶如鍊金，能夠增加金子的色澤，也能倍增金子的價值，所以，九次第定也叫做鍊禪。

問：其間也有欲界定、未到地定、中間禪，為什麼只說這九種定呢？

答：雖然有你所說的這些定，但是這些定並不牢固，又由於聖人的禪定功德，不會落在這些邊地，所以不說。

最初修習禪定的人，由於心昧遲鈍的緣故，所以，必須要有方便的中間禪，作為諸禪之間的中間停頓，所以才會有未到地定、中間禪的情形。我們現在所說的九次第定，定心與觀慧，非常明利，行者若想要進入某一禪，只要隨念一動，就能即刻進入，不須要久住中間禪，所以，在九次第定中，不說欲界定、未到地定、中間禪等。九次第定的趣道之相，與前面的背捨、勝處中所說的一樣，所以，不再重複說明。

【說明】依次修習四種禪、四空定、滅受想定，其間歷經九種禪定階位。行者若能依照次第，純熟無間地出入於九種禪定，這就叫做九次第定。

次釋三三昧。三三昧者，一、有覺有觀三昧。二、無覺有觀三昧。三、無覺無觀三昧。所以次九定後明三三昧者，此二種禪，名雖有異，而法相孱同。所以者何？九定既通鍊諸禪而自無別體。三三昧亦如是。此義在下自當可見。

釋三三昧，即為三意。一、釋名。二、辯相。三、名出生三昧。

第一，釋名。覺觀等三法，名同次位，已如前根本禪中說。三昧今當分別，一切禪定攝心，皆名為三摩提，秦言正心行處。是心從無始已來，常曲不端。得是正心行處，心則端直，故名三昧。譬如蛇行常曲，入筒則直，此亦如是。

問曰：若言禪定攝心名三昧者，根本禪定與此有何異？

答曰：有異。彼則但明根本攝心。今遍約一切諸禪中明攝心，當如此則定深而廣，豈得不異？復次，根本禪但是緣事攝心，未斷邪倒，不名端直。今明三昧並據緣理攝心，能斷邪倒之曲，故以心端直處為三昧也。

第二，次辯相者。此三三昧，義同九定，既無別體，但約諸禪以辯相也。

一、明有覺三昧。如上所說，根本初禪，乃至特勝、通明、背捨、勝處等初禪，各有覺有觀、相應心數及諸功德，行者入此等諸初禪時，住正心行處，皆名有覺有觀三昧。

二、如上所說，諸禪中間，乃至特勝、通明、背捨、勝處，各有中間，與觀相應心數法，及諸功德。行者以正心行處，入此等諸禪中間，皆名無覺有觀三昧。

三、如上所說，根本二禪，乃至有頂❶，及特勝、通明、背捨、勝處等，各有二禪。從二禪已去，乃至有頂，及滅受想定，有無覺無觀相應法，并諸功德。行者正心行處，入此等諸禪功德，皆名無覺無觀三昧。

當知，此三三昧，更無別體，但是總諸禪以為三分。大聖欲令眾生，雖聞廣說諸禪，而不失根本故，總以三法收攝諸禪，罄無不盡。譬如數法，若至百萬，總為一億，此亦如是。

第三，明出生三昧之相者。則有二種。

一者、出生二乘三昧。所以者何？如上所說，諸有覺有觀初禪等，悉發念處三昧，乃至八聖道❷，空❸、無相❹、無作❺，十六行❻，十二因緣❼，暖、頂、忍、世第一❽等三昧，電光三昧❾，金剛三昧❿，乃至佛智無諍⓫等三昧。此諸法門，《涅槃經》中悉說名三昧也。

若於諸初禪中發此等三昧，即證二乘若道若果，故名有覺有觀三昧。乃至無覺有觀，無覺無觀，亦當如是一一分別。

二者、如上所說，諸有覺有觀禪，各發大乘諸三昧者，如觀佛三昧⓬，二十五三昧⓭，般舟三昧⓮，首楞嚴⓯等諸菩薩三昧，百則有八。諸佛三昧不動等，百則有二十，及八萬四千諸三昧等，皆因有覺有觀三昧發，乃至無覺有觀，無覺無觀，亦當如是一一分別。

菩薩摩訶薩得此諸三昧故，即入菩薩位，亦能現身，如佛度一切眾生。三三昧義，如摩訶衍中廣分別。

【章　旨】分三個部分，說明了三三昧的含義。一、說明了「三三昧」名字的內涵。二、說明了「三三昧」的禪定境界。三、說明「三三昧」派生出的禪定境界。

【注　釋】❶有頂　天名，色界之第四重天，本名「色究竟天」，因為此天處於有形世界的最頂端，所以叫做有頂。❷八聖道　即八種通向涅槃解脫之道的正確方法或途徑。又作八正道、八支正道、八聖道分、八道行等。八聖道乃三十七道品中，最能代表佛教之實踐的法門。八聖道包括：正見，正思惟，正語，正業，正命，正精進，正念，正定。❸空　亦即空三昧。觀諸法為因緣所生，無「我」，無「我所」。空此「我」及「我所」，所以叫做空三昧。❹無相　亦即無相三昧，與滅諦之滅、靜、妙、離等四行相相應，以無相為緣，所以，叫做無相三昧。❺無作　於諸法相，不取不捨，也不起心造作，所以叫做無作三昧，也叫做無願三昧，也叫做無起三昧。❻十六行　又作十六勝行，十六特勝。為數息觀中最為殊勝之十六種觀法。在〈釋禪波羅蜜修證第七之三‧釋十六特勝〉中有詳細解釋。參見本書第四九三頁。❼十二因緣　見前「十二因緣」注釋。第五三頁。❽暖頂忍世第一　一、指小乘之暖、頂、忍、世第一法。聲聞乘行人修五停心觀及四念處觀之後，接著須修四諦觀。當無漏智火將生，心中光明啟發之時，名為暖位。進而智慧增長，達於頂點，名為頂位。再進而明四諦之理，其心堅住，決定不移，名為忍位。更進而到達有漏智的最終點，在世間有情之中，最為殊勝，名為世第一法。二、指大乘之暖、頂、忍、世第一法。以佛覺為己心，如火欲燃，名為暖。以自心成佛，如登高山，身入虛空，下有微礙，名為頂。印持無所取之境，順忍所無取之心識，名為忍（暖位以佛覺為己心，頂位以自心為佛境，忍位則覺於中道）。由此更進，則迷覺兩忘，中邊不立，雖未至初地見道之出世間，然已到世間的最後邊際，縱屬有漏，但在世間已是第一，名世第一。❾電光三昧　觀一切相，如露如電，生滅閃爍，無有實際。❿金剛三昧　在這是指能夠摧毀一切煩惱的禪定。金剛象徵著堅利，能夠摧毀一切。三昧是指正定，或智心禪定。⓫佛智無諍　遠離一切是非之三昧。此三昧，雖然名為佛智無諍，然而，卻有「捨有取空」之法執，所以，列為二乘三昧。⓬觀佛三昧　觀想佛的相好莊嚴，達到一心不亂之境界，此三昧就是觀佛三昧。⓭二十五三昧　破除三界二十五有，所成就的二十五種三昧。⓮般舟三昧　般舟三昧屬於念佛三昧的一種。行者修習念佛法門時候，二六時中，不坐不臥，專心念佛，以九十日為一期，專念阿彌陀佛的名號，修習這一法門所達到的境界，即是般舟三昧。⓯首楞嚴　亦即首楞嚴三昧。即堅固攝持諸法之三昧，為百八三昧之一，乃諸佛及十地之菩薩所得之禪定。

【語　譯】接著，我們解釋三三昧。三三昧是指，一、有覺有觀三昧，二、無覺有觀三昧，三、無覺無觀三昧。

之所以在九次第定之後講三三昧，這是因為，九次第定與三三昧這二種禪，名字有異，而法相不別。為什麼呢？這是因為，九次第定，通達各種禪，而無有自體。三三昧也是這樣。這個道理，我們將在下面加以說明。

我們分三個部分，來解釋三三昧。一、解釋三三昧的名字。二、分辨三三昧的相貌。三、說明三三昧的派生。

第一，解釋三三昧的名字。有覺有觀、無覺有觀、無覺無觀等三昧的名字，以及相應的階位，在前面的根本禪中已經說過。現在，我們應當解釋「三昧」的意思。一切收攝心念的禪定，都叫做三摩提，我們把它翻譯成「正心行處」。眾生的業識之心，從無始以來，邪曲不正。若眾生獲得了「正心行處」，心就會端正，所以叫做三昧。就像蛇行彎曲，若把蛇放到直筒裡，它就會直，三昧也是這樣。

問：若說「禪定攝心」就叫三昧，那麼，根本禪與三昧有什麼不同呢？

答：當然有不同。根本禪只是在根本禪中攝心，而三昧則是在一切禪中攝心，三昧禪定，定心深遠而廣大，豈能相同？再說，根本禪只是緣事攝心，尚未斷除邪見顛倒，所以不叫做端直。我們現在所說的三昧，不但緣事攝心，而且還緣理攝心，因此，能夠斷除邪見顛倒，所以，我們把「心端直之處」叫做「三昧」。

第二，分辨三三昧的相貌。三三昧的情形和九次第定一樣，沒有自體，我們只能依照各種禪定來說明三三昧的相貌。

一、有覺有觀三昧。正如前面所說，根本初禪，乃至特勝、通明、背捨、勝處等初禪，各自皆有覺觀、相應心數，以及相應的禪定功德，行者入於初禪，住於正心行處，這就叫做有覺有觀三昧。

二、無覺有觀三昧。正如前面所說，在各種禪的中間，乃至特勝、通明、背捨、勝處等禪，皆有中間禪，以及「與觀相應的心數法」，及其各種功德。行者以正覺三昧，入於諸禪之間的中間禪，就叫做無覺有觀三昧。

三、無覺無觀三昧。正如前面所說，從根本二禪往上，一直到有形世間的最頂端，以及特勝、通明、背捨、勝處等，各自皆有二禪境界。從二禪天往上，達到有形世間的最頂端，乃至達到滅受想定，其間皆有「無覺無觀相應法」，以及各種功德，行者以正覺三昧，進入這些禪境，就叫做無覺無觀三昧。

我們應當知道，三三昧沒有自體，只是總括一切禪為三分。佛陀要使眾生，既廣泛地聽聞禪法，又不失其根本，所以，以三三昧總攬一切禪，無所不包。譬如算數之法，到了百萬，就用一億來概括。三三昧總括諸禪，其中的道理，也是這樣。

第三，說明出生三昧的情形。有二種情況。

一、出生二乘三昧。為什麼三三昧能夠出生二乘三昧呢？就像上面所說，各種有覺有觀初禪，都會發起相應的禪定三昧，乃至發起八聖道、空、無相、無作、十六行、十二因緣、暖、頂、忍、世第一法等三昧，乃至發起電光三昧、金剛三昧、佛智無諍三昧等。在《涅槃經》裡，這些法門都叫做三昧。

若行者在諸初禪中發了這些三昧，就能證得二乘道果，所以叫做有覺有觀三昧。無覺有觀三昧、無覺無觀三昧的情形，也應當像這樣逐一說明。

二、出生大乘三昧。正如上面所說，各種有覺有觀三昧，都能發起大乘三昧。譬如能夠發起觀佛三昧、二十五三昧、般舟三昧、首楞嚴三昧等諸菩薩三昧，有一百零八種，也能發起諸佛不動三昧，有一百二十種，以及八萬四千種諸禪三昧，皆因有覺有觀三昧而發起。無覺有觀三昧、無覺無觀三昧的情形，也應當像這樣逐一分別。

大菩薩證得這些三昧，便進入了菩薩果位，能夠現身，就像佛一樣救度一切眾生。三三昧的含義，就像大乘經論中所廣泛說明的那樣。

【說明】三三昧不是作為一種法門來修習的，三三昧是用來概括各種禪定境界的。用三三昧概括各種禪定境界，目的在於，使行者對各種禪定境界有一個概括的了解。

次釋師子奮迅三昧。今明師子奮迅三昧者，如《般若經》中說，行者依九次第定，入師子奮迅三昧。

云何名師子三昧？離欲離不善法，有覺有觀，離生喜樂，入初禪。如是次第入二禪、三禪、四禪、空處、識處、不用處、非有想非無想處、入滅受想定。從滅受想定起，還入非有想非無想定，從非有想非無想處起，還入不用處。如是次第還入識處、入空處、入四禪、入三禪、入二禪、入初禪，是名師子奮迅三昧也。譬如師子奮迅之時，非但能前進奮迅而去，亦能卻行奮迅而歸，一切諸獸所不能爾。行者入此法門，亦復如是，非但能心心次第，從於初禪直至滅受，亦能從滅受想定卻入非想，入至初禪，此則義同師子奮迅，上來諸禪所不能爾，故說此定為師子奮迅三昧。

行者住此法門，即能覆卻遍入一切諸禪，熏諸觀定，悉令通利，轉變自在，出生諸深三昧，種種功德，神智轉勝，亦名熏禪。譬如牛皮熏熟，隨意作諸世物，此亦如是。

分別次位，此同九定，但有卻出無間之異，是中用心巧細，修習之相，略知大意，不廣分別也。

次釋超越三昧。今明超越三昧者，如《般若經》中說。行者因師子奮迅三昧，逆順出入超越三昧。

云何超越三昧？離諸欲惡不善法，有覺有觀，離生喜樂，入初禪。從初禪起，超入非有想，非有想起入非無想處，非無想處起，入滅受想定，滅受想定起，還入初禪，從初禪起入滅受想定，滅受想定起入二禪，二禪起入滅受想定，滅受想定起入三禪，三禪起入滅受想定，滅受想定起入四禪，四禪起入滅受想定。

滅受想定起，入虛空處。虛空處起，入滅受想定。滅受想定起，入識處。識處起，入滅受想定。滅受想定起，入無所有處。無所有處起，入滅受想定。滅受想定起，入非有想。非有想起，入非無想處。非無想處起，入滅受想定。從滅受想定起，入散心中。散心中起，入滅受想定。滅受想定起，還入散心中。散心中起，入非有想。非有想起，入非無想處。非無想處起，住散心中。散心中起，入第四禪中。第四禪中起，住散心中。散心中起，入第三禪中。第三禪中起，住散心中。散心中起，入第二禪。第二禪起，住散心中。散心中起，入初禪。初禪起，住散心中。是超越三昧。

今明超越之相，自有超入超出相，如前二番經文說。超入出中，各有四種。一者、順入超。二者、逆入超。三者、順逆入超。四者、逆順入超。超出亦如是。

復次，此超越三昧中，復有傍超。傍超亦有四種。類如前說。譬如師子有四種趠。一者、前擲四十里，即譬順超之相。二者、卻擲四十里，即譬逆超之相。三者、右傍擲四十里，即譬傍超入根本禪定之相。四者、左傍擲四十里，即譬傍超入觀禪之相。

復有二種超越。一者、具足超。二者、不具足超。具足超即是菩薩超越。如上所說。不具足超即是聲聞超越三昧，不能自在，遠超入故。故《摩訶衍》云：

「譬如黃師子白師子，二俱能趠。若黃師子趠則不遠。若白師子則能遠擲。」

聲聞之人入超越三昧，但能從初禪超入三禪。尚不能超二，何能超三？此則如黃師子之超。菩薩不爾。從於初禪，迥能超入滅受想定，隨意自在。此則如白師子之超。

若三乘行人入此三昧，具足修一切法門，是時，觀定等法，轉深明利，更復出生百千三昧。功德深厚，神通猛利，故名觀禪。亦有鍊禪自在定。鍊禪如上說。自在定者，於諸法門自在出入住，轉變見八自在也，亦名頂禪。於諸禪中最為高極，則能轉壽為福，轉福為壽，故復名佛智三昧。欲知隨願，即知三世事，二處攝，謂欲界四禪。復有無諍三昧，令他心不起諍。五處攝。欲界及四禪。

復有四辯❶。諸詞辯，二處攝，謂欲界初禪。義辯樂說辯，九地攝，謂欲界四禪❷無色定❸。復有五神通、十四變化心、十八變化，皆如前說。若禪中欲聞見觸時，皆用梵世識，識滅則止。

復次，是諸禪中，皆有三十七品❹，三解脫門❺，四諦，十六行觀❻，十一智❼，三無漏根❽。如是等智行，在下當分別。

若二乘人，具此諸禪者，即是俱解脫。事理具足，成就無累，故亦名不壞解脫。具足成就出世間諸禪定法，故具足三明❾六通❿，及八解脫⓫等一切諸大功德，故名大力阿羅漢也。

若是菩薩，於正觀心中，入此三昧，得諸法等相，即得二十五三昧，能破二十五有⓬，住王三昧⓭，一切三昧，悉入其中，是時，亦名禪波羅蜜滿。

此則略說三乘共禪行法門竟。是中法門無量，今欲更詮入道要行，豈得具說耶？

【章旨】介紹了師子奮迅三昧與超越三昧的禪定之相。

【注釋】❶四辯　亦即四無礙智，又名四無礙解，或四無礙辯，主要包括：法無礙智、義無礙智、詞無礙智、樂說無礙。法無礙智是指通達諸法的名字，分別無滯。義無礙智是指了知諸法之理，通達無礙。詞無礙智是指通曉各種言語，能夠隨意演說。樂說無礙是指辯說法義，圓融無滯，為眾生樂說法要，自在無礙。❷四禪　在這裡是指初禪、二禪、三禪、四禪等四級禪位。❸無色定　在這裡是指四無色定，包括：空處定、識處定、無所有處定及非想非非想定。❹三十七品　即三十七道品。道品，又作菩提分、覺支，即追求智慧，進入涅槃境界的三十七種修行方法。又稱三十七覺支、三十七菩提分、三十七助道法、三十七品道法。三十七道品包括：四念處、四正勤、四如意足、五根、五力、七菩提分、八正道分，其數共有三十七品，為修道之資糧，故名三十七道品。❺三解脫門　三種解脫境界。一、空解脫門。了達諸法本空，而不著於空。二、無願解脫門。了知諸法幻有，而無所願求。三、無相解脫門。了知諸法無相，而又不著於無相。❻十六行　見前「十六行」注釋。第六九八頁。❼十一智　一、世俗智。二、法智。三、類智。四、苦智。五、集智。六、滅智。七、道智。八、他心智。九、盡智。十、無生智。十一、如實智。❽三無漏根　一、未知當知根，又作未知欲知根，屬見道位。此位之人，無始以來，未曾聞四諦真理，今欲知四諦之理，遂修習地前方便之解行，故稱未知欲知根。二、已知根，又作知根，屬修道位。即已經知道四諦之理，為了斷除事上的迷惑，進而修習四諦之法，故而證悟了四諦之法，故稱已知根。三、具知根，又作知已根、無知根。乃洞徹四諦之理的無學位人，以其已經斷除了煩惱，一切所作具辦，故稱為具知根。❾三明　宿命明、天眼明、漏盡明。宿命明，即明白自己或他人一切宿世之事。天眼明，即明白自己或他人一切未來世之事。漏盡明，即以聖智斷盡一切的煩惱。❿六通　指六種神通。六通包括：神足通、天耳通、他心通、宿命通、天眼通、漏盡通。〈禪波羅蜜修證第七之六・釋六神通〉中有詳細解釋。參見本書第六八一頁。⓫八解脫　指八種背棄、捨除三界煩惱的禪定。在〈釋禪波羅蜜修證第七之六・釋八背捨〉中有詳細解釋。參見本書第六四〇頁。⓬二十五三昧二句　一、以無垢三昧能壞地獄有。二、以不退三昧能壞畜牲有。三、以心樂三昧能壞餓鬼有。四、以歡喜三昧能壞阿修羅有。五、以日光三昧能斷東弗婆提有。六、以月光三昧能斷西瞿耶尼有。七、以熱焰三昧能斷北鬱單越有。八、以如幻三昧能斷南閻浮提有。九、以不動三昧能斷四天處有。十、以難伏三昧能斷三十三天處有。十一、以悅意三昧能斷炎摩天有。十二、以青色三昧能斷兜率天有。十三、以黃色三昧能斷化樂天有。十四、以赤色三昧能斷他化自在天有。十五、以白色三昧能斷初禪有。十六、以種種三昧能斷大梵天有。十七、以雙三昧能斷二禪有。十八、以雷音三昧能斷三禪有。十九、以注雨三昧能斷四禪有。廿、以如虛空三昧能斷無想有。廿一、以照鏡三昧能斷淨居阿那含有。廿二、以無礙三昧能斷空處有。廿三、以常三昧能斷識處有。廿四、以樂三昧能斷不用處有。廿五、以我三昧能斷非想非非想處有。⓭王三昧　至高無上之三昧，亦即諸佛所持之三昧。

【語　譯】解釋師子奮迅三昧。我們現在所說的師子奮迅三昧，就像《般若經》上所說一樣，行者依照九次第定而修行，就能進入師子奮迅三昧。

為什麼稱為師子奮迅三昧呢？這是因為，行者離開欲念，離開不善法，進入有覺有觀、離生喜樂的初禪，接著，再依照次第，進入二禪、三禪、四禪、空處定、識處定、不用處定、非有想非無想定，以及滅受想定。然後，再從滅受想定開始，歸還到非有想非無想定，從非有想非無想定，歸還到不用處定。如此一步步地歸還到識處定、空處定、四禪、三禪、二禪、初禪，這就叫做師子奮迅三昧。就像奮勇迅速的師子，不但能奮勇迅速地前進，也能奮勇迅速地歸還，這是其他獸類所不能及的。行者入於師子奮迅三昧，也是這樣的，不但能夠次第前進，從初禪開始，次第到達滅受想定，也能從滅受想定歸還至非想定，乃至歸還至初禪，猶如師子的奮勇迅速，奮勇迅速地前進與歸還，這是前面所說的諸禪所不能的，所以，我們把這種禪定叫做師子奮迅三昧。

行者住在師子奮迅三昧，就能普遍地進入一切諸禪，熏習諸禪之定力與智慧，使得諸禪更加通快明利，轉變自在，出生甚深三昧，成就種種功德，使得諸禪的神通與智慧更加殊勝，所以，師子奮迅三昧也叫做熏禪。譬如熏熟的牛皮，能夠隨意製成世間諸物，熏禪的功能，也是如此。

師子奮迅三昧的階位，與九次第定的階位相同，然而，也有不同之處，師子奮迅三昧，進退無間，奮勇迅速，其間的巧妙用心，修習情形，大致如上所說，不再詳細說明。

我們再解釋超越三昧。我們現在所說的超越三昧，與《般若經》中所說相同。行者由於修習師子奮迅三昧的緣故，能夠順著次第，或逆著次第，迅速地進入超越三昧，或退出超越三昧。

何謂超越三昧？就是行者離開各種貪欲、邪惡等不善法，進入有覺有觀、離生喜樂的初禪。從初禪開始，超越其間的諸禪，直接地進入非有想定。從非有想定開始，超越其間的諸禪，直接地進入非無想定。從非無想定開始，超越其間的諸禪，直接進入滅受想定。從滅受想定開始，超越其間的諸禪，直接地退還初禪。從初禪開始，超越其間的諸禪，直接地進入滅受想定。從滅受想定開始，超越其間的諸禪，直接地進入二禪。

從二禪開始，超越其間的諸禪，直接地進入滅受想定。從滅受想定開始，超越其間的諸禪，直接地進入三禪。從三禪開始，超越其間的諸禪，直接地進入滅受想定。從滅受想定開始，超越其間的諸禪，直接地進入四禪。從四禪開始，超越其間的諸禪，直接地進入滅受想定。

從滅受想定開始，直接地進入虛空處定。從虛空處定開始，直接地進入滅受想定。從滅受想定開始，直接地進入識處定。從識處定開始，直接地進入滅受想定。從滅受想定開始，直接地進入無所有處定。從無所有處定開始，直接地進入滅受想定。從滅受想定開始，直接地進入非有想定。從非有想定開始，直接地進入非無想處定。從非無想處定開始，直接地進入滅受想定。從滅受想定開始，直接地進入散心之中。從散心開始，直接地進入滅受想定。從滅受想定開始，直接地還入散心之中。從散心開始，直接地進入非有想定。從非有想定開始，直接地進入非無想處定。從非無想處定開始，直接地進入散心之中。從散心開始，直接地進入第四禪中。從第四禪開始，直接地住於散心中。從散心中開始，直接地進入第三禪。從第三禪開始，直接地住於散心之中。從散心開始，直接地進入第二禪。從第二禪開始，直接地住於散心之中。從散心開始，直接地進入初禪。從初禪開始，直接地住於散心之中。這就叫做超越三昧。

我們說明超越三昧的情形，自然會有「超越而入」與「超越而出」的二種情形，就像前面兩段經文中所說的那樣。在「超越而入」與「超越而出」的情形中，又各自有四種情形。一、順著次第，超越而入。二、逆著次第，超越而入。三、先順次第，後逆次第，超越而入。四、先逆次第，後順次第，超越而入。超越而出的情形，也是這樣。

在超越三昧之中，也有傍超的情況。傍超的情形也分四種。與前面所說的相同。譬如師子有四種超越。一、奮進四十里，猶如順著次第而超越的情形。二、返回四十里，猶如逆著次第而超越的情形。三、向右奮進四十里，猶如傍超進入根本禪定的情形。四、向左奮進四十里，猶如傍超進入觀禪的情形。

還有二種超越的情形。一、具足超越。二、不具足超越。具足超越，是指菩薩的超越三昧，也就是前面所說的情況。不具足超越，是指聲聞的超越三昧，由於是遠超的緣故，聲聞的超越，不能任運自在。所以，

《大智度論》中說：「譬如黃師子與白師子，二師子皆有超越的能力，然而，黃師子不能遠超，而白師子則能遠超。」

聲聞之人進入超越三昧，只能從初禪超越二禪，直接進入三禪。聲聞之人，尚且不能超越二個禪定階位，怎麼能夠超越三個禪定階位呢？這就好比黃師子的超越能力。菩薩的超越就不同了，從初禪，能夠超然而入滅受想定，並且能夠隨意自在地超越，這就好比白師子的超越能力。

若三乘行人，修習超越三昧，具足修習一切法門，這時，就能夠定慧等持，定力深厚，智慧明利，還能派生出百千種三昧。超越三昧，功德深厚，神通猛利，所以，超越三昧也叫做觀禪。所謂鍊禪自在定。鍊禪的含義，如上所說。自在定，亦即對於各種法門，或入、或出、或住，具有八種自在轉變的功德，也叫做頂禪。頂禪在諸禪中，至高至極，能夠轉壽成福，轉福成壽，所以也叫做佛智三昧。佛智三昧能夠隨願知道三世中的事，在欲界定、第四禪這二個禪定階位上產生。還有無諍三昧，能令人不起紛爭，在欲界定、初禪、二禪、三禪及四禪等五個禪定階位上產生。

又有四無礙辯。詞無礙辯，在欲界定與初禪這二個禪定階位中產生。義無礙辯，以及樂說無礙辯，在欲界定、初禪、二禪、三禪、四禪、空處定、識處定、無所有處定、非想非非想定等九種定中產生。此外，還有五種神通、十四變化心、十八變化，都與前面所說的一樣。在禪定之中，若想要聞到、見到、觸到，就要運用清淨識。清淨識息滅的時候，既聽不到，也看不到，也觸不到。

在以上所說的這些禪中，每一種禪，都具有三十七品、三解脫門、四諦、十六行觀、十一智、三無漏根，這樣的智慧之行，將在下面進行說明。

若二乘人，具備了這些禪，也就獲得了完全解脫。具備了事相與理體，成就了無縛與無累，所以，也叫做不壞解脫。行者具足成就了各種出世間禪法，所以，具足了三明六通，以及八解脫等一切諸大功德，所以叫做大力阿羅漢。

若是菩薩，以正觀智慧，入於這些禪定之中，得諸法平等之境，獲得二十五三昧，破除二十五有，住於王三昧之中，具足一切三昧，這時，就叫做修行禪波羅蜜圓滿。

三乘共禪的種種法門，現在，已經簡略地解釋完畢。其中法門無量，若要更加詳細地說明其中的情形，又豈說得完呢？

【說　明】師子奮迅三昧與超越三昧，這二種三昧，皆具大氣勢，皆能任運出入於各種禪定，而不受各種禪相的約束。師子奮迅三昧，次地進，次第退，任運自在。超越三昧，不受次第約束，任意出入於各種禪定。

古籍今注新譯叢書

文學的．歷史的．哲學的．宗教的　古籍精華　盡在三民

哲學類

新譯四書讀本
新譯論語新編解義
新譯學庸讀本
新譯孝經讀本
新譯易經讀本
新譯乾坤經傳通釋
新譯周易六十四卦經傳通釋
新譯易經繫辭傳解義
新譯禮記讀本
新譯儀禮讀本
新譯孔子家語
新譯老子讀本
新譯帛書老子
新譯老子解義
新譯莊子讀本
新譯莊子本義
新譯莊子內篇解義
新譯列子讀本
新譯管子讀本
新譯墨子讀本
新譯公孫龍子
新譯晏子春秋
新譯鄧析子
新譯荀子讀本
新譯尹文子
新譯尸子讀本
新譯鶡冠子
新譯鬼谷子
新譯韓非子
新譯呂氏春秋
新譯韓詩外傳
新譯淮南子
新譯春秋繁露
新譯新書讀本
新譯新語讀本
新譯潛夫論
新譯論衡讀本
新譯申鑒讀本
新譯人物志
新譯張載文選
新譯近思錄
新譯傳習錄
新譯呻吟語摘
新譯明夷待訪錄

文學類

新譯詩經讀本
新譯楚辭讀本
新譯文心雕龍
新譯六朝文絜
新譯世說新語
新譯昭明文選
新譯古文觀止
新譯古文辭類纂
新譯樂府詩選
新譯古詩源
新譯千家詩
新譯詩品讀本
新譯花間集
新譯南唐詞
新譯絕妙好詞
新譯唐詩三百首
新譯宋詩三百首
新譯宋詞三百首
新譯元曲三百首
新譯明詩三百首
新譯清詩三百首
新譯清詞三百首
新譯唐人絕句選
新譯拾遺記
新譯搜神記
新譯唐才子傳
新譯唐傳奇選
新譯宋傳奇小說選
新譯明傳奇小說選
新譯容齋隨筆選
新譯明散文選
新譯明清小品文選
新譯人間詞話
新譯白香詞譜
新譯幽夢影
新譯菜根譚
新譯小窗幽記
新譯圍爐夜話
新譯郁離子
新譯歷代寓言選
新譯賈長沙集
新譯揚子雲集
新譯建安七子詩文集
新譯曹子建集
新譯阮籍詩文集
新譯嵇中散集
新譯陸機詩文集
新譯陶淵明集
新譯江淹集
新譯庾信詩文選
新譯初唐四傑詩集
新譯駱賓王文集
新譯王維詩文集
新譯孟浩然詩集
新譯李白詩全集
新譯李白文集
新譯杜甫詩選
新譯杜詩菁華
新譯高適岑參詩選
新譯昌黎先生文集
新譯劉禹錫詩文選
新譯柳宗元文選
新譯白居易詩文選
新譯元稹詩文選
新譯李賀詩集
新譯杜牧詩文集

新譯李商隱詩選
新譯范文正公選集
新譯蘇洵文選
新譯蘇軾文選
新譯蘇軾詞選
新譯蘇轍文選
新譯曾鞏文選
新譯王安石文選
新譯唐宋八大家文選
新譯柳永詞集
新譯李清照集
新譯辛棄疾詞選
新譯陸游詩文選
新譯歸有光文選
新譯唐順之詩文選
新譯徐渭詩文選
新譯薑齋文集
新譯顧亭林文集
新譯納蘭性德詞
新譯方苞文選
新譯鄭板橋集
新譯袁枚詩文選
新譯李慈銘詩文選
新譯聊齋誌異選
新譯閱微草堂筆記
新譯浮生六記
新譯弘一大師詩詞全編

教育類

新譯爾雅讀本
新譯顏氏家訓
新譯聰訓齋語
新譯曾文正公家書
新譯三字經
新譯百家姓
新譯幼學瓊林
新譯增廣賢文・千字文
新譯格言聯璧

歷史類

新譯史記
新譯漢書
新譯後漢書
新譯三國志
新譯資治通鑑
新譯史記——名篇精選
新譯尚書讀本
新譯周禮讀本
新譯逸周書
新譯左傳讀本
新譯公羊傳
新譯穀梁傳
新譯春秋穀梁傳
新譯戰國策
新譯國語讀本
新譯說苑讀本
新譯新序讀本
新譯吳越春秋
新譯西京雜記
新譯列女傳
新譯越絕書
新譯燕丹子
新譯東萊博議
新譯唐六典
新譯唐摭言

宗教類

新譯金剛經
新譯高僧傳
新譯碧巖集
新譯百喻經
新譯楞嚴經
新譯梵網經
新譯圓覺經
新譯法句經
新譯六祖壇經
新譯禪林寶訓
新譯維摩詰經
新譯經律異相
新譯阿彌陀經
新譯無量壽經
新譯妙法蓮華經
新譯景德傳燈錄
新譯大乘起信論
新譯釋禪波羅蜜
新譯八識規矩頌
新譯永嘉大師證道歌
新譯華嚴經入法界品
新譯地藏菩薩本願經
新譯悟真篇
新譯无能子
新譯坐忘論
新譯列仙傳
新譯抱朴子
新譯神仙傳
新譯性命圭旨
新譯老子想爾注
新譯周易參同契
新譯道門觀心經
新譯養性延命錄
新譯樂育堂語錄
新譯沖虛至德真經
新譯長春真人西遊記
新譯黃庭經・陰符經

地志類

新譯山海經
新譯水經注
新譯佛國記
新譯大唐西域記
新譯洛陽伽藍記
新譯徐霞客遊記
新譯東京夢華錄

政事類

新譯商君書
新譯鹽鐵論
新譯貞觀政要

軍事類

新譯孫子讀本
新譯司馬法
新譯尉繚子
新譯三略讀本
新譯六韜讀本
新譯吳子讀本
新譯李衛公問對

◎新譯景德傳燈錄

顧宏義／注譯

「傳燈錄」為記載禪法傳承歷史之著作。北宋僧人道原所撰的《景德傳燈錄》，記載歷代祖師高僧計一七〇一人之生平事蹟及禪機慧語，禪宗史上許多法系師承得以留傳，多賴本書之記載，是歷史上流傳最廣、影響最大的一部傳燈錄，也是研究禪宗思想及其發展史不可不讀的著作。本書為目前唯一之全注全譯本，並特別製有各禪師師承淵源之〈法系表〉，十分便於閱讀。